中国历代名著全译·丛书

荀子全译

[战国]荀况　著

蒋南华　译注

贵州出版集团
贵州人民出版社

再版说明

◎ 在人类文明历史长河中，中华民族创造了源远流长、博大精深的优秀传统文化，它是中华民族的“根”与“魂”，为中华民族生生不息、发展壮大提供了强大的精神支撑。中华优秀传统文化内容包蕴万千，而浩如烟海的历代经典名著正是其中最为璀璨的瑰宝。

◎ 为了传承和弘扬中华优秀传统文化，使广大读者了解我国历代经典名著的全豹，20世纪90年代，我们在全国学术界许多著名学者的支持下，出版了这套《中国历代名著全译丛书》。丛书分两批，每批50种，精选我国历代经史子集四部名著以全注全译的形式整理出版。由于丛书开名著全译之先河且兼具权威性、通俗性、学术性和资料性，出版之后得到书界的认可和受到读者的喜爱，并于1993年荣获第三届中宣部精神文明建设“五个一工程”奖。

◎ 随着中国开启建设社会主义现代化国家新征程，文化作为一个国家、一个民族的灵魂，在中国特色社会主义事业全局中的重要地位被进一步凸显，提高文化软实力成为实现中华民族伟大复兴的重要支撑。正是由于这样的背景，让我们开启《中国历代名著全译丛书》的再版工作具有非同寻常的意义。此次再版我们主要做了两项工作：一是对书的内容进行全面细致的校订，改正上一版中存在的舛误，同时，在尊重和保持作者学术成果原貌的基础之上，对个别属于历史局限的地方作了适当处理，使其内容更加精善；二是对书的装帧形式重新进行设计，使其形态更具审美价值并符合新时代读者的阅读习惯。

◎ 我们相信，这套新版的《中国历代名著全译丛书》在让读者领略到中华优秀传统文化独特风采与恒久魅力的同时，对提升中华民族文化自觉自信将起到应有的作用。

贵州人民出版社有限公司

2021年1月

前言

◎ 荀卿，姓荀，名况，时人尊号为卿。胡文仪《郇卿别传》云：荀子为周郇伯公孙之后，故又氏孙，称孙卿子。生于周赧王时（约公元前313年），卒于秦始皇九年（公元前238年）。《史记·孟子荀卿列传》对荀子的生平有过简略的记载："荀卿，赵人，年五十始来游学于齐……齐襄王时，而荀卿最为老师。齐尚修列大夫之缺，而荀卿三为祭酒焉。齐人或谗荀卿，荀卿乃适楚，而春申君以为兰陵令。春申君死而荀卿废，因家兰陵。李斯尝为弟子，已而相秦。荀卿嫉浊世之政，亡国乱君相属，又遂大道而营于巫祝，信禨祥，鄙儒小拘，如庄周等又猾稽乱俗，于是排儒、墨道德之行事兴坏，序列著数万言而卒。因葬兰陵。"

◎ 这里所说"序列著数万言"，《汉书·艺文志》录为33篇，唐代杨倞为之作注，分为二十卷，三十二篇，即今之《荀子》。清代中叶以后，研究《荀子》者颇多，谢墉、卢文弨、王念孙、刘台拱、郝懿行、汪中、顾广圻、陈奂、俞樾、王引之等人对《荀子》作了校释。清人王先谦汇集清代学者研究成果，作《荀子集解》。近人梁启雄《荀子简释》在清代诸家校订的基础上，又作校释。1979年北京大学哲学系注释、中华书局出版的《荀子新注》及杨柳桥著的《荀子诂释》等书亦分别对《荀子》进行了释译。

◎ 战国末期，是中国奴隶制度走向彻底崩溃，封建制度不断巩固和发展的大动荡、大变革时期。这个时期，既有没落奴隶主阶级与新兴地主阶级的矛盾，又有新兴地主阶级中不同集团、不同阶层的矛盾，还有剥削者与被剥削者之间的矛盾。在这诸多的矛盾中，最根本的是建立、巩固封建制度同维护、复辟奴隶制度的矛盾，“诸侯异政”是这一历史时期的基本特征。荀子生活的战国末期，这种斗争结局已趋明朗，“诸侯异政”即将结束，从各方割据走向统一，中央集权的封建社会的建立已成为历史发展的必然趋势。

◎ 与“诸侯异政”的政治局面相适应的是：战国时期的思想文化领域也出现了“百家异说”的繁荣兴盛局面。“不治而议论”的士阶层应世而起，他们代表着各个阶级，乃至同一阶级不同的阶层，面对大动荡、大变革的形势，围绕着新旧生产关系、社会制度、文化教育、哲学思想形成了不同的思想派别。体现新兴地主阶级利益的哲学思想及其政治主张也日趋完善。这正是荀子学术思想产生的时代背景。

◎ 思维与存在，精神与自然界、人与天的关系问题，是全部哲学最核心的问题，马克思在《路德维希·费尔巴哈和德国古典哲学的终结》(《马克思恩格斯选集》第4卷，第220页）中说:“哲学家依照他们如何回答这个问题而分成两大阵营，凡是断定精神对自然界来说是本原的，从而归根到底以某种方式承认创世纪说的……组成唯心主义阵营；凡是承认自然界是本原的，则属于唯物主义的各种学派。”荀子生活的时代，注定他不可能提出“自然界是本原”这样的命题，但实际上，他在《天论》《礼论》《荣辱》《儒效》等篇中，已经从不同角度对这个命题展开了全面论述，对思维与存在，精神与自然界、人与天的关系作出了基本上属于唯物主义的解释，从而证明他是一个唯物主义的思想家。

◎“天地合而万物生，阴阳接而变化起”(《礼论》)，“天地之变，阴阳之气”(《天论》)，明确了“天”就是客观存在的自然界;“天行有常，不为尧存，不为桀亡，应之以治则吉，应之以乱则凶”(《天论》)，“天不为人之恶寒也，辍冬；地不为之恶辽远也，辍广”(《天论》)，“天有其时，地有其财，人有其政”(《天论》)，更进一步指出了：自然界有其固有的运动规律，是不以人的意志为转移的；人事的吉凶与社会的治乱，完全决定于统治者的治理措施是否恰当，与自然界的变化没有必然联系。荀子在《天论》等篇中提出的关于“明天人之分”的认识，第一次冲破了中国认识史上天命神学的堤坝。“明天人之分”的观点，是要人们不要以天为神秘，而要“制天命而用之”。在《天论》篇中，荀子还指出“大天而思之，孰与物畜而制之？从天而颂之，孰与制天命而用之？”荀子这种“制天命而用之”的思想正是战国时期新兴地主阶级推行封建化变革，发展生产的理论概括，也是新兴地主阶级处于上升时期，朝气勃勃，对前途充满信心的体现。

◎ 荀子以前的唯物主义者，如老子、宋钘、尹文等，都主张天道自然无为，但他们还不曾意识到人的主观努力对自然界的改造作用。墨子、孟子虽然强调了人的主观能动性，但又过分夸大了人的主观作用。荀子吸收了各派的合理因素，并避免了各派的缺陷，从而实现了先秦以来天人关系理论的新飞跃。

◎ 荀子的认识论是唯物主义思想宝库中的珍贵遗产。它的可贵之处在于他和一切唯物主义者一样，从生动的人类实践中认识到感性认识是人一切认识活动的基础。在《解蔽》《正名》《劝学》《儒效》《性恶》《天论》《君道》诸篇中，荀子对这一问题都有阐述。在《儒效》篇中，荀子指出“不闻不若闻之，闻之不若见之。”“不闻不见，则虽当而非仁也，其道百举而百陷也。”在《正名》篇中，荀子还说：“形、体、色、理，以目异；声音、清浊、调节、奇声，以耳异；甘、苦、咸、淡、辛、酸、奇味，以口异；

香、臭、芬、郁、腥、臊、漏、庮、奇臭，以鼻异；疾养、冶、热、滑、铍、轻、重，以形体异；说、故、喜、怒、哀、乐、爱、恶、欲，以心异。”荀子肯定了一切认识都来源于“闻之见之”的感觉经验。在认识问题上，荀子之所以高于前人和同期思想家，主要在于他认识到了感性认识的局限性，强调了心对“五官”，即理性思维对感性认识的作用。因此，他说：“心居中虚，以治五官，夫是之谓天官。”（《天论》）“心者，形之君也，而神明之主也。”（《解蔽》）“心不使焉，则白黑在前而目不见，雷鼓在侧而耳不闻。”这些都充分肯定了理性思维对感性认识的指导作用。更为重要的是，荀子把“行之”当作认识的最高阶段，他在指出“不闻不若闻之，闻之不若见之”之后，紧接着便说：“见之不若知之，知之不若行之。”这样，荀子对人类认识事物的全过程作了完整的描述：即由生动直观到形象思维，再由形象思维到理性思维，然后到实践。

◎ 荀子在认识论上还有一个重要的贡献。在《解蔽》篇中，他对先秦诸家进行了分析、批判，在吸取各家学说精华的基础上，总结出了正确认识事物的方法，即去“蔽”与“虚壹而静”。所谓“蔽”就是一隅，一偏，一孔之见，去“蔽”就是要克服认识上的片面性和主观性；所谓“虚壹而静”就是要专一、虚心、冷静。同样的观点，在《天论》《劝学》和《不苟》诸篇中都有所论及。

◎ 由此，我们可以认为，荀子关于认识问题，已形成一个完整的体系，他对人认识客观事物的过程、方法、途径的阐述已达到先秦诸家所未能达到的高度，这也正是荀子所代表的新兴地主阶级在其上升时期，尚能尊重客观实际，相信人的理性力量对征服自然、改造社会充满信心的精神面貌在哲学上的反映。

◎ 在《荀子》全书中，荀子多次谈到了“法后王”的问题，这是荀子社会历史观的核心。荀子认为：社会是不断进步的，他反对追溯到三代以上去寻找治国的理论依据。他主张：“王者之制，道不过三代，法不贰后王，道过三代谓之荡，法贰后王谓之不雅。”（《王制》）“天地始者，今日是也；百王之道，后王是也；君子审后王之道，而论于百王之前。”（《不苟》）荀子所说的后王虽是指的周文王、周武王，但却是根据新兴地主阶级的政治需要而改塑了的形象。荀子所讲的周制，也是经他改造了的适应于新兴地主阶段建立统一政权要求的“周制”。在《非相》篇中，荀子尖锐地指出：“舍后王而道上古，譬之犹舍己之君而事人之君也。故曰：欲观千岁，则数今日；欲知亿万，则审一二；欲知上世，则审周道。”很显然，荀子是站在新兴地主阶级的进步立场上，主张变革、主张前进，而反对颂古非今的。先秦诸家中也有不少人是主张社会变革的，但能如此鲜明地提出“法后王”者，荀子尚属第一。

◎ 荀子不仅在上述三个方面有高于先秦诸家的见地，而且在先秦哲学领域展开其他问题的论辩中也有着独到的认识。例如，关于人性，关于名与实的问题，荀子在其《性恶》《正名》《儒效》《劝学》《非相》《荣辱》诸篇中，都有雄辩的论述，对先秦诸家关于这些问题的讨论进行了总结和提高。

◎ 荀子作为战国末期的思想家，他的哲学思想对后世的影响是很大的。从李斯、韩非到王充、刘禹锡、王夫之，乃至近代的革命家，无不从荀子的思想体系中吸取营养来充实自己。因此，提到荀子，论家多称之为“杰出的思想家”。如果我们对《荀子》全书进行缜密全面的了解还会发现，荀子的认识领域是十分宽广的，他的探索触及社会生活的各个领域，各个层面。上自宇宙自然，下至社会政治、经济、军事、文化、教育，以及君、臣、百姓，他都各有专门论述，并且提出了许多具有可行性意义的方略。我们认为，荀子虽然基本上属于“不治而议论”的士阶层，但他不愧为一个先进的政治家。在其《王制》《王霸》《君道》《臣道》《致士》《强国》《礼论》《大略》等篇中，荀子详尽地阐述了自己的政治主张。

◎ 建立“令行禁止”“天下为一”的统一的中央集权国家，是荀子反复宣传的政治纲领，也是荀子最高的政治理想。《王制》篇为建立一个统一的封建国家进行了理论上的论证。文中“王者之人”“王者之制”“王者之论”“王者之法”，描绘了一幅统一的封建王国的理想蓝图。

◎ 为了实现这幅蓝图，荀子主张以礼治为主，兼行法治的政治方针。“礼”，在荀子看来，是治国的根本，是“人道之极”“天下从之者治，不从者乱；从之者安，不从者危；从之者存，不从者亡”(《礼论》)“人无礼不生，事无礼不成，国家无礼不宁。”(《大略》)“礼者，政之輓也。为政不以礼，政不行矣。”(《大略》)。因此，他在许多篇章中反复强调了“隆礼”。荀子所讲的“礼”，包括了封建等级制度、道德规范和礼节仪式等方面的内容，他把这些方面的内容归结为“养”与“别”“分”。所谓“养”就是“养人之欲，给人之求”，所谓“别”就是“贵贱有等，长幼有差，贫富轻重皆有称”。(《礼论》)，所谓“分”，就是“先王恶其乱也，故制礼义以分之，使有贫、富、贵、贱之等，足以相兼临者，是以养天下之本也”。(《王制》)。“礼”原本是奴隶制宗法制度的各种等级、道德和礼节仪式的规范，但在荀子的政治主张中，“礼”显然经过了改造，注入了适应于封建制度的新内容。荀子在阐述“礼”的功用时，不仅要求用“礼”来改变奴隶制社会诸侯对峙、各自为政、不相统属的割据局面，而且还明确提出：“虽王孙士大夫之子孙也，不能属于礼义，则归之庶人。虽庶人之子孙也，积文学、正身行，能属于礼义，则归之卿相士大夫。”(《王制》)，荀子的这一思想打破了奴隶制“世卿世禄”的宗法等级制，提出了新兴封建地主阶级的用人标准。所以，荀子的“礼”已经包含了按照新的封建生产关系，重新确定等级关系的思想了，这也正是荀子“礼治”主张进步之所在。

◎荀子还进一步把“礼”说成是“法之大分”(《礼论》)，即认为“礼”是“法”的基本条件，也是“法”的纲领，这就给“礼”赋予了“法”的内容。所以，荀子提出：“听政之大分：以善至者待之以礼，以不善至者待之以刑。”(《王制》)“重法爱民而霸”(《强国》)“杀人者不死，而伤人者不刑，是谓惠暴而宽贼也，非恶恶也。”(《正论》)，这些主张反映了新兴地主阶级的法制思想。

◎“王道”与“霸道”也是荀子政治思想的重要内容，是荀子为实现统一集权国家在政治策略上的思考。春秋战国以来，在长期、反复而尖锐的奴隶与奴隶主的斗争中，各新兴封建集团的势力兴衰胜败是与人民的支持与否分不开的，这使新兴地主阶级不能不看到人民的力量。在《王制》篇中，荀子引用了前人的论述：“君者，舟也；庶人者，水也；水则载舟，水则覆舟。”以强调君、民的关系，正是基于这种认识，荀子提出了重“王道”兼采“霸道”的政治策略。荀子认为，王霸之道根本区别在于王道以文德服人，霸道以威力服人，但也不乏爱民惠民的措施。“王道”可以取天下，“霸道”只可以强一国。因此，“霸道”较之“王道”是第二流的，但要做到“霸道”也颇不易。所以，他对当时行“霸道”的秦国是赞许的，他说

"佚而治，约而详，不烦有功，治之至也，秦类之矣。"(《强国》)。荀子的这些见解，符合当时"霸道"盛行的历史情况。

◎ 如果说，建立统一集权国家是荀子的政治纲领，以"礼"为主，兼之以"法"，是荀子的具体治国方针；以"王道"为主，兼以"霸道"，是具体的治国策略，那么"明君道""明臣道""尚贤使能"等则是荀子政治方面的具体政策和措施。显然，荀子的政治思想已形成了一个完整的体系。

◎ 荀子的经济思想在《荀子》一书中也有充分的体现。《富国》篇就比较集中地阐述了荀子的经济思想和经济措施。荀子的经济思想源于他的建立统一集权国家的政治纲领。荀子认为，要发展经济，富强国家，必须首先做到"明分使群""尚贤使能""赏罚严明"。荀子还提出了"节用裕民""强本抑末""开源节流"等多项具体的经济政策。在《王制》篇中，荀子还就发展社会生产力，提出了一系列主张，如根据土地好坏、产量多寡征税；保护山林渔泽，加强物质交流等。这一切，都有利于发展经济，有利于国家的安定与统一。

◎ 荀子从统一天下的政治需要出发，总结了战国末期兼并战争的经验，提出了以礼义为治军"本统"，以"壹民""附民"为治军策略，以"治暴除害"为治军目的的军事思想。这些，在《议兵》篇中得到了集中反映。

◎ 在《乐论》《劝学》《修身》篇中，荀子分别阐述了他的文化与教育思想和“礼乐互用”的观点，说明荀子已经比较深刻地认识到文化艺术的社会作用；“君子生非异也，善假于物也”则是荀子唯物主义哲学体系在教育思想上的反映。

◎《荀子》所表现出荀子的思想无疑是博大而精深的，荀子的哲学思想，以其理论的深度和逻辑力量，把我国古代的朴素唯物主义思想发展到一个新的高度，这是荀子在历史上最突出的贡献。荀子的政治、经济、军事、文化、教育诸方面的许多论述直到今天，仍有一定的借鉴意义和积极作用。

◎ 不容讳言，荀子作为封建社会形成时期的思想家、政治家，他的学说明显带有时代与阶级的印记。荀子的自然观是朴素唯物主义的，这种唯物主义自然观还有不彻底的地方。例如，他一方面对自然界星坠木鸣之类的怪异现象作了唯物主义的解释，批判了神秘主义的宗教迷信，另一方面又主张保留祭祀、卜筮等宗教仪式；他一方面提出“明天人之分”“制天命而用之”，另一方面，又说“天地隆物，以施下民”，把自然界看成是有意志的“天”。此外，荀子在重视感性认识的同时，也重视理性认识，但也在一定程度上夸大了理性认识的作用。荀子一方面对“礼”作出了新的解释与规定，但对封建社会的等级制度又予以了肯定。荀子思想中的这些矛盾，是因为历史条件的局限，我们不应该对生活在二千多年前的思想家提出更高的要求。

◎《荀子全译》对《荀子》现存的三十二篇文章进行了释译。全书以唐代学者杨倞注清嘉善谢氏校本为底本，吸取了清代王先谦、当代杨柳桥等人的研究成果，并参照北京大学1978年出版的《荀子新注》。由于我们对《荀子》的研究还很肤浅，释译不当之处，恳请海内外方家指正。

罗书勤

目录

一　劝学

题解　本文较系统地阐述了荀况的教育思想。

荀况提出一个十分重要的观点：人的知识与才能不是先天具备的，而是后天“善假于物”与“教使之然”。

荀况还指出：人必须专心致志地学习，必须善于学习，要“锲而不舍”“居必择乡”“游必就士”。只有这样，知识与才能才会不断丰富、提高。

文章还具体论述了许多治学的方法。

原文　君子曰①：学不可以已。青②，取之于蓝③，而青于蓝；冰，水为之，而寒于水。木直中绳④，𫐓以为轮⑤，其曲中规⑥。虽有槁暴⑦，不复挺者，𫐓使之然也。故木受绳则直，金就砺则利⑧，君子博学而日参省乎己⑨，则知明而行无过矣⑩。故不登高山，不知天之高也；不临深溪⑪，不知地之厚也；不闻先王之遗言，不知学问之大也。干、越、夷、貉之子⑫，生而同声，长而异俗，教使之然也。《诗》曰⑬：“嗟尔君子，无恒安息。靖共尔位[14]，好是正直。神之听之[15]，介尔景福[16]。”

注释

①君子：指懂礼义，有才智，德高望重的人。本书《性恶》篇云：“化师法，积文学，道礼义者为君子。”

②青：靛青。一种蓝色的染料。

③蓝：蓼蓝。草名。靛青就是从其叶中提取的。

④中（zhòng）：合乎。绳：指墨线，木工用以作衡量木材曲直的标准。

⑤輮（ruó）：通“揉”。用火烤灼新砍伐的竹、木，使之弯曲或挺直。

⑥规：圆规。

⑦有：通“又”。槁：通“熇”，烤。暴（pù）：晒。

⑧就：接近，接触。

⑨参：同“三”。此处极言多次。省：审察。

⑩知：同“智”。

⑪溪：此指两山之间的深沟巨壑。

⑫干、越：春秋时期两个小国，在今江苏、浙江一带。干，本字作“邗”。《说文》：“邗，国也，今属临淮。从邑，干声。一曰邗本属吴。”夷、貉（mò）：我国古代东方与北方民族的泛称。

⑬《诗》：此指《诗经·小雅·小明》。

⑭靖：安，善。共：通“供”，供职。

⑮听：察。

⑯介：助。景：大。

译文

君子说：学习不能停顿。靛青，是从蓼蓝草中提取的，但比蓼蓝草更蓝；冰，是水生成的，但比水更寒冷。木料笔直得完全合乎墨线要求，一经揉制成车轮，它的弯曲便合乎圆规的要求，即使再经过火烤、日晒，也不会再变直，这是火烤使它成这样的。所以，木材经过墨线的比量就能够取直，金属经过磨石的磨砺就会锋利。君子广泛地学习，并且每天多次审察自己，就会智慧精明，行为没有过失。所以，不登高山，不知道天有多高；不到深沟巨壑，不知道地有多厚；没听过先王的遗言，不知道学问的博大。干、越、夷与貉的孩子，初生之时，声音相同，长大之后，习俗就不同了，这是教化使他们这样的。《诗经·小雅·小明》中说：“你们这些君子啊，不要经常贪图安逸。要安守你们的职位，喜爱正直的人们。神灵知道这一切，便会帮助你们得到莫大的幸福。

原文 神莫大于化道[①]，福莫长于无祸。

吾尝终日而思矣，不如须臾之所学也[②]；吾尝跂而望矣[③]，不如登高之博见也。登高而招，臂非加长也，而见者远；顺风而呼，声非加疾也[④]，而闻者彰。假舆马者[⑤]，非利足也，而致千里；假舟楫者[⑥]，非能水也[⑦]，而绝江河[⑧]。君子生非异也，善假于物也。

南方有鸟焉，名曰蒙鸠[⑨]，以羽为巢，而编之以发，系之苇苕[⑩]，风至苕折，卵破子死。巢非不完也，所系者然也。西方有木焉，名曰射干[⑪]，茎长四寸，生于高山之上，而临百仞之渊[⑫]，木茎非能长也，所立者然也。蓬生麻中[⑬]，不扶而直[⑭]。兰槐之根是为芷[⑮]，其渐之滫[⑯]，君子不近，庶人不服。其质非不美也，所渐者然也。故君子居必择乡，游必就士[⑰]，所以防邪辟而近中正也[⑱]。

物类之起，必有所始。荣辱之来，必象其德[⑲]。肉腐出虫，鱼枯生蠹[⑳]。怠慢忘身，祸灾乃作[㉑]。强自取柱，柔自取束。邪秽在身，怨之所构。施薪若一，火就燥也，平地若一，水就湿也[㉒]。草木畴生[㉓]，禽兽群焉，物各从其类也。是故质的张而弓矢至焉[㉔]；林木茂而斧斤至焉[25]；树成荫而众鸟息焉。醯酸而蜹聚焉[26]。故言有招祸也，行有招辱也，君子慎其所立乎！积土成山，风雨兴焉；积水成渊，蛟龙生焉；积善成德，而神明自得[27]，圣心循焉[28]。故不积跬步[29]，无以至千里；不积小流，无以成江海。骐骥一跃[30]，不能十步；驽马十驾[31]，功在不舍。锲而舍之[32]，朽木不折；锲而不舍，金石可镂。螾无爪牙之利[33]，筋骨之强，上食埃土，下饮黄泉，用心一也；蟹六跪而二螯[34]，非蛇、鳝之穴无可寄托者[35]，用心躁也。是故无冥冥之志者[36]，无昭昭之明[37]；无惛惛之事者，无赫赫之功。行衢道者不至[38]，事两君者不容。目不能两视而明，耳不能两听而聪[39]。螣蛇无足而飞[40]，梧鼠五技而穷[41]。《诗》曰[42]："尸鸠在桑[43]，其子七兮，淑人君子[44]，其仪一兮[45]；其仪一兮，心如结兮[46]。"故君子结于一也。

注释

①神：高超、神奇。这里指最高精神境界。《淮南子·俶真训》："神者，智之渊也。"王冰《素问》注："神，谓神智通悟。"化道：受道（规律或法则）的教化，指思想行为符合一定的规律或法则。

②须臾：一会儿、片刻。

③跂（qì）：踮起脚跟。

④疾：壮。此言声音洪亮。《谷梁传·桓公十四年》："听远者，闻其疾而不闻其舍予。"范宁集解："疾，谓激扬之声。"

⑤假：借，利用。

⑥楫：船桨。

⑦能：通"耐"。能水，即耐水，指善游水，水性好。

⑧绝：渡过。《广雅》："绝，渡也。"

⑨蒙鸠：即鷦鷯（jiāo liáo）：一种体长约三寸，毛色赤褐的小鸟。

⑩苇苕（tiáo）：芦苇的嫩条。

⑪射干：草药名。多年生草本植物，叶子剑形，互生，花黄褐色，带红色斑点，果实为蒴果，种子黑色。根茎入药，有解热、解毒作用。

⑫仞：古代计量长度的单位。据陶文琦《说文仞字八尺考》谓周制为八尺，汉制为七尺，东汉末则为五尺六寸。

⑬蓬：飞蓬，多年生植物，叶子像柳叶，边缘呈锯齿状。秋天开花，花外围白色，中心黄色。

⑭不扶而直；下疑有"白沙在涅，与之俱黑。"句。《尚书·洪范》正义云："荀卿书云：'蓬生麻中、不扶自正，白沙在涅，与之俱黑。'"褚少孙《续三王世家》云："传曰'蓬生麻中，不扶自直，白沙在泥，与之皆黑'者，土地教化使然也。"

可证。

⑮兰槐：香草名，即白芷。多年生草本植物，开白花，果实椭圆形，根粗大，圆锥形，有香气，中医入药，有镇痛作用。古人称其苗为兰，其根为芷。

⑯其：如果。渐：浸润、浸渍。滫（xiǔ）：人尿。《礼记内则》郑玄注："秦人谓溲曰滫。"

⑰游：交游，交往。

⑱邪僻：邪恶的人。中正：符合法度。指正确的东西。

⑲象：随，应。杨柳桥引高诱《淮南子》注云："象，犹随也。"

⑳鱼：《意林》引文作"木"，可从。蠹（dù）：蛀虫。《说文》："蠹，木中虫。"

㉑作：产生。

㉒湿：潮湿。此指低洼处。

㉓畴：同"俦"，类。

㉔质（zhì）古代一种箭靶。的：箭靶中心的目标。

㉕斤：斧子。

㉖醯（xī）：酸醋。蜹（ruì）：一种小蚊虫，头小，触角粗短，复眼明显，翅阔透明，吸食人畜的血液。幼虫头部方形，尾部稍膨大，生活在水中。《说文》："秦、晋谓之蜹，楚谓之蚊。"

㉗神明：此指最高智慧。

㉘循：杨倞《劝学篇》注："宋本'循'作'备'。"可从。

㉙跬（kuǐ）：半步。

㉚骐骥：骏马。

㉛驽（nǔ）马：劣马。驾：马早晨被驾，傍晚卸驾，所以把马走一天称为一驾。

㉜锲（qiè）：用刀子刻。

㉝螾（yǐn）：同"蚓"，蚯蚓。

㉞六：蟹有八足，故疑"六"为"八"之误。《说文》："蟹有二螯八足。"可证。跪：指足，也特指蟹足。螯：指螃蟹的两只钳形爪子。

㉟鳝（shàn）：黄鳝。

㊱冥冥：幽暗，这里比喻专注精诚，埋头苦干。下文"惛惛"与此同义。

㊲昭昭：显明，显著。

㊳衢（qú）道：十字路，岐路。

㊴聪：听清楚。

㊵螣（téng）蛇：古代传说中一种能飞的蛇。《说文》："螣，神蛇也。"

㊶梧鼠：杨倞《荀子·劝学》注："梧鼠，当为鼫（shí）鼠。盖本误为鼯字，传写又误为梧耳。"故疑"梧"系"鼫"之误。《大戴礼记·劝学》"鼫鼠五技而穷"可证。鼫鼠，状似兔

子的鼠。据说它有五种技能：能飞，但不能上屋；能爬，但爬不上树顶；能游，游不过山涧；能打洞，但洞却不能掩身；能走，但走不过别的动物。所以说“鼫鼠五技而穷”。穷：处境困难。

㊷《诗》：指《诗经·曹风·尸鸠》。

㊸尸鸠：布谷鸟。

㊹淑：美，善。

㊺仪：仪表，举止。这里指行动。

㊻结：凝结。这里是坚定的意思。

译文

精神境界没有比通晓自然法则更高超的，幸福没有比无灾无祸更长久的。

我曾经整天思索，却不如片刻的学习；我曾经踮着脚眺望，却不如登上高处看得宽广。登上高处招手，手臂并没有增长，可是远处的人却能看见；顺着风向呼喊，声音并没有更加洪亮，可是听的人却听得格外清楚。利用车马的人，并不是脚步快，能走千里；利用船只的人，并不是会水，能渡过大江大河。君子的本性与一般人并无不同，只不过善于利用物类而已。

南方有一种鸟，名叫蒙鸠，它用羽毛做窝，再用毛发把它编起来，系在芦苇的嫩条上，风一吹来，芦条折断，蛋被打破，幼鸟被摔死。这不是窝做得不完善，而是它所处的地方造成这样的。西方有一种草，名叫射干，茎长四寸，生在高山上，下临百丈深渊，不是它的茎长得长，而是它长的地方使它这样。蓬草生长在丛麻中间，不用扶持就能长得挺直，白沙混在黑泥里，便和黑泥一起成了黑色。兰槐的根，就是白芷，把它浸在人尿里，君子不会接近，老百姓也不会佩戴，它的本质并非不好，而是浸入尿里使它这样的。因此，君子定居一定要选择好的地方，交往一定要接近有道德学问的人，这是为了防止邪恶的人影响，而接近于正道。

各种事物的产生，一定有起因；荣辱的到来，一定与人的品德相应。肉腐烂了会生蛆，木头枯了要长虫。行为散漫不顾自身，灾祸便会发生。质地坚硬的东西，自然会被拿来做支柱；质地柔软的东西，自然会被用来捆扎东西。自身行为邪恶肮脏，就成为人们憎恨自己的根源。柴草似乎是一样堆放着，火总是从干燥的燃起；地面似乎一样平整，水总是流向低处。花草树木总是类聚生长，飞禽走兽总是成群在一起，万物各自依从着自己的同类。所以，箭靶张设，弓箭就会射来；林木繁茂，刀斧就会砍来；树成荫，百鸟就会来栖息；醋发酸，蚋蠓就会来聚集。所以，说话有时会招来祸害，做事有时会引来凌辱。君子啊，要谨慎自己所处的地位。泥土堆积成山，风雨便会从这里产生；水流汇积成渊，蛟龙便会在这里生长。多做好事养成高尚的德行，精神的最高境界自然就会达到，圣人的心志就会具备。所以，不半步半步地积累起来，就无法达到千里；不把细流汇集起来，就无法形成大江大海。骏马跳一下，不会超过十步；劣马跑十天，成功在于不放弃。想雕刻却又半途放弃，朽木也不会折断；雕刻而不停止，金属和石头也可以雕成花纹。蚯蚓，没有锐利的爪牙，没有强劲的筋骨，上能吃泥土，下能饮泉水，是用心专一的缘故。螃蟹有八只脚、两只螯，除了蛇、鳝的洞穴，就没有栖身之处，这是它用心浮躁的缘故。所以，没有埋头专注的志向，就没有显著的成绩；不会埋头专心地做事，就没有巨大的成就。走入歧途的人到不了目的地；侍奉两个君主的人不能被容忍；眼睛不能同时看两处而把东西看清；耳朵不能同时听两种声音而把它们都听清。螣蛇无足却能腾飞，鼫鼠有五种技术却处境困窘。《诗经·曹风·尸鸠》说："布谷鸟在桑树上，哺育着它的七只幼鸟；善人君子，行为要专一；行为专一，其意志就会坚定不移。"所以，君子总是把心志归结到专一上。

原文 昔者瓠巴鼓瑟而流鱼出听①，伯牙鼓琴而六马仰秣②。故声无小而不闻，行无隐而不形。玉在山而草木润，渊生珠而崖不枯。为善不积邪，安有不闻者乎？学恶乎始③？恶乎终？曰：其数则始乎诵经④，终乎读礼；其义则始乎为士，终乎为圣人⑤，真积力久则入，学至乎没而后止也⑥。故学数有终，若其义则不可须臾舍也。为之人也；舍之禽兽也。故《书》者，政事之纪也⑦，《诗》者，中声之所止也⑧；《礼》者，法之大分⑨，类之纲纪也⑩。故学至乎《礼》而止矣。夫是之谓道德之极。《礼》之敬文也⑪，《乐》之中和也⑫，《诗》《书》之博也，《春秋》之微也⑬，在天地之间者毕矣。君子之学也，入乎耳，箸乎心⑭，布乎四体⑮，形乎动静。端而言，蝡而动⑯，一可以为法则⑰。小人之学也⑱，入乎耳，出乎口；口、耳之间则四寸耳⑲，曷足以美七尺之躯哉？古之学者为己，今之学者为人。君子之学也，以美其身；小人之学也，以为禽犊。故不问而告谓之傲[20]，问一而告二谓之囋。傲、非也；囋[21]、非也；君子如向矣[22]。学莫便乎近其人。《礼》《乐》法而不说[23]，《诗》《书》故而不切，《春秋》约而不速[24]。方其人之习君子之说[25]，则尊以遍矣，周于世矣。故曰：学莫便乎近其人。学之经莫速乎好其人[26]，隆礼次之。上不能好其人，下不能隆礼，安特将学杂识志[27]，顺《诗》《书》而已耳[28]，则末世穷年，不免为陋儒而已。将原先王[29]，本仁义[30]，则礼正其经纬蹊径也[31]。若挈裘领[32]，诎五指而顿之[33]，顺者不可胜数也。不道礼宪[34]，以《诗》《书》为之，譬之犹以指测河也，以戈舂黍也，以锥餐壶也[35]，不可以得之矣。故隆礼，虽未明，法士也[36]；不隆礼，虽察辩，散儒也[37]。问楛者[38]，勿告也；告楛者，勿问也；说楛者，勿听也。有争气者，勿与辩也。故必由其道至[39]，然后接之；非其道则避之。故礼恭，而后可与言道之方[40]；辞顺，而后可与言道之理[41]；色从，而后可与言道之致[42]。故未可与言而言谓之傲；可与言而不言谓之隐[43]；不观气色而言谓之瞽。故君子不傲、不隐、不瞽，谨顺其身。《诗》曰[44]：“匪交匪舒[45]，天子所予。”此之谓也。

注释 ①瓠（hù）：传说是古代善于弹瑟的人。

②伯牙：传说是古代善于弹琴的人。秣：疑“秣”抄误。秣（mò）：草料。仰秣：抬头停食草料。

③恶（wū）：什么，哪里。

④数：此指课程顺序。《国语·晋语》：“数之言纪也。”经：下言《书》《诗》《礼》，故疑“经”系《书》之误，《书》，即《尚书》。

⑤圣人：荀况理想中具有最高智慧与德行的人，他们的言行可以作为天下的准则。

⑥没（mò）：通“殁”，去世。

⑦纪：通“记”，记载。

⑧中声：心声。《史记·乐书》：“四畅交于中而发作于外。”张守节《正义》：“中，心也。”

⑨大分：大节，即前提，总纲。

⑩类：类比，以此类推之意。

⑪敬：慎重。郑玄《毛诗》笺：“敬，慎也。”文：此指礼仪。

⑫乐：即《乐经》。中和：和谐。

⑬《春秋》：春秋时鲁国官方编年体史书。

⑭箸：通“著”，显明、明通。乎：于。

⑮布：分布，此为体现之意。四体：四肢，全身。

⑯蠕：缓慢行动的样子。

⑰一：概，都。

⑱小人：指道德低下的人。《荀子·性恶》篇云："纵情性，安恣睢，而违礼义者为小人。"

⑲则：疑"财"形近而误。财通"才"。《意林》引"则"作"才"，可证。

⑳傲：急躁,《管子·乘马》："是故事者生于虑，成于务，失于傲。"

㉑囋（zàn）：唠叨。

㉒向：同"响"，回声。

㉓不：通"丕"，大的意思。清朱骏声《说文通训定声·颐部》："不，假借为丕。"《诗经·周颂·清庙》："不显不承。"《孟子·滕文公下》"不显"作"丕承"。

㉔速：古作"遬（sù）"，精密。《管子·小匡》："别苗秀，列疏遬。"尹知章注："遬，密也。"

㉕方：通"仿"，效仿。

㉖经：通"径"，途径。

㉗识：根据文意，疑"志"之校注误入正文。杂志：此指杂记之书，百家之说。

㉘顺：通"训"，解释。

㉙原：追究根源。

㉚本：寻找根本。仁义：指符合礼义的道德规范。

㉛经纬：南北为经，东西为纬。此为四通八达之意。

㉜挈（qiè）：用手提起。

㉝诎（qū）：通“屈”。顿：通“振”，抖擞使之整齐。

㉞道：实行，遵守。宪：法令。

㉟以锥餐壶：用锥子投壶。以矢投壶是古代的一种游戏，投壶不用矢而用锥，既难投进，壶也容易打坏。餐，借为奴”，《说文》：“奴，残穿也。”

㊱法士：守法之士。

㊲散儒：散漫不检点的儒生。杨倞《荀子·劝学》注：“散，谓不自检束。”

㊳楛（kǔ）：恶劣。此指不合礼法。

㊴由：顺从，按照。道：指政治、经济、思想等方面的总的原则。

㊵方：方向。引申为宗旨。

㊶理：条理，此指内容。

㊷致：无穷。杨倞《荀子·劝学》注：“致，极也。”

㊸隐：隐秘。

㊹《诗》：指《诗经·小雅·采菽》。

㊺匪：同“非”。交：通“绞”，急通。舒：怠慢。

译文 古时候，瓠巴弹瑟，流水中的鱼儿会浮出来听；伯牙弹琴，拉车的马会仰头停食而听。所以声音不论多么细小，没有听不见的；行动不管多么隐秘，没有不露形迹的。宝玉在山里，草木会滋润，深渊里有珍珠，渊边崖岸不会干燥。做好事，不累积劣行，哪有不闻名于世的呢？学习从哪里开始，到哪里结束呢？回答说：按其顺序，那是从读《尚书》开始，到读《礼经》结束；按学习的意义来说，那是从做读书人开始，到成为圣人结束。只要真心长期积累，就能深入，学习到死然后才能停止。所以，从学习的顺序上说是有了终结，至于从学习的意义来看，则是不能有片刻停顿的。努力学习的，是人；放弃学习的，是禽兽。《尚书》是政事的纪录，《诗经》是心声的归结，《礼经》是法制的前提，各种条例的纲要，所以学习到《礼经》才终止。这就称为道德的顶峰。《礼经》的敬重礼仪，《乐经》的和谐协调，《诗经》《尚书》的博大广阔，《春秋》的微言大义，把天地间的一切道理、事情都囊括了。君子学习，要听进耳里，铭记在心里，灌注于全部身心，表现在一举一动；端庄地说话，和缓地行动，一切都可以作为人们的表率。小人学习，从耳朵进，从嘴里出。嘴与耳之间才四寸，怎么足够用来美化自己的七尺躯体呢？古人学习，是为了自身，现在人学习，是为了向他人炫耀。君子学习，是为了完美自己的身心，小人学习，是为了满足自己的兽行。所以，没有问自己就去告诉别人叫作急躁，问一个问题而告诉两个答案叫作唠叨。急躁，不对；唠叨，也不对。君子回答问题应该像回声一样。学习没有比亲近良师更简便的了。《礼经》《乐经》有法度而疏略;《诗经》《尚书》古老而不切近现实;《春秋》简略而不严谨。仿效良师去学习君子的学说，就崇高而全面，并且通达世事。所以说，学习没有比亲近良师更简便的了。学习的途径没有比崇敬良师更近捷的，其次才是崇尚礼义。如果上不能崇敬良师，下又不能崇尚礼义，仅仅去学习些杂书，解释解释《诗经》《尚书》，那么，终其一生，也不免是个浅陋的书生而已。想要穷究先王教化的根源，寻求仁义的根本，那么学习礼义正是一条正确的途径。就像提起皮袍的领子，屈着五指整理皮毛一样，被理顺的毛简直不可胜数。不遵守礼法，仅凭《诗经》《尚书》办事，就如同用手指测量河水，用戈舂黍子，用锥去投壶一样，是不可能达到目的的。所以，崇尚礼义，即使还不明白，仍是崇尚礼义之士；不崇尚礼义，即使明察善辩，也只是一个散漫不羁的书生。有人问不合礼法的事，不要回答；告知不合礼法的，不要追问；讲不合礼法的，不要去听；态度蛮横的，不要与他争辩。所以，必须是按照道的标准来的，然后才接待；不按照道的标准的，就回避他。因此，恭敬有礼，然后可以跟他谈道的宗旨；言辞和顺，然后可以跟他谈道的内容；脸色显得乐意听从，然后可以跟他谈道的精深极致。所以，跟不可与之交谈的交谈了叫作浮躁；跟可与之交谈的而不交谈叫作隐瞒；不察看脸色就交谈叫作瞎子。因此，君子不能浮躁，不能隐瞒，不能作瞎子，要谨慎地对待来请教的人。《诗经·小雅·采菽》说："不急躁不怠慢，是天子赞许的。"说的就是这样。

原文 百发失一，不足谓善射；千里跬步不至，不足谓善御；伦类不通①，仁义不一，不足谓善学。学也者，固学一之也②。一出焉，一入焉，涂巷之人也③；其善者少，不善者多，桀纣盗跖也④；全之尽之，然后学者也。君子知夫不全不粹之不足以为美也，故诵数以贯之⑤，思索以通之，为其人以处之，除其害者以持养之。使目非是无欲见也，使耳非是无欲闻也，使口非是无欲言也，使心非是无欲虑也。及至其致好之也，目好之五色⑥，耳好之五声⑦，口好之五味，心利之有天下[8]。是故权利不能倾也[9]，群众不能移也，天下不能荡也[10]。生乎由是，死乎由是，夫是之谓德操。德操然后能定，能定然后能应，能定能应，夫是之谓成人。天见其明[11]，地见其光[12]，君子贵其全也。

注释

①伦类：泛指各类事物，事理。

②固：原本，原来。

③涂：同“途”，路途。涂巷之人，指普通老百姓。

④桀：名履癸，夏朝的最后一个君主，为商汤所灭。纣：名辛，商朝的最后一名君主，与周武王战败后自杀而死。跖：相传为春秋末期农民起义领袖，被诬为盗跖。

⑤诵数：诵说。《礼记·儒行》孔颖达疏曰：“数，说也。”

⑥五色：指赤、青、黄、白、黑五色。

⑦五声：指宫、商、角、徵、羽五声音阶。

⑧利之：之，通用为“于”。

⑨倾：倾倒，此为屈服之意。

⑩荡：动摇。杨倞《荀子·劝学》注：“荡，动也。”

⑪见：同“现”。

⑫光：通“广”。

译文

射一百支箭，有一支没有中，不能称为善射，赶着车马走千里，差半步没有走完，不能称为善于驾车；对各类事理不能融会贯通，对仁义不能坚守如一，不能称为善于学习。学习，原本就要专一，一时学不进，一时学得进，这是普通百姓，他们中好的少，不好的多。桀、纣、跖就是这样的人。完全、彻底地掌握了所学的东西，然后才能被称为学者。君子掌握的学识不全面不精粹不能算是完美，因此要用诵读和训释来融会贯通它，用思考和探索来理解它，用寻师访友的办法来把握它，排除那些有害的东西来培养保护它。使眼睛不看那些不应该看的东西，使耳朵不听那些不应该听的声音，使嘴巴不说那些不应该说的话，使心里不思考那些不应该思考的东西，到了极其爱好学习的境地，便如同眼睛喜爱五色，耳朵喜爱五音，嘴巴喜爱五味那样，一心考虑如何有利于天下。这样，权力利益不能使他屈服，群众不能使他改变，天下万物不能使他动摇。活着是这样，到死也是这样。这就叫作有德行有操守。有德行操守，然后才能坚定不移；坚定不移，然后才能随机应变。能坚定不移，又能随机应变，这样就称得上是成熟的人了。上天显现出它的光明，大地显现出它的广阔，君子则十分珍惜自身德行的完美。

二 修身

题解 本文论述了道德修养的重要性，良好道德修养的标准，以及培养良好道德修养的方法与途径。

荀子认为：道德修养是关系个人安危、国家安危的大事。他以符合礼义作为良好道德修养的准则，强调“人无礼则不生，事无礼则不成，国家无礼则不宁”。他认为培养良好的道德修养最直接的途径是：严格要求自己，按礼义行事；最关键的是要获得良师的教导，而最能发挥作用的方法是专心一致。

原文 见善，修然必以自存也①；见不善，愀然必以自省也②。善在身，介然必以自好也③；不善在身，菑然必以自恶也④。故非我而当者⑤，吾师也；是我而当者⑥，吾友也；谄谀我者，吾贼也⑦。故君子隆师而亲友⑧，以致恶其贼⑨。好善无厌⑩，受谏而能诫，虽欲无进，得乎哉？小人反是，致乱⑪，而恶人之非己也；致不肖⑫，而欲人之贤己也⑬；心如虎狼，行如禽兽，而又恶人之贼己也。谄谀者亲，谏争者疏，修正为笑，至忠为贼，虽欲无灭亡，得乎哉?《诗》曰⑭："噏噏呰呰⑮，亦孔之哀⑯。谋之其臧⑰，则具是违；谋之不臧，则具是依⑱。"此之谓也。

注释

①修然：整饬。杨倞《荀子·修身》注："修然，整饬貌，言见善必自整饬，使存于身也。"

②愀（qiǎo）然：忧虑惊惧之貌。省（xǐng）：省察。《尔雅·释诂》："省，察也。"

③介然：意志坚定貌。好（hào）：爱护、珍惜。

④菑（zī）然：蒙受灾害、玷污的样子。杨倞《荀子·修身》注："菑，读为'灾'，灾然，灾害在身之貌。"一说，菑，同"缁"，黑色。引申为污染。

⑤非：批评，指责。

⑥是：肯定，赞许。

⑦吾贼：我的祸害。

⑧隆：尊崇、敬重。

⑨致：最，尽。杨倞《荀子·修身》法："致，犹极也。"

⑩无厌：不满足。

⑪乱：此指胡作非为。

⑫肖：贤。

⑬贤己：以己为贤，把自己当作贤人。

⑭《诗》：指《诗经·小雅·小旻》。

⑮噏噏（xī）：作威作福的样子。訿訿（zǐ）：诋毁

⑯孔：甚，很。《诗·小雅·鹿鸣》："我有嘉宾，德音孔昭。"郑玄《笺》："孔，甚。"

⑰臧：善，好。

⑱具：同"俱"。

译文 见到美好的行为，一定要认真地用它对照检查自己，使这些美好的行为也出现在自己身上；见到不好的行为，一定要用它严肃地反省自己。如果自身行为美好，一定要坚定地珍惜自己；如果自身行为不好，一定要羞愧地厌恶自己。所以，批评我十分准确的，是我的老师；肯定我十分恰当的，是我的朋友；阿谀逢迎我的，是我的祸害。所以君子尊崇老师而亲近朋友，而最憎恨那些祸害；向往美好的行为而从不满足，受到规劝而能引以为戒。这样，即使不想取得进步，可能吗？小人与此相反。他们胡作非为到极点，却憎恨别人批评自己；他们坏到极点，却希望别人把自己当成贤人；他们心如虎狼，行为如同禽兽，却憎恨别人认为自己坏。对阿谀逢迎的人亲近，对规劝批评自己的人疏远。把纠正自己错误的话作为笑料，把

最忠诚的规劝当成祸害，这种人虽然不想自取灭亡，可能吗?《诗经·小雅·小旻》说:“作威作福，诋毁诽谤，这种人太可悲了；凡是善意的建议；他统统拒绝，凡是错误的主张，他一一依从。”说的就是这种人吧!

原文　扁善之度①，以治气养生②，则后彭祖③；以修身自名，则配尧禹。宜于时通④，利以处穷⑤，礼信是也。凡用血气、志意、知虑，由礼则治通⑥，不由礼则勃乱提僈⑦；食饮，衣服、居处、动静，由礼则和节⑧，不由礼则触陷生疾；容貌、态度、进退、趋行，由礼则雅，不由礼则夷固僻违⑨，庸众而野⑩。故人无礼则不生，事无礼则不成，国家无礼则不宁。《诗》曰⑪：“礼仪卒度⑫，笑语卒获。”此之谓也。

注释　①扁：遵循。杨柳桥《荀子诂译》:“扁，应读为‘偏’。《尔雅》:‘循，偏也。’是偏有循义。”度，此指法度，法则。

②治气：调养血气。

③彭祖：古代传说中最长寿的人。

④时通，指处于顺境。

⑤处穷：与“时通”对文，指处于逆境。

⑥由：遵循，遵照。

⑦勃：同“悖”，荒谬，荒诞不经。提：作“偍”，松弛的意思。杨倞《荀子·修身》注：“偍与提、媞同，谓弛缓也。”僈：通“慢”，怠慢，懈怠之意。

⑧和节：协调、合适。

⑨夷：倨，傲慢。僻违：邪僻不正。

⑩庸众：一般人，世人，乡野之人。

⑪《诗》：指《诗经·小雅·楚茨》。

⑫卒：尽，极。《毛诗传》：“卒，尽也。”引申为超出。

译文

遵循善行的法度，用来调养血气，保养身体，就可以跻身彭祖之后；用来修身，作为自己的名号，就可与尧、禹相配。既宜于顺境，又利于处在逆境中的，就是礼义与信实。凡在血气、意志、思虑方面，遵循礼义就能明正通达，不遵循礼义就会荒谬错乱、松弛怠慢；在饮食、衣服、居处，言行、举止方面，遵循礼义就能协调和谐，不遵循礼义就会随时发生危险；在容貌、态度、进退、趋行方面，遵循礼义的就会温雅，不遵循礼义的人就显得傲慢、固执、邪僻不正，像乡野之人一样粗野。所以，做人不讲礼义就不能生存；做事不讲礼义就不会有成就；国家不讲礼义，就不会安宁。《诗经·小雅·楚茨》说礼义超出法度，笑话终必百出。”说的就是这个意思。

原文

以善先人者谓之教①，以善和人者谓之顺②；以不善先人者谓之谄，以不善和人者谓之谀。是是非非谓之知；非是是非谓之愚。伤良曰谗③，害良曰贼。是谓是，非谓非，曰直。窃货曰盗，匿行曰诈，易言曰诞④。趣舍无定⑤，谓之无常。保利弃义，谓之至贼。多闻曰博，少闻曰浅；多见曰闲⑥，少见曰陋。难进曰偍，易忘曰漏。少而理曰治，多而乱曰秏⑦。

注释

①先：引导。前导。《管子·形势》：“道民之门，在上述之所先。”《管子集校》注：“上所先行，人必行之。”

②和：协调，谐和。

③谗：用恶言攻击陷害别人。

④易言：指说话轻浮，不诚实。

⑤趣：通“取”。《古今韵会举要·遇韵》“趣，通作取”。

⑥闲：博大。《庄子·齐物论》：“大知闲闲。”简文注：“闲闲，广博之貌。”

⑦秏：通“眊（mào）”，蒙昧不明貌，引申为乱。王先谦《荀子·修身集解》：“秏，读为眊。眊，乱也。”颜师古《汉

书·董仲舒传》:“秏不明也。”

译文 用美好的行为来引导人们的叫作教诲；用美好的行为来协调人们关系的叫作和顺。用不好的行为来引导人的叫作谄媚；用不好的行为来调理人们关系的叫作阿谀。以是为是，以非为非，叫作明智；以是为非，以非为是，叫作愚蠢。中伤善良叫作谗，陷害善良叫作贼。是就说是是，非就说是非，叫作正直。偷窃财货叫作盗，隐匿行为叫作奸诈。说话轻浮不诚恳叫作荒诞，取舍不定叫作无常。保守私利否定礼义叫作最大的残贼。听闻多叫作渊博，听闻少叫作浅薄。见多叫广博，见少叫鄙陋。不易前进叫迟缓，容易遗忘叫遗漏。知道得不多但有条有理叫治，知道得多但没有条理叫乱。

原文 治气养心之术：血气刚强，则柔之以调和；知虑渐深①，则一之以易良②；勇胆猛戾③，则辅之以道顺④，齐给便利⑤，则节之以动止⑥；狭隘褊小⑦；则廓之以广大⑧；卑湿重迟贪利⑨，则抗之以高志⑩；庸众驽散⑪，则劫之以师友⑫；怠慢僄弃⑬，则昭之以祸灾⑭；愚款端悫⑮，则合之以礼乐，通之以思索。凡治气养心之术，莫径由礼⑯，莫要得师，莫神一好。夫是之谓治气养心之术也。

注释

①渐深：指思想深沉而不明朗。渐，通“潜”。王念孙《读书杂志》：“渐读为潜,《韩诗外传》正作‘潜’。”

②易：平易，引申为坦直，坦率。良：贤明，忠直。

③猛戾（lì）：凶暴，乖张。

④道：通“导”。顺：通“训”。

⑤齐给便利：敏捷轻快，这里指行动不够稳慎。《尔雅·释诂》：“齐，疾也。”

⑥动止：该动则动，该止则止，指举止安祥。

⑦褊（biǎn）小：指气量狭小。褊，狭小，狭窄。

⑧廓：开阔，引申为开导。

⑨卑湿：低下。杨倞《荀子·修身》注：“卑，谓谦下，湿，亦谓自卑下，如地之下湿然也。”重迟：迟钝。

⑩抗：通“亢”，高傲。这里是激发、激励的意思。

⑪驽散：才能低劣而散漫。杨倞《荀子·修身》注：“驽，谓材下如驽马者也。”

⑫劫：夺，引申为改造。杨倞《荀子·修身》注：“劫，夺去也，言以师友去其旧性。”

⑬僄（piào）弃：轻佻而自暴自弃。

⑭昭：昭示，晓示。

⑮款：诚实憨厚。《三国志·吴志·孙权传》：“初权外托事魏，而诚心不款。”可证。

⑯径：直路，捷径。

译文 理气养心的办法：血气方刚，就用心平气和来柔化他；思虑过深，就用坦率忠直来纠正他；勇猛乖张，就用训诲来引导他；行为不够稳慎，就用举止安详来节制他；气量狭小，就用宽宏大量来开导他；自卑自贱、迟钝贪利，就用高远的志向来激励他。普通的人，才能低劣而又散漫，就用良师益友来改造他；怠慢轻佻、自暴自弃，就用灾祸来昭示他；过分诚恳拘谨，就用礼乐来调和他，用思索来疏导他。一般说来，理气养心的办法，没有比遵循礼义更直接的途径，没有比得到良师更重要的了，没有比爱好专一更能发生神妙的作用。这就叫作理气养心的办法。

原文 志意修则骄富贵矣[①]，道义重则轻王公矣；内省而外物轻矣[②]。传曰[③]：“君子役物[④]，小人役于物。”此之谓矣。身劳而心安，为之；利少而义多，为之；事乱君而通，不如事穷君而顺焉[⑤]。故良农不为水旱不耕，良贾不为折阅不市[⑥]，士君子不为贫穷怠乎道。

注释

①修：完美，美好。

②内省：从内心反省，这里指注重自身修养。

③传：古书。

④役：役使，支配。

⑤顺：这里指顺从道义。

⑥折阅：亏损，赔本。《广雅》：“阅，数也。”

译文

志向美好就可以傲视富贵；道义崇高就可以藐视王公，注重了自身修养就会看轻身外之物。古书说：“君子可以支配外物，小人却被身外之物所支配。”说的就是这种情况。身体劳累而内心安定的事就做；利益少但道义多的事就做。侍奉昏乱的君主而官运亨通，不如侍奉处境窘困的君主而遵循道义。所以好的农民不会因为水涝干旱而不耕种；好的商人不会因为亏本而不做买卖，士和君子不会因为贫穷而懈怠道义。

原文

体恭敬而心忠信，术礼义而情爱人[①]；横行天下[②]，虽困四夷[③]，人莫不贵。劳苦之事则争先，饶乐之事则能让[④]，端悫诚信，拘守而详[⑤]，横行天下，虽困四夷，人莫不任。体倨固而心势诈[⑥]，术顺墨而精杂污[⑦]，横行天下，虽达四方，人莫不贱。劳苦之事，则偷儒转脱[⑧]，饶乐之事，则佞兑而不曲[⑨]，辟违而不悫[⑩]，程役而不录[⑪]，横行天下，虽达四方，人莫不弃。

注释

①术：行。郑玄《礼记》注："术，行也。"人：通"仁"，仁爱。

②横行：广行，走遍。

③四夷：指四方边远少数民族地区。

④饶乐：富足，享乐。这里指使人快乐的事。

⑤详：通"祥"，善也，此指举止善良。

⑥倨固：傲慢固执。

⑦顺墨：柔顺而晦暗。墨，《释名》："墨，晦也。"精，通"情"。感情，性情。

⑧偷儒：苟且畏缩。儒通"懦"。杨倞《荀子·修身》注："偷，谓苟避于事；儒，亦谓懦弱畏事，皆懒惰之义。"转脱：取巧逃避。杨倞《荀子·修身》注"转脱者，谓偷儒之人苟求免于事之义。"

⑨佞（nìng宁）兑：喜之不顾，含有得意忘形的意思。佞，《庄子·渔父》："莫之顾而进之谓之佞。"兑，喜悦。《释名·释

天》:“兑，悦也。”不曲：不知曲直一味径取的意思。

⑩辟违：辟邪不正。

⑪程欲：逞欲，一味追求个人欲望的满足。程，通“逞”。录：通“禄”，善。《广雅·释诂》:“禄，善也。”

译文　身体力行恭敬而心存忠信，遵行礼义而性情仁爱，这种人走遍天下，即使困顿于四方边远蛮夷之地，人们也无不敬重他。遇到劳苦的事就争先，遇到使人快乐的事就谦让，谨慎忠诚，严守法度而举止安祥，这种人走遍天下，即使困顿于四方边远蛮夷之地，人们也无不信任他。身行傲慢固执而心术险恶狡诈，行为柔顺晦暗而性情卑劣，这种人走遍天下，即使显达于四方，人们也无不鄙视他。遇到劳苦的事就偷懒畏缩逃避，遇到使人快乐的事就得意忘形地一味径取，邪僻而不谨慎，贪求奢欲而不善良，这种人走遍天下，即使显达四方，人们也无不厌弃他。

原文　行而供冀[①]，非渍淖也[②]；行而俯项[③]，非击戾也[④]；偶视而先俯[⑤]，非恐惧也。然夫士欲独修其身，不以得罪于比俗之人也[⑥]。

注释 ①供：同“恭”，恭敬，引申为小心。翼：敬。《尔雅·释诂》：“翼，敬也。”

②渍淖（zì nào）：沾染污泥。

③俯项：低头。

④击戾：倦极而曲背。击，读为“慤”，《说文》：“憢，慤也。”疲惫。戾，曲也。

⑤偶视：两人对视。杨倞《荀子·修身》注：“偶视，对视也。”

⑥比俗之人：世俗的人。

译文 走路小心恭敬，不是怕沾染污泥；低着头走路，不是累弯了腰背；两人对视而先把头低下，不是惧怕对方，而是士要修养自身，而不去得罪世俗之人。

原文 夫骥一日而千里，驽马十驾则亦及之矣。将以穷无穷[①]，逐无极与？其折骨[②]、绝筋，终身不可以相及也。将有所止之[③]，则千里虽远，亦或迟、或速、或先、或后，胡为乎其不可以相及也！不识步道者[④]，将以穷无穷，逐无极与？意亦有所止之与[⑤]？夫“坚白”“同异”“有厚无厚”之察[⑥]，非不察也，然而君子不辩，止之也。倚魁之行[⑦]，非不难也[⑧]，然而君子不行，止之也。故学曰迟[⑨]，彼止而待我，我行而就之[⑩]，则亦或迟、或速、或先、或后，胡为乎其不可以同至也！故跬步而不休，跛鳖千里；累土而不辍，丘山崇成[⑪]。厌其源，开其渎，江河可竭。一进一退，一左一右，六骥不致。彼人之才性之相县也[⑫]，岂若跛鳖之与六骥足哉？然而跛鳖致之，六骥不致，是无它故焉，或为之，或不为尔！道虽迩[⑬]，不行不至；事虽小，不为不成。其为人也多暇日者[⑭]，其出入不远矣。

注释

①穷无穷：穷尽无穷。

②其：则。《古书虚字集释》："其，犹则也。"

③止：止境，这里指范围、限度。

④步道者：行路的人。

⑤意：通"抑"，或者，还是。清王引之《经传释词》卷三："抑，词之转也。… 字或作意。"《墨子·明鬼下》："岂女为之与？意鲍为之与？"可证。

⑥坚白：即"离坚白"，战国时名家公孙龙的重要命题。公孙龙写作《坚白论》，以石头为例，论证坚硬与白色两种特性是各自独立的，不是石头同时具有的属性。公孙龙借此说明共性与个性之间的区别。因为把"坚硬"与"白色"两种特性分开，所以公孙龙的这一命题称为"离坚白"。同异：指庄子

的“同异论”。《庄子》:“大同而与小同异，此之谓小同异；万物毕同毕异，此之谓大同异。”意即事物的同异是相对的，就具体事物而言，可以同异，但如从根本上说，则万物既可说是“毕同”，因为都是物质，也可说是“毕异”，因为各有各的特性。有厚无厚，指庄子的“有厚无厚论”。《庄子》:“无厚不可积也，其大千里。”指的是空间的无限性和具体空间的有限性。一说“同异”“有厚无厚”均为战国时名家惠施的命题。一说“有厚无厚”指春秋时邓析的论题。

⑦倚魁：通“奇傀”，奇怪。

⑧难：此处为责难之意。

⑨曰：如果。

⑩就：此处为赶上之意。

⑪崇：通“终”，最终，终究。清朱骏声《说文通训定声·丰部》:“崇假借为终。”《诗·鄘风·蝃蝀》:“朝阶于西，崇朝其雨。”毛传,“崇，终也……”

⑫县：同“悬”，差别，悬殊。

⑬迩：近。

⑭多暇日者：指有许多空闲日子的人，即极其懒惰的人。

译文 良马日行千里，劣马走十天也可以赶上。但想要穷尽那无穷的路途；追逐那没有终点的目标？那它即使折断筋骨，一辈子也赶不上良马。如果有一定的限度，那么，千里路途虽然遥远，或快，或慢，或早，或迟，为什么就不可以赶上良马呢？不懂得行路的人，该是去穷尽那没有尽头的路，追逐那没有终点的目标呢？还是应有一定的范围或限度呢？那“坚白”“同异”“有厚无厚”之类的论点，君子不是不了解，但君子不去争辩，是因为凡事都有个限度。奇异怪僻的行径，不是不应该责难，但君子没有去责难，也是因为凡事有个限度。所以，学习如果迟缓，别人停下来等我，我就应该努力行动赶上去，那也就是或迟，或快，或先，或后的问题，为什么不可以同样达到目的呢？所以，半步半步不停地走，跛足的鳖也可以行至千里；不停地积累土坡，山丘终会形成；阻塞水的源头、挖开放水的渠道，江河也会干枯；时进时退，六匹好马拉的车也达不到目的地。人们才能与本性的差别，难道会像跛足鳖与六匹良马之间的差别那样大吗？跛足的鳖能够达到目的地，六匹良马拉的车却达不到，没有别的缘故，一个做了，另一个却不去做。道路虽然近，不去行走，是达不到目的地的；事情虽然小，不去做，是不会办成的。做人整天闲散懒惰的，与六骥的差别不会太远吧。

原文 好法而行[①]，士也；笃志而体[②]，君子也；齐明而不竭[③]，圣人也。人无法则伥伥然[④]，有法而无志其义则渠渠然[⑤]；依乎法而又深其类，然后温温然[⑥]。

注释 ①好法：坚定地遵循法度。

②笃志：意志坚定。《尔雅》："笃，固也。"体：实行，实施。高诱《淮南子·氾论》注："体，行也。"

③齐明："思虑敏捷而明智。齐，疾，这里指思考敏捷。竭，停歇。《尔雅》："歇，竭也。"

④伥（chāng）伥然：狂行不知所至，即不知所措，无所适从的样子。《说文》："伥，狂也。"志：同"识"。

⑤渠渠然：窘恐不安的样子。杨倞《荀子·修身》注："渠，读为遽，古字渠、遽通。"《说文》："遽，传也。一曰窘也。"

⑥温温然：轻松自如，得心应手的样子。

译文 坚定地遵循法度去行动，是士；意志坚定而且努力地去实行，是君子；思考敏捷明智而且力行不止的，是圣人。人无法度就会不知所措，无所适从；有法度而不懂它的意义，就会窘迫不安；遵循法度并能依法类推，掌握各类事物，这样就能轻松自如，得心应手。

原文

礼者、所以正身也①；师者，所以正礼也②。无礼，何以正身？无师，吾安知礼之为是也？礼然而然③，则是情安礼也④；师云而云，则是知若师也⑤。情安礼，知若师，则是圣人也。故非礼，是无法也；非师，是无师也。不是师法⑥，而好自用，譬之是犹以盲辨色，以聋辨声也，舍乱妄无为也⑦。故学也者，礼法也。夫师、以身为正仪⑧，而贵自安者也⑨。《诗》云⑩："不识不知，顺帝之则⑪。"此之谓也。

注释

①正身：端正身心，去掉不合礼法的思想与行为。

②正礼：正确地阐释礼义。

③礼然而然：礼是怎样规定的便怎样做。

④安：安于，习惯于。

⑤知：同"智"。若：顺从。《尔雅·释诂》："若，顺也。"

⑥不是：否定、不遵照。

⑦乱妄：指思想混乱行为狂妄的人。

⑧正仪：正确的标准，即典范、表率。

⑨自安：自己安心去做。

⑩诗：指《诗经·大雅·皇矣》。

⑪帝：指上天，自然界。

译文 礼，是用来端正身心的；老师，是靠他正确阐释礼义的。没有礼，用什么来端正身心？没有老师，我们怎么知道礼义是正确的呢？礼是怎样规定的便怎样去做，就是在感情上习惯于礼了；老师怎样说便怎样去说，就是从理智上顺从老师了。感情上习惯于礼，理智上顺从于老师，这就是圣人了。所以违背礼义，这就是没有法度；违背老师，这就是没有老师。不遵循师法的教导和规定，而喜欢自行其事，就譬如是用瞎子辨别色彩，用聋子辨别声音一样，除了思想混乱行为狂妄的，是不会有人这样做的。所以，学习，就是学礼义法度。老师以自身为表率，贵在自己安心这样去做。《诗经·大雅·皇矣》说："不懂得为什么要这样做，但它符合自然的法则。"说的就是这种情况吧。

原文 端悫顺弟①，则可谓善少者矣；加好学逊敏焉，则有钧无上②；可以为君子者矣。偷儒惮事③，无廉耻而嗜乎饮食，则可谓恶少者矣；加愓悍而不顺④，险贼而不弟焉，则可谓不详少者矣⑤，虽陷刑戮可也⑥。

注释 ①顺弟：尊重兄长。弟，同"悌"。《新书·道术》："弟敬爱兄谓之悌。"

②有钧无上：只有与之相等的人，没有高于他的人。钧同“均”，相等。

③儒：同“懦”。懦弱。

④惕悍：放荡凶顽。

⑤详：通“祥”。

⑥陷：遭受。

译文 诚恳端正，尊敬长者，可以称为好青年；加上好学、谦逊、机敏，只有与他相等的人没有能超过他的人，就可以成为君子了。偷懒懦弱怕事，没有廉耻而贪爱饮食，就可以称作恶少，再加上放荡凶顽而不顺情理，阴险害人而不尊敬兄长，就该叫作很坏的年轻人了，这种人即使遭受刑杀也是应该的。

原文 老老①而壮者归焉；不穷穷②而通者积焉③；行乎冥冥而施乎无报④，而贤不肖一焉⑤。气人有此三行⑥，虽有大过⑦，天其不遂乎⑧！

注释 ①老老：敬重老人。《孟子·梁惠王上》：“老吾老”。赵岐注：“老，犹敬也。”

②穷穷：轻视侮辱处境困窘的人。

③通者：明达显赫的人。“通”与上文“穷”对文。

④行：此处指行善，做好事。冥冥：暗中。

⑤一焉：归于一处。

⑥行：此处指品行。

⑦过：通“祸”。

⑧其：通“岂”。遂：成。

译文 尊敬老人，年轻人壮年人便会来归顺；不轻视侮辱处境窘困的人，明达显赫的人便会聚拢来；暗中做好事施恩不图报，贤明与不贤的人都会归于一处。人有这三种品行，即使有大祸，上天难道会不成全他吗？

原文 君子之求利也略①，其远害也早②，其避辱也惧③，其行道理也勇④。

君子贫穷而志广，富贵而体恭⑤，安燕而血气不惰⑥，劳倦而容貌不枯，怒不过夺⑦，喜不过予⑧。君子贫穷而志广，隆仁也⑨；富贵而体恭，杀势也⑩；安燕而血气不惰，柬理也⑪；劳倦而容貌不枯，好交也⑫；怒不过夺，喜不过予，是法胜私也。《书》曰⑬：“无有作好⑭，遵王之道；无有作恶⑮，遵王之路。”此言君子之能以公义胜私欲也。

注释

①略：简约，此处指君子求利心淡泊，不斤斤计较。

②早：此处指思虑有预见。

③惧：警惧，警惕性高。

④道理：指合乎道理的事。

⑤体：实行，引申为表现。

⑥安燕：休息的时候。

⑦过夺：过分地夺取，指惩罚过分。

⑧过予：过分地给予，指赏赐过分。

⑨隆仁：推崇仁德。

⑩杀势：减弱权势，即不以势压人。

⑪柬理：选择合乎礼义的事去做。杨倞《荀子·修身》注：“柬与简同，言柬择其事理所宜。”

⑫交：据上下文义，疑作“文”。女子文：指注重礼节。

⑬书：指《尚书·洪范》。

⑭作好：个人的喜好。

⑮作恶：个人的憎恶。

译文

君子求利之心很淡泊。他深远的思考很有预见性，他警惕小心地避开侮辱，而勇于去做合乎道理的事。

君子虽然贫穷困窘却志向远大，虽然荣华富贵却表现谦恭；休息时血气并不怠惰，劳苦困倦时容貌并不萎靡；恼怒时罚不过分；喜悦时赏不过分。君子虽然贫穷困窘却志向远大，是推崇仁德；虽然荣华富贵却表现谦恭，而不以势压人；虽然休息却血气不惰，而选择合乎礼义的事去做；虽然劳苦困倦却貌不萎靡，是注重礼节；虽然恼怒却罚不过分，虽然喜悦却赏不过分，是法度胜过了私情。《尚书·洪范》说："没有个人的喜好，只有遵循先王的大道；没有个人的憎恶，只有遵循先王的大路。"说的就是君子能够用公理战胜私欲。

三 不苟

题解 本文旨在讨论人的行为道德准则。

荀况提出：礼义是衡量、统一人的行为道德的最高标准。并据此肯定、颂扬了符合礼义的行为道德；否定、批驳了违背礼仪的行为道德。

荀况还进一步指出：只有合乎生活实际的东西，才合乎礼义的要求。因此，评价一个人行为道德的高下，不能只观其言行与声望，即“行不贵苟难，说不贵苟察，名不贵苟传。”而要“唯其当之为贵”“物其有矣，唯其时矣”。

荀况还认为：具备合乎礼义的行为道德对社会的平治起着决定性的作用。因此，他再三强调：为人要光明正派，谦洁无私，忠诚信实，宽厚仁爱，谦虚谨慎，见义勇为。

文章还阐述了端正行为、修养道德的方法与途径。

原文 君子行不贵苟难[①]，说不贵苟察[②]，名不贵苟传，唯其当之为贵[③]。故怀负石而赴河，是行之难为者也，而申徒狄能之[④]，然而君子不贵者，非礼义之中也[⑤]。

"山渊平，天地比[6]，齐秦袭[7]，入乎耳，出乎口[8]，钩有须[9]，卵有毛"，是说之难持者也，而惠施、邓析能之[10]。然而君子不贵者，非礼义之中也。盗跖吟口[11]，名声若日月，与舜禹俱传而不息，然而君子不贵者，非礼义之中也。故曰："君子行不贵苟难，说不贵苟察，名不贵苟传，唯其当之为贵。"《诗》曰[12]："物其有矣[13]，惟其时矣[14]。"此之谓也。

注释

①苟：假如，因也。

②说：言论，学说。

③当：适当，合乎。指符合礼义的行为、言论和名声。

④申徒狄：相传为殷商时人，因愤恨其政治主张不能实行而抱石投江而死。杨倞《荀子·不苟》注："申徒狄恨道不行，发愤而负石自沉也。"

⑤礼义：指封建社会的等级制度、道德规范、礼节仪式和与其相关的行为准则。

⑥山渊平，天地比：高山与深潭相平，天与地相比邻。《玉篇》："平，齐等也。"《广韵》《集韵》："比，近也，并也。"

⑦齐秦袭：齐国与秦国合并。袭，合。杨倞《荀子·不苟》注："齐在东，秦在西，相去甚远，若以天地之大包之，则曾无隔异，亦可合为一国也。"

⑧入乎耳，出乎口：指语言先进入耳中，后从口中说出。这是惠施等人的观点。他们认为，从人口中说出的话，并不是人心里固有的，而是受外界影响而形成的，故曰："入乎耳，出乎口。"

⑨钩：疑为"姁"字之误。姁，同"妪"，老年妇女。《说文》："姁，妪也。"

⑩惠施：战国中期宋国人，曾任梁相，名家著名代表之一。其著作已散失，部分言论、事迹散见于《庄子》《荀子》《韩非子》《吕氏春秋》。邓析：春秋时郑国的刑名学家，曾作《竹刑》，能言善辩，对后世的辩者很有影响。

⑪吟口：吟咏，传诵于口。吟，《增韵》："咏也。"杨倞《荀子·不苟》注："吟咏长在人口也。"

⑫《诗》：指《诗经·小雅·鱼丽》。

⑬有：此指客观存在，

⑭时：实事求是。《尔雅》："时，是也。"

译文 君子行事不因事情难办为贵，言论不因明白清晰为贵，名声不因广泛流传为贵，只有它们合乎礼义时才是可贵的。所以，抱着石头跳河，是行事中难以办到的，申徒狄办到了，但君子并不认为这种行为可贵，因为它不符合礼义。"山渊齐平，天地比邻，齐秦合并，语言从耳朵进，从嘴巴说出，老妇人有胡须，蛋里有毛”，这些都是学说中难以把握的，惠施、邓析却能说得头头是道，但君子并不认为这种说法可贵，因为它不符合礼义。盗跖被人们吟诵于口，他的名声如同日月，同舜、禹一样流传不已，但君子并不认为这种名声可贵，因为它不符合礼义。所以说：“君子行事不因事情难办为可贵，言论不因清晰明白为可贵，名声不因广泛流传为可贵，只有它们符合礼义时才是可贵的。”《诗经·小雅·鱼丽》说：“事物是客观存在的，只有对它实事求是才叫作可贵。”说的就是这个道理。

原文 君子易知而难狎[①]，易惧而难胁，畏患而不避义死[②]，欲利而不为所非，交亲而不比[③]，言辩而不辞[④]。荡荡乎[⑤]！其有以殊于世也。

注释 ①知：相契；相亲。狎（xiá）：狎昵，即不庄重、不礼貌的亲近。

②患：灾祸或疾病。

③比：相互勾结亲近，结党营私。《论语·为政》：“君子周而不比，小人比而不周。”

④辩：辩论，辩解。引申为巧言，言辞动听。《墨子·修身》："务言而缓行，虽辩必不听。"

⑤荡荡：心胸开阔的意思。

译文 君子容易亲近却不容狎昵，容易警惧却难以胁迫，惧怕遭受灾祸、疾病却不逃避为义而献身，希望得到利益却不去做不应该做的事，与人相亲近却不相互勾结、结党营私，言辞动听却不追求华丽的辞藻。心胸广阔啊！这是他与世人完全不同的地方。

原文 君子能亦好①，不能亦好；小人能亦丑，不能亦丑。君子能则宽容易直以开道人②，不能则恭敬繜绌以畏事人③；小人能则倨傲僻违以骄溢人④，不能则妒嫉怨诽以倾覆人。故曰："君子能则人荣学焉⑤，不能则人乐告之；小人能则人贱学焉⑥，不能则人羞告之。是君子、小人之分也⑦。

注释 ①能：有才能。

②易直：平易近人，正直无私。道：同"导"。

③繜绌：谦逊。繜同撙，抑制的意思。绌同黜，减损的意思。杨倞《荀子·不苟》注："繜与撙同，绌与黜同，谓自撙节贬

损。”畏：敬服。《论语·子罕》：“后生可畏。”

④以骄溢人：以傲慢的态度高居于人之上。溢，满，此处为高于别人之意。

⑤荣学：以向他学习为荣。

⑥贱学：以向他学习为卑贱。

⑦分：此处为区别、区分的意思。

译文　君子有才能也美，没有才能也美；小人有才能也丑，没有才能也丑。君子有才能就会宽容，平易近人，正直无私，并用这些品性去开导别人；没有才能也会恭敬、谦逊并以敬服的态度去对待别人。小人有才能就傲慢，邪僻不正，并以骄傲的态度高居别人之上；没有才能就会妒嫉、怨恨、诽谤来搞垮别人。所以说：君子有才能，人们以向他学习为荣，没有才能，人们也乐意把事情告诉他；小人有才能，人们以向他学习为卑贱，没有才能，人们也耻于告诉他什么。这便是君子与小人的区别。

原文　君子宽而不僈①，廉而不刿②，辩而不争③，察而不激，直立而不胜④，坚强而不暴，柔从而不流⑤，恭敬谨慎而容。夫是之谓至文⑥。《诗》曰⑦：“温温恭人，

惟德之基。”此之谓也。

注释

①僈：同“慢”，怠慢。

②廉而不刿：正直端方而不伤害人。语出《老子》。廉，有棱角，这里指有原则，正直端方。刿，刺伤。《说文》：“刿，利伤也。”

③争：讼，这里有强词夺理之意。《说文》：“讼，争也。”

④寡：据上下文义，疑作“直”。直立：公正，正直。

⑤柔从：服从。《左传·僖公二十八年》：“我得天楚伏其罪，我且柔之矣。”可证。流：随波逐流。

⑥至文：德行完备。文，礼义，德行。《史记·谥法》：“经纬天地曰文，道德博闻曰文，勤学好问曰文，锡名爵位曰文”可证。

⑦《诗》：指《诗经·大雅·抑》。

⑧温温：温顺柔和的样子。

译文

君子宽容而不怠慢，端方正直而不伤人，能言善辩而不强辞夺理，明察而不偏激，正直而不盛气凌人，坚强而不凶暴，服从而不随波逐流，恭敬谨慎而能宽容，这就叫作德行完备。《诗经·大雅·抑》说：“温顺柔和恭敬的人，这是道德的基础。”说的就是这种人。

原文 君子崇人之德，扬人之美，非谄谀也；正义直指①，举人之过，非毁疵也②；言己之光美③，拟于舜、禹，参于天地④，非夸诞也⑤；与时屈伸，柔从若蒲苇，非慑怯也；刚强猛毅，靡所不信⑥，非骄暴也；以义变应，知当曲直故也。《诗》曰⑦：“左之左之，君子宜之⑧；右之右之，君子有之⑨。”此言君子以义屈信、变应故也。

注释 ①义：通“议”，议论，评议。直指：坦直地指出。

②毁疵：诽谤，挑剔。

③光美：光荣美好。

④参：配合，相比。

⑤夸诞：虚夸说大话。

⑥信：通“伸”，伸展，不屈。《集韵·真韵》：“伸，经典作信。”下同。

⑦《诗》：指《诗经·小雅·裳裳者华》。

⑧宜：适应。

⑨有：同“宜”，适应。

译文　君子推崇他人的德行，颂扬他人的美好，不能叫作谄谀；公正地、坦率地指出他人的过错，不能叫作诽谤挑剔；谈自己的光荣美好，把自己与舜禹相比拟，与天地相匹配，不能叫作虚夸说大话；顺应时世或屈或伸，像蒲苇一样柔弱顺从，不能叫作胆小害怕；刚强勇猛坚毅，任何时候都不屈服，不能叫作骄横凶暴。依据礼义应对变化，是懂得该曲就曲，该直就直的缘故。《诗经·小雅·裳裳者华》说："往左就往左，君子能适应它，往右就往右，君子也能适应它。"这就是说的君子能依据礼义或屈或伸应对变化的缘故。

原文　君子，小人之反也。君子大心则敬天而道①，小心则畏义而节②；知则明通而类③，愚则端悫而法；见由则恭而止④，见闭则敬而齐⑤；喜则和而理⑥，忧则静而违⑦；通则文而明，穷则约而详。小人则不然，大心则慢而暴，小心则淫而倾⑧；知则攫盗而渐⑨，愚则毒贼而乱；见由则兑而倨⑩，见闭则怨而险；喜则轻而翾⑪，忧则挫而慑⑫；通则骄而偏⑬，穷则弃而儑⑭。传曰："君子两进⑮，小人两废⑯。"此之谓也。

注释　①大心：指志向宏大，抱负高远。天而道：合乎上天而遵循自然规律。杨倞《荀子·不苟》注："天而道，谓合于天而顺道。"

②小心：志向、抱负不大。畏：敬畏。

③知：同"智"。类：类推。指能够依据礼义法度的规定类推事物。

④见由：被重用。《左传·襄公三十年》："以晋国之多虞，不能由吾子。"杜预注："由，用也。"止：礼。杨倞《荀子·不苟》注："止，礼也，言恭而有礼也。"

⑤见闭：不受重用。闭：堵塞，此处指仕途受阻。敬而齐：严肃而庄重。敬：严肃，慎重。《管子·内业》："敬慎无咸。"齐：《毛诗传》："齐，庄也。"

⑥理：守理义。

⑦违：避开。

⑧淫：淫邪，奸邪不正。

⑨攫盗：盗取，盗窃。渐：欺诈，作假。杨柳桥《荀子诂译·不苟》注："渐，借为僭。"《说文》："僭，假也。"

⑩兑：同"锐"。这里指行动敏捷地向上爬。

⑪翾（xuān）：指轻浮，不庄重。

⑫慑：恐慑，畏惧。

⑬偏：偏邪，不公正。

⑭傫（xí）：卑下。

⑮两进：指大心、小心两种情况下都能进步。

⑯废：堕。《左传·定公三年》：“（邾子）滋怒，自投于床，废于炉炭。”《十三经注疏》：“废，堕也。”

译文 君子，是小人的反面。君子心志宏大高远的合乎上天而遵循自然规律，心志不大的敬畏礼义而节制自己；聪明的精明通达而能够依据礼义法度的规定类推事物，愚笨的就诚实忠厚而遵守法度；受到任用的恭敬而守礼节，未被任用的严肃庄重；高兴时和蔼而守理义，忧愁时平静地避开；显达时谈吐文雅而精明，窘困时言辞简约而详尽。小人就不这样。他们心志高大的傲慢而粗暴，胸无大志的奸邪而好倾轧；聪明的盗窃欺诈，愚蠢的恶毒而昏乱；被任用的动作敏捷地向上爬，未被任用的怨天尤人而十分阴险；高兴时轻佻不庄重，忧愁时屈辱而恐惧；显达时骄矜而偏邪，窘困时自暴自弃猥琐卑下。古书说：“君子在‘大心’‘小心’两种情况下都能进步，小人在这两种情况下都会堕落。”说的就是这个道理。

原文 君子治治①，非治乱也。曷谓邪？曰：礼义之谓治，非礼义之谓乱也。故君子者，治礼义者也，非治非礼义者也。然则国乱将弗治与？曰：国乱而治之者，非案乱而治之之谓也[2]。去乱而被之以治[3]。人污而修之者，非案污而修之之谓也[4]，去污而易之以修。故去乱而非治乱也，去污而非修污也。治之为名，犹曰君子为治而不为乱，为修而不为污也。

注释

①治治：治理安定。

②案：依照；依据。杨倞《荀子·不苟》注："案，据也。"

③被：覆盖，加上。《广雅》："被，加也。"

④修：善，美好。

译文

君子治理安定，并不是治理混乱。为什么这样说呢？回答是：符合礼仪，就叫作安定，不符合礼义，就叫作混乱。所以君子是治理符合礼义的国家，而不是治理不符合礼义的国家的。那么，国家混乱了就不去治理它吗？回答是：国家混乱了而加以治理，不是说依据混乱的局面去治理，而是要去掉混乱之后再加以治理。人品污浊的，要使他美好，不是说依据他的污浊来使他美好，而是要去掉他污浊的品行，再换上美好的品行。所以说去掉混乱不是治理混乱，去掉污秽不是使污秽美好。"治"所以称为"治"，就是说君子只做安定的事而不做混乱的事，只做美好的事而不做污秽的事。

原文　君子絜其身而同焉者合矣[①]，善其言而类焉者应矣。故马鸣而马应之[②]，非知也[③]，其埶然也[④]。故新浴者振其衣[⑤]，新沐者弹其冠[⑥]，人之情也。其谁能以己之潐潐受人之掝掝者哉[⑦]？

注释　①辩：《韩诗外传》引文作“身”，据上下文义当为“身”。同焉：同于此，指与君子志同道合的人。

②马鸣而马应之：《韩诗外传》引文此句下有“牛鸣而牛应之”，据此补。

③知：同“智”。

④埶：同“势”。

⑤浴：洗身。《说文》：“浴，洒身也。”

⑥沐：洗头发。《说文》：“沐，濯发也。”

⑦潐（jiào）潐：同“嚼嚼”，洁白貌。杨倞《荀子·不苟》注：“潐潐，明察之貌。”掝掝（huò）：污黑貌。杨倞《荀子·不苟》注：“掝掝，惛也。”

译文　君子使自身廉洁，与他志同道合的人就会同他相应和。君子使自身言辞美好，与他同类的人就会同他相回应。所以，马嘶鸣就有马回应，牛鸣叫就会有牛回应。这不是马、牛聪明，而是自然趋势如此。所以，刚洗过澡的人必定要抖抖衣服，新洗头的人必定要拍拍帽子，这是人之常情。谁愿意让自己的洁白受别人的污黑玷染呢？

原文 君子养心莫善于诚[1]，致诚则无它事矣[2]。唯仁之为守，唯义之为行。诚心守仁则形[3]，形则神[4]，神则能化矣[5]。诚心行义则理，理则明，明则能变矣。变化代兴[6]，谓之天德[7]。天不言而人推高焉[8]，地不言而人推厚焉，四时不言而百姓期焉[9]，夫此有常[10]，以至其诚者也。君子至德，嘿然而喻[11]，未施而亲[12]，不怒而威，夫此顺命以慎其独者也[13]。善之为道者[14]，不诚则不独，不独则不形，不形则虽作于心，见于色，出于言，民犹若未从也[15]；虽从必疑。天地为大矣，不诚则不能化万物。圣人为知矣[16]，不诚则不能化万民。父子为亲矣，不诚则疏；君上为尊矣，不诚则卑[17]。夫诚者，君子之所守也，而政事之本也。唯所居以其类至[18]。操之则得之，舍之则失之。操而得之则轻[19]，轻则独行，独行而不舍，则济矣[20]。济而材尽[21]，长迁而不反其初[22]，则化矣。

注释

①诚：诚实；笃实不欺。

②致：达到。

③形：表现，指在言行中表现出仁。

④神：指超凡出俗的本领。

⑤化：变化，指使事物发生转化。

⑥代兴：相互交替出现。

⑦天德：天之德行，指自然变化规律。

⑧推：推崇，推许。引申为公认。

⑨期：预期，指预知节气变化。杨倞《荀子·不苟》注："期，谓知其时候。"

⑩常：规律，准则。

⑪嘿：同"默"。

⑫施：指施予恩惠。

⑬顺命：顺从天命，即遵循自然规律。独：指专心致意于仁义。

⑭善之：善于。《古字虚字集锦》："之，犹于也。"

⑮犹若：仍然如此。

⑯知：同"智"。

⑰卑：不被人尊重。杨倞《荀子：不苟》："卑谓不为在下

所尊。”

⑱居：占，此处是固有的意思。

⑲轻：不费劲。

⑳济：成功。

㉑材尽：指才能得到充分的发挥。

㉒长迁：长期的变移。反：通“返”。

译文 君子修养身心，没有比诚笃不欺更好的办法了。达到诚笃不欺的境界就不需要其他办法了，只需守住仁义，按仁义办事。诚心守住仁义就会在言行中表现出仁义；在言行中表现出仁义，就具有超凡出俗的本领；具有超凡出俗的本领就能使事物转化。诚心按仁义办事，办事就有条理；办事有条理事物就明白易知；明白易知就能使事物变化。“变”与“化”的相互交替出现，就叫作自然的变化规律。天不说话，人们都公认它最高；地不说话，人们却公认它最厚。春夏秋冬四季不说话，人们却能预知节气的变化，这是因为它们有规律，已达到极其诚实的境界。君子有崇高的品德，他默然不语就能使人明白，不施恩惠就能使人亲近，不发怒也威严，这是他遵循自然规律，慎重地专心守仁行义的缘故。善于施行“仁道”的人，懂得不诚实就不能专心于仁义，不能专心于仁义的人就无法表现出仁。表现不出仁，即使发自内心，见于脸色，表露于言语，人们也依然不会跟从他，即使跟从也必定心存疑虑。天地是伟大的，不诚实就不能造化万物。圣人是智慧的，不诚实就不能教化万民。父子是亲近的，不诚实就会相互疏远。君主是尊贵的，不诚实就不会被人们尊重。诚实，是君子必须遵守的，而且是国家事务的根本。只有依据事物固有的规律，把它推行到同类事物上去，就掌握了诚实，掌握了诚实就得到它，丢弃了诚实就失去它。掌握住诚实，行动就很轻松；轻松就能专心一意地实行仁义，专心而锲而不舍地实行仁义，事业就能成功；事业成功就能使才能得到充分地发挥，经过长期的变迁也不再回返到它最初的性状，这就是变化了。

原文　君子位尊而志恭[①]，心小而道大[②]，所听视者近，而所闻见者远。是何邪？则操术然也[③]。故千人万人之情，一人之情是也；天地始者，今日是也；百王之道，后王是也。君子审后王之道，而论百王之前[④]，若端拜而议[⑤]。推礼义之统[⑥]，分是非之分，总天下之要，治海内之众，若使一人。故操弥约而事弥大[⑦]。五寸之矩⑧，尽天下之方也。故君子不下堂，而海内之情举积此者⑨，则操术然也。

注释

①志恭：心志谦恭。

②道：这里指方法，手段，本领。

③操术：所掌握的方法。

④论：通“伦”，比较。郑玄《荀子·性恶》注：“论，或为‘伦’。”

⑤端拜：端拱，杨倞《荀子·不苟》注：“端拜犹言端拱。”意思是端坐拱手，形容从容而不劳神思的样子。

⑥推：推究。统：统类，纲纪。

⑦弥：愈。

⑧矩：指画方形的工具。

⑨举积：全部聚集。

译文

君子地位尊贵而心志谦恭，心思细密而本领强大，他所听到的看到的是很近的，但所听到的所见到的又是很远的。这是为什么呢？是他所掌握的方法使他这样的。千人万人的情况，就是一个人的情况；天地起始的情况，就是今天的情况；历代君王治国的办法，就是当今君王治国的办法。君子审察当今君王的办法，并将它与历代君王的办法相比较，就能够像端坐拱手一样从容地议论了。推究礼义的纲纪，分辨是非的界限，总揽天下的要领，治理天下的百姓，就像指使一个人一样。所以，所掌握的方法愈简要，所治理的事就愈多。五寸的矩，可以穷尽天下的方形。所以君子不必走出内室而天下的事情却全部聚集在他那里，是他所掌握的方法使他能够这样。

原文 有通士者，有公士者，有直士者，有悫士者，有小人者。上则能尊君，下则能爱民，物至而应①，事起而辨②，若是，则可谓通士矣。不下比以暗上③，不上同以疾下④，分争于中，不以私害之，若是，则可谓公士矣。身之所长，上虽不知，不以悖君⑤；身之所短，上虽不知，不以取赏；长短不饰，以情自竭⑥，若是，则可谓直士矣。庸言必信之⑦，庸行必慎之，畏法流俗⑧，而不敢以其所独甚⑨，若是，则可谓悫士矣。言无常信，行无常贞⑩，唯利所在，无所不倾，若是，则可谓小人矣。

注释 ①物：指别人。魏征《十渐不克终疏》："损己以利物"，可证。

②辨：处理。

③暗：不清。

④疾：同“嫉”，害。

⑤悖（bèi）：违背。

⑥情：实情。竭：同“揭”，举。

⑦庸：平常。《国语·晋语士》：“无功庸者不敢居高位”，可证。

⑧法：效法。

⑨甚：据文义疑为“是。”独是：自以为是。

⑩贞：正。

译文 有通达的士，有公正的士，有爽直的士，有谨慎的士，也有小人。对上能尊重君主，对下能爱护百姓，别人来了能从容应对，事情发生了能够处理，像这样的人就可以被称为通达的士。不在下面相互勾结去欺蒙上面，不迎合上面的人来残害下面的人。在利害纷争之中，不以私利而损害公益，像这样的人就可以被称为公正的士。自己的长处，君主不知道，不因此而违背君主；自己的短处，君主不知道，不以此而骗取奖赏。长处短处都不掩饰，据实说出来，像这样的人就可以被称为爽直的士。所说的平常的话也必定言而有信，所做的平常的事也必定谨慎小心，不敢效法流行的习俗，也不敢凭自己所长而自以为是，像这样的人就可以被称为谨慎的士。说话经常不讲信用，办事没有一定的原则，只要是利益所在，任何事情都可以使他动摇，像这样的人就被称为小人。

原文 公生明，偏生暗①，端悫生通，诈伪生塞②，诚信生神，夸诞生惑。此六生者，君子慎之，而禹、桀所以分也。

注释 ①偏：偏私。

②塞：阻塞，多艰难的意思。杨倞《荀子·不苟》："多穷，塞也。"

译文 公正产生光明，偏私产生黑暗，诚恳谨慎产生通达，欺诈作假产生阻塞，诚实忠信产生神奇，虚夸妄诞产生生惑乱。这六种"产生"，君子要慎重对待，禹和桀就是凭这些来区分开的。

原文 欲恶取舍之权①：见其可欲也，则必前后虑其可恶也者；见其可利也，则必前后虑其可害也者。而兼权之，孰计之②，然后定其欲恶取舍，如是则常不失陷矣③。凡人之患，偏伤之也④。见其可欲也，则不虑其可恶也者；见其可利也，则不虑其可害也者。是以动则必陷，为则必辱，是偏伤之患也。

注释 ①欲：想要，希望。引申为喜好。

②孰：同“熟”，仔细，周详。

③失陷：过失，过错。

④偏：指认识的片面。杨倞《荀子·不苟》注：“偏，谓见其一隅。”

译文 喜好与厌恶，取与舍的权衡：见到那些可喜好的，必定要前前后后地考虑它可厌恶的一面；见到那些可以取利的，必定要前前后后地考虑它有害的一面。两方面权衡它，仔细周详地考虑，然后才决定是喜好还是厌恶，是取还是舍，像这样就常常可以免去过错。人的毛病是由认识片面造成的。见到可喜好的，就不去考虑它可厌恶的一面；见到可取利的，就不顾它有害的一面。因此，一有举动就必定失败，一做事就必定招来耻辱，这就是片面造成的危害。

原文 人之所恶者，吾亦恶之，夫富贵者则类傲之[1]；夫贫贱者则求柔之[2]，是非仁人之情也。是奸人将以盗名于晻世者也[3]，险莫大焉。故曰[4]：盗名不如盗货。田仲、史鳅不如盗也[5]。

注释

①类傲：统统加以傲视。

②求柔：普遍给予安抚。求:《尔雅》:“求，终也”。终：穷尽。《尔雅·释诂一》:“终，极也。”《广雅·释诂》:“终，穷也。”孔颖达《礼记·儒行》疏:“终，尽也。”《汉书·严助传》:“嘉王之意，靡有终。”颜师古注:“终，极也。”此处作普遍解。

③晻：同“暗”。

④故：指古书。

⑤田仲：又叫陈仲子。战国时齐国人。贵族出身，自许清高，离开富有的兄长而自食其力。史鳅（qiū）：字子鱼。春秋时卫国大夫。曾多次劝谏卫灵公，但其意见未被采纳。临死时告诫其子，不要将尸体装入棺材，而要实行“尸谏”。卫灵公对此大加赞扬，孔子也称他为“直人”。

译文

别人所厌恶的，我也厌恶，富贵的人我统统加以傲视，贫贱的人我普遍加以安抚，这并不是仁人的感情。这是奸邪的人在昏暗的世道用来盗取名誉的办法，没有比这更险恶的了。古书上说：盗取名誉的人还不如盗取财货的人，田仲和史鳅就不如强盗。

四 荣辱

题解 本文系统地阐述了荀子的荣辱观。

文章详尽地说明了哪些思想与行为是荣，哪些思想与行为是辱，还具体分析了形成荣辱的原因，以及它们造成的不同后果。尤为重要的是，荀子在文章中指出：人的荣辱贵贱并非生来就有区别，“材性知能，君子、小人一也。”“是禹、桀之所同也。”形成区别的关键在于后天的教育和各方面的影响，即“注措习俗之所积耳”。为了使这一论点具有说服力，荀况还以帝尧和大禹为例，说明他们之所以具备帝王之资，正是后天长期修养自身品德与行为的缘故。

原文 桥泄者①，人之殃也；恭俭者②，偋五兵也③，虽有戈矛之刺④，不如恭俭之利也。故与人善言，暖于布帛；伤人之言⑤，深于矛戟。故薄薄之地⑥，不得履之⑦，非地不安也，危足无所履者⑧，凡在言也。巨涂则让⑨，小涂则殆，虽欲不谨，若云不使⑩。

注释 ①桥：疑“㤭”之误。㤭：通“骄”，傲慢。泄：通“亵”，侮狎；轻慢，不庄重。朱骏声（清）《说文通训定声·泰部》："注假借为亵。"《孟子·离娄》："武王不泄迩不忘远。"赵岐注："泄，狎。"杨倞《荀子·荣辱》注："泄与'媟'同，嫚也。"

②恭俭：恭敬卑谦。

③偋：同"摒"，排除。五兵：指刀、剑、矛、戟、箭等五种古代常用兵器。

④刺：锋芒。

⑤之：据《艺文类聚》《太平御览》引文，疑作"以"。

⑥薄薄：通"溥溥"，广大貌。杨倞《荀子·荣辱》注："薄薄，谓旁薄广大之貌。"

⑦履：踩，踏，指立足。

⑧危足：侧着脚。

⑨涂：同"途"，道路。让：通"攘"，拥挤。

⑩云：有。《广雅》："云，有也。"

译文

傲慢侮狎，是人的祸患；恭敬谦卑，可以使刀、剑、矛、戟、箭退却。纵然有戈矛的锋芒，也不如恭谨的锐利。所以用好的言语赞扬别人，比给人布帛更使人感到温暖；用恶言伤害别人，比用矛戟伤人更深。所以对有的人说来，广阔的大地，却不能立足，不是由于地面不平稳，他侧着脚也无法立足，全在于他恶语伤人。走大路则人多拥挤，走小路则崎岖危险，即使不想恭谨，也像有什么使他不能不恭谨。

原文

快快而亡者[①]，怒也，察察而残者[②]，忮也[③]；博而穷者[④]，訾也[⑤]；清之而俞浊者[⑥]，口也；豢之而俞瘠者[⑦]，交也；辩而不说者[⑧]，争也；直立而不见知者[⑨]，胜也；廉而不见贵者[⑩]，刿也[⑪]；勇而不见惮者，贪也；信而不见敬者，好剸行也[⑫]。此小人之所务[⑬]，而君子之所不为也。

注释

①快快：快意，肆意，不顾后果。杨倞《荀子·荣辱》注："肆其快意。"

②察察：十分明察，形容精明。

③忮（zhì）：忌恨。

④博：指知识广博。穷：指处境窘迫。

⑤訾（zǐ）：诋毁，诬蔑，非议。

⑥俞：同"愈"，更加。

⑦豢（huàn）：喂养，这里指以酒肉结交朋友，而不是以道义相交。瘠：瘦，引申为"薄"，指友情淡薄。

⑧辩：善于辩论。不说：不能说服别人，或不为人所称说。

⑨直立：正直，正派。知：了解。引申为"赏识"。

⑩廉：有棱角，指人的品行正直端方。

⑪刿：伤害。

⑫剸：同“专”，独断专行。

⑬务：做，所作所为。

译文　肆意妄为而死亡的，是由于一时的激怒；处事明察反遭伤害的，是由于喜欢忌恨；知识渊博而处境窘困的，是由于爱诋毁别人；愈追求名声清白而名声愈坏的，是由于口舌过多；愈以酒肉与朋友相交而感情愈淡薄的，问题是出在交友的原则上；能言善辩却不能说服人的，是由于不肯相让；为人正直却不被人赏识的，是由于过分好胜；品行正直端方却得不到人们敬重的，是由于伤害了别人；勇敢却不为人们所畏惧的，是由于贪婪；讲求信用却不受人尊敬的，是由于独断专行。这些都是小人的所作所为，是君子所不做的。

原文　斗者[①]，忘其身者也，忘其亲者也[②]，忘其君者也。行其少顷之怒，而丧终身之躯，然且为之，是忘其身也；室家立残[③]，亲戚不免乎刑戮，然且为之，是忘其亲也；君上之所恶也，刑法之所大禁也，然且为之，是忘其君也。忧忘其身[④]，内忘其亲[⑤]，上忘其君，是刑法之所不舍也，圣王之所不畜也[⑥]。乳彘触虎[⑦]，乳狗不远游，不忘其亲也。人也，忧忘其身，内忘其亲，上忘其君，则是人也，而曾狗彘之不若也。

注释

①斗者：指战国末期“以武犯禁”，为个人利益而斗杀的人。

②亲：父母。《公羊传·庄公三十二年》：“君亲无将”何休注：“亲，谓父母。”此处泛指亲人。

③室家：指妻子儿女。《诗经·国风·桃夭》：“之子于归，宜室宜家。”朱熹注：“室，谓夫妇所居；家，谓一门之内。”

④忧：依据上下文义，疑为“下”。下同。

⑤内：中间。

⑥畜：收储，收容。

⑦乳彘触虎：据宋本补为：“乳彘不触虎”。意思是哺乳的母猪不去触犯老虎。

译文

为私利斗杀的人，是忘掉自己生命的人，是忘掉亲人的人，是忘掉君主的人。为发泄一时的忿怒，而丧失一生的生命，这种事竟然还要去做，这便是忘记了自己的生命。妻子儿女顷刻间被残害，亲戚也不能免于刑杀，竟然还要去斗杀，这便是忘记了亲人。斗杀是君主所厌恶的，是刑法所严禁的，竟然还要去做，这就是忘记了君主。在下忘记了自己的生命，在中忘记了亲人，对上忘记了君主，这是刑法所不能放过的，是圣明的君主所不能收容的。哺乳的母猪不会触犯老虎，哺乳的母狗不会外出远游，是不忘记自己的亲人。人啊，在下忘记自身，中间忘记亲人，对上忘记君主，那么这种人就连猪狗都不如。

原文　凡斗者，必自以为是而以人为非也。己诚是也，人诚非也，则是己君子而人小人也。以君子与小人相贼害也，忧以忘其身①，内以忘其亲，上以忘其君，岂不过甚矣哉②！是人也，所谓以狐父之戈镯牛矢也③。将以为智耶？则愚莫大焉。将以为利邪？则害莫大焉。将以为荣邪？则辱莫大焉。将以为安邪？则危莫大焉。人之有斗，何哉？我欲属之狂惑疾病邪④，则不可，圣王又诛之⑤。我欲属之鸟鼠禽兽邪，则不可，其形体又人，而好恶多同。人之有斗，何哉？我甚丑之⑥。

注释　①忧：据上下文义，疑为“下”。

②过：过失，错误。

③狐父：古代地名，在今江苏砀山附近。传说那里出产一种优质的戈。杨倞《荀子·荣辱》注："狐父，地名。"斸（zhú）：砍。杨柳桥《荀子诂译·荣辱》注："斸，即'斲'之或体。"《说文》："斲，截也。"

④属：归于。狂惑疾病：指精神病人。

⑤诛：惩罚。

⑥丑：憎恶。

译文 凡是斗杀的人，必定认为自己正确而认为别人是错误的。自己确实是正确的，别人确实是错误的，那么自己就是君子，别人就是小人。却又以君子的身份与小人相互残杀，在下忘记了自己的生命，中间忘记了亲人，对上忘记了君主，岂不大错特错了吗？这种人，可以说是在用狐父产的戈去砍牛粪。能认为这是聪明的吗？其实没有比这更愚蠢的了。能认为这是有利的吗？其实没有比这更有害的了。能认为这是荣耀的吗？其实没有比这更耻辱的了。能认为这是安全的吗？其实没有比这更危险的了。人之所以有斗杀，是为什么呢？我想把他们归为精神病人吧？不行，因为圣明的君主又惩罚了他们。我想把他们归于鸟鼠禽兽之类的动物吧，不行，因为他们的形体又是人。而且他们的好恶也与人相同。人有斗杀，究竟是为什么？我非常憎恶这样的人。

原文

有狗彘之勇者，有贾盗之勇者，有小人之勇者，有士君子之勇者。争饮食，无廉耻，不知是非，不辟死伤①，不畏众强，恈恈然唯利饮食之见②，是狗彘之勇也。为事利，争货财，无辞让，果敢而振③，猛贪而戾④，恈恈然唯利之见，是贾盗之勇也。轻死而暴，是小人之勇也。义之所在，不倾于权，不顾其利，举国而与之⑤，不为改视，重死持义而不桡⑥，是士君子之勇也。

注释

①辟：通“避”。

②恈（móu）恈然：贪欲十足的样子。杨倞《荀子·荣辱》注：“恈恈，爱欲之貌。”

③振：据上下文义疑为“狠”。

④戾：乖戾凶残。

⑤与：对付。这里是反对的意思。

⑥重死：爱惜生命，不轻生。桡：同“挠”，屈服，屈从。

译文 有猪狗的勇敢，有商人与盗贼的勇敢，有小人的勇敢，有士与君子的勇敢。只知道争夺食物，没有廉耻，不知是非，不避死伤，也不怕众人的强大，贪婪无比地只图吃喝的东西，这就是猪狗的勇敢。做事只贪图利益，争夺财物，毫无谦让，专横凶狠，肆意贪求而凶残，贪得无厌只看到财利，这就是商人与盗贼的勇敢。不爱惜生命而十分残暴，是小人的勇敢。只要是义之所在，不屈服于权势，不顾及自己的利益，即使整个国家的人都来反对他，也不改变自己的看法，珍惜生命却能坚持义而不屈从，这就是士与君子的勇敢。

原文 鲦鲊者①，浮阳之鱼也②。胠于沙而思水③，则无逮矣④。挂于患而欲谨⑤，则无益矣。自知者不怨人，知命者不怨天。怨人者穷，怨天者无志⑥。失之己，反之人⑦，岂不迂乎哉⑧？

注释 ①鲦（yóu）、鲊（qiáo）：均鱼名。

②浮阳：浮在水面接受阳光，指鱼喜欢浮在水面晒太阳。

③胠（qū）：通“阹”，遮拦，搁浅。陈奇猷校注引夏纬英曰：“鱼胠於沙，是鱼失水而浅在沙滩上。”

④逮：及。《广雅》：“逮，及也。”

⑤挂：牵连，遭到。

⑥志：知，识。

⑦反：责备。

⑧迂：远。《广雅》：“迂，远也。”

译文　鲦鲱，是喜欢浮在水面晒太阳的鱼。当它搁浅在沙滩上才想到水，已经来不及了。遭到灾祸才想到谨慎，已经无济于事了。认识自己的人，不埋怨别人；明白自己命运的人，不埋怨天。埋怨别人的是没有办法的人，怨恨上天的是无知无识的人。自己有了过失，却去责备别人，岂不是背离得太远了吗？

原文　荣辱之大分[①]，安危利害之常体[②]：先义而后利者荣，先利而后义者辱。荣者常通，辱者常穷，通者常制人[③]，穷者常制于人，是荣辱之大分也。材悫者常安利[④]，荡悍者常危害，安利者常乐易，危害者常忧险，乐易者常寿长，忧险者常夭折，是安危利害之常体也。

注释　①大分：根本区别。

②常体：常规，通常情况。

③制：统治，驾驭。

④材悫：资质品性纯朴。杨倞《荀子·荣辱》注："谓材性原悫也。"材性，即指人的资质品行。

译文 光荣与耻辱的根本区别，安危利害的通常规律是：把义放在前而把利放在后的，光荣；把利放在前而把义放在后的，耻辱。光荣的，处处通达；耻辱的，时时窘困。通达的，处处能驾驭别人；窘困的，时时被别人驾驭。这就是光荣和耻辱的根本区别。资质品行纯朴的，往往安定顺利；放荡凶悍的，常常遇到危难灾害。安定顺利的常常欢乐平易，遭受危难灾害的常常忧愁危险。欢乐平易的往往长寿，忧愁危险的往往夭折，这就是安危利害的通常的规律。

原文 夫天生蒸民①，有所以取之。志意致修②，德行致厚，智虑致明，是天子之所以取天下也。政令法③，举措时④，听断公，上则能顺天子之命，下则能保百姓，是诸侯之所以取国家也。志行修，临官治⑤，上则能顺上，下则能保其职，是士大夫之所以取田邑也⑥。循法则、度量、刑辟、图籍⑦，不知其义，谨守其数[8]，慎不敢损益也[9]，父子相传，以持王公[10]，是故三代虽亡，治法犹存，是官人百吏之所以取禄秩也[11]。孝弟原悫[12]，軥录疾力[13]，以敦比其事业[14]，而不敢怠傲，是庶人之所以取暖衣饱食，长生久视[15]，以免于刑戮也。饰邪说，文奸言[16]，为倚事[17]，陶诞突盗[18]，惕悍憍暴，以偷生反侧于乱世之间[19]，是奸人之所以取危辱死刑也。其虑之不深，其择之不谨，其定取舍楛僈[20]，是其所以危也。

注释

①蒸：众多。

②致：最，极。

③政令法：政令符合法制。

④举措时：措施适时。

⑤临官治：做官时能将事情办好。

⑥田邑：指封地。

⑦刑辟：刑法。杨倞《荀子·荣辱》注："刑法之书。"图籍：地图、人口册籍。杨倞《荀子·荣辱》注："图，谓模写土地之形；籍，谓书其户口之数也。"

⑧数：程序。这里指条文。

⑨损益：减增，这里指更改。

⑩持：侍奉。杨倞《荀子·解蔽》注："持，扶翼也。"

⑪禄秩：俸禄与官职。

⑫弟：同“悌”。原：同“愿”，诚实。

⑬軥录：通“劬（qū）碌”，勤劳。疾力：努力。杨倞《荀子·荣辱》注：“谓速力而作也。”

⑭敦：勉力。比：通庀（qǐ），治理。

⑮长生久视：长寿。高诱《吕氏春秋》注：“视，活也。”

⑯文：文饰，掩饰。

⑰倚：同“奇”。

⑱陶：闲话，虚构的话。这里指欺诈。突盗：欺凌劫掠。

⑲反侧：捣乱，为非作歹。

⑳楛（kǔ）慢：轻率，放纵。

译文　天生众多的人，各有取得自己地位的道理。意志思想最为美好，德行最为深厚，智慧思虑最为英明，这是天子之所以取得天下的道理。政令符合法制，措施适时，处决政事公道，对上能顺从天子的命令，对下能保护百姓，这是诸侯之所以取得国家的道理。意志行为美好，做官能把事情办好，对上能顺从上级的意见，在下能谨守自己的职责，这是士大夫之所以取得封地的道理。遵循法律制度，对于度量、刑法、地图册、人口册等，虽然不懂得它们的意义，却能谨慎地守住这些条文，不敢加以更改，父子世代相传，侍奉王公。所以夏、商、周三代虽然灭亡，但治理国家的法则还在，这是官吏们之所以获得俸禄与职位的道理。孝顺父母，尊敬兄长，忠厚诚恳，辛勤地致力于事业，不敢怠惰傲慢，这是普通百姓之所以得到丰衣足食，长寿并免于刑罚的道理。粉饰异端邪说，粉饰奸言巧语，做怪异奇特的事，欺诈、荒诞、欺凌、劫掠、放荡傲慢而又残暴，苟且偷生，在乱世中为非作歹，这是奸邪之人遭到危险、侮辱、死刑的道理。这种人考虑问题不深远，选择道路不谨慎，决定取舍轻率放纵，这是他们遭到危险的原因。

原文 材性知能，君子、小人一也。好荣恶辱，好利恶害，是君子、小人之所同也。若其所以求之之道则异矣。小人也者，疾为诞而欲人之信己也[①]，疾为诈而欲人之亲己也，禽兽之行而欲人之善己也。虑之难知也[②]，行之难安也[③]，持之难立也，成则必不得其所好[④]，必遇其所恶焉，故君子者[⑤]，信矣，而亦欲人之信己也；忠矣，而亦欲人之亲己也；修正治辨矣[⑥]，而亦欲人之善己也。虑之易知也，行之易安也，持之易立也，成则必得其所好，必不遇其所恶焉。是故穷则不隐[⑦]，通则大明[⑧]，身死而名弥白[⑨]。小人莫不延颈举踵而愿曰[⑩]：“知虑材性，固有以贤人矣[⑪]！”夫不知其与己无以异也。则君子注错之当[⑫]，而小人注错之过也。故孰察小人之知能，足以知其有余[⑬]，可以为君子之所为也。譬之越人安越，楚人安楚，君子安雅[⑭]，是非知能材性然也，是注错习俗之节异也[⑮]。

注释

①疾：急速，猛烈。引申为极力。

②知：这里指理解。

③安：这里是安稳，稳妥的意思。

④成：结果。郑玄《尚书》注：“成，犹终也。”

⑤故：若，至于。

⑥修正：指品行美好正直。治辨：为政有方，能把各种事情都办好。

⑦不隐：指名声没有埋没。

⑧大明：异常显赫。

⑨白：彰明。

⑩踵（zhǒng）：脚后跟。愿：羡慕。杨倞《荀子·荣辱》注：“愿，犹慕也。”

⑪贤人：贤于人，胜过别人。杨倞《荀子·荣辱》注：“谓贤过于人也。”

⑫注错：措置，指行为举措。杨倞《荀子·荣辱》注："注错与措置义同。"

⑬有余：充分，完全的意思。

⑭雅：正。这里指美德。

⑮节异：适异，恰恰不同。

译文

资质智能，君子和小人是一样的。喜欢荣誉，厌恶耻辱，喜欢利益，厌恶损害，这也是君子和小人的相同之处。至于他们追求"荣""利"的道路就不同了。小人，极力去做荒诞的事，却想要别人相信自己；极力去做欺诈的事，却想要别人亲近自己；行为如同禽兽却想要别人赞美自己。他们考虑的问题是难以理解的，他们做的事是难以稳妥的，他们所持的主张是难以成立的。其结果必定得不到自己所喜欢的，而必定得到自己所厌恶的。至于君子，他们为人信实，也希望别人相信自己；他们对人忠诚，也希望别人亲近自己；他们品行正直办事能干，也希望别人赞美自己。他们考虑的问题容易理解，所办的事容易稳妥，所持的主张也容易成立。其结果必定是能得到自己所喜欢的，必定不会碰到自己所厌恶的。所以，君子窘困时名声依然存在，通达时名声十分显赫，去世之后名声还会愈加彰著。小人无不伸长脖子踮着脚跟羡慕地说："他们的智能资质，本来就胜过别人啊！"他们不知道君子与自己并没有什么不同，只是君子的行为举措得当，而小人的行为举措错误罢了。所以反复考察小人的智能，足以知道他们完全能够做到君子所做的一切。如同越国人习惯于越国，楚国人习惯于楚国，君子习惯于美德，并非智能资质使他们这样，而是他们的行为举措和风俗习惯不同造成的。

原文 仁义德行，常安之术也，然而未必不危也①；污僈突盗②，常危之术也，然而未必不安也。故君子道其常③，而小人道其怪。

注释 ①未必不危：指讲究仁义德行，也可能会出现危险的情况。

②污僈：污浊放纵。

③道：遵循。《尔雅》："道，行也。"

译文 实行仁义德行，是获得长治久安的办法，然而未必没有危险的发生；污浊放纵、欺凌劫掠，这是经常遭到危险的办法，然而也未必没有安稳的时候。所以，君子遵循的是正常的办法，而小人遵循的是怪异的办法。

原文　凡人有所一同：饥而欲食，寒而欲暖，劳而欲息，好利而恶害，是人之所生而有也，是无待而然者也，是禹、桀之所同也。目辨白黑美恶，耳辨音声清浊，口辨酸咸甘苦，鼻辨芬芳腥臊，骨体肤理辨寒暑疾养[①]，是又人之所常生而有也[②]，是无待而然者也，是禹、桀之所同也。可以为尧、禹，可以为桀、跖，可以为工匠，可以为农贾，在埶注错习俗之所积耳[③]。是又人之所生而有也，是无待而然者也，是禹、桀之所同也[④]。为尧、禹则常安荣，为桀、跖则常危辱。为尧、禹则常愉佚，为工匠、农贾则常烦劳。然而人力为此而寡为彼，何也？曰：陋也。尧、禹者，非生而具者也，夫起于变故，成乎修，修之为[⑤]、待尽而后备者也。

人之生固小人，无师、无法，则唯利之见耳。人之生固小人，又以遇乱世，得乱俗，是以小重小也，以乱得乱也。君子非得埶以临之，则无由得开内焉[⑥]。今是人之口腹，安知礼义？安知辞让？安知廉耻、隅积[⑦]？亦呥呥而噍[⑧]，乡乡而饱已矣[⑨]。人无师、无法，则其心正其口腹也[10]。今使人生而未尝睹刍豢稻粱也[11]，惟菽藿糟糠之为睹[12]，则以至足为在此也。俄而粲然有秉刍豢稻粱而至者[13]，则瞲然视之曰[14]："此何怪也?"彼臭之而无嗛于鼻[15]，尝之而甘于口，食之而安于体，则莫不弃此而取彼矣。今以夫先王之道，仁义之统[16]，以相群居，以相持养，以相藩饰，以相安固邪。以夫桀、跖之道，是其为相县也[17]。几直夫刍豢稻粱之县糟糠尔哉！然而人力为此而寡为彼，何也？曰：陋也。陋也者，天下之公患也，人之大殃大害也。故曰：仁者好告示人。告之示之。靡之儇之[18]，鈆之重之[19]，则夫塞者俄且通也，陋者俄且僩也[20]，愚者俄且知也。是若不行，则汤、武在上曷益？桀、纣在上曷损？汤、武存则天下从而治，桀、跖存则天下从而乱。如是者，岂非人之情固可与如此[21]，可与如彼也哉！

注释

①疾养：痛痒。养，同"痒。"

②常：据上下文义疑衍。

③教：据上下文义疑衍。

④是又人之所生而有也，是无待而然者也，是禹、桀之所同也：据上下文义疑衍。

⑤之：据下文“非孰修为君子”，疑衍。

⑥内：通“纳”。

⑦隅积：部分和整体。这里指礼法的总体原则和部分道理之间的关系。

⑧呥（rán）呥：咀嚼的样子。噍（jiào）：咀嚼。

⑨乡乡：即香香，饱食甘美食物。王先谦《荀子集解》：“乡当为芗之省。芗亦香字也。重言之则曰乡乡，犹美之为美美。”

⑩正：正如。

⑪今：如像。《经传释词》：“今，犹若也。”刍豢：牛羊犬猪。杨倞《荀子·荣辱》注：“牛羊曰刍，犬豕曰豢。”

⑫菽藿（shū huò）：豆和豆叶。

⑬粲然：精美清洁。杨倞《荀子·荣辱》注：“精洁貌。”

⑭瞲（xuè）然：惊讶的样子。

⑮无：据上下文义疑衍。嗛于鼻：意思是鼻子闻起来舒适快意。

⑯统：纲纪。

⑰县：同“悬”。

⑱靡：磨炼。儇（xuān）：积累。

⑲鈆（yán）：诱导。杨倞《荀子·荣辱》注：“鈆，与‘沿’同，沿循之，申重之也。”

⑳僩（xián）：见识广博。胸襟开阔。《诗经·卫风·淇奥》：

“瑟兮僩兮。”孔颖达疏：“僩，宽大，是内心宽裕。”

㉑与：以。下同。

译文 所有的人都有一个相同的地方：饿了想要吃东西，冷了想要取暖，劳累了想要休息，喜欢利益而厌恶损害。这是人生来就有的本性，是不需要等待就自然如此的，这是禹和桀都相同的。眼睛辨别黑白美丑，耳朵辨别声音的清浊，嘴巴辨别酸咸甘苦，鼻子辨别香臭腥臊，骨体肌肤辨别寒暑痛痒，这也是人生来就有的本性，是不需要等待就自然如此的，也是禹和桀都相同的。人，可以成为尧、禹，也可以成为桀、跖；可以成为工匠，也可以成为商人或农民。这一切都在于行为举措与习俗的长期的积累罢了。成为尧、禹就经常得到安乐光荣，成为桀、跖就经常遭到危险和耻辱；成为尧、禹就经常得到愉快安逸，成为工匠、农民或商人就经常遭到麻烦和劳累。但是人们往往极力成为桀、跖、工匠、农民或商人，却很少成为尧、禹。这是为什么呢？回答说：是由于浅陋。尧、禹并非生来就具备作帝王的资质，而是开始于改变固有的本性，成功于长期的磨砺，等待本性完全改变之后才具备了帝王的资质。

人生来本来是小人，没有老师开导，没有礼法约束，眼中所见就只有利。人生来本来是小人，又遇上乱世，受到混乱习俗的影响，于是便小上加小，乱上加乱了。如果君子得不到权势来统率他们，就无法开导他们，使他们接受教育。这如同人的口腹一样，它哪里会懂得礼义？哪里会懂得谦让？哪里会懂得廉耻和礼的局部与整体的关系？只不过是贪婪地咀嚼食物，香甜地吃饱肚子而已。人没有老师开导，没有礼法约束，那么他们的心也正如他们的口腹一样。如果人生下来就没有见过牛羊犬猪和稻粱，只见到豆、豆叶和糟糠，那么他们会认为最令人满足的就是这些东西了。猛然之间，有人拿着精美清洁的牛羊犬猪和稻粱等食物来到他们面前，他们就会惊奇地看着这些东西说："这是什么怪东西?"他们闻着那些食物很舒适，他们尝着那些食物很甘美，吃下去也很安逸，于是就无不丢弃了豆、豆叶和糟糠而去求取牛羊犬猪和稻粱了。如果用先王的道术，仁义的纲纪来辅助协调群体，来辅助保养，来辅助装饰，辅助安泰，与用桀、跖的道术，差别是悬殊的，岂止是牛羊犬猪、稻粱和豆、豆叶、糟糠之间的差别呢！然而人们极力施行桀、跖的道术却很少施行先王的道术，这是什么原因呢？回答是：由于浅陋。浅陋，是天下共有的毛病，是人的大灾大祸。所以说，仁人乐意告知人，指示人。告知人们，指示人们，磨炼人们，让他们积累成习惯，并反复地诱导他们，那么闭塞的人顷刻就会开通，浅陋的人顷刻就会心胸宽大，愚蠢的人顷刻就会聪明。如果不是这样做，那么商汤王、周武王身居上位又有什么益处呢？桀和殷纣王身居上位又有什么害处呢？商汤、周武存在，天下因此太平，而桀、跖存在，天下因此混乱。像这样看来，岂不是人们的情性既可如这样，也可以像那样的吗！

原文

人之情，食欲有刍豢，衣欲有文绣[①]，行欲有舆马，又欲夫余财畜积之富也，然而穷年累世不知不足[②]，是人之情也。今人之生也，方知蓄鸡狗猪彘，又蓄牛羊，然而食不敢有酒肉；余刀布[③]，有囷窌[④]，然而衣不敢有丝帛；约者有筐箧之藏，然而行不敢有舆马。是何也？非不欲也，几不长虑顾后而恐无以继之故也[⑤]？于是又节用御欲[⑥]，收敛蓄藏以继之也[⑦]，是于己长虑顾后，几不甚善矣哉！今夫偷生浅知之属[⑧]，曾此而不知也[⑨]。粮食大侈，不顾其后，俄则屈安穷矣[⑩]。是其所以不免于冻饿，操瓢囊，为沟壑中瘠者也[11]。况夫先王之道，仁义之统，《诗》《书》《礼》《乐》之分乎[12]，彼固天下之大虑也，将为天下生民之属长虑顾后而保万世也。其流长矣，其温厚矣[13]，其功盛姚远矣[14]！非孰修为之君子[15]，莫之能知也。故曰：短绠不可以汲深井之泉[16]。知不几者不可与及圣人之言[17]。夫《诗》《书》《礼》《乐》之分，固非庸人之所知也。故曰：一之而可再也，有之而可久也，广之而可通也，虑之而可安也，反鉛察之而俞可好也[18]。以治情则利[19]，以为名则荣，以群则和[20]，以独则足乐[21]，乐意者其是邪[22]！

注释

①文绣：指华丽的丝织品。

②穷年：终年。不知不足：据上下文义，疑为“不知足”。

③刀布：钱。杨倞《荀子·荣辱》注：“刀、布，皆钱也。刀取其利，布取其广。”

④囷（qūn）：圆形谷仓。杨倞《荀子·荣辱》注：“囷，廪也。圆曰囷，方曰廪。”窌（jiào）：地窖。杨僚《荀子·荣辱》：“窌，窖也，地藏曰窖。”

⑤几不：岂不是，难道不是。

⑥御欲：节制欲望。杨倞《荀子·荣辱》注：“御，制也。”

⑦收敛：收聚，敛集。

⑧属：类。

⑨曾：竟然。

⑩屈安：竭尽。杨倞《荀子·荣辱》注："屈，竭也。安，语助也。犹言屈然穷矣。"

⑪瘠者：指饿死的人。

⑫分（fèn）：总纲，根本原则。

⑬温：同"蕴"。

⑭姚远：同"遥远"。

⑮据《荀子·礼论》为"非顺孰修为之君子"，"非"下疑脱一"顺"字。顺，同"慎"。孰：同"熟"，精通的意思。

⑯绠（gěng）：绳索。

⑰知不几：知识浅薄。《说文》："几，微也。"

⑱俞：同"愈。"

⑲治：陶冶。

⑳群：指协调人们相互关系。

㉑独：指独自修身养性。

㉒意：是否。

译文 人之常情是：吃的希望有牛羊犬猪，穿的希望有华丽的丝绸，出行希望有车马，还希望有多余财富的积累，就是这样，还年年代代不知满足，这是人之常情。现在的人们生活在世，知道了蓄养鸡狗猪，还蓄养了牛羊，但是吃的不敢有酒肉；有剩余的钱，有谷仓地窖，但是穿的不敢有丝帛；节俭的人箱子里藏满东西，但是出门不敢用车马。这是为什么呢？不是不想有这些，难道不是考虑着长远，唯恐今后没有接续的缘故吗？于是又节约用度，控制欲望，收聚敛集贮藏来继续，这是对自己的长远和今后考虑，难道不是很好的吗？现在那些苟且偷生知识浅薄一类的人，竟然连这一点也不懂。粮食大量的奢侈挥霍，不顾及以后，不久就会竭尽财力处在穷困之中了。这样，他们就不免挨冻受饿，拿着讨饭的瓢和口袋，成为沟壑中的饿死鬼了。先王的道术，仁义的纲纪，《诗》《书》《礼》《乐》的根本原则，那本来是对天下最大的谋划，将为天下所有的人考虑到长远今后甚至保住万世之业的。它的源流是深长的，它的蕴积是丰富的，它的功业是悠远的。如果不是谨慎、精通并经过长期磨砺的君子，是不会有人懂得它的。所以说：短的绳子，不能用来提取深井的水；知识浅薄的人，不能同他谈及圣人的言论。《诗》《书》《礼》《乐》的原则，本来就不是平庸的人所能懂得的。所以说，知其一，才能知其二，掌握了《诗》《书》《礼》《乐》，就能使国运长久。推广运用《诗》《书》《礼》《乐》，就能通晓其他一切道理；用《诗》《书》《礼》《乐》去考虑问题，就能把事情处理得周全稳妥；用《诗》《书》《礼》《乐》去反复考察事物，就能把事情办得更好；用《诗》《书》《礼》《乐》来陶冶性情，可以得到益处；用《诗》《书》《礼》《乐》来求取名声，就能得到荣誉，用《诗》《书》《礼》《乐》来协调群体关系，就能做到和谐一致；用《诗》《书》《礼》《乐》来独自修养心身，就能得到欢乐。是不是这样的呢？

原文 夫贵为天子，富有天下，是人情之所同欲也。然则从人之欲[①]，则執不能容，物不能赡也[②]。故先王案为之制礼义以分之，使有贵贱之等，长幼之差，知贤愚、能不能之分。皆使人载其事而各得其宜[③]，然后使悫禄多少厚薄之称[④]，是夫群居和一之道也。

故仁人在上，则农以力尽田，贾以察尽财，百工以巧尽械器，士大夫以上至于公侯莫不以仁厚知能尽官职，夫是之谓至平。故或禄天下而不自以为多[⑤]，或监门、御旅、抱关、击柝[⑥]，而不自以为寡。故曰：斩而齐[7]，枉而顺[8]，不同而一。夫是之谓人伦[9]。《诗》曰[10]：“受小共大共[11]，为下国骏蒙[12]。”此之谓也。

注释

①从：同“纵”，放纵。

②赡（shàn）：满足。

③载：行。杨倞《荀子·荣辱》：“行也，任之也。”

④悫：根据上下文义，疑“谷”之误。谷禄：即俸禄。

⑤禄天下：以天下为俸禄，指天子、帝王。

⑥监门：看城门的小官吏。御旅：逆旅，旅店，这里指在旅客主人或管事。抱关：看守城门的士卒。杨倞《荀子·荣辱》注：“抱关，门卒也。”击柝（tuò）：守夜打更的人。柝，打更用的木棒。

⑦斩：通“儳（chán）”，不齐。《说文》：“儳，互不齐也。”

⑧枉：曲，不直。

⑨人伦：人的等级秩序。

⑩《诗》：指《诗经·商颂·长发》。

⑪共：通“拱”，法度。

⑫骏蒙：保护者。骏，通“徇”，庇护。

译文

高贵得做天子，富有得占有整个天下，是人心共同向往的。但如果放纵人的欲望，那形势是不容许的，财物也是无法满足的。所以先王依据这种情况制定了礼义来划分人们，使得人有贵贱的等级，有长幼的差别，有聪明与愚蠢、有贤能与无能的区别。使人们都能担负各自的工作而各得其所，然后使俸禄的多少厚薄与他所担负的工作相称，这就是使群体和谐一致的办法。

所以仁人在上面，农夫就用他的力气精心耕作田土，商人就凭着他的明察精心地理财，各种工匠凭着他的技巧精心地制作器械，士大夫以上一直到公、侯，人人都凭着他们仁厚的品德和智能精心地完成他们的职守，这就叫作最大的公平。所以有的人把整个天下作为自己的俸禄，自己也会心安理得不认为过多。即使他作为看城门的小官吏，管旅店的人、看城门的士卒、守夜打更的人，也不会认为自己得的少。所以说：正是不齐才能齐，不直才能直，不同才能统一。这就叫作人的等级秩序。《诗经·周颂·长发》说："帝王承受大事小事的法度，成为诸侯国的保护者。"说的就是这种情况。

五　非相

题解

本文重点批驳了相人之术，提出了“法后王”的观点。

文章用许多事例证明了以人的相貌定吉凶、贵贱是荒谬虚妄的，又由此谈到人确有“三穷”“三不祥”，并指出人之所以为人，主要在于有无名分贵贱的区别。荀子认为，要祛邪避穷，趋贵离贱，关键在于讲“礼”。讲“礼”就必须“法后王”“数今日”“审一、二”。文章用较多的篇幅论述了效法后王不仅要效法他审情度人的“法”，还要效法其思想言谈的“法”。

原文

相人①，古之人无有也，学者不道也。古者，有姑布子卿②，今之世，梁有唐举③，相人之形状颜色而知其吉凶妖祥④，世俗称之。古之人无有也，学者不道也。

故相形不如论心⑤，论心不知择术。形不胜心⑥，心不胜术。术正而心顺之，则形相虽恶而心术善，无害为君子也；形相虽善而心术恶，无害为小人也。君子之谓吉，小人之谓凶。故长短、小大、善恶形相，非吉凶也。古之人无有也，学者不道也。

盖帝尧长，帝舜短，文王长，周公短，仲尼长，子弓短[7]。昔者，卫灵公有臣曰公孙吕[8]，身长七尺，面长三尺，焉广三寸[9]，鼻目耳具，而名动天下。楚之孙叔敖[10]，期思之鄙人也[11]，突秃长左[12]，轩较之下[13]，而以楚霸。叶公子高[14]，微小短瘠[15]，行若将不胜其衣，然白公之乱也[16]，令尹子西、司马子期皆死焉[17]。叶公子高入据楚，诛白公，定楚国，如反手尔。仁义功名，善于后世[18]。故，事不揣长、不揳大[19]，不权轻重，亦将志乎尔[20]。长短、小大、美恶形相，岂论也哉！且徐偃王之状[21]，目可瞻马[22]。仲尼之状，面如蒙倛[23]。周公之状，身如断菑[24]。皋陶之状[25]，色如削瓜。闳夭之状[26]，面无见肤。傅说之状[27]，身如植鳍[28]。伊尹之状[29]，面无须麋[30]。禹跳，汤偏[31]，尧舜参牟子[32]。从者将论志意[33]，比类文学邪？直将差长短[34]，辨善恶，而相欺傲耶？

古者，桀、纣长巨姣美，天下之杰也[35]，筋力越劲[36]，百人之敌也。然而身死国亡，为天下大僇[37]。后世言恶，则必稽焉[38]。是非容貌之患也，闻见之不众，论议之卑尔。

今世俗之乱君[39]，乡曲之儇子[40]，莫不美丽姚冶[41]，奇衣妇饰，血气态度拟于女子。妇人莫不愿得以为夫，处女莫不愿得以为士[42]，弃其亲家而欲奔之者，比肩并起。然而中君羞以为臣[43]，中父羞以为子，中兄羞以为弟，中人羞以为友。俄则束手有司而戮乎大市，莫不呼天啼哭，苦伤其今，而后悔其始。是非容貌之患也，闻见之不众，而论议之卑尔。然则从者将孰可也？

注释

①相人：给人看相。看相就是根据人的体态相貌判断他的吉凶祸福贵贱。

②姑布子卿：春秋时郑国大夫，曾给孔丘和赵襄子（赵无恤，春秋末年晋国大夫）看过相。

③梁：魏国，因其都城为大梁，故称。唐举：战国时给人看相的人。

④妖祥：指吉凶祸福。

⑤相形：指看人的相貌体态。论心：指研究人的思想。

⑥不胜：比不上。引申为决定不了。

⑦子弓：一说指孔丘的弟子，姓冉名雍字仲尼。一说，指轩臂子弓，战国时《周易》的作者。

⑧卫灵公：春秋时卫国国君。公孙吕：人名，事迹不详。

⑨焉：通“颜”，面额。《小尔雅》：“颜，额也。”

⑩孙叔敖：春秋时楚庄公的宰相。

⑪期思：古邑名。西周蒋国，春秋时入楚，为期思邑，在今河南省固始县西北。

⑫长左：指左脚长。

⑬轩较之下：在车的直木与横木之下。指孙叔敖个子矮小，高不过车前的直木与横木。轩，车前的直木；较，车前的横木。

⑭叶公子高：名诸梁，字子高，楚国大夫，因食邑于叶，故称叶公子高。

⑮瘠：指身材瘦弱。

⑯白公：名胜，楚太子建之子，楚平王之孙。

⑰令尹子西：令尹是楚国掌管行政的官员，子西即楚平王长庶子公子申。司马子期：司马是古代主管军事的官员，子期即公子结，也是楚平王之子。

⑱善：绵延。《释名》：“善，演也。”又：“演，延也。”

⑲事：通“士”。挈（xiē）通“契”，估计。杨倞《荀子·非相》注：“挈，与‘契’同，约也。”

⑳将：修养。《广雅》：“将，养也。”

㉑徐偃王：西周时徐国国君，据说其目仰视，能够看到自己的额头，且不能俯下身子，所以称为偃王。偃，仰卧，引申

为“仰”。杨倞《荀子·非相》:“徐，国名，僭称王，其状偃仰而不能俯，故谓之偃王。”

㉒马：据元刻本，疑为“焉”。

㉓蒙倛：古人驱鬼时蒙在脸上的一种狰狞丑恶的面具。倛，《说文》作“䫏”。云:“䫏，丑也，人逐疫有䫏头。”王筠《说文》注:“䫏头，即今假面。”

㉔菑（zī）：同“椔”，立着的枯树。《尔雅》:“木立死曰椔。”

㉕皋陶（yáo）：传说是舜时掌管刑法的官。

㉖闳夭：周文王的大臣，传说他满脸胡子，见不到皮肤。

㉗傅说（yuè）：商王武丁的大臣。

㉘植鳍：身上的皮肤如同鱼鳍。

㉙伊尹：商汤的大臣。

㉚麋：同“眉”。杨倞《荀子·非相》注:“麋，与‘眉’同。”清朱骏声《说文通训定声·履部》:“叚借为眉。”

㉛禹跳、汤偏：指大禹跛着脚走路，商汤半身瘫痪。《尚书·大传》:“禹其跳，汤扁。其跳者，踦也。扁者，枯也。”郑玄注:“踦，举步不相过也。扁，言汤体半扁枯也。”

㉜参：相参。牟：通“眸”，眼珠，这里指瞳仁。

㉝从者：指相信相人之术的人。

㉞直将：还是。

㉟杰：这里指的是相貌超群出众。

㊱越劲：敏捷有力。

㊲僇（lù）：通“戮”，耻辱。《广雅》：“戮，辱也。”

㊳稽：考证，引证，印证。

㊴乱君：根据下文文义，疑为“乱民”。

㊵儇（xuān）子：轻薄巧慧的男子。

㊶姚冶：妖艳。

㊷士：这里指未婚夫。

㊸中：普通的，一般的。下同。

译文 给人看相，古人中是没有的，有学问的人不谈论它。从前，郑国有个姑布子卿，当今梁国有个唐举，他们看人的形体神态和脸色，就知道人的吉凶祸福。世俗的人都称道他们。古代人是没有看相的，有学问的人是不谈论它的。

所以，看人的形体外貌，不如研究人的思想，研究人的思想，不如择视人的行为方式。形体外貌决定不了人的思想，思想决定不了行为方式。行为纯正而思想与它一致，那么即使形体相貌丑陋而思想行为美好，不妨害这种人成为君子。形体相貌虽然美，但思想行为丑恶，也不会阻止他成为小人。君子就叫吉祥，小人就叫凶邪。所以，人的高矮大小和形体相貌的美丑，都不是判断吉凶的标准。古代人是没有给人看相的，有学问的人是不谈论它的。

尧的身材高大，舜的身材矮小，文王身材高大，周公身材矮小，孔子身材高大，子弓身材矮小。从前，卫灵公有个大臣叫公孙吕，身长七尺，脸长三尺，面额却只有三寸，鼻子、眼睛、耳朵齐全，他的名声却震撼天下。楚国的孙叔敖，是期思这个地方的粗鄙的人，脑袋光秃，左腿长，身材矮小，高不过车身，却使楚国称霸。楚国大夫叶公子高，个子小而瘦弱，走起路来，似乎连所穿的衣服也承受不起，然而在白公作乱时，令尹子西、司马子期都死在战乱中，叶公子高却进军占领了楚城，杀死了白公，平定了楚国，如同反过手掌一样容易。他的仁义功名还一直绵延到后世。所以，对于士，不要去揣度他的高矮，不要去估计他的大小，不要去权衡他的轻重，而要看他志气的修养。高矮大小和形体相貌的美丑，难道值得谈论吗？况且，徐偃王的相貌，眼睛可以看到自己的额头。孔子的相貌，脸上像蒙着一张狰狞的面具。周公的相貌，身子像株折断的枯树干。皋陶的相貌，脸色青中带绿象削了皮的瓜。闳夭的相貌，脸上尽是毛看不到皮肉。傅说的相貌，身上如同长了鱼鳍。伊尹的相貌，脸上没有胡须眉毛。禹跛着足走路，汤半身瘫痪，尧舜二帝眼里有两个瞳仁相互重叠。相信相术的人们，是讨论人的意志，比较人的文才学识呢，还是比较人的高矮，区分人的美丑，以互相欺骗，互相傲视呢？

古时候，桀和纣都是身材高大俊美的人，是天下相貌最超群出众的，而且敏捷有力，能与一百个人相敌。但是身死国亡，成为天下的奇耻大辱。后代的人谈到恶人，一定拿他们来举证。这不是容貌造成的祸患，而是他们见闻不多，思想卑下造成的。

当今世俗的乱民，乡间僻壤轻薄巧慧的男子，个个都美丽妖艳，衣着奇特，一派女人装束，连气色神态都模仿女人。妇女们没有不想找他们做丈夫的，姑娘们没有不想找他们作未婚夫的，抛弃自己的父母家庭而要投奔这种轻薄巧慧的男子的，一个接一个。但是，即使是一般的君主也羞于把这样的人作为自己的臣下；很平常的父亲也羞于把这样的人作为自己的儿子；很平常的兄长也羞于把这样的人作为自己的弟弟；很平常的人也羞于把他们作为自己的朋友。用不了多久，他们便会被官府绑去，在闹市中处死，个个哭叫连天，伤痛今日，悔恨当初。这不是他们容貌造成的灾祸，是他们见闻不多，思想卑下造成的。那么，相信相术的人们认为哪种观点是对的呢？

原文　人有三不祥：幼而不肯事长，贱而不肯事贵，不肖而不肯事贤，是人之三不祥也。人有三必穷：为上则不能爱下，为下则好非其上，是人之一必穷也；乡则不若[①]，偝则谩之[②]，是人之二必穷也；知行浅薄，曲直有以相县矣，然而仁人不能推，知士不能明[③]，是人之三必穷也。人有此三数行者，以为上则必危，为下则必灭。《诗》曰[④]："雨雪瀌瀌[⑤]，宴然聿消[⑥]，莫肯下隧[⑦]，式居屡骄[⑧]。"此之谓也。

人之所以为人者，何已也？曰：以其有辨也。饥而欲食，寒而欲暖，劳而欲息，好利而恶害，是人之所生而有也，是无待而然者也，是禹、桀之所同也。然则人之所以为人者，非特以二足而无毛也[⑩]，以其有辨也。今夫狌狌形笑[⑨]，亦二足而无毛也[⑩]，然而君子啜其羹，食其胾[⑪]。故人之所以为人者，非特以其二足而无毛也，以其有辨也。夫禽兽有父子而无父子之亲，有牝牡而无男女之别[12]，故人道莫不有辨[13]。

辨莫大于分[14]，分莫大于礼，礼莫大于圣王。圣王有百，吾孰法焉？故曰：文久而息[15]，节族久而绝[16]，守法数之有司极礼而褫[17]。故曰：欲观圣王之迹，则于其粲然者矣，后王是也。彼后王者，天下之君也，舍后王而道上古，譬之是犹舍己之君而事人之君也。故曰：欲观千岁则数今日[18]，欲知亿万则审一二；欲知上世则审周道[19]，欲知周道则审其人所贵君子。故曰："以近知远，以一知万，以微知明。"此之谓也。

夫妄人曰："古今异情，其以治乱者异道。"而众人惑焉。彼众人者，愚而无说[20]，陋而无度者也[21]。其所见焉，犹可欺也，而况于千世之传也！妄人者，门庭之间[22]，犹可诬欺也，而况于千世之上乎！

圣人何以不欺，曰：圣人者，以己度者也。故以人度人，以情度情，以类度类，以说度功[23]，以道观尽，古今一度也。类不悖，虽久同理，故乡乎邪曲而不迷，观乎杂物而不惑，以此度之，五帝之外无传人[24]，非无贤人也，久故也，五帝之中无传政[25]，非无善政也，久故也。禹、汤有传政而不若周之察也，非无善政也，久故也。传者久则论略，近则论详，略则举大，详则举小。愚者闻其略而不知其详，闻其详而不知其大也㉖。是以文久而灭，节族久而绝。

注释

①乡：通“向”，指当面。若：顺。

②偝：同“背”，背地，私下。谩：诬蔑，诽谤。

③明：尊崇。郑玄《礼记》注：“明，犹尊也。”

④《诗》：指《诗经·小雅·角弓》。

⑤瀌（biāo）瀌：雪多而大的样子。

⑥宴然：日光四射的样子。宴然聿消，《毛诗》作：“见晛曰消”《韩诗》作“咽视聿消”，云：“咽视，日出也。”段玉裁《说文》注：“荀卿引《毛诗》作‘宴然’，即‘咽然’也。”聿，于是，或作语气助词。

⑦隧：通“坠”。这里指降位或引退。

⑧式：语气助词。

⑨狌狌：即猩猩。《尔雅翼》引荀卿曰：“今夫猩猩形相二足无毛也。”可证。笑：疑作“相”。

⑩毛：据上下文义，疑“毛”字前夺“无”字。

⑪胾（zì）：肉。郑玄《仪礼》注：“胾，切肉也。”

⑫牝（pìn）：雌性禽兽。牡（mǔ）：雄性禽兽。

⑬人道：作人的根本道理，这里指的是人类社会的根本原则。

⑭分：指等级名分。

⑮文：指礼法制度。

⑯节族：乐的节奏。族，通“奏。”

⑰极：久远。礼：据上下文义疑当为衍字。褫（chǐ）：废弛，松弛。

⑱数：审，考察。

⑲周道：周王朝的治国原则和礼法制度。

⑳据《韩诗外传》引文，疑“其”后夺一“所”字。

㉑无说：不能辩说。

㉒无度：不会分析思考。度，揣度，思考。

㉓门庭之间：指发生在眼前的事情。

㉔说：言论。功：功业或事物。

㉕五帝：汉唐以来其说不一。一说，黄帝、颛顼、帝喾、尧、舜为五帝。一说庖牺、神农、黄帝、尧、舜为五帝。外：之前。

㉖详：据上下文义与《韩诗外传》引文，疑为“细”。

译文 人有三种不祥：身为年幼的人却不肯侍奉长者，身为卑贱的人不肯侍奉高贵的人，身为不贤的人不肯侍奉贤德的人，这就是人的三种不祥。人有三种必然的困境：身居上位却不能爱护下民百姓，身为下民却喜欢非议上司，这是第一种；当面不顺从，背地里又诬蔑诽谤，这是第二种；知识浅陋，品行卑劣，行为邪正与人有很大悬殊，却又不能推举仁人，不能尊崇智士，这是第三种。人有这样几种情况，让他做君王，他必然遭到危难；让他做臣下，他必然遭到毁灭。《诗经·小雅·角弓》说："雪花纷纷地下，太阳一照射就消融，可是人们不肯退位，占据高位，傲视别人。"说的就是这样的人。

人之所以称为人，是为什么呢？就是说：由于他与其他万物有区别。饿了想吃东西，冷了想要温暖，劳累了想休息，爱好利益而厌恶损害，这是人生来就具有的，是不需要待人来教的，是禹和桀相同的地方。人之所以被称为人，并不仅仅是凭着他有两只脚又没有长毛，而是因为他和万物有区别。那些猩猩也有两只脚，而且脸上也没有长毛，君子却喝它的汤，吃它的肉。所以人之所以被称为人，并不仅仅凭他有两只脚并且没有长毛，而是因为他与万物有区别。禽兽有父子的关系但没有父子的亲情，有雄雌的不同却没有男女的区别，所以，人类社会的根本原则并非不讲区别。

区别最重要的莫过于等级名分；等级名分最重要的莫过于礼法；礼法最重要的莫过于圣王。圣王有成百个，我们效法谁呢？回答是：礼法制度流传久了就会泯灭，乐的节奏历时久了就会消失，执守与审察礼法的官员时间久了，也会松弛懈怠。所以说：要想观察圣王的政迹，就要考察他们中最显著的，那就是后王。所谓后王，就是当代天下的君主，放弃当代的君主而侈谈古代的君主，就像是放弃了本国的国君而侍奉别国的君主一样。所以说：要观察千年的事，就要考察当今的事；要想知道亿万的数，就要考察一、二这些数；要想知道上古时代的事，就要审视周王朝的礼法制度；要知道周王朝的礼法制度，就要审视他们所尊重的君子。所以说："由近知远，由一知万，由微知著。"说的就是这个道理。

荒诞骗人的人说："古代和今天的情况不同，之所以有的安定，有的混乱，是由于治理的方法不同。"于是人们感到迷惑了。那些人愚蠢而不能辩说，浅陋而不会思考分析。他们亲眼见到的还可能被欺骗，更何况几千年以前的传闻呢？荒诞骗人的人，眼前发生的事也要欺骗人，更何况千年以前的事呢！

圣人为什么不会被欺骗？那就是说：圣人是凭着自己的资质智慧来思考的。所以根据人来思考人，根据感情来思考感情，根据同类事物来思考同类事物，根据言论来思考功业，根据总的原则来思考一切事物，古今都是一样地思考的。同一类的事物不会相违背，时间虽久，道理是相同的。所以面对各种邪说而不迷惑，看到杂乱的事物也不疑惑，就是因为按照上述的道理去思考。五帝以前的人的事迹没有流传下来，不是那时没有贤人，而是时间久远的缘故。五帝施行的政令没有流传下来，不是那时没有好的政令，而是时间久远的缘故。禹和汤有政令流传下来，却不如周代的详细，不是禹、汤没有好的政令，是时间久远的缘故。流传越久的谈起来就越简略，近的谈起来就详细，简略的就只能举出大概，详细的就可以举出细节。愚蠢的人听说了简略的一面却不知道它还有详细的一面，听说了详细的一面却不知道它宏大的一面。所以，礼法制度流传久了会泯灭，乐的节奏历时久了会消失。

原文 凡言不合先王，不顺礼义，谓之奸言，虽辩[1]，君子不听。法先王，顺礼义，党学者[2]，然而不好言，不乐言，则必非诚士也。故君子之于言也，志好之，行安之，乐言之，故君子必辩。凡人莫不好言其所善，而君子为甚。故赠人以言，重于金石珠玉；劝人以言[3]，美于黼黻文章[4]，听人以言，乐于钟鼓琴瑟。故君子之于言无厌。鄙夫反是，好其实不恤其文[5]，是以终身不免埤污庸俗[6]。故《易》曰："括囊[7]，无咎无誉。"腐儒之谓也。

凡说之难，以至高遇至卑，以至治接至乱。未可直至也，远举则病缪[8]，近世则病佣[9]。善者于是闲也，亦必远举而不缪，近世而不佣，与时迁徙，与世偃仰、缓急、嬴绌[10]，府然若渠匽、檃栝之于己也[11]，曲得所谓焉[12]，然而不折伤。故君子之度己则以绳[13]，接人则用抴[14]。度己以绳，故足以为天下法则矣；接人用抴，故能宽容，因求以成天下之大事矣[15]。故君子贤而能容罢[16]，知而能容愚，博而能容浅，粹而能容杂，夫是之谓兼术。《诗》曰[17]："徐方既同[18]，天子之功。"此之谓也。

注释

①辩：指说话有条理。

②党：亲近。杨倞《荀子·非相》注："党，亲比也。"

③观：据文义和《艺文类聚》引文，疑为"劝"。劝，勉励。

④黼黻文章：古代礼服上绣的色彩鲜艳的花纹。这里指艳丽的服饰。杨倞《荀子·非相》注："黑与白谓之黼，黑与青谓之黻，青与赤谓之文，赤与白谓之章。"

⑤恤：顾及。高诱《国策·秦第五》注："恤，顾也。"文：文采。

⑥埤污：卑贱。佣：通"庸"。下同。

⑦括：结扎，封闭。虞翻《周易》注："括，结也。"

⑧缪：通"谬"。

⑨近世：据上下文义疑为"近举"。下文"近世而不佣"与此同。病佣：极其一般化。

⑩偃仰：俯仰，高低。赢绌：屈伸。赢，余也，引申为"伸"。绌，通"黜"，减损，引申为"屈"。

⑪府然：凑近物体的样子。引申为贴切，切实，府同"俯"。渠匽：堤坝。匽，通"堰"。檃栝：矫正弯木的工具。杨倞《荀子·非相》注："檃栝，所以制木。"

⑫曲：几经曲折的意思。《周易·系辞上》："曲成万物而不遗。"孔颖达疏："言随变应变，屈曲委细，成就万物。"

⑬度己：量己。这里是端正自己的意思。绳：准绳。

⑭拙：同“楫”，船桨。可以用来接人上船，这里是引导的意思。《广雅》：“拙，引也；引，导也。”

⑮因求：据上下文义疑为“因众”。杨倞《荀子·非相》注：“成事在众”，可证。

⑯罢：同“疲”，指德才低劣的人。

⑰《诗》：指《诗经·大雅·常武》。

⑱徐方：古时国名。《尚书·费誓》称“徐戎”，在今淮河流域中下游一带。同：归顺，同化。

译文 凡是言论，不合乎先王意思的，不遵循礼法的，都叫作奸邪的言论，虽然讲得很有条理，但是君子不听。效法先王，遵循礼法，亲近学者，却不喜欢言谈，不乐于言谈，那一定不是真正追求真理的士。所以君子对于言谈，心里喜欢它，行动上信守它，嘴里乐于谈它，所以君子说话必定有条理。所有的人没有不喜欢谈论他所尊崇的东西的，而君子尤其突出。所以用美好的语言赠送人，比用金石珠玉更贵重；用美好的语言勉励人，比赠送艳丽的服饰更美好；让人听到美好的语言，比让人听鼓乐琴瑟更欢乐，所以君子对于言谈不厌其烦。庸俗的人与此相反，他们对言谈只重实际而不顾及文采，因此终身也免不了卑贱和庸俗。所以《周易》说："（那些不乐于言谈的人）就像封闭在袋子里一样，没有过错也没有声誉。"说的就是那些陈腐的儒士。

说话的困难，在于用最崇高的道理来劝说最卑劣的人，用最安定的国家的治国道理来触及最混乱的国家的现实。这是不可能直接达到目的的。列举远古的事容易荒谬，列举近时的事又容易平庸。善于言谈的人处在这种情况下，一定做到列举远古的事而不荒谬，列举近时的事而不平庸，随着时代的变迁，顺应世道的高下，或缓或急，或屈或伸，切实地像用堤坝约束水流、用檃栝约束弯木那样约束自己，几经曲折，然后达到所说的目的，但又不损伤别人。所以君子端正自身用准绳，对待别人则加以引导。端正自己用准绳，所以足以成为天下的楷模，对待别人用引导，所以能够宽容，依靠众人完成天下的大事。所以君子贤明而且能宽容德才低劣的人，聪明智慧而能容忍愚蠢的人，渊博而能容忍肤浅的人，纯正而能容忍不纯的人，这就是所说的容纳各种人的方法。《诗经·大雅·常武》说："徐国的百姓已经归顺，这是天子的功劳。"说的就是这种情况。

原文 谈说之术，矜庄以莅之[①]，端诚以处之，坚强以持之，分别以喻之，譬称以明之[②]，欣驩芬芗以送之[③]，宝之、珍之、贵之、神之，如是则说常无不受。虽不说人[④]，人莫不贵，夫是之谓为能贵其所贵。传曰："唯君子为能贵其所贵。"此之谓也。

君子必辩，凡人莫不好言其所善，而君子为甚焉。是以小人辩言险，而君子辩言仁也。言而非仁之中也，则其言不若其默也，其辩不若其讷也[⑤]；言而仁之中也，则好言者上矣[⑥]，不好言者下矣[⑦]。故仁言大矣。起于上所以道于下[⑧]，正令是也[⑨]；起于下所以忠于上，谋救是也[⑩]。故君子之行仁也无厌。志好之，行安之，乐言之，故言君子必辩。小辩不如见端[⑪]，见端不如见本分[⑫]。小辩而察，见端而明，本分而理。圣人、士君子之分具矣[⑬]。

有小人之辩者，有士君子之辩者，有圣人之辩者。不先虑，不早谋，发之而当，成文而类[⑭]，居错迁徙[⑮]，应变不穷，是圣人之辩者也。先虑之，早谋之，斯须之言而足听，文而致实，博而党正[⑯]，是士君子之辩者也。听其言则辞辩而无统[⑰]，用其身则多诈而无功，上不足以顺明王，下不足以和齐百姓。然而口舌之均⑱，噆唯则节⑲，足以为奇伟偃卻之属⑳，夫是之谓奸人之雄。圣王起，所以先诛也，然后盗贼次之。盗贼得变㉑，此不得变也。

注释

①矜庄：严肃，庄重。莅：接近。

②分别以喻之，譬称以明之：据《韩诗外传》引文，疑为“譬称以喻之，分别以明之。”

③驩：同“欢”。芬芗：温和，和气。《方言》：“芬，和也。”芗通“香”。送：引导。《史记集解》引应劭：“送，引也。”

④说人：取悦人，讨好人。说，同“悦”。

⑤辩：善辩。讷：说话迟钝不流畅。《说文》：“讷，言难也。”

⑥上：上等，高尚。

⑦下：下等，低劣，卑下。

⑧上：指君主。道：同“导”，引导。下：指百姓，臣下。

⑨正：疑为“政”。杨倞《荀子·非相》注：“正或为‘政’”。

⑩谋：根据文义疑“谏”之误。谏救：谏劝制止。《说文》：“救，止也。”

⑪见端：注意事情的头绪。

⑫见：据上下文义疑衍。本分：本其一定之分的意思，即依据名分。

⑬分：职分，职责，作用。

⑭成文而类：指辩说有条理而且能分清不同类别的事物。文，有条理。下文“文而致实”中的“文”与此义同。

⑮居错：停留，安置。引申为静处不动。

⑯党：同“谠”，直言。

⑰无统：不得要领。

⑱口舌之均：说话动听。之，则。均，调和《诗经·小雅·皇皇者华》毛传：“均，调也。”

⑲噡：同“詹”，多言。《说文》：“詹，多言也。”唯：少言。节：适当。

⑳奇伟：夸大，自以为是。偃卻：同“偃蹇”，高傲的意思。李贤《后汉书》注：“偃蹇，骄傲貌。”

㉑变：转变自新。杨倞《荀子·非相》注：“变谓教之使自新也。”

译文 说话的方法：用严肃庄重的态度去接近人，用正直坦诚的态度去对待人，用坚强的信心去帮助人，用比喻的方法去启发人，用分析的方法使人明白，欢欣温和地引导人，宝贵、珍惜、重视、崇信自己所说的，如果能够这样，那么你所说的通常不会不被人接受。虽然不去取悦人，但没有人不重视你所说的。这就叫作能够使他珍视的东西得到重视。古书说：“只有君子才能使自己所珍视的东西得到重视。”说的就是这个道理。

君子一定要辩说。所有的人没有不喜欢谈论自己所喜爱的东西的，君子尤其突出。因此，小人辩说总是宣扬邪恶，君子辩说总是谈论仁道。所说的如果不符合仁道，那么他的谈论倒不如他的沉默，他的善辩倒不如他的谈吐迟钝。所说的符合仁道，那么喜欢说的就是高尚的，不喜欢说的就是卑下的。所以仁道的谈论是伟大的。它出自君主而用来引导百姓的，就是政令。它出自臣下而用来效忠君主的，就是劝止君主的过失。所以君子施行仁道不厌其烦。心里爱好它，行动上信守它，乐意谈论它。所以说君子一定要辩说。辩说一些繁琐的小事不如注意事情的头绪，显示事情的头绪不如依据名分推究。辩说小事能察明问题，注意事情的头绪能说明问题，根据名分推究能有条理，这样圣人、士君子的职责作用就具备了。

有小人的辩说，有士君子的辩说，有圣人的辩说。不预先思考，不提前谋划，话说出来就很恰当，有条有理而且能分清不同类别的事物，不论是静处不动还是迁徙，都能随机应变，这就是圣人的辩说。要预先思考，提前谋划，片刻的言谈却能使人明白，既有条理又符合实际，渊博而敢于正直直言，这便是士君子的辩说。听他说的话就是夸夸其谈而不得要领，用他办事则十分奸诈而做不出成就，对上不能顺从圣明的君主，对下不能使百姓和谐一致。但他说话的确动听，说得或多或少，也很恰当，满心以为自己了不起，是可以骄傲的一类人，这就叫作奸人的辩说。圣明的君主一出现，就先诛杀这种人，之后才诛杀强盗。强盗还可以教育他使他改过自新，这种人是不能改过自新的了。

六　非十二子

题解　本文对战国时期的各家学说进行了分析评论。提出了荀况自己的政治理想和思想行为标准。

文章对它嚣、魏牟、陈仲、史鳅等名家、墨家、道家、前期法家的观点进行了批驳，指出这些人的学说虽然“持之有故，言之成理”，但都不能用来治理国家。特别是思孟学派，在荀子看来，不过是“僻违而无类，幽隐而无说，闭约而无解”的荒谬说教。荀况还提出，要想“一天下，财万物，长养人民，兼服天下之心”，必须废止墨、名、道等“六说”与“十二子”之说，而效法舜、禹的法制，效法孔子、子弓的礼义。

此外，作者还从言谈举止、待人接物、衣饰容色等方面将士君子与学者进行对比分析，提出实现“一天下，财万物，长养人民”的政治理想所必须具备的思想素质与行为规范。

原文　假今之世[①]，饰邪说，文奸言[②]，以枭乱天下[③]，欺惑愚众，矞宇嵬琐[④]，使天下混然不知是非治乱之所存者，有人矣。

纵情性，安恣睢[5]，禽兽之行，不足以合文通治[6]。然而其持之有故，其言之成理，足以欺惑愚众，是它嚣、魏牟也[7]。

忍情性，綦谿利跂[8]，苟以分异人为高[9]，不足以合大众，明大分。然而其持之有故，其言之成理，足以欺惑愚众。是陈仲、史鰌也。

不知壹天下，建国家之权称[10]，上功用[11]，大俭约而僈差等[12]，曾不足以容辨异、县君臣。然而其持之有故，其言之成理，足以欺惑愚众。是墨翟、宋钘也[13]。

尚法而无法[14]，下修而好作[15]，上则取听于上，下则取从于俗，终日言成文典，及紃察之[16]，则倜然无所归宿[17]，不可以经国定分[18]。然而其持之有故，其言之成理，足以欺惑愚众。是慎到、田骈也[19]。

不法先王，不是礼义[20]，而好治怪说，玩琦辞[21]，甚察而不惠[22]，辩而无用，多事而寡功，不可以为治纲纪。然而其持之有故，其言之成理，足以欺惑愚众。是惠施、邓析也[23]。

略法先王，而不知其统[24]，犹然而材剧志大[25]，闻见杂博。案往旧造说[26]，谓之五行[27]，甚僻违而无类[28]，幽隐而无说[29]，闭约而无解[30]，案饰其辞[31]，而祇敬之曰[32]："此真先君子之言也[33]。"子思唱之[34]，孟轲和之[35]，世俗之沟犹瞀儒嚾嚾然不知其所非也[36]，遂受而传之，以为仲尼、子游为兹厚于后世[37]。是则子思、孟轲之罪也。

若夫总方略，齐言行，壹统类[38]，而群天下之英杰，而告之以大古，教之以至顺[39]，奥窔之间[40]，簟席之上，敛然圣王之文章具焉[41]，佛然平世之俗起焉[42]；则六说者不能入也[43]，十二子者不能亲也[44]；无置锥之地，而王公不能与之争名；在一大夫之位，则一君不能独畜[45]，一国不能独容；成名况乎诸侯[46]，莫不愿以为臣，是圣人之不得埶者也，仲尼、子弓是也。

一天下，财万物[47]，长养人民，兼利天下，通达之属[48]，莫不从服，六说者立息，十二子者迁化[49]，则圣人之得埶者，舜、禹是也。

今夫仁人也，将何务哉？上则法舜、禹之制，下则法仲尼、子弓之义，以务息十二子之说。如是则天下之害除，仁人之事毕，圣王之迹著矣。

注释

①假：借、乘。

②文：修饰。

③枭乱：扰乱。枭，假为“挠”，清朱骏声《说文通训定声·小部》：“枭，叚借为挠。”《说文》：“挠，扰也。”

④矞（jué）宇：诡诈。矞，通“谲”，诡谲。宇，通“讦”，诡诈。嵬：通“傀”，怪僻，奸诈。杨倞《荀子·非十二子》注：“嵬，谓为狂险之行者。”琐：委琐，卑鄙。杨倞《荀子·非十二子》注：“琐者，谓为奸细之行者也。”

⑤恣睢（suī）：任意作为。杨倞《荀子·非十二子》注：“恣睢，矜放之貌。”

⑥合文通治：符合礼义，达到国家的治理。

⑦它嚣：人名，事迹不详。魏牟：战国时期魏国的道家学者。杨倞《荀子·非十二子》注：“牟，魏公子，封于中山。”

⑧綦谿：傲然涉身于邪道之中。綦，偃蹇，傲然的样子。《广雅》：“綦，蹇也。”谿，读为“溪”，《通俗文》：“邪道曰谿”。利跂：指行为离世独立。利通“离”，杨倞《荀子·非十二子》注：“离跂，违俗自洁之貌，谓离于物而跂足也。”

⑨分异人：与众不同。

⑩权称：准则。这里指的是贵贱贫富的等级观念。《荀子·富

国》:“礼者，贵贱有等，长沾有差，贫富轻重皆有称者也”。可证。

⑪上：同“尚”，崇高。

⑫大：重。杨倞《荀子·性恶》注:“大，重也。”僈：轻视。

⑬墨翟（dí）：春秋时鲁国人，墨家学派的创始人。宋钘（xíng）：又名宋钘、宋荣子，战国中期宋国人，与孟子、尹文子、彭蒙、慎到同时，其思想主张接近墨家。

⑭无法没有准则。

⑮下修：轻视贤智。好作：喜欢另搞一套。

⑯纠：同“循”，顺着。

⑰倜（tì）然：远离的样子。

⑱经国：治理国家。定分：确定名分。

⑲慎到：战国中期法家学者，强调法治，认为“治国无其法则乱”，还强调势，认为“权重位尊”就可以令行禁止。田骈（pián）：战国时齐国的道家学者。杨倞《荀子·非十二子》注:“田骈，齐人，游稷下，著书十五篇，其学术黄老，大归名法。”

⑳是：则，这里是遵循，效法的意思。《尔雅》:“是，则也。”

㉑琦：通“奇”。

㉒惠：据《荀子·天论》:“不急之察”，疑当为“急”。

㉓惠施：战国中期宋国名家学者，长于雄辩与逻辑推理。邓

析：春秋时邓国刑名学者，善于论辩。

㉔统：纲领。

㉕剧：巨。《释名》："剧，犹巨也。"

㉖案：同"按"，依照。造说：臆造一种学说。

㉗五行：即五常，仁、义、礼、智、信。

㉘类：法。《方言》："类，法也，齐曰类。"

㉙无说：无所言说。讲不出什么的意思。

㉚闭约：指学说晦涩。

㉛案：语助词。

㉜祗（zhī）敬：恭恭敬敬。

㉝先君子：指孔子。

㉞子思：姓孔名伋，字子思。孔丘之孙，儒家代表之一。相传子思作《中庸》，宣扬"中庸之道"。唱：通"倡"，倡导。《说文》："唱，导也。"

㉟孟轲：战国中期邹国人，字子舆，是子思学生的学生，儒家代表之一。

㊱犹：疑衍。《荀子·儒效》："愚陋沟瞀"，可证。沟瞀（mào）：愚昧无知。杨倞《荀子·非十二子》注："沟，读为'怐'，怐，愚也。"又"瞀，闇也。"嚾（huān）嚾然：吵吵嚷嚷的样子。杨倞《荀子·非十二子》注："嚾嚾，喧嚣之貌。"

㊲仲尼：孔子。子游：据下文疑为"子弓"。兹：此。指子思、

孟轲的所作所为。厚于后世：被后世推崇。厚，重，引申为推崇。

㊳统类：治事的纲纪。杨倞《荀子·非十二子》注：“统，谓纲纪也；类，谓比类。大谓之统，分别谓之类。”

㊴至顺：至理。《说文》：“顺，理也。”

㊵奥窔（yǎo）：指在室内。杨倞《荀子·非十二子》注：“西南隅谓之奥，东南隅谓之窔。言不出堂室之内也。”

㊶敛然：聚集的样子。

㊷佛（bó）然：勃然兴起的样子。平世：使世道安静平定。

㊸六说：指上文所论及的魏牟、墨翟、孟轲、田骈、邓析、史鳅六家之说。

㊹十二子：指上文所论及的魏牟、它嚣等十二人。

㊺畜：养。这里是独自占有的意思。

㊻成：通“盛”。况：增益，超越。

㊼财：同“裁”，管理，利用。

㊽通达之属：指整个天下。杨倞《荀子·非十二子》注：“谓舟车所至，人力所通者也。”

㊾迁化：随着发生变化。

译文　乘着当今的世道，修饰邪说，美化奸邪言论，用来扰乱天下，欺骗迷惑愚昧的百姓，诡诈、奸邪、险怪、卑劣，使天下的人昏昏乱乱不知道是非、治乱的根源在哪里的，大有人在。

放纵性情，习惯于任意作为，行为如同禽兽，完全不能达到符合礼义使国家得到治理的目的，但是他的立论有根据，说起来有道理，足以欺骗迷惑愚昧的百姓。它嚣、魏牟就是这一类人。

抑制性情，傲慢地置身于邪门歪道之中，行为离奇，一心把与众不同作为高明，完全不能聚合大众，不能分清等级名分。但是他的立论有根据，说起来有道理，足以欺骗迷惑愚昧的百姓。陈仲、史鳅就是这一类人。

不懂得统一国家，建立国家的等级观念，崇尚功利，非常重视节俭而轻视等级差别，完全不能容忍人们有差异，君臣有悬殊。但是他的立论有根据，说起来有道理，足以欺骗迷惑愚昧的百姓。墨翟、宋钘就是这一类人。

推崇法治却没有准则，轻视贤智又喜欢另搞一套，对上听从君主，对下依顺世俗，整天讲述法律条文，一旦顺着去考察这些话，却都是远离实际无所归依的，不能用来治理国家确定名分。但是他的立论有根据，说起来有道理，足以欺骗迷惑愚昧的百姓。慎到、田骈就是这一类人。

不效法先王，不遵循礼义，却喜欢研究一些怪异的学说，玩弄一些奇特的言辞，非常精细却不合急需，善于论辩却没有实际用处，事情做得很多却少有成效，不能用他们所说的来作治国的原则。但是他的立论有根据，说起来有道理，足以欺骗迷惑愚昧的百姓。惠施、邓析就是这一类人。

粗略地效法先王，却不知道先王的纲领，但似乎才大志高，见闻杂而广泛。依照旧制，臆造一种学说，叫作“五常”，实在是邪僻违理，不伦不类。隐晦而没有说出什么道理，晦涩而不可理喻，还修饰他的言辞，并恭恭敬敬地说：“这真正是先君子孔夫子的言论啊！”子思倡导，孟轲附和，世俗中愚昧无知的读书人，闹哄哄地不知道他们错在哪里。于是就接受下来又传给后人，以为仲尼、子游就是因为这些而被后世所推崇。这是子思、孟轲的罪过。

至于总括治国的方针策略，统一人们的言行，统一治事的纲纪，并聚集天下的英雄豪杰，用古代帝王的业迹来教导他们，用天下的至理来教化他们，在堂室之内，居处之私，堆集着圣王的典籍，社会安定的习俗便勃然兴起；墨翟、孟轲等六家学说不能侵入，魏牟、它嚣等十二个人不能靠近。虽然无立锥之地，但王公大人不能与他争名；虽然身居大夫的位置，一个国家的君主却不能独自占有他，一个国家也无法单独容纳他。他的盛名超过了诸侯，没有一个君主不愿意以他为臣下。这是圣人中没有取得权势的，仲尼、子弓就是这样的人。

统一天下，管理利用万物，养育人民，使天下的人都得到好处，凡是车船所到的地方，人迹所至的地方，没有不顺从的。在他面前，六种学说立刻被制止，十二个学者也随着转变。这就是圣人中取得权势的，舜、禹就是这样的人。

当今的仁人，将做些什么呢？对上就要效法舜、禹的制度；对下就要效法孔子、子弓的礼义，来坚决制止十二子的学说。如果这样，天下的祸害就得到消除，仁人的事业得到完成，圣王的业迹就显著了。

原文　信信[1]，信也；疑疑[2]，亦信也。贵贤，仁也；贱不肖，亦仁也。言而当，知也[3]；默而当，亦知也。故知默犹知言也[4]，故多言而类[5]，圣人也；少言而法[6]，君子也；多少无法而流湎然[7]，虽辩，小人也。故劳力而不当民务，谓之奸事；劳知而不律先王[8]，谓之奸心；辩说譬喻，齐给便利[9]，而不顺礼义，谓之奸说。此三奸者，圣王之所禁也。知而险，贼而神[10]，为诈而巧，言无用而辩，辩不惠而察[11]，治之大殃也。行辟而坚[12]，饰非而好，玩奸而泽[13]，言辩而逆，古之大禁也。知而无法，勇而无惮，察辩而操僻，淫大而用之[14]，好奸而与众[15]，利足而迷[16]，负石而坠[17]，是天下之所弃也。

兼服天下之心：高上尊贵不以骄人，聪明圣知不以穷人[18]，齐给速通不争先人[19]，刚毅勇敢不以伤人。不知则问，不能则学，虽能必让，然后为德。遇君则修臣下之义[20]，遇乡则修长幼之义，遇长则修子弟之义，遇友则修礼节辞让之义，遇贱而少者则修告导宽容之义[21]。无不爱也，无不敬也，无与人争也，恢然如天地之苞万物[22]。如是则贤者贵之，不肖者亲之。如是而不服者，则可谓妖怪狡猾之人矣。虽则子弟之中[23]，刑及之而宜。《诗》云[24]：“匪上帝不时[25]，殷不用旧[26]，虽无老成人[27]，尚有典刑[28]。曾是莫听[29]，大命以倾[30]。”此之谓也。

注释

①信信：相信应该相信的。

②疑疑：怀疑应该怀疑的。

③知：通“智”。

④知：知道，懂得。

⑤类：善，指礼义。

⑥法：合乎法度的意思。

⑦多少：据《荀子·大略》疑为“多言”。流湎：流于，沉溺于。

⑧律：遵循，效法。

⑨齐给便利：迅速敏捷。

⑩贼：为害，为非作歹。神：神通广大的意思。

⑪不惠：疑为“不急”，《荀子·天论》作“不急”，可证。不急：不合急需。

⑫行辟而坚：行为邪僻而顽固不化。辟，通“僻”。

⑬泽：滑，圆滑。

⑭淫大：即淫汰，奢侈糜费。之：据文义疑为“乏”，

⑮与：党与，党羽。

⑯利足：走捷径，指贪图便利。

⑰负石：指身负重任。

⑱穷人：使人难堪，使人窘困。

⑲齐给速通：口才流利，反应敏锐。不争先人：据上下文句疑为“不以先人”，意思是不因此与人争先。

⑳修：实行。

㉑告导：劝告，引导。

㉒恢然：广大的样子。苞：同“包”。

㉓子弟：泛指自己的亲属。

㉔《诗》：指《诗经·大雅·荡》。

㉕匪：通“非”。时：通“是”，正确。

㉖旧：指先王之道。

㉗老成人：指伊尹（商汤王的相）那样的人。

㉘典刑：可以效法的法度和事例。

㉙曾：乃。

㉚大命：国家的前途命运。

译文　相信应当相信的，是诚实可信；怀疑应当怀疑的，也是诚实可信。尊崇贤人，就是仁；鄙视不贤的人，也是仁。说话很恰当，是智慧的表现；沉默得恰当，也是智慧的表现。所以，懂得怎样沉默与懂得怎样说话是一样的。所以话说得很多而且都符合礼义的是圣人，话说得少而符合法度的是君子。话说得多却不符合法度，反而沉醉其间，虽然说得头头是道，也还是小人。所以费尽力气不符合百姓要求的事，叫作邪事；费尽心思而不遵循先王的法度，叫作邪心；善于比喻辩说，言辞敏捷而不顺从礼义，叫作邪说。这三邪，是圣人所禁止的。聪明而险恶，为非作歹而神通广大，欺诈而十分巧妙，说话不讲效用却头头是道，谈吐不合急需却又十分精细，这是治理国家最大的祸患。行为邪僻而顽固不化，掩饰罪过而十分巧妙，玩弄权术而非常圆滑，说话头头是道而违背常理，是古代严格禁止的。聪明而不讲法度，勇猛而肆无忌惮，考察事物精细而行为怪僻，奢侈糜费而使用度匮乏，喜欢干坏事而党羽甚多，贪图便利而陷入迷途，身负重任而坠入深渊，这是天下人所厌弃的。

使天下人都心悦诚服的办法是：地位高上尊贵，却不因此而傲视别人；聪明而极有智慧，却不因此而使人难堪；言辞敏捷，反应灵通，却不因此与别人争先；刚毅勇敢，却不因此伤害他人；不懂就问，不会就学，虽然有才能却一定很谦逊，这样才会具有符合规范的品德。遇到君主，就行臣下的礼义；遇到同乡，就行长幼的礼义；遇到长者，就行子弟的礼义；遇到朋友，就行谦让的礼义；遇到地位低、年纪轻的就行劝导宽容的礼义。没有他不爱护的，没有他不尊重的，也从不与人相争，襟怀宽广像天地能包容万物一样。如果这样，贤明的人会敬重他，不贤的人也会亲近他。如果这样，还有不顺服的人，那就是人们所说的奸邪狡诈之人。这些人即使是自己的亲属，对他们处以刑法也是应当的。《诗经·大雅·荡》说："不是老天爷的过错，而是殷王抛弃了先王之道，虽然当时没有伊尹这样的'老成人'，但也还有法律条文，但是殷王不听从这些，所以国家的命运遭到倾覆。"说的就是这个道理。

原文　古之所谓士仕者①，厚敦者也，合群者也②，乐富贵者也③，乐分施者也④，远罪过者也，务事理者也，羞独富者也。今之所谓士仕者，污漫者也⑤，贼乱者也，恣睢者也，贪利者也，触抵者也⑥，无礼义而唯权势之嗜者也。古之所谓处士者⑦，德盛者也，能静者也，修正者也，知命者也，箸是者也⑧。今之所谓处士者，无能而云能者也，无知而云知者也，利心无足而佯无欲者也⑨，行伪险秽而强高言谨悫者也⑩，以不俗为俗⑪，离纵而跂訾者也⑫。

注释

①士仕：据文义疑为“仕士”，指做官的人。下文“今之所谓士仕者”亦当为“今之所谓仕士者。”

②合群：与群众在一起。

③乐富贵：据文义疑为“乐可贵”，指注重道德品质的高尚。

④分施：把恩惠施舍给众人。

⑤污漫：指行为肮脏、丑恶。

⑥触抵：指触犯法令。

⑦处士：隐士。不愿意做官的人。杨倞《荀子·非十二子》注：“处士，不仕者也。”

⑧箸是：宣扬正确的主张。箸，同“著”，《小尔雅》：“著，明也。”

⑨利心无足：贪利之心没有厌足，即贪得无厌之意。

⑩行伪：行为。伪，同“为”。强高言：硬要自我吹嘘。

⑪以不俗为俗：把不同于社会的习俗作为自己的习俗。

⑫离纵：离开正道。纵，同“踪”，这里指正道。

译文

古代所说的做官的人，是忠厚老实的人，是与群众在一起的人，是注重道德、品质高尚的人，是乐于把恩惠施舍给众人的人，是远离罪过的人，是努力研究事物的道理的人，是以个人独自富有为耻辱的人。现在的所谓做官的人，是行为肮脏丑恶之人，是为非作歹之人，是放纵情性之人，是贪图利益之人，是触犯法令之人，是不讲礼义而只知贪图权势之人。古代所说的隐士，是道德高尚的人，是能安于自己地位的人，是行为端正的人，是懂得大道理的人，是能够宣扬正确主张的人。如今所谓的隐士，是没有才能而自吹有才能之人，是没有知识而自吹有知识之人，是贪得无厌而又伪装成没有私欲之人，是行为险恶污秽却硬要自我吹嘘为谨慎诚实之人，是把不同于社会的习俗作为自己的习俗、离开正道而显示自己与众不同之人。

原文　士君子之所能不能为：君子能为可贵，不能使人必贵己；能为可信，不能使人必信己；能为可用，不能使人必用己。故君子耻不修[①]，不耻见污[②]；耻不信；不耻不见信；耻不能，不耻不见用。是以不诱于誉，不恐于诽，率道而行[③]，端然正己，不为物倾侧[④]，夫是之谓诚君子。《诗》云[⑤]：“温温恭人，维德之基。”此之谓也。

注释 ①修：善，指品德高尚。

②见：被。

③率道：遵循礼义的大道。

④倾侧：倾斜，这里指动摇。

⑤《诗》：指《诗经·大雅·抑》。

译文 士君子能做和不能做的事有：君子能够做到使自己值得尊重，但不能做到使别人一定尊重自己；能够做到使自己值得信任，却不能做到使别人一定信任自己；能够做到使自己成为可用的人，却不能做到使别人一定任用自己。所以君子以自己的品德不高尚为耻辱，而不把被人污蔑看成耻辱；以自己的不讲信用为耻辱，而不把没有被人信任看成耻辱；以自己的无能为耻辱，而不把未能被人任用看成耻辱。所以，他不为名誉所诱惑，不被诽谤所恐吓，遵循礼义的大道而行，端端正正地修整自己的言行，不被外界的事物所动摇，这才叫作真正的君子。《诗经·大雅·抑》说："温和恭谦的人啊，这是道德的基础。"说的就是这种人。

原文 士君子之容：其冠进①，其衣逢②，其容良③。俨然④，壮然[5]，祺然[6]，蕼然[7]，恢恢然[8]，广广然，昭昭然[9]，荡荡然，是父兄之容也。其冠进，其衣逢，其容悫。俭然[10]，恀然[11]，辅然[12]，端然[13]，訾然[14]洞然[15]，缀缀然[16]，瞀瞀然[17]，是子弟之容也。

吾语汝学者之嵬容[18]，其冠絻[19]，其缨禁缓[20]，其容简连[21]。填填然[22]，狄狄然[23]，莫莫然[24]，瞡瞡然[25]，瞿瞿然[26]，尽尽然[27]，盱盱然[28]。酒食声色之中则瞒瞒然[29]，瞑瞑然；礼节之中则疾疾然[30]，訾訾然[31]；劳苦事业之中则儢儢然[32]，离离然[33]，偷儒而罔[34]，无廉耻而忍謑訽[35]，是学者之嵬也。

弟陀其冠[36]，神禫其辞[37]，禹行而舜趋[38]，是子张氏之贱儒也[39]。正其衣冠，齐其颜色，嗛然而终日不言[40]，是子夏氏之贱儒也[41]。偷儒惮事，无廉耻而耆饮食[42]，必曰君子固不用力，是子游氏之贱儒也[43]。

彼君子则不然。佚而不惰，劳而不僈，宗原应变[44]，曲得其宜[45]，如是然后圣人也。

注释

①进，通“峻”，高大的样子。俞樾《荀子·非十二子》平议：“进，读为峻。峻，高也。言其冠高也。”一说，帽子在前。

杨倞《荀子·非十二子》注："进，谓冠在前也。"

②逢：宽大的样子。杨倞《荀子·非十二子》注："逢，大也。"

③良：温和。

④俨然：庄重的样子。

⑤壮然：严肃而不可侵犯的样子。

⑥祺然：安祥的样子。杨倞《荀子·非十二子》注："祺然……或曰祺祥也，谓安泰不惧之貌。"

⑦蕼（sì）然：宽舒的样子。

⑧恢恢然：与后面的"广广然"同义，都是心胸宽广，无所不容的样子。

⑨昭昭然：与后面的"荡荡然"同义，都是明朗、坦率的样子。

⑩俭然：自谦的样子。

⑪恀（chǐ）然：美好的样子。恀，通"姼"。

⑫辅然：亲近的样子。杨倞《荀子·非十二子》："相亲附之貌。"

⑬端然：正直的样子。

⑭訾然：勤勉的样子。訾，通"孳"。

⑮洞然：恭敬的样子。

⑯缀缀然：服服帖帖，不相背离的样子。

⑰瞀瞀然：拘拘谨谨，不敢正视的样子。

⑱嵬容：怪异之容，丑态。

⑲冕：疑为“俯”。杨倞《荀子·非十二子》注：“冕当为俯，谓太向前而低俯也。”

⑳缨：帽带。禁：通“紟”，腰带。

㉑简连：傲慢的样子。

㉒填填然：厚重的样子，这里有装模作样的意思。

㉓狄狄然：慌张浮躁，不稳重的样子。狄，通“趯”，跳跃之意。

㉔莫莫然：冷漠，麻木不仁的样子。一说，莫，静也，沉默寡言的样子。《韵会》：“莫，音陌，静也。”一说，莫，散漫的意思。杨柳桥《荀子诂译·非十二子》注：“莫莫，散漫之貌。”

㉕瞡（gui）瞡然：自满自得，见识浅薄的样子。《正韵》：“自得貌。”《增韵》：“小见貌。”

㉖瞿瞿然：惊慌失措的样子。

㉗尽尽然：消沉沮丧的样子。

㉘盱（xū）盱然：白眼看人的样子。

㉙瞒瞒然：与后面的“瞑瞑然”同义。都是沉醉，迷乱的样子。杨柳桥《荀子诂译·非十二子》注：“瞒瞒，闭目之貌；瞑瞑，视不审之貌。谓好悦之甚，佯若不视也。”

㉚疾疾然：憎恶的样子。

㉛訾訾然：骂骂咧咧的样子。《玉篇》：“訾，毁也。”

㉜俿俿然：怠慢的样子。

㉝离离然：不愿亲自动手的样子。

㉞偷儒而罔：懒惰恶劳而不怕别人议论。

㉟谟询（xǐ gòu）：污蔑，漫骂。谟,《说文》:“谟，耻也。”辱骂。询，同“诟”，骂。《玉篇》:“谟询，耻辱也。”

㊱弟佗其冠：帽子歪斜，颓唐不振的样子。弟佗，颓唐的意思。

㊲神禫：说话平淡无味。杨倞《荀子·非十二子》注:“神禫，当为‘冲澹’谓其言淡薄也。”

㊳禹行：指象大禹那样跛脚而行。舜趋：指像舜那样在父母面前低头疾行。

㊴子张：姓颛孙，名师，字子张，春秋时陈国人，孔丘门徒。

㊵嗛：同“谦”，谦虚。

㊶子夏：姓卜，名商，字子夏，春秋时晋国人，孔丘门徒。

㊷耆：同“嗜”，贪欲的意思。

㊸子游：姓言，名偃，字子游，春秋时吴国人，孔丘门徒。

㊹宗原：遵守根本的原则。

㊺曲：全。

译文

士君子的容貌：他的帽子高高的，他的衣服宽宽大大的，他的面容温和。庄重、严肃、安祥、宽舒、豁达大方、坦率开朗，是父老兄长的样子。他的帽子高高的，他的衣服宽宽大大的，他的面容诚恳。谦虚、温和、亲近、端庄、勤恳、恭敬、服顺、拘谨，这是子弟的样子。

我与你们说说一些读书人的丑态：帽子低低的，帽带、腰带松松垮垮的。面容傲慢，装模作样、浮躁不安、冷淡麻木、见识浅薄、张皇失措、空虚消沉，立眉竖眼。遇上酒食、声色，就沉醉迷乱，遇上需讲礼节的场面，就烦烦躁躁，骂骂咧咧；遇上劳苦的事务，就怠慢疏脱，不肯亲自动手。偷懒恶劳也不怕别人议论，不顾廉耻而甘受别人辱骂。这就是一些读书人的丑态。

帽子歪斜，颓唐不振，说话平淡无味，像禹那样跛着足走路，像舜那样在父母面前低头疾行，这是子张一类卑贱的读书人；衣帽端正，表情庄重，似乎很谦逊地整天不发一言，这是子夏一类卑贱的读书人；苟且安身，畏怯怕事，不顾廉耻而喜欢吃喝，还总是说君子本来是不用出力的。这是子游一类卑贱的读书人。

那些君子却不是这样，他们虽然居处安逸却毫不怠惰；他们虽然劳累却不懈怠；他们虽然遵守根本的原则，却完全能够适应变化处置得宜。如果做到这些就是圣人了。

七 仲尼

题解 本文重点阐述了成就统一天下大业之道。篇名系文章开头的两个字，与文章内容无关。

荀况引述了齐桓公任用管仲完成霸业的情况。他认为：齐桓公之称霸，固然有其合理之处，但并未能征服人心，因而只能算是“小人之杰”，不值得称道。而要做到真正的“天下一”，就必须实行“王者治国”。荀况提出：君主必须致力于掌握治国之道，遵循圣王之道，即要“致贤而能救不肖”，“致强而能以宽弱”，“委然成文以示天下”，如此等等，就能够“百里地而天下一。”作臣下的更应该具备“谨慎而嗛”“援贤博施”等思想品质，才能为成就天下统一大业尽力。否则，不仅无益于治国一天下，还将有害于自身。

原文 仲尼之门人[①]，五尺之竖子[②]，言羞称乎五伯[③]。是何也？曰：然，彼诚可羞称也。齐桓[④]，五伯之盛者也，前事则杀兄而争国[⑤]；内行则姑姐妹之不嫁者七人[⑥]；闺门之内，般乐奢汰[⑦]，以齐之分奉之而不足[⑧]；外事则诈邾袭莒[⑨]，并国三十五[⑩]。其事行也若是其险污淫汏也，固曷足称乎大君子之门哉！若是而不亡，乃霸，何也？曰：於乎[11]！夫齐桓公有天下之大节焉[12]，夫孰能亡之！倓然见管仲之能足以托国也[13]，是天下之大知也。安忘其怒[14]，出忘其仇[15]，遂立以为仲父[16]，是天下之大决也。立以为仲父，而贵戚莫之敢妬也；与之高、国之位[17]，而本朝之臣莫之敢恶也；与之书社三百[18]，而富人莫之敢距也[19]。贵贱长少，秩秩焉[20]，莫不从桓公而贵敬之。是天下之大节也。诸侯有一节如是，则莫之能亡也。桓公兼此数节者而尽有之，夫又何可亡也？其霸也，宜哉！非幸也[21]，数也[22]。

然而仲尼之门，五尺之竖子，言羞称五伯，是何也？曰：然，彼非本政教也[23]，非致隆高也[24]，非綦文理也[25]，非服人之心也。乡方略[26]，审劳佚[27]，畜积修斗而能颠倒其敌者也[28]，诈心以胜矣[29]。彼以让饰争，依乎仁而蹈利者也[30]，小人之杰也。彼固曷足称乎大君子之门哉！

彼王者则不然[31]，致贤而能以救不肖，致强而能以宽弱，战必能殆之而羞与之斗。委然成文以示之天下[32]，而暴国安自化矣[33]，有灾缪者然后诛之[34]。故圣王之诛也，綦省矣。文王诛四[35]，武王诛二[36]，周公卒业，至于成王则安以无诛矣。故道岂不行矣哉！文王载[37]，百里地而天下一；桀纣舍之，厚于有天下之势而不得以匹夫老。故善用之，则百里之国足以独立矣；不善用之，则楚六千里而为仇人役[38]。故人主不务得道而广有其势，是其所以危也。

注释

①门人：这里指学生和周围的人。

②竖子：这里指年少的学生。

③五伯：即五霸。伯，通“霸”。指齐桓公、晋文公、楚庄王、吴王阖闾、越王勾践。

④齐桓：即齐桓公。姓姜，名小白。春秋时齐国国君，五霸之一。他任用管仲，使齐国国富兵强，以至“九合诸侯，一匡天下。”成为春秋时期的第一个霸主。

⑤前事：指齐桓公称霸以前的事。兄：指齐桓公之兄公子纠。齐桓公为夺王位，威逼鲁国杀死了公子纠。

⑥内行：指在家中的所作所为。

⑦般（pán）乐：过分玩乐。杨倞《荀子·仲尼》注：“般，亦乐也。”汏：侈。

⑧分：一半。杨倞《荀子·仲尼》注：“分，半也，用赋税之半也。”

⑨邾（zhū）：春秋国名，在今山东邹县一带。莒（jǔ）：春秋国名，在今山东莒县一带。

⑩并国三十五：吞并了三十五个诸侯国。杨倞《荀子·仲尼》注："谓灭谭、灭遂、灭项之类。"

⑪於乎：同"呜呼"。感叹词。

⑫节：这里指策略。高诱《淮南子》注："节，策也。"

⑬倓（tán）然：毫不怀疑的意思。杨倞《荀子·仲尼》注："倓，安也，安然不疑也。"管仲：名夷吾，字仲，春秋时齐国宰相。管仲雄才大略，深得齐国君臣上下赏识，被誉为"民亲之，士信之，上忠乎君，下爱百姓而不倦"(《荀子·臣道》)的功臣。

⑭安：内。杨倞《荀子·仲尼》注："安，犹内也。"一说，安，语助词。

⑮出：外。一说，出，吉掉，丢弃。高诱《吕氏春秋》注："出，去也。"

⑯仲父：管仲，字仲，称为仲父，是尊重的意思。一说，古代称父亲的大弟为仲父，即今之二叔。齐桓公立管仲为仲父，是表示对他的尊重，亦通。

⑰高、国：均为姓氏。高氏、国氏世代为齐国上卿。这里指齐桓公给予管仲以高氏、国氏的地位。

⑱书社：以社中人名书写在册上，一社为二十五户。

⑲距：同“拒”，此处是敌对、敌视的意思。

⑳秩秩：秩序井然的样子。

㉑幸：通“倖”，侥倖。

㉒数：术数，这里是一定之数的意思。

㉓本政教：以政教为本。

㉔致：通“至”，极。隆高：崇高，指推崇礼义。

㉕綦（qī）：极。文理：指礼义制度完备。

㉖乡：通“向”。这里是施行的意思。杨倞《荀子·仲尼》注：“乡，读为向，趋也。”《广雅》：“趋，行也。”

㉗审：知，察，这里是注意的意思。

㉘畜积：指积蓄物资。修斗：培养提高战斗之术，指加强战备。颠倒：倾覆，彻底打垮的意思。

㉙诈心：指使用计谋。

㉚蹈：实行。这里有谋取的意思。

㉛王者：指荀况理想中能够实现统一大业的君主。

㉜委然：即委委，灿烂而有文采。《尔雅》：“委委，美也。”

㉝自化：自然转变。

㉞缪：通“谬”，欺诈。

㉟诛四：指周文王诛灭密、阮、共、崇四个小诸侯国的事。杨倞《荀子·仲尼》注：“四，谓密也，阮也，共也，崇也。《诗》曰：‘密人不恭，敢距大邦，侵阮徂共。’《春秋传》曰：

‘文王闻崇德乱而伐之，因垒而降。’”

㊱武王：周武王，名发，文王之子。诛二：指周武王诛灭商朝和奄国（在今山东曲阜附近）的事。

㊲载：据文义疑“载”下夺一“之”字。载之，指文王遵循道。

㊳仇人：指秦国。杨倞《荀子·仲尼》注：“仇人，秦也。楚怀王死于秦，其子襄王又为秦所制而役使之。”

译文

孔子的学生和他周围的人，即使是身高五尺的少年学生，谈论时都把称赞五霸作为耻辱。这是为什么呢？回答说：是的，五霸确实有让人耻于称道的地方。齐桓公，是五霸中最负盛名的，但他称霸之前，为争当国君而杀死了兄长。在家中的所作所为，使他的姑姑姐妹就有七个人没有出嫁。宫廷之中，玩乐过分，奢侈浮华，以致用齐国赋税的一半来供养他都不够。对外，他欺诈邾国，袭击莒国，吞并了三十五个诸侯国。他做事是这样的阴险肮脏骄奢淫侈，当然不能够在大君子孔子面前被称道了！像他这样不仅没有被灭亡，反而成了霸主，是什么原因呢？回答说：啊！齐桓公有天下最高明的策略，谁能灭亡他！他丝毫不怀疑管仲的才能足以承担把国家托付于他的重任，这是天下最大的智慧。他在内忘记了管仲曾对他有过的愤怒，在外忘记管仲对他有过的仇恨，及时地尊奉管仲为“仲父”，这是天下最高明的决策。齐桓公把管仲奉为仲父，贵戚们无人敢妒嫉他；给管仲以高氏、国氏一样的地位，当朝大臣无人敢对他不满；给管仲三百社的封地，最富有的人也无人敢敌视他。全国无论贵贱长幼，都顺服地秩序井然地依从齐桓公去敬重管仲，这就是天下最高明的策略。诸侯各国只要有这其中的一项，就没有人能够灭亡他了。而齐桓公这几方面都兼而有之，又怎么可能被灭亡呢？他的称霸，是理所当然的！不是侥幸，而是定数。

但孔子的学生和他周围的人，即使是身高五尺的少年学生，谈论时还是把称道五霸当成耻辱，这是为什么呢？回答说：是的，因为他不是把政治教化作为根本，不是极其推崇礼义，不是把礼义制度搞得非常有条理，不是征服人心。只是实施了恰当的方针策略，注意到有劳有逸，积蓄了物资，加强了战备，因此能彻底打垮他的敌人。他用诡计来谋取胜利，用礼让来掩饰争端，假借仁爱来谋取私利。他不过是小人中的杰出者，他当然不能够在孔子门前被称道了。

那能够实现统一大业的君主就不是这样。他最贤明而又能帮助不贤的人，他最强大而又能宽容弱者，一交战必然能战胜敌手却耻于与对方争斗。用美好的礼义制度昭示天下，于是强暴的国家会自然转化，对那些有危害欺诈行为的才加以诛灭。所以圣王诛灭的国家，是极少的。文王诛灭四国，武王诛灭两国，周公完成了文王武王的事业，直到成王，天下太平而没有诛杀之举。所以，圣王之道哪里会停止不行呢？文王遵循圣道，以方圆百里的国家统一了天下。桀纣抛弃了圣王之道，虽然握有天下最大的权势，却得不到像一个普通百姓那样寿终正寝。所以善于用圣王之道，方圆百里的国家也可以自立，不善于用圣王之道，就是楚国这样方圆数千里的国家，也会被仇敌奴役。所以一国之君不致力于掌握圣王之道而只求有极大的权势，这正是他危险的缘故。

原文　持宠、处位、终身不厌之术[①]：主尊贵之，则恭敬而僔[②]；主信爱之，则谨慎而嗛[③]；主专任之，则拘守而详[④]；主安近之[⑤]，则慎比而不邪[⑥]；主疏远之，则全一而不倍[⑦]；主损绌之[⑧]，则恐惧而不怨。贵而不为夸[⑨]，信而不处谦[⑩]。任重而不敢专；财利至则言善而不及也[⑪]，必将尽辞让之义然后受；福事至则和而理[12]，祸事至则静而理。富则广施，贫则用节。可贵可贱也，可富可贫也，可杀而不可使为奸也，是持宠、处位、终身不厌之术也。虽在贫穷徒处之埶[13]，亦取象于是矣，夫是之谓吉人。《诗》曰[14]："媚兹一人[15]，应侯顺德[16]，永言孝思，昭哉嗣服[17]。"此之谓也。

求善处大重[18]，理任大事[19]，擅宠于万乘之国，必无后患之术：莫若好同之[20]，援贤博施，除怨而无妨害人。能耐任之[21]，则慎行此道也；能而不耐任，且恐失宠，则莫若早同之，推贤让能，而安随其后。如是，有宠则必荣，失宠则必无罪，是事君者之宝而无后患之术也。故知者之举事也，满则虑嗛，平则虑险，安则虑危，曲重其豫[22]，犹恐及其祸，是以百举而不陷也。孔子曰："巧而好度[23]，必节；勇而好问，必胜；知而好谦，必贤。"此之谓也。愚者反是：处重擅权，则好专事而妬贤能，抑有功而挤有罪，志骄盈而轻旧怨，以吝啬而不行施道乎上[24]，为重招权于下以妨害人。虽欲无危，得乎哉？是以位尊则必危，任重则必废，擅宠则必辱，可立而待也，可炊而竟也[25]，是何也？则堕之者众而持之者寡矣[26]。

注释

①持宠：保持宠信。处位：处在职位上，引申为保持职位。

②僔（zǔn）：通"撙"，谦让的意思。杨倞《荀子·仲尼》注："僔，与'撙'同，卑退也。"

③嗛：同"谦"，谦虚。

④拘守：指谨慎小心地守住职分。详：指详细地熟悉法度。杨倞《荀子·仲尼》注："详明法度。"

⑤安近：亲近。

⑥慎比（bì）：顺比，小心顺从的样子。

⑦倍：通"背"，背叛。

⑧损：这里指贬职。绌：通"黜"，废除，罢免。

⑨夸：自大，矜夸。

⑩谦：通"嫌"，嫌疑。杨倞《荀子·仲尼》注："谦，读为嫌，得信于主，不处嫌疑间，使人疑其作威福也。"

⑪善：这里指的是功绩。而：如，似乎。

⑫和：妥当。理：治，对待。

⑬徒处：独处。《华严经音义》："徒，犹独也。"

⑭《诗》：指《诗经·大雅·下武》。

⑮媚：爱。一人：这里指天子。

⑯侯：语气助词。顺：遵循。

⑰嗣：继承。服：事，这里指武王继承文王的讨伐事业。

⑱处大重：保持高位。杨倞《荀子·仲尼》注："大重，谓大

位也。”

⑲理任大事：指掌握重要的权力。

⑳好同之：善于与人合作。

㉑能：能力，才能。耐：能耐，能够。

㉒曲：周全。豫：通“预”，预防。

㉓好度：指严格遵循法度。

㉔施道：施行恩惠。杨倞《荀子·仲尼》注：“施道，施惠之道。”

㉕坎：煮饭，指很短的时间，如煮一顿饭的工夫。竟：终结。

㉖堕：毁。

译文 长期保持宠信、保持职位，终身不被君主厌弃的办法是：君主尊重自己，就恭敬而谦让；君主宠信爱护自己，就谨慎而谦虚；君主把事务完全委托给自己，就小心谨慎地守住职分并详细地熟悉法度；君主亲近自己，就顺从而不谄媚；君主疏远自己，也必须一心一意地不背叛；君主贬黜自己，要心怀恐惧而毫不怨恨。地位高贵而不自大矜夸，受到信任而不忘记自己是处于受嫌疑的地位，承担重任而不独断专行，得到财利的奖赏要说明自己的功绩还达不到，竭尽辞让，然后才接受，好事到来妥当稳重地对待，祸事到来冷静沉着地处理。富裕了就广泛地施行恩惠，贫穷时就尽力地节省费用。可以贵，可以贱，可以富，可以穷，可以被杀，却不可以让自己去做坏事。这就是保持宠信、保持职位、终身不被君主厌弃的办法。即使是处在贫穷孤独的情势下，也应当采取这种办法。这样的人叫作吉祥的人。《诗经·大雅·下武》说："这位可爱的天子，能够遵循祖上的德行，永远孝敬祖先。光明啊！继承着祖先的事业。"说的就是这种人。

寻求好好地保持至高的地位，掌握重大的权力，在万乘之国独得宠信而没有后患的办法最好的莫过于善于与人合作，推举贤人广施恩惠，清除怨恨而不妨害他人。有能力能够胜任自己的职分，就谨慎地采用上面所说的办法；没有能力胜任自己的职分，又害怕失去宠信，就不如尽早与人合作，推举贤人，让位给有才能的人，而自己心甘情愿地尾随其后。像这样，贤人受宠，自己也得到荣誉，贤人失去宠信，自己也一定没有罪过，这是侍奉君主的人的法宝，而且是绝对没有后患的办法。所以有智慧的人做事，富足时要考虑到不足，安定时要考虑到险困，安泰时要考虑到危险，周全慎重地做好预防，还随时警惕着遭到灾祸。

因此，他们办一百件事也不会有过失。孔子说："灵巧而严格遵守法度，就一定有节制；勇敢而善于与人合作，就一定能胜任大事；知识渊博而又谦虚，就一定贤能。"说的就是这个道理。愚蠢的人与此相反：身居要职独揽大权，就喜欢独断专行而嫉贤妒能，压制有功的人，排挤有过错误的人，意气骄横，不把自己结下的怨恨放在心上，在上则因为吝啬而不肯施行恩惠，在下就拼命抓住权势而妨害别人。这种人想不出危险，办得到吗？所以这种人职位高贵必然遭到危险，权力重大必定会丧失，受到宠信就必定遭到耻辱。这些都是会立刻到来，只须一顿饭的工夫一切都会完结。这是什么原因呢？由于损毁他的人太多而扶持他的人太少。

原文 天下之行术[①]，以事君则必通，以为仁则必圣[②]，立隆而勿贰也[③]。然后恭敬以先之，忠信以统之，慎谨以行之，端悫以守之，顿穷则从之，疾力以申重之[④]。君虽不知，无怨疾之心；功虽甚大，无伐德之色[⑤]；省求多功，爱敬不倦[⑥]；如是则常无不顺矣。以事君则必通，以为仁则必圣，夫之谓天下之行术。少事长，贱事贵，不肖事贤，是天下之通义也。有人也，孰不在人上，而羞为人下，是奸人之心也。志不免乎奸心，行不免乎奸道，而求有君子圣人之名，辟之，是犹伏而舐天⑦，救经而引其足也⑧。说必不行矣⑨，俞务而俞远⑩。故君子时诎则诎⑪，时伸则伸也。

注释

①行术：通行于天下的谋术。

②仁：这里指仁人。杨倞《荀子·仲尼》注：“仁，谓仁人。”

③隆而勿贰：敦厚而专一。杨倞《荀子·礼论》注：“隆，丰厚。”

④顿穷则从之，疾力以申重之：据元刻本疑作“顿穷则疾力以申重之”。顿穷：困顿窘迫。申重：反复强调。

⑤伐德：自夸功德。

⑥省：少。

⑦辟：通“譬”。

⑧经：上吊。

⑨说：说法，这里指的是做法。

⑩俞：通“愈”。

⑪诎：通“屈”。

译文 天下通行的道术，用来侍奉君主，就必然通达，用来作仁人，就必然圣明。树立敦厚而专一的作风，然后用恭敬的态度来引导它，用忠诚信实来统率它，用谨慎小心来推行它，用正直纯朴来维护它，处境困顿窘迫时就反复强调它。君主虽然不知道自己，也没有怨忿之心，功劳虽然大，也没有自我夸耀之色。要求少而功劳多，敬爱君主而乐此不疲。如果这样，那就永远不会有不顺利的事。用这种方法来侍奉君主就必然通达，用来作仁人就必然圣明，这就叫作通行于天下的道术。

年少的侍奉年长的，卑贱的侍奉高贵的，不贤的侍奉贤能的，这是通行天下的道义。有的人，所处的地位不在别人之上，却以处在别人之下为耻，这是奸邪的人的想法。心里免不了奸邪，行为中就免不了邪恶，却想企求有君子圣人的名声，这就好比趴在地上却要用舌头去舐天，救助上吊的人却去拉他的脚一样。这种做法是行不通的，愈这样做离目的愈远。所以，君子要随应时代，时代需要屈就屈，时代需要伸就伸。

八　儒效

题解　本文较为全面地阐述了“大儒”的政治主张、用人路线、道德品质和他们在社会变革与统一天下的过程中所产生的巨大作用。

文章用较多的篇幅介绍了周公的所作所为，借以说明大儒是如何“法后王”、统一礼义制度，如何“谲德而定次，量能而授官”，如何“志安公，行安修”，从而实现“天下为一，诸侯为臣”的。

文章还就“大儒”“雅儒”“俗儒”的思想、道德、行为以及地位和作用进行了比较，从而明确地指出：要统一天下，作君主的必须重用“大儒”。

“大儒”是荀况理想中的思想家和政治家。在对“大儒”的充分肯定中，表现出了荀况的政治理想与追求。

原文　大儒之效[①]：武王崩[②]，成王幼，周公屏成王而及武王以属天下[③]，恶天下之倍周也[④]，履天子之籍[⑤]，听天下之断[⑥]，偃然如固有之[⑦]，而天下不称贪焉。杀管叔[8]，虚殷国[9]，而天下不称戾焉[10]。兼制天下[11]，立七十一国，姬姓独居五十三人，而天下不称偏焉。教诲开导成王，使谕于道，而能掩迹于文武[12]。周公归周[13]，反籍于成王[14]，而天下不辍事周，然而周公北面而朝之[15]。天子也者，不可以少当也[16]，不可以假摄为也[17]。能则天下归之，不能则天下去之，是以周公屏成王而及武王以属天下，恶天下之离周也。成王冠[18]，成人，周公归周反籍焉，明不灭主之义也。周公无天下矣。乡有天下[19]，今无天下，非擅也[20]；成王乡无天下，今有天下，非夺也；变埶次序节然也[21]。故以枝代主而非越也[22]，以弟诛兄而非暴也[23]，君臣易位而非不顺也。因天下之和，遂文武之业，明主枝之义，抑易变化[24]，天下厌然犹一也[25]。非圣人莫之能为，夫是之谓大儒之效。

注释

①大儒：指荀况理想中的思想家、政治家。

②崩：古代称君王的去世为“崩”。

③屏（bǐng）：保护、维护，拥护。杨倞《荀子·儒效》注：“屏，蔽也。”《汉书·王莽传》：“周公屏成王而居摄。”颜师古注：“屏，犹拥也。”及：继承。属：统属，统治。

④恶：厌恶。这里是担忧的意思。倍：通“背”，背叛。

⑤履：践，登上。籍：通“阼”，空位。《淮南子·泛论》：“武王崩，成王幼少，周公继成王之业，履天子之籍。”高诱注：“籍或作阼”。

⑥听天下之断：处理天下的政事。

⑦偃（yǎn）然：安然。

⑧管叔：周公旦的兄长，因鼓动殷朝遗民谋反，被周公旦所杀。

⑨虚殷国：使殷国成为废墟。虚，同“墟”，荒废之意。杨倞《荀子·儒效》注：“墟殷国，谓杀武庚，迁殷顽民于洛邑，朝歌为墟也。”

⑩戾（lì）：残暴。

⑪兼制：全面统治。

⑫掩（yǎn）：承袭。杨倞《荀子·儒效》注：“掩，袭也。”

⑬归周：指周公将周朝的天下归还给成王。

⑭反籍：归还天子的王位。

⑮北面而朝：面向北面朝拜天子，指作臣子，行臣子之礼。古代帝王坐北向南，臣下朝拜他必然面向北方。

⑯少当：年幼人担当。

⑰假摄：指代政，代行职权。

⑱冠：古代男子二十岁行加冠礼，表示已长大成人。

⑲乡：通“向”，以往，从前。

⑳擅：通“禅”，让位。

㉑节然：恰好如此，自然如此。

㉒枝：指支子，即嫡长子以外的儿子。周公，是武王的弟弟，所以称为“枝”。

㉓以弟诛兄：指周公杀管叔的事。

㉔仰易变化：据宋刻本疑为“仰亦变化矣。”意思是虽然有这样的变化。

㉕厌然：顺从。

译文 大儒的作用：周武王去世，成王年幼，周公护卫成王继承武王统治天下。因为担心天下人背叛周王朝，周公登上了天子的位置，处理天下的政事，安然自得好像王位本来就是他所有的，但是天下人并不说他贪婪。他诛杀管叔，又使殷国成为废墟，但是天下人并不说他残暴。他全面控制了天下，建立了七十一个诸侯国，姓姬的占了五十三人，但是天下人并不说他不公正。他教诲开导成王，使成王明白治国之道，并能继承文王武王的业绩。然后，周公便把天下归还给周朝，把王位交还给成王，天下人没有停止对周朝的侍奉，而周公自己也面向北方朝见成王。天子这个职位，不能由年幼的人担当，不能由别人代理的。有才能的，天下就归顺他；没有才能的，天下就背离他。所以周公是护卫成王来继承武王去统治天下的，是担忧天下人背叛周王朝。成王举行了加冠礼，已是成人，周公便将王位归还给成王，表明他不取消嫡长子为君王的大义。从此，周公没有了天下。以前有天下，现在没有了，这不是禅让。成王以前没有天下，现在有了天下，这也不是篡夺。这是地位次序变化自然如此的。所以，周公以嫡长子以外的支子的身份来代替君主，不能算僭越；以弟弟的身份杀死了哥哥，不能算残暴；君臣调换了位置，不能算不顺。凭借天下安定的局面，完成了文王武王的事业，表明了支子与嫡长子之间的大义。虽然有了这样的变化，天下也一样顺从，和过去一样。不是圣人，是没有人能够做到这一点的。这就叫作大儒的作用。

原文　秦昭王问孙卿子曰[①]："儒无益于人之国？"孙卿子曰："儒者法先王，隆礼义，谨乎臣子而致贵其上者也[②]。人主用之，则埶在本朝而宜[③]；不用，则退编百姓而悫[④]，必为顺下矣。虽穷困冻馁，必不以邪道为贪；无置锥之地，而明于持社稷之大义。呜呼而莫之能应[⑤]，然而通乎财万物[⑥]，养百姓之经纪[⑦]。势在人上，则王公之材也；在人下，则社稷之臣，国君之宝也；虽隐于穷阎漏屋[8]，人莫不贵之，道诚存也。仲尼将为司寇[9]，沈犹氏不敢朝饮其羊[10]，公慎氏出其妻[11]，慎溃氏逾境而徙[12]，鲁之粥牛马者不豫贾[13]，必蚤正以待之也[14]。居于阙党[15]，阙党之子弟，罔不必分[16]，有亲者取多，孝弟以化之也[17]。儒者在本朝则美政，在下位则美俗。儒之为人下如是矣。”

王曰：“然则其为人上何如？”孙卿曰：“其为人上也，广大矣！志意定乎内，礼节修乎朝，法则度量正乎官[18]，忠信爱利形乎下。行一不义，杀一无罪，而得天下，不为也。此君义信乎人矣，通于四海，则天下应之如讙[19]。是何也？则贵名白而天下治也[20]。故近者歌讴而乐之，远者竭蹶而趋之[21]，四海之内若一家，通达之属，莫不从服，夫是之谓人师[22]。《诗》曰[23]：‘自西自东，自南自北，无思不服。’此之谓也。夫其为人下也如彼，其为人上也如此，何谓其无益于人之国也？”昭王曰：“善。”

注释

①秦昭王：即秦昭襄王，名稷，战国时秦国的国君。孙卿子：即荀况。

②致：极，非常。

③势：权势。

④退编百姓：辞退官职，编在百姓户册上。

⑤呜呼：据上下文义疑为“嘄呼”。嘄呼：呼唤，呼号的意思。

⑥财：同“裁”，管理。

⑦经纪：指管理纲纪。

⑧闾：里巷。《广雅·释官》：“闾谓之衖。”王念录疏证：“衖，与巷同。”漏：同“陋”。王念孙《读书杂志》：“漏，读为陋……”

⑨司寇：春秋战国时期一国的最高司法官员。孔子曾任鲁国的司寇。

⑩沈犹氏：春秋时鲁国人。据说他经常在早晨把羊饮饱喂足后赶到市场去卖，以谋取厚利。《家语》曰：“沈犹氏常朝饮其羊，以诈市人。”

⑪公慎氏：春秋时鲁国人。据说其妻淫乱他却不敢管。出：休妻。

⑫慎溃氏：春秋时鲁国人。据说他平时奢侈浪费，胡作非为。

⑬粥：同“鬻”，卖。预贾：预价，虚定高价的意思。贾，通“价”。

⑭蚤：同“早”。

⑮阙（quē）党：同“阙里”。地名，孔子旧居，在今山东省

曲阜县境内。

⑯罔：通“网”，捕鱼工具，这里指捕获的鱼。不：通“罘（fú）”，捕兽的工具，这里指捕获的兽。

⑰弟：同“悌”。尊敬兄长。

⑱正：纠正。

⑲讙（huān）：喧，此处是齐声回答的意思。杨倞《荀子·儒效》注：“讙，喧也，言声齐应之也。”

⑳治：据上下文义及《荀子·致士》：“贵名百，天下愿”，疑为“愿”，仰慕的意思。

㉑竭蹶：形容用尽全力，不辞辛苦。

㉒师：长，表率。

㉓《诗》：指《诗经·大雅·文王有声》。

译文

秦昭王问孙卿子：“儒者对人们的国家，没有什么益处吧？”孙卿子回答说：“儒者效法先王，尊崇礼义，谨守臣子的职分而且非常敬重他们的君主。君主用他，他在朝廷用权势就非常适宜；不用他，就退出官列编在百姓的户口册上，诚恳而恭顺，必定是一个恭顺的百姓，虽然贫穷受冻挨饿，一定不会用歪门邪道去求利，虽然无立锥之地，也懂得维护国家的大义。他的呼唤虽然没有人响应，可是他却能通晓管理万物、养育百姓的纲纪。如果他的权势在人们之上，他是作天子、作诸侯的人才；如果他的权势在人们之下，就会是国家的良臣，君主的珍宝。他虽然隐居在穷巷中的破旧房屋里，但没有人不尊重他，因为他可尊敬的道德确实存在。孔子将要担任鲁国的司寇时，沈犹氏便再也不敢在早晨让他的羊去饮水，公慎氏便休弃了他的妻子，慎溃氏便越境而逃，鲁国卖牛马的都不敢再预定高价。必定预先改正来等待孔子。孔子住在阙里，阙里的子弟们捕获的鱼兽必定要分给大家，有父母的多分配一些。是孔子的孝悌感化了阙里的子弟。儒者在朝廷做官可以美化朝政，在下面就可以美化习俗。儒者位置在人们之下就是这种情况。”

昭王说：“那么儒者位居他人的上面，又会怎样呢？”孙卿说：“他们位居他人之上，作用就大了。他内心意志坚定，用礼节整顿朝廷，用各种规章制度纠正官府的错误，使忠信爱利体现在百姓中。哪怕是做一件不义的事，杀一个无罪的人而可以得到天下，儒者也是不会干的。这样，他的道义被百姓所相信，而且传遍四海，天下人响应他就像齐声应答一样。这是为什么呢？因为他尊贵的名声显赫，天下的人都仰慕。所以近处的人都歌颂他喜欢他，远方的人都千辛万苦来投奔他。四海之内如同一家，车船所到，人迹所至的地方，没有不服从的。这就叫作人的表率。《诗经·大雅·文王有声》说：‘从西到东，到南到北，没有不归顺的。’说的就是这种人。儒者位居他人之下时，是前面所说的那种情况，位居他人之上时，就是刚才所说的这种情况。怎么能说他对于人们的国家无益呢？”昭王说：“对。”

原文 先人之道，仁人隆也，比中而行之[①]。曷谓中？曰：礼义是也。道者，非天之道，非地之道，人之所道也。

君子之所谓贤者，非能遍能人之所能之谓也；君子之所谓知者，非能遍知人之所知之谓也；君子之所谓辩者，非能遍辩人之所辩之谓也；君子之所谓察者，非能遍察人之所察之谓也：有所正矣[②]。相高下[③]，视垸肥[④]，序五种[⑤]，君子不如农人；通财货，相美恶，辩贵贱，君子不如贾人；设规矩，陈绳墨，便备用[⑥]，君子不如工人；不恤是非、然不然之情[⑦]，以相荐撙[⑧]，以相耻怍[⑨]，君子不若惠施、邓析。若夫執德而定次[10]，量能而授官，使贤不肖皆得其位，能不能皆得其官，万物得其宜，事变得其应，慎、墨不得进其谈[11]，惠施、邓析不敢窜其察[12]，言必当理[13]，事必当务[14]，是然后君子之所长也。

凡事行，有益于理者立之，无益于理者废之，夫是之谓中事[15]。凡知说，有益于理者为之，无益于理者舍之，夫是之谓中说。事行失中谓之奸事，知说失中谓之奸道。奸事、奸道，治世之所弃而乱世之所从服也。若夫充虚之相施易也[16]，“坚白”“同异”之分隔也，是聪耳之所不能听也，明目之所不能见也，辩士之所不能言也。虽有圣人之知，未能偻指也[17]。不知，无害为君子；知之，无损为小人。工匠不知，无害为巧；君子不知，无害为治。王公好之则乱法，百姓好之则乱事。而狂惑戆陋之人，乃始率其群徒，辩其谈说，明其辟称[18]，老身长子[19]，不知恶也。夫是之谓上愚，曾不如相鸡狗之可以为名也[20]。《诗》曰[21]：“为鬼，为蜮[22]，则不可得，有靦面目[23]，视人罔极[24]。作此好歌，以极反侧[25]。”此之谓也。

注释 ①比：顺从，按照。中：正中，适当。

②有所正：或曰正当作“止”。指君子的知识、才能有一定的限度。

③相：看，视。高下：这里指田土地势的高低。

④墝（qiāo）：薄瘠的田土。

⑤序：安排好次序的意思。五种：指黍、稷、豆、麦、麻五种农作物。一说，五种即五谷。

⑥便：方便。引申为熟练。备用：器械，器具。

⑦恤：顾虑，顾及。然不然之情：是不是这样的情况。

⑧荐：通“践”，践踏。撙（zǔn）：压抑，欺负。

⑨怍（zuò）：羞愧，惭愧。

⑩埶：量度。定次：确定等级次序。

⑪进其谈：提出，发表他们的主张。

⑫窜其察：宣扬他们的见解。

⑬当：符合。

⑭务：要求。

⑮中事：指正确的立场。《广韵》：“事，立也。”

⑯充：实。相施易：相互转化的意思。杨倞《荀子·儒效》注：“施，读曰移。移易，谓使实者虚，虚者实也。”

⑰偻指：屈指可说，很快就可以说清楚的意思。《广雅》：“偻，曲也。”

⑱辟称：比喻引证。辟，同“譬”。

⑲老身长子：即身老子长，自己老了，儿子也长大了。

⑳相：治，这里指为鸡狗治病。

㉑《诗》：指《诗经·小雅·何人斯》。

㉒蜮：一种叫作短狐的害人之物。《说文》："蜮，短狐也。"

㉓靦（tiǎn）：不知羞耻的样子。《一切经音义》引《考声》："靦，谓不知惭也。"

㉔罔极：没有边际。

㉕极：止。反侧：反复无常。

译文

先王的道，是仁人最推崇的，是按照最适当的标准去行动。什么是最适当的？回答说：礼义就是最适当的。道，不是指天的道，也不是指地的道，而是人所遵循的道。

君子所说的贤能，不是指能够把人所能做的一切事都做到；君子所说的智慧，不是指把人所知道的事都知道；君子所说的明辩，不是指把人所能辩明的事都辩明；君子所说的明察，不是指把人所能明察的问题都明察。君子的知识才能也是有一定限度的。查看田土地势的高低，分清土壤的肥瘠，按照时序栽种各种农作物，君子便不如农人。分清财物，察看货物的优劣，分辨东西的贵贱，君子就不如商人。使用规、矩、绳、墨等木工工具，熟练地运用各种器具，君子就不如工匠。不顾是非，也不管是不是这样的情况，互相欺压凌辱，君子便不如惠施、邓析。至于判断德行优劣并确定等级次序，量才度能授予职位，使贤和不贤的人都能得到恰当的职位，使有才能与没有才能的人都能得到恰当的官位，万物都得到适当的利用，事件的突变得到适当的处理，使慎到、墨翟无法发表他们的见解，使惠施、邓析无法宣杨他们的主张，说话必定合乎道理，做事必定合乎要求，这才是君子之所长。

做事行动，凡是有益于社会平治的就树立它，凡是不利于社会平治的就废止它，这就叫作正确的立场。知识学说，凡是对社会平治有益的就实行它，凡是不利于社会平治的就丢弃它，这就叫作正确的学说。做事、行为不正，叫作奸事。知识学说不正，叫作奸说。奸事、奸说是平治的社会所抛弃的，却被昏乱的社会所推崇。至于世间万物虚与实的相互转化，“离坚白”“合同异”命题的分析，是聪敏的耳朵所不能听的，是明亮的眼睛所不能看的，是善辩的人所不能说的。即使有圣人的智慧，也不能很快地将它一一说清。不懂得这些，不妨碍一个人成为君子；懂得这些，也无法阻拦一个人成为小人。工匠不懂这些，不妨碍他们的技巧；君子不懂这些，不妨碍他们治理国家。王公大臣们喜欢这些，就会乱了法度，老百姓喜欢这些，就会乱了他们的事业。而那些狂妄糊涂、愚蠢呆笨的人，却始终要带领他们的徒众，四处辩说他们的言论，阐述他们的譬喻引证，人老了，儿子也长大了，还不知道厌恶。这叫作最愚蠢的人。他们的名声甚至还不如为鸡狗治病的人。《诗经·小雅·何人斯》说："你为鬼，你作怪，看不清你的真面目。你不知羞耻，与人相距没有边际。我作这支善意的歌，来劝止你这反复无常的人。"说的就是这样一些人。

原文　我欲贱而贵，愚而智，贫而富，可乎？曰：其唯学乎。彼学者，行之，曰士也；敦慕焉[①]，君子也；知之[②]，圣人也。上为圣人，下为士君子，孰禁我哉！乡也[③]，混然涂之人也[④]，俄而并乎尧、禹，岂不贱而贵矣哉！乡也，效门室之辨，混然曾不能决也，俄而原仁义[⑤]，分是非，图回天下于掌上而辩黑白[⑥]，岂不愚而知矣哉！乡也，胥靡之人[⑦]，俄而治天下之大器举在此[8]，岂不贫而富矣哉！今有人于此，屑然藏千溢之宝[9]，虽行贰而食[10]，人谓之富矣。彼宝也者，衣之不可衣也，食之不可食也，卖之不可偻售也[11]，然而人谓之富，何也？岂不大富之器诚在此也？是杅杅亦富人已[12]，岂不贫而富矣哉！

故君子无爵而贵，无禄而富，不言而信，不怒而威，穷处而荣，独居而乐，岂不至尊、至富、至重、至严之情举积此哉！故曰：贵名不可以比周争也[13]，不可以夸诞有也，不可以埶重胁也，必将诚此然后就也[14]。争之则失，让之则至，遵道则积，夸诞则虚。故君子务修其内而让之于外，务积德于身而处之以遵道。如是，则贵名起如日月，天下应之如雷霆。故曰：君子隐而显，微而明，辞让而胜。《诗》曰[15]："鹤鸣于九皋[16]，声闻于天。"此之谓也。

鄙夫反是：比周而誉俞少[17]，鄙争而名俞辱[18]，烦劳以求安利其身俞危。《诗》曰[19]："民之无良[20]，相怨一方，受爵不让，至于已斯亡[21]。"此之谓也。

故能小而事大，辟之是犹力之少而任重也，舍粹折无适也[22]。身不肖而诬贤，是犹伛身而好升高也[23]，指其顶者愈众㉔。故明主谲德而序位，所以为不乱也。忠臣诚能，然后敢受职，所以为不穷也。分不乱于上，能不穷于下，治辩之极也。《诗》㉕曰："平平左右㉖，亦是率从。"是言上下之交不相乱也。

注释

①敦慕：指勤勉、努力地学习。《尔雅》："敦，勉也。"《说文》："慕，习也。"

②知之：对所学的东西彻底地领悟。《庄子·外物》："心彻为知"，可证。

③乡：通"向"，先前，往日。

④混然：无知无识的样子。涂之人：路途之人，意即普通的老百姓。

⑤原：追根索源。

⑥图回：图，疑为"圆"。圆回，运转。而：如。

⑦胥靡：空疏。这里是空无所有的意思。

⑧大器：重器，指治理国家的大权。

⑨屑然：介然。杂而多的样子。溢：同"镒"，古代重量单位，二十四两为一镒。

⑩行贰（tè）：乞讨为生。贰，乞，讨。

⑪偻售：迅速地出售。杨柳桥《荀子诂译·儒效》："偻，或通作'屡'。《尔雅》：'屡，疾也。'"

⑫是：指学习。杅（yū）杅：广大，充足。

⑬比周：结党营私。

⑭诚此：指认真刻苦地学习上述道理。

⑮《诗》：指《诗经·小雅·鹤鸣》。

⑯九皋：遥远的沼泽地。

⑰誉：即“与”字，誉、与，古字相通，亲近的意思。

⑱鄙争：用不正当的手段相争。

⑲《诗》：指《诗经·小雅·角弓》。

⑳无良：不善良。

㉑亡：灭亡，引申为遭祸殃。

㉒粹：同“碎”。无适：无路可走，无法可想的意思。

㉓伛（yǔ）身：曲身驼背。

㉔指其顶：指着他的脑袋嘲笑他的意思。

㉕《诗》：指《诗经·小雅·采菽》。

㉖平平：公平。

译文 我想由卑贱变成高贵，由愚昧变成智慧，由贫穷变成富有，行吗？回答说：大概唯一的办法就在于学习吧。学习这件事，学了便实行它的，叫士；勤勉发奋地学习的，叫君子；学得非常透彻的，便是圣人。学得最好的成为圣人，学得一般的可以成为士和君子。

这谁能阻止我呢？往日，是一个无知无识的普通老百姓，很快地与尧、禹相并列，不就是由卑贱变成高贵了吗？往日，比较门和房屋的区别，还茫然无法决断的人，很快就能够追究仁义的本原，分辨是非，运转天下于手掌之上，如同分辨黑白一样容易，不就是由愚昧变成智慧了吗？往日，空无所有的人，很快就把治理国家的大权全都掌握在手中，不就是由贫穷变成富有了吗？现在有这样一个人在这里，堆藏着价值千金的宝物，虽然乞讨为生，人们还是说他富有。他那些宝物，穿不能穿，吃不能吃，卖也不能很快地卖掉。但是人们说他富有，为什么呢？难道不是因为最有价值的宝物确实在这里吗？学习充足也是富人，不就是由贫穷变得富有了吗？

所以，君子没有爵位也很高贵，没有俸禄也很富有，不说话就有信用，不发怒也极其威严。处境穷困而能保持荣誉，孤身独居也能怡然自乐，难道不是最尊贵、最富有、最庄重、最威严的东西全都聚积在他这里吗？所以说：高贵的名声不能靠结党营私来夺取，不能靠虚夸欺诈来保持，不能靠权势地位威胁别人来获得。必须认真刻苦地学习上述道理才能达到目的。

争夺就会失去，谦让就会得到，遵循道义就会积聚名声，虚夸欺诈就会空无所有。所以君子致力于自己内心的修养而对别人就谦让，致力于自身品德的积聚而遵循正道处理事务。这样，他高贵的名声就会像日月一样上升，天下人响应他的声音就会像雷霆一样。所以说：君子隐居而名声显著，地位卑微而声势荣耀，谦让却能胜过别人。《诗经·小雅·鹤鸣》说："鹤在遥远的沼泽地鸣叫，它的声音却响彻天空。"说的就是这种人。

鄙贱的人就与此相反：他们结党营私但亲近的人却愈来愈少，他们用不正当的手段与人相争而名声却遭到愈来愈多的侮辱，他们苦苦地追求安逸与利益，而自身的处境却愈来愈危险。《诗经·小雅·角弓》说："那些人不善良，总是抱怨对方，接受爵位毫不谦让，终有一天自己要遭殃。"说的就是这种人。

所以能力小的人硬要做大事，就好比是气力很小却要担重担一样，除了碎骨折腰而外别无出路。自己不贤却要诬蔑贤人，就如同弯腰驼背的人总喜欢升高一样，指着他的脑袋笑话他的人就愈来愈多。所以，圣明的君主判断人们的才德来安排等级次序，就不会错乱。忠臣的确有能力才敢接受职位，所以不会陷入困境。在上名分不乱，在下能力得到发挥，这是治理国家的最好境界。《诗经·小雅·采菽》说："君子对左右的人都公平，大家就能相率顺从。"这就是说君臣上下之间的关系不能紊乱。

原文 以从俗为善[①]，以货财为宝，以养生为己至道，是民德也[②]。行法至坚[③]，不以私欲乱所闻，如是，则可谓劲士矣[④]。行法至坚，好修正其所闻，以桥饰其情性[⑤]。其言多当矣，而未谕也[⑥]；其行多当矣，而未安也[⑦]；其知虑多当矣，而未周密也。上则能大其所隆[⑧]，下则能开道不己若者[⑨]，如是，则可谓笃厚君子矣。修百王之法，若辨白黑；应当时之变，若数一二；行礼要节而安之[⑩]，若生四枝[⑪]；要时立功之巧，若诏四时[⑫]；平正和民之善[⑬]，亿万之众而搏若一人[⑭]。如是，则可谓圣人矣。

井井兮其有理也[⑮]，严严兮其能敬己也[⑯]，分分兮其有终始也[⑰]，厌厌兮其能长久也[⑱]，乐乐兮其执道不殆也[⑲]，昭昭兮其用知之明也[⑳]，修修兮其用统类之行也[㉑]，绥绥兮其有文章也[㉒]，熙熙兮其乐人之臧也[23]，隐隐兮其恐人之不当也[24]。如是，则可谓圣人矣。此其道出乎一。

曷谓一？曰：执神而固[25]。曷谓神？曰：尽善挟治之谓神[26]，万物莫足以倾之之谓固。神固之谓圣人。圣人也者，道之管也[27]。天下之道管是矣[28]，百王之道一是矣[29]，故《诗》《书》《礼》《乐》之道归是矣[30]。《诗》言是其志也；《书》言是其事也；《礼》言是其行也；《乐》言是其和也；《春秋》言是其微也。故《风》之所以为不逐者[31]，取是以节之也[32]；《小雅》之所以为小雅者，取是而文之也[33]；《大雅》之所以为大雅者，取是而光之也[34]；《颂》之所以为至者，取是而通之也。天下之道毕是矣[35]。乡是者臧[36]，倍是者亡。乡是如不臧，倍是如不亡者，自古及今，未尝有也。

注释

①从俗：顺从一般的习俗。

②民德：普通百姓的德行。

③至：据文义与《韩诗外传》引文，疑为“志”。下同。

④劲士：刚强的人。《说文》：“劲，强也。”

⑤桥饰：矫正。桥，同“矫”。

⑥谕：清楚，明白。

⑦安：这里是踏实稳妥的意思。

⑧大：推崇。

⑨道：同“导”。

⑩要：遵循。一说，要，通“约”，吻合，符合的意思。亦通。节：指礼义。

⑪生：据上下文义与《韩诗外传》引文，疑为“运”。枝：通“肢”。

⑫诏：晓。

⑬平正：即平政，稳定政局。正、政，古字相通。

⑭博：据上下文义，疑为“搏”，聚集的意思。

⑮井井：井然有序，整齐。

⑯严严：威严。敬己：严于律己。《释名》：“敬，警也。”

⑰分分：据上下文义疑为“介介”。坚定不移，始终如一的意思。

⑱厌厌：安然，安静的样子。

⑲乐乐：同“落落”，坚定。殆：通“怠”。

⑳昭昭：光明。

㉑修修：通“条条”，端正的样子。统类：此指礼义，纲纪。

㉒绥绥：安泰从容的样子。文章：指文采。

㉓熙熙：温和快乐的样子。臧（zāng）：善，好。

㉔隐隐：忧戚的样子。

㉕神：这里指尽善而完备的治国方法。

㉖挟（jiā）：通“浃”，周到，完善。洽：据文义疑作“治”。据文义疑“神”下夺“曷谓固？曰:”。

㉗管：枢要，总汇。

㉘管是：指总汇在圣王这里。

㉙一是：指全部在圣王这里。

㉚归是：指归拢在圣王这里。据上下文义。疑“归是”前夺“道”字。

㉛风：指《诗经》中的《国风》。《国风》与下文的《小雅》《大雅》《颂》都是《诗经》内容分类的名称。不逐：指《国风》的内容不淫荡。《诗序》曰:“变风发乎情，止乎礼义。发乎情，人之性也；止乎礼义，先王之泽也。”可证。

㉜取是：用道。是，指“道”。下同。

㉝文：指润饰成文彩。

㉞光：通“广”，推广，普及。

㉟毕是：完全在这里。

㊱乡：通“向”，顺着，顺从。

译文 把顺从一般习俗作为美好，把财产货物作为珍宝，把保养身体作为自己的最高准则，这是普通老百姓的德行。行为合乎法度，意志坚定，不因为个人的欲望而混淆视听，像这样，就可以称为刚强的人。行为合乎法度、意志坚定，喜欢遵循所听到的正道，来矫正自己的性情。他的言谈大多正确但还不够清楚明白；他的行为大多正当但还不够踏实稳妥；他的思考谋划大多得当但还不够周密；对上能够推崇他所尊崇的人，对下能开导不如自己的人，像这样，可以称为诚实厚道的君子了。研习历代先王的法，就像分辨黑白那样；顺应时势的变化，就像读数那样，施行礼义遵循礼法安然处之，就像运动自己的四肢一样；不失时机地抓住立功的机会，就像通晓一年四季那样；稳定政局安定百姓，使亿万人聚集得像一个人一样。像这样，可以称为贤人了。

凡事整齐啊，他是那样的有条理；威严庄重啊，他是那样的严于律己；坚定不移啊，他是那样地有始有终；安静沉稳啊，他是那样地经久不变；坚持不懈啊，他执守道义而毫不怠慢；光明啊，他运用智慧是那样地英明；端正啊，他的行为是那样地合乎纲纪；从容啊，他的言辞是那样地有文采；和蔼啊，他是那样地喜爱别人的美好；忧戚啊，他是那样的担心别人的行为失当。像这样，就可以称为圣人了。这是因为他的道出于专一。

什么叫作专一？回答说：掌握着“神”，而且“固”。什么叫“神”？回答说：尽善而完备的治国方法叫作神。什么叫“固”？回答是：任何事物都不能够使它改变的就叫作固。能够用最完备、最好的办法治理国家而且不被任何事物动摇的人叫作圣人。圣人，是天下的道汇总的地方。天下的道汇总在圣人这里，百代君王的道都汇总在圣人这里，所以《诗》《书》《礼》《乐》的道也都归总在圣人这里。《诗经》所表达的，是圣人的意志；《书经》所表达的，是圣人的政务；《礼经》所表达的，是圣人的行动；《乐经》所表达的，是圣人的和谐；《春秋》所表达的，是圣人的微言大义。所以《国风》之所以“不淫”，是用道来节制了它；《小雅》之所以称为小雅，是用道来润饰了它；《大雅》之所以称为大雅，是用道来光大了它；《颂》之所以称为至高无上，是用道来贯通了它。天下的“道”完全在这里了。顺从道的就会美好，违背道的就灭亡。顺从道而不美好，违背道而不灭亡的事，从古到今，还不曾有过。

原文

客有道曰："孔子曰：'周公其盛乎①！身贵而愈恭，家富而愈俭，胜敌而愈戒。'"应之曰："是殆非周公之行②，非孔子之言也。武王崩，成王幼，周公屏成王而及武王，履天子之籍，负扆而坐③，诸侯趋走堂下。当是时也，夫又谁为恭矣哉！兼制天下，立七十一国，姬姓独居五十三人焉，周之子孙苟不狂惑者，莫不为天下之显诸侯。孰谓周公俭哉！武王之诛纣也，行之日以兵忌④，东面而迎太岁⑤，至汜而泛⑥，至怀而坏⑦，至共头而山隧⑧。霍叔惧曰⑨：'出三日而五灾至，无乃不可乎？'周公曰：'刳比干而囚箕子⑩，飞廉、恶来知政⑪，夫又恶有不可焉⑫！'遂选马而进⑬，朝食于戚⑭，暮宿于百泉⑮，旦厌于牧之野⑯。鼓之而纣卒易乡⑰，遂乘殷人而诛纣⑱。盖杀者非周人⑲，因殷人也⑳。故无首虏之获㉑，无蹈难之赏㉒。反而定三革㉓，偃五兵㉔，合天下，立声乐，于是《武》《象》起而《韶》《护》废矣㉕。四海之内，莫不变心易虑以化顺之㉖。故外阖不闭㉗，跨天下而无蕲㉘。当是时也，夫又谁为戒矣哉！

注释

①盛：盛大，引申为品德高尚。

②殆：恐怕，大概。

③坐：据《礼记·曲礼》疑“立”。负扆（yǐ）而立：指周公背靠屏风而立，以天子身份接受诸侯的朝见。扆，古代宫殿中门和窗子之间的屏风。

④兵忌：出兵忌讳的日子。古代人认为某些日子出兵不利，称为“兵忌。”

⑤迎太岁：冲着太岁。古代以太岁纪年，岁星约十二年绕天一周，然后出现在东北方。古人认为冲着岁星所在的东北方出兵是不吉利的。

⑥汜（sì）：疑作“氾（hàn）”，河名。

⑦怀：怀城。坏：崩塌。

⑧共头：山名，在今河南辉县内。隧：同“坠”，山石崩摧。

⑨霍叔：周武王的弟弟。

⑩刳（kù）：古代一种酷刑，把人的腹部剖开挖空。比干：殷贤臣，纣王的叔父，因屡次强谏纣王而被施以刳刑。箕子：纣王的叔父，因劝谏纣王无效，披发装疯，被纣王降为奴隶而囚禁。

⑪飞廉、恶来：纣王的宠臣。杨倞《荀子·儒效》注：“飞廉、恶来，皆纣之嬖臣。飞廉善走，恶来有力也。”知政：当政。

⑫恶：怎么。

⑬选马：组成整齐的马队。《诗经·齐风·猗嗟》：“舞则选”。毛传：“选，齐也。”

⑭戚：地名，在今河南汴阳县北。

⑮百泉：地名，在今河南淇县。

⑯厌旦：据上下文义疑为“旦厌”。厌：疑作“压”，迫近。牧：地名，在今河南淇县。

⑰易乡：调换了方向，指纣王兵倒戈起义。

⑱乘：凭借。

⑲盖：则。

⑳因：凭借。

㉑首虏：斩获的头颅与俘虏。

㉒蹈难：冲锋陷阵。

㉓反：通“返”。定三革：停止制造盔甲。三革，指犀牛、兕、牛三种动物的皮，古代常用来制作盔甲。一说，三革指甲、胄、盾。

㉔偃五兵：放下兵器。五兵，指刀、剑、矛、戟、矢五种兵器。一说，五兵指矛、戟、钺、弓、矢。

㉕《武》《象》：周武王时音乐的名称。《韶》《护》：舜和商汤时音乐的名称。

㉖变心易虑：改变思想。

㉗阖：门户。这里指的是国门。

㉘蕲（qí）：通“圻”，边界，疆界。

译文 有人说道："孔子说：'周公的品质太高尚了！身份高贵而态度愈加恭谨，家境富有而愈加节俭，战胜了敌人而愈加戒备。'"。回答说："这大概不是周公的作为，也不是孔子说的话吧。武王去世，成王年幼，周公护卫成王而继承武王，登上了天子的宝座，背靠屏风而立，各国诸侯，快步走向朝堂下面朝见，那个时候，他又对谁恭谨呢？他完全控制了天下，分立了七十一个诸侯国，姓姬的便独占了五十三个，周室的子孙只要不是痴呆糊涂的，没有一个不是天下最显贵的诸侯，谁说周公节俭呢？武王讨伐纣王，出兵的那天正是兵家忌讳出兵的日子，面向东北方冲着太岁，到了汜水，汜水泛滥，到了怀城，怀城崩塌，到了共头，山石崩摧。霍叔惧怕地说：'出兵三天就遇到五次灾祸，莫非不应该出兵吗？'周公说：'纣王对比干施行刳刑又囚禁箕子，让飞廉恶来当政，我们怎么不能出兵呢？'于是组成整齐的马队前进，早晨在戚地吃饭，傍晚在百泉宿营，第二天凌晨大军进逼殷都近郊牧地。进军鼓一响，殷纣王的士兵就倒戈起义，周公就凭借殷兵的力量杀死了纣王。这样，杀掉纣王的不是周朝人，而是凭借了殷朝人。所以没有斩获的首级与俘虏，也没有冲锋陷阵的赏赐，回朝以后就停止制造盔甲，放下了武器，统一了天下，订立了乐章，于是《武》《象》之乐兴起而《韶》《护》之乐废止。整个天下，人人都改变了思想来归顺周朝。于是，国门不用关闭，走遍天下而没有边界。那个时候，周公又对谁加以戒备呢？”

原文

造父者[①]，天下之善御者也，无舆马，则无所见其能[②]。羿者[③]，天下之善射者也，无弓矢，则无所见其巧。大儒者，善调一天下者也[④]，无百里之地，则无所见其功。舆固马选矣，而不能以至远、一日而千里，则非造父也。弓调矢直矣，而不能以射远中微[⑤]，则非羿也。用百里之地[⑥]，而不能以调一天下，制强暴，则非大儒也。

彼大儒者，虽隐于穷阎漏屋，无置锥之地，而王公不能与之争名。在一大夫之位，则一君不能独畜，一国不能独容。成名况乎诸侯[⑦]，莫不愿得以为臣。用百里之地，而千里之国莫能与之争胜；笞棰暴国[⑧]，齐一天下，而莫能倾也。是大儒之征也。其言有类[⑨]，其行有礼，其举事无悔，其持险应变曲当[⑩]。与时迁徙，与世偃仰，千举万变，其道一也，是大儒之稽也[11]。其穷也，俗儒笑之；其通也，英杰化之，嵬琐逃之[12]，邪说畏之，众人愧之。通，则一天下；穷，则独立贵名。天不能死，地不能埋，桀、跖之世不能污。非大儒莫之能立，仲尼、子弓是也。

故有俗人者，有俗儒者，有雅儒者，有大儒者。不学问，无正义，以富利为隆，是俗人者也。逢衣浅带[13]，解果其冠[14]；略法先王而足乱世，术缪学杂举[15]，不知法后王而一制度，不知隆礼义而杀《诗》《书》[16]；其衣冠行伪已同于世俗矣[17]，然而不知恶者[18]；其言议谈说，已无以异于墨子矣，然而明不能别[19]；呼先王以欺愚者[20]，而求衣食焉，得委积足以掩其口[21]，则扬扬如也[22]；随其长子[23]，事其便辟[24]，举其上客，僡然若终身之虏[25]，而不敢有他志。是俗儒者也。

法后王，一制度，隆礼义而杀《诗》《书》，其言行已有大法矣[26]，然而明不能齐法教之所不及[27]，闻见之所未至，则知不能类也[28]。知之曰知之，不知曰不知，内不自以诬[29]，外不自以欺[30]，以是尊贤畏法，而不敢怠傲。是雅儒者也。

法先王[31]，统礼义，一制度，以浅持博，以古持今[32]，以一持万，苟仁义之类也[33]，虽在鸟兽之中，若别白黑。倚物怪变[34]，所未尝闻也，所未尝见也，卒然起一方[35]，则举统类而应之，无所疑怍[36]，张法而度之[37]，则晻然若合乎节[38]。是大儒者也。

故，人主用俗人，则万乘之国亡。用俗儒，则万乘之国存。用雅儒，则千乘之国安。用大儒，则百里之地久，而后三年，天下为一，诸侯为臣；用万乘之国，则举错而定[39]，一朝而伯[40]。

注释

①造父：传说中周穆王的马夫，善于驾车。

②见：通“现”。

③羿：尧的射官，射技很高，能射十日。

④调一：协调一致。

⑤中微：射中微小的目标。

⑥用：治理。

⑦成名：盛名。况：更加。

⑧笞棰（chī chuí）：打击。

⑨类：这里指法。

⑩持险：处理危险的局势。曲当：各方面都适当。

⑪稽：考核。这里指考核的标准。

⑫嵬琐：指行为奸诈卑劣的人。

⑬逢：宽大。浅带：宽阔的腰带。

⑭解果其冠：帽子像裂开的果皮。杨柳桥《荀子诂译·儒效》注："解果，谓如木果之皮甲坼裂然也。"

⑮术缪学杂：学术荒谬杂乱的意思。举：《韩诗外传》无此字，可从。

⑯杀：轻视，贬低。

⑰伪：通"为"。

⑱恶者：恶之，指厌恶俗儒自己。者，《古书虚字集解》："者，犹之也。"

⑲明：明察。引申为智慧。下文"明不能齐法教之所不及"中的"明"与此同。

⑳呼：称举，吹捧。

㉑委积：积蓄。掩：掩盖。这里指糊口。

㉒扬扬如：得意扬扬的样子。

㉓长子：指公卿贵人的长子。

㉔便辟：指公卿贵人的左右亲信。辟，通"嬖"，宠爱的意思。

㉕億：王念孙《读书杂志·荀子》："億盖亿字之误。"亿然：安然的样子。

㉖大法：指最高的法度。

㉗齐：通“济”，解决。法教：法度。

㉘类：触类旁通的意思。

㉙内不自以诬：不以虚假欺骗自己。自，用。下同

㉚外不自以欺：不以虚假欺骗别人。

㉛法先王：据上下文义，疑作“法后王。”

㉜以古持今：据上下文义，疑作“以今持古”。

㉝苟：只要。

㉞倚：通“奇”。

㉟卒然：突然。卒，通“猝”。

㊱疑怍（zhà）：疑惑不解。

㊲张：推广。

㊳晻然：符合，吻合。晻，通“奄”。符节：古代用来作为凭证的信物。

㊴举错：采取措施。错，同“措”。

㊵伯：通“白”，显著，显赫。

译文　造父，是天下最善于驾驶车马的人，没有车马，就显现不出他的才能。羿，是天下最善射箭的人，没有弓箭，就显现不出他的技巧。大儒，是善于协调统一天下的人，没有方圆百里的地盘，就显现不出他的功效。车子坚固，马匹整齐，却不能借此日行千里到达

很远地方的，那就不是造父。弓顺箭直，却不能借此射中远处的和微小目标的，那就不是羿。治理方圆百里的地盘，却不能协调统一天下，制止强暴的，那就不是大儒。

那些大儒，虽然隐居在穷巷陋室之中，无立锥之地，但是王公无法与他争夺名声。虽然不过是处在大夫的地位，但是单独的一个国君却畜养不了他，单独的一个诸侯国也容纳不了他。他盛大的名声比诸侯更大，人人都愿意得到他，让他作自己的臣下。如果让他治理方圆百里的地盘，方圆千里的国家无法与他争雄斗胜。他打击强暴的国家，统一天下，没有人能颠覆他。这就是大儒的特征。他的言论有法度，他的行动有礼节，他办事没有差错，他处理危险的局面，应付突发的事端，各方面都很适当。顺应时代变化而变化，伴随世事沉浮而沉浮，世界千变万化，而大儒的道始终如一。这就是大儒的考核标准。大儒处于困境时，俗儒们便耻笑他；大儒通达时，英雄豪杰归顺他，卑鄙奸诈的人逃离他，持守邪说的人畏惧他，众人都对他感到惭愧。通达时，大儒就统一天下，处于困境时，就独自树立高贵的名声。上天无法制死他，大地不能埋没他，桀与跖的世道也不能玷污他。不是大儒就没有人能树起这样的榜样，仲尼、子弓就是这种人。

所以，有叫俗人的，有叫俗儒的，有叫雅儒的，有叫大儒的。不学不问，不讲正义，以富有财利为崇高的，就是俗人。穿着宽大的衣服，束着宽阔的腰带，戴着开裂的果皮似的帽子；不过概略地模仿了一下先王，更多的却是扰乱天下，学术荒谬杂乱，不懂得效法后王却想统一制度，不懂得崇尚礼义还要贬低《诗》《书》；他的衣帽行为已经与世俗的人没有区别，却不知道厌恶自己；他的言谈议论，已经与墨子没有区别，但他的智慧却辨别不了；用称道先王来欺骗愚笨的人，以求得衣食，得到一点积蓄足够来糊口的时候，就洋洋得意；追随公卿贵人的长子，侍奉他们的亲信，奉承他们的座上客，安然地像这些人的终身奴仆，根本不敢有别的意愿。这就是俗儒。

效法后王，统一制度，尊崇礼义但轻视《诗》《书》，他的言行已合乎最高的法度，但是他的智慧还不能解决法度所未涉及的问题。对那些自己的见闻所达不到的事物，他的智慧还不能触类旁通。但是他知道的就说知道，不知道的就不说不知道。不用虚假欺骗自己，不用虚假欺骗别人，并按照这个原则来尊敬贤能，敬畏法度，而不敢怠慢骄傲。这就是雅儒。

效法后王，总括礼义，统一制度，用浅近的道理去把握广博的知识，用今天的实际去把握古代的情况，用个别的事物去把握万物，只要是合乎仁义的事，哪怕它在鸟兽之中，也能像辨别黑白一样把它辨别出来。奇特的事物，怪异的变化，闻所未闻，见所未见的事突然在某一处发生，就能拿出纲纪去应付它，毫不疑惑，推广法度，并用法度去衡量一切事物，就像符节一样完全吻合。这就是大儒。

所以，君主如果任用俗人，即使是万乘的国家也会灭亡。任用俗儒，万乘的国家还能够保存。任用雅儒，千乘的国家可以安定。任用大儒，方圆百里的地盘也可以长久，以后三年，就能使天下统一，诸侯称臣。如果任用他治理万乘的国家，他就会采取措施安定国家，很快地使名声显赫。

原文 不闻不若闻之，闻之不若见之，见之不若知之，知之不若行之。学至于行之而止矣[①]。行之，明也[②]。明之为圣人。圣人也者，本仁义，当是非[3]，齐言行，不失豪厘[4]。无它道焉，已乎行之矣[5]。故闻之而不见，虽博必谬；见之而不知，虽识必妄；知之而不行，虽敦必困[6]。不闻不见，则虽当，非仁也，其道百举而百陷也[7]。

故人无师无法而知，则必为盗，勇则必为贼，云能则必为乱[8]，察则必为怪，辩则必为诞。人有师有法而知，则速通[9]，勇则速威，云能则速成，察则速尽[10]，辩则速论[11]。故有师法者，人之大宝也，无师法者，人之大殃也。人无师法，则隆性矣[12]；有师法，则隆积矣[13]。而师法者，所得乎情[14]，非所受乎性，不足以独立而治[15]。性也者，吾所不能为也，然而可化也；情也者，非吾所有也，然而可为也。注错习俗[16]，所以化性也；并一而不二[17]，所以成积也。习俗移志，安久移质，并一而不二，则通于神明，参于天地矣。

故积土为山，积水而为海，旦暮积谓之岁，至高谓之天，至下谓之地，宇中六指谓之极[18]。涂之人百姓，积善而全尽谓之圣人。彼求之而后得，为之而后成，积之而后高，尽之而后圣。故圣人也者，人之所积也。

人积耨耕而为农夫[19]，积斲削而为工匠[20]，积反货而为商贾[21]，积礼义而为君子。工匠之子莫不继事[22]，而都国之民安习其服[23]。居楚而楚，居越而越，居夏而夏，是非天性也，积靡使然也[24]。

故人知谨注错，慎习俗，大积靡，则为君子矣。纵性情而不足问学，则为小人矣。为君子则常安荣矣，为小人则常危辱矣。凡人莫不欲安荣而恶危辱。故唯君子为能得其所好，小人则日徼其所恶[25]。《诗》曰[26]："维此良人，弗求弗迪[27]；维彼忍心[28]，是顾是复。民之贪乱[29]，宁为荼毒。"此之谓也。

注释

①止矣：终止了。这里指达到了顶点。

②明：指明白事理。

③当：恰当。这里指的是判断是非恰当。

④豪：通"毫"。《礼记·经解》："差若豪氂，缪以千里。"陆德明释文："豪，依字作毫。"

⑤已：最终。《荀子·解蔽》"虽亿万"已不足以浃万物之变。俞樾平议："已犹终也。"

⑥敦：内容充实。

⑦道：方法。指把前面所说的不闻不见，偶尔做对事情当作

一种方法。陷：失败。

⑧云能：有才能。《广雅》："云，有也。"

⑨速通：很快地通达显赫。

⑩尽：透彻地了解事理。

⑪论：评定。这里指决断疑难。

⑫隆性：推崇人的本性，即放纵人的本性。杨倞《荀子·儒效》注："隆，厚也……厚性，则恣其本性之欲。"

⑬隆积：指使后天学习、教育所形成的积习更加深厚。

⑭得乎情：据上下文义疑为"得乎积。"下文"情也者"的"情"亦疑为"积。"

⑮独立而治：指单独依靠人的本性来治理人的心身。

⑯注错：即注措，措置的意思。引申为举止。

⑰并一：专心一志。不二：不三心二意。

⑱六指：指上、下、东、南、西、北六方。杨倞《荀子·儒效》注："六指，上下四方也。尽六指之极，则为六极，极言积近以成远。"

⑲耨（nòu）：锄草。

⑳斲（zhuó）：斫，砍。

㉑反：通"贩"。

㉒继事：指继承父辈的事业。

㉓都国：都城，城市。服：职业，事业。《尔雅》："服，事也。"

㉔积靡：长期磨炼。

㉕徼：通“邀”，招致。

㉖《诗》：指《诗经·大雅·桑柔》。

㉗迪：进用，任用。

㉘忍心：指心地残忍的人。

㉙贪乱：一心想要反抗。

译文 没有听到不如听到，听到不如见到，见到不如了解到，了解到不如应用到。学习达到应用就是达到了顶点。能应用，就是透彻地明白了事理。透彻地明白了事理就是圣人。所谓圣人，能以仁义为根本，恰当地判断是非，言行一致，不出现丝毫的差错。这没有别的道理，终归在于能应用学习到的东西。所以只听不见，虽然听到的很广博，但必定有谬误；见到了而不真正了解，虽然有所认识也必定有错误；了解了但不应用，虽然了解的内容充实也必定感到困惑。没有听到，没有见到，即使做对了，也不合乎仁，这种办法办事一百次就会有一百次的失败。

所以一个人没有师长没有法度而有智慧，那必定会做出盗贼的事。他勇敢就必定会成为贼寇，有才能必定会为非作乱，明察必定会兴妖作怪，善辩必定会妄诞邪僻。一个人如果有师长有法度而又有智慧，就会很快的通达显赫。他勇敢就必定迅速地树立权威，有才能就会很快地获得成功，明察就能很快地穷尽事理，善辩就能很快地决断疑难。所以，有师长有法度，是人的最大财富；没有师长没有法度，是人的最大的灾祸。人没有师长没有法度，就会放纵人的本性；有师长有法度，就能使后天学习教育所形成的积习更加深厚。师长法度，来自积习，不是来自人的本性。人的本性不足以单独来治理人的心身。本性不是我们人为的，但是可以转化；积习，不是我们固有的，但是可以形成。举止习俗，可以转化人的本性。只要专心一意而不三心二意，就逐步养成习惯了。习俗可以转变人的意志，长久地安于一种习俗会改变人的素质，专心一意而不三心二意，就能达到最高的智慧，而与天地相匹配。

所以积土成山，积水成海，夜与昼积累起来就是年。最高的叫天，最低的称地，宇宙最边远的六方称为极。普普通通的人，积善到全尽的程度就叫作圣人。人们要追求才能得到向往的东西，要行动才能得到成功，要积累才能提高，达到完美的程度就是圣人。所以，圣人，就是人们长期积累美德而成的。

人们积累耕耘的经验成为农夫，积累砍削的经验成为工匠，积累贩货的经验成为商人，积累礼义的经验成为君子。工匠的儿子无不继承父辈的事业，都市的百姓都安定地习惯于他们的职业。住在楚国就习惯楚的习俗，住在越国就习惯越的习俗，住在夏地就习惯夏地的习俗，这不是天性，而是长期的磨炼使他们这样。

所以人们如果懂得谨守举止，慎重地对待习俗，重视长期的磨炼，就可以成为君子。放纵性情而不去充分的学习，就会成为小人。成为君子就常常得到安乐和光荣，成为小人就常常遭到危难和耻辱。所有的人，没有不向往安乐光荣而厌恶危难耻辱的。所以，只有君子才能得到自己所喜好的，而小人每天都会招致自己所厌恶的。《诗经·大雅·桑柔》说："有这样善良的人，你不寻求也不任用；对那些心地残忍的人，却反复顾惜庇护。民众图谋造反，谁甘受此蹂躏。"说的就是这种情况。

原文 人论[①]：志不免于曲私[②]，而冀人之以己为公也；行不免于污漫[③]，而冀人之以己为修也；其愚陋沟瞀[④]，而冀人之以己为知也。是众人也。志忍私然后能公[⑤]，行忍情性然后能修，知而好问然后能才，公修而才，可谓小儒矣。志安公，行安修，知通统类[⑥]，如是则可谓大儒矣。大儒者，天子三公也[⑦]。小儒者，诸侯大夫士也。众人者，工、农、商贾也。礼者，人主之所以为群臣寸、尺、寻、丈检式也[⑧]。人伦尽矣。

注释 ①人论：指人的类别。即下文所说的众人、小儒、大儒等类别。论，通“伦。”

②曲私：私曲，偏私的意思。

③污漫：污秽，肮脏。

④其：据上下文义疑为“甚”。沟瞀（mào）：愚昧无知。

⑤忍：克制。

⑥知通统类：智慧能通晓各种事物的基本原则。

⑦三公：司马、司空、司徒，三者都是古代帝王以下的最高官职。

⑧寸、尺、寻、丈：均为古代度量单位名称。一寻为八尺。这里指衡量人的好坏的尺度。检式：规格，法度。

译文 人的类别：思想上没有去掉偏私，却希望别人认为自己公正；行动上没有去掉肮脏，却希望别人认为自己美好；浅薄愚昧无知到极点，却希望别人认为自己聪明智慧。这就是最一般的人。思想克制了私欲然后能做到公正，行动克制了感情然后能有美好的品德，有智慧而又好学然后有才能，公正美好而又有才能，可以称为小儒。思想安于公正，行动安于美好，智慧能通晓各种事物的基本原则，像这样就可以称为大儒了。大儒，是天子的三公，小儒，是诸侯的大夫和士，一般的人，就是工匠、农民和商人。礼，是君主用来衡量群臣好坏尺度的法度。人的类别全部在这里了。

原文 君子言有坛宇①，行有防表②，道有一隆③。言道德之求④，不下于安存⑤；言志意之求，不下于士⑥；言道德之求，不二后王⑦。道过三代谓之荡⑧，法二后王谓之不雅⑨。高之，下之，小之，臣之⑩，不外是矣，是君子之所以骋志意于坛宇宫庭也。故诸侯问政，不及安存，则不告也；匹夫问学，不及为士，则不教也；百家之说，不及后王，则不听也。夫是之谓君子言有坛宇，行有防表也。

注释

①坛宇：祭祀、拜将或誓师所用的土筑高台和屋边。这里指界限范围。

②防表：标准。

③道：这里指言行的根本原则。

④道德：据下文"故诸侯问政，不及安存，则不告也。"疑为"政治。"

⑤安存：指国家的安危存亡。

⑥士：指士的标准。

⑦二：背离。

⑧三代：夏、商、周。荡：渺茫。

⑨雅：正。

⑩臣之：据上下文义，疑为"巨之"。

译文

君子说话有一定的界限，行为有一定的标准，言论与行动的根本原则是有所推崇的。说到政治方面的追求，不能低于关系到国家安危存亡的问题；说到志向方面的追求，不能低于士的标准；说到道德方面的追求，不能背离当代的君主。言行的根本原则超过了夏、商、周三代就叫作渺茫，法度背离了当代的君主就叫作不正。在上面的，在下面的，小的方面，大的方面，都超不出这些。这是君子能在一定范围内驰骋自己思想的原因。所以，诸侯来询问政治方面的问题，如果不涉及国家的安危存亡，就不必告诉他；一般人来请教学问，如果不涉及如何做士，就不必教导他；诸子百家的学说，如果不涉及当代君主，就不必去听它。这就叫作君子说话有一定界限，行动有一定的标准。

九　王制

题解　本文比较集中地论述了荀子的治国之道。

文章对理想的“王者”的国家的政治制度、经济制度、用人制度、官职职责等进行了系统的说明，重点摆在政治制度上。荀况指出：“王者”的国家，在政治上，必须遵循后王之法，加强君主集权，严格等级名分；必须“平政爱民”“隆礼敬士”“尚贤使能”。在军事上，必须把武力征服与争取民心相结合，做到“仁眇天下，义眇天下，威眇天下。”在经济上，要努力发展农业，加强物资交流，做到“财物积”“国家富”。为此，荀况还提出了一些具体的经济政策，如保护山林鱼泽，依照产量征收赋税等。

为了论证以上主张的正确，荀况还将王、霸、安存、危殆、灭亡等五种政治状况的国家进行了对比。

原文　请问为政①？曰：贤能不待次而举②，罢不能不待须而废③，元恶不待教而诛④，中庸民不待政而化⑤。分未定也则有昭缪⑥。虽王公士大夫之子孙，不能属于礼义⑦，则归之庶人⑧。虽庶人之子孙也，积文学⑨，正身行，能属于礼义，则归之卿相士大夫。故奸言、奸说、奸事、奸能、遁逃反侧之民[10]，职而教之[11]，须而待之[12]，勉之以庆赏，惩之以刑罚，安职则畜[13]、不安职则弃。五疾[14]，上收而养之，材而事之[15]，官施而衣食之，兼复无遗。才行反时者死无赦[16]。夫是之谓天德[17]，王者之政也[18]。

注释

①为政：治理国家。

②待：凭藉，需要。次：次序，顺序。

③罢：通“疲”，荀子用多“罢”与“贤”对举，用来指德行不好的人。须：迟疑。

④元恶：罪魁祸首。

⑤中庸民：一般的人。政：政治。这里引申为刑赏。

⑥分：名分。昭缪：同“昭穆”。古代宗庙的排列次序：祖庙在正中，其后代中父辈的庙在左，称为“昭”，子辈的庙在右，称为“穆”。《礼记·祭统》：“昭穆者，所以别父子、远近、长幼、亲疏之序而无乱者也。”这里的“昭穆”指的也就是父子、远近、长幼、亲疏的序列。

⑦属（shǔ）：符合。

⑧庶人：泛指没有特权等级身份的人。

⑨文学：指文化或经学知识。

⑩反侧：反复无常。

⑪职：事，这里指安置职事。

⑫须而待之：给予一定的时间等待他改正。

⑬畜：收留。

⑭五疾：聋、哑、瘸、断臂与侏儒称为五疾。

⑮材：通“才”，才能。

⑯反时：与时事相违背。

⑰天德：最高的道德。

⑱王者：指施行王道，即用仁义治理天下的国君。据本篇下文“是王者之制也”，疑“王”之前夺一“是”字。

译文

请问如何治理国家？回答说：贤能的人不需要按顺序就可以提拔任用，德行不好的人，没有才能的人，不需迟疑就予以罢免，罪魁祸首不需要教育就可以诛杀，一般人不需要刑赏就可以教化。名分未定，也应有父子、远近、长幼、亲疏的序列。虽然是王公大夫的子孙，如果言行不符合礼义，就要归入庶民之列；虽然是庶民的子孙，如果不断地积累文化经学知识，端正品德行为，言行都符合礼义，就要归入卿相士大夫之列。对那些说奸邪的言语，做奸邪的事情，有奸邪的才能，四处流窜，反复无常的人，要给他们安排事情并教化他们，给予一定的时间等待他们改正，用奖赏勉励他们，用刑罚惩戒他们，安心于职务的就收留，不安心于职务的就抛弃。聋、哑、瘸、断臂、侏儒等五种残疾人，君主要收养他们，量才而给他们事做，官府给予他们衣食，普遍地给他们照顾，不要有所遗漏。才能行为与时事相违背的，要坚决处死，决不宽恕。这就是最高的道德，这就是王者的政治。

原文 听政之大分[①]：以善至者待之以礼，以不善至者待之以刑。两者分别则贤不肖不杂，是非不乱。贤不肖不杂则英杰至，是非不乱则国家治。若是，名声日闻，天下愿，令行禁止，王者之事毕矣。凡听[②]：威严猛厉，而不好假道人[③]，则下畏恐而不亲，周闭而不竭[④]。若是，则大事殆乎弛[⑤]，小事殆乎遂[⑥]。和解调通[⑦]，好假道人而无所凝止也[⑧]，则奸言并至，尝试之说锋起[⑨]。若是，则听大事烦[⑩]，是又伤之也。故法而不议[⑪]，则法之所不至者必废；职而不通[⑫]，则职之所不及者必队[⑬]。故法而议，职而通，无隐谋[⑭]，无遗善而百事无过[⑮]，非君子莫能。故公平者，职之衡也[⑯]；中和者，听之绳也。其有法者以法行，无法者以类举[⑰]，听之尽也[⑱]。偏党而无经[⑲]，听之辟也[⑳]。

故有良法而乱者，有之矣；有君子而乱者，自古及今，未尝闻也。传曰："治生乎君子，乱生乎小人。"此之谓也。

注释

①听政：处理政事。《周礼·秋官·小司寇》："以五声听狱讼，求民情：一曰辞听，二曰色听，三曰气听，四曰耳听，五曰目听"可证。听即决断，治理的意思。大分：要领，关键。

②听：指听政，处理政事。

③假道：待人宽容的意思。道通"贷"，《后汉书·安帝纪》："且复假贷，以观厥后。"李贤注："假贷，犹宽客也。"

④周闭：周密封闭。这里是隐瞒的意思。竭：举。

⑤弛：废弛。

⑥遂：通"坠"，废弃。清朱骏声《说文通训定声·履部》："遂，叚借为队（坠）。"《易·震》："震遂泥。"陆德明："遂，荀本作队（坠）。"

⑦和解调通：随和而容易接近。

⑧凝止：限制、有限度。

⑨锋：通"蜂。"

⑩听大：指处理的政务多。烦：繁乱。

⑪议：评议，这里指公平执法。高诱《淮南子》注："议，平也。"

⑫职而不通：指在职权范围内不相互沟通。

⑬队：通“坠”，失落，这里是出现漏洞的意思。

⑭隐谋：隐瞒坏事。

⑮遗善：遗漏好事。

⑯职：据上下文义疑为“听”。衡：准则。

⑰类举：以类相推。

⑱尽：极，这里指最好的办法。

⑲偏党：偏私。经：原则，纲领。

⑳辟：同“僻”，邪僻，不公正。

译文 处理政事的要领：怀着善意来的，以礼相待；怀着恶意来的，以刑罚相待。把善、恶两者区别开来，贤人和不贤的人不会混杂，是非不会紊乱。贤人与不贤的人不相混杂，英雄豪杰就会到来，是非不相紊乱，国家就会平治。像这样，名声就一天比一天显赫，天下人都景仰，就可以令行禁止，王者的事也就完成了。一般说来，处理政务有几种情况：态度十分威严，而不喜欢以宽容的态度待人，那么下面的人就会畏惧他而不亲近他，有事也隐瞒着不举报。像这样，大事便近于废弛，小事也近于毁弃。待人随和平易，喜欢宽容，但却没有限度，那么奸言邪语就会一并而至，各种试探性的话语也会蜂拥而起。如果像这样，所要处理的事会又多又繁乱，这也会伤害政事的处理。所以有法而不公平执法，那么法令所未达到的地方必定会出现差错；职权范围不能相通，职权所未达到的地方就会出现漏洞。所以有法并能公平执法，有职权并能相互沟通，不隐瞒坏事，不遗漏好事，处理众多的事务而无差错，除了君子，没有谁能办到。所以，公平，是处理政事的准则；适当，是处理政事的标准。有法令规定的依法执行，没有法令规定的以类相推，这是处理政事的最好办法。偏私而不讲原则，是处理政事中的歪风邪气。所以，有好的法令而社会出现混乱的事，是有的；有君子而社会出现混乱的事，从古到今，没有听说过。古书说："国家的安定出于君子，国家的混乱出于小人。"说的就是这个道理。

原文　分均则不偏①，埶齐则不一，众齐则不使。有天有地而上下有差，明王始立而处国有制②。夫两贵之不能相事，两贱之不能相使，是天数也③。埶位齐，而欲恶同，物不能澹则必争④，争则必乱，乱则穷矣⑤。先王恶其乱也，故制礼义以分之，使有贫富贵贱之等，足以相兼临者⑥，是养天下之本也⑦。《书》曰⑧：

"维齐非齐。"此之谓也。

注释

①分均：指名分等同。偏：属，指上下统属关系。《小尔雅》："偏，属也。"

②处：治理。制：这里指的是等级制度。

③天数：自然的道理。

④澹：通"赡"，满足。

⑤穷：尽，这里指国家灭亡。

⑥兼临：即监临，相互督促监视的意思。

⑦养：治理。

⑧《书》：指《尚书·吕刑》。

译文

名分相等就无法统属了，权势相等就不能统一集中了，大家的地位齐平就谁也不能役使谁了。有天有地就有上下的差别。明智的君主一开始当政，治理国家就有一定的等级制度。两人同样尊贵就无法相互侍奉，两人同样卑贱就无法互相役使，这是自然的道理。权势，名位一样，欲望厌恶相同。物质无法满足就一定会发生争斗。发生争斗就会造成社会的混乱。社会混乱国家就灭亡了。古代君王憎恨这种混乱，所以制定礼义来区分人们，使人有贫富贵贱的等差，使他们完全能够相互督促，这就是古代君王治理天下的根本原则。《尚书·吕刑》说：“要做到齐，就应该先有不齐。”说的就是这个道理。

原文

马骇舆[①]，则君子不安舆；庶人骇政[②]，则君子不安位。马骇舆，则莫若静之，庶人骇政，则莫若惠之[③]。选贤良，举笃敬[④]，兴孝弟[⑤]，收孤寡，补贫穷，如是，则庶人安政矣。庶人安政，然后君子安位。传曰“君者，舟也；庶人者，水也。水则载舟，水则覆舟。”此之谓也。故君人者，欲安，则莫若平政爱民矣[⑥]；欲荣，则莫若隆礼敬士矣；欲立功名，则莫若尚贤使能矣。是君人者之大节也。三节者当，则其余莫不当矣。三节者不当，则其余虽曲当，犹将无益也。孔子曰：“大节是也，小节是也，上君也。大节是也，小节一出焉，一入焉[⑦]，中君也。大节非也，小节虽是也，吾无观其余矣。”

成侯、嗣公[⑧]，聚敛计数之君也，未及取民也[⑨]。子产取民者也[⑩]，未及为政者也。管仲为政者也，未及修礼者也[⑪]。故修礼者王，为政者强，取民者安，聚敛者亡。故王者富民，霸者富士[⑫]，仅存之国富大夫，亡国富筐箧[13]，实府库。筐箧已富，府库已实，而百姓贫，夫是之谓上溢而下漏。入不可以守，出不可以战，则倾覆灭亡可立而待也。故我聚之以亡，敌得之以强。聚敛者，召寇、肥敌、亡国、危身之道也[14]。故明君不蹈也[15]。

注释

①骇舆：惊车。

②骇政：被政事所惊骇。

③惠之：给他们恩惠。

④笃敬：指忠厚谨严的人。

⑤弟：同“悌”。

⑥平政：改善政治，使政局平定。

⑦一出焉，一入焉：指得失相半。杨倞《荀子·王制》注：“谓一得一失也。”

⑧成侯、嗣公：战国时卫国的国君。嗣公是成侯的孙子。

⑨取民：笼络民心。

⑩子产：春秋末期郑国大夫，曾任正卿，传说他对人民施恩惠来笼络民心。

⑪修礼：这里指实施礼义。

⑫士：这里指有战功的人。

⑬筐箧（qiè）：泛指盛东西的器具，这里指君主的私囊。箧，

箱子一类的东西。

⑭召：同“招”。

⑮蹈：通“踏”，踩。这里是走的意思。

译文　马惊车，君主坐在车上就不安稳。百姓被政事惊扰，君主在王位上就不安定。马惊了车，最好的办法是使马安静。百姓被政事惊扰，最好的办法是给他们恩惠。选拔贤良的人才，推举忠厚严谨的人才，提倡孝悌，收抚孤寡，补救贫穷，像这样，百姓就安心于政事了。百姓安心于政事，君主在王位上就安定了。古书上说：“君主，是船；老百姓，是水。水可以把船浮载起来，也可以使船倾覆。”说的就是这个道理。所以，统治人民的人，要想安定，最好的办法就是平定政局，爱护百姓；要想荣耀，最好的办法就是尊崇礼义，敬重有才的人；要想建立功名，最好的办法就是推崇贤良，任用有才能的人。这是统治人的君主的大节。这三个大节都处理得当，其他的就都妥当了。三个大节处理不当，其他的纵然全都得当，也是无益的。孔子说：“大节正确，小节也正确，这是上等的君主；大节正确，小节有得有失，是中等的君主；大节错误，小节虽然正确，我也不必看他其余的方面了。”

成侯、嗣公是精心算计着搜括民财的国君，他们得不到民心。子产得到民心，但他没有治理国家的政治。管仲治理了国家的政治，但他没有实施礼义。所以，能够施行礼义的，可以统一天下；能够治理政治的，强盛；取得民心的，安定；搜括民财的，灭亡。因此，统一天下的，使百姓富足；称霸的，使有战功的人富足；勉强保住国家的，使大夫富足；行将灭亡的国家，富足的是君主的私囊；充实的，是君主的仓库。君主的私囊富足了，仓库充实了，而百姓却十分贫穷，这叫作上面财钱满得流出来而下面却异常贫穷。对内不能守备，对外无法攻战，则国家倾覆灭亡的灾祸马上就会到来。所以为自己搜括民财会招致灭亡，敌人得到聚敛的这些财富就会强大。搜刮民财，是招致敌寇、强盛敌国、灭亡自己的国家、危害自身性命的道路。所以，圣明的君主是不走这条路的。

原文 王夺之人①，霸夺之与②，强夺之地。夺之人者臣诸侯③，夺之与者友诸侯④，夺之地者敌诸侯⑤。臣诸侯者王，友诸侯者霸，敌诸侯者危。

用强者，人之城守[⑥]，人之出战，而我以力胜之也，则伤人之民必甚矣。伤人之民甚，则人之民恶我必甚矣。人之民恶我甚，则日欲与我斗。人之城守，人之出战，而我以力胜之，则伤吾民必甚矣。伤吾民甚，则吾民之恶我必甚矣。吾民之恶我甚，则日不欲为我斗。人之民日欲与我斗，吾民日不欲为我斗，是强者之所以反弱也。地来而民去，累多而功少[⑦]，虽守者益[⑧]，所以守者损[⑨]，是以大者之所以反削也[⑩]。诸侯莫不怀交接怨而不忘其敌[⑪]。伺强大之间，承强大之敝[⑫]，此强大之殆时也[⑬]。知强大者不务强也[⑭]，虑以王命[⑮]，全其力[⑯]，凝其德[⑰]。力全则诸侯不能弱也，德凝则诸侯不能削也。天下无王霸主[⑱]，则常胜矣。是知强道者也。

彼霸者不然，辟田野，实仓廪，便备用，案谨募选阅材伎之士[⑲]，然后渐庆赏以先之[⑳]，严刑赏以纠之。存亡继绝[㉑]，卫弱禁暴，而无兼并之心，则诸侯亲之矣。修友敌之道以敬接诸侯[㉒]，则诸侯说之矣[㉓]。所以亲之者，以不并也。并之见[㉔]，则诸侯疏之矣。所以说之者，以友敌也。臣之见，则诸侯离矣。故明其不并之行，倍其友敌之道，天下无王霸主，则常胜矣。是知霸道者也。

闵王毁于五国[25]，桓公劫于鲁庄[26]，无它故焉，非其道而虑之以王也[27]。

彼王者不然，仁眇天下[28]，义眇天下，威眇天下。仁眇天下，故天下莫不亲也；义眇天下，故天下莫不贵也；威眇天下，故天下莫敢敌也。以不敌之威，辅服人之道[29]，故不战而胜，不攻而得，甲兵不劳而天下服[30]；是知王道者也。

知此三具者[31]，欲王而王，欲霸而霸，欲强而强矣。

注释

①之：于。《古书虚字集解》："之，犹于也。"

②与：指友邻国家。杨倞《荀子·王制》注："与，谓与国也。"一说，与指同类、同盟的国家。《荀子·强国》："今已有数万之众者也，陶诞比周以争与。"与，即同类之意。

③臣诸侯：使诸侯为臣。

④友诸侯：使诸侯为友。

⑤敌诸侯：使诸侯为敌。

⑥人：指其他诸侯国。城守：指城池守卫得十分严密。

⑦累：这里是忧愁劳苦的意思。

⑧守者：指土地。

⑨所以守者：指守卫土地的人。

⑩反削：反而变小。

⑪怀交：相互结交。接怨：指心怀怨恨的诸侯国相互联合。

⑫承：同“乘”。敝：同“弊”，困境。

⑬殆：危险。

⑭不务强：不专门用强力胜人。

⑮虑以王命：大概都以统一天下的事作为自己的使命。虑，大概，大致。

⑯全其力：指使实力完全、完备。

⑰凝：凝聚，巩固。引申为完成。

⑱无王霸主：没有称王称霸的君主。

⑲案：乃。阅：容纳，收容。《诗经·邶风·谷风》：“我躬不阅”毛传：“阅，容也。”材伎之士：指武艺高强的人。伎，同“技”。

⑳渐（jiān）：深，重。先：引导，诱导。

㉑存亡继绝：使将要灭亡的国家保存下来，使他们将要灭亡的后代能继承其祖宗的血脉。

㉒修友敌之道：实行与其他诸侯国相友好的原则。

㉓说：通“悦”，喜欢。

㉔见：通“现”，表露。

㉕闵（mǐn）王：齐闵王。战国时齐国国君。五国：指燕、赵、秦、楚、魏。《史记》："齐湣（闵）王四十年，乐毅以燕、赵、楚、魏、秦破齐，闵王出奔莒也。"

㉖桓公劫于鲁庄：指公元前680年齐桓公与鲁庄公会盟柯地，齐桓公被鲁庄公臣子曹沫胁迫，答应归还汶阳一事。

㉗其道：指王天下之道，即统一天下的道。

㉘眇：高远的意思。

㉙服人：征服人心。

㉚甲兵：军队。

㉛三具：指"强道""霸道""王道"三种治国办法的条件。具，条件。

译文

王者争夺人心，霸者争取友邻国家，强者争夺别国的土地。争夺人心的使诸侯称臣，争取友邻国家的使诸侯为友，争夺别国土地的使诸侯为敌。使诸侯为臣的称王，使诸侯为友的称霸，使诸侯为敌的就危险。

使用强力的人，别国的人也把城池守卫得十分严密，别国的人也要出来迎战，而我们要凭借武力去战胜别国，那么伤害别国的人就必定十分惨重。伤害别国的人十分惨重，那么别国的人民一定会深深地憎恨我们。别国的人民深深地憎恨我们，就会天天想着和我们拼斗。别国的人守卫城池十分严密，别国的人要出来迎战，而我们要用武力战胜他们，就会惨重地伤害我们自己的百姓。惨重地伤害我们自己的百姓，那么我们自己的百姓也必定十分憎恨我们。我们自己的百姓十分憎恨我们，就每天都不想为我们去争斗。别国的人民天天想着和我们拼斗，而我们的百姓又天天不想为我们去拼斗，这就是强大的反而变为弱小的原因。土地争来了而百姓离去了，忧虑增多了而功绩减少了。虽然要守卫的土地增多，但用来守卫土地的百姓却减少。这是强大的国家反而削弱的原因。而且各个心怀怨恨的诸侯都相互联合，时时不忘他们的仇敌，窥伺着强国的空隙，乘着强国的困境，这正是强大的国家危险的时候。懂得如何强大的不专门用武力胜人，他大致以统一天下作为自己的使命，完备自己的实力，完成自己的美德。实力完备了诸侯就无法削弱它，美德完成了诸侯也就不能削弱它。天下再没有人称王称霸，于是他就处于常胜了。这才是懂得强国之道的人。

那些称霸的人就不是这样，他们开荒辟野，充实粮食，改进兵器使之更便于使用，他们谨慎地招募、选择、收容武艺高强的人，然后用重赏来引导他们，用严格的刑罚来规范他们。使将要灭亡的国家得以保存，使将要灭绝的他们的后代可以继承祖宗的血脉，保卫弱小者，禁止强暴者，却没有兼并的心思。这样，诸侯就会亲近他。实行与邻国友好相处的原则，以恭敬的态度来交结诸侯。这样，诸侯就会喜欢他。之所以亲近他，是因为他不兼并别国。一旦兼并的想法表露出来，诸侯就会疏远他。之所以喜欢他，是因为他对邻国实行友好的原则。一旦想使别国称臣的想法表露出来，诸侯就会背离他。所以，表明自己没有兼并的行为，信守与邻国友好的策略，天下就没有称王称霸的了，那他就处于常胜了。这是懂得称霸之道的人。

齐闵王被燕、赵、秦、楚、魏五国打败，齐桓公被鲁庄公之臣曹沫劫迫，没有别的缘故，就是由于他们实行的不是统一天下的办法却又想统一天下的缘故。

那些称王的人就不是这样。他们的仁爱远远高于天下，他们的礼义远远高于天下，他们的威力远远高于天下。仁爱高于天下，所以天下没有不亲近他的；礼义高于天下，所以天下没有人不尊崇他的；威力高于天下，所以天下没有人敢与他为敌。凭着无敌于天下的威力，来辅助征服人心的仁义之道，所以就能战而胜，不攻而得，不劳累军队就使天下被征服，这就是懂得王道的人。

掌握“强道”“霸道”“王道”三种治国办法的条件的，想称王就可以称王，想称霸就可以称霸，想致强就可以致强了。

原文　王者之人①：饰动以礼义②，听断以类③。明振毫末④，举措应变而不穷，夫是之谓有原⑤，是王者之人也。

注释　①人：指为人。

②饰：同“饬”，检点，约束。

③听断：处理决断事情。类：指法令规定。

④振：兴，举。引申为考察。毫末：指最细微的事物。

⑤原：根本。

译文　王者的为人：能用礼义来约束自己的行为，用法令规定来处理决断事情。明察秋毫，行为举止随机应变而不会束手无策，这就叫作懂得为政的根本，这就是王者的为人。

原文 王者之制[①]：道不过三代，法不贰后王[②]。道过三代谓之荡[③]，法贰后王谓之不雅[④]。衣服有制，宫室有度[⑤]，人徒有数[⑥]，丧祭械用，皆有等宜[⑦]。声，则凡非雅声者举废；色，则凡非旧文者举息[⑧]；械用，则凡非旧器者举毁。夫是之谓复古，是王者之制也。

注释 ①制：指的是各种具体器物的制度。

②贰：背离，违反。

③荡：渺茫，这里是荒谬无稽的意思。

④雅：正。

⑤度：尺度，标准。

⑥徒：众。数：界限。

⑦宜：犹“仪”，制度。《释名》：“仪，宜也。”《说文》：“仪，度也。”

⑧文：这里指文采，绘画等。

译文 王者的制度：治国的原则不超过夏、商、周三代，具体的法度不能违背后代的君主。治国的原则超过了三代叫作荒谬，具体的法度违背了后代的君主叫作不正。衣服有一定的体制，宫室有一定的标准，用人有一定的界限，丧葬祭祀的器物，都有等级制度的规定。音乐，凡是不符合正声的一律废止；色彩，凡是不符合以往文采绘画的一律取缔；器物，凡是不符合古制的一律毁弃。这就叫作复古，这就是王者的制度。

原文 王者之论[①]：无德不贵，无能不官，无功不赏，无罪不罚。朝无幸位[②]，民无幸生。尚贤使能，而等位不遗[③]；析愿禁悍[④]，而刑罚不过。百姓晓然皆知夫为善于家而取赏于朝也，为不善于幽而蒙刑于显也[⑤]。夫是之谓定论，是王者之论也。

注释 ①论：通“伦”，等级类别。这里指用人的方针。

②幸位：侥幸得到的职位。

③不遗：没有差错。

④析：据上下文义与《韩诗外传》引文，疑为“折”。折愿：制裁狡诈的人。愿，通“傆”，狡诈。

⑤幽：暗中。

译文 王者用人的原则：没有道德的人，不能给他尊贵的地位；没有才能的人，不能给他官职；没有功劳的人，不能赏赐；没有罪过的人，不能责罚。朝廷中没有侥幸得到的职位，百姓中没有侥幸生存的人。崇尚贤才，任用能人，所给的等级地位没有差错；制裁狡诈的人，制止凶暴的人，用刑处罚十分恰当。老百姓都十分清楚地懂得，在家里做好事也会在朝廷里得到奖赏；在暗中做坏事也会在光天化日下受惩罚。这就是公认的用人的原则，这就是王者的用人原则。

原文 王者之①：等赋②，政事③，财万物④，所以养万民也。田野什一⑤，关市几而不征⑥，山林泽梁⑦，以时禁发而不税⑧。相地而衰政⑨，理道之远近而致贡⑩，通流财物粟米，无有滞留，使相归移也⑪，四海之内若一家。故近者不隐其能，远者不疾其劳⑫，无幽闲隐僻之国⑬，莫不趋使而安乐之。夫是之谓人师，是王者之法也。

注释 ①据以上各段体例及下文，疑“之”下夺一“法”字。法，法规，这里指的是具体的经济政策。

②等赋：按等级规定赋税。

③政事：处理好民事。政，通“正”。

④财：通“裁”。清朱骏声《说文通训定声·颐部》：“财，叚借为裁。”杨倞《荀子·天论》注：“财，与‘裁’同。”这里是利用的意思。

⑤田野什一：按田亩征收十分之一的税。

⑥几：通“讥”，查问。杨倞《荀子·王制》注：“几，呵察也。”

⑦泽：湖泊。梁：堵水捕鱼的堤坝。

⑧以时禁发：依据时令或关闭或开放。

⑨相：视，看。衰（cuī）政：按等差征收税赋。衰，等差。政，通“征”。

⑩理：这里是区分的意思。

⑪归移：交换，交流。杨倞《荀子·王制》注：“归，读为‘馈’；移，转也。言通商及转输相救，无不丰足，虽四海之广，若一家也。”

⑫疾：怨恨。

⑬幽：深。闲：间隔。

译文

王者的经济法规：按等级规定赋税，处理好民事，利用万物，用来养育天下百姓。田亩征收十分之一的税，关卡、市场只查问而不征税。山林渔场，依据时令关闭或开放，也不征税。视田土的优劣按等差征收赋税，区分道路的远近确定贡物的情况，使物资粮食交流畅通，不出现停滞积压，使各地商品相互交换，四海之内如像一家。于是，近处的人不隐瞒自己的能力，远处的人不怨恨自己的劳苦，不论地处多么边远的诸侯国，都会愉快地赶来接受王者的驱使。这就叫作人的师表，这就是王者的经济法规。

原文 北海则有走马吠犬焉[①]，然而中国得而畜使之[②]；南海则有羽翮、齿革、曾青、丹干焉[③]，然萌中国得而财之；东海则有紫纮鱼盐焉[④]，然而中国得而衣食之；西海则有皮革文旄焉[⑤]，然而中国得而用之。故泽人足乎木[⑥]，山人足乎鱼，农夫不斲削、不陶冶而足械用，工贾不耕田而足菽粟。故虎豹为猛矣，然君子剥而用之。故天之所覆，地之所载，莫不尽其美，致其用[⑦]。上以饰贤良[⑧]，下以养百姓而安乐之。夫是之谓大神[⑨]。《诗》曰[⑩]“天作高山，大王荒之[⑪]，彼作矣，文王康之[⑫]。”此之谓也。

注释 ①北海：泛指我国北部地区。杨倞《荀子·王制》注：“海，谓荒晦绝远之地，不必海水也。”

②中国：指我国中原地区。

③羽翮（hé）：羽毛。齿革：指象牙与犀牛皮。曾青：又称铜精，即炭酸铜，可供绘画用。杨倞《荀子·王制》注："铜之精可绘画及化黄金者，出蜀山越巂。"丹干：朱砂，即硫化汞。

④紫紶（chī xì）：细粗麻布。这里泛指做衣服的布料。

⑤文旄（máo）：染上色彩的牦牛尾，作旗杆上的装饰。

⑥泽人：指住在水边的人。

⑦致：尽。

⑧饰：装饰，指供人以车服作装饰。

⑨大神：指天下大治的政治局面。杨倞《荀子·王制》注："能变通裁制万物，故曰大神也。"

⑩《诗》：指《诗经·周颂·天作》。

⑪大王：太王，也称古公亶（dǎn）父，即周文王的祖父。荒：扩大，开辟。

⑫康：安康。这里是安居乐业的意思。

译文

北方有奔驰的马，吠叫的狗，中原地区能够畜养使用它们。南方有羽毛、象牙、犀牛皮、铜精、朱砂，中原地区也能够利用它们。东方产有细麻布、粗麻布等衣料和鱼、盐，中原地区也能够穿、吃它们。西方有皮革和彩色的旄牛尾，中原地区也能够使用它们。所以，住在水边的人也有足够的木材，住在山上的人也有足够的鱼虾。农夫不砍斫，不制作陶器，不冶炼铜铁，也有足够的器具。工人、商人不耕种田地也有足够的粮食。所以，虎豹是够凶猛的，但君子可以剥它的皮来使用。天所覆盖的，地所承载的，无不尽其美好，充分发挥出它们的作用。对上供给贤能的人们车服来装饰他们，对下供养百姓的衣食使他们享受安乐。这就叫作大治。《诗经·周颂·天作》说："天生这座高山，太王将它开辟。太王将它开辟之后，文王在这里安居立业。"说的就是这种情况。

原文 以类行杂[①]，以一行万[②]。始则终，终则始，若环之无端也，舍是而天下以衰矣[③]。天地者，生之始也[④]；礼义者，治之始也；君子者，礼义之始也。为之，贯之，积重之，致好之者，君子之始也。故天地生君子，君子理天地[⑤]。君子者，天地之参也[⑥]，万物之总也[⑦]，民之父母也。无君子，则天地不理，礼义无统[⑧]，上无君师，下无父子[⑨]，夫是之谓至乱。君臣、父子、兄弟、夫妇，始则终，终则始，与天地同理[⑩]，与万世同久，夫是之谓大本。故丧祭、朝聘、

师旅一也⑪。贵贱、杀生、与夺，一也⑫。君君、臣臣、父父、子子、兄兄、弟弟，一也。农农、士士、工工、商商，一也。

注释　①类：统类，指处理各种事务的总原则。行：贯穿，统率。

②一：一贯的原则，指礼义。

③衰：衰败混乱。

④始：根本。

⑤理：治理。

⑥参：配合。指人有治理天时、地财和社会的能力，与天地的作用相配合。

⑦总：总管。

⑧统：这里指根本，起始。

⑨父子：据上下文义，疑为“父母”。

⑩理：道理。

⑪朝：指诸侯定期朝拜天子的礼节。聘：指诸侯互相问候的礼节。师旅：军队。这里指军队中上下等级和礼节。

⑫杀生：处死和赦免。与夺：给予和剥夺，即赏与罚。

译文　用处理各种事务的总原则来统率纷杂的事物，用礼义作为一贯的原则来统率万物。开始就是终结，终结就是开始，开始与终结就像一个圆环没有头尾，抛开了这一总的和一贯的原则，天下就会因此而衰败混乱。天地，是万物生长的根本；礼义，是治理国家的根本；君子，是礼义的根本。实施礼义，贯彻礼义，积累礼义，在礼义上达到最完美的境地，这是君子的根本。所以天地生育君子，君子治理天地。君子，是配合天地的，是万物的总管，是百姓的父母。没有君子，天地就不能治理，礼义就没有根本，在上没有君主师长，在下没有父母，这叫作最大的紊乱。君臣、父子、兄弟、夫妇，有开始就有终结，有终结就有开始，与天地有上下之分是同一道理，和万世不衰一样的长久。这叫作最大的根本。所以丧祭，诸侯定期朝拜天子和相互问候的礼节、军队中上下等级的关系和礼节，是同一个道理。贵和贱、处死与赦免、赏与罚，是同一道理，君之所以为君，臣之所以为臣，父之所以为父，子之所以为子，兄之所以为兄，弟之所以为弟，是同一个道理。农之所以为农，士之所以为士，工之所以为工，商之所以为商，是同一个道理。

原文 水火有气而无生[①]，草木有生而无知，禽兽有知而无义[②]。人有气、有生、有知亦且有义，故最为天下贵也。力不若牛，走不若马，而牛马为用。何也？曰：人能群[③]，彼不能群也。人何以能群？曰：分[④]。分何以能行？曰：以义。故义以分则和[⑤]。和则一，一则多力，多力则强，强则胜物。故宫室可得而居也[⑥]，故序四时[⑦]，裁万物，兼利天下，无它故焉，得之分义也。

故人生不能无群，群而无分则争，争则乱，乱则离，离则弱，弱则不能胜物，故宫室不可得而居也。不可少顷舍礼义之谓也。能以事亲谓之孝，能以事兄谓之弟[⑧]，能以事上谓之顺，能以使下谓之君。君者，善群也。群道当[⑨]，则万物皆得其宜，六畜皆得其长[⑩]，群生皆得其命。故养长时[⑪]，则六畜育；杀生时，则草木殖；政令时，则百姓一，贤良服。

圣王之制也：草木荣华滋硕之时[⑫]，则斧斤不入山林[⑬]，不夭其生，不绝其长也。鼋鼍、鱼鳖、鳅鳣孕别之时[⑭]，罔罟、毒药不入泽[⑮]，不夭其生，不绝其长也。春耕、夏耘、秋收、冬藏，四者不失时，故五谷不绝，而百姓有余食也。污池、渊沼、川泽，谨其时禁[⑯]，故鱼鳖优多[⑰]，而百姓有余用也。斩伐养长不失其时，故山林不童[⑱]，而百姓有余材也。

圣王之用也[19]，上察于天，下错于地[20]，塞备天地之间[21]，加施万物之上[22]，微而明，短而长，狭而广，神明博大以至约[23]。故曰：一与一是为人者[24]，谓之圣人。

注释

①气：我国古代一些思想家把气作为一种原始物质，认为万物都是由气构成。生：生命。

②义：指礼义。

③群：合群，组织起来的意思。

④分：指等级名分。

⑤和：协调。

⑥得：这里是协调、和谐的意思。《韵会》："与人契合曰相得。"

⑦序四时：安排一年四季的活动。

⑧弟：同"悌"。

⑨群道当：组织人们，使人们合群的办法得当。

⑩六畜：指猪、马、牛、羊、鸡、犬。

⑪时：适时。

⑫荣华滋硕：开花结果。

⑬斤：斧头。

⑭鼋（yá）：大鳖。鼍（tuó）：鳄鱼的一种，俗称猪婆龙。鳣：

鳝鱼。孕别。产卵。

⑮罔罟（gǔ）：鱼网。

⑯时禁：依据时令禁止。

⑰优：丰饶。

⑱童：秃。杨倞《荀子·王制》注："山无草木日童。"

⑲用：功用。

⑳错：通"措"，安置。

㉑塞备：充满。

㉒加施：作用。

㉓神明：最高的智慧。

㉔一与一：前"一"，指礼义这一总原则，后"一"指各种具体事物。与：通"举"，统率。是：正确。为：治理。《小尔雅》："为，治也。"

译文 水火有气但没有生命，草木有生命但没有知觉，禽兽有知觉但没有礼义。人有气、有生命、有知觉而且还有礼义，所以成为天下最尊贵的。人的力量不如牛，奔跑不如马，但牛马却被人驱使。为什么呢？回答说：人能够组织起来，那些牛马不能组织起来。人为什么能组织起来呢？回答说：依靠等级名分。等级名分为什么能施行呢？回答说：依靠礼义。所以依靠礼义来施行等级名分，人们就相互协调。协调就能统一，统一就力量大，力量大就强，强就能战胜万物。所以人们能协调地构筑宫室来居住，所以人们能安排好一年四季的活动，利用万物，使天下都得到利益。没有别的原因，靠的就是等级名分和礼义。

所以人在生活中不能不组织起来，组织起来没有等级名分就会发生争端，争端就会导致混乱，混乱就会导致离散，离散就会导致衰弱，衰弱就不能战胜万物。于是，宫室也无法靠人们相互协调地构筑、居住。这就是说，人们片刻也不能丢弃礼义。能用礼义侍奉父母叫作“孝”，能用礼义侍奉兄长叫作“悌”，能用礼义侍奉长辈叫作“顺”，能用礼义驱使百姓叫作“君”。君，就是善于把人们组织起来的人。组织起人们的办法得当，世上万物就各得其宜，猪、羊、牛等六畜就能够生长，一切生物都能获得生命。所以，养育生长适时，六畜就发育兴旺；砍伐种植适时，草木就茂盛繁殖；政令适时，百姓就能统一，贤才良将就会心悦诚服。

圣王的制度是：草木开花结果的时候，刀斧不能进入山林，不夭折草木的生命、不断绝它们的生长。鳖鱼、鳄鱼、泥鳅、鳝鱼等产卵时，鱼网毒药不能进入江河湖泽，不夭折它们的生命，不断绝它们的生长。春耕、夏耘、秋收、冬藏，四个季节都不失时机，所以五谷源源不断，老百姓就有余粮了。池塘沼泽河川，严格地在一定的时节禁止捕捞，鱼类就会丰饶，老百姓就可以有多余的食用。砍伐种植都不失时机，于是山林不会光秃，老百姓就有多余的木材了。

圣人的功用是：上察天时，下安置地上万物，充满于天地之间，作用于万物之上。这种功用细微而又显著，短暂而又深长，狭小而又广大，达到最高智慧，既博大而又极其简约。所以说：用礼义这个总原则去统率各种具体事物而正确地治理国家的人，就叫作圣人。

原文　序官[①]，宰爵知宾客、祭祀、飨食、牺牲牢之数[②]。司徒知百宗、城郭、立器之数[③]。司马知师旅、甲兵、乘白之数[④]。修宪命[⑤]，审诗商[⑥]，禁淫声，以时顺修[⑦]，使夷俗邪音不敢乱雅[⑧]，大师之事也[⑨]。修堤梁[⑩]，通沟浍[⑪]，行水潦[⑫]，安水臧[⑬]，以时决塞，岁虽凶败水旱，使民有所耘艾[⑭]，司空之事也[⑮]。相高下，视肥垸[16]、序五种[17]，省农功[18]，谨畜藏，以时顺修，使农夫朴力而寡能[19]，治田之事也[20]。修火宪[21]，养山林薮泽草木鱼鳖百索[22]，以时禁发，使国家足用而财物不屈[23]，虞师之事也[24]。顺州里[25]，定廛宅[26]，养六畜，闲树艺[27]，劝教化，趋孝弟[28]，以时顺修，使百姓顺命，安乐处乡，乡师之事也[29]。论百工[30]，审时事[31]，辨功苦[32]，尚完利，便备用，使雕琢文采不敢专造于家[33]，工师之事也[34]。相阴阳，占祲兆[35]，钻龟陈卦[36]，主攘择五卜[37]，知其吉凶妖祥，伛巫跛击之事也[38]。修采清[39]，易道路，谨盗贼，平室律[40]，以时顺修，使宾旅安而货财通[41]，治市之事也[42]。抃急禁悍[43]，防淫除邪，戮之以五刑[44]，使暴悍以变，奸邪不作，司寇之事也[45]。本政教，正法则，兼听而时稽之，度其功劳，论其庆赏，以时慎修[46]，使百吏免尽[47]，而众庶不偷[48]，冢宰之事也[49]。论礼乐，正身行，广教化，美风俗，兼覆而调一之，辟公之事也[50]。全道德，致隆高，綦文理，一天下，振毫末，使天下莫不顺比从服[51]，天王之事也[52]。故政事乱，则冢宰之罪也；国家失俗[53]，则辟公之过也；天下不一，诸侯俗反[54]，则天王非其人也。

注释

①序官：叙述官员的职责。序，通“叙”。

②宰爵：官名。主管宰杀牲畜，调配饍食以供接待宾客和祭祀之用。知：掌管。飨（xiǎng）食：宴会。牺牲：古代用于祭祀的整只猪、牛、羊等。牢：祭祀时用的牺牲。用猪、牛、羊三牲祭祀叫作太牢，用猪、羊二牲做祭祀叫作少牢。数：定数。指规定的数字。

③司徒：主管民政的官员。百宗：百族。郭：外城。立器：陈设的器械。

④司马：主管军队的最高长官。乘白：指车马士兵。乘，古代军队四马一车为一乘。白，同“伯”，古代军队编制，百人为伯。

⑤修：制定。宪命：法令文告。

⑥商：通“章”。王念孙《读书杂志》引文曰：“商，读为章。商，与章古字通。”

⑦顺修：整理，修订。

⑧夷俗：指少数民族的音乐。杨倞《荀子·王制》注：“谓蛮夷之乐。”

⑨大师：即太师，主管音乐的最高官员。

⑩堤梁：堤坝，桥梁。

⑪沟浍（kuài）：田间水沟。

⑫行：通。潦：通“涝”，涝灾。

⑬水臧：即水藏，水库。

⑭艾（yì）同“刈”，收获。

⑮司空：主管水土的最高官员。

⑯垵（qiāo）同“硗”，土地贫瘠。

⑰序五种：按时令布种黍、稷、豆、麻、麦等五种农作物。

⑱省：检查。

⑲朴力：一心一意，用尽全力。寡能：没有更多的技能。这里的意思是让农民只注重种植，而不从事别的行业。杨倞《荀子·王制》注：“使农夫敦朴于力穑，禁其它能也。”

⑳治田：官名，又称司田，管理农业的官员。

㉑火宪：防火的法令。

㉒薮（sǒu）泽：泛指湖泊。薮，渊薮，鱼与兽类聚居的地方。索：据上下文义疑为“蔬”。

㉓屈：尽。

㉔虞师：管理山林湖泊的官员。

㉕顺州里：治理州里的百姓。

㉖廛（chán）：古代城镇百姓的住房。《广雅》：“廛，居也。”

㉗闲：学习。《尔雅》：“闲，习也。”

㉘趋：促使。弟：同“悌”。

㉙乡师：州、乡一级的地方官员。

㉚百工：各种手艺工匠。

㉛时：是。指百工的劳作。

㉜功苦：这里指产品的优劣。杨倞《荀子·王制》注：“功，谓器之精好者。苦，谓滥恶者。”

㉝专造于家：指在家中私自制造。

㉞工师：管理手工业的官员。

㉟祲（jì）：指一种气象现象，古人认为这是阴阳二气相互作用而形成的，可以预示吉凶。

㊱钻龟：即灼龟。古代占卜的一种。将龟壳放在火上灼烤，视其裂纹判断吉凶。

㊲攘择：指攘除不祥，选择吉事。五卜：指占卜时出现的雨（雨天）、霁（晴天）、蒙（阴天）、驿（半阴半晴）、克（各种卦象相互交错）的五种兆形。

㊳伛巫：驼背的巫。巫，古代从事占卜活动的女人。跛击：跛足的击。击，古代从事占卜活动的男人。杨倞《荀子·王制》：“击，读为‘觋（xí）’，男巫也。古者以废击之人主卜筮巫祝之事，故曰伛巫跛觋。”

㊴采：坟墓。《方言》：“塚，秦晋之间谓之采。”清：厕所。《说文》：“清，厕也。”

㊵平室律：平衡物价或评定物价的意思。

㊶宾旅：商旅。

㊷治市：又称司市，管理城镇的官员。

㊸抃急禁悍：据上文体例，疑为“折愿禁悍。”

㊹戮：惩罚。五刑：古代五种刑罚，即墨（脸上刺字）、劓（yì，割鼻）、剕（fèi，断脚）、宫（阉割）、大辟（砍头）。

㊺司寇：主管司法的最高长官。

㊻慎修：据上文体例，疑为“顺修”。

㊼免尽：勉力尽职。免，同“勉”。

㊽偷：马虎的意思。

㊾冢宰：宰相。

㊿辟公：指诸侯。《尔雅》：“辟，公，君也。”

51比：亲近。

52天王：君主。

53失俗：风俗败坏。

54俗反：企图反叛。《释名》：“俗，欲也。”

译文 叙述官员的职责：宰爵掌管宾客、祭祀礼仪、宴会、宰杀祭品的数量。司徒掌管各个宗族、城郭、陈设器用的数量。司马掌管军队、各种武器、战车、士兵的数量。制定法令文告，审查诗章，禁止淫荡的音乐，按时整理修订，使外族的乐音和淫荡的乐音不敢扰乱雅正音乐，这是太师的职责。修堤坝架桥梁，疏通田间沟渠，排除水涝，修固水库，依照时令开放或关闭水库，虽然遇到凶荒水旱的年景，仍然使百姓能够耕耘，收获，这是司空的职责。察看地势的高低，了解土地的肥瘠，依照时令播种黍、稷等农作物，考核农民劳动的功效，谨慎地收藏粮食，按时整顿，使农民专心致力于农业生产而不从事其他技艺，这是治田的职责。制订防火的法令，保养山林湖泊的草木鱼鳖和各种菜蔬，依照时令开放或禁止刈割捕捞，使国家有充足的费用而财物不尽，这是虞师的职责。治理乡里，规定百姓住宅的界限，豢养六畜，教习种树的技艺，经常对百姓进行教化，促使他们孝悌，按时整顿，使老百姓服从法令，安居乐业地住在乡里，这是乡师的职责。评论各种工匠，检查他们的劳作，区分产品质量的优劣，推崇坚固完好的产品，改进器具使它更方便适用，并使雕刻绘画之类的手工精品不敢在家里私自制作，这是工师的职责。看阴阳，观征兆，用龟板灼烤后占卜，用五种占卜的方法来攘除不祥，选择吉事，预知事情的吉凶灾祥，这是驼背巫和跛足觋的职责。清理坟墓、厕所，平整道路，严防盗贼，平衡物价，按时整顿，使商人乐业而货物流通，这是治市的职责。抑制奸诈的人，严禁凶暴的人，防备淫乱，消除邪恶，用五种刑罚来惩治坏人，使残暴凶悍的人改变，邪恶不再发生，这是司寇的职责。把政治教化作为根本，端正法律准则，多方听取意见并经常进行考察，衡量人们的功劳，讨论给他们的赏赐，按时整顿，使官员们勉力尽职，而广大百姓也不马虎，这是宰相的职责。讲究礼乐，端正行为，推广教化，美化风俗，普遍地照顾每一个人并使他们统一，这是诸侯的职责。完善道德，把礼义提到最高地位，使礼法制度极为完备，统一天下，振兴最细微的事业，使天下百姓无不归顺亲近服从，这是天子的职责。所以，政事混乱，是宰相的罪；国家风俗败坏，是诸侯的过错；天下不统一，诸侯企图反叛，是由于不恰当的人担任了君王。

原文 具具而王①，具具而霸，具具而存，具具而亡。用万乘之国者②，威强之所以立也，名声之所以美也，敌人之所以屈也，国之所以安危、臧否也③，制与在此④，亡乎人⑤。王霸、安存、危殆、灭亡，制与在我，亡乎人。夫威强未足以殆邻敌也⑥，名声未足以县天下也⑦，则是国未能独立也，岂渠得免夫累乎⑧。天下胁于暴国，而党为吾所不欲于是者⑨，日与桀同事同行，无害为尧。是非功名之所就也⑩，非存亡安危之所堕也[11]。功名之所就，存亡安危之所堕，必将于愉殷赤心之所[12]。诚以其国为王者之所，亦王；以其国为危殆灭亡之所，亦危殆灭亡。

殷之日[13]，案以中立无有所偏而为纵横之事[14]，偃然案兵无动[15]，以观夫暴国之相卒也[16]。案平政教，审节奏[17]，砥砺百姓[18]，为是之日，而兵剸天下劲矣[19]。案然修仁义，伉隆高[20]，正法则，选贤良，养百姓，为是之日，而名声剸天下之美矣。权者重之，兵者劲之，名声者美之。夫尧、舜者，一天下也，不能加毫末于是矣。权谋倾覆之人退[21]，则贤良知圣之士案自进矣。刑政平[22]，百姓和，国俗节[23]，则兵劲城固，敌国案自诎矣[24]。务本事[25]，积财物，而勿忘栖迟薛越也[26]。是使群臣百姓皆以制度行，则财物积，国家案自富矣。三者体此而天下服[27]，暴国之君案自不能用其兵矣。何则？彼无与至也[28]。彼其所与至者，必其民矣，其民之亲我也欢若父母，好我芳若芝兰[29]，反顾其上则若灼黥[30]，若仇雠。彼人之情性也，虽桀、跖，岂有肯为其所恶贼其所好者哉[31]！彼以夺矣[32]。气故古之人，有以一国取天下者，非往行之也[33]，修政其所，莫不愿[34]，如是而可以诛暴禁悍矣。

故周公南征而北国怨。曰：何独不来也！东征而西国怨，曰：何独后我也！孰能有与是斗者与[35]？安以其国为是者王[36]。

殷之日，安以静兵息民[37]，慈爱百姓，辟田野，实仓廪，便备用，安谨募选阅材伎之士，然后渐赏庆以先之，严刑罚以防之，择士之知事者使相率贯也，是以厌然畜积修饰而物用之足也[38]。兵革器械者，彼将日日暴露毁折之中原[39]，我今将修饰之，拊循之[40]，掩盖之于府库[41]，货财粟米者，彼将日日栖迟薛越之中野[42]，我今将畜积并聚之于仓廪。材伎股肱健勇爪牙之士[43]，彼将日日挫顿竭之于仇敌[44]，我今将来致之[45]，并阅之、砥砺之于朝廷[46]。如是，则彼日积敝，我日积完；彼日积贫，我日积富；彼日积劳，我日积佚[47]。君臣上下之间者，彼将厉厉焉日日相离疾也[48]，我今将顿顿焉日日相亲爱也[49]。以是待其敝。安以其国为是者霸。

立身则从佣俗[50]，事行则遵佣故[51]，进退贵贱则举佣士[52]，之所以接下之人百姓者，则庸宽惠[53]，如是者则安存。

立身则轻楛[54]，事行则蠲疑[55]，进退贵贱则举佞侻[56]，之所以接下之人百姓者，则好取侵夺，如是者危殆。

立身则憍暴[57]，事行则倾覆，进退贵贱则举幽险诈故[58]，之所以接下之人百姓者，则好用其死力矣而慢其功劳，好用其籍敛矣而忘其本务[59]，如是者灭亡。

此五等者，不可不善择也。王霸、安存、危殆、灭亡之具也。善择者制人，不善择者人制之；善择之者王，不善择之者亡。夫王者之与亡者、制人之与人制之也，是其为相县也亦远矣[60]。

注释

①具具：前一“具”为动词，具备的意思。后一“具”为名词，条件。

②用：治理。万乘之国：泛指当时强大的诸侯国。

③安危：使危为安，转危为安。臧否（pǐ）：好坏。这里是使坏变好，化凶为吉的意思。

④制：关键。与：通“举”，全，都。此：指自身，本国。

⑤人：指别的国家。

⑥殆：危及。

⑦县天下：即悬天下，被天下人所仰慕的意思。县，同“悬”。

⑧岂渠：怎么。累：忧虑。

⑨党：通“倘”，假如。是：这。指像暴国那样去做。

⑩所就：指取得成就的原因。

⑪堕：归宿。这里是根由的意思。

⑫愉殷：喜悦与忧愁。殷，通“慇”，忧伤貌。

⑬殷：强盛。

⑭案：语助词。下文中“案自”“案然”等均与此同，唯“案兵无动”的“案”通“按”。纵横之事：指战国七雄相互之间的斗争策略。楚、燕、赵、卫、韩、齐六国联合对付秦国的策略叫作“合纵”，秦与六国中的某一国家联合对付其他各国的策略叫作“连横。”

⑮偃然：形容兵戈停息的安定状态。

⑯卒：同“捽（zuó）”，争斗。

⑰节奏：礼节制度。

⑱砥砺：磨刀石。引申为训练，磨炼。

⑲剸（zhuān）天下劲：据下文“名声天下之美”，疑为“剸天下之劲”。剸，同“专”。劲，强大。

⑳伉（kàng）：通“亢”，极。《广雅》：“亢，极也。”隆高：尊荣。

㉑权谋倾覆：玩弄阴谋诡计，搞颠覆活动。

㉒平：适宜、得当的意思。

㉓节：有节制。

㉔诎：通“屈”，屈服。

㉕本事：根本的、基础的事业，这里指的是农业。

㉖忘：疑作“妄”，乱。栖迟：分散遗弃。薛越：即屑越，散乱。这里是抛散的意思。

㉗体此：指按照前面所说的这些去做。体，体现，引申为依照，按照。

㉘与至：指跟随诸侯国君一道来打仗的人。

㉙芳：同“仿”，仿佛。

㉚灼黥：火烧与黥刑。形容面目丑恶如同经过火烧和黥刑一样。黥刑，古代在脸上刺字的刑罚。

㉛贼：伤害。

㉜以：同“已”，已经。

㉝行之：夺取它。

㉞莫不愿：据本篇上文“天下愿，令行禁止，王事之事毕矣”，疑为“天下莫不愿。”

㉟就：疑为“孰”。

㊱安：语助词。下同。

㊲静兵：使士兵停止不动，不再打仗。息民，使老百姓休养生息。

㊳修饰：修理。

㊴暴露：弃之荒野的意思。中原：指原野。

㊵拊（fǔ）循：抚摩，引申为爱护。拊，通“抚”。循，通“楯”，抚摩。

㊶掩盖：这里是收藏的意思。

㊷中野：旷野。

㊸股肱（gōng）：大腿、上臂，喻指得力的大臣。爪牙：武士。

㊹挫顿：打击。

㊺来致：招募。

㊻并阅：全部收容接纳。

㊼佚：同“逸”，安适，轻松。

㊽厉厉焉：仇视的样子。离疾：疏远。

㊾顿顿焉：诚恳、忠厚的样子。领，同“敦”。

㊿佣俗：平常的风俗。佣，同“庸”，这里是平常的意思。

(51)事行：行事、办事。佣故：惯例。故，成例。

(52)佣士：平常的人。

(53)庸：通“用”。

(54)轻楛（kǔ）：态度轻率恶劣。

(55)蠲（juān）疑：迟疑。

(56)佞说：即“佞锐”，指能说会道的小人。说，通“锐”，形容口才流利。

(57)侨：通“骄”，骄横。

(58)幽险：阴险。诈故：奸诈。

⑤⑨籍敛：搜括。本务：根本的事业，这里指农业生产。

⑥⓪县：同“悬”。悬殊。

译文 具备王者的条件就能称王，具备霸者的条件就能称霸，具备生存的条件就能生存，具备灭亡的条件就会灭亡。治理一个诸侯大国，它的威武强盛之所以可以建立，它的名声之所以美好，它的敌人之所以屈服，国家之所以转危为安，化凶为吉，全部的关键都在于它自身而不在于别的国家。是称王还是称霸，是平安生存还是危殆乃至灭亡，全部的关键都在于它自身而不在于别的国家。威力强大但还不足以危及相邻的敌国，名声还不足以使天下仰慕，那么这个国家还谈不上独立，怎么能免除忧虑呢！天下被强暴的国家威胁，而如果是自己不愿意像强暴的国家那样，即使天天与桀这样的暴君共事，也不妨碍自己成为尧那样的人。这不是成就功名的原因，也不是国家安危的根由。成就功名的原因，存亡安危的根由，一定要建立在自身忧乐志向的基础上。如果确实把自己的国家作为实行王者之道的场所，就可以称王；如果把自己的国家作为危险、灭亡的场所，也就会危险灭亡。

国家强盛的时候，保持中立的、不偏不倚的态度，不参与合纵连横之类的活动，安然地按兵不动，看那些强暴的国家相互争斗。平定政治教化，审察礼节制度，训练老百姓，做到这一点，就可以独一无二地拥有天下最强大的兵力了。实施仁义，力求尊荣，端正法律准则，选拔贤臣良将，养育百姓，做到这一点，就可以独一无二地拥有天下最美好的名声。政权牢牢地抓住，兵力强劲了，名声美好了，就是尧、舜统一天下的作法，也丝毫不比这些作法更好。如果玩弄阴谋诡计、搞颠覆活动的人被斥退，那么贤臣良将有智慧的圣明的人自然就会到来。刑罚政令得当，百姓和谐，国家习俗有节制，那就会兵力强大，城池牢固，敌对的国家自然就会屈服。致力于农业生产这个基础的事业，积聚财物，不随意丢弃抛散，这样就使官员和百姓都按制度办事，于是财物积聚起来了，国家自然富足了。三方面都照此办理，强暴的国家的君主自然就无法使用他的兵力了。为什么呢？没有人跟随他来打仗了。那些跟随他来打仗的，必定是他的百姓，而他的百姓亲近我们，高兴得像见到父母一样；喜欢我们，像喜欢芝草兰草一样。回过头去看他们的君主，他们的君主就像遭到火烧、黥刑的罪犯一样丑恶可怕，像是仇人。那些百姓的性情，即使像桀、跖一样，又哪里会为了他们所憎恶的人而去伤害他们所喜爱的人呢？他的百姓已经被争夺过来了。所以古代的人，有凭着一个诸侯国夺取天下的，但并不是跑到别国去夺权，而是治理好自己国家的政事，使天下人无不抑慕，像这样就可以诛杀强暴，制止凶悍了。所以周公向南方出征时，北方国家的人发出埋怨，说：为什么独独不到我们这里来呢？周公向东方出征时，西方国家的人也发出埋怨，说：为什么独独把我们放在后面呢？谁能够同这样的君主斗争呢？使自己的国家做到这样的人就可以称王。

国家强盛的时候，让士兵停止打仗，让百姓休养生息，使他们得到安定，爱护百姓，开辟田野，充实粮仓，改良器械使它们方便适用，谨慎地招募、选择、收纳才艺高强的人，然后用重赏来引导他们，用严厉的刑罚来防范他们，选择通晓事理的人来统率管理他们，这样，就充分地积蓄了财物，修理了器械，可供使用的物资也充足了。兵器盔甲等器械，敌人天天把它们丢弃损毁在原野之中，我们都要修理它，爱护它，把它们收藏在仓库里面。货物粮食，敌人天天把它们丢弃抛散在旷野之中，我们却要把它们积聚在仓库里面。才艺高强的人，得力的官员们、健壮勇猛的人，敌人天天使他们受仇敌的打击而精疲力尽，我们却要把他们招致拢来，全部收容接纳，在朝廷中磨炼他们。像这样，敌国一天天积聚的是弊病，我们一天天积累的是完善；敌国一天天积聚的是贫困，我们一天天积累的是富足；敌国一天天积聚的是劳苦，我们一天天积累的是安逸。在君臣上下之间，敌国一天比一天更严重地相互仇视疏远，我们一天比一天更诚恳地相互亲爱。我们就用这样的办法去等待敌国的衰败。能使自己的国家做到这样的人就可以称霸。

做人就顺从平常的习俗，做事只遵循惯例，选拔人才，评定贵贱，推崇的是平常的人，用来接近平民百姓的态度方法，是采取的宽厚恩惠，这样的君主可以安定保存。

做人态度轻率恶劣，做事迟疑不决，选拔人才，评定贵贱，推崇的是花言巧语的人，用来接近平民百姓的态度方法，是喜欢巧取豪夺，这样的君主一定危险。

做人骄横凶暴，做事反复无常，选择人才，评定贵贱，推崇的人阴险奸诈，用来对待平民百姓的态度方法，是只喜欢他们尽力而不看重他们的功劳，只喜欢横征暴敛而不顾百姓所从事的农业生产，这样的君主一定灭亡。

这五种情况，是不能不认真地加以选择的。称王天下、称霸天下、安全地保存下来、危险、灭亡的条件就是这些。善于选择的就能制服别人，不善于选择的就被别人所制服；善于选择的就能称王，不善于选择的就会遭到灭亡。称王的与被灭亡的，制服别人的与被别人所制服的，这中间的悬殊实在太大了。

十 富国

题解 本文比较集中地阐述了荀子的富国之道。

荀况认为：天生万物，足够用来吃和用，而要使国家真正富足，就必须节约开支，使老百姓富裕，还必须抓住农业生产这个根本的大业，实施一系列开源节流的经济政策。而更重要的是必须采取“以政裕民”的方针，即加强政治统治，运用各种政治手段来使老百姓富裕，从而使国家富强。荀况提出了一些具体的措施，如减轻税收等。荀况还提出，要理顺生产中的一些关系，理顺君臣上下关系，“明分使群”“尚贤使能”等。荀况认为，只有这样，才能使国家富强，天下统一。

原文 万物同宇而异体①，无宜而有用②。为人③，数也④。人伦并处⑤，同求而异道，同欲而异知⑥，生也⑦。

皆有可也⑧，知愚同。所可异也，知愚分。埶同而知异⑨。行私而无祸⑩，纵欲而不穷⑪，则民心奋而不可说也⑫。如是，则知者未得治也。知者未得治，则功名未成也。功名未成，则群众未县也⑬。群众未县，则君臣未立也。无君以制臣，无上以制下，天下害生纵欲。欲恶同物[14]，欲多而物寡，寡则必争矣。故百技所成[15]，所以养一人也。而能不能兼技[16]，人不能兼官[17]，离居不相待则穷[18]，群而无分则争[19]。穷者患也，争者祸也。救患除祸，则莫若明分使群矣[20]。强胁弱也，知惧愚也，民下违上，少陵长[21]，不以德为政，如是，则老弱有失养之忧，而壮者有分争之祸矣。事业所恶也，功利所好也，职业无分，如是，则人有树事之患[22]，而有争功之祸矣。男女之合，夫妇之分[23]，婚姻娉内送逆无礼[24]，如是，则人有失合之忧[25]，而有争色之祸矣。故知者为之分也。

注释

①宇：上下四方，宇宙空间。

②无宜：无固定之宜，即没有固定的用途。

③为：通“于”。为、于二字古代同声而通用。

④数：自然的道理。

⑤人伦：指各类各等级的人。

⑥知：通“智”。下同。

⑦生：通“性”。下文“天下害生纵欲”一句中的“生”，亦通“性”。

⑧可：认可，肯定。

⑨埶：同“势”，指地位。

⑩祸：忧，患。这里是惩罚的意思。

⑪不穷：没有受到阻碍。

⑫奋：奋起而相争。杨倞《荀子·富国》注：“奋谓奋起而竞争也。”说：通“脱”，避免。

⑬县：通“悬”，原意是将物悬挂在空中，分出高下，这里比喻人们分出高下等级。

⑭物：类。

⑮百技：泛指人们所从事的各种行业。

⑯能不能：前一“能”指才能，后一“能”是能够的意思。

⑰官：通“管”，管理。

⑱离居：分散居住，各顾各的生活。

⑲群：组织在一起的意思。分：名分等级制度。

⑳明分使群：确定名分等级然后以此组织人们。

㉑陵：侵犯，侮辱。

㉒树事：建树事业。

㉓分：名分。

㉔娉：通“聘”，又称“问名”，即男女双方家庭互相通问并为他们定亲。内：通“纳”，定亲双方收、送彩礼。送：嫁女。逆：迎娶。

㉕失合：指失去婚配。

译文

天地万物同处在一个宇宙空间，而形体各不相同，它们没有固定的用途，但却都对人们有用，这是自然的道理。各种等级类别的人共处在一起，他们追求相同而方法途径不同，欲念相同而智慧相别，这是人的本性。

人都有所肯定的，聪明的人与愚蠢的人在这一点上是相同的。但他们所肯定的是不相同的，由此就区分出聪明与愚蠢。地位相同的人智慧并不相同。如果谋取私利而不受到惩罚，放纵欲念而不受到阻碍，那么人们就不可避免地奋起相争。这样，有智慧的人就得不到治理国家的机会。有智慧的人得不到治理国家的机会，就无法成就功名。功名无法成就，人们的上下高低就无从区别。人们的上下高低无从区别，君臣的地位就无法确立。没有君主来统治臣民，没有上层来统治下层，天下人就会毁害本性而放纵欲念。人们所想要的与所憎恶的东西，是同一类，想要的人多而东西很少，东西少就必然引起争夺。所以各行各业所制成的物品，都是用来供养一个人生活所需要的。但是一个人的才能不能够兼通各种技艺，一个人不能兼管各种事务。人们分散居住各顾各不相互依靠是无法生存下去的，要组织在一起没有名分等级制度就必然发生争斗。无法生存下去是忧患，发生争斗是灾祸。拯救忧患，排除灾祸，最好的办法莫过于明确名分等级来组织起人们。如果允许强者胁迫弱者，智者惧怕愚蠢的人，下民违抗君主、年少的欺凌老人，不用道理来治理国家，像这样，老弱的就有失掉奉养的忧患，强壮的就有相互争夺的灾祸。事业成为人们所厌恶的，功名利禄成为人们所喜好的，每个人的职业没有区分，像这样，人们不仅有难以建树事业的忧患，还会有争夺功劳的祸患。男女的结合，夫妇的名分，婚姻聘纳嫁娶，如果不遵守礼节，像这样，人们就有失去婚配的忧患，就会有争夺美色的灾祸。所以，有智慧的人为此制定了名分等级。

原文 足国之道①，节用裕民②，而善臧其余③。节用以礼，裕民以政。彼裕民故多余④，裕民则民富。民富则田肥以易⑤，田肥以易则出实百倍。上以法取焉⑥，而下以礼节用之，余若丘山，不时焚烧，无所臧之。夫君子奚患乎无余。故知节用裕民，则必有仁义圣良之名，而且有富厚丘山之积矣。此无他故焉，生于节用裕民也。不知节用裕民则民贫。民贫则田瘠以秽⑦，田瘠以秽则出实不半。上虽好取侵夺[8]，犹将寡获也。而或以无礼而用之，则必有贪利纠诱之名[9]，而且有空虚穷乏之实矣。此无他故焉，不知节用裕民也。《康诰》曰[10]："弘覆乎天[11]，若德裕乃身[12]。"此之谓也。

注释

①足国：使国家富足。

②裕民：使百姓富裕。

③臧：同"藏"，收藏。其余：指国家、百姓用度所余的财物。

④裕民：据上下文义，疑为"节用"。故：则。

⑤易：治理。《诗经·小雅·甫田》："禾易长畝。"毛传："易，治也。"

⑥取：指收取税款。

⑦秽：荒秽，荒芜。

⑧好取：想方设法地收取。

⑨纠诱：收取。诱，通"桥"，取。

⑩《康诰》：指《尚书·康诰》。

⑪乎：如。

⑫若：顺。

译文　使国家富足的办法：节省费用，使老百姓富裕，并善于收藏所节余的财物。按照礼法节省费用，采取政治措施使老百姓富裕。节约费用就有盈余，实施使百姓富裕的政策就能使老百姓富裕。百姓富裕田土就肥沃，而且得到治理。田土肥沃又得到治理，出产的东西就成百倍的增多。君主按法令收税，而下面的人又遵照礼节制度去用它，节余的财物就会堆积如山，即使不时地焚烧，也还无处储藏。君主还会发愁没有盈余吗？所以懂得节省费用使老百姓富裕的人，一定享有仁义贤良的名声，而且会有丰厚得像山一样的积蓄。这没有别的缘故，就出于节省费用，使百姓富裕。不懂得节省费用，使百姓富裕，百姓就必定贫困。百姓贫困田土就贫瘠而且荒芜，田土贫瘠而荒芜，出产的物品就还不到正常收入的一半。君主虽然想方设法地侵取掠夺，也只有很少的收获。假如又不按照礼节制度去节省地使用这些收获，就必定有贪利诈取的名声，而且还有空虚匮乏的实质。这没有别的缘故，就是不懂得节省费用，使老百姓富裕。《尚书·康诰》说："像天那样广大地覆盖着万物，顺从德的标准，就能使你得到富裕。"说的就是这个道理。

原文 礼者，贵贱有等[1]，长幼有差，贫富轻重皆有称者也[②]。故天子袾裷衣冕[③]，诸侯玄裷衣冕[④]，大夫裨冕[⑤]，士皮弁服[⑥]。德必称位，位必称禄，禄必称用。由士以上则必以礼乐节之[⑦]，众庶百姓则必以法数制之[⑧]。量地而立国[⑨]，计利而畜民，度人力而授事。使民必胜事，事必出利，利足以生民。皆使衣食百用出入相掩[⑩]，必时臧余，谓之称数。故自天子通于庶人，事无大小多少，由是推之。故曰[⑪]："朝无幸位，民无幸生。"此之谓也。

注释

①等：差等，差别。

②轻重：指尊卑。称（chèng）：相称，相值。杨倞《荀子·礼论》注："称，谓各当其宜。"

③袾：通"朱"，红色。裷：同"衮（gǔn）"，画龙的衣服。《正字通·衣部》："裷，同衮。"冕：礼帽。《说文》："冕，大夫以上冠也。"

④玄：黑色。

⑤裨（pí）：一种礼服的名称。杨倞《荀子·富国》注："天子六服，大裘为上，其余为裨，裨之言卑也，以事尊卑服之。诸侯以下，亦服焉。"。

⑥皮弁（biàn）：用白鹿皮做的帽子。服：指便服。

⑦乐：这里泛指音乐舞蹈。

⑧法数：指治理百姓的法度。制：治理。

⑨国：这里指的是行政区域。

⑩掩（yǎn）：同。《方言》："掩，同也。"

⑪故：指历史典籍。

译文 礼，就是贵贱有等差，长幼有差别，贫富尊卑都有与他们等级相宜的规定。所以，天子穿戴的是红色龙袍和礼帽，诸侯穿戴的是黑色龙袍和礼帽，大夫穿的是一种叫"裨"的衣服，戴的是礼帽，士戴白鹿皮的帽子，穿便服。德行一定要与地位相称，地位一定要与俸禄相称，俸禄一定要与能力相称。从士以上，一定要用礼义乐章来节制，平民百姓，一定要用法度来治理。根据土地大小来划分行政区域，根据财利的多少来养育百姓，按照人的能力来授予适当的事务。使人们能够胜任这些事务，而这些事必定产生收益，这些收益又足够用来养活百姓。使百姓的衣食和各种用费都能够收支相当，一定还能适时地储藏节余的钱粮，这就叫作符合法度。所以，从天子到平民百姓，事情无论大小多少，都要按礼的规定类推。古书上说："朝廷上没有可以侥幸谋取的职位，百姓中没有可以侥幸存活的人。"说的就是这个道理。

原文　轻田野之税，平关市之征[①]，省商贾之数[②]，罕兴力役[③]，无夺农时[④]，如是则国富矣。夫是之谓以政裕民。

注释　①平：公平，合理。一说，平，免除。杨倞《荀子·富国》注："平，犹除也，谓几而不征也。"

②省：减少。

③罕：少。力役：劳役，徭役。

④夺农时：侵占农民种植的时机。指在农作的季节让农民服劳役，使耕种被贻误时机。

译文　减轻田土山野的赋税，公平合理地在关卡集市收税，减少商人的数量，少兴劳役，不要贻误农时，这样，国家就能富足。这就叫作用政治措施来使百姓富足。

原文　人之生，不能无群，群而无分则争，争则乱，乱则穷矣。故无分者，人之大害也；有分者，天下之本利也[①]。而人君者，所以管分之枢要也。故美之者[②]，是美天下之本也[③]；安之者[④]，是安天下之本也；贵之者，是贵天下之本也。古者先王分割而等异之也，故使或美或恶、或厚或薄、或佚或乐、或劬或劳[⑤]，非特以为淫泰夸丽之声⑥，将以明仁之文⑦，通仁之顺也⑧。故为之雕琢刻镂黼黻文章⑨，使足以辨贵贱而已，不求其观⑩。为之钟鼓管磬琴瑟竽笙，使足以辨吉凶合欢定和而已⑪，不求其余。为之宫室台榭，使足以避燥湿养德辨轻重而已⑫，不求其外。《诗》曰⑬："雕琢其章，金玉其相⑭。亹亹我王⑮，纲纪四方。"此之谓也。

若夫重色而衣之⑯，重味而食之，重财物而制之⑰，合天下而君之，非特以为淫泰也⑱，固以为王天下⑲，治万变，材万物⑳，养万民，兼制天下者㉑。为莫若仁人之善也夫，故其知虑足以治之㉒，其仁厚足以安之，其德音足以化之㉓。得之则治，失之则乱。百姓诚赖其知也，故相率而为之劳苦以务佚之㉔，以养其知也㉕。诚美其厚也㉖，故为之出死断亡以覆救之㉗，以养其厚也。诚美其德也，故为之雕琢刻镂黼黻文章以藩饰之㉘，以养其德也。故仁人在上，百姓贵之如帝，亲之如父母，为之出死断亡而愉者，无它故焉，其所是焉诚美㉙，其所得焉诚大，其所利焉诚多。《诗》曰㉚："我任我辇㉛，我车我牛，我行既集㉜，盖云归哉㉝。"此之谓也。

故曰：君子以德，小人以力。力者，德之役也[34]。百姓之力，待之而后功[35]；百姓之群，待之而后和；百姓之财，待之而后聚；百姓之埶，待之而后安；百姓之寿，待之而后长。父子不得不亲，兄弟不得不顺，男女不得不欢。少者以长[36]，老者以养[37]。故曰："天地生之，圣人成之。"此之谓也。

今之世而不然。厚刀布之敛以夺之财[38]，重田野之税以夺之食，苛关市之征以难其事[39]。不然而已矣[40]，有掎挈伺诈[41]，权谋倾覆，以相颠倒，以靡敝之[42]，百姓晓然皆知其污漫暴乱而将大危亡也。是以臣或弑其君[43]，下或杀其上，粥其城[44]，倍其节[45]，而不死其事者[46]，无它故焉，人主自取之。《诗》曰[47]："无言不雠[48]，无德不报。"此之谓也。

注释

①本利：根本利益。

②美之：赞美君王。之，指君王。下文中"安之""贵之"中的"之"与此同。

③本：根本。

④安：维护。

⑤或美或恶：指地位或高贵或卑下。或厚或薄：指待遇或丰

厚或菲薄。或佚或乐、或劬（qú）或劳：据上下文义，疑为“或佚乐或劬劳”。劬劳：过分劳累。

⑥非特以为淫泰夸丽之声：据上下文义，此句疑为下文“非特以为淫泰”句衍。

⑦仁：指隆礼尊贤。文：礼乐等级制度。

⑧通：贯彻。顺：礼乐等级次序。

⑨雕琢：雕刻玉石。刻：雕刻木器。镂：雕刻金器。黼：黑白相间的花纹。黻：黑青相见的花纹。文：赤青相间的花纹。章：赤白相间的花纹。

⑩观：指更多的东西。《尔雅》：“观，多也。”

⑪合欢：得到欢乐。《国语·鲁语下》：“诗所以合意。”韦昭注：“合，成也。”定和：得到和谐。《吕氏春秋》：“君子斋戒……以待阴阳之所定。”高诱注：“定，犹成也。”

⑫养德：涵养德行。轻重：尊卑。

⑬《诗》：指《诗经·大雅·棫朴》。

⑭相：质料。

⑮亹亹（wěi）：勤勉不倦的样子。

⑯重（chóng）：多种多样。下文的“重味”“重财物”的“重”字与此同。衣之：让君王穿。“之”指君王。下文“食之”“制之”的“之”字与此同。

⑰制之：让君王掌握，利用。

⑱非特以为淫泰：疑上文“非特以为淫泰夸丽”句错简，今移此。淫泰夸丽：过分安泰奢侈华丽。

⑲王天下：疑为“一天下。”《荀子·非十二篇》：“一天下，财万物，长养人民，兼利天下。”语义正与此同。

⑳材：同“裁”，利用。

㉑兼制：据上下文义及《荀子·非十二篇》，疑当为“兼利”。

㉒知：同“智”，下文“其知”“养其知”的“知”字与此同。

㉓德音：指道德声望。

㉔佚之：使仁人得到安逸。之，指仁人。下文“覆救之”“藩饰之”中的“之”字与此同。

㉕养：护养。

㉖厚：仁厚。

㉗出死断亡：决死战斗。覆救：捍卫。

㉘藩饰：繁饰，多方修饰。

㉙其：指仁人，君主。下文“其所得”“其所利”中的“其”字与此同。是：这里是指君子确定的政令。

㉚《诗》：指《诗经·小雅·黍苗》。

㉛任：担负。辇：车，这里指拉车。

㉜集：完成，成功。

㉝盖：都。

㉞役：使唤。

㉟待之：依赖君主。之，指君主。下文数句中“待之”的“之”字与此同。

㊱以长：指依靠君子的德的教化而成长。

㊲以养：指依靠君子的德的教化而得到奉养。

㊳刀布：古代钱币，这里泛指钱财。

㊴苛：苛刻。这里是繁重的意思。

㊵不然而已：不仅如此。

㊶有：通“又”。掎挈（jǐ qiè）伺诈：故意挑剔伺机欺诈。《说文》：“掎，偏引也。”又“挈，县持也。”杨柳桥《荀子诂译·富国》注：“掎，挈，皆迫胁之意。伺诈，谓伺机行诈也。”

㊷靡敝：倾坏，败坏。

㊸弑：地位在下的人杀死地位在上的人。

㊹粥：通“鬻（yù）”，出卖。

㊺倍：通“背”，背叛。

㊻不死其事：不为君主的事业卖命。

㊼《诗》：指《诗经·大雅·抑》。

㊽雠（chóu）：回答。《说文》：“雠，犹应也。”

译文 人们生活，不能不组织在一起，组织在一起而没有名分等级就会发生争夺，争夺就会出现混乱，混乱就无法生存下去。所以没有名分等级，是人们最大的祸害；有名分等级，是天下根本利益之所在。而君主，是用来掌管名分等级的关键。因此赞美君主，就是赞美天下的根本；维护君主，就是维护天下的根本；尊重君主，就是尊重天下的根本。古代君王把人们划分出等级差异，使他们的地位有的高贵有的卑下，待遇有的丰厚有的菲薄，有的安逸快乐，有的劳苦不堪。并以此来明确隆礼尊贤的礼乐等级制度，来贯彻隆礼尊贤的礼乐等级次序。在金、石、玉、木器上雕刻，制作各种颜色的服装，使它们充分用来辨别贵贱而已，并不追求更多的东西。制作钟、鼓、管、磬、琴、瑟、竽、笙等乐器，使它们能充分用来辨别吉凶让人们欢乐和谐而已，并不追求别的什么。建造宫室台榭，使它们能充分用来避免干燥潮湿，涵养德行辨别尊卑而已，并不是追求别的什么。《诗经·大雅·棫朴》说：“雕刻花纹，金玉是它的质料。勤勉的君王，是四方的纲纪。”说的就是这个道理。

至于把色彩丰富的衣服给君主穿，把各种各样的食物给君主吃，把许许多多的物品交给君主用，把整个天下交给君主统治，并不是特意制造过分的安泰奢侈和华丽，原本只是为了统一天下，治理各种变化，利用各种物品，养育百姓，使天下人都得到利益。没有比仁人更好的人了。他的智慧足以治理天下，他的仁厚足以安定天下，他的德行声望足以教化天下。得到他天下就太平，失连三地为他劳苦，务必让他安逸，以此来护养他的智慧。老百姓真心诚意地赞美他的仁厚，所以为他决死战斗来捍卫他，以此来护养他的仁厚。老百姓真心诚意地赞美他的品德，所以为他的金、石、玉、木器雕刻了花纹，制作了各种颜色的服装，来想方设法地修饰他，以此来护养他的品德。所以仁人在上，百姓敬重他像敬重天帝一样，爱戴他像爱戴父母一样，为他决心战斗而万分欣愉，没有别的缘故，仁人所确定的政令实在美好，仁人所取得的成就实在巨大，仁人所给予百姓的利益实在太多。《诗经·小雅·黍苗》说："我们肩扛，我们拉车，我们套车，我们赶牛，我们的事务完成了，都说：回去吧。"说的就是这种情况。

所以说，君子用的是德，小人用的是力。用力的，受用德的人使唤。百姓的力，依靠君子的德然后才能取得成功。百姓组织在一起，依靠君子的德然后才能和谐协调。百姓的财物，依靠君子的德才能集聚。百姓的地位，依靠君子的德才能安定。百姓的寿命，依靠君子的德才能长久。父子之间没有君子的德的教化就不会相互亲爱，兄弟之间没有君子的德的教化就不会相互和顺，男女之间没有君子的德的教化就得不到欢愉。年少的人依靠君子的德的教化成长，年老的人依靠君子的德的教化得到奉养。古书上说："天地滋生万物，是圣人使他们成长。"说的就是这个道理。

当今世道却不是这样，加重钱财的聚敛而夺走老百姓的财物，加重田土山野的赋税来夺走老百姓的食物，加重关卡集市的税收来阻碍老百姓交换东西的事务。不仅如此，又百般挑剔伺机欺诈，玩弄权术阴谋颠覆的手段，颠倒是非，来败坏世道。老百姓都清楚地知道他们肮脏丑恶残暴的行为，知道国家将要遭到极大的危险以至灭亡。于是，有的臣下杀死了君主，有的下人杀死了上面的人。有的出卖城池，背叛节操，而不为君主的事业卖命，无别的缘故，君主自取的结果。《诗经·大雅·抑》说："没有人说话得不到相应的回答的，没有给人恩德得不到相应的回报的。"说的就是这个道理。

原文

兼足天下之道在明分[①]。掩地表亩[②]，刺草殖谷[③]，多粪肥田，是农夫众庶之事也。守时力民[④]，进事长功，和齐百姓，使人不偷[⑤]，是将率之事也[⑥]，高者不旱，下者不水[⑦]，寒暑和节[⑧]，而五谷以时孰[⑨]，是天下之事也[⑩]。若夫兼而覆之[⑪]，兼而爱之，兼而制之[⑫]，岁虽凶败水旱，使百姓无冻馁之患[⑬]，则是圣君贤相之事也。

墨子之言昭昭然为天下忧不足[⑭]。夫不足，非天下之公患也，特墨子之私忧过计也[⑮]。今是土之生五谷也，人善治之，则亩数盆[⑯]，一岁而再获之。然后瓜、桃、枣、李一本数以盆鼓[⑰]，然后荤菜、百蔬以泽量[⑱]，然后六畜禽兽一而剸车[⑲]，鼋鼍鱼鳖鳅鳣以时别[⑳]，一而成群，然后飞鸟、凫雁若烟海，然后昆虫万物生其间。可以相食养者不可胜数也[㉑]。夫天地之生万物也固有余，足以食人矣，麻葛、茧丝、鸟兽之羽毛齿革也固有余，足以衣人矣。夫有余不足[㉒]，非天下之公患也，特墨子之私忧过计也。

天下之公患，乱伤之也。胡不尝试相与求乱之者谁也？我以墨子之“非乐”也[㉓]，则使天下乱；墨子之“节用”也[㉔]，则使天下贫。非将堕之也[㉕]，说不免焉[26]。墨子大有天下，小有一国，将蹙然衣粗食恶[27]，忧戚而非乐。若是则瘠[28]，瘠则不足欲，不足欲则赏不行。墨子大有天下，小有一国，将少人徒[29]，省官职[30]，上功劳苦[31]，与百姓均事业，齐功劳。若是则不威，不威则罚不行。赏不行，则贤者不可得而进也；罚不行，则不肖者不可得而退也。贤者不可得而进也，不肖者不可得而退也，则能不能不可得而官也[32]。若是则万物失宜[33]，事变失应[34]。上失天时，下失地利，中失人和，天下敖然[35]，如烧如焦。墨子虽为之衣褐带索[36]，啜菽饮水[37]，恶能足之乎！既以伐其本，竭其原[38]，而焦天下矣[39]。

故先王圣人为之不然。知夫为人主上者不美不饰之不足以一民也[40]，不富不厚之不足以管下也，不威不强之不足以禁暴胜悍也。故必将撞大钟、击鸣鼓、吹笙竽、弹琴瑟以塞其耳[41]；必将錭琢刻镂[42]、黼黻文章以塞其目；必将刍豢稻粱、五味芬芳以塞其口。然后众人徒、备官职、渐庆赏、严刑罚，以戒其心[43]。使天下生民之属，皆知己之所愿欲之举在是于也[44]，故其赏行；皆知己之所畏恐之举在是于也，故其罚威。赏行罚威，则贤者可得而进也，不肖者可得而退也，能不能可得而官也。若是则万物得宜，事变得应。上得天时，下得地利，中得人和。则财货浑浑如泉源㊺，汸汸如河海㊻，暴暴如丘山㊼，不时焚烧，无所臧之。夫天下何患乎不足也？故儒术诚行，则天下大而富㊽，使有功㊾，撞钟击鼓而和。《诗》曰㊿：“钟鼓喤喤[51]，管磬玱玱[52]，降福穰穰[53]，降福简简[54]，威仪反反[55]，既醉既饱，福禄来反[56]。”此之谓也。故墨术诚行，则天下尚俭而弥贫，非斗而日争，劳苦顿萃而愈无功[57]，愀然忧戚非乐而日不和[58]。《诗》曰[59]：“天方荐瘥[60]，丧乱弘多。民言无嘉，憯莫惩嗟[61]。”此之谓也。

注释

①兼足天下：使天下普遍富足。兼，普遍。下文“兼而覆之”“兼而爱之”“兼而制之”的“兼”字与此同。分职分。

②掩地表亩：翻耕田地，表明田地亩数。

③刺：杀，这里是铲除的意思。

④力民：使民尽力，即督促百姓辛勤劳动。

⑤偷：懒惰，懈怠。

⑥将率：即将帅。率，同“帅”。古代将帅兼管军民。

⑦不水：不受水涝。

⑧和节：和顺适宜。

⑨孰：同“熟”。

⑩下：据文义疑衍。

⑪覆：遮盖，庇护。

⑫制：管理。

⑬倭：同“馁”，饥饿。

⑭昭昭然：同“耿耿然”，不安的样子。

⑮特：只是。过计：过分忧虑。

⑯盆：古代一种量器。

⑰本：株。鼓：计量。杨倞《荀子·富国》注：“鼓，量也。”

⑱荤菜：指葱、姜、蒜类气味剧烈辛辣的蔬菜。杨倞《荀子·富国》注：“荤。辛菜也。”疏：同“蔬”，蔬菜。以泽量：用池泽来量，极言其多。

⑲一：齐、全。剸：同“专”。

⑳以时别：指按时繁殖生育。

㉑相食养者：作为食物供人食用。

㉒夫有余不足：据上文“为天下忧不足”，疑为“夫不足”。

㉓非乐：反对音乐。这是墨子的一个重要观点。墨子认为：音乐对人无益，所以写作《非乐》反对音乐。荀况则认为音乐可以移风易俗，使“民和而不流”“民齐而不乱”，作《乐论》来驳斥墨子。

㉔节用：节省用费。这是墨子的又一重要观点。他主张不论

君主还是老百姓，都要一样地节用。荀况则认为节用也要依礼而行，按名分等级的规定不同程度地节用，否则，会造成普遍贫困。

㉕堕：毁坏，这里是诽谤、诋毁的意思。

㉖说：学说，指墨子的学说。

㉗蹙（cù）然：忧愁的样子。

㉘瘠：薄，这里指生活待遇菲薄。

㉙少：减少。人徒：指左右跟随的仆从。

㉚省：减少。

㉛上功：以功业为上，即注重、崇尚功业。

㉜能不能：指有才能的人与没有才能的人。

㉝失宜：失调。

㉞失应：未能及时地妥善处理。

㉟敖然：愁苦的样子。敖，读为“嗷”。《说文》：“嗷，众口愁也。”

㊱衣褐带索：穿粗布衣服，系粗劣腰带。

㊲啜（chuò）：吃。菽：豆类总称。

㊳原：同“源”，泉源。

㊴焦天下：使天下枯竭。焦，这里是枯竭的意思。

㊵饰之：之，指君王自己。下文中“厚之”“强之”的“之”字与此同。

㊶塞其耳：指满足君王的耳朵。塞，充塞，这里是满足的意思。下文“塞其目”“塞其口”中的“塞”字与此同。其，指君王。“塞其口”中的“其”字同

㊷锢：同“雕”。

㊸戒其心：警戒臣民的心志。其，指臣民。

㊹是于：于是，在这里。

㊺浑浑：水流湍急的样子。

㊻汸汸（pāng）：水多而盛的样子。

㊼暴暴：突起的样子。杨倞《荀子·富国》注：“暴暴，卒起之貌。”

㊽大：同“泰”，太平，安泰。

㊾使而功：役使百姓而取得功效。

㊿《诗》：指《诗经·周颂·执竞》

51喤喤：声音宏大。

52玱玱：声音和谐。

53穰穰：声音众多。

54简简：广泛的样子。

55反反：慎重的样子。

56来反：往复。反，同“返”。

57顿萃（cuì）：困苦到极点。《管子·顿法》：“顿萃怠倦以辱之”尹注：“顿萃，犹困苦。”

⑱愀然：悲戚的样子。

⑲《诗》：指《诗经·小雅·节南山》。

⑳荐瘥（chái）：疫病。

㉑憯（cǎn）：曾。惩：止。

译文

使天下普遍富足的办法在于明确职分。翻耕田地，表明田亩的数量，铲除杂草种植谷物，积粪肥田，这是农夫们的事情。遵守时令，督促老百姓勤奋地劳作，使事情有进展，提高功效，协调百姓，使他们不偷懒又不懈怠，这是将帅的事情。高地不受旱，低地不受涝，寒暑调和，五谷按时成熟，这是天的事情。至于普遍地保护百姓，普遍地爱抚百姓，普遍地管理百姓，即使遇到旱涝灾荒的年景，老百姓也没有冻饿的灾难，这是圣君贤臣的事情。

墨子的言论是非常不安地在为天下担忧日用的不足。不足，并不是天下共同的忧患，只不过是墨子个人的过分的忧虑。现在这些土地所生长的五谷，只要人们善于经营它，一亩就可以收几盆，一年就可以收获两次。然后，瓜、桃、枣、李之类的水果一株的收获也要用盆计量，然后葱、姜、蒜以及各种蔬菜要用池泽来量，然后猪、牛、羊等家畜家禽样样齐全，要用整车来装，鱼、鳖等按时节滋生繁育，样样齐全而且都能成群，然后还有飞禽、水鸟多得浩如烟海，还有生长在其中的昆虫万物。可以作为食物供给人食用的数不胜数。天地生育万物原本就富足得足以供给人们食用；麻葛、茧丝、鸟兽的羽毛、犀牛的皮革、象牙等原本都富足得足以供人们穿用。不足，不是天下共同的忧患，只不过是墨子个人的过分的忧虑。

天下共有的忧患，是混乱造成的。为什么不尝试着探讨一下造成天下混乱的是谁呢？我认为墨子的“非乐”造成了天下的混乱；墨子的“节用”，使天下贫困。我并非要诋毁墨子，是他的学说不能不导致这样的结果。如果让墨子大而至于掌管天下，小而至于有一个诸侯国，他就会忧心忡忡地穿着粗布衣服，吃着粗劣的食物，忧忧愁愁地反对着音乐。如果是这样，人们的生活待遇就十分菲薄，生活待遇菲薄，人们的欲望就得不到满足，欲望得不到满足，对有功劳的人的赏赐就无法实行。如果让墨子大而至于掌管天下，小而至于有一个诸侯国，那他就会减少左右随从，减少官职，只注重功业劳苦，与老百姓同样的从事一样的事业，功业劳苦也完全一样。如果是这样，他就没有威力，没有威力刑罚就不能执行。赏赐无法实行，贤能的人就得不到任用；刑罚不能执行，坏人就得不到罢免。贤人得不到任用，坏人得不到罢免，有才能的人与没有才能的人就得不到适当的官职。如果是这样，万物就会失调，事情发生了突然的变故也得不到及时而恰当的处理，上失天时，下失地利，中失人和，天下人都愁苦不堪，像烧焦似的。墨子即使为他们穿粗布衣服，系粗劣腰带，吃豆类，喝白水，又怎么能使百姓富足呢！既然已经伤了根本，枯竭了源泉，当然就使天下枯竭了。

所以古代君王圣人所做的就不是这样。他们懂得作为百姓的君主，不使自己华美，不修饰自己，就不足以统一百姓；不使自己丰厚富裕，就不足以管辖下面的人；不使自己威严强大，就不足以禁止强暴战胜凶悍。所以必定要撞击大钟、敲响鸣鼓、吹奏笙竽、弹弄琴瑟，来满足自己的耳朵；必定要让人雕刻各种花纹，制作多彩的服装，来满足自己的眼睛；必定要用各种肉、细粮、多样芳香的美味来满足自己的嘴巴。然后增加左右随从，配备官职，加重奖赏，严格刑罚，来警戒人们的心志，使天下所有的人，都知道自己所向往所喜爱的尽都在这里，于是赏赐得以实行；都知道自己所畏惧害怕的尽都在这里，于是刑罚有了威力。赏赐得到实行而刑罚有了威力，贤能的人就得到任用，坏人就受到罢免，有才能与没有才能的人都得到适当的官职。如果是这样，万物各得其宜，事情发生突然变故也能得到及时而恰当的处理。上得天时，下得地利，中得人和。财物就会像湍急的源泉滚滚而来，会像大河大海一样多得无边无际，像山丘一样突兀堆起，即使不时焚烧，也无处收藏。天下还怕不富足吗？所以如果儒家的办法真正能实行，天下就会太平而富足，役使老百姓就会有功效。《诗经·周颂·执竞》说："钟鼓声响亮宏大，管磬声温馨和谐，上天降福多，上天降福广，君主威风而慎重，既醉又饱，福禄往复无尽。"说的就是这种情况。但是如果真正实行墨家的办法，天下就会崇尚节俭而更加穷困，反对争斗而一天比一天争斗得更厉害，人们劳苦困顿不堪而更无功绩可言，悲苦忧愁地反对音乐而一天比一天更不和谐。《诗经·小雅·节南山》说："上天正在降下疾病，丧乱盛多，百姓没有赞许，也未曾停止叹息。"说的就是这种情况。

原文 垂事养民[①]，拊循之[②]，呴呕之[③]，冬日则为之饘粥[④]，夏日则为之瓜麮[⑤]，以偷取少顷之誉焉[⑥]，是偷道也[⑦]。可以少顷得奸民之誉[⑧]，然而非长久之道也。事必不就，功必不立，是奸治者也[⑨]。傮然要时务民[⑩]，进事长功，轻非誉而恬失民[⑪]，事进矣而百姓疾之[⑫]，是又偷偏者也[⑬]。徙坏堕落[⑭]，必反无功。故垂事养誉，不可；以遂功而忘民[⑮]，亦不可。皆奸道也。

故古人为之不然。使民夏不宛暍[⑯]，冬不冻寒，急不伤力，缓不后时[⑰]，事成功立，上下俱富[⑱]。而百姓皆爱其上，人归之如流水，亲之欢如父母，为之出死断亡而愉者，无它故焉，忠信、调和、均辨之至也[⑲]。故国君长民者[⑳]，欲趋时遂功[㉑]，则和调累解[㉒]，速乎急疾[㉓]。忠信均辨，说乎庆赏矣[㉔]。必先修正其在我者，然后徐责其在人者，威乎刑罚。三德者诚乎上[㉕]，则下应之如景向[㉖]，虽欲无明达，得乎哉?《书》曰[㉗]:“乃大明服[㉘]，惟民其力懋[㉙]，和而有疾[㉚]。”此之谓也。

故不教而诛[㉛]，则刑繁而邪不胜；教而不诛，则奸民不惩；诛而不赏，则勤厉之民不劝[㉜]；诛赏而不类[㉝]，则下疑俗险而百姓不一[34]。故先王明礼义以一之，致忠信以爱之，尚贤使能以次之[35]，爵服庆赏以申重之[36]，时其事[37]，轻其任，以调齐之。潢然兼覆之[38]，养长之，如保赤子[39]。若是，故奸邪不作，盗贼不起，而化善者劝勉矣[40]。是何邪？则其道易，其塞固[41]，其政令一，其防表明[42]。故曰："上一则下一矣，上二则下二矣。辟之若草木[43]，枝叶必类本[44]。"此之谓也。

注释

①垂事：放弃应该做的事。垂，委，弃置。养民：养育百姓。这里是指用小恩小惠来养育百姓，笼络民心。

②拊（fǔ）循：安抚。拊，同"抚"。循，同"揗"，抚摩。

③唲（wá）呕：慈爱，爱护。

④饘（zhān）粥：稠粥。

⑤麮（qù）：大麦粥。杨倞《荀子·富国》注："麮，煮麦饭也。"

⑥偷取：窃取。

⑦偷道：苟且不正当的行为、作法。

⑧奸民：指不守礼义的老百姓。

⑨奸治：指违背礼义的治一国方法。

⑩傮（zāo）然：嘈杂的样子。一说，尽力的样子。杨倞《荀子·富国》注："傮然，尽人力貌。"亦通。要时：赶着时间。

务民：强迫百姓服劳役的意思。杨倞《荀子·富国》注："谓以劳役强民也。"

⑪轻非誉：指不把非难与称誉放在心上。杨倞《荀子·富国》注："言不顾天下之毁誉。"恬失民：指对失去民心很安然，即任凭失掉民心的意思。

⑫疾：怨恨。

⑬不可：据上下文义疑衍。偷偏：指不正当的行为。

⑭徒坏：据元刻本疑为"徙坏"，败坏，毁坏的意思。

⑮遂功：成功。

⑯宛暍（hè）：中暑。宛，通"蕴"，暑气。

⑰不后时：指不误农时。

⑱富：富裕。一说：富，通"福"，幸福。

⑲均辨：公平。辨，通"遍"。

⑳君国：君临一国，即统治一个国家的人。长民：养长百姓，养育百姓。

㉑趋时：抓紧时机，及时。

㉒累解：宽缓，缓解。

㉓急疾：迅急，这里是急于求成的意思。

㉔说：通"悦"，喜悦。

㉕三德：指上面所说的调和宽缓、忠信公平、正人先正己三种美德。

㉖景响：景，同“影”。影响：指如影随形，如回音应声。

㉗《书》：指《尚书·康诰》。

㉘大明服：非常英明的意思。

㉙懋（mào）：勤勉。

㉚疾：迅速。

㉛诛：杀，惩罚。

㉜勤属：据文义与《群书治要》引文，疑为“勤励”。勤励，勤勉。不劝：得不到鼓励。

㉝类：妥善。《尔雅》：“类，善也。”

㉞俗俭：习俗险恶。俭，通“险”。

㉟次：安排顺序。

㊱爵服：指官职的等级和与等级相应的服饰。申重：鼓励。

㊲时其事：按照时令来安排官员们的事务。

㊳潢然：广大的样子。

㊴赤子：初生的婴儿。

㊵化善者：指受感化而改恶从善的人。

㊶塞固：灌输的思想很牢固。塞，充塞，这里是灌输的意思。

㊷防：指防范措施。表明：明确。

㊸辟：同“譬”，譬如。

㊹本：根。

译文 放弃应该做的事情，用小恩小惠来养育百姓，安抚他们，慈爱他们。冬天为他们准备浓稠的粥，夏天为他们准备瓜菜麦饭，来窃取一时的荣誉，是苟且不正当的作法。虽然可以在短时间内得到一些不守礼义的人的赞誉，但绝不是长久之计。事业必定不能成功，功业一定不能建立，这是违背礼义的治国办法。喧嚣嘈杂地赶着时间去强迫百姓从事劳役，追求事情的进展和功利的提高，不把毁誉放在心上，任凭民心的丧失，事情虽有进展而百姓却怨恨不已，这也是不正当的行为。最终会败坏堕落，必定反而没有功效。所以放弃应该做的事，用小恩小惠去养育百姓来保持荣誉，是不行的；为了成功而忘记百姓，也是不行的，这都是不合礼义的办法。

所以古人做事就不是这样。他们使老百姓夏天不会中暑，冬天不会被严寒所冻，事务再紧急也不伤害百姓的劳力，事务缓和时也不忘记不误农时。事务完成，功绩建立，上下君民都十分富裕。因而百姓都爱戴他们的君主，像流水归向大海一样地归顺他，亲近他，欢欣得像对待自己的父母，为了他决心战斗而心甘如饴，没有别的缘故，是由于君主忠诚信实、调和、公正到极点。所以，统治国家、养育人民的君主，要想抓紧时机建功立业，用调和宽缓的办法比用急于求成的办法更快，用忠诚信实、公平的办法比奖赏更令人喜悦；必定先纠正自己身上的缺点，然后再慢慢地指出别人身上的缺点，这样威力比刑罚更大。调和宽缓、忠诚信实与公平、正人先正己这三种美德，如果君主能真正实行，下面的百姓就会如影随形，如回音应声。这样的君主即使不想显明通达，可能吗?《尚书·康诰》说:“君主非常英明，百姓一定肯为君主出力，勤勉、协调而又迅速。”说的就是这个道理。

所以，不施行教导改造就采用刑罚，刑罚就会繁乱反而治服不了奸邪；只讲教导改造而不用刑罚，奸邪的人就不会受到惩治；只用刑罚而不奖励，勤劳奋勉的人就得不到鼓励；有赏有罚但赏罚不当，百姓就会疑惑，习俗就会险恶，老百姓就不会齐心一致。所以古代君王明确礼义来统一百姓，尽力做到忠诚信实来爱护百姓，崇尚贤才，任用能人，按他们的品德能力来排定位置，用官职的等级和与等级相应的服饰、奖赏来激励他们。按照时令来安排他们的事务，减轻他们的负担，来协调统一他们。广泛而普遍地保护他们，养育他们，像保护初生婴儿一样。如果这样，奸邪就不会发生，盗贼就不会出现，受到感化而改恶从善的人就会得到鼓励。这是为什么呢？是因为君主的方法简便易行，他灌输给人们的思想十分牢固，他的政策法令统一，他的防范措施明确。所以说："上面统一，下面就会统一；上面分裂，下面就会分裂。就像草木一样，枝叶总是同根一类。"说的就是这个道理。

原文 不利而利之①，不如利而后利之之利也②。不爱而用之，不如爱而后用之之功也。利而后利之，不如利而不利者之利也。爱而后用之，不如爱而不用者之功也。利而不利也，爱而不用也者，取天下矣③。利而后利之，爱而后用之者，保社稷也。不利而利之，不爱而用之者，危国家也。

注释 ①不利：指不给予百姓利益。利之：指向百姓索取利益。杨柳桥《荀子诂译·富国》注："'利之'之'利'，谓取之以为利也。"

②利而后利之之利也：前一"利"字是给予百姓利益的意思。中一"利"字是向百姓索取利益的意思。后一"利"字是有利的意思。

③取天下矣：据文义与《文选》注引文，疑为“取天下者也”。下文“保社稷也”“危国家也”均疑“也”上夺“者”字。

译文

不给予百姓利益却向百姓索取利益，不如先给予百姓利益再向百姓索取利益有利。不爱护百姓却驱使百姓，不如爱护之后再驱使有效。给予百姓利益之后再向百姓索取利益，不如给予利益而不索取利益有利。爱护百姓再驱使百姓，不如爱护而不驱使有效。给予利益而不索取利益，爱护而不驱使的，是取得天下的君主。给予利益再索取利益，爱护百姓再驱使百姓的，是保有国家的君主。不给予利益只索取，不爱护只驱使的，是危害国家的君主。

原文

观国之治乱臧否，至于疆易而端已见矣[1]。其候缴支缭[2]，其竟关之政尽察[3]，是乱国已。入其境，其田畴秽，都邑露[4]，是贪主已。观其朝廷，则其贵者不贤；观其官职，则其治者不能；观其便嬖[5]，则其信者不悫，是暗主已。凡主相臣下百吏之俗[6]，其于货财取与计数也[7]，须孰尽察[8]；其礼义节奏也[9]，芒轫僈楛[10]，是辱国已。其耕者乐田，其战士安难[11]，其百吏好法，其朝廷隆礼，其卿相调议[12]，是治国已。

观其朝廷，则其贵者贤；观其官职，则其治者能；观其便嬖，则其信者悫，是明主已。凡主相臣下百吏之属，其于货财取与计数也，宽饶简易[13]；其于礼义节奏也，陵谨尽察[14]，是荣国已。贤齐则其亲者先贵，能齐则其故者先官，其臣下百吏，污者皆化而修，悍者皆化而愿[15]，躁者皆化而悫[16]。是明主之功已。

观国之强弱贫富有征：上不隆礼则兵弱，上不爱民则兵弱，已诺不信则兵弱，庆赏不渐则兵弱，将率不能则兵弱。上好功则国贫，上好利则国贫，士大夫众则国贫，工商众则国贫，无制数度量则国贫[17]。下贫则上贫，下富则上富。故田野县鄙者财之本也[18]；垣窌仓廪者财之末也[19]。百姓时和[20]，事业得叙者[21]，货之源也；等赋府库者[22]，货之流也。故明主必谨养其和[23]，节其流，开其源，而时斟酌焉，潢然使天下必有余，而上不忧不足。如是，则上下俱富，交无所藏之。是知国计之极也。故禹十年水，汤七年旱，而天下无菜色者，十年之后[24]，年谷复熟，而陈积有余。是无它故焉，知本末源流之谓也。故田野荒而仓廪实，百姓虚而府库满，夫是之谓国蹶[25]。伐其本，竭其源，而并之其末[26]。然而主相不知恶也，则其倾覆灭亡可立而待也。以国持之，而不足以容其身，夫是之谓至贫，是愚主之极也。将以取富而丧其国，将以取利而危其身。古有万国，今有十数焉，是无它故焉，其所以失之一也。君人者[27]，亦可以觉矣。

注释

①疆易：边界。易，同“场”，界。清朱骏声《说文通训定声·解部》：“易，叚借为场。”《广雅》：“场，界也。”端：头绪，端倪。

②候：哨兵。徼（jiǎo）：巡逻。支缭：分散环绕。这里是往返不断的意思。

③政：通“征”，征税。尽察：察看详尽。这里是十分苛严的意思。

④露：破败。《方言》：“露，败也。”

⑤便嬖：指君主左右亲信。杨倞《荀子·富国》注：“便嬖，左右小臣宠幸者也。”

⑥俗：据文义和下文“凡主相臣下百吏之属”，疑作“属”。

⑦取与：收取与支付。

⑧须孰：十分慎密精细地检查。

⑨节奏：指礼法制度。

⑩芒：同“茫”，昏暗，茫然。轫：柔软。这里是怠惰无力的意思。僈：同“慢”，怠慢。楛：粗劣，马虎。

⑪安难：安于困难，即不避困难。

⑫调议：指协调地议论国事。

⑬宽饶简易：指手续宽松简便。

⑭陵：严明。

⑮愿：诚实，淳厚。

⑯躁者：指狡猾奸诈的人。

⑰无制数度量：指耗费钱财没有一定的限度和规定。

⑱县鄙：泛指农村。《说文》："百家为酂，五酂为鄙。"

⑲垣窌（yuán jiào）：官府的货仓与地窖。杨倞《荀子·富国》注："垣，筑墙四周以藏谷也。窌，窖也，掘地藏谷也。"

⑳时和：指顺应天时耕作。

㉑叙：有条不紊。

㉒等赋：按等级征收赋税。

㉓养其和：调养天时的和顺，指适应节气的变化。

㉔十年之后：此句后疑脱"七年之后"，当承上文"故禹十年水，汤七年旱。"补。

㉕国蹶：国家灭亡。杨倞《荀子·富国》注："蹶，倾倒也。"

㉖并之：聚集。并之其末：故疑"末"后夺上文"知本末源流之谓也。"。

㉗君人者：统治百姓的人，作为百姓君主的人。

译文

观察一个国家的治乱好坏，到它的边境就可以看出端倪了。它的哨兵往返不断地巡逻，它的边境的关税征收得十分苛严，这就是混乱的国家。它的田地荒芜，城池破败，这个国家的君主一定是贪婪的君主。察看它的朝廷，那些尊贵的人并不贤良；察看它的官员，那些管事的人并无才干；察看君王左右的亲信，那些君王所信任的人并不诚实，这个国家的君主是昏庸的君主。所有的君臣上下大小官员，对钱财的收取支付的计算，十分精细缜密地检查；但对于礼节礼法制度，却茫然无知，怠慢马虎，这样的国家是被人凌辱的国家。它的农民乐于田土的耕作，它的士兵不避困难，百官依照法律办事，朝廷崇尚礼法，卿相协调地议论国事，这样的国家是治理好的国家。察看它的朝廷，那些尊贵的人都是贤能的人；察看它的官员，那些办事的人都有才干；察看它的君王的左右亲信，那些君王信任的人都十分诚恳，这个国家的君主是圣明的君主。所有的君臣上下大小官员，对钱财的收取支付的计算，手续宽松简便，他们对于礼节礼法制度，却十分严谨明察，这样的国家是繁荣昌盛的国家。如果都一样贤良，那么有亲属关系的首先尊贵；如果都一样有才能，那么故旧关系的人先得到官职。那些臣下大小官员，干过坏事的受到感化变好，横蛮强悍的人受到感化变得淳厚，奸诈狡猾的人都受到感化变得诚实。这一切都是圣明的君主的功绩。

观察一个国家的强弱贫富也有征兆：君王不崇尚礼义兵力就弱，君王不爱护百姓兵力就弱，已经许诺的事情不讲信用兵力就弱，奖赏不重兵力就弱，将帅无能兵力就弱。君主喜欢攻占求取功劳国家就贫，君主贪利国家就贫，士大夫众多国家就贫，工匠商人众多国家就贫，耗费钱财没有一定的限度和规定国家就贫。百姓贫穷君王就贫穷，百姓富裕君主就富裕。所以田野乡村是财富的根本，货仓粮仓是财富的末梢。百姓顺应天时耕作，事业有条不紊，是财货的源泉，按等级收取赋税充实府库是财货的支流。所以圣明的君主必定谨慎地适应节气的变化，节制支流，开拓源泉，而且随时仔细斟酌，普遍地使天下百姓都一定有盈余，君主就不会忧虑不足，如果这样，上下都富足，都没有储藏东西的地方了。这是最懂得治国方法的。所以夏禹时有十年的水灾，商汤时有七年的旱灾，但天下没有面露菜色的人。十年之后，七年之后，每年谷物都又得到成熟，而且还堆积有余。这没有别的缘故，就是禹、汤懂得本末源流的道理。所以如果田野荒芜而仓库却是充实的，老百姓空无所有而府库却是满的，这叫作国家将亡。砍断了财富的根本，枯竭了财富的源泉，甚至聚敛了它的末梢，聚敛了它的支流，但是君主将相还不知道事情的严重，国家的覆灭很快就要到来。用整个国家来供养他还保不住他自己，这叫作最大的贪婪，是最愚蠢的君主。本来想要追求富贵却丧失了自己的国家，本来想要追求利益却使自己遭到危难。古时候有许许多多的国家，现在仅存十多个。这没有别的缘故，之所以这样，道理都是一样的。统治百姓的君主，也该觉悟了吧。

原文　百里之国[①]，足以独立矣。凡攻人者，非以为名，则案以为利也[②]，不然则忿之也[③]。仁人之用国，将修志意，正身行，伉隆高[④]，致忠信，期文理[⑤]。布衣紃屦之士诚是[⑥]，则虽在穷阎漏屋，而王公不能与之争名，以国载之[⑦]，则天下莫之能隐慝也[⑧]。若是，则为名者不攻也。将辟田野，实仓廪，便备用，上下一心，三军同力，与之远举极战[⑨]，则不可；境内之聚也保固[⑩]，视可，午其军[⑪]，取其将，若拨麷[⑫]。彼得之不足以药伤补败[⑬]。彼爱其爪牙[⑭]，畏其仇敌，若是，则为利者不攻也。将修大小强弱之义以持慎之，礼节将甚文[15]，珪璧将甚硕[16]，货赂将甚厚[17]，所以说之者必将雅文辩慧之君子也[18]，彼苟有人意焉，夫谁能忿之？若是，则忿之者不攻也[19]。为名者否，为利者否，为忿者否，则国安于盘石[20]，寿于旗翼[21]。人皆乱，我独治；人皆危，我独安；人皆失丧之，我按起而治之[22]。故仁人之用国，非特将持其有而已也，又将兼人[23]。《诗》曰[24]："淑人君子[25]，其仪不忒[26]。其仪不忒，正是四国。"此之谓也。

注释

①百里之国：方圆百里的国家，指小国。

②案：乃，于是。

③忿：愤恨。忿之：据"为名""为利"疑为"为忿"。

④伉：同"亢"，极。

⑤期：同"綦"，极。

⑥纠（xún）屦：用麻绳编织的鞋子。

⑦载：任用，委任。

⑧隐慝：埋没的意思。

⑨远举：远征，这里有孤军深入的意思。杨倞《荀子·富国》注："县军于远也。"极战：苦战。

⑩聚：指城镇。

⑪午：同“迕”，遭遇。这里是迎击的意思。

⑫拨麰（fēng）：丢弃麦饭。《广雅》：“拨，除也，弃也。”《说文》：“麰，煮麦也。”

⑬药：医治。

⑭爪牙：指下级官兵。

⑮文：完善的意思。

⑯珪璧：诸侯朝聘、祭祀时所拿的玉器。

⑰货赂：指敬献的礼物。

⑱说之者：说客，使者。雅文辩慧：文词优雅，善于辩说。

⑲忿之：依上下文“为名”“为利”“为忿”，疑作“为忿”。

⑳盘石：磐石。

㉑旗翼：二十八星宿中的箕宿与翼宿，这里用来比喻寿命的长久。旗，通“箕”。

㉒按：然后。治：按上下文义，疑为“制”，制裁，征服的意思。

㉓兼人：指征服人心。

㉔《诗》：指《诗经·曹风·尸鸠》。

㉕淑人：善人，这里指仁德的人。

㉖仪：同“义”，礼义。忒（tè）：差错。

译文　方圆百里的小国，是完全可以独立的。凡是进攻别国的，不是为了名，就是为了利，不然就是为了愤恨。仁人治理国家，将修养意志，端正自身行为，极其崇尚礼义，极其忠诚信实，极其遵循法度。即使穿布衣麻鞋的人，只要他们确实做到这些，就是居住在穷巷破屋中，王公大人们也不能与他们争夺名声，仁人还将国家大事委任给他们，这样的仁人君主，天下没有谁能埋没他。如果这样，为名而攻战的人就不会来进攻了。仁人治理国家，还要开辟田野，充实仓库，改进器械，使它们便于利用，上下同心，三军同力，仅靠这一点就孤军深入去苦战，还不行，还将使境内的城镇坚实牢固，看到可以了，再去迎击那些敌军，俘获他们的将领，像拨去麦饭一样容易。敌军所得到的还不够用来医治创伤和补充损失，他们还得顾惜他们的下级官兵，又惧怕自己的敌人，如果这样，为利而攻战的人就不会来进攻了。仁人治国，还要讲求大国小国强国弱国之间的道义，并以慎重的态度对待，礼节将更加完善，赠给的玉器将特别大，敬献的礼品将更为丰厚，所派去担任使者的人必定是文词优雅善于辩说的君子。那些人只要还有人的意识，谁又会愤恨这样的仁人君主呢？如果这样，为愤恨而攻战的人就不会来进攻了。求名的人不来进攻，求利的人不来进攻，为愤恨而来的人不来进攻，那么这个国家就会安如磐石，寿命就会像天上的箕宿、翼宿一样长久。别的国家都在动乱，只有我的国家太平；别的国家都很危险，只有我的国家安定；别的国家都衰亡，我然后起来征服它们。所以，仁人治国，不只是单独保持住自己所有的，还将征服天下之心。《诗经·曹风·尸鸠》说："仁德的人，他们的礼义没有差错。他们的礼义没有差错，可以治理四方的国家。"说的就是这个道理。

原文　持国之难易[①]：事强暴之国难，使强暴之国事我易。事之以货宝，则货宝单而交不结[②]；约信盟誓，则约定而畔无日[③]；割国之锱铢以赂之[④]，则割定而欲无厌[⑤]。事之弥烦[⑥]，其侵人愈甚，必至于资单国举然后已[⑦]。虽左尧而右舜，未有能以此道得免焉者也。辟之是犹使处女婴宝珠[⑧]，佩宝玉，负戴黄金，而遇中山之盗也[⑨]，虽为之逢蒙视[⑩]，诎要挠腘[⑪]，君卢屋妾[⑫]，由将不足以免也[⑬]。故非有一人之道也[⑭]，直将巧繁拜请而畏事之[⑮]，则不足以持国安身。故明君不道也[⑯]。必将修礼以齐朝[⑰]，正法以齐官，平政以齐民。然后节奏齐于朝，百事齐于官，众庶齐于下。如是，则近者竞亲，远方致愿，上下一心，三军同力；名声足以暴炙之[18]，威强足以捶笞之[19]，拱揖指挥[20]，而强暴之国莫不趋使，譬之是犹乌获与焦侥搏也[21]。故曰："事强暴之国难，使强暴之国事我易。"此之谓也。

注释

①持：保持、守住。

②单：同"殚"，尽，完。

③畔：通"叛"，背叛。无日：没有多少日子，形容时间很短。

④锱铢：古代重量单位，这里比喻少量的国土。

⑤厌：满足。

⑥烦：据文义与《韩诗外传》引文，疑为"顺"，恭顺。

⑦国举：把国家给予强国。举，与。

⑧辟：同"譬"，譬如。婴：缠绕，指将宝珠系在脖子上。

⑨中山：山中。

⑩逢蒙视：指不敢正规。

⑪诎要：通"屈腰"，弯腰。桡腘（ráo guó）：屈膝。

⑫君：据文义疑为"若"，好像。卢屋妾：贫家的女子。

⑬由：仍然。杨倞《荀子·富国》注："由，与'犹'同。"

⑭有：同"又"。友善。一人：指上文所说的"兼人"，取得人心。

⑮巧繁：据文义疑为“巧敏”，花言巧语的意思。

⑯不道：不采取这种办法。

⑰齐：统一。下文“齐官”“齐民”“齐于朝”“齐于官”“齐于下”等句中的“齐”字与此同。

⑱暴炙：太阳光强晒与火烤。这里是威慑的意思。

⑲棰笞：用鞭抽打。这里是镇服的意思。

⑳拱揖指挥：拱着手指挥，形容指挥轻松从容。

㉑乌获：传说是秦国的大力士，能举千斤。焦侥：传说是奇矮无比的人，身高只有三尺。

译文 保住国家的难易：侍奉强暴的国家难，使强暴的国家来侍奉我们容易。用财宝侍奉强暴的国家，财宝用完了邦交尚未缔结；采取定约盟誓的办法，信约刚刚定好不久就背叛了；割让少量的国土来贿赂强国，割让之后，强国的欲望并没有满足。对强国侍奉得越恭顺，它的侵略就越厉害，一定要达到使别国资财用尽，把国家全部给它才罢休。即使有尧、舜的辅助，也不可能用这种办法使自己幸免。就譬如让一个姑娘脖子上系着珠宝，胸佩着玉，身背着黄金，却碰上了山中的强盗一样。即使姑娘不敢正视，弯腰屈膝，像穷人家的女子一样，仍然无法避免被抢。所以这不是友善和取得人心的办法。只希望用花言巧语恳求，畏怯地侍奉强国，是完全不能保国安身的。所以圣明的君主不采用这种办法。他必定要修整礼义来统一朝廷，端正法纪来统一官员，平定政局来统一百姓。然后礼义制度才能统一于朝廷，各种事务统一于官吏，黎民百姓统一于下层。像这样，近处的人竞争着来亲近，远方的人也愿意来依附。上下一心，三军同力。这样，名声威慑天下，威力镇服强暴，只需要拱着手指挥，强暴之国无不被驱使。这就像力举千斤的乌获与身高三尺的焦侥相斗一样。所以说："侍奉强暴的国家难，使强暴的国家侍奉我们容易。"说的就是这个道理。

十一　王霸

题解

本篇重点阐述了君主应该怎样执掌政权、治理国家、实现政权的巩固与国家的统一等问题。

荀况认为，政权是至关重要的。持有政权，既可以使国家“大安”“大荣”，也可以使国家“大危”“大累”，关键在于执政者如何执政，如何治国。

荀况指出：执掌政权、治理国家有三种迥然相异的作法，即“义立”“信立”“权谋立”三种。荀况细致而深透地剖析了三种作法的具体政策、措施，并比较对照了它们的优劣，还分析出它们必然导致的“王”“霸”“亡”三种结局。

原文

国者，天下之制利用也①；人主者，天下之利埶也②。得道以持之③，则大安也，大荣也，积美之源也④。不得道以持之，则大危也，大累也⑤，有之不如无之。及其綦也，索为匹夫不可得也，齐湣、宋献是也⑥。故人主，天下之利埶也，然而不能自安也，安之者必将道也⑦。

故用国者[8]，义立而王，信立而霸，权谋立而亡。三者明主之所谨择也，仁人之所务白也。

挈国以呼礼义而无以害之[9]，行一不义，杀一无罪，而得天下，仁者不为也。拆然扶持心国且若是其固也[10]。之所与为之者[11]，之人则举义士也；之所以为布陈于国家刑法者[12]，则举义法也[13]；主之所极然帅群臣而首乡之者[14]，则举义志也[15]。如是，则下仰上以义矣，是綦定也[16]。綦定而国定，国定而天下定。仲尼无置锥之地，诚义乎志意，加义乎身行，箸之言语[17]，济之日[18]，不隐乎天下[19]，名垂乎后世。今亦以天下之显诸侯，诚义乎志意，加义乎法则度量，箸之以政事，案申重之以贵贱杀生，使袭然终始犹一也[20]。如是，则夫名声之部发于天地之间也[21]，岂不如日月雷霆然矣哉！故曰：以国齐义，一日而白[22]，汤武是也[23]。汤以亳[24]，武王以鄗[25]，皆百里之地也，天下为一，诸侯为臣，通达之属，莫不从服。无它故焉，以济义矣。是所谓义立而王也。

注释

①制：据文义疑衍。利用：即最重要的工具。

②埶：同“势”。利势：最显要、最有权力的地位。

③道：指治国的根本原则。

④积美：指积聚所有美好的业绩和声誉。

⑤累：这里是指灾祸，祸害。

⑥齐湣：即齐闵王，战国时齐国的国君。他执政时，齐国曾一度十分强大，后来被赵、魏、韩、秦等国打败，齐闵王也死在山东莒县，齐国自此衰落。宋献：即宋康王，名偃，战国时宋国国君，被齐闵王打败而死在河南温县。

⑦将：推行。《广雅》："将，行也。"

⑧用国：治理国家。

⑨挈（qiè）：约束，管理。《释名》："挈，结也；结，束也，束持之也。"呼：呼唤，引申为提倡。

⑩㧰（luò）然：坚如石头的样子。㧰，通"砾"。《说文》："砾，小石也。"心国：指思想与国家。

⑪之所与：即其所与。之，其。下文中"之人""之所以""之所极然"中的"之"字与此同。其所与：与他一道的意思。

⑫布陈：颁布。

⑬义法：指符合礼义的法律。

⑭主：据上下文义与上文句例，疑衍。极然：动作敏捷的样子。极，同"亟"，急迫的意思。首乡：即面向。引申为追求。乡，通"向"。

⑮义志：指符合礼义要求的理想。

⑯綦定：基础巩固。綦，通“基”，根基，基础。

⑰箸：同“著”，表现。

⑱济：成功，实现。

⑲隐：埋没。

⑳袭然：合一，一致的样子。

㉑部发：勃发，光大。

㉒一日而白：指名声很快就能显赫于世。

㉓汤：指商汤王，商朝的第一个君主。武：指周武王，周朝第一个君主。

㉔亳（bó）：商朝国都，在今河南商丘县东南。

㉕鄗（hào）：同“镐”，西周国都，在今陕西西安市西南。

译文 国家的政权是天下最重要的工具，君主是天下最有权力地位的。能用正确的治国原则去掌握它们，就可以使国家得到最大的安定，最大的繁荣强盛，成为积聚一切美好业绩与名声的源泉。不能用正确的治国原则去掌握它们，就会使国家遭到极大的危险，极大的灾祸。这样，有它们还不如没有它们。这种情况发展到极点，再想做个普通的老百姓也办不到了，齐闵王、宋献王就是这样的。所以，君王，是天下最有权力地位的，但不一定使自己得到安定，要得到安定还必须执行正确的治国原则。

所以，治理国家的人，施行礼义就可以称王，恪守信用就可以称霸，玩弄权术阴谋就会灭亡。这三种办法，是圣明的君主要慎重地选择的，是仁人必须明白的。

提倡礼义来管理国家而不用别的东西去妨害它，做一件不符合礼义的事、杀一个无罪的人而取得天下，这种事仁人是决不会做的。像坚硬的石头那样坚定地维护和保卫着自己的思想与国家。那些与他一道行动的人，都是符合礼义的人；那些由国家发布的刑法，都是符合礼义的法；那些他所急切地统率群臣追求的，都是符合礼义的理想。像这样，臣民们就会依据礼义来仰慕君主，这样国家的基础就巩固了。基础巩固了，国家就安定了，国家安定了，天下就安定了。孔子无立锥之地，但由于他真正用礼义来指导自己的意志与思想，用礼义来约束自己的行为，并表现在言谈中，到成功的时候，孔子不再被天下埋没，名声流传到后代。现在，也应该让天下显赫的诸侯们用礼义来指导自己的意志与思想，用礼义来约束各种法令制度，并把它体现在政事上，反复强调它，用它作为贵贱、生杀的标准，使它自始至终，浑然如一。如果这样，诸侯的名声就会在天地之间光大，难道还不如日月雷霆那样显赫吗？所以说，以一个国家来实现礼义，这个国家的名声很快就会显赫，商汤王、周武王就是这样的。商汤王凭借着亳，周武王凭借着鄗，都只是方圆百里的小国，但却统一了天下，使诸侯成为臣下。车、马、人迹所到之处，无不归顺依从。这没有别的缘故，就是实现了礼义。这就叫作施行礼义而称王天下。

原文 德虽未至也[①]，义虽未济也，然而天下之理略奏矣[②]，刑赏已诺信乎天下矣[③]，臣下晓然皆知其可要也[④]。政令已陈，虽睹利败，不欺其民；约结已定[⑤]，虽睹利败，不欺其与[⑥]。如是，则兵劲城固，敌国畏之；国一綦明[⑦]，与国信之。虽在僻陋之国，威动天下，五伯是也[⑧]。非本政教也，非致隆高也，非綦文理也[⑨]，非服人之心也。乡方略[⑩]，审劳佚，谨畜积[⑪]，修战备，齺然上下相信[⑫]，而天下莫之敢当[⑬]。故齐桓、晋文、楚庄、吴阖闾、越勾践[⑭]，是皆僻陋之国也，威动天下，强殆中国[⑮]，无它故焉，略信也[⑯]。是所谓信立而霸也。

注释

①未至：指尚未达到完善的程度。

②略奏：粗略地聚集，这里是大体具备的意思。奏，同“凑”，《广雅》：“凑，聚也。”

③已诺：不允许与允许的。

④可要：可以相信。杨倞《荀子·王霸》注：“要，约也。皆知其可与要约不欺也。”

⑤约结：指诸侯国之间缔结的盟约。

⑥与：指参与结盟的友邻诸侯国。

⑦国一：国家上下一致。綦明：约定明确。綦，通“期”，约定的意思。

⑧五伯：伯，通“霸”。五霸，即下文所说的齐桓、晋文、楚庄、吴阖闾，越勾践，他们在春秋时都曾先后称霸。

⑨綦：极。

⑩乡：同“向”，向往。引申为专致，注重。

⑪畜：同“蓄”，积蓄。

⑫龊（zhuó）然：上下牙齿相互契合的样子。形容君臣上下团结一致。

⑬当：敌。

⑭齐桓：齐桓公，名小白，春秋时齐国国君。晋文：晋文公，名重耳，春秋时晋国国君。楚庄：楚庄公，名旅，春秋时楚国国君。吴阖闾（hé lǘ）：名光，春秋时吴国国君。勾践：

春秋时越国国君。

⑮殆：危及。中国：指中原各国。

⑯略信：取信。《小尔雅》：“略，取也，行也。”

译文 道德虽然没有达到完善的程度，礼义虽然没有完全实现，但是治理天下的道理大体上具备了，刑罚与赏赐，不允许的与允许的，都能取信于天下，臣民们都清楚地知道这些是可以相信的。政令已经发布，虽然看到有弊病，也不失信于百姓；与诸侯国结盟的誓约已定，虽然看到弊病，也不失信于参与结盟的友邻国家。像这样，就会兵力强劲，城池坚固，而敌国畏惧。国家上下一致，约定明确，建立盟约的友邻国家信任，虽然是地处偏僻的国家，也会威震天下。五霸就是这样的。虽然他们不是以政治教化为根本，不是极其崇尚礼法，礼法制度也不是最完善，也没有使天下人心信服，但是他们注重方针策略，讲究劳逸结合，谨慎地积蓄财物，修整备战的物资，君臣上下像上牙下牙一样地契合，彼此信赖，于是天下无人敢与他们为敌。所以齐桓公、晋文公、楚庄公、吴王阖闾、越王勾践的国家，都是处于偏僻地区的国家，却能威震天下，强大到足以危及中原各国。没有别的缘故，就是能取信天下。这就叫作恪守信义而称霸天下。

原文　挈国以呼功利，不务张其义[①]，齐其信[②]，唯利之求，内则不惮诈其民而求小利焉[③]，外则不惮诈其与而求大利焉[④]，内不修正其所以有[⑤]，然常欲人之有[⑥]。如是，则臣下百姓莫不以诈心待其上矣。上诈其下，下诈其上，则是上下析也[⑦]。如是，则敌国轻之，与国疑之，权谋日行，而国不免危削，綦之而亡，齐闵、薛公是也[⑧]。故用强齐[⑨]，非以修礼义也，非以本政教也，非以一天下也，绵绵常以结引驰外为务[⑩]。故强，南足以破楚[⑪]，西足以诎秦[⑫]，北足以败燕[⑬]，中足以举宋[⑭]。及以燕赵起而攻之[⑮]，若振槁然[⑯]，而身死国亡，为天下大戮[⑰]，后世言恶，则必稽焉[⑱]。是无它故焉，唯其不由礼义而由权谋也。

三者，明主之所以谨择也，而仁人之所以务白也。善择者制人，不善择者人制之。

注释　①务：致力。张：开展，发扬。

②齐：通“济”，实现。《尔雅》：“济，齐也。”

③惮：害怕，顾及。

④与：邻国。下文“与国”中的“与”字与此同。

⑤以：同“已”。所已有：指自己已经拥有的土地、财物。

⑥欲：追求。

⑦析：离析，指上下离心离德。

⑧薛公：名田文，号孟尝君，曾任齐闵王的相。

⑨用强齐：掌握着强大的齐国。

⑩绵绵：接连不断。结引：交结牵引，即勾结。驰外：奔驰于国外，指热衷于纵横游说。务：事。这里指追求的目标。

⑪破楚：指齐闵公三十三年打败楚国之事。《史记》：“闵公三十三年，与秦败楚于重丘，南割楚之淮北也。”

⑫诎秦：诎，同“屈”。屈秦，使秦国屈服。指齐闵公二十六年败秦之事。《史记·齐太伯世家》：“闵公二十六年，与韩魏共攻秦，致函谷，军焉。”

⑬败燕：指齐闵公十年败燕之事。

⑭举宋：攻占宋国。杨倞《荀子·王霸》注：“闵王三十八年，伐宋。宋王死于温。举，谓举其国而灭之”。

⑮燕赵起而攻之：指公元前284年燕国联合赵、魏、韩、秦等国攻占齐国都城临淄，齐闵王死于山东莒县之事。

⑯若振槁然：像秋风摇落枯叶一样。振，击。槁，枯叶。

⑰戮：耻辱。

⑱稽：借鉴，考察。

译文 提倡功利来管理国家者，不致力于发扬礼义，不注重信誉，唯利是图，对内不惜欺诈自己的百姓来贪求蝇头微利，对外不惜欺诈邻国来贪求大利，不好好地治理自己已经拥有的土地财物，却常常去追求别人所有的东西。像这样，臣民们无不用欺诈的心来对待他们的君主。上面的欺诈下面的，下面的欺骗上面的，这样上上下下离心离德。像这样，敌国就轻视它，邻国就怀疑它，权术阴谋一天天盛行，国家就不免危弱，发展到极点就灭亡。齐闵公、孟尝君就是这样。他们原本掌握着强大的齐国，却不用来整治礼义，不用来把政治教化作为根本，不用来统一天下，却把不断地勾结别国、四处纵横游说作为追求的目标。原先强盛的时候，向南，足以攻陷楚国；向西，足以使秦国屈服；向北，足以打败燕国，向中，足以攻占宋国。可是到燕、赵等国家群起而进攻它时，就像秋风扫除落叶一样，齐闵王身死国亡，蒙受的是天下最大的耻辱。后代人谈起坏事，就必定以齐国为借鉴。这没有别的缘故，只是由于它不遵循礼义而遵循权术阴谋。三种办法，是贤明的君主之所以必须谨慎地加以选择的，是仁人之所以必须明白的。善于选择的人统治别人，不善于选择的人被别人所统治。

原文 国者，天下之大器也[①]，重任也，不可不善为择所而后错之[②]，错之险则危[③]；不可不善为择道然后道之[④]，涂秽则塞[⑤]，危塞则亡。彼国错者[⑥]，非封焉之谓也[⑦]，何法之道[⑧]，谁子之与也？[⑨]故[⑩]：道王者之法，与王者之人为之，则亦王；道霸者之法，与霸者之人为之，则亦霸；道亡国之法，与亡国人之为之，则亦亡。三者，明主之所以谨择也，而仁人之所以务白也。

故国者，重任也，不以积持之则不立[⑪]。故国者，世所以新者也[⑫]，是惮惮[⑬]，非变也，改王改行也[⑭]。故一朝之日也，一日之人也[⑮]，然而厌焉有千岁之固[⑯]，何也？曰：援夫千岁之信法以持之也[⑰]，安与夫千岁之信士为之也[⑱]。人无百岁之寿，而有千岁之信士，何也？曰：以夫千岁之法自持者[⑲]，是乃千岁之信士矣。故与积礼义之君子为之则王，与端诚信全之士为之则霸，与权谋倾覆之人为之则亡。三者，明主之所以谨择也，而仁人之所以务白也。善择之者制人，不善择之者人制之。

注释

①大器：重要而可贵的工具。

②择所：选择处所，这里指的是选择治国的人。错：通“措”，安置。

③险：危险，这里指危险的人。

④择道：这里指选择治国的原则。道之：取道而行，实行、实施的意思。

⑤涂：同“途”，即前面“择道”中的“道”，治国的原则。秽：杂草丛生。这里比喻治国原则污浊。

⑥国错：国家的如何处置。

⑦封：封疆，划分疆界，分封给诸侯土地。《说文》：“封，爵诸侯之土也。”

⑧何法之道：道何法，即实施何种治国的方法。

⑨谁子与之：指把治理国家的重任交付何人。谁子，谁人。

⑩故：据上下文义疑为“曰。”

⑪以积持之：用长期积累的正确的办法去治理国家。

⑫世所以新者：指国家是用来更新世代的工具。

⑬惮惮：同“坦坦”，坦然平稳。杨倞《荀子·王霸》注：“‘惮’与‘坦’同，言国者但继世之主自新耳，此积久之法坦坦然无变也。”

⑭王：据上下文义，疑“玉”之误。改玉改行，指更换佩玉与交换步伐。古代贵族等级不同，所佩玉器不同，举行仪式时所行的步伐也不相同。“改玉改行”就意味着君臣上下地位发生了变化。

⑮故：据上下文义疑衍。一朝之日，一日之人：形容一朝一代的君主所在的时日都很短暂。杨倞《荀子·王霸》注：“一朝之日，谓今日之事，明日不同，言易变也。一日之人，谓今之人，未保明日，言寿促也。”

⑯厌然：安然。固：据《群书治要》引文，疑为“国”。

⑰援：援引，援用。信法：真实可信的法，指礼法。

⑱信士：指坚守礼义制度的人。

⑲自持：约束自己。

译文 国家，是天下最重要最可贵的工具，是最沉重的任务。不能不妥善地为它选择治理的人，然后来安置它，把它安置在危险的人的手里就危险了。不能不妥善地为它选择治理的原则，然后实施这种治国原则。治国的原则污浊，国家的路就会阻塞不通。危险阻塞，国家就会灭亡。国家如何安置？不是指分疆列土，而是实施哪一种治国方法，把国家委托给谁。回答说，实施王者的法，交与实施王者之法的人来治理国家，就可以称王天下。实施霸者的法，交与实施霸者之法的人来治理国家，就可以称霸天下。实施亡国的法，交与实施亡国之法的人来治理国家，国家也就灭亡。三种情况，是圣明的君主之所以要谨慎地加以选择的，是仁人之所以必须明白的。

所以国家是最沉重的任务，如果不用长期积累的正确的办法来治理它，就不能巩固。国家是用来更新世代的工具，这种更新是坦然平稳的，不是制度的改变，只是君臣上下地位的变化。今天的事不同明天，今天的人不保明日，然而为什么会有安然存在千年之久的国家呢？回答说：沿用了千年的礼法来治理国家，而且是把国家交与信守礼法千年的人来治理。人没有百年的寿命，为什么有信守礼法千年的呢？回答说：用千年的礼法来约束自己的人，就是信守礼法千年的人。所以，把国家交给长久遵循礼义的人治理，就称王天下；把国家交给品行端正、忠诚信实的人治理，就称霸天下；把国家交给搞权术阴谋颠覆活动的人治理，就灭亡。这三种情况，是圣明的君主之所以要谨慎地选择的，是仁人之所以必须明白的。善于选择的统治别人，不善于选择的，被别人统治。

原文 彼持国者[①]，必不可以独也[②]，然则强固荣辱在于取相矣[③]。身能，相能[④]，如是者王。身不能，知恐惧而求能者，如是者强。身不能，不知恐惧而求能者，安唯便僻左右亲比己者之用[⑤]，如是者危削，綦之而亡。国者，巨用之则大[⑥]，小用之则小[⑦]。綦大而王，綦小而亡，小巨分流者存[⑧]。巨用之者，先义而后利，安不恤亲疏，不恤贵贱，唯诚能之求，夫是之谓巨用之。小用之者，先利而后义，安不恤是非，不治曲直[⑨]，唯便僻亲比己者之用，夫是之谓小用之。巨用之者若彼，小用之者若此；小巨分流者，亦一若彼，一若此也。故曰："粹而王[⑩]，驳而霸[⑪]，无一焉而亡[⑫]"。此之谓也。

注释 ①持国者：指掌握国家政权的人。

②独：指单独一个人来治理国家。

③固：杨柳桥《荀子诂译·王霸》注："'固'，当作'弱'。'强弱'与'荣辱'对文。"今从杨氏改。取相：选取辅佐的人。

④身能：指君主自身有才能。

⑤安：发语词。下文"安不恤"中的"安"字与此同。便僻：阿谀奉迎的人。亲比：亲近。

⑥巨用：立足于大处来治理国家。

⑦小用：治理国家只注意细微末节的事，不从大处着眼。

⑧小巨分流：介于巨用、小用之间。

⑨不治：这里是不区分的意思。

⑩粹：精粹，完全。这里是指完全立足于大处来治理国家。杨倞《荀子·王霸》注："粹，全也。若舜举皋陶，不仁者远，即巨用也，綦大而王者也。"

⑪驳：杂，指介于"巨用"与"小用"之间去治理国家。杨倞《荀子·王霸》注："驳，杂也。若齐桓外任管仲，内任竖貂，则小巨分流者。"

⑫无一：指上述两种情况都不具备。

译文　掌握国家政权的人，必定不能独自一个人去治理国家。这样，国家的强弱荣辱关键就在于选取辅佐的人。君主有才能，辅佐的人也有才能，就可以称王天下。君主自己没有才能，但还知道畏惧从而去寻求有才能的人，也可以称霸天下。自己没有才能，又不懂得畏惧而去寻求有才能的人，只知道任用身边善于阿谀奉迎、亲近自己的人，就必然危险、削弱，发展到极点就会灭亡。国家，立足于大处去治理它就强大，只注意细微末节去治理它就弱小。强大到极点就称王天下，弱小到极点就遭致灭亡。介于两者之间，就可以幸存。立足于大处去治理国家的，先讲礼义然后才考虑利益，不顾及亲疏，不顾及贵贱，只求找到真正有才能的人，这就叫作立足于大处治国。只注重细微末节去治理国家的，先讲利益然后才考虑礼义，不顾及是非，不区分曲直，只任用善于阿谀奉迎、亲近自己的人，这就叫作只注重细微末节治国。立足于大处着眼治国是前面所说的这样，只注重细微末节治国的是后面所说的这样，介于两者之间的有的地方像前面那样，有的地方像后面那样。古书上说：完全立足于大处治国的称王天下，介于立足大处与注重细微末节之间的称霸天下，这两种情况一样也不具备的遭到灭亡。”说的就是这个道理。

原文　国无礼则不正①。礼之所以正国也，譬之犹衡之于轻重也②，犹绳墨之于曲直也，犹规矩之于方圆也，正错之而人莫之能诬也③。《诗》云④：“如霜雪之将将⑤，如日月之光明，为之则存，不为则亡。”此之谓也。

注释　①正：使端正。这里指得到治理。

②衡：疑为“权衡”，与下文“绳墨”“规矩”相应。权衡，秤与秤砣。

③错：同“措”，安置。

④《诗》：指《诗经》中的篇章，已失传。

⑤将将：形容霜雪覆盖大地的样子。

译文　国家没有礼义就得不到治理，礼义用来治理国家，就好比用秤和秤砣来衡量轻重，用绳墨来规范曲直，用规和矩来对待方圆一样。用礼义来治理处置国家，就没有人能搞欺骗了。《诗经》上说：“像霜雪覆盖大地那样普遍，像日月那样光明，实施礼义就能存在，不实施礼义就灭亡。”说的就是这个道理。

原文　国危则无乐君，国安则无忧民①。乱则国危，治则国安。今君人者，急逐乐而缓治国，岂不过甚矣哉！譬之是由好声色而恬无耳目也②，岂不哀哉！夫人之情，目欲綦色③，耳欲綦声，口欲綦味，鼻欲綦臭，心欲綦佚。此五綦者，人情之所必不免也。养五綦者有具④，无其具，则五綦者不可得而致也。万乘之国可谓广大富厚矣，加有治辨强固之道焉⑤，若是则恬愉无患难矣⑥。然后，养五綦之具具也⑦。故百乐者⑧，生于治国者也；忧患者，生于乱国者也。急逐乐而缓治国者，非知乐者也。故明君者，必将先治其国，然后百乐得其中。暗君[9]，必将急逐乐而缓治国，故忧患不可胜校也[10]，必至于身死国亡然后止也，岂不哀哉！将以为乐[11]，乃得忧焉[12]；将以为安，乃得危焉；将以为福，乃得死亡焉，岂不哀哉！于乎[13]！君人者亦可以察若言矣[14]。故治国有道，人主有职，若夫贯日而治详[15]，一日而曲列之[16]，是所使夫百吏官人为也，不足以是伤游玩安宴之乐[17]。若夫论一相以兼率之[18]，使臣下百吏莫不宿道乡方而务[19]，是夫人主之职也。若是，则一天下[20]，名配尧、禹。人主者，守至约而详[21]，事至佚而功，垂衣裳不下簟席之上[22]，而海内之人莫不愿得以为帝王。夫是之谓至约，乐莫大焉。

注释

①民：据上下文义，疑为“君”。

②由：通“犹”，犹如，好像。恬：通“靦”，惭愧。《玉篇·面部》：“靦，惭貌”。

③綦色：最好的颜色。綦，极，这里是最好的意思。下同。

④养：满足。具：条件。

⑤治辨：治理。

⑥恬愉：安然欢愉。

⑦具具：前一“具”指条件，后一“具”是具备的意思。

⑧百乐：所有的快乐，极快乐。

⑨暗君：据上文“明君者”，疑为“暗君者”。暗君，昏庸的君主。

⑩不可胜校：不可胜数。校，计。

⑪将：想要的意思。下同。

⑫乃：却。下同。

⑬于乎：同“呜呼”。

⑭若言：如此之言，即上面所说的话。

⑮贯日：累日，数日。治详：治理周详。

⑯曲列：据文义疑为“曲别”。曲别，指各方面依次治理。

⑰伤：妨碍。安宴：休息的意思。

⑱论：选择。相：辅佐的人。

⑲宿道：归于正道。乡方：向方。乡，通“向”。向方，指向着正确的方向。

⑳一天下：一说，当为“功一天上”，与“名配舜禹”相对。

㉑守：职守，主管的意思。

㉒簟（diàn）席：竹席。

译文　国家衰危不会有安乐的君主，国家安定不会有忧愁的君主。动乱，国家就衰危；平治，国家就安定。当今作君王的，急于追求安乐却把治理国家放在后面，岂不是大错特错了吗？就如同喜好声色却又惭愧地没有耳目一样，岂不是太可悲了吗？人之常情：眼睛想看到最好的颜色，耳朵想听到最好的声音，嘴巴想吃到最好的味道，鼻子想闻到最好的气味，心里想得到最好的安逸。这五种最好的，是人之常情不可避免的。满足于五种最好的有一定条件，没有这些条件，这五种最好的东西就得不到。拥有万乘的大国，说得上是广大而富足的，再加上有治理并使它强盛的办法，像这样，就可以安然欢愉而没有祸患灾难了。然后，满足于五种最好的东西的条件就具备了。所以，一切欢乐，产生在平治的国家；忧患，产生在动乱的国家。急于追求安乐而把治理国家放在后面的人，并不是真正懂得安乐的人。所以圣明的君主，必定要先治理好他的国家，然后一切欢乐都在其中了。昏庸的君主，必定要急于追求安乐而把治理国家放在后面，于是他的忧患就数不胜数了，一定要发展到身死国亡的地步才停止，岂不是太可悲了吗？想要得到安乐，而得到的却是忧愁；想要得到安定，而得到的却是危险；想要得到幸福，而得到的却是死亡，岂不太可悲了吗？唉，君主可以体察一下这些话啊。所以治国有一定的方法，君主有一定的职责。至于把几天才能治理周详的事在一天内依次办理，这是君子支派官吏们去做的，这些事不足以妨碍君主游玩休息的乐趣。至于选择一位辅佐的人去统率全部官吏，使官吏们无不归于正道并向着正确的方向努力，这才是君主的职责。如果这样，就可以统一天下，名声与舜、禹相配。君主，主管的是最简要的也是最周详的，所做的事是最安逸又是最有功效的。他衣冠修整不必下床席，四海之内却没有人不愿意以他为帝王。这就叫作最大的简约，最大的乐趣。

原文 人主者，以官人为能者也①；匹夫者，以自能为能者也②。人主得使人为之，匹夫则无所移之③。百亩一守④，事业穷⑤，无所移之也。今以一人兼听天下，日有余而治不足者⑥，使人为之也。大有天下，小有一国，必自为之然后可，则劳苦耗顇莫甚焉⑦。如是，则虽臧获不肯与天子易埶业⑧。以是县天下⑨，一四海，何故必自为之？为之者，役夫之道也⑩，墨子之说也⑪。论德使能而官施之者⑫，圣王之道也，儒之所谨守也。传曰⑬："农分田而耕，贾分货而贩，百工分事而劝⑭，士大夫分职而听⑮，建国诸侯之君分土而守，三公总方而议⑯，则天子共己而已⑰。"出若人若[18]，天下莫不平均，莫不治辨，是百王之所同也，而礼法之大分也。

注释

①官人：任用人。

②自能：自己能做。

③移人：指将事情转移推脱给别人。

④一守：一个人管理。

⑤穷：穷尽，指事情没有办好。

⑥治不足：治理没有过失。足，过失。

⑦耗顇：疲惫憔悴。顇，同“瘁”。

⑧臧获：奴婢。《方言》：“荆、淮、海岱之间骂奴曰臧，骂婢曰获。燕、齐亡奴谓之臧，亡婢谓之获。”埶：同“势”。势业：势位，地位。

⑨县：同“悬”，衡。这里是治理的意思。

⑩役夫：服劳役的人。

⑪墨子之说：墨子的说法。墨子主张“节用”，主张君子与百姓一样地劳苦，所以荀子认为“自为之”是墨子之说。

⑫论德：选择有德行的人。官施之：任用他们。官、施，都是任用的意思。

⑬传：古书。

⑭劝：努力、勤勉地工作。

⑮听：听政，处理政事。

⑯总方而议：归总全国大政方针加以讨论。

⑰共己：拱着自己的手，形容其轻松从容。共，通“拱”。而已：据下文“天子共己而止矣”句例，疑为“而已矣”。

⑱出若入若：指内外都这样办。出、入，指内外。若，如此。

译文　君主，以善任用人为有能力，平民百姓，以能够自己做为有能力。君主可以支使别人去办事，平民百姓却不能把事情推脱给别人。一百亩土地一个人管理，土地经营不好，无法推脱给别人。现在君主一个人统管处理天下的事，每天尚有余暇而事务治理没有出过失，是他支派别人去办。大而拥有天下，小而拥有一个诸侯国，如果所有的事必须自己亲自去做才行的话，就没有比这更劳苦疲惫的了。如果这样，即使是奴婢也不会肯与君主交换地位。由此看来，治理天下，统一四海，为什么必定一切事都由自己亲自去做呢？亲自去做的，是服劳役的人的办法，是墨子的主张。选拔有德行的人，任用有才能的人，这是圣王的办法，是儒士所必须严格遵守的。古书上说：“农民分田耕种，商人分货贩卖，工匠们分行业勤勉努力地劳作，士大夫分职务处理事务，各诸侯国的君主分疆守土，司马、司空、司徒归总全国的大政方针加以讨论，君主就可以拱着自己的手了。”内外都如此办理，天下没有不平均的，没有得不到治理的。这是百代君王都相同的，这是礼法的总纲。

原文 百里之地可以取天下，是不虚，其难者在人主之知之也。取天下者，非负其土地而从之之谓也[①]，道足以一人而已矣[②]。彼其人苟一，则其土地且奚去我而适它[③]！故百里之地，其等位爵服[④]，足以容天下之贤士矣；其官职事业，足以容天下之能士矣；循其旧法[⑤]，择其善者而明用之[⑥]，足以顺服好利之人矣。贤士一焉，能士官焉，好利之人服焉，三者具而天下尽，无有是其外矣[⑦]。故百里之地，足以竭埶矣[⑧]；致忠信，箸仁义[⑨]，足以竭人矣[⑩]。两者合而天下取，诸侯后同者先危[⑪]。《诗》曰[⑫]：“自西自东，自南自北，无思不服[⑬]。”一人之谓也。

注释 ①负：背负，携带。

②一人：指统一人心，网罗、团结所有的人。

③奚：何，怎么。去我：离开我。适：往，去到。

④爵服：指爵位。

⑤旧法：指原有的法律制度。

⑥明用：明确地加以利用。

⑦是其外：在这之外。

⑧竭埶：指取得天下全部的权力地位。

⑨箸：同“著”，显著。引申为提倡。

⑩竭人：指征服天下所有的人。

⑪同：会盟。杨柳桥《荀子诂译·王霸》注：“谓诸侯相盟会也。”这里是归顺的意思。

⑫《诗》：指《诗经·大雅·文王有声》。

⑬思：语助词。

译文　凭着方圆百里的地盘也可以夺取天下，这不是虚假的，它的难处在于君主要懂得其中的道理。所谓取得天下，并不是别国的人携带着土地来顺从的意思，而是指你的治国的办法能统一人心而已。如果那些国家的人心被我们统一了，他们的土地怎么可能离开我们去到别的地方去呢？方圆百里的地盘，它的各种等级的爵位，足以容纳天下贤明的人；它的各种官职事业，足以容纳天下有才能的人；遵循原有的法律制度，选择其中好的来明确地加以利用，足以使贪求财利的人顺服。贤明的人统一在一起了，有才能的人被任用了，贪求财利的人顺服了，三个方面的条件都具备了，天下的人才就尽数网罗了，没有谁还在这之外。所以说，方圆百里的地盘，足以取得天下全部的权力地位；讲求忠诚信实，提倡仁义，足以征服天下所有的人。权力地位和人心两者结合在一起，就取得了整个天下，而晚来归顺的诸侯，将先遭到危险。《诗经·大雅·文王有声》说："从东到西，从南到北，没有谁不顺服。"说的就是统一人心。

原文 羿、蜂门者①，善服射者也②。王良、造父者③，善服驭者也。聪明君子者，善服人者也④。人服而埶从之⑤，人不服而埶去之，故王者已于服人矣⑥。故人主欲善射，射远中微，则莫若羿、蜂门矣。欲得善驭，及速致远⑦，则莫若王良、造父矣。欲调一天下⑧，制秦楚⑨，则莫若聪明君子矣。其用知甚简⑩，其为事不劳，而功名致大，甚易处而綦可乐也⑪。故明君以为宝，而愚者以为难⑫。

注释 ①羿：后羿，古代传说中善于射箭的人。蜂（fēng）门：即逢门、逢蒙、蜂蒙。传说是后羿的徒弟，也善射箭。

②服：从事。下文"服驭"中的"服"字与此同。

③王良：春秋末年晋国大夫赵简子的车夫。造父：传说是周穆王的车夫。

④服人：使人顺服。

⑤埶从之：指权势随着人的顺服而来。

⑥已：止，终止。

⑦及：达到。

⑧调一：治理与统一。

⑨秦楚：泛指秦楚这样的大国。

⑩知：同“智”。

⑪綦可乐：极其轻松愉快。

⑫难：惧怕。《释名》：“难，惮也。”

译文　后羿、逢门，是善于射箭的。王良、造父，是善于驾车的。聪明的君子，是善于使人顺服的。人们顺从了，权势就随之而来；人们不顺服，权势就随之而去。所以君子做到使人顺服就是止境。所以君子要想得到善于射箭的，能够射中既远而又微小的目标的，没有比后羿、逢门更合适的了。君主要想得到善于驾车的，能够速度既快又跑得很远的，没有比王良、造父更合适的了。要想治理统一天下，制服秦楚这样的大国，就没有比聪明的君子更合适的了。他们运用的智慧很简约，办事也不劳累，但功绩名声却非常大，一切事务，他们处理起来既容易又极其轻松愉快。所以英明的君主把聪明的君子作为宝贝，而昏庸愚蠢的君主却把他们当成可怕的人。

原文 夫贵为天子，富有天下，名为圣王，兼制人，人莫得而制也，是人情之所同欲也，而王者兼而有是者也。重色而衣之[①]，重味而食之，重财物而制之，合天下而君之[②]；饮食甚厚，声乐甚大，台谢甚高[③]，园囿甚广[④]，臣使诸侯[⑤]，一天下，是又人情之所同欲也，而天子之礼制如是者也。制度以陈[⑥]，政令以挟[⑦]；官人失要则死[⑧]，公侯失礼则幽[⑨]，四方之国有侈离之德则必灭[⑩]；名声若日月，功绩如天地，天下之人应之如景响[⑪]，是又人情之所同欲也，而王者兼而有是者也。故人之情，口好味而臭味莫美焉[⑫]，耳好声而声乐莫大焉，目好色而文章致繁妇女莫众焉[⑬]，形体好佚而安重闲静莫愉焉[⑭]，心好利而谷禄莫厚焉；合天下之所同愿兼而有之，睪牢天下而制之若制子孙[⑮]，人苟不狂惑戆陋者，其谁能睹是而不乐也哉[⑯]！欲是之主并肩而存[⑰]，能建是之士不世绝[⑱]，千岁而不合[⑲]，何也？曰：人主不公，人臣不忠也。人主则外贤而偏举[20]，人臣则争职而妒贤，是其所以不合之故也。人主胡不广焉[21]？无恤亲疏，无偏贵贱，唯诚能之求。若是，则人臣轻职业让贤[22]，而安随其后；如是，则舜、禹还至[23]，王业还起，功一天下，名配舜、禹，物由有可乐如是其美焉者乎[24]！呜呼！君人者亦可以察若言矣。杨朱哭衢涂曰[25]："此夫过举蹞步而觉跌千里者夫[26]！"哀哭之。此亦荣辱安危存亡之衢已[27]。此其为可哀，甚于衢涂。呜呼！哀哉！君人者，千岁而不觉也。

注释

①重（chóng）：多种多样，丰厚。下同。

②君：统治。

③台谢：建筑在台上的屋子。谢，同"榭"。

④园囿（yòu）：泛指花园。

⑤臣使：统治的意思。

⑥以陈：已经公布。以，同"已"，下同。

⑦挟：通"浃"，周洽，完备。

⑧失要：指违背政令。要，约。这里指规定的政令。

⑨公侯：指司马、司空、司徒三公与诸侯。幽：囚禁。

⑩侈离之德：分裂的行为思想。侈，同"誃（chǐ）"，分离。

⑪景响：景，通"影"。影响，如影随形，如回音应声。

⑫臭味：气味。

⑬文章：文彩。指华美的色彩与花纹。致繁：极其丰富。

⑭愉：通“愈”，胜过。

⑮罣牢：据《后汉书·马融传》注引文，疑为“皋牢”。皋牢，牢笼。这里是控制的意思。

⑯是：指上文所讲的“合天下之愿兼而有之，皋牢天下而制之若制子孙”的局面。下文“欲是之王”“建是之士”中的“是”与此同。

⑰并肩而存：极言其多。

⑱不世绝：不绝于世，世代都有。

⑲合：遇合。

⑳外贤：排斥贤人。偏举：作用自己偏爱的人。

㉑广：同“旷”，开阔。

㉒职业：指职位功业。

㉓还：旋即，立刻。下同。

㉔由有：还有。由，通“犹”。

㉕杨朱：战国时魏国人。主张“贵生”“重己”“全性保真，不以物累形”，反对儒家学派的“仁义”与墨家学派的“兼爱”。衢途：十字路口。

㉖过举：走错，错走。跌：误差。

㉗此：指任用人。

译文 取得天子那样尊贵的地位，富裕得拥有天下，取得圣王那样的名声，制服所有的人，而不被任何人所制服，这是人们感情上所共有的欲望，而君王这一切都具有。穿上各种颜色的衣服，吃上各种美味的食物，把丰厚的财物拿来用，使整个天下归自己统治；饮食非常丰盛，音乐非常宏大，房屋非常高大，花园非常广阔，统治诸侯，统一天下，这是人们感情上所共有的欲望，而天子的礼法制度正是这样的。制度已经公布，政令已经完备，官员违背政令就处以死刑，三公诸侯不守礼法就遭到囚禁，四方各诸侯国有分裂的思想行为就必然灭亡；名声像日月一样光明，功绩像天地一样宏大，天下人如影随形如回声应声一样地跟随他，这也是人们感情上共有的欲望，而君王这一切都具有。所以人的感情是：嘴巴喜欢美味而气味要无比的美好；耳朵喜欢听音乐而乐音要无比的宏大；眼睛喜欢华丽的色彩和美女而华丽的色彩与美女要无比的众多；身体喜欢安逸而要无比的安闲清静；心中喜欢财利而俸禄要无比的丰厚。把天下人所共有的愿望都加起来自己全部拥有，控制整个天下的人像控制自己的子孙一样，只要不是疯子傻子，哪一个人看到这种局面不感到快乐呢？想达到这种局面的君主比比皆是，能够建立这种局面的人也世代不绝，但他们之间千百年来没有遇合，为什么呢？回答说：君主不公正，臣下不忠诚，君主排斥贤士而任用自己偏爱的人，臣下争权夺位而嫉妒贤人，这就是他们不能遇合的缘故。君主为什么不能开阔些呢？不要顾及亲疏，在贵贱之中不要有偏私，只搜求真正有才能的。如果这样，臣下就会看轻职位功业而礼让贤人，自己安心地跟随在贤人后边。如果这样，舜、禹那样的盛世立即会到来，称王天下的大业就会兴起。他的功绩就在于统一了天下，他的名声就会与舜、禹相配。事情如此的美好，还有比这更快乐的吗？啊，君主可以认真体察上面这些话了。杨朱在十字路口哭着说："在这里走错半步，觉察后已经相差千里了。"为此还痛哭一阵。任用人也是荣辱、安危、存亡的十字路口，在这件事上的可悲，比在十字路口走错路的悲哀更沉重。啊！可悲啊！君主们，千百年来也没有觉悟啊！

原文 无国而不有治法[①]，无国而不有乱法[②]；无国而不有贤士，无国而不有罢士[③]；无国而不有愿民[④]，无国而不有悍民；无国而不有美俗，无国而不有恶俗。两者并行而国在，上偏而国安[⑤]，在下偏而国危[⑥]；上一而王[7]，下一而亡[8]。故其治法，其佐贤，其民愿，其俗美，而四者齐，夫是之谓上一。如是，则不战而胜，不攻而得，甲兵不劳而天下服。故汤以亳，武王以鄗，皆百里之地也，天下为一，诸侯为臣，通达之属，莫不从服，无它故焉，四者齐也。桀、纣即序于有天下之埶[9]，索为匹夫而不可得也，是无它故焉，四者并亡也。故百王之法不同，若是[10]，所归者一也[11]。

注释

①治法：使国家安定的法令制度。

②乱法：使国家动乱的法令制度。

③罢士：品行不好的人。罢，通“疲”，病。这里指品行不好。

④愿民：谨慎守法的人。

⑤上偏：偏上，指偏重于前面所说四种情况：“有治法”“有贤士”“有愿民”“有美俗”。杨倞《荀子·王霸》注：“上偏，偏行上事也，谓治法多，乱法少；贤士多，罢士少；愿民多，悍民少；美俗多，恶俗少之类，下偏反是。”

⑥在：疑衍。下偏：偏重于后面所说的四种情况：“有乱法”“有罢士”“有悍民”“有恶俗”。

⑦上一：指上偏的四个方面一一具备。

⑧下一：指下偏的四个方面一一具备。

⑨序：据《荀子·富国》："厚于有天下之势，索为匹夫不可得也，桀纣是也。"句，"序"疑为"厚"，多，重的意思。埶：同"势"。

⑩是：指上述情况。

⑪所归者一也：指道理归根结底是一个。

译文 没有一个国家不存在使国家安定的法令制度，没有一个国家不存在使国家动乱的法令制度；没有一个国家不存在贤明的人；没有一个国家不存在品行恶劣的人；没有一个国家不存在谨慎守法的人；没有一个国家不存在凶悍的人；没有一个国家不存在美好的习俗；没有一个国家不存在丑恶的习俗。这两大类情况同时存在，国家还可以保存。如果偏重于前面的几种情况，国家就安定；如果偏重于后面的几种情况，国家就危险。前面四个方面都一一具备了，就可以称王天下。后面四个方面都一一具备了，就会灭亡之。

所以，如果一个国家的法律制度是使国家安定的法律制度，他的辅臣是贤明的，他的百姓是谨慎守法的，他的习俗是美好的，四个方面齐备了，这就叫作前面的几个方面一一具备。如果这样，就可以不战而胜，不攻而得，可以不劳累军队而使天下顺服。所以汤凭着亳，武王凭着镐，都不过是方圆百里的地盘，却使天下统一，使诸侯称臣，舟船车马、人迹所到的地方无不归顺，没有别的缘故，就是“治法”“贤士”“愿民”“美俗”四个方面齐备。桀、纣拥有天下最重的权势，到后来想要做个普通老百姓也办不到，这没有别的缘故，四个方面都不具备。所以历代君王治国的办法尽管不同，如果照上述情况看来，归根到底道理还是一样的。

原文　上莫不致爱其下[①]，而制之以礼[②]。上之于下，如保赤子。政令制度，所以接下之人百姓[③]，有不理者如豪末[④]，则虽孤独鳏寡必不加焉。故下之亲上欢如父母；可杀而不可使不顺。君臣上下，贵贱长幼，至于庶人，莫不以是为隆正[⑤]。然后皆内自省以谨于分，是百王之所以同也[⑥]，而礼法之枢要也[⑦]。然后农分田而耕，贾分货而贩，百工分事而劝，士大夫分职而听，建国诸侯之君分土而守，三公总方而议，则天子其已而止矣[⑧]。出若入若，天下莫不平均，莫不治辨，是百王之所同，而礼法之大分也。

注释 ①致：这里是努力，尽力的意思。

②制：统制，治理。

③接：对待。

④不理者：指不合理的。豪末：毫末，丝毫。杨柳桥《荀子诂译·王霸》注："犹言有如毫末之不合于理也。"豪，同"毫"。

⑤隆正：最高标准。

⑥百王之所以同：据前后文"百工之所同"例，疑"以"衍。

⑦枢要：关键。

⑧其：王先谦《荀子集解》作"共"，可从。共：同"拱"，拱手。

译文 君主没有不尽力爱护他的百姓的，就会用礼义来治理他们。君主对于百姓，就像爱护初生的婴儿一样。政策法令制度，是用来对待下面的百姓的，如有丝毫不合理的地方，即使是鳏寡孤独，也必定不会加在他们身上。所以百姓亲近君主如同喜欢父母一样，宁可被杀也不能使他们不顺从君主。君臣上下，贵贱长幼，一直到普通百姓，没有不把这一点当成最高标准的。然后都各自从内心检查自己，谨慎地守着自己的职分，这是百代君王所相同的，是礼法的关键。而后，农民分田耕种，商人分货贩卖，工匠们分行业勤勉地劳作，士大夫分职务处理事务，各诸侯国的君主分疆守土，司马、司徒、司空归总全国的大政方针加以讨论，君主就可以拱着自己的手了。内外都如此办理，天下没有不平均的，没有得不到治理的，这是百代君王所相同的，这是礼法的总纲。

原文　若夫贯日而治平[①]，权物而称用[②]，使衣服有制[③]，宫室有度[④]，人徒有数，丧祭械用皆有等宜[⑤]，以是用挟于万物[⑥]，尺、寸、寻、丈莫得不循乎制度数量然后行[⑦]，则是官人使吏之事也，不足数于大君子之前[⑧]。故君人者，立隆政[⑨]，本朝而当[⑩]，所使要百事者诚仁人也[⑪]，则身佚而国治，功大而名美，上可以王，下可以霸。立隆正，本朝而不当，所使要百事者非仁人也，则身劳而国乱，功废而名辱，社稷必危，是人君者之枢机者也。故能当一人而天下取[⑫]，失当一人而社稷危。不能当一人而能当千人、百人者，说无之有也[⑬]，既能当一人，则身有何劳而为[⑭]？垂衣裳而天下定。故汤用伊尹[⑮]，文王用吕尚[⑯]，武王用召公[⑰]，成王用周公旦[⑱]。卑者五伯[⑲]，齐桓公闺门之内[⑳]，县乐奢泰游抏之修[㉑]，于天下不见谓修，然九合诸侯，一匡天下，为五伯长，是亦无他故焉，知一政于管仲也[22]。是君人者之要守也[23]。知者易为之兴力而功名綦大[24]，舍是而孰足为也。故古之人，有大功名者，必道是者也。丧其国，危其身者，必反是者也。故孔子曰："知者之知，固以多矣，有以守少[25]，能无察乎？愚者之知，固以少矣，有以守多，能无狂乎？"此之谓也。

注释

①治平：据上文"贯日而治详"与《荀子·君道》："并耳目之乐，而亲自贯日而治详"句，疑为"治详"。治详，详尽地处理。

②称用：恰当地加以利用。

③制：规格。

④度：标准。

⑤等宜：指与等级相符的规定。

⑥用挟：据《荀子·君道》："先王塞理，以方皇周浃于天下"与《荀子·礼论》："方周浃，曲得其次序"句，疑为"周浃"。周浃，普遍的意思。

⑦尺、寸、寻、丈：均为古代长度单位，这里借指各种具体事物。

⑧数：称，说，道。大君子：德才最完备的君子。

⑨隆政：据上下文义，疑为“隆正”，指最高准则。下同。

⑩本朝而当：指本朝所确立的最高准则正确。

⑪要百事者：指总领政事辅佐君王的人，即“相”。

⑫当：指恰当地任用人。取：平治，安定。《尔雅》：“取，为也。”《小尔雅》：“为，治也。”

⑬说无之有：没有这种说法。

⑭而为：语助词，表示反诘兼感叹。

⑮伊尹：名挚，商汤王的相。

⑯吕尚：姜尚，姜太公，姜子牙。周文王的相。周文王死后又辅佐周武王。

⑰召公：姓姬，名奭，周文王之子，周武王的异母弟。

⑱周公旦：姓姬，名旦，周武王的弟弟，周成王的相。

⑲卑者：次一等的。

⑳闺门：这里指的是后宫，内室。

㉑县：通“愃”，欢乐。奢泰：奢侈。泰，同“汰”，侈。游抏：游玩。抏，同“玩”。修：追求。

㉒一政：把政事统一起来。

㉓要守：重要的德行操守。

㉔为之兴力：指任用有才德的人并让他们出力。

㉕有：同“又”。守少：指聪明的君主自己所负的事务少。

译文

至于连日详尽地处理各种事务，认真地权衡并恰当地使用东西和人，使衣服有规格，宫室有标准，仆役有一定的数量，丧葬、祭祀的器物都符合等级的规定，并把这些办法普遍地运用到各种具体事物中去，使各种具体事物无不遵循制度数量的规定然后再办事，这是官吏们的事情，不值得在德才完备的君子面前去说。所以君主，在于为国家确定最高准则，如果为本朝确定的最高准则是恰当的，正确的，所任用的辅佐的人才是真正的仁人君子，就能使自身安逸而国家安定，功绩巨大而名声美好，上等的可以称王天下，下等的也可以称霸天下。确立了最高准则，但不是恰当的，所任用的辅佐的人不是仁人君子，就会使自身劳苦而国家混乱，功业毁弃而名声受辱，国家也必然危险。任用人这一点是君主的关键。能恰当地任用一个人天下就安定，不恰当地任用一个人国家就危险。不能恰当地任用一个人却能恰当地任用百人、千人，没有这种说法。既然能够恰当地任用一个人，君主自己还有什么劳累的呢？整饬好衣裳天下就安定了。所以商汤任用伊尹，周文王任用吕尚，周武王任用召公，周成王任用周公。次一等的五霸，齐桓公在宫室内尽情地追求欢乐、奢侈、游玩，天下却没有人认为他在追求这些，他九次会盟了诸侯，一举扶正了天下，成为五霸的首领，这也没有别的缘故，他懂得把政事统一交给管仲。这就是君主最重要的德行操守。有智慧的人很容易地任用恰当的人并使他们出力，而获得的功名也极大，除此而外，君主还有什么值得做的呢？所以古代的人，有伟大的功名的人，必定是遵循这个办法去做的。那些丧失了自己的国家，使自己遭到危险的人，必定是违反了这个办法的。所以孔子说："有智慧的人智慧本来就丰富，自己所负责的具体事务又不多，他怎么能不明察呢？愚蠢的人的智慧本来就少，又加上他负责许多具体的事务，怎么能不狂乱呢？"说的就是这个道理。

原文 治国者分已定①，则主相臣下百吏各谨其所闻，不务听其所不闻②；各谨其所见，不务视其所不见。所闻所见，诚以齐矣③，则虽幽闲隐辟，百姓莫敢不敬分安制以礼化其上④，是治国之征也。

注释 ①分已定：指已将名分等级确定。

②务：追求，追索。

③诚以齐：真正地按照一致的原则去处理事情。

④化：顺从。

译文 治理国家的人已将等级名分划定，君主、相和官吏们各自谨慎地对待自己所听到的，不去追索自己所没有听到的；各自谨慎地对待自己所见到的，不去追索自己所没有见到的，所听到所见到的事情，都能真正地按照一致的原则去处理，那么，即使是处在边远地方的老百姓，也没有敢不安于名分等级的，人们都遵守制度，依据礼法来顺从君主，这就是安定的国家的象征。

原文 主道治近不治远[①]，治明不治幽，治一不治二[②]。主能治近则远者理，主能治明则幽者化，主能当一则百事正[③]。夫兼听天下，日有余而治不足者，如此也，是治之极也[④]。既能治近，又务治远；既能治明，又务见幽；既能当一，又务正百，是过者也[⑤]，犹不及也。辟之是犹立直木而求其景之枉也[⑥]。不能治近，又务治远；不能察明，又务见幽；不能当一，又务正百，是悖者也[⑦]。辟之是犹立枉木而求其景之直也。故明主好要[⑧]，而暗主好详。主好要则百事详，主好详则百事荒。君者，论一相[⑨]，陈一法，明一指[10]，以兼复之[11]，兼昭之[12]，以观其盛者也[13]。相者，论列百官之长[14]，要百事之听[15]，以饰朝廷臣下百吏之分[16]，度其功劳，论其庆赏，岁终奉其成功以效于君[17]，当则可[18]，不当则废。故君人劳于索之[19]，而休于使之[20]。

注释

①主道：君主治理国家的办法。

②一：指主要的事。二：指烦杂的事。

③当一：正确恰当地处理好主要的事。

④治之极：治理国家的最高水平。

⑤过者：太过分的要求。

⑥景：通“影”，影子。

⑦悖：荒谬，混乱。

⑧好要：喜欢简约。《尔雅》：“要，约也。”这里是指善于抓住重点。

⑨论：选择。

⑩指：同“旨”，宗旨，指主要的原则。

⑪兼复之：指统帅一切。

⑫昭：同“照”，照耀。

⑬盛：同“成”，成功。

⑭论列：评论，选择。长：长官。

⑮要：总管，总揽。

⑯饰：同“饬”，整顿，规范。

⑰奉：捧，拿。

⑱当则可：指百官称职的就留用。

⑲索之：指对相的寻求。

⑳使之：指对相的使用。

译文 君主治理国家的办法：治理身边的事，不去治理远处的事；治理明显的事，不去治理不明显的事；治理主要的事，不去治理烦杂的事。君主能够治理好身边的事，远处的事自然就得到治理；能够治理好明显的事，不明显的事自然会随着变化；能够正确恰当地处理好主要的事，其他一切事都会正确。全面处理天下的事情，每天还有余暇，需要治理的事情不多，像这样，是治理天下的最高水平。既要能治理身边的事，又追求治理好远处的事；既要能治理明显的事，又追求治理好不明显的事；既要能正确恰当地处理主要的事，又追求做到正确地处理一切事，这是太过分的要求，过分了就等同于达不到，如同树起笔直的木杆却要求它的影子是弯曲的一样。不能够治理身边的事，却追求治理远处的事；不能察清明显的事情，却追求了解不明显的事情；不能正确恰当地处理主要的事，却追求一切事都处理正确，这是荒谬的。如同树起弯曲的木杆却要求它的影子笔直一样。所以圣明的君主善于抓住要点，而昏庸的君主却喜欢事事都管周详。君主善于抓住要点，一切事情都可以处理周详；君主喜欢事事都管周详，结果是一切事情都荒废。君主，选择一个相，公布一道法令，明确一个主要的原则，来统帅一切，照耀一切，并以此来显示它的成功。相，负责评论选择官吏们的长官，总揽各种事物的治理，整顿规范朝廷官员们的职分等级，考核他们的功劳，议定对他们的奖赏，年终时拿出他们的成绩呈报给君王，他们当中称职的就留用，不称职的就罢免。所以，君主的辛劳在于寻求相，在使用相的时候就安闲了。

原文　用国者，得百姓之力者富[①]，得百姓之死者强[②]，得百姓之誉者荣[③]。三得者具而天下归之，三得者亡而天下去之[④]。天下归之之谓王，天下去之之谓亡。汤武者，循其道，行其义，兴天下同利，除天下同害，天下归之。故厚德音以先之[⑤]，明礼义以道之[⑥]，致忠信以爱之，赏贤使能以次之[⑦]，爵服赏庆以申重之，时其事，轻其任以调齐之，潢然兼复之，养长之，如保赤子。生民则致宽[8]，使民则綦理[9]，辩政令制度[10]，所以接天下之人百姓[11]，有非理者如豪末，则虽孤独鳏寡必不加焉。是故百姓贵之如帝，亲之如父母，为之出死断亡而不愉者[12]，无它故焉，道德诚明，利泽诚厚也。

乱世不然，污漫突盗以先之[13]，权谋倾覆以示之，俳优、侏儒、妇女之请谒以悖之[14]，使愚诏知[15]，使不肖临贤[16]，生民则致贫隘[17]，使民则綦劳苦，是故百姓贱之如伛[18]，恶之如鬼，日欲司间而相与投藉之[19]，去逐之，卒有寇难之事[20]。又望百姓之为己死，不可得也，说无以取之焉[21]。孔子曰："审吾所以适人[22]，适人之所以来我也[23]。"此之谓也。

注释

①力：为君主拼力。

②死：为君主献身。

③誉：称誉，赞誉。荣：有名望。

④亡：通"无"，不具备。

⑤厚：加强，重视。德音：道德声望。

⑥道：开导，引导。

⑦赏贤：据《荀子·富国》"尚贤使能以次之"句，为"尚贤"。

⑧生民：养育百姓。致宽：极为宽容。

⑨綦理：极为合理。

⑩辩：同"辨"，治理，制定。

⑪天下之人百姓：据上文"政令制度所以接下之人百姓……"句例，"天"字疑衍。

⑫不愉：愉，通"偷"，不偷，不苟且偷生的意思。一说，"不愉"的"不"为衍字。愉，心甘情愿，亦通。

⑬突盗：欺凌盗窃等行为。《广雅》："突，欺也。"

⑭请谒（yè）：拜见，请托。悖：这里是迷惑的意思。

⑮诏：教导。知：同"智"。

⑯临：凌驾，高居的意思。

⑰贫隘：贫困。

⑱尪：女巫。一说，尪，同"尫（wāng）"，有残疾的人。

⑲司间：司，同"伺"。伺间，伺其间隙，即寻找他的可乘之机。投藉：抛弃，践踏。

⑳卒：同"猝"，突然。寇难：指敌人入侵的危难。

㉑说：指上面所说的治国办法。

㉒适人：对待别人。

㉓来我：对待我。

译文 治理国家的人，得到老百姓为他卖力的就富裕，得到老百姓为他献身的就强大，得到老百姓称誉的就有名望。这三者都具备的，天下就归顺他了，三者都不具备的，天下就背离他了。天下都归顺他的就叫作称王天下，天下背离他的就叫作灭亡。商汤王、周武王，遵循他们的治国办法，施行他们的礼义，兴办对天下都有利的事，铲除对天下都有害的事，天下归顺他们。所以他们重视道德声望来引导臣民，彰明礼义来开导臣民，竭尽忠诚信实来爱护臣民，推崇贤才使用能人来安置臣民，用爵位、赏赐来再三激励臣民，根据时令安排臣民事务，减轻他们的负担来调剂臣民，广泛全面地保护他们，养育他们，如同保护初生的婴儿一样。养育百姓非常宽容，使用百姓极其合理，制定政令制度来对待下面的百姓。丝毫不合理的，即使是对孤独鳏寡的人，也决不加在他们身上。因此，老百姓敬重这样的君主像敬重天帝一样，亲近他们像亲近父母一样。为他们不怕死亡，不苟且偷生，没有别的缘故，他们的道德真正的显明，他们的恩泽真正深厚。

乱世的君主就不是这样。他们用肮脏放荡欺凌盗窃之类的行为来引导臣民，用玩弄权术阴谋反复无常的人来作为臣民的示范，用倡优、小人、妇女的请托来迷惑臣民，用愚昧的人去教导有智慧的人，让品行恶劣的人凌驾于贤德的人之上。他们养育百姓是使百姓贫困，他们役使百姓，使百姓极其劳苦。所以，老百姓鄙视他们像鄙视女巫一样，厌恶他们像厌恶魔鬼一样。每日都在寻找可乘之机，要共同抛弃这样的君主，要背离、驱逐这样的君主。突然遇到敌人入侵的危难时，这样的君主又希望老百姓为他献身，是办不到的。上面所说的这种治国办法，毫无可取之处。孔子说："看自己怎样对待别人，别人就怎样对待自己。"说的就是这个道理。

原文　伤国者何也？曰：以小人尚民而威①，以非所取于民而巧②，是伤国之大灾也。大国之主也，而好见小利，是伤国；其于声色、台谢、园囿也，愈厌而好新③，是伤国；不好循正其所以有④，啖啖常欲人之有⑤，是伤国。三邪者在匈中⑥，而又好以权谋倾覆之人断事其外，若是，则权轻名辱，社稷必危，是伤国者也。大国之主也，不隆本行⑦，不敬旧法，而好诈故⑧，若是，则夫朝廷群臣亦从而成俗不隆礼义⑨，而好倾覆也。朝廷群臣之俗若是，则夫众庶百姓亦从而成俗于不隆礼义，而好贪利矣。君臣上下之俗莫不若是，则地虽广，权必轻；人虽众，兵必弱；刑罚虽繁，令不下通。夫是之谓危国，是伤国者也。

儒者为之不然，必将曲辨[10]。朝廷必将隆礼义而审贵贱[11]，若是，则士大夫莫不敬节死制者矣[12]。百官则将齐其制度[13]，重其官秩[14]，若是，则百吏莫不畏法而遵绳矣[15]。关市几而不征[16]，质律禁止而不偏[17]，如是，则商贾莫不敦悫而无诈矣。百工将时斩伐[18]，佻其期日[19]，而利其巧任[20]，如是，则百工莫不忠信而不楛矣。县鄙将轻田野之税，省刀布之敛，罕举力役，无夺农时，如是，则农夫莫不朴力而寡能矣[21]。士大夫务节死制[22]，然而兵劲[23]。百吏畏法循绳，然后国常不乱[24]。商贾敦悫无诈，则商旅安，货通财，而国求给矣[25]。百工忠信而不楛，则器用巧便而财不匮矣。农夫朴力而寡能，则上不失天时，下不失地利，中得人和，而百事不废。是之谓政令行，风俗美。以守则固，以征则强，居则有名[26]，动则有功[27]。此儒之所谓曲辨也。

注释

①尚民：上民，在老百姓之上。

②非：指非法手段。

③厌：满足。

④循正：据上文“内不修正其所以有”及文义，疑为“修正”。

⑤啖啖（dàn）：贪心的样子。

⑥三邪者：指上面所说的三种伤国的情况。匈：同“胸”。

⑦本行：指礼义。

⑧诈故：欺诈。

⑨则夫：那么。成俗：形成一种风气。

⑩曲辨：周全详尽地治理。

⑪审：审视，这里是明确的意思。

⑫敬节死制：看重名节，死守职责。

⑬齐其制度：指遵守统一的制度。

⑭官秩：官阶，官职的等级。

⑮绳：准绳，这里指法度。

⑯几：通“讥”，查问。

⑰质律：古代评定市价的文书。杨倞《荀子·王霸》注：“质，剂也，可以为法，故言质律也。”

⑱时斩伐：按照时令砍伐木材。

⑲佻（yáo）：同“徭”，宽缓。

⑳利：这里是发挥的意思。巧任：巧妙的技能。

㉑朴力：专心一致。

㉒务节死制：同“敬节死制”。

㉓然而：然则。

㉔国常：指国家的基本法律制度。

㉕求：同“赇”，财货。给：有充足的供给的意思。

㉖居：静处。一说，居，守，指建设自己的国家。亦通。

㉗动：有所行动，一说，动，指征伐别国。亦通。

译文 危害国家的是什么？回答说：让小人在百姓头上作威作福，用非法的手段巧妙地诈取百姓，这是危害国家的大灾祸。一个大国的君主，却喜欢蝇头小利，这就是危害国家；对于声色、楼台、花园之类，越是满足越要追求新奇，这就是危害国家；不好好地治理自己已经拥有的土地和人民，却时常贪婪地想着别人所有的，这就是危害国家。这三种邪念在心中，而又喜欢用玩弄阴谋权术、反复无常的人在外决断政务，如果这样，君主的权势就会轻微，名声就会羞辱，国家就会危险，这就是危害国家。一个大国的君主，不崇尚礼法，不尊重原有的礼法制度，而喜欢欺诈，如果这样，那么朝廷的臣子们就会跟着形成不崇尚礼义的风气，而热衷于相互倾诈。朝廷臣子们的风气如此，百姓也跟着养成不崇尚礼义的风气，而热衷于贪求财利了。君臣上下的风气如果都是样，虽然土地宽广，权势却必然轻微；虽然人口众多，兵力却必然衰弱；虽然刑罚繁多，政令却不能下达。这就叫作危险的国家，这就是伤害国家。

儒者的做法就不是这样，他们一定要周全详尽地治理国家。在朝廷中必定要崇尚礼义明确贵贱等级，如此，则士大夫就无不看重名节、死守职责。各级官员们就将遵守统一的制度，十分重视官职的等级。这样小吏们就无不畏惧法律遵守法度了。关卡市场只稽查坏人而不征收赋税，平定物价的文书禁止投机而不发生偏差，这样，商人们无不忠厚诚实而没有欺诈了。工匠们将按照时令砍伐木材，宽缓他们的日期，发挥他们巧妙的技能，这样，工匠无不忠诚信实也不会出废品了。在农村将减轻田土的赋税，减少钱财的聚敛，少兴劳役，不误农时，这样，农夫们就无不专心致志地从事农业而不作其他技能的劳动了。士大夫看重名节死守职责，然后兵力就强劲；小吏们畏惧法律遵守法度，然后国家的基本法律制度就不会混乱；商人们忠厚诚实没有欺诈，商人就安于事业，货物就流通无阻，国家的物资就能得到充分的供给；工匠们忠诚信实不出废品，各种器具就会十分巧妙而便于运用，财力也不会匮乏了。农夫们专心致志地从事农业而不作其他技能的劳动，就会上不失天时，下不失地利，中不失人和，于是一切事务都不会荒废。这就叫作政令通行，风俗美好。凭着这种形势来保卫自己，防卫就十分巩固；攻伐别国，攻势就十分强劲；静处时有名望，一有行动就有功劳。这就是儒者所说的周全详尽的治理。

十二　君道

题解　本文集中阐述了为君之道。

荀况在文章中系统地论述了君主在实施礼法，治理国家中的重要作用。在他看来，法是治理国家的根本，君子，是法的本源，而君子则必须依靠君主来发现、任用，因而，君主在治理国家的过程中，起着决定性的作用。

荀况明确地指出，君主的职责最主要的就是“生养人”“班治人”“显设人”“藩饰人”。他认为，君主要履行这些职责，就必须崇尚礼义，尚贤使能，量材用人，无贪利之心。荀况指出，这些都是君主的要守，即必须遵循的主要原则。

荀况还对如何尚贤使能、量材用人作了具体的说明。

原文　有乱君①，无乱国；有治人②，无治法③。羿之法非亡也，而羿不世中④；禹之法犹存，而夏不世王。故，法不能独立，类不能自行⑤。得其人则存，失其人则亡。法者，治之端也⑥；君子者，法之原也⑦。故，有君子，则法虽省⑧，足以遍矣⑨；无君子，则法虽具，失先后之施[10]，不能应事之变，足以乱矣。不知法之义而正法之数者[11]，虽博，临事必乱。故，明主急得其人，而暗主急得其埶[12]。急得其人，则身佚而国治，功大而名美，上可以王，下可以霸。不急得其人，而急得其埶，则身劳而国乱，功废而名辱，社稷必危。故，君人者，劳于索之，而休于使之。《书》曰[13]："惟文王敬忌[14]，一人以择。"此之谓也。

注释

①乱君：使国家混乱的君主。

②治人：使国家安定的人。

③治法：使国家安定的法。

④中：这里是得到的意思。

⑤类：指法令、制度。《方言》："类，法也。"

⑥端：根本，本源。

⑦原：同"源"，源泉，根本。

⑧省：简略。

⑨遍：通"辩"，治理。《说文》："辩，治也。"

⑩失先后之施：施行时先后颠倒。

⑪正：确定。数：这里指法的条文。

⑫暗：昏庸。

⑬《书》：指《尚书·康诰》。

⑭敬忌：谨慎，警戒。

译文 有使国家混乱的君主，没有本来就混乱的国家；有使国家安定的人，没有自行使国家安定的法。后羿射箭的法没有亡失，但后羿这样的人不是世世代代都能得到；禹的法令还存在，但夏朝不能世世代代相传天下。所以，法不可能自己存在，制度不可能自己推行。得到合适的人，法就存在；失去合适的人，法就灭亡。法，是治理国家的根本；君子，又是法的根本。所以，有了君子，虽然法令简略，也足以治理国家；没有君子，虽然法令完备，但实施的先后颠倒，不能适应事物的变化，足以使天下大乱。不懂得法的本意却要去确定法的条文，条文虽多，遇事必定出现混乱。所以，英明的君主急于得到的是人才，而昏庸的君主急于得到的是权势。急于得到人才的君主，就能使自身安逸而国家安定，功绩伟大而名声美好，上等的可以称王天下，下等的也可以称霸天下。不急于得到人才而急于得到权势的君主，只会使自身劳累而国家混乱，功绩废弛而名声狼藉，国家必定危险。所以，君主在寻求人才时劳苦，而使用人才时就闲适了。《尚书·康诰》说："只有文王非常谨慎，亲自去选择一个人。”说的就是这个道理。

原文 合乎节[①]，别契券者[②]，所以为信也，上好权谋，则臣下百吏诞诈之人乘是而后欺[③]。探筹、投钩者[④]，所以为公也。上好曲私，则臣下百吏乘是而后偏。衡石、称县者[⑤]，所以为平也。上好倾覆，则臣下百吏乘是而后险[⑥]。斗、斛、敦、概者[⑦]，所以为啧也[⑧]。上好贪利，则臣下百吏乘是而后鄙，丰取刻与[⑨]，以无度取于民。

故，械数者[⑩]，治之流也，非治之原也。君子者，治之原也。官人守数[⑪]，君子养原[⑫]，原清则流清，原浊则流浊。故，上好礼义，尚贤使能，无贪利之心，则下亦将綦辞让，致忠信，而谨于臣子矣。如是，则虽在小民，不待合乎节、别契券而信，不待探筹、投钩而公，不待衡石、称县而平，不待斗、斛、敦、概而啧。

故，赏不用而民劝[⑬]，罚不用而民服，有司不劳而事治[⑭]，政令不烦而俗美。百姓莫敢不顺上之法，象上之志[⑮]，而劝上之事，而安乐之矣。故，藉敛忘费[⑯]，事业忘劳，寇难忘死，城郭不待饰而固[⑰]，兵刃不待陵而劲[18]，敌国不待服而诎，四海之民不待令而一，夫是之谓至平。《诗》曰[19]："王犹允塞[20]，徐方既来[21]"此之谓也。

注释

①符节：古代用竹、木、铜等制作的作为凭信的东西，分成两半，双方各执一半，合以为准。

②契券：作为凭据的文书契约，一式二份，双方各执一份，立以为凭。

③乘是：乘此机会。

④探筹：抽签。投钩：拈阄（jiū）。《洪武正韵》："钩，与'阄'同。投钩，犹云拈阄。"

⑤衡石：古代测量重量标准的工具，类似今天的砝码。称县：秤与秤砣。称，同"秤"。县，同"悬"，秤砣。

⑥险：偏邪不正。

⑦斗、斛、敦（duì）：均量器。概：平斗的工具，用以刮平量器的上平面。

⑧啧（zé）：齐平。

⑨丰取刻与：多取少给。

⑩械数：指上述度量器具的规定。

⑪守数：掌握度量器具的规定。这里指"流"。

⑫养原：把握着根本。原，同"源"。下同。

⑬劝：勉，勤勉。

⑭有司：管具体政事的人。这里指各级官吏。

⑮象：同“像”，仿照，按照。

⑯藉敛：疑作“籍敛”，按户籍征收赋税。费：耗费，这里是过分的负担的意思。

⑰饰：同“饬”，整饬，修整。

⑱陵：磨砺。

⑲《诗》：指《诗经·大雅·常武》。

⑳犹：道。允塞：确实充满，这里是遍布天下的意思。

㉑徐方：古代族名，聚居在今淮河下游地区，这里泛指远方异族。

译文 合拢符节，分持契券，都是用来讲求信用的，君主喜欢玩弄阴谋权术，臣下百官和好用谎言欺诈的人就会乘机欺骗。抽签、拈阄是用来讲求公平的，君主喜欢偏私，臣下百官也乘机跟着施行偏邪。衡石、秤与秤砣是用来讲求均平的，君主喜欢颠倒是非，臣下百官也乘机跟着邪僻不正。斗、斛、敦、概等，是用来讲求齐平的，君主一味贪求财利，臣下百官就会跟着贪鄙，多取少给，毫无限度地搜刮百姓。

所以，关于各种度量器具的规定，仅仅是治理国家的支流，不是治理国家的根本。君主，才是治理国家的根本。官吏是掌握支流的，而君主是把握根本、源泉的。源泉清，支流就清；源泉浊，支流就浊。所以，君主崇尚礼义，推崇贤人，使用能人，没有贪求财利的心，下面的人就会尽量地推辞谦让，就会最讲究忠诚信实，而谨慎于做臣子的本分。如果这样，即使是老百姓，也不必等待合拢符节、分持契券就可以相互信任了。不必等待抽签、拈阄就可以做到公平了。不必用衡石、秤和秤砣之类的东西就可以做到均平了。不必用斗、斛、敦、概就可以做到齐平了。

于是，不用赏赐，百姓也会勤勉；不用刑罚，百姓也会顺服；各级官吏无须劳累，事务就能完成得很好；政令无须多，风俗就能美好。老百姓没有谁敢不顺从君主的法令，没有谁敢不按照君主的意志去勤勉地完成君主的事务，从而得到安乐。所以，他们被按户籍征收赋税时不认为是过分的负担，承担事务时忘记了劳苦，在敌寇入侵的危难中舍生忘死，城郭不需修整就是坚固的，刀刃不需磨砺就是锋利的，敌国不需征战就会屈服，全国的百姓不需政令就是统一的。这就叫作最安定。《诗经·大雅·常武》说："王道遍布天下，远方异族也来归顺。"说的就是这种情况。

原文 请问为人君？曰：以礼分施[①]，均遍而不偏[②]。请问为人臣？曰：以礼待君，忠顺而不懈。请问为人父？曰：宽惠而有礼[③]。请问为人子？曰：敬爱而致文[④]。请问为人兄？曰：慈爱而见友[⑤]。请问为人弟？曰：敬诎而不苟[⑥]。请问为人夫？曰：致功而不流[⑦]，致临而有辨[⑧]。请问为人妻？曰：夫有礼则柔从听侍[⑨]，夫无礼则恐惧而自竦也[⑩]。此道也，偏立而乱，俱立而治，其足以稽矣[⑪]。请问兼能之奈何？曰：审之礼也[⑫]。

古者，先王审礼，以方皇周浃于天下[⑬]，动无不当也。故，君子恭而不难[⑭]，敬而不巩[⑮]，贫穷而不约[⑯]，富贵而不骄，并遇变态而不穷[⑰]，审之礼也。

故，君子之于礼，敬而安之[⑱]；其于事也，径而不失[⑲]；其于人也，寡怨宽裕而无阿[⑳]；其所为身也，谨修饰而不危[㉑]；其应变故也，齐给便捷而不惑；其于天地万物也，不务说其所以然，而致善用其材；其于百官之事、技艺之人也，不与之争能，而致善用其功；其待上也，忠顺而不懈；其使下也，均遍而不偏；其交游也，缘义而有类[22]；其居乡里也，容而不乱[23]。是故，穷则必有名，达则必有功，仁厚兼覆天下而不闵[24]，明达用天地理万变而不疑，血气和平，志意广大，行义塞于天地之间[25]，仁知之极也。夫是之谓圣人，审之礼也。

注释

①分施：分别施予，引申为治理国家。

②遍：普遍。下同。

③宽惠：宽厚慈爱。

④致文：据文义与《韩诗外传》引文，疑为“致恭”。

⑤见友：表现出友爱之情。见，通“现”。

⑥敬诎：恭敬顺从。

⑦致功：据文义疑为“致和”，十分和睦的意思。不流：不放荡淫乱。

⑧致临：十分亲近。一说，临，通“隆”。致隆，极其崇尚礼义。辨：别，指夫妻有别。

⑨柔从：柔和顺从。

⑩自竦：自知警惕的意思。

⑪稽：考证，这里是证实的意思。

⑫审：透彻地了解。

⑬方皇：广大、推广。方皇，同“彷徉”。《广雅》：“彷徉，徙倚也，推衍之意。”周浃：普遍。

⑭难：通“戁”，恐惧，害怕。《尔雅》：“戁，惧也。”

⑮巩：通“蛩:”，恐惧。《方言》：“蛩、供，战栗也。”

⑯约：卑躬屈膝。

⑰变态：指事变。不穷：不窘困，不至于束手无策的意思。

⑱安之：安于礼，即自觉地遵守礼。

⑲径：直，直截了当。失：差错。

⑳阿：阿谀奉迎，偏袒。

㉑修饰：这里是约束的意思。危：通“诡”，违反，违背。

㉒缘义而有类：据文义与《韩诗外传》引文，疑为“缘类而有义”，意思是寻求志同道合的人并做到有礼义。

㉓容：宽容。乱：过分。

㉔不闵：没有止境。闵，通“穷”，尽。

㉕行义：按照义的原则去做。

译文

请问怎样做一个君主？回答说：用礼义治理国家，普遍地实行它而不偏废。请问怎样做一个臣子？回答说：用礼义对待君主，忠诚顺从而不懈怠。请问怎样做一个父亲？回答说：宽厚慈爱而有礼义。请问怎样做一个儿子？回答是：敬爱而十分恭顺。请问怎样做一个兄长？回答是：慈爱而表现友好。请问怎样做一个弟弟？回答是：恭敬顺从而不马虎。请问怎样做一个丈夫？回答是：尽力和睦而不放荡淫乱，与妻子十分亲近而又夫妻有别。请问怎样做一个妻子？回答是：丈夫有礼义就温柔和顺地侍奉丈夫，丈夫没有礼义就感到恐惧而自知警惕。这些道理，只做到某一方面，社会就会混乱，全部做到，国家就安定。这已经是被充分证实了的。要全面做到这些，该怎么办？回答是：透彻地了解礼义。

古代，先王们透彻地了解礼义，普遍地推行于天下，行动就没有不妥当的地方。所以，君子恭顺而不畏惧，敬谨而不惶恐，贫穷而不卑躬屈膝，富贵而不骄横霸道，屡遭事变而不会束手无策，这就是透彻地了解了礼义。

所以，君子对于礼义，恭敬而自觉地遵守；他们对于事务，直截了当而不出差错；他们对人，既少怨恨，宽宏大量而又不阿谀逢迎；他们对自己，谨慎地约束自我而不违反礼义；他们应付各种事变，迅速敏捷而不迷惑；他们对于天地万物，不去追求说明天地万物为什么这样的道理，而是最善于利用它的物产；他们对于各级官员的事务与各种有技艺的人，不与这些人争才能的高低，而是最善于利用这些人的成就。他们对待君主，忠诚顺从而不懈怠；他们使用下属，平均而不偏向；他们结交朋友，寻求志同道合的人并做到有礼义；他们居住在乡里百姓中，宽容而不过分。因此，他们处境窘困时也必定有名望，显达时必定有成就。他们仁爱宽厚的心覆盖天下而没有止境，明白通达地利用天地万物处理各种事变而不迷惑，心平气和，胸怀宽广，按照义的原则去做的事布满天地之间。这是仁爱智慧的顶点，这就是所谓的圣人对礼的透彻了解。

原文 请问为国[①]？曰：闻修身，未尝闻为国也。君者，仪也[②]，仪正而景正。君者，盘也[③]，盘圆而水圆。君者，盂也，盂方而水方[④]。君射，则臣决[⑤]。楚庄王好细腰，故朝有饿人。故曰：闻修身，未尝闻为国也。

注释 ①为国：治理国家。

②仪：指日晷（guǐ），凭日影测量时间的仪器。“仪也”后面，据文义和《太平御览》引文，疑夺“民者，景也”四字。

③盘：指盛水的盆子。“盘也”后面，据文义和《太平御览》引文，疑夺“民者，水也”四字。

④君者，盂也，盂方而水方：据文义和《太平御览》引文，疑衍。

⑤决：古代射箭时套在右手大拇指上的象牙骨套子。这里指射箭。

译文 请问怎样治理国家？回答说：只听说过怎样修养自身，没有听说过怎样治理国家。君主，是日晷，百姓，是影子，日晷端正影子就端正。君主，是盛水的盆，百姓，是水，盆圆水就圆。君主喜欢射箭，臣下就经常射箭。楚庄王喜欢细腰，宫中就经常有忍饥挨饿的人。所以说，听说过怎样修养自身，没有听说过怎样治理国家。

原文 君者，民之原也[①]，原清则流清，原浊则流浊。故有社稷者，而不能爱民，不能利民，而求民之亲爱己，不可得也。民之不亲不爱，而求其为己用，为己死，不可得也。民不为己用，不为己死，而求兵之劲，城之固，不可得也。兵不劲，城不固，而求敌之不至，不可得也。敌至，而求无危削，不灭亡，不可得也。

危削灭亡之情，举积此矣，而求安乐②，是狂生者也。狂生者，不胥时而落③。

故，人主欲强固安乐，则莫若反之民④；欲附下一民⑤，则莫若反之政⑥；欲修政美国⑦，则莫若求其人⑧。彼或蓄积而得之者，不世绝。

彼其人者，生乎今之世，而志乎古之道⑨，以天下之王公莫好之也，然而于是独好之⑩；以天下之民莫欲之也⑪，然而于是独为之。好之者贫，为之者穷，然而于是独犹将为之也，不为少顷辍焉。晓然独明于先王之所以得之，所以失之，知国之安危臧否，若别白黑。是其人者也，大用之，则天下为一，诸侯为臣；小用之，则威行邻敌；纵不能用，使无去其疆域，则国终身无故⑫。故，君人者，爱民而安，好士而荣，两者无一焉而亡。《诗》曰⑬："介人维藩⑭，大师维垣⑮。"此之谓也。

注释

①原：同"源"，下同。

②乐：据文义与《荀子集解》，疑"乐"字后有"是闻，不亦难乎"六字。闻，享受。

③胥：须，等待。

④反之民：指反过来依靠人民。

⑤附下：使臣下依附。

⑥反之政：指反过来搞好政事。

⑦修政：把政事处理好。美国：据文义和《韩诗外传》引文，疑为“美俗”，意即使风俗美好。

⑧其人：指有德才、讲礼义的人。

⑨志：识，了解。道：指思想政治总原则。

⑩于是：据文义与《韩诗外传》引文，疑为“是子”，下同。

⑪以天下：而天下。以，而。欲之：据《韩诗外传》引文，疑为“为之。”

⑫终身：这里是永远的意思。无故：无事故，这里是没有祸患的意思。

⑬《诗》：指《诗经·大雅·板》。

⑭介人：善人，有才德、讲礼义的人。

⑮大师：大众，百姓。杨柳桥《荀子诂译·君道》注：“古多训‘师’为‘众’。”

译文　君主，是百姓的源泉，源泉清澈水流就清澈，源泉污浊水流就污浊。所以拥有国家的人却不能爱护百姓，不能有利于百姓，反倒要求百姓亲近爱戴自己，是办不到的。百姓不亲近不爱戴自己，反倒要求百姓为自己使用，为自己卖命，是办不到的。老百姓不肯为自己所用，不肯为自己卖命，却要求兵力强劲，城池坚固，是办不到的。兵力不强劲，城池不坚固，却希望敌人不来进犯，是办不到的。敌人来犯，却希望国家不危险，国力不削弱，国家不灭亡，是办不到的。危险、削弱、灭亡的情势，全部聚集在这里，却希望得到安乐享受，不也太艰难了吗？这样的人一定是狂妄荒诞的人。这种狂人，不必等多久就会没落。

所以，君主要想强大、稳固、安乐，就不如反过来依靠百姓。要想使臣下依附，百姓统一，就不如反过来搞好政事。要想把政事搞好，使风俗美好，就不如寻求有才德的人。得到并蓄积很多这样的人的君主，世代都有。

那些有才德的人，生在当今，却深知古代思想政治的总原则。而天下的王公大人们没有谁喜欢这些总原则，只有这些有才德的人喜欢。天下的人没有谁去实施这些总原则，只有这些有才德的人去实施它。喜欢这些总原则的人往往窘困，实施它的人往往贫穷，但是只有这些有才德的人还是要去实施它，而且不会有片刻的停止。只有他们清楚地了解古代君王成功和失败的原因，只有他们懂得国家安危、好坏，像辨别黑白一样。这样的人，君主重用他，天下就可以统一，诸侯就会称臣；一般地使用他，国家的威望也可以波及到邻近的敌国；纵然不能使用他，只要不让他离开国土，这个国家就可以永远没有祸患。所以，君主爱护百姓，国家就安定；喜欢有才德的人，国家就繁荣。两者都不具备的，国家就灭亡。《诗经·大雅·板》说："有才德的人是国家的篱笆，百姓是国家的围墙。"说的就是这个道理。

原文

道者，何也？曰：君道也①。君者，何也？曰：能群也②。能群也者，何也？曰：善生养人者也③，善班治人者也④，善显设人者也⑤，善藩饰人者也⑥。

善生养人者，人亲之；善班治人者，人安之；善显设人者，人乐之；善藩饰人者，人荣之⑦。四统者俱⑧，而天下归之，夫是之谓能群。不能生养人者，人不亲也；不能班治人者，人不安也，不能显设人者，人不乐也；不能藩饰人者，人不荣也。四统者亡，而天下去之，夫是之谓匹夫。

故曰：道存则国存，道亡则国亡。省工贾⑨，众农夫，禁盗贼，除奸邪，是所以生养之也。天子王公[10]，诸侯一相，大夫擅官[11]，士保职[12]，莫不法度而公[13]，是所以班治之也。论德而定次，量能而授官，皆使其人载其事，而各得其所宜，上贤使之为三公，次贤使之为诸侯，下贤使之为大夫，是所以显设之也。修冠弁衣裳[14]，黼黻文章、雕琢刻镂，皆有等差，是所以藩饰之也。故，由天子至于庶人也，莫不骋其能[15]，得其志，安乐其事，是所同也；衣暖而食充，居安而游乐，事时制明而用足[16]，是又所同也。若夫重色而成文章，重味而成珍备[17]，是所衍也[18]。圣王财衍以明辨异[19]，上以饰贤良而明贵贱，下以饰长幼而明亲疏。上在王公之朝，下在百姓之家，天下晓然皆知其非以为异也[20]，将以明分达治，而保万世也。

故，天子诸侯无靡费之用，士大夫无流淫之行[21]，百吏官人无怠慢之事，众庶百姓无奸怪之俗，无盗贼之罪，其能以称义遍矣[22]。故曰："治则衍及百姓，乱则不足及王公。"此之谓也。

注释

①君道也：据《韩诗外传》引文，疑为"君之所道"。所道，所遵循的总原则。

②群：指按一定的等级名分和分工把人们组织起来。

③生养：养活，养育。

④班治：治理。

⑤显设：任用，安排。

⑥藩饰：修饰，装饰。杨柳桥《荀子诂译·君道》注："谓以衣裳蔽体又文饰之也。"这里指的是使人们从衣着上显示出等级。

⑦荣：赞誉，颂扬。

⑧四统：指上面所说的四个要点。

⑨省：减少。

⑩天子王公：据上下文义，疑为"天子三公。"

⑪擅官：指担任专门负责某种职务的官职。

⑫保职：谨守自己的职务。

⑬法度：指按照法令制度办事。

⑭修：整治。

⑮骋：发挥。

⑯事时：指事务处理及时。

⑰成珍备：据《荀子·正论》"食饮则重太牢而备珍怪"句，疑为"备:珍怪"。珍怪，珍奇异味。

⑱衍：富足，丰饶。

⑲财：通"裁"，掌握。

⑳非以为异：不是制造差异，表示特殊。

㉑流淫：放纵淫佚。

㉒能以：能够。

译文

道，是什么？回答说：是君主所遵循的总原则。君主，是什么？回答说：是能够按照等级名分和分工把人们组织起来的人。能够按照等级名分和分工把人们组织起来的，是什么样的人呢？回答说：是善于养育百姓的人，善于治理百姓的人，善于安排任用百姓的人，善于使人们从衣着上就显示出等级的人。

善于养育百姓的，百姓亲近他；善于治理百姓的，百姓安心地接受他的治理；善于安排任用人的，人们喜欢他；善于使人们衣着上显示出等级的，人们颂扬他。这四个要点都具备了，天下就归于他。这就叫作能够按照等级名分和分工把人们组织起来的人。不能养育百姓的，百姓不亲近他，不能治理百姓的，百姓不会安心接受他的治理；不能安排任用人的，人们不喜欢他；不能使人们从衣着上显示出等级的，人们不颂扬他。这四个要点都不具备，天下就背离他。这就叫作普通人。

所以说，道存在，国家就存在；道不存在，国家就灭亡。减少工商的数量，增多农夫，禁绝盗贼，铲除奸邪，就是用来养育百姓的办法。天子有司马、司空、司徒三公，诸侯有一个相，大夫担任负责某种职务的官职，士恪尽职责，无不依照法令制度办事而且公正无私，这就是用来治理百姓的办法。比较判断人们品德的优劣来排定等次，衡量人们能力的大小来授予官职，使每个人都能胜任他所承担的事务，各得其所。上等的贤人，让他们担任司马、司空、司徒，次一等的贤人，让他们成为诸侯，下等的贤人，让他们作大夫，这就是安排任用人的办法。整治衣冠，绣制五彩花纹，雕刻各色图案，都有等级的差别，这就是使人们从衣着上显示出等级的办法。于是，从天子到庶民百姓，无不充分发挥他们的才能，满足他们的意愿，安心乐于他们的事业。这些方面，是完全相同的。他们衣服穿得暖和，吃得饱，居住安定，得到游乐，事务处理及时，制度明确，生活用品充足，这些方面，也完全是相同的。至于用各种各样的色彩装饰出花纹，用各种各样的味道烹调出珍奇异味，这是显示财物的富足。圣明的君主掌握着富足的财物来区别等级的差异。在上面用以修饰贤良的人士来区别贵贱，在下面用以修饰老少来区别亲疏，上至王公朝廷，下至百姓人家，都清楚地知道这不是制造差别表示特殊，而是要用来明确等级名分以达到治理国家，并保持千秋万代的目的的。

所以，天子与诸侯没有浪费的用度，士大夫没有放纵淫佚的行为，官吏们没有懈怠的事，普通百姓没有奸怪的习俗，没有盗窃的罪过，那就能够称得上仁义遍及天下了。古书上说："国家安定，百姓就能得到富足；国家混乱，贫困波及王公。"说的就是这个道理。

原文 至道大形[①]：隆礼至法[②]，则国有常[③]；尚贤使能，则民知方，纂论公察[④]，则民不疑；赏克罚偷[⑤]，则民不怠；兼听齐明[⑥]，则天下归之。然后明分职，序事业[⑦]，材技官能[⑧]，莫不治理，则公道达而私门塞矣，公义明而私事息矣。如是，则德厚者进，而佞说者止[⑨]；贪利者退，而廉节者起。《书》曰："先时者杀无赦[⑩]，不逮时者杀无赦[⑪]。"

人习其事而固。人之百事，如耳目鼻口之不可以相借官也[⑫]。故，职分而民不探[⑬]，次定而序不乱，兼听齐明而百事不留[⑭]。如是，则臣下百吏至于庶人，莫不修己而后敢安正[15]，诚能而后敢受职。百姓易俗，小人变心，奸怪之属，莫不反悫[16]。夫是之谓政教之极。

故，天子不视而见，不听而聪，不虑而知，不动而功，块然独坐[17]，而天下从之如一体，如四肢之从心。夫是之谓大形。《诗》曰[18]："温温恭人[19]，维德之基[20]。"此之谓也。

注释

①大形：最充分的体现。

②至法：指深入细致地审定法制。至，通"致"，深审。

③常：常规，秩序。

④纂论：相继、相与议论。《尔雅》："纂，继也。"这里是允许群众相与议论。

⑤克：据文义和《韩诗外传》引文，疑为"免"。免，通"勉"，勤勉。

⑥齐明：指明察一切事情。

⑦序事业：区分各种事情的轻重缓急。

⑧材技：使用有技艺的人。官能：任用有才能的人做官。

⑨佞说者：指用花言巧语取悦于人的人。

⑩先时者：指先于规定时间提前行动的人。

⑪不逮时者：指超过规定时间消极怠慢的人。

⑫借官：功能相互借用替代。

⑬不探：据《韩诗外传》引文，疑为“不慢”。不慢，不怠慢。

⑭留：停留，停滞。

⑮安正：据元刻“世德堂”本，疑为“安止”。安止，安于自己所在的职位。

⑯反：通“返”。

⑰块然：安然。

⑱《诗》：指《诗经·大雅·抑》。

⑲温温：宽厚柔顺的样子。

⑳维：语助词。

译文 最高的“道”最充分的体现是：崇尚礼义而且深入细致地审察法制，国家就有秩序；推崇贤才，使用能人，百姓就知道了方向；允许人们相与议论然后作出公正的审察，百姓就不存疑虑；奖励勤勉，惩罚偷懒，百姓就不会怠惰；广泛地听取意见，一切事情都明察秋毫，天下就会归顺于他。然后，明确名分职位，区分各种事情的轻重缓急，使用有技艺的人，任用有才能的人，所有的事无不得到治理，于是，公正的道路通达而循私的门路堵塞，为公的原则明确而谋私的事情终止。像这样，品德高尚的人得到任用，花言巧语取悦于人的人遭到罢免；贪图私利的人被斥退，廉洁奉公的人得到起用。古书说：“擅自提前行动的人，杀，不予赦免；超过时间按兵不动的人，杀，不予赦免。”

人们熟悉了自己所做的事情就稳定不变了。人们的一切事情，就像耳目鼻口的功能不能相互借用替代一样。所以，职分明确百姓就不会怠慢，等级确定秩序就不会紊乱，广泛听取意见，明察一切事物，各种事情就不会停滞而得到及时处理。像这样，从各级官员直到普通的老百姓，无不约束自己然后才敢安于自己所在的职位，真正有才能然后才敢于接受官职。百姓变更了习俗，小人改换了心志，奸邪怪诞之徒无不变得敦厚，这就叫作政治教化的最高境界。

所以，天子不看就清楚，不听就明白，不思考就了解，不行动就成功。安然独坐，而天下人听从他像一个整体，像四肢听从心的支配一样。这就是“道”的最充分体现。《诗经·大雅·抑》说：“宽厚柔顺的人，是道德的基础。”说的就是这种情况。

原文 为人主者，莫不欲强而恶弱，欲安而恶危，欲荣而恶辱，是禹、桀之所同也。要此三欲[①]，辟此三恶[②]，果何道而便[③]？曰：在慎取相，道莫径是矣。

故，知而不仁[④]，不可；仁而不知，不可；既知且仁，是人主之宝也，而王霸之佐也。不急得，不知；得而不用，不仁；无其人[⑤]，而幸有其功，愚莫大焉。

今人主有六患[⑥]：使贤者为之，则与不肖者规之[⑦]；使知者虑之，则与愚者论之；使修士行之[⑧]，则与污邪之人疑之。虽欲成功，得乎哉？譬之是犹立直木而恐其景之枉也[⑨]，惑莫大焉。语曰："好女之色，恶者之孽也[⑩]；公正之士，众人之痤也[⑪]；循乎道之人，污邪之贼也。"今使污邪之人论其怨贼，而求其无偏，得乎哉？譬之是犹立枉木而求其景之直也，乱莫大焉。

故，古之人为之不然。其取人有道，其用人有法。取人之道，参之以礼[⑫]；用人之法，禁之以等[⑬]。行义动静[⑭]，度之以礼；知虑取舍；稽之以成；日月积久，校之以功[⑮]。故卑不得以临尊[⑯]，轻不得以县重[⑰]，愚不得以谋知[⑱]。是以万举不过也[⑲]。

故，校之以礼，而观其能安敬也[20]；与之举错迁移[21]，而观其能应变也，与之安燕[22]，而观其能无流慆也[23]；接之以声色、权利、忿怒、患险[24]，而观其能无离守也[25]。彼诚有之者，与诚无之者，若白黑然，可诎邪哉[26]？

故，伯乐不可欺以马[27]，而君子不可欺以人。此明王之道也。人主欲得善射、射远中微者，县贵爵重赏以招致之，内不可以阿子弟[28]，外不可以隐远人[29]，能中是者取之，是岂不必得之之道也哉？虽圣人不能易也。欲得善驭速致远者[30]，一日而千里，县贵爵重赏以招致之，内不可以阿子弟，外不可以隐远人，能致是者取之，是岂不必得之之道也哉？虽圣人不能易也。

欲治国驭民，调一上下，将内以固城，外以拒难[31]。治则制人，人不能制也；乱则危辱、灭亡，可立而待也。然而求卿相辅佐，则独不若是其公也[32]，案唯便嬖亲比己者之用也，岂不过甚矣哉？

故，有社稷者，莫不欲强，俄则弱矣；莫不欲安，俄则危矣；莫不欲存，俄则亡矣。古有万国，今有数十焉[33]，是无它故，莫不失之是也[34]。

故，明主有私人以金石珠玉[35]，无私人以官职事业。是何也？曰：本不利于所私也。彼不能，而主使之，则是主暗也；臣不能，而诬能[36]，则是臣诈也。主暗于上，臣诈于下，灭亡无日，俱害之道也。

夫文王，非无贵戚也，非无子弟也，非无便嬖也，倜然乃举太公于州人而用之[37]，岂私之也哉？以为亲邪？则周姬姓也，而彼姜姓也；以为故邪？则未尝相识也；以为好丽邪[38]？则夫人行年七十有二，齫然而齿堕矣[39]。然而用之者，夫文王欲立贵道[40]，欲白贵名[41]，以惠天下，而不可以独也。非于是子莫足以举之，故举是子而用之。于是乎贵道果立，贵名果明[42]，兼制天下，立七十一国，姬姓独居五十三人，周之子孙苟不狂惑者，莫不为天下之显诸侯。如是者，能爱人也。

故，举天下之大道，立天下之大功，然后隐其所怜所爱[43]，其下犹足以为天下之显诸侯。故曰："唯明主为能爱其所爱，暗主则必危其所爱。"此之谓也。

注释

①要：取。

②辟：通“避”，避免。

③果：确实。

④知：用“智”，下同。

⑤其人：指有才德讲礼义可以充任辅相的人。

⑥六患：据下文文义，疑为“大患。”

⑦规之：指限制、纠正贤人的行为。

⑧修士：有道德修养的人。

⑨景：通“影”。

⑩恶者：这里指相貌丑陋的人。孽：祸害。

⑪众人：这里指讲谗言的人。痤（cuó）：疮疖。《说文》：“痤，小肿也；一曰，族絫病。”

⑫参：检验。

⑬禁：限舳。

⑭行义：作风仪表。义，同“仪”。《说文》：“义，已之威仪也。”动静：举动。

⑮校（jiào）：考核。

⑯临尊：凌驾于尊贵者之上。

⑰县：同“悬”，这里是衡量的意思。

⑱谋知：为有智慧的人出谋划策。

⑲万举：指做任何事情。

⑳安敬：安于恭敬的意思。

㉑举错迁移：指动荡变化的环境。

㉒安燕：指安逸宁静的环境。

㉓流慆：放荡淫乱。慆，通“滔”，放荡。

㉔接之：指让所选取的人去接触。

㉕离守：离开职守。

㉖诎：屈，这里是歪曲的意思。

㉗伯乐：秦穆公时人，姓孙名扬，善于识别马的优劣。

㉘阿：偏袒。

㉙隐：埋没。

㉚速致远者：据《荀子·王霸》：“欲得善驭，及速致远”句，疑为“及速致远者”。

㉛难：指外族入侵之灾难。

㉜是其公：这样公道。其，语助词。

㉝数十：据《荀子·富国》疑为“十数”。十数，十多个。

㉞失之是：错在这一点上，指错在用人的问题上。

㉟私人：这里是将东西私自赠予别人的意思。

㊱诬能：冒充有才能。杨柳桥《荀子诂译·君道》注：“诬能，妄自以为能也。”

㊲倜(tì)然：突出地，不同于众地。太公：姜子牙。州人：州，古国名，在今山东安丘县东北。一说，“州人”当为“舟人”，

因姜太公身为渔父。

㊳好丽：美好，漂亮。

㊴齫:《韩诗外传》作“齳”，可从。齳（yǔn）然：没有牙齿。《说文》:“齳，无齿也。”

㊵贵道：指良好的政治秩序。

㊶白：显扬。

㊷贵名果明：据上文“欲白贵名”句，疑为“贵名果白”。

㊸隐：这里是偏爱的意思。

译文

作为君主的，没有不希望强盛而厌恶衰弱的，没有不希望安宁而厌恶危难的，没有不希望光荣而厌恶耻辱的，这一点，禹与桀也是相同的。取得这三种所希望的，避开这三种所厌恶的，采取什么途径才是确实最方便的呢？回答说：在于慎重地选取辅相，没有比这更直接的道路了。

所以，辅相只有智慧而不仁义，不行；只讲仁义而无智慧，也不行；既有智慧又讲仁义，就是君主的珍宝，是称王天下称霸天下的人的助手。不急于得到这样的人，是不聪明的；得到了却不重用，是不仁义的。没有这样有才德、讲礼义的助手，却想侥幸取得成功，没有比这更愚蠢的了。

当代的君主有很大的祸患：让贤能的人办事，却与不贤的人一起去限制他；让有智慧的人考虑问题，却与愚蠢的人一起去评论他；让有道德修养的人去实施政令，却又与品德卑污的人一起去猜疑他。这样做，虽然想获得成功，办得到吗？这就像树起笔直的木柱却担忧它的影子是弯的一样，没有比这更糊涂的了。俗话说："美女的姿色，是丑人的灾祸；公正的人，是那些进谗言的人的疮痔；遵循道义的人，是品德卑劣的人的灾难。"现在让那些品德卑劣的人去评论他们所怨恨的人，还要求他们公正，办得到吗？这就像竖起弯曲的木柱却要求它的影子笔直一样，没有比这更混乱的了。

所以，古代的人做事就不这样。他们选人有一定的原则，任用人有一定的法度。选人的原则，是用礼来检验人；任用人的法度，是用等级来约束人。仪表行为举止，都用礼来衡量，智慧与判断取舍的能力，都用成效来考察；日积月累，用功绩来验证他们。所以卑下的人不能凌驾在高贵的人之上；地位轻贱的人不能去衡量地位尊重的人，愚蠢的人不能去为聪明的人出谋划策。这样，做任何事都不会出差错。

所以，用礼来检验人才，观察他们能不能安心地恭敬；把他们置于动荡变化之中，观察他们能不能应付各种事变；把他们置于安逸闲适之中，观察他们是否能够不放荡淫乱；让他们接触声色、权利、忿怒、患难与危险，观察他们是否能够不背离职守。这样，他们真正具备的和确实没有具备的品德，就像黑白一样分明，这还能够歪曲吗？

所以，不能用马来欺骗伯乐，不能用人来欺骗君子，这是英明的君主的原则。君主要想得到善于射箭、能够射中很细微又很远的目标的人，就要拿出尊贵的爵位、丰厚的赏赐来招引他们，对内不偏袒子弟，对外不埋没疏远的人，只要能符合“射远中微”这个标准的就选取，这难道不是必定得到善射的人的办法吗？即使是圣人也不能改变这种办法。君主要想得到善于驾驶车马、速度又快又能达到遥远的地方的人，就要拿出尊贵的爵位、丰厚的赏赐来招引他们，对内不偏袒子弟，对外不埋没疏远的人，只要能符合“及速致远”这个标准的就选取，这难道不是必定得到善驭的人的办法吗？即使是圣人也不能改变这种办法。

要想治理国家，驾驭百姓，调整统一君臣上下，就要对内巩固城池，对外抵御入侵的灾难。国家得到治理就能够制服别人，而别人不能制服他；国家混乱，危险、耻辱、灭亡等，马上就会到来。偏偏在选求辅佐的卿相时却不是这样公道，而只任用左右亲信与迎合自己的人，岂不是大错特错了吗？

所以，拥有国家的，没有不希望强盛的，但不久就衰弱了；没有不希望安宁的，但不久就遭到危险；没有不希望社稷长存的，但不久就灭亡了。古代有上万个国家，如今却只有十来个，没有别的缘故，无不是在用人的问题上出了差错。

所以，圣明的君主有时把金石珠玉私自赠送给别人，却从来不把官职事业赠送给别人。这是为什么呢？回答说：因为后者从根本上不利于君主所偏爱的人。那个人没有才能，君主却要任用他，那么这个君主是昏庸的；臣下没有才能，却冒充有才能，那么这个臣下是奸诈的。君主昏庸在上，臣下奸诈于下，国家很快就会灭亡，这是对君臣都有害的做法。

周文王，并非没有显贵的亲戚，也不是没有子弟，也不是没有亲近的左右，但他却异乎寻常地从州地人中选用了姜太公，难道是偏爱姜太公吗？是因为姜太公是亲戚吗？而周文王姓姬，姜太公却姓姜；是因为姜太公是故交吗？他们却从来不相识；是把姜太公当成美丽漂亮的人吗？而姜太公已经有七十三岁，连牙齿都已经掉落了。但周文王仍然要任用他，是因为周文王要想建立良好的政治秩序，想要显扬高贵的名声，从而使天下得到恩惠，但靠他一个人是办不到的，除了姜太公这个人，就没有人值得推举了，所以推举了姜太公并且任用了他，于是良好的政治秩序果然建立，高贵的名声果然显扬，完全控制了天下，建立了七十一个诸侯国，姬姓就有五十三个。周王朝的子孙，只要不是痴傻狂乱的人，没有不成为天下最显贵的诸侯的。这样，才是能够爱护人的人。

所以，实行天下最良好的总原则，建立天下最大的功劳，然后才能偏爱君主所怜爱的人，他们的后人也完全能够成为天下最显贵的诸侯。古书上说："只有圣明的君子才是能够爱他之所爱，昏庸的君主就必定危害他之所爱。"说的就是这个道理。

原文 墙之外，目不见也；里之前[①]，耳不闻也；而人主之守司[②]，远者天下，近者境内，不可不略知也。天下之变，境内之事，有弛易齵差者矣[③]，而人主无由知之，则是拘胁蔽塞之端也[④]。耳目之明，如是其狭也[⑤]；人主之守司，如是其广也；其不可以不知也[⑥]。如是，其危也。

然则，人主将何以知之？曰：便嬖左右者，人主之所以窥远收众之门户牖响也[⑦]，不可不早具也。故人主必将有便嬖左右足信者，然后可；其知惠足使规物[⑧]，其端诚足使定物[⑨]，然后可。夫是之谓国具[⑩]。

人主不能不有游观安燕之时，则不得不有疾病物故之变焉[⑪]。如是，国者[⑫]，事物之至也如泉原[⑬]，一物不应[⑭]，乱之端也。故曰：人主不可以独也，卿相辅佐，人主之基杖也[⑮]，不可不早具也。故人主必将有卿相辅佐足任者，然后可；其德音足以填抚百姓[⑯]，其知虑足以应待万变，然后可。夫是之谓国具。

四邻诸侯之相与[⑰]，不可以不相接也[⑱]，然而不必相亲也[⑲]。故人主必将有足使喻志决疑于远方者[⑳]，然后可；其辩说足以解烦，其知虑足以决疑，其齐断足以距难[21]，不还秩[22]，不反君[23]，然而应薄捍患[24]，足以持社稷[25]，然后可。夫是之谓国具。

故，人主无便嬖左右足信者，谓之暗；无卿相辅佐足任者，谓之独；所使于四邻诸侯者非其人，谓之孤。孤独而暗[26]，谓之危。国虽若存，古之人曰亡矣。《诗》曰[27]："济济多士[28]，文王以宁。"此之谓也。

注释

①里之前：指一里路外。一说，里，指居民区，周朝以二十五家为一里。

②守司：指管辖范围。

③弛易：懈怠，怠慢。龋差：参差不齐。

④拘胁：局限与挟制。

⑤如是其：像这样地。其，语助词。下文"如是其广也"句中的"其"字与此同。

⑥其：指"广"与"狭"的情况。

⑦窥远：观察很远的地方的情况。收众：监督各级官吏。收，通"纠"，监督。牖响：窗户。响，通"向。"

⑧知惠：通"智慧。"规物：指谋划事情。

⑨定物：指判断事物。

⑩国具：治国的人才。

⑪物故：死亡。

⑫国者：指在国家里。

⑬原：同“源”。

⑭应：应付，处理。

⑮基：通“几”，茶几。

⑯填抚：据上下文义，疑为“镇抚”，安定的意思。

⑰相与：相邻近。

⑱相接：相互往来。

⑲不必相亲：不一定都是友好的。

⑳喻志：指传达、表明君主的意志。

㉑齐断：迅速地决断。《尔雅》：“齐，疾也。”

㉒还秩：改变秩序。

㉓反君：指违反君主的意愿。

㉔应薄：应付胁迫。薄，通“迫”。捍患：防御祸患。

㉕持：把持住，捍卫住。

㉖暗：昏庸。

㉗《诗》：《诗经·大雅·文王》。

㉘济济：人才众多的样子。

译文 墙外的东西，眼睛看不见，一里外的声音，耳朵听不到；而君主管辖的范围，远的是整个天下，近的是一国之内。天下国内的事，不能不大致了解。天下的变化，境内的事情，有懈怠的，有参差不齐的，而君主无从得知，这就是局限和被人挟制以及闭塞的开端。耳目所能弄清楚的，是如此的狭窄；而君主的管辖范围，又是如此的广阔，对这狭与广，不能够不知道。如果不知道，那就危险了。

但是，君主将如何了解情况呢？回答说：左右亲信，是用来观察远方的情况、监督各级官员的门窗，不能不及早具备。所以，君主一定要有可以充分信任的左右亲信才行；而这些左右亲信的智慧要足以谋划事情，他们的正直诚实要足以正确判断事物。这就叫作治国的人才。

君主不可能没有游乐观赏、安逸闲适的时候，不可能没有疾病、死亡的变故，如果遇到这种情况，一个国家之内，各种事物的到来又如同泉源一样，一件事不能处理，就是祸乱的开端。所以说：君主不能单独一个人治国，卿相助手，就是君主凭靠的茶几和手杖，不能不及早具备。所以君主一定要有可以充分信任的卿相助手。而这些卿相助手的德行声望要足以安定百姓，他们的智慧要足以应付一切事变。这就是治国的人才。

四周相邻近的诸侯国，不可能不相互往来但不一定亲近友好。所以君主一定要有完全能够在远方传达自己的意志、解决疑难问题的使臣才行。这些使臣的论辩足以解决纷繁的事情，他们的智慧思虑足以解决疑难的事情，他们迅速的决断足以抵挡灾难，不更动朝廷的秩序，不违反君主的意愿，就可以应付敌人的胁迫，抵挡祸患，足以捍卫社稷。这就叫作治国的人才。

所以，君主没有可以充分信任的左右亲信，就叫作昏庸；没有可以充分信任的卿相助手，就叫作孤独；所派到四邻的诸侯国的使者不是恰当的人，就叫作孤立。孤、独，再加上昏庸，就叫作危险。这样的国家虽然似乎还存在，古代的人却说它已经灭亡。《诗经·大雅·文王》说："人才济济，文王得以安宁。"说的就是这个道理。

原文 材人①：愿悫拘录②，计数纤啬③，而无敢遗丧④，是官人使吏之材也⑤。修饬端正，遵法敬分，而无倾侧之心，守职循业⑥，不敢损益⑦，可传世也，而不可使侵夺[8]，是士大夫官师之材也[9]。知隆礼仪之为尊君也，知好士之为美名也，知爱民之为安国也，知有常法之为一俗也[10]，知尚贤使能之为长功也，知务本禁末之为多材也[11]，知无与下争小利之为便于事也，知明制度、权物称用之为不泥也[12]，是卿相辅佐之材也。未及君道也[13]。能论官此三材者[14]，而无失其次，是谓人主之道也。若是，则身佚而国治，功大而名美，上可以王，下可以霸，是人主之要守也。人主不能论此三材者，不知道此道[15]，安值将卑埶出劳[16]，并耳目之乐[17]，而亲自贯日而治详，一内而曲辨之[18]，虑与臣下争小察[19]，而綦偏能[20]，自古及今，未有如此而不乱者也。是所谓“视乎不可见，听乎不可闻，为乎不可成。”此之谓也。

注释

①材人：指量才用人。

②拘录：同“劬碌”，勤劳。

③纤（xiān）啬精细，琐屑。

④遗丧：遗漏。

⑤官人使吏：指管理一般事务的官吏。

⑥循业：据元刻本与文义，疑为“修业”，搞好业务的意思。

⑦损益：增减，这里指对既定的法令作增减修改。

⑧侵夺：损害，这里指使既令的法令受损害。

⑨官师：官长。

⑩常法：确定不变的法令。一俗：使风俗统一。

⑪务本：重视农业。本，指农业生产。禁末：抑制工商业。末，指工商业。材：同“财”。

⑫称用：符合实用。泥：拘泥，不变通。

⑬未及君道：指尚未把握作君主的原则办法。

⑭论官：评定，任用。

⑮道此道：遵循这一原则方法。

⑯值：同“直”。埶：同“势”。卑势：指降低自己的身份地位，亲自去操劳。出劳：操劳。

⑰并：同“摒”，放弃。

⑱内：据《荀子·王霸》“一日而曲辨之”句例与文义，疑为“曰”。

⑲小察：指对小的问题精细明察。

⑳綦偏能：极力追求某一方面的才能。

译文 量才用人：忠诚老实、勤勉，细微的事都算计得十分精细，而且不敢有遗漏，这样的人是管理一般事务的人才。修养品德、端正自身行为，尊重法令，重视名分，而且没有邪僻不正的心，恪尽职守，搞好业务，不敢随意增减既定的法令制度，并使它世代相传、不受损害的人，是当士大夫和官长的人才。懂得尊重礼义就是尊重国君，懂得喜欢有道德才能的人就有好的名声，懂得爱护百姓就是安定国家，懂得有确定不变的法规就是使风俗统一，懂得尊重贤才、任用能人就是长远的功效，懂得重农抑商就是拥有财富，懂得不与老百姓争夺小利就是有利于办大事，懂得明确制度，衡量事物要合乎实用不要拘泥于成规，这样的人，是作卿相助手的人才。但还没有掌握作君主的原则、方法。要能够评定任用这三种人才，而且不使他们的等次发生差错，这才叫作君主的原则、方法。如果做到这一点，君主自身安逸而国家也安定，功绩伟大而且名声美好，上等的可以称王天下，下等的也可以称霸天下，这是君主必须遵守的要领。君主不能够评定这三种人，不懂得遵循“量才用人”这一原则，却直接降低自己的身份地位去操劳，放弃了耳目之类的享乐，天天亲自去详尽地处理各种事务，一日之内想把各方面的事都办好，总想着与臣下在小事上比精明，极力去追求某一方面的才能，从古到今，还没有像这样做而不混乱的国家。这就是所谓看不到的要去看，听不到的要去听，办不到的要去办。”它说的就是这种情况。

十三　臣道

题解

本文集中阐述了臣的重要作用以及臣所应当遵循的思想、行为准则。

荀况指出：臣有不同的等级、类别，但他们都对礼法的贯彻、国家的安危起着决定性的作用。荀况以苏秦、张仪、孟尝、伊尹等历史人物为例，证明了“用圣臣者王，用功臣者强，用篡臣者危，用态臣者亡”的道理，进而强调君主只有慎重地选择大臣，才能“为下国缀旒”，即成为表率。

文章还详细地说明了不同等级、类别的大臣侍奉君主的不同态度。他们或“恭敬而迎”“以德覆君”，或“忠信不谀”“以德调君”，或“偷容苟合”“持禄养交”，等等。荀况在说明中通过比较分论其优劣，从而明确了臣所应遵循的法度与准则。

原文

人臣之论[①]：有态臣者[②]，有篡臣者[③]，有功臣者，有圣臣者。内不足使一民，外不足使距难[④]，百姓不亲，诸侯不信，然而巧敏佞说，善取宠乎上，是态臣者也。上不忠乎君，下善取誉乎民，不恤公道通义[⑤]，朋党比周[⑥]，以环主图私为务[⑦]，是篡臣者也。

内足使以一民，外足使以距难，民亲之，士信之，上忠乎君，下爱百姓而不倦，是功臣者也。上则能尊君，下则能爱民，政令教化，刑下如影⑧；应卒遇变，齐给如响⑨；推类接誉⑩，以待无方⑪，曲成制象⑫，是圣臣者也。

故，用圣臣者王，用功臣者强，用篡臣者危，用态臣者亡。态臣用，则必死；篡臣用，则必危；功臣用，则必荣；圣臣用，则必尊。故，齐之苏秦⑬，楚之州侯⑭，秦之张仪⑮，可谓态臣者也。韩之张去疾⑯，赵之奉阳⑰，齐之孟尝⑱，可谓篡臣也。齐之管仲⑲，晋之咎犯⑳，楚之孙叔敖㉑，可谓功臣矣。殷之伊尹，周之太公，可谓圣臣矣。是人臣之论也，吉凶、贤不肖之极也㉒。必谨志之㉓，而慎自为择取焉，足以稽矣。

注释

①论：通“伦”，类别。

②态臣：谄媚的臣。

③篡臣：妄图篡夺君权的臣。

④距：同“拒”。

⑤公道通义：指法律制度与道德规范。

⑥比周：相互勾结。

⑦环主：包围君主。杨倞《荀子·臣道》注："环主，环绕其主，不使贤臣得用。"一说，环，通"营"，迷惑。

⑧刑下：使百姓效法。刑，法，效法。

⑨齐给如响：迅速得像回音应声。

⑩推类：以同类相推，这里指以法类推。接誉：接与，接触。誉，通"与"，相与。

⑪无方：无常，变化不定。

⑫曲：各方面。制象：制度，法度。杨柳桥《荀子诂译·臣道》注："制象，犹法制也。"

⑬苏秦：战国时魏国人，曾游说燕、赵、韩、齐、楚几国联合抗秦。后在齐国被人刺死。

⑭州侯：楚襄王的宠臣。

⑮张仪：战国时魏国人，秦惠王时任秦国宰相。善于游说，曾促使六国各自与秦国结成联盟，打破了苏秦六国联合抗秦的盟约。

⑯张去疾：战国时韩国的宰相。

⑰奉阳：奉阳君，战国时赵国赵肃侯之弟，曾任赵相。

⑱孟尝：孟尝君，姓田，名文，曾受封于薛，故又称薛公。战国时齐国人，曾任齐相，后投奔魏国，任魏昭公相，联合秦、赵、燕的兵力共同伐齐。

⑲管仲：名夷吾，春秋时齐国人，任齐相四十年。

⑳咎犯：春秋时晋国人，晋文公舅父，名狐偃，字犯，曾辅助晋文公称霸。咎，同“舅”。

㉑孙叔敖：春秋时楚国人，楚庄王时任楚国宰相。

㉒极：顶点。这里是典型的意思。

㉓志：同“誌”，记住。

译文　臣子的类别：有谄媚的臣，有擅权的臣，有建立功业的臣，有圣贤的臣。对内不能用他来统一百姓，对外不能用他来抵御入侵的灾难，百姓不亲近他，诸侯不信任他，但是他却花言巧语，善于取得君主的宠信，这就是谄媚的臣。对上不忠于君主，对下却善于在百姓中骗取声誉，不顾法律制度道德规范，培植私党，相互勾结，以包围君主图谋私利作为自己的追求，这就是擅权的臣。对内用他能统一百姓，对外用他能抵御入侵的灾难，百姓亲近他，有才能的人信任他，对上忠于君主，对下爱护百姓而孜孜不倦，这就是建立功业的臣。对上能尊重君主，对下能爱护百姓，履行政令教化，使百姓效法，如影随形；应付突发的事变，迅速得像回音应声；以法类推接触各种事物，应对各种变化不定的情况，各方面都符合法制，这就是圣贤的臣。

所以，任用圣贤的臣可以称王天下，任用建立功业的臣可以强大，任用擅权的臣就危险，任用谄媚的臣就灭亡。谄媚的臣掌权，国家必定灭亡；擅权的臣掌权，国家必定危险；建立功业的臣掌权，国家必定繁荣；圣贤的臣掌权，国家必定处于最高的地位。因此，齐国的苏秦，楚国的州侯，秦国的张仪，可以称为谄媚的臣。韩国的张去疾，赵国的奉阳君，齐国的孟尝君，可以称为擅权的臣。齐国的管仲，晋国的咎犯，楚国的孙叔敖，可以称为建立功业的臣。殷商的伊尹，周朝的姜太公，可以称为圣贤的臣。这就是臣的类别，是吉、凶、好、坏的典型。君主一定要谨慎地记住这些，并慎重地亲自加以选择取用，前面所说的足以作为参考借鉴了。

原文 从命而利君，谓之顺，从命而不利君，谓之谄；逆命而利君，谓之忠，逆命而不利君，谓之篡。不恤君之荣辱，不恤国之臧否，偷合苟容[①]，以持禄养交而已耳[②]，谓之国贼。君有过谋、过事，将危国家殒社稷之惧也[③]，大臣父兄，有能进言于君，用则可，不用则去，谓之谏；有能进言于君，用则可，不用则死，谓之争[4]；有能比知同力[5]，率群臣百吏，而相与强君矫君[6]，君虽不安，不能不听，遂以解国之大患，除国之大害，成于尊君安国，谓之辅；有能抗君之命，窃君之重[7]，反君之事，以安国之危，除君之辱，功伐足以成国之大利[8]，谓之拂[9]。

故，谏、争、辅、拂之人，社稷之臣也，国君之宝也。明君所尊厚也[10]，而暗主惑君以为己贼也。故，明君之所赏，暗君之所罚也；暗君之所赏，明君之所杀也。伊尹、箕子[11]，可谓谏矣；比干、子胥[12]，可谓争矣；平原君之于赵[13]，可谓辅矣；信陵君之于魏[14]，可谓拂矣。传曰："从道，不从君。"此之谓也。

故，正义之臣设[15]，则朝廷不颇[16]。谏、争、辅、拂之人信[17]，则君过不远。爪牙之士施[18]，则仇雠不作。边境之臣处[19]，则疆垂不丧[20]。故，明主好同，而暗主好独。明主尚贤使能而飨其盛[21]，暗主妒贤畏能而灭其功，罚其忠，赏其贼，夫是之谓至暗，桀纣所以灭也。

注释　①偷合：指无原则地迎合君主的思想言行。苟容：放弃原则，只求保住自己的地位。

②持禄：保持禄位。养交：指豢养宾客党羽。

③殒：殒落，这里是毁灭的意思。

④争：通“诤”，直言规劝。

⑤比知：指联合有智慧的人。杨倞《荀子·臣道》注：“比，合也。”

⑥矫：纠正。

⑦重：指权力。

⑧伐：功劳，功绩。

⑨拂（bì）：通“弼”，《广雅·释诂》：“拂，辅也。”王念孙疏证：“拂，读为弼。”

⑩明君所尊厚也：据文义和《群书治要》引文，当为“明君之所尊厚也。”

⑪箕子：商朝末年人，贵族，曾多次规劝纣王，被降为奴隶。

⑫比干：商朝末年人，贵族，曾多次规劝纣王，被处死。子胥：伍子胥，春秋时楚国人，为吴国大夫。越王勾践被吴王夫差打败后向夫差求和，伍子胥曾多次劝说夫差拒绝，但夫差不听，反逼伍子胥自尽。后吴国终于被越国所灭。

⑬平原君：赵胜。战国时赵惠文王之弟，曾任赵相。秦国围攻赵国国都邯郸，平原君联合楚魏救助了赵国。

⑭信陵君：魏无忌。战国时魏安釐王之弟。秦军围赵，信陵

君率魏军破秦救赵，后秦伐魏，信陵君又率兵打败秦国。

⑮设：这里是重用的意思。

⑯颇：偏颇，偏差。

⑰信：得到重用。

⑱爪牙之士：勇武的人。施：得到任用。

⑲处：指坚守职位。

⑳垂：同“陲”，边疆。

㉑飨：宴享，这里是嘉奖的意思。盛：指卓著的功绩。

译文　服从君主的命令而有利于君主的，叫作恭顺；服从君主的命令而不利于君主的，叫作谄媚；违抗君主的命令而有利于君主的，叫作忠诚；违抗君主的命令而不利于君主的，叫作篡逆。不顾及君主的荣辱，不顾及国家的好坏，一味放弃原则迎合君主，只求苟且安身，来保持俸禄，豢养私党的，就叫作国贼。君主有错误的计谋、错误的行为，有将危害国家、毁灭国家的危险时，作大臣、父兄的，能够向君主提出意见，君主采纳就行，不采纳就离去的，叫作“谏”；有能够向君主提意见，君主采纳就行，不采纳就去死的，叫作“诤”；有能够联合有智慧的人，同心合力，率领群臣百官，共同强制君主纠正过失，君主虽然不安逸，却不能不听，因此而解除了国家的大祸患，免除了国家的大灾害，最终达到了尊崇君主安定国家的，叫作“辅”；有能够抵制君主的命令，取得君主的权力，反对君主的行事，来解除了国家的危难，免除了君主的耻辱，功劳足以成就国家的最高利益的，叫作“弼”。

所以，能够谏、诤、辅、弼的人，是国家的重臣，是君主的宝贝，是圣明的君主所尊重所厚待的，而昏庸糊涂的君主却把他们当成自己的祸害。所以，圣明的君主所奖赏的人，正是昏庸的君主所惩罚的；昏庸的君主所奖赏的人，正是圣明的君子所要责杀的。伊尹、箕子可以称为“谏”，比干、子胥可以称为“诤”，平原君对于赵国，可以称为“辅”，信陵君对于魏国，可以称为“弼”。古书上说：“服从道义，不服从君主”。说的就是这种情况。

所以，正义的臣得到重用，朝廷政务就不会出现偏差。谏、诤、辅、弼的人得到重用，君主的过错就不会延续很久。勇武的人得到重用，仇敌就不敢兴风作浪。边境守臣坚守职位，边疆就不会沦丧。所以，圣明的君主喜欢与各种人才共商大事，而昏庸的君主喜欢独断专行。圣明的君主推崇贤才使用能人，并且嘉奖他们卓著的功绩，而昏庸的君主嫉贤妒能，并且埋没他们的功绩，惩罚他们的忠诚，而赏识那些奸邪之徒，这叫作最大的昏庸，桀、纣就是因此而使国家灭亡的。

原文 事圣君者，有听从无谏争；事中君者，有谏争无谄谀；事暴君者，有补削无矫拂①。迫胁于乱时②，穷居于暴国，而无所避之，则崇其美③，扬其善，违其恶④，隐其败，言其所长，不称其所短，以为成俗。《诗》曰⑤："国有大命⑥，不可以告人，妨其躬身⑦。"此之谓也。

注释 ①补削：弥补缺陷，修正过失。《一切经音义》引《苍颉》："削，平也。"平，修。矫拂：矫正，辅弼。

②迫胁：指被强迫挟制。

③崇：宣扬。

④违：通"讳"，忌讳，回避。

⑤《诗》：指《诗经》，引诗已失传。

⑥大命：指重大事变。

⑦躬身：亲身，自身。

译文

侍奉圣明的君主的大臣，只有顺从没有谏诤；侍奉中流的君主的大臣，有谏诤而没有谄媚；侍奉残暴的君主的大臣，有弥补缺陷、修改过失的，但没有矫正辅弼。被强迫挟制于混乱的世道，困居在暴君统治的国家，而无处逃身的，就宣扬它的美好，宣扬它的好的一面，而回避它的丑恶，隐瞒它的腐败的一面，只说它的长处，不谈它的短处，并把这一点作为习惯。《诗经》上说："国家有重大的事变，不能够把它告诉别人，否则妨害自身。"说的就是这个道理。

原文

恭敬而逊，听从而敏，不敢有以私决择也①，不敢有以私取与也②，以顺上为志，是事圣君之义也③。忠信而不谀，谏争而不谄，矫然刚折端志而无倾侧之心④，是案曰是⑤，非案曰非，是事中君之义也。调而不流⑥，柔而不屈，宽容而不乱，晓然以至道⑦，而无不调和也，而能化易⑧，时关内之⑨，是事暴君之义也。

若驭朴马⑩，若养赤子，若食馁人⑪，故因其惧也而改其过⑫，因其忧也而辨其故，因其喜也而入其道，因其怒也而除其怨，曲得所谓焉⑬。《书》曰⑭："从命而不拂⑮，微谏而不倦⑯，为上则明，为下则逊。”此之谓也。

注释

①决择：指对政事作出决断和选择。

②取与：指官爵的授予与剥夺。

③义：这里指言行的原则。下文“是事中君之义也”“是事暴君之义也”中的“义”字与此同。

④矫然：坚强的样子。刚折：刚强果断。《说文》：“折，断也。”端志：指意志端正。

⑤案：乃，就。下同。

⑥调：顺从。不流：不随大流。

⑦晓然：据文义，“然”疑衍。晓，启发。至道：指正确的道理。

⑧化易：感化，改变。

⑨关内：关照他并使他接受。内，通“纳”，使接受。

⑩朴马：未经驯化的马。杨倞《荀子·臣道》注：“朴马，未调习之马。”

⑪食：给人东西吃。馁：同“馁”，饥饿。

⑫因：凭借着，趁着。

⑬所谓：指君主所具有的志趣。谓，志趣。

⑭《书》：指《尚书》，引文所在篇目已失佚。

⑮拂：违背。

⑯微谏：细心规劝。

译文 谦逊地恭敬，敏捷地顺从，不敢凭私利对政事作出决断和选择，不敢凭私利给予或剥夺别人的爵位，以顺从君主为自己的志向，这是侍奉圣君的原则。忠诚信实而不阿谀，谏诤而不谄媚，果断坚强，意志端正，没有私心杂念，是就说是，非就说非，这是侍奉中流君主的原则。顺从而不随大流，柔顺而不屈从，宽容待人而不至扰乱原则，用正确的道理去启发君主，事事无不顺从和谐，从而使君主感化转变，时时关照他，使他接纳正确的意见，这是侍奉暴君的原则。

侍奉暴君像驾驭未经调教的马，像抚养初生的婴儿，像喂养饥饿的人，所以，要凭借着他所畏惧的来引导他改正错误，凭借他忧虑的来引导他分析忧虑的原因，凭借着他喜欢的来输入正确的道理，凭借着他的愤怒来消除他所怨恨的，曲折地得以改变他的志趣。《尚书》上说：“服从君命而不违背，细心规劝而不厌倦，这样当君主的就会圣明，当臣子的就做到了谦逊。”说的就是这个道理。

原文　事人而不顺者，不疾者也[①]；疾而不顺者，不敬者也；敬而不顺者，不忠者也；忠而不顺者，无功者也，有功而不顺者，无德者也[②]。故，无德之为道也[③]，伤疾堕功灭苦[④]，故君子不为也。

注释　①疾：勤勉。杨柳桥《荀子诂译·臣道》注："疾，犹勤也。"

②无德：指不具备道德。

③无德：这里指的是不具备顺从这种基本品德，与上指略有差别。

④伤疾：损伤精力。疾，精力。灭：这里是埋没的意思。

译文　侍奉君主而不顺从的，是不勤勉的；勤勉而不顺从的，是不恭敬的；恭敬而不顺从的，是不忠诚的；忠诚而不顺从的，是没有功劳的；有功劳而不顺从的，是不具备道德的。所以，把不具备顺从这种基本品德作为原则，就会损伤精力，毁掉功绩，埋没勤苦。所以，君子不做这种事。

原文　有大忠者，有次忠者，有下忠者，有国贼者。以德復君而化之[①]，大忠也；以德调君而补之[②]，次忠也；以是谏非而怒之，下忠也；不恤君之荣辱，不恤国之臧否，偷合苟容，以之持禄养交而已耳，国贼也。若周公之于成王也，可谓大忠矣；若管仲之于桓公，可谓次忠也；若子胥之于夫差[3]，可谓下忠矣；若曹触龙之于纣者[4]，可谓国贼矣。

注释 ①復：同“覆”，覆盖。引申为抚育。

②补之：据文义和《韩诗外传》引文，疑为“辅之”。

③夫差：春秋末年吴国国君。

④曹触龙：商纣王的大臣，善于谄媚。

译文 有大忠的臣，有次等的忠臣，有下等的忠臣，还有作国贼的臣。用道德抚育君主而使君主感化的，是大忠的臣。用道德调养君主辅助君主的，是次等的忠臣。用正确的道理去规劝君主的过失而使君主发怒的，是下等的忠臣。不顾及君主的荣辱，不顾及国家的好坏，一味放弃原则迎合君主苟且保身，并以此保持俸禄豢养私党的，是国贼。像周公对于周成王，可以叫作大忠的臣，像管仲对于齐桓公，可以叫作次等的忠臣；像伍子胥对于吴王夫差，可以叫作下等的忠臣；像曹触龙对于商纣王，就可以叫作国贼。

原文

仁者必敬人。凡人，非贤，则案不肖也。人贤而不敬，则是禽兽也；人不肖而不敬，则是狎虎也①。禽兽则乱，狎虎则危，灾及其身矣。《诗》曰②："不敢暴虎③，不敢冯河④。人知其一，莫知其它。战战兢兢，如临深渊，如履薄冰。"此之谓也。故仁者必敬人。

敬人有道⑤。贤者则贵而敬之，不肖者则畏而敬之；贤者则亲而敬之，不肖者则疏而敬之。其敬一也，其情二也⑥。若夫忠信端悫而不害伤⑦，则无接而不然⑧，是仁人之质也。忠信以为质，端悫以为统⑨，礼义以为文⑩，伦类以为理⑪，喘而言⑫，臑而动⑬，而一可以为法则⑭。《诗》曰⑮："不僭不贼⑯，鲜不为则⑰。"此之谓也。

注释

①狎（xiá）：戏弄。

②《诗》：指《诗经·小雅·小旻》。

③暴虎：空手打虎。杨倞《荀子·臣道》注："暴虎，徒搏。"

④冯河：徒步涉水过河。杨倞《荀子·臣道》注："冯河，徒涉。"

⑤有道：有一定的原则。

⑥情：实质。

⑦害伤：伤害。

⑧接：交往，交接。

⑨统：纲纪，准则。

⑩文：文饰，这里是规范、法度的意思。

⑪伦类：指等级统属关系。理：指原则。

⑫喘：小声说话。

⑬臑：通“蠕”，缓慢，轻微。

⑭一：全部。一切。法则：表率。

⑮《诗》：指《诗经·大雅·抑》。

⑯僭：通：“谮”，毁谤。贼：害。

⑰则：准则，表率。

译文 仁人必定尊敬人。一个人，如若不贤，就是由于不肖。对贤人不尊敬的人，就是禽兽；对不贤的人不尊敬，就是在戏弄老虎。是禽兽就会作乱，戏弄老虎就会危险，灾难就会降落在自己身上。《诗经·小雅·小旻》说：“不敢空手打虎，不敢徒步过河。人们只知道有这一种危险，不知道有其他危险，要小心翼翼，如面临深渊，如脚踩薄冰。”说的就是这种情况。所以，仁人必定尊敬人。

尊敬人有一定的原则。对于贤人，就用敬的态度尊敬他；对不贤的人，就用畏惧的态度尊敬他；对贤人，就用亲近的态度尊敬他；对不贤的人，就用疏远的态度尊敬他。尊敬是一样的，但其实质是两样的。至于忠诚信实敦厚而不伤害人，无论与任何人交往都是这样，这是仁人的本质。以忠诚信实为本质，以端直敦厚为纲纪，以礼义为规范，以一定的等级统类关系为原则，小声地说话，轻缓地行动，他的一切都可以成为人们的表率。《诗经·大雅·抑》说："不毁谤、不伤害别人的人，很少不成为表率的。"说的就是这个道理。

原文　恭敬，礼也；调和，乐也①；谨慎，利也；斗怒②，害也。故，君子安礼乐利③，谨慎而无斗怒，是以百举不过也。小人反是。

注释　①乐（yuè）：这里是音乐、舞蹈的总称。

②斗怒：指相互愤恨、争斗。

③利：这里是喜爱的意思。杨倞《荀子·正名》注："利，谓悦爱也。"

译文 恭敬，就是礼义；调和，就是音乐舞蹈；谨慎，就是利益；相互愤恨、争斗，就是祸害。所以，君子安心于礼义、音乐舞蹈，喜欢谨慎，而不愤怒争斗，因此，一切举动都不会有过错。小人却与此相反。

原文 通忠之顺①，权险之平②，祸乱之从声③，三者非明主莫之能知也。争然后善，戾然后功④，出死无私⑤，致忠而公，夫是之谓通忠之顺，信陵君似之矣。夺然后义，杀然后仁，上下易位然后贞⑥，功参天地，泽被生民，夫是之谓权险之平，汤武是也。过而通情⑦，和而无经⑧，不恤是非，不论曲直，偷合苟容，迷乱狂生，夫是之谓祸乱之从声，飞廉、恶来是也。传曰："斩而齐⑨，枉而顺⑩，不同而一⑪。"《诗》曰⑫："受小球大球⑬，为下国缀旒⑭。"此之谓也。

注释 ①通：推行。《周易·系辞》："推而行之谓之通。"

②权：变革。杨柳桥《荀子诂译·臣道》注："权险之平，谓变革险阻，使至平夷也。"

③从声：放纵声势，指祸乱发生后又加以放纵，使其声势浩大。杨柳桥《荀子诂译·臣道》注："从，读为'纵'"。

④戾：背离，违背。

⑤出死：出生入死。

⑥贞：安定的意思。《释名》："贞，定也。"一说，贞，正。

⑦通情：同情。

⑧无经：没有原则。

⑨斩（chán）：不齐。

⑩枉：不直。

⑪一：统一，一致。

⑫《诗》：指《诗经·商颂·长发》。

⑬小球：小玉，一尺二寸长的圭，是古代贵族朝聘、祭祀、丧葬时用的礼器。大球：大玉，长三尺的大圭，又称挺，是帝王所持的玉笏。

⑭缀旒（liú）：挂在旌旗上的飘带。这里是旗帜、表率的意思。

译文　推行忠诚达到顺从，变革险阻达到安定，祸乱产生又加以放纵达到声势浩大，这三种情况，除了英明的君主没有人能够了解。与君主争辩后才能使君主得到好处，违背君命后才能为君主建立功勋，出生入死不存私念，极端地忠诚公正，这就叫作推行忠诚达到顺从，信陵君就是类似这样的大臣。夺取了君权后才能做到义，杀掉了君主后才能做到仁，君臣上下交换位置后天下才安定，功勋与天地并列，恩泽遍及广大百姓，这就叫作变革险阻达到安定，汤武就是这样的人。君主有错还予以同情，一味附和而不讲原则，不顾是非，不顾曲直，不顾原则地迎合君主来苟且保身，使本来就狂妄荒诞的君主更加迷乱，这就叫作祸乱发生又加以放纵使它声势浩大，飞廉、恶来就是这样的人。古书上说："不齐才能齐，不直才能直，不一致才能一致。"《诗经·商颂·长发》也说："汤王接受了大小圭玉，成了天下诸侯的表率。"说的就是这种情况。

十四　致士

题解　本文着重阐述了招贤纳士的意义和办法。

荀况认为：人才对于国家是十分重要的。他说："君子也者，道法之总要也。"这里所说的"君子"，就是人才。荀况还说，得到君子，国家"则治""则安""则丰"，反之"则乱""则危""则亡"。因此，君主必须致力于招贤纳士。

荀况提出了"尚贤使能"的用人原则与"显微""重明""退奸""贤良"等发掘人才、任用人才的具体办法。他还强调，君主要得到人才，必须讲礼义，必须真诚地尊重人才，使用人才，切不可"口行相反"。这样，天下的人才都会争相归附，"若蝉之归明火也。"

原文　衡听、显幽、重明、退奸、进良之术①：朋党比周之誉②，君子不听③，残贼加累之谮④，君子不用；隐忌雍蔽之人⑤，君子不近；货财禽犊之请⑥，君子不许。凡流言、流说、流事、流谋、流誉、流愬，不官而衡至者⑦，君子慎之。闻听而明誉之⑧，定其当而当⑨，然后士其刑赏⑩，而还与之⑪。如是，则奸言、奸说、奸事、奸谋、奸誉、奸愬，莫之试也；忠言、忠说、忠事、忠谋、忠誉、忠愬，莫不明通[12]，方起以尚尽矣[13]。夫是之谓衡听、显幽、重明、退奸、进良之术。

注释

①衡听：广泛地听取各方意见。杨倞《荀子·致士》注："衡，平也，谓不偏听也。"显幽：指将被埋没的人才发掘出来。重明：即明明，表彰贤明的人。

②誉：这里是相互吹捧抬举的意思。

③君子：这里指的是君主，下文"君子不用""君子不近""君子不许""君子慎之"中的"君子"与此同。

④残贼：残害。加累：加害于人。谮（zèn）诬陷别人的话。

⑤隐忌：同"意忌"，嫉妒。雍蔽：阻塞。雍，同"壅"。

⑥请：请托，指贿赂。杨倞《荀子·致士》注："行赂请谒者。"

⑦流：无根据。下同。愬：同"诉"，告诉，诉说。不官：指不通过公开的、正当的途径。衡至：指从邪门歪道而来。衡，通"横"，这里指的是邪门歪道。

⑧誉：据文义，疑为"詧（察）"字之误。詧，分辨。

⑨当而当：据文义，疑为"当不当"。当，真实。

⑩士其刑赏：据文义，疑为"出其刑赏。"

⑪还：通"旋"，立即，旋即。

⑫明通：畅通无阻。

⑬方起：并起。尚尽：即上进，指上达到君主那里。尚，同“上”。尽，通“进”。《吕氏春秋·达郁》：“庶人传语，近臣尽规，亲戚补察，而后王斟酌焉。”许维集释：“尽与进通。《列子》书进多作尽。”

译文　广泛地听取各方的意见，把被埋没的人才发掘出来，表彰贤明的人，罢除奸邪的人，选用贤良的人的办法是：结党营私之徒的相互吹捧，君主不听取；残害加罪别人的诬陷之词，君主不采用；嫉妒阻塞贤才的人，君主不亲近；用财物贿赂请托的人，君主不答允。凡是没有根据的言辞，没有根据的话语，没有根据的事情，没有根据的计谋，没有根据的赞许，没有根据的诉说，不通过公开正当的途径而从歪门邪道来的，君主都要谨慎地对待，听到之后加以明确的分辨，确定它真实不真实，然后给予赏罚，而且要立即给予赏罚。像这样，奸邪的言辞、奸邪的话语、奸邪的事情，奸邪的计谋、奸邪的赞许、奸邪的诉说，没有敢来试探的了。忠诚的言辞、忠诚的话语、忠诚的事情、忠诚的计谋、忠诚的赞许、忠诚的诉说，没有不畅通无阻，同时出现并上达到君主那里的了。这就叫作广泛听取各方意见，把被埋没的人才挖掘出来，表彰贤明的人，罢除奸邪的人，选用贤良的人的办法。

原文 川渊深①，而鱼鳖归之；山林茂，而禽兽归之；刑政平②，而百姓归之；礼义备，而君子归之。故礼及身而行修③，义及国而政明。能以礼挟而贵名白④，天下愿⑤，令行禁止，王者之事毕矣。《诗》曰⑥："惠此中国⑦，以绥四方⑧。"此之谓也。川渊者，龙鱼之居也；山林者，鸟兽之居也；国家者，士民之居也⑨。川渊枯则龙鱼去之，山林险则鸟兽去之⑩，国家失政则士民去之⑪。

注释 ①川渊：泛指江河湖泊。

②刑政平：法令政策合理。

③及：达到，这里是具备的意思。修：端正，美好。

④挟：同"浃"，周恰，普遍。

⑤愿：敬佩，敬仰。

⑥《诗》：指《诗经·大雅·民劳》。

⑦惠：爱。中国：国中，这里指国都。

⑧绥：安定，安抚。

⑨士民：各行各业的居民。这里泛指百姓。

⑩险：通“俭”，不丰饶。这里指树木稀疏不繁茂。

⑪失政：政治混乱。

译文 江河湖泊的水深，鱼鳖就会归向它；山林茂密，禽兽就会归向它；法令政策合理的国家，百姓就会归向它；礼义完备的君主，君子就会归向他。所以，一个人具备了礼，行为就端正美好；一个国家具备了义，政治就会清明。能够用礼普及天下，美名就显扬了，天下仰慕，有令则行，无令则止，君主的事业也就完备了，《诗经·大雅·民劳》说：“爱护国都的人，就能安定四方。”说的就是这个道理。江河湖泊，是龙鱼居住的地方；山林，是鸟兽居住的地方；国家，是百姓居住的地方。江河湖泊枯竭了，龙鱼就会离去；山林树木稀疏了，鸟兽就会离去；国家政治混乱了，百姓就会离去。

原文 无土，则人不安居；无人，则土不守；无道法，则人不至；无君子，则道不举。故，土之与人也，道之与法也者，国家之本作也；君子也者，道法之总要也，不可少顷旷也。得之则治，失之则乱；得之则安，失之则危；得之则存，失之则亡。

故有良法而乱者有之矣，有君子而乱者，自古及今，未尝闻也。传曰："治生乎君子，乱生乎小人。"此之谓也[①]。

注释 ①前《王制》篇亦有此数语，或是脱简于彼，故删。

译文 没有国土，百姓就不能安居；没有百姓，国土就不能保存；没有政治思想的总原则和法律法令，百姓就不会归依；没有君子，政治思想的总原则和法律法令就不能实行。所以，国土和百姓，政治思想的总原则和法律法令，是国家的根本；而君子，是政治思总原则和法律法令的总管，片刻也不能缺少。得到君子，国家就安定，失去君子，国家就混乱；得到君子，国家就安全；失去君子，国家就危险；得到君子，国家就存在；失去君子，国家就灭亡。

原文 得众动天[①]。美意延年[②]。诚信如神[③]。夸诞逐魂[④]。

注释 ①动天：指改变天地自然。一说，动天，感动上天。杨倞《荀子·致仕》注："言人之所欲，天必从之。"

②美意：精神愉快。杨倞《荀子·致士》注："美意，乐意也。无忧患，则延年。"

③如神：应付自如。

④逐魂：伤神。逐，病，害。《尔雅》："逐，病也。"

译文 得到民众就可以改天动地。精神愉快就可以延年益寿。真诚信实就可以应付自如。虚夸狂妄就会伤神。

原文 人主之患[①]，不在乎不言用贤，而在乎诚必用贤[②]。夫言用贤者，口也；却贤者[③]，行也。口行相反，而欲贤者之至，不肖者之退也，不亦难乎？

夫耀蝉者[④]，务在明其火，振其树而已。火不明，虽振其树，无益也。今人主有能明其德[⑤]，则天下归之，若蝉之归明火也。

注释 ①患：毛病。

②而在乎诚必用贤：据文义和《群书治要》引文，当为"而在乎不诚必用贤"。不诚：不是真正地。

③却：拒绝。

④耀蝉：夜晚用火照蝉，蝉即投火而来，这是捕蝉的方法。

⑤明其德：据《中论》引文，当为“明其德者”。明，显示。

译文 君主的毛病，不在于嘴上不说重用贤人，而在于不真正地任用贤人。说要任用贤人的，是嘴；拒绝贤人的，是行动。嘴与行动相反，却希望贤能的人到来，不贤的人退去，不也太难了吗？

那些点着火把捕蝉的人，必定做到使他的火把明亮，然后震动一下树干。火把不明亮，即使摇动那树干，也无济于事。现在君主有能够显示出他的美德的，天下的人就会归顺他，就像蝉归向明亮的火光一样。

原文 临事接民[①]，而以义变应，宽裕而多容[②]，恭敬以先之，政之始也[③]。然后中和察断以辅之[④]，政之隆也。然后进退诛赏之，政之终也[⑤]。

故，一年与之始[⑥]，三年与之终[⑦]，用其终为始，则政令不行，而上下怨疾[⑧]，乱所以自作也。《书》曰[⑨]：“义刑义杀[⑩]，勿庸以即[⑪]，女唯曰[⑫]，未有顺事[⑬]。”言先教也。

注释

①临事：处理政事。

②宽裕：这里指待人的态度宽容而不急躁。多容：指广泛地容纳贤人。

③始：开始的、第一步的步骤。

④中和：适当、审慎的意思。

⑤终：终结的、最后的步骤。

⑥与之始：指实施开始的步骤。

⑦与之终：指实施终结的步骤。

⑧怨疾：疾恨，怨恨。

⑨《书》：指《尚书·康诰》。

⑩义：正当。

⑪即：指立即执行。

⑫女：通“汝”。

⑬顺事：把事情处理好。

译文

处理政事接触百姓的时候，用礼义应付各种事变，态度宽容不躁而能广泛地容纳贤人，用恭敬的言行来引导百姓，这是治理政事的开端的步骤。然后用适当的审查判断相辅助，这是治理政事的隆盛阶段。再任用贤能的人，罢除奸邪的人，惩罚罪过，奖励功臣，这是处理政事的终结步骤。

所以，第一年实施开端的步骤，第三年实施终结的步骤。如果把终结的步骤作为开端，政令就无法实施，上下都十分怨恨，国家的混乱就从这里产生。《尚书·康诰》说："正当的刑杀，也不要立即执行。你只能说，我没有把政事处理好。"说的就是要先进行教育。

原文 程者①，物之准也。礼者，节之准也②。程以立数③，礼以定伦④，德以叙位⑤，能以授官。凡节奏欲陵⑥，而生民欲宽⑦。节奏陵而文⑧，生民宽而安。上文下安，功名之极也，不可以加矣。

注释 ①程：度量器具的总称。

②节：这里指法度，等级制度。杨倞《荀子·致士》注："节，谓君臣之差等也。"

③立数：确定物的数量。

④定伦：确定人伦关系。

⑤叙位：排列次序。叙通"序"。

⑥节奏：这里指礼法制度。陵：严峻。

⑦宽：和缓。

⑧文：有条理。

译文　程，是衡量东西的标准。礼，是设置等级制度的标准。程是用来确定物的数量的，礼是用来确定人伦关系的，德是用来作为排列人的次序的依据，能力是用来作为授予官职的依据。一切礼法制度要严峻，养育百姓要宽容和缓。礼法制度严峻就有条理，养育百姓宽容就安定。上有条理，下民安定，这是功名的顶点，不可能比这更高的了。

原文　君者，国之隆也[①]；父者，家之隆也。隆一而治[②]，二而乱。自古及今，未有二隆争重而能长久者[③]。

注释　①隆：最崇高的、最有权威的。下文“二隆”中的“隆”字与此同。

②隆：尊重。

③争重：指争夺最高权力。

译文　君主，是国家的最高权威，父亲，是家庭的最高权威。尊重一个最高权威就安定，同时有两个最高权威就混乱。从古到今，没有两个最高权威在那里争夺最高权力而能长治久安的国家和家庭。

原文 师术有四[①]，而博习不与焉[②]。尊严而惮[③]，可以为师；耆艾而信[④]，可以为师；诵说而不陵不犯[⑤]，可以为师；知微而论[⑥]，可以为师。故师术有四，而博习不与焉。

水深则回[⑦]，树落粪本[⑧]，弟子通利则思师[⑨]。《诗》曰[⑩]：“无言不雠[⑪]，无德不报。”此之谓也。

注释 ①师术：指做老师应具备的条件。

②与：参与，这里是包括的意思。

③惮（dàn）：敬畏，这里是庄重的意思。

④耆（qí）艾：泛指年高。杨倞《荀子·致士》：“五十曰艾，六十曰耆。”

⑤陵：乱。犯：指违背礼法。

⑥微：指精微的道理。论：能讲解清楚。

⑦回：漩流，漩涡。

⑧粪本：作为树根的肥料。

⑨通利：通达顺利。

⑩《诗》：指《诗经、大雅·抑》。

⑪雠：回答，回应。

译文　当老师应当具备的条件有四点，但博学不包括在内。尊严而庄重，可以当老师；年高而有威信，可以当老师；诵读解说不紊乱不违背礼法，可以当老师；洞察精微的道理而且能讲解清楚，可以当老师。所以，当老师应当具备的条件有四点，但博学不包括在内。

水深就有漩涡，树叶落下就作为树根的肥料，学生通达顺利就会思念老师。所以《诗经·大雅·抑》说："没有说话得不到回应的，没有给人恩惠得不到回报的。"说的就是这个道理。

原文　赏不欲僭①，刑不欲滥②。赏僭，则利及小人，刑滥，则害及君子。若不幸而过，宁僭无滥，与其害善，不若利淫③。

注释　①僭（jiàn）：超越，过分。

②滥：滥用。这里也是过分的意思。

③淫：放荡不检。这里指犯罪的人。

译文　赏赐不要过分，刑罚不要过分。赏赐过分使小人也得到利益，刑罚过分使君子也受到伤害。如果不幸而过分了，那么宁可赏赐过分也不要刑罚过分。与其伤害好人，倒不如让犯罪的人占点便利。

十五　议兵

题解　本文采用问答的形式，集中阐述了荀况的军事思想。

荀况认为，称王天下的人用兵的目的是“禁暴除恶”，而取得战争胜利的关键是争取民心，统一广大的百姓；是使百姓支持自己，依附自己。即所谓“用兵、攻战之本，在乎壹民”“在乎附民。”

通过对古代仁君、暴君用兵的办法的分析对比，通过对秦、齐、楚、魏等国军事力量消长、国力强弱的分析对比，荀况指出：以仁义治军是唯一正确的治军办法。

荀况还对军队将领、统帅的职责及其所应遵循的治军原则、军队内部的各种制度、用兵的战略战术等问题进行了具体的说明。

荀况还强调，军事斗争不仅要注重军事手段，更重要的是着眼于政治策略。

原文　临武君与孙卿子议兵于赵孝成王前①。

王曰："请问兵要[2]。"

临武君对曰："上得天时，下得地利，观敌之变动，后之发[3]，先之至[4]，此用兵之要术也。"

孙卿子曰："不然。臣所闻古之道，凡用兵攻战之本在乎一民。弓矢不调，则羿不能以中微；六马不和[5]，则造父不能以致远；士民不亲附[6]，则汤武不能以必胜也。故善附民者，是乃善用兵者也。故兵要在乎善附民而已。"

临武君曰："不然。兵之所贵者，埶利也[7]；所行者，变诈也[8]。善用兵者，感忽悠闇[9]，莫知其所从出。孙吴用之[10]，无敌于天下，岂必待附民哉？"

孙卿子曰："不然。臣之所道，仁人之兵，王者之志也。君之所贵，权谋埶利也，所行，攻夺变诈也，诸侯之事也。仁人之兵，不可诈也。彼可诈者，怠慢者也，路亶者也[11]，君臣上下之间滑然有离德者也[12]。故以桀诈桀，犹巧拙有幸焉；以桀诈尧，譬之若以卵投石，以指挠沸[13]，若赴水火，入焉焦没耳。故仁人上下，百将一心，三军同力，臣之于君也，下之于上也，若子之事父，弟之事兄，若手臂之捍头目而覆胸腹也。诈而袭之，与先惊而后击之一也。且仁人之用十里之国，则将有百里之听[14]；用百里之国，则将有千里之听；用千里之国，则将有四海之听；必将聪明警戒，和传而一[15]。故，仁人之兵，聚则成卒[16]，散则成列，延则若莫邪之长刃[17]，婴之者断[18]；兑则若莫邪之利锋[19]，当之者溃[20]；圜居而方止[21]，则若盘石然[22]，触之者角摧[23]，案角鹿埵陇种东笼而退耳[24]。且夫暴国之君，将谁与至哉？彼其所与至者，必其民也。而其民之亲我欢若父母，其好我芬若椒兰；彼反顾其上，则若灼黥，若仇雠。人之情，虽桀跖，岂又肯为其所恶贼其所好者哉？是犹使人之子孙自贼其父母也，彼必将来告之，夫又何可诈也？故，仁人用，国日明[25]，诸侯先顺者安，后顺者危，虑敌之者削[26]，反之者亡。《诗》曰[27]：'武王载发[28]，有虔秉钺[29]，如火烈烈，则莫我敢遏'。此之谓也。"

注释

①临武君：楚国将领，姓名事迹不详。孙卿子：即荀况。兵：这里指如何用兵。赵孝武王：名丹，公元前265年—公元前244年在位。杨倞《荀子·议兵》注："赵孝成王，晋大夫赵夙之后，简子十世孙。"

②兵要：用兵的要领。

③后之发：指在具备天时、地利和了解敌人动向三个条件后再出动。

④先之至：指在具备天时、地利、了解敌人动向三个条件之前作充分的考虑。至，极，这里是充分考虑的意思。

⑤六马：古代君王所乘的车用六匹马拉。

⑥亲附：亲近依附。

⑦埶利：指有利的形势与有利的条件。

⑧变诈：指变化无常、隐秘诡诈的行动、计谋。

⑨感忽：行动迅急。《尔雅》："感，动也。"悠闇：神秘莫测。悠，通"幽"。

⑩孙吴：指孙武和吴起。孙武，吴王阖闾的将领。吴起，魏武王的将领。均为军事家。

⑪路亶（dàn）：疲弱不堪。《说文》："路亶，谓疲劳也。"

⑫滑然：据《新序·杂事》引文，疑为"涣然"。涣然，离散。

⑬挠沸：搅动沸腾的水。

⑭听：这里是调查、考虑的意思。《广雅》："听，谋也。"

⑮和传：当作"和抟"，齐心协力的意思。抟，把散碎的东西捏成团。

⑯卒：这里指的是古代军队中的一种编制，百人为卒。

⑰延：指将队列横向拉长。莫邪：古代传说中的宝剑。陆文微《吴地记·匠门》载：吴王阖闾使干将铸剑，铁汁不下，

其妻莫邪投身炉中，铁水方出，铸成二剑，雄剑名“干将”，雌剑名“莫邪”。

⑱婴：同“撄”，触犯。

⑲兑：同“锐”，这里是缩短的意思。

⑳当：同“挡”，阻挡。

㉑圜居：指军队扎营的阵势为圆形。方止：指军队扎营的阵势为方形。

㉒盘：同“磐”，磐石。

㉓角摧：头破血流的意思。

㉔案角鹿埵陇种东笼而退耳：据上下文义，“角”字疑衍。鹿埵、陇种、车笼，都是古代方言，形容军队被打败后狼狈逃窜的样子。

㉕明：昌励。

㉖虑：据上下文义疑衍。

㉗《诗》：指《诗经·商颂·长发》。

㉘载发：高举大旗。发疑作“旆（pèi）”，旌旗。

㉙虔（qián）：严肃、恭敬而有诚意。秉钺（bǐng yuè）：拿着大斧。钺，大斧，古代的一种兵器。

译文 临武君和荀况在赵孝成王面前讨论如何用兵的问题。赵孝成王问道：“请问用兵的要领。”

临武君回答说："上得天时，下占地利，观察好敌方的动向，具备了这几方面的条件之后再发兵，在这几方面条件具备之前作充分的考虑，这是用兵的要领。"

荀况说："不对。我所听到的古代用兵的办法是：凡是用兵攻战，最根本的在于统一百姓。弓与箭不相协调，那么羿也不能射中小的目标；为君王驾车的六匹马不和谐，那么造父也不能使车到达很远的地方。士子百姓不亲近依附君王，那么商汤王、周武王也不能必胜。所以，善于使百姓依附自己的人，这才是善于用兵的，所以，用兵的要领仅仅在于使百姓依附自己而已。"

临武君说："不对。用兵最重视的，是有利的形势和有利的条件。所采取的，是变化无常隐秘诡诈的计谋与行动。善于用兵的人，行动迅急，神秘莫测，没有谁能知道他是从哪里出来的。孙武、吴起运用这种战术，天下无敌，难道一定要等待百姓的依附吗？"

荀况说："不对。我所说的，是仁人的用兵，是称王天下的君主的志向。你所看重的，是谋略、形势、条件的有利，所采取的，是攻夺，变化无常、隐秘诡诈的计谋和行动，这是诸侯所做的事。仁人的用兵，是不可以诡诈的，那些可以被诡诈的，是斗志怠慢，疲弱不堪的，君臣上下之间离心离德的军队。所以用桀之类的人来欺诈桀之类的人，其中还有手段巧妙笨拙的侥幸，如果用桀一类的人类欺诈尧，就如同用鸡蛋砸石头，用手指搅动沸腾的水，就如同跳进水火之中，一进去就会被烧焦、淹没。所以仁人的上上下下，众将一心，三军合力，臣对于君，下以于上，就像儿子侍奉父亲，弟弟侍奉兄长一样，就像手臂护卫头脸、眼睛、胸部和腹部一样。用诡诈的手段去袭击别人与先惊动对方然后攻击他的结果是一样的。况且，仁人治理方圆十里的国家，必定能调查了解方圆百里之内的情况；治理方圆百里的国家，必定能调查了解方圆千里之内的情况；治理方圆千里的国家，必定能调查了解四海之内的情况；他必定耳聪目明，警惕戒备，全国齐心协力成为一个整体。所以，仁人的兵，聚集拢来成为“卒”，散开来成为行列，队伍横向拉长，就像莫邪利剑的长刃，接触它就会被折断；队伍收缩拢来，就像莫邪利剑的尖锋，抵挡它就必然溃散；无论是圆形的还是方形的扎营阵势，都像磐石一样地坚固，触犯它就会头破血流，只有狼狈不堪地败退。况且，残暴的国君，将有谁与他一道来作战呢？那些与他一道来的，必定是他的百姓，而他的百姓却亲近我们，高兴得像见到父母，他们喜欢我们，觉得我们芬芳得像椒兰一样；他们再回过头去看看他们的君主，君主就像被火烧过一样，就像受过黥刑一样，就像仇人一样。人的常情，即使是桀与跖，哪有肯为自己所厌恶的而去伤害自己所喜欢的呢？这就像让人家的子孙去伤害自己的父母一样，他们必定会来相告，又怎么能施行诡诈呢？所以，仁人治国，国家就会日益昌盛，诸侯各国，先归顺的就安定，后归顺的就危险，与仁人之国为敌的就削弱，背叛仁人之国的就灭亡。《诗经·商颂·长发》说：‘周武王高举大旗，威严而有诚意，手执大斧，气势如熊熊烈火，没有人敢抵挡我们’。说的就是这种情况。”

原文 孝成王、临武君曰：“善。请问王者之兵，设何道何行而可[①]？”

孙卿子曰：“凡在大王，将率末事也[②]。臣请遂道王者诸侯强弱存亡之效[③]，安危之埶。君贤者，其国治；君不能者，其国乱。隆礼贵义者，其国治；简礼贱义者[4]，其国乱。治者强，乱者弱，是强弱之本也。上足印则下可用也[5]，上不足印则下不可用也。下可用则强，下不可用则弱，是强弱之常也[6]。隆礼效功[7]，上也；重禄贵节[8]，次也；上功贱节[9]，下也，是强弱之凡也[10]。好士者强，不好士者弱；爱民者强，不爱民者弱；政令信者强，政令不信者弱；民齐者强，不齐者弱；赏重者强，赏轻者弱；刑威者强，刑侮者弱[11]；械用兵革攻完便利者强[12]，械用兵革窳楛不便利者弱[13]；重用兵者强[14]，轻用兵者弱；权出一者强[15]，权出二者弱[16]，是强弱之常也。

“齐人隆技击[17]。其技也，得一首者，则赐赎锱金[18]，无本赏矣[19]。是事小敌毳[20]，则偷可用也[21]；事大敌坚，则涣焉离耳，若飞鸟然，倾侧反复无日，是亡国之兵也。兵莫弱是矣，是其去赁市佣而战之几矣[22]。

“魏氏之武卒，以度取之[23]，衣三属之甲[24]，操十二石之弩[25]，负服矢五十个[26]，置戈其上，冠轴带剑[27]，赢三日之粮[28]，日中而趋百里[29]，中试，则复其户[30]，利其田宅[31]。是数年而衰[32]，而未可夺也，改造则不易周也[33]。是故，地虽大，其税必寡，是危国之兵也。

“秦人，其生民也陿阸[34]，其使民也酷烈，劫之以埶[35]，隐之以阸[36]，忸之以庆赏[37]，鳕之以刑罚[38]，使天下之民所以要利于上者[39]，非斗无由也。厄而用之[40]，得而后功之[41]，功赏相长也。五甲首而隶五家[42]，是最为众强长久，多地以正[43]。故四世有胜[44]，非幸也，数也[45]。

“故，齐之技击，不可以遇魏氏之武卒[46]；魏氏之武卒，不可以遇秦之锐士；秦之锐士，不可以当桓文之节制[47]；桓文之节制，不可以敌汤武之仁义。有遇之者，若以焦熬投石焉[48]。兼是数国者[49]，皆干赏蹈利之兵也[50]，佣徒鬻卖之道也[51]，未有贵上、安制、綦节之理也[52]。诸侯有能微妙之以节[53]，则作而兼殆之耳[54]。

“故，招近募选[55]，隆埶诈，尚功利，是渐之也[56]；礼义教化，是齐之也。故，以诈遇诈，犹有巧拙焉，以诈遇齐，辟之犹以锥刀堕太山也[57]，非天下之愚人莫敢试，故王者之兵不试。汤武之诛桀纣也，拱揖指麾[58]，而强暴之国莫不趋使，诛桀纣若诛独夫[59]。故《泰誓》曰[60]：‘独夫纣’，此之谓也。

“故，兵大齐则制天下，小齐则治邻敌。若夫招近募选，隆埶诈，尚功利之兵，则胜不胜无常，代翕代张[61]，代存代亡，相为雄雌耳矣[62]。夫是之谓盗兵，君子不由也[63]。

“故，齐之田单[64]，楚之庄跻[65]，秦之卫鞅[66]，燕之缪虮[67]，是皆世俗之所谓善用兵者也，是其巧拙强弱，则未有以相君也[68]。若其道一也[69]，未及和齐也。掎契司诈[70]，权谋倾覆，未免盗兵也。齐桓、晋文、楚庄、吴阖闾、越勾践是皆和齐之兵也，可谓入其域也[71]，然而未有本统也[72]，故可以霸，而不可以王，是强弱之效也。”

注释

①设：采取、采用的意思。行：举动。

②率：同“帅”。末事：非根本的，次要的事。

③遂：全面地。

④简：简慢，怠慢：贱：轻视。

⑤卬：同“仰”，敬仰。

⑥常：通常的情况，常规。

⑦效功：论功行赏。

⑧节：这里指法度。

⑨上：同“尚”，崇尚。

⑩凡：关键。《小尔雅》：“凡，要也。”

⑪侮：侮慢，轻慢，不严正。

⑫攻完：坚固的意思。

⑬窳楛（yǔ kǔ）：坚固，粗劣。杨倞《荀子·议兵》注：“窳，器病也。”“楛，滥恶。”

⑭重用兵：指谨慎地用兵，下文“轻用兵”与此成对文，意即轻率用兵。

⑮权出一：指权力集中。

⑯权出二：指权力分散。

⑰技击：指凭勇力击杀敌人。杨倞《荀子·议兵》注：“技，材力也。齐人以勇力击斩敌者，号为技击。”

⑱赐赎锱金：赏赐八两金子赎买敌人首级。杨倞《荀子·议兵》注：“八两曰锱”又“其技击之术，斩得一首，则官赐锱金赎之。”

⑲无本赏：指不发给打胜仗应给予的奖赏。杨倞《荀子·议兵》注：“斩首，虽战败，亦赏；不斩首，虽胜，亦不赏，是无本赏也。”

⑳事小：指战争规模小。毳（cuì）：脆弱。

㉑偷：勉强的意思。

㉒市佣：指在市场上等待雇用的人。

㉓度：这里是考核、考试录用的意思。

㉔三甲之属：古代作战时，将士身上所披挂的三件一套的护身甲。杨倞《荀子·议兵》注：“如淳曰：‘上身一，髀裈一、胫缴一。’凡三属也。”

㉕石（dàn）：重量单位，一百二十斤为一石。弩：一种有机械装置、力量强大的弓。《说文》：“弩，弓有臂者。”

㉖服：同“箙”，用竹木或兽皮做成的盛箭的器具。《国语·齐语》：“负服矢五十个者，盛五十个矢于服而负之也。”

㉗轴：同“胄”，头盔。

㉘赢：带着。

㉙日中：从早晨到中午，这里指半天。

㉚复其户：指免除所中选的武卒的徭役。复，偿的意思，抵偿了徭役也就是免除了徭役。

㉛利其田宅：免去所中选的武卒的田宅税。利，给予便利，也即是免去税收。

㉜是：指武卒。

㉝改造：指重选武卒。杨倞《荀子·议兵》注：“更选择也。”周：周全、完备，这里是符合条件的意思。

㉞陿阸（xiá è）：狭隘，这里指使百姓的生路狭窄。

㉟劫：逼迫。埶：同“势”。势：指权势。

㊱隐：穷困。

㊲怞：同“狃”，迷惑。《尔雅》：“狃，惑也。”

㊳鰌（qiú）：逼迫。

㊴要（yāo）利：求利。

㊵厄（è）：指使百姓处于困境。

㊶得：指取得胜利。

㊷五甲首：指斩掉五个敌兵的首级。隶：役使。杨柳桥《荀子诂译·议兵》注：“《汉书·刑法志》有此文，颜注引服虔曰：‘能得著甲者五人首，使得役隶五家也。’”

㊸正：通“征”，征税。

㊹四世：指秦孝公、秦惠文王、秦武王、秦昭襄王。有胜：保住强盛。

㊺数：术数，指必然规律。

㊻遇：遭遇，这里是抵挡的意思。

㊼桓文：指齐桓公、晋文公，二者都是春秋时的霸主。节制：指有纪律、有教养的军队。

㊽焦熬：枯焦的、用火烤干的东西。

㊾兼是：所有这些。

㊿干：求取。杨倞《荀子·议兵》注：“干，求也。”蹈：贪图。

(51)鬻卖：这里是指出卖力气。

(52)綦节：指极尽忠义气节。

(53)微妙：细微精妙，这里是尽善尽美的意思。

㊺作：起来。殆：危险。这里指灭亡。杨倞《荀子·议兵》注："谓擒灭之。"

㊻招近：据上下文义，疑为"招延"，招集的意思。下同。

㊼渐：欺诈。

㊽辟：同"譬"。锥刀：小刀。堕：毁。

㊾拱揖（yì）：拱手作揖，形容从容镇定。麾：同"挥"。

㊿独夫：指残酷暴虐、众叛亲离的国君。

60《泰誓》：指《尚书·泰誓》。

61代翕（xī）代张：时而衰弱时而强盛。翕，收敛，引申为衰弱；张，扩张，引申为强盛。

62雄雌：这里指强弱胜负。

63由：用。

64田单：战国时齐国将领。燕破齐时，由单率军坚守即墨城（故城在今山东平度县东南）。后用火牛阵大破燕军，收复了齐国一度丧失的七十余座城池。

65庄跻（qiāo）：楚成王将领、曾率军夺取巴蜀黔中之地。

66卫鞅：商鞅，战国时著名的法家人物。

67缪虮：杨柳桥《荀子诂译·议兵》注："即乐毅。"乐毅，战国时燕将，燕昭王时任亚卿，燕昭王二十八年（公元前284年）率军击破齐国，先后攻占七十余座城池。惠王时，出奔赵国，死于赵。

⑱相君：相互为君长，即相上下的意思。

⑲若：助词。

⑳掎契：偏邪。《说文》："掎，偏引也。李贤《后汉书》注：'掎，偏引一足也。'《周易·睽》云'其角掣'，《子夏》传作'契'，云'契，一角仰也。'"司诈：欺诈。

㉑入其域：指进入了礼义教化的境界。杨倞《荀子·议兵》注："入礼义教化之域。"

㉒本统：根本，纲纪。

译文

孝成王、临武君说："好，请问称王天下的君王，用兵采取什么办法，如何行动才行呢？"

荀况说："一切在于君王，将帅都是次要的。请允许我全面地谈谈称王天下的君主与诸侯强弱存亡的效应和他们安危的形势。君主贤明的，他的国家就安定；君主无能的，他的国家就混乱。崇尚礼义的，他的国家就安定；怠慢轻贱礼义的，他的国家就混乱。安定的国家强大，混乱的国家衰弱，这是强弱的根本原因。君主足以被敬仰的，那么下面的百姓就可以供君主使用；君主不足以被敬仰的，那么下面的百姓就不可能被君主所使用。下面的百姓可以供君主使用的国家就强大，下面的百姓不可能被君主所使用的国家就衰弱，这是国家强弱的常规。崇尚礼义，论功行赏，是上策；注重利禄，注重法度，是次等的策略；崇尚战功，轻贱法度，是下策。这是国家强弱的关键。喜欢人才的国家强大，不喜欢人才的国家就衰弱；爱护百姓的国家强大，不爱护百姓的国家衰弱；政令讲信用的国家强大，政令不讲信用的国家衰弱；百姓一致的国家强大，百姓不一致的国家衰弱；奖赏丰厚的国家强大，奖赏微薄的国家衰弱；刑罚威严的国家强大，刑罚轻慢的国家衰弱；各种枪械、用具、武器、盔甲等等坚固适用的国家强大，各种枪械、用具、武器、盔甲等等粗劣不牢固的国家衰弱；用兵谨慎的国家强大，用兵轻率的国家衰弱；权力集中的国家强大，权力分散的国家衰弱。这是国家强弱的常规。

“齐人推崇以勇力斩杀敌人的首级。它的办法是：得到敌人一个首级，就赏赐赎金八两，却不发给因打胜仗而应给予的奖励。这种办法，对于小规模的战争和脆弱的敌人，还可以勉强使用；对于大规模的战争和强劲的敌人，就会军心涣散，像飞鸟一样，不用多长时间就会失败，这是亡国的军队。没有比这更弱的军队了。这与租赁雇佣市场上等待雇佣的人去打仗差不多。

“魏国的武士，用考试、考核的办法来选取。穿上三件一套的护身甲，拿着需要千斤力量才能拉开的强弓，背着装有五十支箭的箭袋，再把长枪放在上面，带上头盔、宝剑，带上三天的口粮，半天之内赶一百里，被选中的，就免除他家的徭役，免除他家的田宅税。这些武士过几年就衰老了，他所享有的权利却不能剥夺，另外选取人又难以完全符合条件。所以，魏国的土地虽然辽阔，它的税收却必定很少，这是危害国家的军队。

“秦国的人，他们养活百姓的生路狭窄，役使百姓十分严酷，他们用权势威逼百姓，用狭窄的生路使百姓穷困，用奖赏去迷惑百姓，用刑罚去压迫百姓，使百姓要向君主求取利益，除了打仗没有别的路可走。使百姓生路狭窄了再驱使他们，使百姓得到胜利再给他们记功，功劳与奖励相互促进，斩获五个敌人首级的就可以役使五户百姓。所以，它的兵员最多，战斗力强而且持久，可以征税的土地也多。所以，秦国四代都保存强盛，这不是侥幸，而是必然的规律。

“所以，齐国凭勇力去取胜的士兵，不能够抵挡魏国的武士；魏国的武士，不能够抵挡秦国精锐的士兵；秦国的士兵，不能够抵挡齐桓公、晋文公有纪律有教养的军队；齐桓公、晋文公有纪律有教养的军队，不能够抵挡商汤王、周武王的仁义之师。抵挡它们，就会像把火烤焦枯的东西投向石头一样。所有这些国家的军队，都是追求赏赐、贪图利益的军队，是受雇佣的人出卖力气的办法，他们没有尊重君主，安于法制、极尽礼义气节的理性。诸侯中有能够尽善尽美地用礼义统帅士兵的，就能一举歼灭这所有的国家。

“所以，招引、募集、选拔士兵，崇尚威势与诡诈，崇尚功利的，是欺诈百姓；使用礼义教化，这才是使百姓一致的办法。所以，用诡诈去抵挡诡诈，还有高明与拙劣的区别；而用诡诈去抵挡一致的，就好像用小刀去毁坏泰山一样，不是天下最愚蠢的人是没有人敢作这种试探的。所以，称王天下的君主的军队不去作这种试探。商汤王、周武王诛伐桀、纣时，从容自如地指挥，而那些强暴的国家也没有不来接受驱使的。诛伐桀、纣，就像诛伐‘独夫’所以,《尚书·秦誓》说：‘纣王独夫’，说的就是这个道理。

“所以，军队高度统一就可以制服天下，小小的统一也可以制服邻近的敌国。至于招引、募集、选拔士兵，崇尚权势诡诈，崇尚功利的军队，胜与不胜就变化无常，时而强盛时而衰弱，时而存在时而灭亡，相互竞争强弱胜负而已。这叫作盗寇式的军队，君子是不用的。

“所以，齐国的田单，楚国的庄跻，秦国的商鞅，燕国的乐毅，这些都是世俗所称的善于用兵的人，他们的巧拙强弱，还不分上下，他们的办法是一样的，还没有使军队和谐一致。他们偏邪欺诈，玩弄权术颠覆敌方，都不免是盗寇式的军队。齐桓公、晋文公、楚庄公、吴王阖闾、越王勾践，这些人的军队都是和谐统一的军队，可以说进入了礼义教化的境界，但是还没有抓住根本。所以，可以称霸天下而不可以称王天下，这是国家强弱的效应。”

原文 孝成王、临武君曰：“善，请问为将。”

孙卿子曰：“知莫大乎弃疑[1]，行莫大乎无过，事莫大乎无悔，事至无悔而止矣，成不可必也。故，制号政令[2]，欲严以威[3]；庆赏刑罚，欲必以信；处舍收臧[4]，欲周以固；徙举进退[5]，欲安以重，欲疾以速；窥敌观变，欲潜以深[6]，欲伍以参[7]；遇敌决战，必道吾所明[8]，无道吾所疑。夫是之谓六术[9]。无欲将而恶废[10]，无急胜而忘败，无威内而轻外[11]，无见其利而不顾其害，凡虑事欲孰而用财欲泰[12]，夫是之谓五权[13]。所以不受命于主有三：可杀，而不可使处不完[14]；可杀，而不可使击不胜[15]；可杀，而不可使欺百姓。夫是之谓三至[16]。凡受命于主而行三军[17]，三军既定，百官得序[18]，群物皆正[19]，则主不能喜，敌不能怒，夫是之谓至臣[20]。虑必先事而申之以敬[21]，慎终如始，终始如一，夫是之谓大吉。凡百事之成也，必在敬之；其败也，必在慢之。故，敬胜怠则吉，怠胜敬则灭；计胜欲则从[22]，欲胜计则凶。战如守，行如战，有功如幸。敬谋无圹[23]，敬事无圹，敬吏无圹，敬众无圹，敬敌无圹。夫是之谓五无圹。慎行此六术、五权、三至，而处之以恭敬无圹，夫是之谓天下之将，则通于神明矣。”

注释

①弃疑：指放弃尚存疑虑的计谋。

②制号：制度。

③严以威：严肃而有权威。以，而。下文“必以信”“周以

固”“安以重”“疾以速”“潜以深”“伍以参”中的“以”字与此同。

④处舍：指修筑营垒。收臧：收藏财物。臧，通“藏”。

⑤徙举：行动。

⑥潜：隐蔽，秘密。

⑦伍、参：分析，验证。

⑧道：遵循，按照。明：指了解的情况。

⑨术：指战术原则。

⑩欲将：喜欢行动。《广雅》：“将，行也。”恶废：厌恶止息。

⑪威内：对内部十分威严。

⑫孰：同“熟”，深思熟虑的意思。泰：宽松，宽裕。杨倞《荀子·议兵》注：“泰，谓不吝赏也。”

⑬权：权术。

⑭不完：指不坚固的阵地。

⑮击不胜：指去攻击注定无法战胜的敌人。

⑯至：指最高原则。

⑰行：统率。

⑱得序：各当其任，各守其职。

⑲群物：指各方面的事务。正：步入正轨的意思。

⑳至臣：最好的臣，这里指最好的将领。

㉑申：重视。

㉒从：顺利。

㉓圹：同“旷”，松懈，松驰，疏忽。

译文

孝成王、临武君说：“好，请问怎样当将领？”

荀况说：“将领最高的智慧莫过于放弃尚存疑虑的计谋，最重要的行动莫过于不出差错，最重要的事莫过于不后悔，事情做到无可后悔的地步就行了，成功并不是必不可少的。所以，制度政令，要严肃而有权威；奖励惩罚，要坚决而讲信用；构筑营垒、收藏财物，要周密而牢固；军队的行动进退，要安全而稳重，要迅疾而快速；侦察敌情、观察它的变化，要秘密而深入，要分析验证；遇到敌人，决定战略战术，一定要按照自己了解的情况来定，不要按照自己都还感到疑惑的情况来定。这就叫作六种战术原则。不要只喜欢行动而厌恶止息，不要急于求胜而忘记失败的可能，不要只对内部威严而对外轻敌，不要只看到那有利的一面而不顾及其有害的一面，凡是考虑事情都要深思熟虑而用钱财行赏则要慷慨大方，这就叫作五种权术。所以，将领不接受君主的命令的情况有三种：可以杀死他，却不能让他去守备不坚固的阵地；

可以杀死他，却不能让他去攻击注定不能打胜的敌人；可以杀死他，却不能让他去欺压百姓。这就叫作三项最高原则。凡是接受君主的命令去统帅三军的将领，把三军安排停当，军中的各级官员各当其任，各司其职，各方面的事务都正常地运转，这时，君主的奖赏不会使他沾沾自喜，敌人的奸计不能使他激怒，这就叫作最好的将领。事情发生之前，必定有周密的考虑，以谨慎的态度重视它，谨慎地对待事情的终结，一如对待事情的起始，终结与起始的谨慎程度完全一样，这叫作最大的吉利。一切事情的成功，都在于谨慎；失败，在于怠慢。所以，当谨慎胜过怠慢时，就吉利；怠慢胜过谨慎时，就灭亡。计谋高过欲望的，就顺利，欲望高过计谋的，就凶险。作战时像镇守一样谨慎，行军时像作战一样警惕，有了功劳就像是侥幸获得。谨慎地思考策划不要疏忽，谨慎地对待事务不要疏忽，谨慎地对待官吏不要疏忽，谨慎地对待士兵不要疏忽，谨慎地对待敌人不要疏忽，这就叫作五种不疏忽。谨慎地施行这六种战术原则，五种权术，三项最高原则，而且以恭敬严谨的态度来处置，这就叫作天下无敌的将领，他用兵就可以与神明相通了。”

原文

临武君曰："善，请问王者之军制[1]。"

孙卿子曰："将死鼓[2]，御死辔[3]，百吏死职[4]，士大夫死行列[5]。闻鼓声而进，闻金声而退[6]。顺命为上，有功次之。令不进而进，犹令不退而退也，其罪惟均。不杀老弱，不猎禾稼[7]，服者不禽[8]，格者不舍[9]，奔命者不获[10]。凡诛，非诛其百姓也，诛其乱百姓者也。百姓有捍其贼，则是亦贼也。以故，顺刃者生[11]，苏刃者死[12]，奔命者贡[13]。微子开封于宋[14]，曹触龙断于军[15]，殷之服民，所以养生之者也，无异周人。故，近者歌讴而乐之，远者竭蹶而趋之[16]。无幽闲辟陋之国，莫不趋使而安乐之。四海之内若一家，通达之属莫不从服，夫是之谓人师。《诗》曰[17]：'自西自东，自南自北，无思不服[18]'。此之谓也。王者有诛而无战[19]，城守不攻[20]，兵格不击[21]，上下相喜则庆之。不屠城，不潜军[22]，不留众[23]，师不越时[24]。故乱者乐其政[25]，不安其上[26]，欲其至也。"

临武君曰："善。"

注释

①军制：军队的法令、制度。

②将死鼓：即将领殉职于指挥部队前进的鼓声，意思是指挥

部队前进时，至死不能后退。

③御死辔：指赶战车的人至死不能丢掉马缰。

④死职：至死不能离开职守。

⑤死行列：至死不能离开队列。

⑥金声：钲声。古代作战时，以击钲为停止进军、后退的号令。钲，一种形似钟的乐器，用金属做成，所以钲声又称金声。

⑦猎：通“躐（liè）”践踏。

⑧服者：指不战而退的敌人。禽：通“擒”，捉拿。

⑨格者：指顽固抵抗的人。杨倞《荀子·议兵》：“格，谓相拒捍者。”

⑩奔命：指投诚的人。杨倞《荀子·议兵》注：“奔命，谓奔走来归其命者。”获：俘获，俘虏。

⑪顺刃者：指不战而退的敌人。

⑫苏刃者：指顽固抵抗的敌人。苏，通“愫”，向着。

⑬贡：上交。杨倞《荀子·议兵》注：“贡，谓取归命者献于上将也。”

⑭微子开：即微子启，商纣王的庶兄，归顺周朝后被封于宋。

⑮断：指斩首。

⑯竭蹶：尽力颠扑，即不怕路途的艰难。

⑰《诗》：指《诗经·大雅·文王有声》。

⑱思：语助词。

⑲诛：指征伐不义。

⑳城守：指敌军坚守城池。

㉑兵格：指敌军顽强抵抗。

㉒潜军：用军队偷袭。

㉓留众：指将军队长期留在外面。

㉔越时：指超过规定的时间。

㉕其：指称王天下的君主。下文“欲其至也”的“其”字指称王天下的君主的军队。

㉖其：指上文所说的“乱者”的本国国君。

译文

临武君说：“好。请问称王天下的君主的军队的法令、制度。”

荀况说：“将领指挥军队前进时，至死不能后退，驾驶战车的人至死不能丢下马缰，各级官吏至死不能离开职守，士大夫至死不能离开队列。听到鼓声就前进，听在钲声就后退。服从命令是首要的，建立功劳是其次的。命令不准前进却要前进，就像命令不准后退却要后退一样，罪过是相同的。不杀戮老弱的人，不践踏庄稼，不战而退的敌人不予捉拿，顽固抵抗的敌人决不放过，投诚的敌人，不把他作为俘虏。凡是讨伐，不杀害那些百姓，而是要诛杀那些祸乱百姓的人。百姓中有保护那些贼寇的，那也就是贼寇。因此，不战而退地让他活着，顽固抵抗地让他死去，投诚的把他交给上司。微子启被封于宋地，曹触龙在军前斩首，殷朝归顺的百姓，周朝对他们的养育，与对周朝人没有区别。所以，近处的人讴歌周朝，欢迎它，远处的人不怕途路艰难来归顺它。无论多么偏僻边远的国家，没有不供它驱使而乐于、安于它的统治的。四海之内如同一家，只要是人迹所到的地方没有不服从它的，这就叫作人们的师表。《诗经·大雅·文王有声》说：'从西到东、从南到北，没有不顺服的。'说的就是这种情况。称王天下的国君只有征伐不义而无攻战，敌军坚守城池时不强攻，敌兵顽强抵抗时不强击，敌军上下同心应该为他们庆贺。不毁坏城池，不用军队偷袭，不把军队长期留在外面，用兵不超过规定的时间。所以，那些混乱的国家的百姓喜欢称王天下的君主的政令，不安于本国的国君，而盼望称王天下的君主的军队到来。"

临武君说："对。"

原文　陈嚣问孙卿子曰①："先生议兵，常以仁义为本。仁者爱人，义者循理，然则又何以兵为②？凡所为有兵者，为争夺也。"

孙卿子曰："非女所知也③。彼仁者爱人，爱人，故恶人之害之也；义者循理，循理，故恶人之乱之也。彼兵者，所以禁暴除害也，非争夺也。故，仁人之兵，所存者神④，所过者化⑤，若时雨之降⑥，莫不说喜⑦。是以，尧伐驩兜⑧，舜伐有苗⑨，禹伐共工⑩，汤伐有夏⑪，文王伐崇⑫，武王伐纣；此四帝两王⑬，皆以仁义之兵行于天下也。故，近者亲其善，远者慕其德⑭，兵不血刃⑮，远迩来服⑯，德盛于此，施及四极⑰。《诗》曰⑱：'淑人君子，其仪不忒⑲。'此之谓也。"

注释　①陈嚣：荀况的学生，生平事迹不详。

②兵为：指用兵。

③女：同"汝"，你。

④所存者：指军队所驻守、统辖的地方。神：指最完美、最普遍地得到治理的政治局面。

⑤化：指百姓得到教化。

⑥时雨：适时的雨。

⑦说：同“悦”，喜悦。

⑧驩（huān）兜：古代神话中的人物，传说是尧舜时的人（或部落）。

⑨有苗：也称三苗，传说是尧舜时代的部落。

⑩共工：古代神话中的人物，传说是尧舜时代的人（或部落）。

⑪有夏：即夏桀。

⑫崇：商代时的一个诸侯国。

⑬四帝两王：据《太平御览》引文，疑为“两帝四王”。

⑭德：据上下文义和《太平御览》引文，疑为“义”。

⑮不血刃：指刀不沾血，即不杀伤人，不流血的意思。

⑯迩（ěr）：近。

⑰极：指极其边远的地方。

⑱《诗》：指《诗经·曹风·尸鸠》。

⑲其仪不忒：他的礼义没有差错。据上下文义和《荀子·富国》所引诗句，“其仪不忒”后疑夺“其仪不忒，正是四方”一句。

译文 陈嚣问荀况：“先生谈论用兵，常把仁义作为根本。仁义的人爱人，仁义的人遵循道理，既然这样，又为什么要用兵呢？凡是用兵的，就是为了争夺嘛。”

荀况说："这不是你所懂得的。那些仁义的人爱人，所以就憎恶恶人去害人，那些仁义的人遵循道理，所以就憎恶恶人去祸乱人。他们用兵，是用来制止强暴、消除祸害的，不是为了争夺。所以，仁人的军队，所驻守、统辖的地方都出现尽善尽美、普遍得到治理的政治局面，他们所经过的地方，老百姓都得到教化，就像适时的雨下降，人们没有不喜悦的。所以，尧讨伐驩兜，舜讨伐有苗，禹讨伐共工，汤讨伐夏桀，文王讨伐崇国，武王讨伐纣王，这两帝四王，都是凭着仁义的军队畅行天下的。所以，近处的人亲近他们的善良，远处的人仰慕他们的仁义，他们的军队不须使刀刃沾血，远近的人都来归顺。德行美好到这样的程度，影响就会遍及四方极远的地方。《诗经·曹风·尸鸠》说：'仁人君子，他的礼义没有差错。他的礼义没有差错，可以治理四方的国家。'说的就是这种情况。"

原文 李斯问孙卿子曰[①]："秦四世有胜，兵强海内，威行诸侯，非以仁义为之也，以便从事而已[②]。"

孙卿子曰："非女所知也。女所谓便者，不便之便也[③]，吾所谓仁义者，大便之便也。彼仁义者，所以修政者也[④]。政修，则民亲其上，乐其君，而轻为之死[⑤]。故曰：凡在于君，将率，末事也。秦四世有胜，諰諰然常恐天下之一合而轧已也[⑥]，此所谓末世之兵[⑦]，未有本统也。故，汤之放桀也[⑧]，非其逐之鸣条之时也[⑨]；武王之诛纣也，非以甲子之朝而后胜之也[⑩]，皆前行素修也[⑪]，此所谓仁义之兵也。今女不求之于本，而索之于末，此世之所以乱也。”

注释

①李斯：荀况的学生，战国末期法家代表人物之一，担任秦国宰相，协助秦始皇统一中国。

②以便从事：顺着便利的形势行事。

③不便之便也：不是真正便利的便利。

④修政：指将政事处理好。

⑤轻为之死：指把为君王而死看得很轻，意思是毫不犹豫地为君王牺牲自己。

⑥諰（xǐ）諰然：惧怕的样子。轧（yà）：颠覆。已：据文义，疑为“己”。

⑦末世：指乱世。

⑧放：驱逐。

⑨鸣条：地名。传说商汤讨伐夏桀时，大战于鸣条。

⑩甲子之朝：甲子这一天的早晨，是武王打败商纣王的日子。

⑪前行素修：指平日一贯地施行仁义，实行教化。杨倞《荀子·议兵》注："前行素修，谓前已行之，素已修之。"

译文

李斯问荀况："秦朝四代保持强盛，兵力是四海之内最强大的，威力盛行在诸侯之中，它不是靠仁义来实现这种局势的，不过是顺着便利的形势去做罢了。"

荀况说："这不是你所懂得的。你说的便利，不是真正便利的便利，我说的仁义，才是最便利的便利。仁义，是用来把政事治理好的，政事治理好，百姓就亲近他们的君主，喜欢他们的君主，而毫不犹豫地为君主献身。所以说：一切都在于君，将帅是次要的。秦国四代保持强盛，但随时战战兢兢地畏惧天下各国联合起来颠覆它，这就是所谓的乱世的军队，它们没有抓住根本。所以，商汤放逐夏桀，并不是在鸣条大战那一时候，武王诛伐商纣王，也不是在甲子这天的早晨战胜商纣王的。都是原先一贯施行礼义，实行教化的结果。这就是我们所说的仁义之师。现在你不追索它的本原，而去探究细微末节，这就是世道混乱的原因。"

原文 礼者，治辨之极也[①]，强国之本也[②]，威行之道也[③]，功名之总也[④]。王公由之[⑤]，所以得天下也；不由，所以陨社稷也。故，坚甲利兵，不足以为胜；高城深池，不足以为固；严令繁刑，不足以为威。由其道则行，不由其道则废。

楚人鲛革犀兕以为甲[⑥]，鞈如金石[⑦]，宛钜铁𨧀[⑧]，惨如蜂虿[⑨]，轻利僄遬[⑩]，卒如飘风[⑪]，然而兵殆于垂沙[⑫]，唐蔑死[⑬]，庄跻起[⑭]，楚分而为三四[⑮]。是岂无坚甲利兵也哉？其所以统之者非其道故也。汝、颍以为险[⑯]，江、汉以为池[⑰]，限之以邓林[⑱]，缘之以方城[⑲]，然而秦师至而鄢、郢举[⑳]，若振槁然。是岂无固塞隘阻也哉[㉑]？其所以统之者非其道故也。纣刳比干，囚箕子，为炮烙刑[㉒]，杀戮无时，臣下懔然莫必其命[㉓]，然而周师至，而令不行乎下，不能用其民[㉔]。是岂令不严、刑不繁也哉？其所以统之者非其道故也。

古之兵[㉕]，戈矛弓矢而已矣。然而，敌国不待试而诎[㉖]；城郭不辨[㉗]，沟池不抇[㉘]，固塞不树[㉙]，机变不张[㉚]，然而国晏然不畏外而明内者[㉛]，无它故焉，明道而分钧之[㉜]，时使而诚爱之，下之和上也如影响[㉝]。

有不由令者，然后诛之以刑，故刑一人而天下服。罪人不邮其上[34]，知罪之在己也，是故刑罚省而威流[35]，无它故焉，由其道故也。古者，帝尧之治天下也，盖杀一人、刑二人，而天下治。传曰："威厉而不试[36]，刑错而不用[37]。"此之谓也。

注释

①治辨：治理。极：指最高准则。

②强国之本：据《史记》引文，疑为"强固之本。"

③威行：威力盛行。

④总：纲要。

⑤由：遵循。

⑥鲛革：沙鱼皮，可以制甲。犀兕（xī sì）：犀牛与兕的皮，可以制甲。

⑦鞈（gé）：据《史记》等引文，疑为"坚"。

⑧宛：地名，在今河南南阳，战国时楚国的城邑。钜铁：十分钢硬的铁。钝（shī）：矛。

⑨惨：毒。蜂虿（chài）：指蜂与蝎类毒虫。杨倞《荀子·议兵》注："惨如蜂虿，言中人之惨毒也。"

⑩僄遬（piào sù）：轻巧迅速。杨倞《荀子·议兵》注："僄，亦轻也。""遬，与'速'同。"

⑪卒：同"猝"，突然来去的意思。飘风：疾风。

⑫垂沙：古地名，在今河南唐河西南。

⑬唐蔑：一作唐昧，战国时楚将。楚怀王二十八年（公元前301年），齐将匡章、魏将公孙喜、韩将暴鸢率军进攻楚的方城，他率军抵御，在垂沙大败被杀。

⑭庄跻：战国时楚国起义领袖，一作“企足”。一说，庄跻是后来入滇为王的楚国将领。起：起而造反的意思。

⑮三四：四分五裂的意思。

⑯汝、颍：均为河水名，源出河南省。

⑰江、汉：长江、汉水。池：这里指护城河。

⑱限：界限，这里是屏障的意思。邓林：指楚国北部边境邓县一带的山林。

⑲缘：环绕。方城：山名，在楚国北部。杨倞《荀子·议兵》注：“楚北界山名也。”

⑳鄢、郢（yān yǐng）：地名，前者在河南鄢陵县西北，后者在今湖北江陵县西北。战国时两地曾先后为楚国国都。

㉑隘阻：指险要地形。

㉒炮烙：相传为商纣王所使用的一种酷刑。杨倞《荀子·议兵》注：“《列女传》曰：‘炮烙，为膏（高）铜柱，加之炭，令有罪者行焉，辄堕火中，纣与妲己大笑。’”

㉓慄然：畏惧的样子。莫必其命：不知是否一定能保住自己的性命。

㉔用：这里是驱使、调动的意思。

㉕兵：指兵器。

㉖试：用。诎：通“屈”。

㉗辨：修理，修固。

㉘拑：据上下文义，疑为“扫（hú）”。扫，同“掘”。

㉙树：设立，设置。

㉚机变：指阴谋诡诈之术。张：施行，施展。

㉛晏然：安然、平静的样子。明内：据《史记》引文，疑为“固”，坚固。

㉜明道：指使百姓明确道义。分钧：据《史记》等引文，疑为“钧分”。钧，同“均”。均分，按等级平均分配。

㉝影响：指身影与回音。

㉞邮：埋怨。

㉟威流：据《史记》引文，疑为“威行如流”。流，像水流一样畅通无阻。

㊱厉：严正。

㊲错：同“措”，放置，搁置。

译文　礼，是治理国家的最高准则，是强盛稳固国家的根本，是威力盛行的途径，是建立功名的纲要。天子诸侯遵循它，所以统一了天下，不遵循它，所以毁灭了国家。所以，坚固的铠甲，锋利的兵器，不足以取得胜利；高高的城墙，深深的护城河，不足以巩固国防，严酷的法令，繁多的刑罚，不足以形成威力。遵循礼这一途径这一切才能办到。不遵循礼这一切都会废止。

楚国人用沙鱼皮、犀牛与兕的皮作铠甲，坚硬得像金石一样，用宛地出产的刚硬的铁做矛，惨毒得像蜂和蝎之类的毒虫一样，士兵行动轻快敏捷，突然来去像疾风，但是终于在垂沙兵败，大将唐蔑战死，庄跻起兵造反，楚国便四分五裂了。这难道是没有坚硬的铠甲、锋利的兵器吗？是由于他们统治自己的国家没有遵循礼的途径的缘故。汝水、颍水作为天险，长江、汉水作为护城河，邓县的山林作为屏障，方城山环绕着，但是秦军一到，鄢、郢就被攻占，就像枯叶被击落一样。这难道是没有坚固的要塞、险要的地形吗？是由于他们统治自己的国家没有遵循礼的途径的缘故。商纣王将比干剖腹挖心，囚禁了箕子，还施行了炮烙的酷刑，任意杀戮，臣下都战战兢兢，不知道是否一定能保住自己的生命，但是周朝的军队一到，商纣王的命令就无法在下面施行，就不能调动他的百姓。这难道是法令不严酷、刑罚不繁多的缘故吗？是由于他们统治自己的国家不遵循礼的途径的缘故。

古代的兵器，不过是戈矛弓矢而已。但是，不等待使用敌国就屈服了，城墙还没有修固，护城河还没有挖掘，坚固的要塞还没有设置，阴谋诡计没有施展，但是国家已经安然宁静不畏惧外敌而十分稳固，没有别的缘故，是使百姓明确了道义，而且按等级对他们进行平均的分配，适时地使用他们，真诚地爱护他们，百姓附和君主，如身影随着形体，如回音应着声音。有不遵守法令的，才用刑罚处罚他，所以处罚一个人而天下的人都信服。犯罪的人也不埋怨君主，知道罪在他自己身上，所以刑罚用得少而威力却像流水一样畅行无阻。古代，尧帝治理天下，只杀了一个人，处罚了两个人，而天下得到治理。古书上说："权威严正而不发作，刑罚搁置而不使用。"说的就是这种情况。

原文　凡人之动也，为庆赏为之，则见害伤焉止矣[①]。故，赏庆、刑罚、埶诈，不足以尽人之力，致人之死[②]。为人主上者也，其所以接下之百姓者，无礼义忠信，焉虑率用赏庆、刑罚、埶诈、除厄其下[3]，获其功用而已矣[4]。大寇则至[5]，使之持危城，则必畔[6]，遇敌处战则必北[7]，劳苦烦辱则必奔[8]，霍焉离耳[9]，下反制其上。故，赏庆、刑罚、埶诈之为道者[10]，佣徒粥卖之道也[11]。不足以合大众，美国家。故古之人羞而不道也[12]。故，厚德音以先之，明礼义以道之[13]，致忠信以爱之，尚贤使能以次之[14]，爵服庆赏以申之[15]，时其事，轻其任，以调齐之，长养之，如保赤子，政令以定[16]，风俗以一。有离俗不顺其上，则百姓莫不敦恶[17]，莫不毒孽[18]，若祓不祥[19]，然后刑于是起矣。是大刑之所加也，辱孰大焉？将以为利邪？则大刑加焉，身苟不狂惑戆陋，谁睹是而不改也哉？然后百姓晓然皆知修上之法[20]，像上之志[21]，而安乐之。于是有能化善、修身、正行、积礼义、尊道德，百姓莫不贵敬，莫不亲誉，然后赏于是起矣。是高爵丰禄之所加也，荣孰大焉？将以为害邪，则高爵丰禄以持养之。生民之属，孰不愿也？雕雕焉县贵爵重赏于其前[22]，县明利大辱于其后，虽欲无化[23]，能乎哉？故民归之如流水，所存者神[24]，所为者化而顺[25]。暴悍勇力之属为之化而愿，旁辟曲私之属为之化而公[26]，矜纠收缭之属为之化而调[27]，夫是之谓大化至一[28]。

《诗》曰[29]："王犹允塞[30]，徐方其来[31]。"此之谓也。

注释

①焉：而，乃。

②致：达到。

③焉：语助词。虑：大抵。率：通常。除厄：据上下文义，疑为"险厄"，威逼的意思。

④功用：指功劳，成果。

⑤则：若，如果。

⑥畔：同"叛"，背叛，叛变。

⑦北：败北，打败仗。

⑧奔：指逃跑。

⑨霍焉：迅速的样子。

⑩道：办法。

⑪粥：同"鬻"，卖。

⑫不道：不采用这种办法。

⑬道：同"导"，引导。

⑭次：安排，安置。

⑮申：重视，这里是激励的意思。

⑯以：因此。一说，以，同"已"，已经。

⑰敦：同"憝（duì）"，怨恨。《说文》："憝，怨也。"《广雅》："憝，恶也。"

⑱毒孽：痛恨。《广雅》：“毒，憎也，恶也。”

⑲祓（fú）：消除。

⑳修：据上下文义，疑为“循”，遵从，顺从的意思。

㉑像：模仿，随从。

㉒雕雕：清清楚楚的样子。杨倞《荀子·议兵》注：“雕雕，章明之貌。”县：同“悬”，挂。下句中的“县”字与此同。

㉓无化：不受感化。

㉔神：指大治的局面、境界。

㉕为：这里是推行的意思。化而：据上下文义疑衍。

㉖旁辟：偏邪不诚实。曲私：专为自己打算。

㉗矜纠收缭：急戾暴躁，不讲道理。

㉘大化至一：教化达到了顶点。

㉙《诗》：指《诗经·大雅·常武》。

㉚王犹：即王道。允：确实如此。

㉛徐方其来：据《诗经·大雅·常武》，似为“徐方既来”。徐，通“俱”，全，都。清朱骏声《说文通训定声·豫部》：“徐，假借为俱。”《公羊传·成公十五年》：“鲁人徐伤归父三无后也。”何休注：“徐者，共之辞也。吴东语。”

译文 凡是人的行动，都是为了奖赏而做的，这样，当他们受到损伤时就不会去做了。所以，赏赐、刑罚、权势、欺诈，并不能使人们尽力，以致到牺牲生命的地步。作为君主的，他们用来对待百姓的，不是礼义忠诚信实，而大抵都是用赏赐、刑罚、权势、欺诈去威逼他们的百姓，以获取他们的成果而已。如果大敌来临，让这些百姓去守卫孤立无援的城，百姓必然会叛变，遇到敌人，与敌人作战，必定会打败仗。受到劳苦烦恼侮辱，必定会逃跑，会迅速地四分五裂，结果是下层的百姓反而制约了君主。所以，赏赐、刑罚、权势、欺诈作为一种方法，不过是让受雇用的人出卖力气的方法，不足以团结百姓，使国家美好。所以，古代人认为这种办法是羞耻的而不加采用。所以，重视道德声望来影响百姓，彰明礼义来引导百姓，尽力做到忠诚信实来爱护百姓，崇尚贤才使用能人来安排百姓，用官爵赏赐来激励百姓，适时地安排事情，减轻他们的负担，来调整统一他们，养育他们，像保护初生的婴儿一样，政治因此而稳定，习俗因此而统一。有违背习俗而不顺从君主的，百姓无不怨愤，无不痛恨，就像消除不吉祥的东西一样对待这样的人，于是，刑罚自然因此而兴起。这样，重刑加在身上，还有比这更大的耻辱吗？以为不顺从君主有利吗？重刑便加在身上，只要不是疯狂糊涂浅薄愚蠢的人，谁能看到这种情况而不改过呢？这样之后，老百姓都明明白白地懂得要遵守君主的法令，顺随君主的意志，乐于君主的统治。于是就有了能够改恶从善、修养身心、端正行为、多行礼义、崇尚道德的人。老百姓对他们无不敬重，无不亲近赞誉。于是，奖赏也就因此而兴起。这样，高官厚禄加在身上了，还有比这更大的荣耀吗？还会认为这样做有害吗？高官厚禄供养着这些人，老百姓谁不羡慕呢？清清楚楚地高官厚禄高挂在前面，重刑大辱明明白白地挂在后面，有人即使不想被感化，能行吗？所以，百姓归顺这样做的君主像流水一样，凡是做到这样的地方就达到大治的境界，凡是推行这样的办法的地方，百姓尽都顺服。残暴凶悍只知使用武力之类的人受这些感化而变为敦厚，奸邪自私之类的人受这些感化而变为公正，暴躁乖戾之类的人受这些感化变而为调和，这就叫作教化到了顶点。《诗经·大雅·常武》说："王道遍行于天下，各方都来归顺。"说的就是这种情况。

原文 凡兼人者有三术[①]：有以德兼人者，有以力兼人者，有以富兼人者。

彼贵我名声，美我德行，欲为我民，故辟门除涂以迎吾入[②]；因其民[③]，袭其处[④]，而百姓皆安；立法施令，莫不顺比[⑤]，是故，得地而权弥重[⑥]，兼人而兵俞强[⑦]，是以德兼人者也。

非贵我名声也，非美我德行也，彼畏我威，劫我執[⑧]，故民虽有离心，不敢有畔虑[⑨]。若是，则戎甲俞众，奉养必费；是故，得地而权弥轻，兼人而兵俞弱，是以力兼人者也。

非贵我名声也，非美我德行也，用贫求富[⑩]，用饥求饱，虚腹张口，来归我食[⑪]。若是，则必发夫掌窌之粟以食之[⑫]，委之财货以富之[⑬]，立良有司以接之[⑭]，已期三年[⑮]，然后民可信也。是故，得地而权弥轻，兼人而国俞贫，是以富兼人者也。

故曰：以德兼人者王，以力兼人者弱，以富兼人者贫，古今一也。

注释

①兼人：指兼并别国。

②辟：开。除涂：修整清扫道路。杨倞《荀子·议兵》注："除涂，治其道涂也。"

③因：依照。民：这里指百姓的习俗。

④袭：沿袭，不改变。

⑤顺比：顺从亲附。杨倞《荀子·议兵》注："比，亲附也。"

⑥弥：更加。《小尔雅》："弥，盖也。"

⑦俞：通"愈"，更加。下同

⑧劫：逼于，迫于。埶：同"势"。

⑨畔虑：背叛的意图。畔，通"叛"。

⑩用：这里是因为的意思。

⑪归：就，来到。

⑫掌：据文义，疑为"禀"。禀，同"廪"，粮仓。窌（jiào）：窖。

⑬委：给予。

⑭接：对待，接待。这里是管理，照料的意思。

⑮期三年，三年之后。

译文

一般说来，兼并别国的办法有三种：有凭德行兼并别国的，有凭武力兼并别国的，有凭财富兼并别国的。

别国尊重我们的名声，赞美我们的德行，希望成为我们的百姓，所以打开国门，修整清扫道路来迎接我们进入，进入之后，沿袭他们百姓的习俗，不改变他们的住处，于是百姓都很安定。我们制定的法律，施行的法令，百姓无不顺从亲附。因此，我们得到了土地而权势也越来越大，我们兼并了别国而兵力愈来愈强，这就是凭德行兼并别国的情况。

并不是尊重我们的名声，并不是赞美我们的德行，别国是畏惧我们的威力，迫于我们的权势，所以百姓虽然有背离我们的心愿，却不敢有背叛我们的意图。像这样，所需要的兵力就更多，所耗费的给养就更大。因此，得到土地权势却越来越弱，兼并了别国而兵力却愈来愈弱，这就是凭武力兼并别国的情况。

并不是尊重我们的名声，并不是赞美我们的德行，而是因为贫困想求得富裕，因为饥饿想求得一饱，他们空着肚子张着口，来到我们这里求食。如果这样，就必须打开米仓粮窖的粮食来给他们吃，给予财物来使他们富裕，安排优秀的官员来管理照料他们，三年之后，那些百姓才可以信任。因此，得到了土地权势却越来越弱，兼并了别国，自己的国家却愈来愈穷，这就是凭着财富去兼并别国的情况。

所以，凭着德行兼并别国的，可以称王天下，凭着武力兼并别国的，将成为弱者；凭着财富兼并别国的，将遭到贫困。古往今来，都是一个道理。

原文

兼并易能也[1]，唯坚凝之难焉[2]。齐能并宋[3]，而不能凝也，故魏夺之[4]。燕能并齐[5]，而不能凝也，故田单夺之[6]。韩之上地[7]，方数百里，完全富足而趋赵[8]，赵不能凝也，故秦夺之[9]。故能并之而不能凝，则必夺；不能并之又不能凝其有[10]，则必亡；能凝之则必能并之矣。得之则凝，兼并无强[11]。古者汤以薄[12]，武王以滈[13]，皆百里之地也，天下为一，诸侯为臣，无它故焉，能凝之也。故凝士以礼，凝民以政；礼修而士服，政平而民安；士服民安，夫是之谓大凝。以守则固，以征则强，令行禁止，王者之事毕矣。

注释

①易能：容易办到。

②凝：团结，团聚。这里是保持、巩固的意思。

③齐能并宋：指公元前286年，齐国讨伐宋国，宋王出逃，齐灭宋一事。

④魏夺之：公元前284年，魏与秦、赵、韩、燕共同伐齐，齐湣王出逃，齐国被瓜分。

⑤燕能并齐：公元前284年，燕昭王派大将乐毅率兵攻齐，占

领齐国城池七十余座。

⑥田单夺之：指齐国将领田单收复被燕国占领的齐国七十余座城池。

⑦上地：即上党，在今山西长治市北。

⑧完全：指城邑完整无损。趋赵：归顺赵国，指公元前262年秦国伐韩，上党郡守冯亭降赵之事。

⑨秦夺之：指公元前262年，秦国占领上党之事。

⑩有：指自己原来所有的土地、政权。

⑪无强：没有更强的敌手。

⑫薄：同“亳”。

⑬滈：同“镐”。

译文　兼并别国容易办到，只是要牢固地保持巩固它就困难了。齐国能够兼并宋国，但却不能保持巩固，所以魏国又夺走了它。燕国能够兼并齐国，但却不能保持巩固，所以田单又夺走了它。韩国的上党，方圆数百里，城邑完整无损，府库充足，归顺了赵国，赵国却不能保持巩固，所以秦国又夺了去。所以，能够兼并别国却不能保持巩固的，一定还会被夺走；不能兼并别国又不能保持巩固自己原有的土地政权的，就必定灭亡。能保持巩固本土的就必定能兼并别国，得到别国的土地就予以保持巩固，再去兼并就会天下无敌了。古代商汤王凭借亳地，周武王凭借镐地，都只是方圆百里的地方，却使天下统一，诸侯称臣，没有别的原因，就是能够保持巩固。所以，用礼义团结贤士，用政令凝聚百姓，礼义完善贤士就心悦诚服，政治安定百姓就安定，贤士诚服百姓安定，这就叫作最大的保持巩固。凭着这一点，防守就坚固；凭着这一点，征伐别国就强大，就会令行禁止。这样，王者的事业就完备了。

十六　强国

题解　本篇论述了使国家强盛的办法。

荀况在篇首指出："人君者，隆礼尊贤而王；重法爱民而霸；好利多诈而危；权谋倾覆幽险而亡。"这就是说，正确的强国之道就是崇尚礼义，用贤使能。

荀况以桀、纣、汤、武及齐、秦为例，从正反两个方面反复说明崇尚礼义、用贤使能与重法爱民的治国原则与具体作法，还分别阐述了它们所产生的效果。

在分析对比中，荀况指出，齐国虽然"处胜人之势"却未能采取"胜人之道"，所以导致了国家的灭亡。而秦国由于推行了正确的治国原则，使国家强盛，已达到"治之至"的境界，如果能进一步做到"隆礼尊贤"，就完全可以实现"令行于天下"的"王者之业"了。

原文　刑范正①，金锡美②，工冶巧，火齐得③，剖刑而莫邪已④。然而不剥脱⑤，不砥厉⑥，则不可以断绳；剥脱之，砥厉之，则劙盘盂⑦，刎牛马，忽然耳⑧。

彼国者，亦强国之剖刑已[9]。然而不教诲，不调一，则入不可以守，出不可以战；教诲之，调一之，则兵劲城固，敌国不敢婴也[10]。彼国者，亦有砥厉，礼义节奏是也[11]。故，人之命在天，国之命在礼。人君者，隆礼尊贤而王；重法爱民而霸；好利多诈而危；权谋倾覆幽险而亡。

注释

①刑范：铸剑的模子。杨倞《荀子·强国》注："铸剑规模之器也。刑，同'型'。范，模型。"

②金：铜。杨柳桥《荀子诂译·强国》注："古之金，多谓铜。"美：这里指铸剑的铜锡之类的材料好。

③火齐：火候。得：得当，适当。

④已：完成，完结。

⑤剥脱：指刮去刚铸好的剑表面上不光洁的部分。杨倞《荀子·强国》注："剥脱，谓刮去其生涩。"

⑥厉：通"砺"，磨砺，磨利。

⑦劙（lí）：割。盘盂：泛指铜制的器具。

⑧忽然：轻快便当的样子。杨倞《荀子·强国》注："忽然，易也。"

⑨剖刑已：指打开模具所见到的宝剑。

⑩婴：通"撄"，触犯。

⑪节奏：这里指礼义法度的各项具体规定。

译文

模具标准，铜锡等材料质地良好，铸剑的技术精巧，火候适宜，打开模具，莫邪之剑就铸造成功了。但如果不刮去剑面不光洁的部分，不加以磨砺，这样的剑绳索也割不断；刮去了剑面不光洁的部分，又加以磨砺，那么砍割各种铜制器具，宰杀牛马，都十分轻快便当了。

一个国家，也像是打开模具所见到的宝剑一样，只是一个强国的基础，如果这个国家的人不加以教诲，不加以协调统一，那么在内就不能守卫自己的国家，出外就不能与敌国交战；教诲他们，协调统一他们，就能使兵力强劲城池巩固，敌国就不敢来触犯。一个国家，也有磨砺的过程，那就是施行礼义和有关的各种具体规定。所以，人的命运决定于上天，国家的命运就取决于礼义。君主崇尚礼义，尊重贤才，就可以称王天下；注重法制，爱护百姓，就可以称霸天下；贪图私利，多行诡计，就会遭到危险；玩弄权术，施行颠覆、阴谋，就会遭到灭亡。

原文 威有三：有道德之威者，有暴察之威者[①]，有狂妄之威者[②]。此三威者，不可不孰察也。

礼乐则修，分义则明[③]，举错则时[④]，爱利则形[⑤]，如是，百姓贵之如帝，高之如天，亲之如父母，畏之如神明。故赏不用而民劝[⑥]，罚不用而威行，夫是之谓道德之威。

礼乐则不修，分义则不明，举错则不时，爱利则不形。然而其禁暴也察，其诛不服也审[⑦]，其刑罚重而信，其诛杀猛而必[⑧]，黭然而雷击之[⑨]，如墙厌之[⑩]。如是，百姓劫则致畏，嬴则敖上[⑪]，執拘则最[⑫]，得间则散[⑬]，敌中则夺[⑭]，非劫之以形執，非振之以诛杀，则无以有其下，夫是之谓暴察之威。

无爱人之心，无利人之事，而日为乱人之道。百姓讙敖[⑮]，则从而执缚之，刑灼之[⑯]，不和人心。如是，下比周贲溃以离上矣[⑰]，倾覆灭亡，可立而待也，夫是之谓狂妄之威。

此三威者，不可不孰察也。道德之威成乎安强[⑱]，暴察之威成乎危弱，狂妄之威成乎灭亡也。

注释

①暴察：强暴苛严。察，苛求，苛严。《吕氏春秋·贵公》："处大官者，不欲小察"，可证。

②狂妄：这里是胡作非为，专横跋扈的意思。

③分义：关于贵贱，上下等级关系的准则。

④举错：安排，措施。错，通"措"。

⑤爱利：指爱人与利人的心。形：表现。杨倞《荀子·强国》注："形，见也，爱利人之心见于外也。"

⑥劝：受到鼓励而努力的意思。

⑦不服：指不服从的人。审：审慎，准确。

⑧必：果断。

⑨黭（yǎn）然：突然。黭，通"奄"。杨倞《荀子·强国》注："黭然，卒至之貌"。梁启超简释："都曰："黭，与"奄"同。奄然，猝乍之貌"。

⑩厌：据上下文义，疑"压"之误。压：倒塌。

⑪嬴：同"羸"，松弛，宽缓。敖，通"傲"，傲视。

⑫执拘：捉拿，指强行集中。最：据文义与《韩诗外传》引文，疑为"冣（jù）"，冣，通"聚"，集。

⑬间：间隙，机会。

⑭敌中：指心中不舒适，怀有敌意。杨柳桥《荀子诂译·强国》注："高诱《淮南子》注：'中，心也。'敌中，谓不得于心也。"夺：改变。

⑮讙（huān）敖：喧哗，这里是不服从统治，不听从指挥的意思。

⑯刑灼之：对百姓施行烤、烧的刑罚，即用酷刑伤害百姓的意思。

⑰比周：结党营私，这里指的是成群结队。贲（bēn）：通“奔”，跑。

⑱成乎：导致。下同。

译文

威势有三种：有道德的威势，有强暴苛严的威势，有胡作非为、专横跋扈的威势。对这三种威势，不能不仔细地审察。

礼乐完备，贵贱，上下等级关系的准则清楚，各种措施适时，爱人利人的心充分地表现出来，像这样的君主，百姓尊贵他像天帝，推崇他像上天，亲近他像对父母，敬畏他如对神明。所以，不用奖赏，百姓也会受到鼓励而努力，不用刑罚，君主的权威也能施行，这就叫作道德的威势。

礼乐不完备，贵贱、上下等级关系的准则不清楚，各种措施不适时，爱人利人的心没有表现出来。不过，禁止凶残时还能作到明察，惩罚不服从的人还能作到审慎，他的刑罚重而有信用，杀戮猛而果断，像雷电一样地突然轰击，像墙壁倒塌，百姓受到逼迫就非常畏惧，得到宽缓就傲视上方，被强行集中时就聚集拢来，一有机会就离散，心怀不满就很容易变心，如果不用势力去胁迫他们，不用杀戮去震慑他们，君主就不能占有这些百姓了，这就叫作强暴苛严的威势。

没有爱护百姓的心，不做有利于百姓的事，而天天所做的都是扰乱百姓的事。百姓不听从指挥，就拘捕他们，用酷刑伤害他们，不去调和民心。像这样，下面的百姓就会成群结队的东奔西逃来脱离君主，国家的覆灭，立即就会到来，这就叫作胡作非为、专横跋扈的威势。

这三种威势，不能不仔细地审察。道德的威势导致国家的安定强盛，强暴苛严的威势导致国家的危险衰弱，胡作非为、专横跋扈的威势导致国家的灭亡。

原文 公孙子曰①："子发将西伐蔡②，克蔡，获蔡侯，归，致命曰③，'蔡侯奉其社稷而归之楚④，舍属二三子而理其地⑤，'既⑥，楚发其赏。子发辞曰⑦：'发诫布令而敌退⑧，是主威也；徙举相攻而敌退⑨，是将威也；合战用力而敌退，是众威也。臣舍不宜以众威受赏。’”

讯之曰[10]：“子发之致命也恭，其辞赏也固[11]。夫尚贤使能，赏有功，罚有罪，非独一人为之也。彼先王之道也，一人之本也[12]，善善恶恶之应也[13]，治必由之，古今一也。古者，明王之举大事，立大功也，大事已博[14]，大功已立，则君享其成，群臣享其功，士大夫益爵[15]，官人益秩[16]，庶人益禄。是以为善者劝，为不善者沮[17]，上下一心，三军同力，是以百事成而功名大也。今子发独不然，反先王之道，乱楚国之法，堕兴功之臣[18]，耻受赏之属，无僇乎族党而抑卑其后世[19]，案独以为私廉[20]，岂不过甚矣哉？故曰：子发之致命也恭，其辞赏也固。”

注释

①公孙子：齐国令尹（相当于后来的宰相），姓公孙，其名不详。子，系尊称。

②子发：曾任楚国令尹，姓景，名舍，字子发。将：带兵出征。西：蔡在楚北，不在楚西，故“西”疑为“而”。蔡：春秋时国名。在今安徽省凤台县。

③致命：回复命令。古代臣下奉君命外出，完成任务后向君

主回报，称为“致命”，又称“报命”。

④社稷：这里指祖宗牌位。一说，指国家。

⑤属：通“嘱”，嘱托，嘱咐。

⑥既：指事情完毕。杨倞《荀子·强国》注：“既，论功之后发行也。”

⑦辞：推辞，辞谢。

⑧诫：告示。

⑨徙举：迁移，行动。这里指进军。

⑩讥：评论。杨倞《荀子·强国》注：“此以下，荀卿之辞也。”

⑪固：固执，机械。

⑫一人：指统一百姓。

⑬善善：奖励良善。恶恶：惩罚丑恶。应：表现。一说，应，相应，指所奖励的善和惩罚的恶，与实际善恶的情况相符合。

⑭博：谋取。清段玉裁《解文解字注·十部》：“博，凡取于人易为力曰博。”

⑮益爵：晋升爵位。

⑯益秩：提高职位、品级。

⑰沮：通“阻”，止。

⑱堕：挫伤。

⑲无僇（lù）：侮辱。无，通“侮”。僇，同“戮”。戮，辱。族党：家族，同事，同党。抑卑；压抑贬低。

⑳案：乃，而。私廉：指个人的廉洁。

译文 公孙子说："子发率军去攻打蔡国，攻克了蔡国，俘获了蔡候，归来回复君命说：'蔡侯捧着他的祖宗牌位来归顺楚国了，我已嘱托几位臣子去治理他那个地方，'任务完成了，楚王发给子发奖励。子发推辞说：'告示命令一发布，敌军就退却了，这是君王的威势；进军攻击一开始，敌军就退却了，这是将帅的威势；士兵们齐心合力作战，敌军就退却了，这是众人的威势。我不应该凭众人的威势领受奖励。"'

我对此事评论说："子发回复君命是谦逊的，但他辞谢奖励却显得固执。崇尚贤才，使用能人，奖励有功的人，惩罚有罪的人，不是一个人制定的规矩。那是古代君王的办法，是统一百姓的根本原则，是奖励良善，惩罚丑恶的表现。治理国家必须遵循这一点，古往今来都是一样的。古时候，英明的君主树立大事业，建创大功劳，大事已经取得成功，大功已经建立后，君主就享受它的成果，君臣就享受它的功劳，士大夫晋升爵位，各级官员提高职位品级，士卒也增加了俸禄。因此，做好事的得到鼓励而更加努力，做坏事的也就停止了做坏事，上下一条心，三军齐努力，因此，事事都取得成功，功名就巨大了。现在子发独独不这样做，违背了古代君王的办法，扰乱了楚国的法令，挫伤了立功的臣下，侮辱了受奖励的人，也侮辱了他自己的族人，压抑贬低了他自己的后代，而只是为了个人的廉洁，岂不是大错特错了吗？所以我说：子发回复君命是谦逊的，但他辞谢奖励却显得固执。”

原文

荀卿子说齐相曰[①]：“处胜人之埶[②]，行胜人之道，天下莫忿，汤武是也；处胜人之埶，不以胜人之道，厚于有天下之埶[③]，索为匹夫不可得也，桀纣是也。然则，得胜人之埶者，其不如胜人之道远矣。

“夫主相者[④]，胜人以埶也，是为是，非为非，能为能，不能为不能，并己之私欲[⑤]，必以道。夫公道通义之可以相兼容者[⑥]，是胜人之道也。

“今相国，上则得专主[⑦]，下则得专国[⑧]，相国之于胜人之埶，亶有之矣[⑨]。然则，胡不敺此胜人之埶[⑩]，赴胜人之道[⑪]，求仁厚明通之君子，而托王焉[⑫]，与之参国政，正是非？如是，则国孰敢不为义矣[⑬]！君臣上下、贵贱长少，至于庶人，莫不为义，则天下孰不欲合义矣[14]？贤士愿相国之朝，能士愿相国之官，好利之民莫不愿以齐为归，是一天下也。相国舍是而不为，案直为世俗之所以为[15]，则女主乱之宫[16]，诈臣乱之朝，贪吏乱之官，众庶百姓皆以贪利争夺为俗，曷若是而可以持国乎[17]？

“今，巨楚县吾前[18]，大燕鳅吾后[19]，劲魏钩吾右[20]，西壤之不绝若绳[21]，楚人则乃有襄贲、开阳以临吾左[22]，是一国作谋，则三国必起而乘我。如是，则齐必断而为四三[23]，国若假城然耳[24]，必为天下大笑。曷若两者孰足为也[25]？

“夫桀纣，圣王之后子孙也，有天下者之世也[26]，执籍之所存[27]，天下之宗室也[28]。土地之大，封内千里；人之众，数以亿万；俄而天下倜然举去桀纣而奔汤武[29]；反然举恶桀纣而贵汤武[30]，是何也？夫桀纣何失而汤武何得也？曰：是无他故焉，桀纣者，善为人所恶也；而汤武者，善为人所好也。人之所恶何也？曰：污漫争夺贪利是也。人之所好者何也？曰：礼义辞让忠信是也。今君人者，辟称比方[31]，则欲自并乎汤武，若其所以统之，则无异于桀纣，而求有汤武之功名，可乎？

“故凡得胜者，必与人也[32]，凡得人者，必与道也。道也者何也？曰：礼让忠信是也[33]。故自四五万而往者[34]，强胜，非众之力也，隆在信矣。自数百里而往者，安固，非大之力也，隆在修政矣。今已有数万之众者也，陶诞比周以争与[35]；已有数百里之国者也，污漫突盗以争地[36]，然则，是弃已之所安强，而争已之所以危弱也，损已之所不足[37]，以重已之所有余[38]。若是其悖缪也[39]，而求有汤武之功名，可乎？辟之是犹伏而咶天[40]，救经而引其足也[41]。说必不行矣[42]，愈务而愈远。

“为人臣者，不恤已行之不行，苟得利而已矣，是渠冲入穴而求利也[43]，是仁人之所羞而不为也。故，人莫贵乎生，莫乐乎安，所以养生乐安者，莫大乎礼义。人之贵生乐安而弃礼义，辟之是犹欲寿而殇颈也[44]，愚莫大焉。

“故，君人者，爱民而安，好士而荣，两者无一焉而亡。《诗》曰[45]：‘价人维藩[46]，大师维垣[47]。’此之谓也。”

注释

①荀卿子：即荀况。说：劝说。齐相：指孟尝君，曾任齐湣王的相。

②胜：制服。埶：同“势”。下同。势：指权势地位。

③厚：厚重。这里是拥有的意思。

④主相：指君主与相。

⑤并：通“摒”，摒弃，抛弃。

⑥道：施行。公道通义：指正确的法律制度与道德规范。

⑦专主：指得到君主完全的信任。

⑧专国：指完全把持了国家的权力。

⑨亶（dān）：诚然。

⑩敺（qū）：利用，驾驭。

⑪赴：实行，实施。

⑫托王：指把辅佐君王的事委托给君子。

⑬为义：做正义的事。

⑭合义：使行为符合义的要求。

⑮以：据文义疑衍。

⑯女主：指后妃。

⑰持：治理。

⑱县：同“悬”，这里有威逼的意思。一说，悬，摆。亦通。吾前：杨倞《荀子·强国》注：“楚在齐南，故曰前。”

⑲鰍（qiū）：逼迫。一作“蹲”，亦通。吾后：杨倞《荀子·强

国》注：“燕在齐北，故曰后。”

⑳钩：钩取，这里是进犯的意思。吾右：杨倞《荀子·强国》注：“魏在齐西，故曰右。”

㉑西壤：指齐国西边与魏国交界的地方。不绝若绳：像还没有断绝的绳子一样，形容形势的危险。

㉒襄贲、开阳：楚国的两个城邑，在今山东省临沂市。

㉓四三：四分五裂的意思。

㉔假城：寄放的城。杨倞《荀子·强国》注：“言齐如三国之寄城耳，不久当归之也。”

㉕两者：指“胜人之势”与“胜人之道”。足为：值得做，值得采用。

㉖世：后代，继承人。

㉗埶籍：权势地位。

㉘宗室：王室。

㉙倜（tì）然：洒脱，高举的样子。这里指的是断然疏远的情状。举：尽，皆。

㉚反然：改变的样子。

㉛辟称：譬喻。辟，通“譬”。

㉜与：利用。一说，与，接近，符合。

㉝礼让忠信是也：据上文“礼义辞让忠信是也”句，疑“礼”下夺“义辞”二字。

㉞四五万：指士兵的数量达到四五万。而往。以上。

㉟陶诞：撒谎，欺诈。杨柳桥《荀子诂译·强国》注："陶，或当读为'詾'，《说文》：'詾，往来言也。'通作'謡'。"争与：指与盟国邻邦相争夺。与，指邻国。

㊱突盗：狡猾自私。杨柳桥《荀子诂译·强国》注："突，滑也。盗，犹私也。"

㊲所不足：指"信"与"修政"。

㊳所有余：指"人"与"地"。

㊴悖缪：荒谬而违背常理。

㊵呫：舔。

㊶经：指上吊的人。引：拉。

㊷说：指主张。

㊸渠冲：古代作战时用的大车。

㊹殇（wěn）颈：自杀。

㊺《诗》：指《诗经·大雅·板》。

㊻价人：善人。

㊼大师：指广大百姓。

译文

荀况劝齐国的相说：

"处在能制服别人的权势地位上，又能施行制服别人的办法，使天下没有人怨恨，汤武就是这样的人。处在能制服别人的权势地位上，却不能使用制服别人的办法，来拥有天下的权势地位，最后，连想求做个普通的人也办不到，桀纣就是这样的人。那么，得到制服别人的权势地位，还是远远比不上具有制服别人的办法。

“作君主和相的，是以权势地位制服别人，能够做到对的就是对的，错的就是错的，有才能的就是有才能的，没有才能的就是没有才能的，抛弃自己的欲念，把施行正确的法律制度与道德规范认为是可以相互包容的，这就是制服别人的办法。

“如今担任相的，在上面可以完全得到君主的信任，对下面，完全掌握了国家的权力，在制服别人的权势地位上，相国诚然是具备了的。但是，为什么不利用制服别人的权势地位来施行制服别人的办法呢？寻找仁慈宽厚而明通事理的君子，委托他来辅佐君王，同他们一道参与国政，判断是非呢？如果能这样，全国谁还敢做不正义的事呢？君臣上下，贵贱长幼，一直到普通百姓，没有人不做正义的事，天下谁还不想让自己的行动符合正义呢？贤士们都愿意进入这个相国的朝廷，能人们都愿意做这个相国的官员，喜欢利益的百姓也都愿意以我们齐国为自己的归宿，这样就能统一天下。相国放弃上面说的这些事不去做，却仅仅做一些世俗的人所做的事，于是，后妃在宫中作乱，奸诈的大臣们在朝廷作乱，贪官污吏在职位上作乱，普通百姓也都把贪求财利、相互争夺当作习惯，难道这样还能够治理国家吗？

“如今，庞大的楚国威逼在我们前面，巨大的燕国盘踞在我们后面，强劲的魏国进犯我们右边，西部边境形势，像没有断绝的绳索一样危急，而楚国则据有襄贲、开阳两城临近我们的左边，这样，只要一个国家图谋进攻，其他三国必然会起来乘我之危。如果这样，齐国必然会四分五裂，国家也就会像借来的城池一样最终归属他国，必定会被天下人所耻笑。怎么办呢？制服人的办法与制服人的权势地位，哪种值得采用呢？

“桀与纣，是圣王的后代子孙，是占有天下的人的继承人，是权势地位之所在，也是天下的王室。土地之大，仅境内就达方圆千里，人口之多，数以亿万计，但转瞬之间，天下人都断然背离桀、纣而投奔汤、武，都转变过来憎恶桀、纣而尊崇汤、武，这是什么原因呢？桀、纣哪些地方失策而汤、武哪些地方得计呢？回答说：没有别的缘故，桀、纣最爱做百姓所憎恨的事；而汤、武最爱做百姓所喜欢的事。什么是百姓所憎恶的事呢？回答说：污秽、争夺、贪利。什么是百姓所喜欢的事呢？回答说：礼义、辞让、忠信。现在的君主，一作比方，总是要把自己与汤、武并列，至于他的统治却无异于桀、纣，却要求享有汤、武的功名，可能吗？

“所以凡是取得胜利的人，必定利用了人心，凡是得到人心的，必定是利用了方法。方法是什么呢？回答说：是礼义、辞让、忠信。所以，有四五万以上士兵的国家，获得强大与胜利，并不是人多的力量，而在于崇尚忠信。有数百里以上土地的国家，安定稳固，并不是因为地大的力量，而在于崇尚搞好政治。如今，已经拥有数万的百姓了，还要动用欺诈、结党营私的手段与盟邦邻国相争夺；已经拥有方圆数百里的地方了，还要动用污秽狡诈自私的手段去夺取别国的土地，这样，就是放弃自己安定强盛的条件，而去争夺造成自己危险衰弱的祸因，是去损害自己本身就不足的东西，来增加自己本身就有余的东西。像这样的荒谬违背常理，却要求有汤、武的功名，办得到吗？这就好比是伏在地上去舔天，救助上吊的人却去拉他的脚一样。这种主张必定是行不通的，是愈努力离目的愈远的。

“作为臣下的，不顾及自己的德行不好，只是贪图得到私利，这就像用攻战的大车冲入小洞去贪取财利一样，是仁人们感到羞耻而不做的。所以，人无不珍惜生命，无不喜欢安定，而用来保养生命和安定的没有比遵守礼义更重要的了。人们珍惜生命、喜欢安定却放弃礼义，就好比是希望长寿又自杀一样，没有比这更愚蠢的了。

“所以，君主，爱护百姓就安定，喜好贤士就荣耀，这两方面都不具备的，就会遭到灭亡。《诗经·大雅·板》说：‘善人是国家的藩篱，百姓是国家的围墙。’说的就是这个道理。”

原文 力术止[①]，义术行[②]，曷谓也？曰：秦之谓也。威强乎汤武，广大乎舜禹，然而忧患不可胜校也[③]，諰諰然常恐天下之一合而轧己也，此所谓力术止也。曷谓乎威强乎汤武？汤武也者，乃能使说己者使耳[4]。今楚父死焉[5]，国举焉[6]，负三王之庙[7]，而辟于陈蔡之间[8]，视可[9]，司间[10]，案欲剡其胫[11]，而以蹈秦之腹，然而秦使左案左[12]，使右案右，是乃使仇人役也[13]，此所谓威强乎汤武也。曷谓广大乎舜禹也？曰：古者，百王之一天下、臣诸侯也，未有过封内千里者也。今秦南乃有沙羡与俱[14]，是乃江南也；北与胡貉为邻[15]；西有巴戎[16]；东在楚者[17]，乃界于齐；在韩者，逾常山乃有临虑[18]；在魏者，乃据圉津[19]，即去大梁百有二十里耳[20]；其在赵者，剡然有苓[21]，而据松柏之塞[22]，负西海而固常山[23]；是地遍天下也。威动海内，强殆中国[24]，然而忧患不可胜校也，諰諰然常恐天下之一合而轧己也。此所谓广大乎舜禹也[25]。

然则奈何？曰：节威、反文[26]，案用夫端诚信全之君子治天下焉[27]，因与之参国政，正是非、治曲直、听咸阳[28]，顺者错之[29]，不顺者而后诛之。若是，则兵不复出于塞外[30]，而令行于天下矣。若是，则虽为之筑明堂于塞外而朝诸侯[31]，殆可矣。假今之世[32]，益地不如益信之务也[33]。

注释

①力术：指使用强力的方法。

②义术：指施行仁义的办法。行：畅行无阻。

③校：计算。

④乃：才，只。说：同“悦”，喜欢。使：受驱使。

⑤楚父：指楚顷襄王的父亲楚怀王。怀王三十年（公元前297年），楚怀王到秦国会见秦昭王，被扣留，后死在秦国。

⑥国举：国都被攻占。指楚顷襄王二十一年（公元前277年）秦将白起率军攻占楚国都城郢一事。

⑦负三王之庙：背负三位君主的牌位。指楚国都城郢被秦攻占之后，楚顷襄王背负楚国开创、受封、称霸时期的鬻熊、熊绎、庄王三位君主的牌位逃亡之事。

⑧辟：通“避”，逃避。

⑨枧可：观察可乘之机。

⑩司间：等待间隙、机会。司，同“伺”，等待。

⑪案：而。剡（yǎn）：抬起。胫：小腿。

⑫案：则，就。

⑬役：受役使。

⑭沙羡：地名，在今湖北武昌境内。与俱：相连接的意思。

⑮胡貉：古代指北方与东北方的少数民族。

⑯巴：古代国名，在今四川东部和湖北西部一带。戎：古代西部民族。

⑰在楚者：指秦国所占有的楚国的一部分土地。下文“在韩者”“在魏者”“在赵者”，意思均与此同。

⑱常山：即恒山，在今山西、河北北部一带。临虑：地名，在今河南。

⑲圉（yǔ）津：一说，当为“围津”，地名，在今河南境内。

⑳去：距离。大梁：地名。魏国国都，即今河南开封。

㉑剡然：安然。苓：古地名。

㉒松柏之塞：赵、秦交接边界，山多松柏，以为界，故称“松柏之塞”。

㉓负：背向，背靠之意。西海：指西方。固：这里是屏障的意思。

㉔中国：古代指中原地区。

㉕此所谓广大乎舜禹也：据上文文义，疑此句当移至“地遍天下也”之后。

㉖节威：节制强力、武力的意思。反文：返回礼义。反，同“返”。

㉗案：同“按”，然后。

㉘听咸阳：听政咸阳，即在国都咸阳处理政事。

㉙错：同“措”，措置，放置，即不予干涉的意思。

㉚塞外：指国境之外。

㉛明堂：古代天子宣布命令与举行重大典礼的地方。

㉜假今：当今。

㉝务：这里是更为紧迫的意思。

译文 使用强力的办法受到遏止，使用礼义的办法畅行无阻。这是指什么而言呢？回答说：是指秦国而言。秦国的威力强大超过了汤、武，秦国的土地辽阔超过了舜、禹，但它的忧患却是数不胜数的，经常战战兢兢地唯恐天下各国联合一致来颠覆自己，这就是所说的使用强力的办法受到遏止的情况。为什么说秦国的威力强大超过汤、武呢？汤、武，只是能使喜欢自己的人受驱使而已。而如今，楚王的父亲死在秦国，国都郢被秦国占领，楚王自己身背着三位先主的牌位在陈国、蔡国之间躲藏，寻找可乘之机，等待有利时机，总想着抬起腿去踩秦人的肚子，但是秦国让它向左，它就向左；让它向右，它就向右，这是在让仇人受驱使，这就是所说的威力强大超过汤、武。为什么说秦国的土地辽阔超过舜、禹呢？回答说：古代所有的君主统一天下，使诸侯称臣的，从来没有哪一个的境内面积超过方圆千里的。而如今，秦国在南边与沙羡相连，这已经是江南了；北边与胡、貉等少数民族地区相邻；西边又占有巴、戎等国；东边所占有的楚国的一部分领土与齐国交界；在韩国占有的一部分，越过恒山，还有临虑；在魏国占有了圉津，距离魏国国都大梁，不过一百二十里；在赵国安然地据有苓地，还占有秦赵交界之处的松柏要塞，背靠西方而以恒山为屏障，这样，秦国的土地就遍于天下了。这就是所说的秦国的土地辽阔超过舜、禹的情况。威力震动四海，强盛危及中原地区，但秦国的忧患却是数不胜数的，经常战战兢兢地唯恐天下各国联合一致来颠覆自己。

那么秦国该怎么办呢？回答说：节制强力，返回礼义，然后任用正直诚实、守信而忠纯的君子治理天下，用他们一道参与国家的政事，顺从的诸侯国就不予干涉，不顺从的就加以处罚。这样，军队不必再出兵国境之外，而命令就可以在天下通行。这样，即使在境外建立朝廷，叫诸侯来朝拜，也差不多可以做到了。当今的事，增加土地不如增加信誉更为紧迫。

原文　应侯问孙卿子曰①：“入秦，何见？”

孙卿子曰：“其固塞险②，形埶便，山林川合美，天材之利多，是形胜也③。入境观其风俗，其百姓朴，其声乐不流污④，其服木挑⑤，甚畏有司而顺，古之民也。及都邑官府，其百吏肃然，莫不恭俭敦敬、忠信而不楛，古之吏也。入其国，观其士大夫，出于其门，入于公门，出于公门，归于其家，无有私事也；不比周、不朋党，倜然莫不明通而公也⑥，古之士大夫也。观其朝廷，其间听决，百事不留⑦，恬然如无治者，古之朝也。故四世有胜，非幸也，数也。是所见也。故曰，佚而治⑧，约而详，不烦而功，治之至也，秦类之矣。虽然，则有其諰矣⑨。兼是数具者而尽有之⑩，然而，县之以王者之功名⑪，则倜倜然其不及远矣⑫。”

“是何也？”

“则其殆无儒邪⑬！故曰：‘粹而王⑭，驳而霸⑮，无一焉而亡。’此亦秦之所短也。”

注释

①应侯：即范睢，战国时魏国人，秦昭王时曾任秦相，受封于应（今河南宝丰西南），故称应侯。

②固塞：指坚固的防御设施，如城堡等。

③形胜：指客观形势优越。杨倞《荀子·强国》注：“形，地形便而物产多，所以为胜。”

④流污：下流，庸俗。

⑤挑：同“佻”，妖艳古怪。杨倞《荀子·强国》注：“挑，偷也。不为奇异之服。”

⑥倜然：异常突出的样子。

⑦其间听决：据上下文义，疑为“其朝间听决”。朝间，指退朝。听决，处理决断事务。

⑧佚：通“逸”，安逸。

⑨谌：这里是畏惧、恐惧的意思。

⑩数具：指上面所说的“佚而治”等三个方面。

⑪县：同“悬”。这里是比较的意思。

⑫倜倜然：相距甚远的样子。

⑬殆：大概，恐怕。

⑭粹：纯粹，指完全用礼义来治理国家。

⑮驳：驳杂，混杂。指不是完全彻底地用礼义来治理国家。

译文

应侯问荀况说：“到了秦国，看到些什么？”

荀况回答说：“城堡等设施很险要，地势有利，山林川谷很优美，天然资源十分丰富，客观条件非常优越。进入秦国境内，观察风俗：百姓纯朴，音乐不庸俗下流，服装不轻佻怪异，百姓们都敬畏官吏而顺从，是符合古风的百姓。到了县城衙门，官吏都严肃认真，无不恭敬勤俭、诚敬忠信，而且并不恶劣，是具有古风的官吏。进入秦国的国都，观察那些士大夫，他们都是走出自家的大门，就进入公家的门，出了公家的门，就回到自己的家，没有徇私的事，不相互勾结，不结党成群，异常突出地无不明通公正，这是具有古风的士大夫。观察其朝廷，所处理的政事，到退朝时都没有积压，官员们安然得像没有事做一样。这是具有古风的朝廷。所以，秦国保持四代优胜，不是侥幸，而是有一定的理数的。这就是我所见到的。所以说，安逸而治理得很好，简易而又周到，不劳烦而有功效，这是治理好国家的最高境界，秦国已经类似这样子。虽然如此，它还是有所畏惧。上面所说的这几方面，秦国都兼而有之了，但是与称王天下的君主的功名相比较，还是远远不如的。”

“这是什么原因呢？”

“这大概是缺乏儒的原因吧。所以说：‘完全实施儒的礼义之道的就称王天下，没有完全彻底实施儒的礼义之道的就称霸天下，两种都不具备的就亡国。’这也正是秦国所短缺的。”

原文

积微[①]，月不胜曰[②]，时不胜月[③]，岁不胜时。凡人好敖慢小事[④]，大事至，然后兴之务之，如是，则常不胜夫敦比于小事者矣[⑤]。是何也？则小事之至也数[⑥]，其县曰也博[⑦]，其为积也大；大事之至也希[⑧]，其县日也浅，其为积也小。

故，善日者王[⑨]，善时者霸[⑩]，补漏者危[⑪]，大荒者亡[⑫]。故，王者敬日，霸者敬时，仅存之国[⑬]，危而后戚之。亡国，至亡而后知亡，至死而后知死。亡国之祸败，不可胜悔也；霸者之善箸焉[⑭]，可以时托也[⑮]；王者之功名，不可胜日志也。

财物货宝，以大为重，政教功名反是，能积微者速成。《诗》曰[⑯]：“德辅如毛[⑰]，民鲜克举之[⑱]。”此之谓也。

注释

①积微：指积累微小事情的功效。

②不胜：不如。下同。

③时：四时，四季。这里指季度。

④敖慢：轻视。敖，同“傲”。

⑤敦比：谨慎。

⑥数（shuò）：屡次，这里是频繁的意思。

⑦县日：指所延续的日子。《说文》：“县，系也。”

⑧希：通“稀”，少。

⑨善日者：指珍惜每一天的人。杨倞《荀子·强国》注：“善谓爱惜不怠弃也。”

⑩善时者：指珍惜每一个季度的人。

⑪补漏者：指平时不认真努力，出了漏洞才去弥补的人。

⑫大荒者：指严重荒废时日的人。

⑬仅存：勉强存在。

⑭善：这里指所做的好事。箸：同“著”，明显。

⑮托：据上下文义，疑为“记”。

⑯《诗》：指《诗经·大雅·烝民》。

⑰輶（yóu）：轻。

⑱鲜：少。克：能够。

译文 积累微小事情的功效，每个月积累不如一天天积累，每个季度积累不如一月月积累，每年积累不如一个季度一个季度地积累。一般人喜欢轻视小事，要等大事来了才去办，像这样，他的功效总是赶不上谨慎地对待小事的人。这是什么道理呢？是因为小事的到来很频繁，它延续的日子也多，积累的功效就大了；而大事到来得很稀少，延续的日子也少，所积累的功效也小。

所以，珍惜每一天的人，就成为称王天下的人；珍惜每个季度的人，就成为称霸天下的人；出了漏洞才去补救的人，就遭到危险；严重荒废时日的人，就遭到灭亡。所以，称王天下的人重视每一天，称霸天下的人重视每一季度，勉强存在的国家，危险到来之后才知道悲戚，灭亡的国家，到灭亡的时候才知道灭亡，到死的时候才知道死。亡国的祸害，悔不胜悔；称霸天下的人的好事是明显的，可以用季度来记录；称王天下的人的功名，则是每天记录都记不完的。

财物珍宝，以大为贵重；政治、教化、功名却与此相反。能够积累微小的功效的就可以迅速成功。《诗经·大雅·丕民》说："道德似乎轻如鸿毛，却很少有人能够把它举起。"说的就是这个道理。

原文　凡奸人之所以起者，以上之不贵义、不敬义也[①]。夫义者，所以限禁人之为恶与奸者也。今上不贵义、不敬义，如是，则下之人百姓，皆有弃义之志，而有趋奸之心矣，此奸人之所以起也。且，上者，下之师也，夫下之和上[②]，譬之犹响之应声，影之像形也。故，为人上者，不可不顺也[③]。夫义者，内节于人而外节于万物者也[4]；上安于主，而下调于民者也。内外上下节者，义之情也[5]。然则，凡为天下之要[6]，义为本，而信次之。古者，禹汤本义务信，而天下治；桀纣弃义倍信[7]，而天下乱。故，为人上者，必将慎礼义、务忠信，然后可。此君人者之大本也。

堂上不粪[8]，则郊草不瞻旷芸[9]；白刃扞乎胸[10]，则目不见流矢；拔戟加乎首[11]，则十指不辞断[12]。非不以此为务也，疾养缓急之有相先者也[13]。

注释

①以：因为。

②和：应和，跟从。

③顺：通“慎”。

④节：节制，适合。

⑤情：指实质，实际内容。

⑥要：关键，这里指天下大事。

⑦倍：通“背”，背叛。

⑧粪：通“坌”，扫除。《说文》：“坌，扫除也。弁声，读若粪。”

⑨不瞻旷芸：据上下文义，“瞻旷”疑衍。芸，通“耘”，拔除。

⑩扞：触。

⑪拔戟：迅速飞来的戟。

⑫不辞：这里是不顾及、顾及不到的意思。

⑬疾养：痛痒。养，同“痒”。有相先者：有先后之分。

译文

一般说来，奸人之所以出现，是因为君主不崇尚礼义、不重视礼义的缘故。礼义，是用来限制禁止人们作恶行奸的。如今，君主不崇尚礼义、不重视礼义，像这样，下面的百姓，都有背弃礼义之意，而有趋向奸邪的心了。这就是奸人之所以出现的缘故。况且，君主，是下民百姓的表率，下民百姓应和君主，就如同回音应和声响，影子跟随形体一样。所以，作为百姓的君主，不能不谨慎啊。礼义，对内适合于所有的人，对外，适合于世间万物；对上安定君主，对下调和百姓。内外上下都得到调节，这是礼义的实质。那么，凡是处理天下大事，礼义就是根本，信用是其次。古代，禹、汤以礼义为根本，务求信用，天下得到大治；桀、纣背弃礼义，背弃信用，天下大乱。所以，作为百姓的君主，一定要谨守礼义，务求忠信，然后才可以平治天下，这是统治百姓的最高原则。

堂屋如果没有扫除，郊外的杂草就不会拔除；白色的刀刃触到胸前，眼睛就看不到飞来的箭；迅速到来的戟架在头上，就顾不上十个指头被切断的危险。并不是认为这些事不重要，而是痛痒缓急有先后之分。

十七　天论

题解　本文着重论述了荀子的天道观，即宇宙观。

荀况根据历史的经验及他对自然界的观察了解，认为自然界的变化发展是不以人的意志为转移的，它有着固有的存在和变化发展规律。

荀况指出，人类社会的变化与“天”无关，他说道：“天行有常，不为尧存，不为桀亡。”而社会的治和乱，“不可以怨天，其道然也。”意思是说自然界有其自己运行的规律，不会因人而变，而人世间的治乱，是人自身的缘故，不应该去归功或怪罪上天。荀况的这些认识，对天人的关系作了客观的解释，是对“成事在天”“听天由命”的“天命观”的批判。

尤为可贵的是，荀况认为自然界是可以被人认识和改造的，人应该“制天命而用之”，这是在我国历史上第一次提出的“人定胜天”的光辉思想。

此外，荀况还对自然界的一些怪异现象，如“星队木鸣”“日月之有蚀”等，作出了合乎客观规律的解释。

原文 天行有常①，不为尧存，不为桀亡，应之以治则吉②，应之以乱则凶③。强本而节用④，则天不能贫；养备而动时⑤，则天不能病⑥；修道而不贰⑦，则天不能祸。故，水旱不能使之饥渴⑧，寒暑不能使之疾，妖怪不能使之凶。本荒而用侈，则天不能使之富；养略而动罕⑨，则天不能使之全；倍道而妄行⑩，则天不能使之吉。故，水旱未至而饥，寒暑未薄而疾⑪，妖怪未至而凶。受时与治世同⑫，而殃祸与治世异，不可以怨天，其道然也。故明于天人之分，则可谓至人矣⑬。

注释 ①行：运行，变化。常：常规，固定的规律。

②应：对应。治：指平治的社会。一说，治，指合理的措施。

③乱：指混乱的世道。一说，乱，指不合理的措施。

④本：指农业生产。

⑤养：供养，指衣食等生活资料。动时：活动适时。

⑥病：困顿，窘困。

⑦修：据上下文义疑为“循”。道：这里指治理社会和自然的原则。贰：不专心一意，背离。

⑧渴：据上下文义疑衍。

⑨动罕：罕，疑为“干”的借字。干，乱。动干，失时的意思。

一说，动罕，动得少，懒惰的意思。

⑩倍：通“背”，背离。

⑪薄：迫近，接触。

⑫受时：所遇到的天时。

⑬至人：最高明的人。

译文

自然界的运行是有其固有的规律的，它不会因为有尧才存在，也不会因为有桀而消亡。用平治的社会来对应它就吉利，用混乱的世道来对应它就凶险。注重农业生产，节省费用，上天也不能使人贫穷；各种生活资料的供养充分而活动适时，上天也不能使人困顿；遵循道而专心一意，上天也不能使人遭灾祸。于是旱涝不能使人饥馑，严寒酷暑不能使人生病，妖魔鬼怪不能使人遭凶险。荒废农业而又费用奢侈，上天也不能使人富裕；衣食等生活资料不充足而且活动失时，上天也不能使人健全；违背道而任意妄为，上天也不能使人吉祥。于是，水旱还没有到来人就遭到饥荒，严寒酷暑还没有迫近人就生了疾病，妖魔鬼怪还没有到来人就遇到凶险。这种乱世所遇到的天时与平治的社会遇到的天时完全相同，而遭到的祸殃与平治的社会不同，不能够埋怨上天，是它所遵循的道使得它这样的。所以，明确天与人的区别的，就可以称为最高明的人。

原文 不为而成，不求而得，夫是之谓天职[①]。如是者，虽深[②]，其人不加虑焉[③]；虽大，不加能焉；虽精，不加察焉，夫是之谓不与天争职。天有其时[④]，地有其财，人有其治[⑤]，夫是之谓能参[⑥]。舍其所以参[⑦]，而愿其所参[⑧]，则惑矣。列星随旋，日月递照[⑨]，四时代御[⑩]，阴阳大化[⑪]，风雨博施，万物各得其和以生，各得其养以成，不见其事、而见其功，夫是之谓神。皆知其所以成，莫知其无形[⑫]，夫是之谓天[⑬]。唯圣人为不求知天。天职既立，天功既成，形具而神生[⑭]，好恶、喜怒、哀乐臧焉[⑮]，夫是之谓天情[⑯]。耳、目、鼻、口、形，能各有接而不相能也[⑰]，夫是之谓天官[⑱]。心居中虚[⑲]，以治五官[⑳]，夫是之谓天君[㉑]。财非其类[㉒]，以养其类，夫是之谓天养[㉓]。顺其类者谓之福，逆其类者谓之祸，夫是之谓天政[㉔]。

暗其天君，乱其天官，弃其天养，逆其天政，背其天情，以丧天功，夫是之谓大凶。圣人清其天君，正其天官，备其天养，顺其天政，养其天情，以全其天功。如是，则知其所为，知其所不为矣，则天地官而万物役矣[25]。其行曲治[26]，其养曲适，其生不伤，夫是之谓知天。

故，大巧在所不为[27]，大智在所不虑[28]，所志于天者[29]，已其见象之可以期者矣[30]；所志于地者，已其见宜之可以息者矣[31]；所志于四时者，已其见数之可以事者矣[32]；所志于阴阳者，已其见知之可以治者矣[33]，官人守天[34]，而自为守道也。

注释

①天职：自然界的职能。

②深：指自然界的职能深远。下文的“虽大”“虽精”中的“大”“精”分别指自然界的职能广大、微妙。

③其人：指前面所说的“至人”，即高明的人。

④有：保有，保持。时：时令，指四季、寒暑、昼夜、风雨、水旱等变化。

⑤治：指人治理社会与自然的努力。

⑥能参：指能够与天地相配合的职能。

⑦所以参：指人配合自然界职能的责任。

⑧愿：向往，希求。所参：指配合自然界的功绩。

⑨递照：交替照耀。《集韵》：“递，更易也。”

⑩代御：相互交替运行。御，行。

⑪大化：普遍地造化。大，这里是普遍的意思。

⑫形：形迹，形体。

⑬夫是之谓天：据下文“夫是之谓天情”等句例，疑此句为“夫是之谓天功”。天功，自然界的功绩。

⑭形：指人的形体。神：指人的精神活动。

⑮臧：同“藏”，包藏，包含。

⑯天情：自然具有的感情。

⑰能：指官能，功能。接：接触，感知外物的意思。相能：这里指的是功能相互替代交换。

⑲天官：自然具有的器官。

⑲中虚：中间。《尔雅·释诂》：“虚……间也。”中间，这里指胸腔。

⑳治：支配，管理。

㉑天君：指心脏。古时人以为耳、目等器官都是由心控制的，故称其为天君。

㉒财：同“裁”，利用。非其类：指人类之外的世间万物。下文“其类”则指人类。

㉓天养：自然的供养。

㉔天政：自然的政令。

㉕官：被任用、被掌握的意思。

㉖曲：指各个方面。下同。

㉗大巧：最大的技巧。一说，最能干的人。

㉘大智：最大的智慧。一说，最聪明的人。

㉙志：希望，期待。下同。

㉚见象：显现出来的自然现象。见，同“现”，显现。期：预期，推测。

㉛见宜：显现出来的物产。杨柳桥《荀子诂译·天论》注：“宜，即今所谓土产也。”息：繁殖生长。

㉜见数：显现出来的时令变化。杨倞《荀子·天论》注：“数，谓春作、夏长、秋敛、冬藏必然之数。”事：指按农时安排农业生产。

㉝见知：据上文“万物各得其和以生”，疑为“见和”。见和，显现出来的和谐。

㉞官人：任用人。守天：指观察天象。

译文　没有行动就取得成效，不用求取就有所收获，这就是所说的自然的职能。像这样，自然的职能虽然深远，高明的人却不去思考；虽然广大，高明的人却不去夸大；虽然精微，高明的人却不去加以考察。这叫作不与天争职能。天保有时令，地保有资源，人保有治理社会与自然的努力，这就叫作能够配合天的职能。放弃人配合天的职能的责任，却向往配合天职的功绩，那就糊涂了。群星相随旋转，日月交替照耀，四季接替运行，阴阳二气普遍造化万物，风雨广泛布施，万物各自得到自然的和谐而生长，各自得到自然的滋养而成长。人们看不到自然的行动，却看得到它的功绩，这就叫作“神”。人们都知道自然所生成的万物，却并不知道自然生成万物的无形的过程，这就叫作“天功”。只有圣人才不企图知道自然的奥秘。天的职分已经建立，天的功绩已经完成，人的形体已经具备，人的精神活动就随着产生，喜爱憎恶、欢乐愤怒、悲哀喜悦，都包藏在这里面了，这就叫作“天情”。耳朵，眼睛、鼻子、嘴巴、身躯，都具有各自的功能而不能交换替代，这就叫作“天官”。心的位置在中间，用它来控制五官，这就叫作“天君”，利用与人不同类的东西，来供养人的同类，这就叫作“天养”。顺应人的同类的需要来供养人们就是福，违背了同类的需要就是祸，这就叫作“天政”。

蒙蔽了“天君”，扰乱了“天官”，放弃了“天养”，违背了“天政”，背离了“天情”，因此丧失了“天功”，就叫作大凶。圣人使自己的“天君”清纯，使自己的“天官”端正，充实“天养”，顺从“天政”，涵养“天情”，借以完成“天功”。像这样，就知道自己该做什么，不该做什么了，于是，天地被他所掌握，万物为他所役使。他的行动各方面都适宜，他的供养也各方面都安适，他的生命不会受到伤害，这就叫作“知天”。

所以，最大的技巧，在于不去做不应做、不能做的事；最大的智慧，在于不去考虑不应考虑、不能考虑的事。所期望于天的，是根据已经显现出来的自然现象可以预测未来；所期望于地的，是根据已经显现出来的物产可以去繁育物产；所期望于四季的，是根据已经显现出来的时令变化可以去安排农业生产；所期望于阴阳二气的，是根据已经显现出来的和谐可以去治理政事。任用人去观察天象，而自己却严格地遵守着治理自然和社会的根本原则。

原文　治乱，天邪？曰：日月、星辰、瑞历①，是禹桀之所同也，禹以治，桀以乱，治乱，非天也。时邪？曰：繁启、蕃长于春夏②，畜积③，收臧于秋冬，是又禹桀之所同也，禹以治，桀以乱，治乱，非时也。地邪？曰：得地则生，失地则死，是又禹桀之所同也，禹以治，桀以乱，治乱，非地也。《诗》曰[4]："天作高山[5]，大王荒之[6]，彼作矣[7]，文王康之[8]。此之谓也。

天不为人之恶寒也辍冬，地不为人之恶辽远也辍广，君子不为小人匈匈也辍行[9]。天有常道矣[10]，地有常数矣[11]，君子有常体矣[12]。君子道其常[13]，而小人计其功。《诗》曰[14]："何恤人之言兮[15]。"此之谓也。

注释

①瑞历：历象，即节气。

②繁启：万物萌生。蕃长：茂盛地生长。

③畜：同"蓄"。

④《诗》：指《诗经·周颂·天作》。

⑤作：这里是生成的意思。高山：指岐山，在今陕西省岐山县东北。

⑥大王：即太王，亦称古公亶众，周文王姬昌的祖父。荒：包括，引申为占有。《尔雅·释言》："荒，奄也。"奄，即"覆盖""包括"之意。

⑦作：这里指建立国都。

⑧康：安定。《尔雅·释诂》："康，安也。"

⑨匈匈：同"汹汹"，吵吵嚷嚷。

⑩常道：永恒不变的规律。

⑪常数：永恒不变的法则。

⑫常体：持久不变的品性。体，这里指人的品性。

⑬道：坚守的意思。

⑭《诗》：指《诗经》，引诗已失传。

⑮何恤人之言兮：据文义与《荀子·正名》所引诗同，故疑此句前夺“礼义之不愆兮”六字。

译文

社会的治与乱，是上天造成的吗？回答说：日月、星辰，节气，在禹和桀的时代都是一样的，而禹时天下大治，桀时天下大乱，治与乱，不是上天造成的。是时令造成的吗？回答说：万物萌发、茂盛地生长在春夏，蓄积、收藏在秋冬，这在禹和桀的时代都是一样的，而禹时天下大治，桀时天下大乱，治与乱，不是时令造成的。是大地造成的吗？回答说：万物得到土地就生长，失去土地就死亡，这在禹和桀的时代都是一样的，而禹时天下大治，桀时天下大乱，治与乱、不是大地造成的。《诗经·周颂·天作》说：“上天生成了岐山，太王占有了它，并建立了都城，文王使它安定。”说的就是这种情况。

上天并不因为人们厌恶严寒就废止冬天，大地并不因为人们厌恶遥远而不再宽广，君子并不因为小人的吵吵嚷嚷就中止他的行动。天有永恒不变的规律，地有永恒不变的法则，君子有持久不变的品性。君子坚守他持久不变的品性，小人却在计较自己的功利。《诗经》上说："在礼义上没有违背，何必顾及别人的闲言碎语。"说的就是这种情况。

原文

楚王后车千乘①，非知也②；君子啜菽饮水③，非愚也，是节然也④。若夫心意修⑤，德行厚，知虑明⑥，生于今而志乎古⑦，则是其在我者也⑧。故君子敬其在己者⑨，而不慕其在天者⑩；小人错其在己者⑪，而慕其在天者。君子敬其在己者，而不慕其在天者，是以日进也；小人错其在己者，而慕其在天者，是以日退也。故，君子之所以日进，与小人之所以日退，一也。君子、小人之所以相县者⑫，在此耳。

注释

①后车：后面跟随的车。乘（shèng）：古代一车四马为一乘。

②知：同"智"，聪明。

③啜菽：吃粗粮。菽，豆类，这里泛指粗粮。

④节：时，时运。杨倞《荀子·正名》注："节，时也。"一说，节然，偶然。

⑤心意修：据《荀子·正论》："志意修，德行厚……"句，当为"志意修"，意志端正的意思。

⑥知虑：指思虑。

⑦志：识，懂得。

⑧在我：指在于自我的努力。

⑨敬：重视。在己者：指自己努力的成果。

⑩在天者：指天生成的、自然形成的东西。

⑪错：同"措"，措置，弃置。

⑫县：同"悬"，悬殊，差别。

译文　楚王后面跟随着上千的车马，不是他聪明；君子吃粗粮喝白水，不是他愚蠢，是时运使他们如此的。至于意志端正，德行深厚，思虑精明，生在当今而懂得古代的人，这一切都在于他自我的努力。所以，君子重视自己努力的成果，而不羡慕天生成的东西；小人却放弃自己的努力，而羡慕天生成的东西。君子重视自己努力的成果，而不羡慕天生成的东西，所以一天天地进步；小人放弃自己的努力，而羡慕天生成的东西，所以一天天退步。因此，君子之所以一天天进步，与小人之所以一天天退步，道理是一样的。君子、小人之所以相差悬殊，原因就在这里。

原文 星队木鸣[1]，国人皆恐。曰：是何也？曰：无何也。是天地之变，阴阳之化，物之罕至者也。怪之，可也；而畏之，非也。夫日月之有蚀，风雨之不时[2]，怪星之党见[3]，是无世而不常有之。上明而政平，则是虽并世起[4]，无伤也；上暗而政险，则是虽无一至者，无益也。夫星之队，木之鸣，是天地之变，阴阳之化，物之罕至者也。怪之，可也；而畏之，非也。

物之已至者，人妖则可畏也[5]。楛耕伤稼，耘耨失秽[6]，政险失民，田秽稼恶[7]，籴贵民饥[8]，道路有死人，夫是之谓人妖。政令不明，举错不时[9]，本事不理[10]，夫是之谓人妖。礼义不修，内外无别，男女淫乱，则父子相疑[11]，上下乖离，寇难并至[12]，夫是之谓人妖。妖是生于乱，三者错[13]，无安国。其说甚尔[14]，其灾甚惨。勉力不时，则牛马相生，六畜作妖[15]。可怪也，而不可畏也[16]。

传曰："万物之怪，书不说。"无用之辩，不急之察[17]，弃而不治。若夫君臣之义，父子之亲，夫妇之别，则日切瑳而不舍也⑱。

注释

①星队：指流星落地。队，同“坠”，坠落。木鸣：风吹树响。

②不时：这里指不按时节。

③党见：偈然出现。党，同“傥”，偶然。见，通“现”，显现。

④并世：在同一时代。

⑤人妖：指人为的怪事，人为的灾祸。

⑥耘耨失秽：据文义与《韩诗外传》引文，疑为“秽耘失岁”。失岁，没有收成。

⑦秽：荒芜。

⑧籴：买粮食。这里指粮价。

⑨举错：指措施。错，同“措”。不时：这里是不适时的意思。

⑩本事：指农业生产。

⑪则：据文义与《韩诗外传》引文，疑衍。

⑫寇难：指内忧外患。

⑬错：交错。

⑭尔：通“迩”，近，浅近。

⑮勉力不时，则牛马相生，六畜作妖：此三句与上下文义不相接，疑为传抄之误，当删。一说，此三句当在“本事不理”下。

⑯不：据文义疑为“亦”。

⑰不急：不切急需。

⑱切瑳：琢磨研究。瑳，同“磋”。

译文 星辰坠落，树木鸣响，众人都害怕。问：这是怎么回事？回答说：没有什么。这是天地的变化，阴阳的变化，是很少出现的事物。对它感到奇怪，是可以的；而害怕它，就错了。日月有蚀，风雨不按时节，奇怪的星辰偶然出现，这是任何时代都常有的。君主圣明政局安定，那么这些现象即使在同一时候发生，也没有什么危害。如果君主昏庸而政局险恶，那么这些现象即使无一到来，也没有什么补益。星辰的坠落，树木的鸣叫，这只是天地的变化，阴阳的变化，是很少出现的事物。对它感到奇怪，是可以的；而害怕它，就错了。

已经出现的事物中，人为的怪事才是可怕的。粗放的耕种会损害庄稼，粗疏的耕耘会没有收成，政局险恶会损失民心，田地荒秽庄稼不好，粮价昂贵百姓饥馑，道路上有死人，这就叫作人为的怪事。政令不清明，措施不适时，不抓农业生产，这就叫作人为的怪事。不整顿礼义，不分内外，男女淫乱，父子间相互猜疑，君臣上下相互背离，内忧外患同时到来，这就叫作人为的怪事。这种人为的怪事都是由乱产生的。三种人为的怪事交错发生，就没有安定的国家。这种说法很浅近，这种灾祸很悲惨。这种怪事真正值得奇怪，而且也很可怕。

古书说：“万物中的怪事，史书是不记载的。”无用的论辩，不切需要的考察，是应该放弃而不管的。至于群臣之间的道义，父子之间的亲情，夫妇之间的区别，那是应当天天琢磨研究而不可丢弃的。

原文

雩而雨[①]，何也？曰：无何也，犹不雩而雨也。日月食而救之[②]，天旱而雩，卜筮然后决大事[③]，非以为得求也[④]，以文之也[⑤]。故君子以为文，而百姓以为神。以为文则吉，以为神则凶也。

在天者莫明于日月，在地者莫明于水火，在物者莫明于珠玉，在人者莫明于礼义。故，日月不高，则光晖不赫[⑥]，水火不积，则晖润不博[⑦]，珠玉不睹乎外[⑧]，则王公不以为宝，礼义不加于国家，则功名不白。故，人之命在天，国之命在礼。君人者，隆礼尊贤而王，重法爱民而霸，好利多诈而危，权谋倾覆幽险而尽亡矣。

大天而思之[⑨]，孰与物畜而制之[⑩]？从天而颂之，孰与制天命而用之[⑪]？望时而待之，孰与应时而使之[⑫]？因物而多之[⑬]，孰与骋能而化之[⑭]？思物而物之[⑮]，孰与理物而勿失之也[⑯]？愿于物之所以生，孰与有物之所以成[⑰]？故错人而思天[⑱]，则失万物之情。

注释

①雩（yú）：古代求雨的祭祀。杨倞《荀子·天论》注："求雨之祷也。"

②食：同"蚀"。救之：古代人们发现日月蚀时，敲鼓击盘呼救。

③筮（shì）：古代用蓍草卜吉凶叫作"筮"。

④得求：得到所祈求的东西。

⑤文之：指文饰政事。

⑥晖：同"辉"，光辉。赫：显赫。

⑦晖润：指火的光亮与水的润泽。

⑧睹：疑作"睹"，明亮，光彩显露的意思。

⑨大天：以天为最大，即推崇天的意思。

⑩物畜：把天当作物来畜养。

⑪制天命：指掌握天的变化规律。

⑫应时：顺应季节的变化。

⑬因物：依凭自然界万物的发展变化。多：这里是重视的意思。一说，多，增多。

⑭骋能：尽力施展人的才能。

⑮物：辨识，观赏。杨柳桥《荀子·天论》注："物，当借为'昒'，《说文》：'昒，目冥远视也。'"

⑯理：这里是利用的意思。

⑰有：通"佑"，帮助，促进。

⑱错人：指放弃人的努力。错，同"措"，放置。引申为弃置，放弃。

译文

举行了求雨的祭祀而下了雨，是为什么？回答说：没有什么，这与不举行求雨的祭祀而下雨是一样的。日食月食发生，人们敲鼓击盘去营救，天旱就举行求雨的祭祀，用蓍草占卜吉凶之后决定大事，并不是认为可以得到所祈求的东西，只是用来文饰政事而已。所以君子把它们当作文饰，而老百姓却把它们当成神，把它们当作文饰就吉祥，把它们当作神就凶险。

在天上的，没有比日月更光明的；在地上的，没有比水火更明亮的；在万物中，没有比珠玉更耀眼的；在人的生活中，没有比礼义更光辉的。所以，日月不高它的光芒就不显赫；水火不积聚，它的光亮与润泽就不广博；珠玉的光彩不显露出来，王公们就不会把它们作为珍宝；礼义不用在国家的治理上，功名就不会显著。所以，人的命运在于天，国家的命运就在于礼义。君主崇尚礼义，尊重贤士，就可以称王天下；重视法制，爱护百姓，就可以称霸天下；贪利而多行诡诈就遭到危险；搞权术、颠覆，手段阴险就会彻底灭亡。

推崇上天思慕上天，哪里比得上把它作为物来畜养从而控制它呢？顺从天而颂扬天，哪里比得上掌握它的变化规律从而利用它呢？盼望着天时而等待天的恩赐，哪里比得上顺应季节的变化从而驱使它呢？依凭万物的自然发展变化而重视它，哪里比得上尽力施展人的才能去改造它呢？思慕万物而辨识观赏它，哪里比得上利用它而不失去它呢？羡慕万物的产生，哪里比得上去促进万物更好地成长呢？所以，放弃人的努力，而只希望于上天，就丢掉了万物的实情。

原文

百王之无变，足以为道贯[①]。一废一起[②]，应之以贯[③]。理贯不乱[④]，不知贯，不知应变。贯之大体未尝亡也[⑤]。乱生其差[⑥]，治尽其详[⑦]。故道之所善，中则可从[⑧]，畸则不可为[⑨]，匿则大惑[⑩]。

水行者表深[⑪]，表不明则陷；治民者表道[⑫]，表不明则乱。礼者，表也。非礼，昏世也；昏世，大乱也。故道无不明，外内异表[⑬]，隐显有常[⑭]，民陷乃去[⑮]。

万物为道一偏[⑯]，一物为万物一偏。愚者为一物一偏[⑰]，而自以为知道，无知也。慎子有见于后[⑱]，无见于先[⑲]；老子有见于诎[⑳]，无见于信[㉑]；墨子有见于齐，无见于畸[㉒]；宋子有见于少[㉓]，无见于多[㉔]。有后而无先，则群众无门[㉕]；有诎而无信，则贵贱不分；有齐而无畸，则政令不施；有少而无多，则群众不化。《书》曰[㉖]："无有作好[㉗]，遵王之道；无有作恶[㉘]，遵王之路。"此之谓也。

注释

①道贯：指道的一贯的原则、纲领。杨柳桥《荀子诂译·天论》注："贯，犹纲系也。"

②一废一起：指朝代的兴衰。

③贯：即道贯。下同。

④理贯：整理出道的一贯的原则。

⑤大体：主要内容。

⑥其差：指运用道贯有偏差。

⑦其详：指运用道贯周详。

⑧中：指与道相符合。

⑨畸：偏颇。杨倞《荀子·文论》注："畸，不偶之名，谓偏也。"

⑩匿：同"慝（tè）"，差错。

⑪水行者：涉水的人。表：标志，标准。

⑫表道：以道为标准。

⑬外内：指外事内政。《商君书·外内》说："民之外事，莫难于战。""民之内事，莫苦于农。"可证。

⑭隐显：指看不见与看得见的事。

⑮陷：这里指的灾难。

⑯一偏：一个部分，一个方面。

⑰为一物一偏：做到对一个事物一个方面的认识了解。

⑱后：指被动地跟在事物后面。荀子在《非十二子中》批评慎子"上则听取于上，下则取从于俗。"所以这里说慎子"有见于后"。

⑲先：指根据事物的变化而有所倡导。慎子主张人应该"若无知之物""推而后行，曳而后往""动静不离于理"，而不主

张有所倡导，所以荀子说他“无见于先”。

⑳诎：同“屈”，委曲求全。老子主张顺应自然，无为而治，荀子认为这是“有见于诎”。

㉑信：通“伸”，这里指的是积极进取，有所作为。

㉒畸：不齐，差异。墨子主张“兼爱”，取消差等，所以荀子认为他“无见于畸”。

㉓少：指人的欲望少，宋钘认为人的欲望很少，“五升之饭是矣”（见《庄子·天下》）。

㉔多：指人的欲望多。

㉕门：这里指的是方向。

㉖《书》：指《尚书·洪范》。

㉗作好（hào）：有所偏好。

㉘作恶（wù）：有所偏恶。

译文　历代君王所持的长久不变的法则，足以作为道的一贯的原则。王朝的衰亡与兴起，都适应于这个一贯的原则。整理出这个一贯的原则，社会就不会混乱。不懂得这个一贯的原则，就不知道应付事物的变化。这个一贯的原则的主要内容并没有亡失，国家混乱产生于对它的运用有偏差，国家的平治来源于周详完整地运用它。所以，道的好处就在于：符合道就可以做，偏离道就不能做，运用道出了差错就会造成惑乱。

涉水的人必须有水深度的标志，标志不明就会被淹没。治理百姓的人必须以道为标志，标志不清楚就会造成混乱。礼义，就是标志。违背礼义，就是错乱的世道，昏乱的世道，必然大乱。所以，道的各个方面无不明确，外事、内政有不同的标准，明的、暗的事都有一定的法则，那么，老百姓的灾难就可以免去。

万物是道的一个方面，一物是万物的一个方面。愚蠢的人只做到对一物一个方面的认识，就自认为懂得了道，这是无知。慎子只见到被动地跟在事物后面的一面，而没有见到根据事物的变化有所倡导的一面；老子只见到委曲求全的一面，而没有见到积极进取有所作为的一面；墨子只见到人和事物齐同的一面，而没有见到人和事物应该有差异的一面；宋钘只见到人的欲望少的一面，而没有见到人的欲望多的一面。只见到“后”而见不到“先”，那么百姓就没有方向；只见到“诎”而见不到“信”，那么贵贱就无法区分；只见到“齐”而见不到“畸”，那么政令就无法实施；只见到“少”而见不到“多”，那么群众就不会受到教化。《尚书·洪范篇》说:“不要有所偏好，就该遵循王者的道路；不要有所偏恶，应该遵循王者的道路。”说的就是这个道理。

十八 正论

题解 本文针对荀子所处时代存在的一些论点加以批判，意在统一思想与巩固集权。

文章分别对“主道利周”“桀纣有天下，汤武篡而夺之”“治古无肉刑”“汤武不能禁令”“尧舜擅权”“尧舜不能教化”“太古薄葬”“见侮不辱”“人之情欲寡”等孟子、宋钘等人的观点进行了驳斥，在驳斥的过程中，荀况肯定了“王制”是判断一切是非的标准。

荀况在文章中还热情地赞颂了尧、舜这样的理想的君主。

原文 世俗之为说者曰[①]：“主道利周[②]。”是不然。主者，民之唱也[③]；上者，下之仪也[④]。彼将听唱而应，视仪而动。唱默[⑤]，则民无应也；仪隐，则下无动也。不应不动，则上下无以相有也[⑥]。若是，则与无上同也，不祥莫大焉。故上者下之本也。上宣明[⑦]，则下治辨矣[⑧]；上端诚，则下愿悫矣；上公正，则下易直矣[⑨]。治辨则易一[⑩]，愿悫则易使，易直则易知。易一则强，易使则功，易知则明，是治之所由生也。上周密则下疑玄矣[11]，上幽险则下渐诈矣，上偏曲则下比周矣。疑玄则难一，渐诈则难使，比周则难知。难一则不强，难使则不功，难知则不明，是乱之所由作也。故主道利明，不利幽；利宣，不利周。故主道明则下安，主道幽则下危。故下安则贵上，下危则贱上。故上易知则下亲上矣，上难知则下畏上矣。下亲上则上安，下畏上则上危。故主道，莫恶乎难知，莫危乎使下畏己。传曰："恶之者众则危。"《书》曰[12]："克明明德[13]。"《诗》曰[14]："明明在下[15]。"故先王明之，岂特玄之耳哉[16]？

注释

①为说者：指著书立说的人。

②主道：君主治理国家的原则、办法。周：周密，这里是隐秘而不让百姓了解的意思。杨倞《荀子·正论》注："谓隐匿其情，不使下知也。"

③唱：通"倡"，倡导，引导的意思。

④仪：表率，榜样。

⑤唱默：指引导的方向不公开说明。

⑥有：据上下文义疑为"胥"。相胥：相待，相依持。胥，通"须"，待。

⑦宣明：公开，无所隐瞒。

⑧治辨：指把事情办好。

⑨易直：公平正直。易，公平。下文“易直则易知”中的“易直”的“易”字此与同。

⑩易一：容易统一。易，容易。下文中“易使”“易知”中的“易”字与此同。

⑪疑玄：疑惑。杨倞《荀子·正论》注：“玄，读为‘眩’，惑也。”

⑫《书》：指《尚书·康诰》。

⑬克：能够。明明德：发扬光辉德业。

⑭《诗》：指《诗经·大雅·大明》。

⑮明明在下：用光明昭示下民。

⑯岂特：岂但。玄：据上下文义，疑为“宣”，公开的意思。

译文

世俗的著书立说的人说：“君主治国的原则方法最好的是隐秘不露真情。”这是不对的。君主是百姓的引导者，君主是百姓的榜样。百姓听到引导就应和，见到榜样就行动。君主的引导方向不公开说明，百姓就无法应和；表率榜样隐而不现，百姓就无法行动。不应和不行动，上下就不能相依持。如果这样，那就与没有君主是一样的了，没有比这更不吉祥的了。所以君主是百姓的根本。君主的治国原则公开无隐瞒，那么下面的事情就好办了；君主正直真诚，百姓就会忠厚恭谨；君主公正无偏，百姓也就公平正直。事情办好了，百姓就容易统一；忠厚恭谨，百姓就容易接受驱使；公平正直，君主就容易了解各方面的情况。容易统一，国家就强盛；容易受驱使，就容易取得功效；容易了解情况就很清醒，国家的安定由此产生。君主隐秘而不露真情，百姓就疑窦丛生；君主阴险，百姓就伪诈；君主偏私不公正，下面就私相勾结。百姓疑窦丛生就难以统一，百姓伪诈就难使驱使，百姓私相勾结君主就难以了解情况。难以统一国家就不强盛，难以驱使就不能取得功效，难以了解情况就不清醒。国家的混乱就由此产生。所以君主治国的方针，以公开明白为好，而不宜于隐匿；以彰明为好，而不宜于隐秘。所以君主治国的原则公开明白，百姓就安定；君主治国的原则幽暗隐秘，百姓就危险。所以，百姓安定就崇尚君主，百姓危险就轻贱君主。所以君主治国原则容易使人了解，百姓就亲近君主；君主的治国原则难以让人了解，百姓就畏惧君主。百姓亲近君主，君主就安定；百姓畏惧君主，君主就危险。所以，君主的治国原则，没有比令人难以了解更恶劣的了，没有比使百姓惧怕自己更危险的了。古书上说：

"憎恨的人多了就危险。"《尚书·康诰》篇说："要能够发扬光辉德业。"《诗经·大雅·大明》篇说："以光明昭示下民。"所以，先王要是做到光明显露，那仅仅是公开而已。

原文 世俗之为说者曰："桀纣有天下，汤武篡而夺之。"是不然。以桀纣为常有天下之籍[①]，则然；亲有天下之籍，则不然[②]；天下谓在桀纣，则不然。

古者，天子千官，诸侯百官。以是千官也，令行于诸夏之国[③]，谓之王[④]。以是百官也，令行于境内，国虽不安，不至于废易遂亡[⑤]。谓之君[⑥]，圣王之子也，有天下之后也，埶籍之所在也，天下之宗室也。然而，不材不中[⑦]，内则百姓疾之，外则诸侯叛之，近者境内不一，遥者诸侯不听。令不行于境内，甚者，诸侯侵削之，攻伐之。若是，则虽未亡，吾谓之无天下矣。

圣王没[⑧]，有埶籍者罢[⑨]，不足以县天下[⑩]。天下无君，诸侯有能德明威积，海内之民莫不愿得以为君师。然而暴国独侈[⑪]，安能诛之[⑫]，必不伤害无罪之民。诛暴国之君，若诛独夫。若是，则可谓能用天下矣[13]。能用天下之谓王。

汤武非取天下也，修其道，行其义，兴天下之同利，除天下之同害，而天下归之也。桀纣非去天下也，反禹汤之德，乱礼义之分，禽兽之行，积其凶，全其恶，而天下去之也。天下归之之谓王，天下去之之谓亡。故，桀纣无天下，而汤武不弑君，由此效之也[14]。

汤武者，民之父母也。桀纣者，民之怨贼也。今世俗之为说者，以桀纣为君，而以汤武为弑，然则，是诛民之父母，而师民之怨贼也[15]，不祥莫大焉。以天下之合为君，则天下未尝合于桀纣也。然则，以汤武为弑，则天下未尝有说也[16]，直堕之耳[17]。

故，天子唯其人[18]。天下者，至重也，非至强莫之能任；至大也，非至辨莫之能分[19]；至众也，非至明莫之能和。此三至者，非圣人莫之能尽，故非圣人莫之能王。圣人，备道全美者也[20]，是县天下之权称也[21]。

桀纣者，其知虑至险也，其至意至闇也[22]，其行之为至乱也[23]。亲者疏之，贤者贱之，生民怨之。禹汤之后也，而不得一人之与[24]。刳比干，囚箕子，身死国亡，为天下之大僇，后世之言恶者，必稽焉，是不容妻子之数也[25]。故至贤畴四海[26]，汤武是也；至罢不容妻子，桀纣是也。今世俗之为说者，以桀纣为有天下而臣汤武，岂不过甚矣哉？譬之，是犹伛巫跛匡大自以为有知也[27]。

故，可以有夺人国[28]，不可以有夺人天下；可以有窃国，不可以有窃天下也。可以夺之者，可以有国[29]，而不可以有天下；窃，可以得国，而不可以得天下。是何也？曰：国，小具也，可以小人有也，可以小道得也[30]，可以小力持也[31]；天下者，大具也，不可以小人有也，不可以小道得也，不可以小力持也。国者，小人可以有之，然而未必不亡也。天下者，至大也，非圣人莫之能有也。

注释

①常：通“尝”，曾经。天下：据文义，疑为“天子”，下文“亲有天下之籍”中的“天下”，亦当作“天子”。籍：地位，权位。

②不：据上下文义疑衍。

③诸夏之国：指中原地区的各诸侯国。

④王：指天子。

⑤废易：被废黜。遂：通“坠”，坠落。

⑥君：指诸侯国的国君。

⑦材：同“才”，才能。中：指道德行为合乎礼义。

⑧没（mò）：同“殁”，死亡。

⑨罢（pí）：无能，不贤。

⑩县：同“悬”，衡量，平正。

⑪暴国：指暴虐于国家的君主。

⑫安：于是，就。

⑬能用：善于治理的意思。

⑭效：效验，验证。

⑮师：服从，效法，推崇。

⑯天下：据文义疑衍。未尝有说：没有任何依据的说法。

⑰堕；诬蔑，诽谤。

⑱唯其人：指只有汤、武这样的人。

⑲至辨：具有极高的分辨能力。分：指使人事各得其分。

⑳备道：道德完备。

㉑权称：标准。

㉒至意：据文义，疑为“志意”，意志。

㉓之：据上文“其知虑至险也，其志意至闇也”句例，疑衍。

㉔与：赞助，辅助。

㉕不容：这里是保不住的意思。

㉖畴：同“寿”，保有，保全。

㉗尪（wāng）：同“尫”，残废的人。杨倞《荀子·正论》注：“废疾之人。”大自：抬高自己。知：同“智”。

㉘国：指诸侯国。下同。

㉙可以夺之者，可以有国：疑为“夺，可以有国”，与下文“窃，可以得国”对文。

㉚道：道术，方法。

㉛持：保持，保有。

译文

世俗的著书立说的人说：“桀、纣领有天下，汤、武篡夺了他们的天下。”这种说法是不对的。认为桀、纣曾经占有天子的权位，是对的，认为桀、纣亲自享有天子的权位，是对的，但如果说天下掌握在桀、纣的手中，那就不对了。

古代，天子拥有上千的官员，诸侯拥有上百的官员。凭着这上千的官员，天子的政令在中原地区的各诸侯国施行，就称为天子。凭着这上百的官员，政令在所分封的境内施行，虽然国家不安定，但还不至于被废替、灭亡，就称为国君。圣王的儿子，是享有天下的人的后代，是权势地位之所在，是天下的宗主。但是，这后代没有才能，道德行为不合乎礼义，在国内，百姓痛恨他；在外，诸侯背叛他；近处，封地之内就不统一；远处，诸侯不听从他的命令。政令在境内都无法实施，甚而至于诸侯各国还要来侵略削弱它，攻击它，像这种情况，即使还没有灭亡，我也要说它是没有天下的。

圣王去世以后，享有权势地位的人无能，就不能平正天下。天下没有君主，诸侯中有德行显明、威望厚积的，天下百姓没有人不愿意以他为君主。然而，对那暴虐于国家的君主，独行奢侈的君主，就要杀掉他，而且必定不伤害无辜的百姓。诛杀暴虐于国家的君主，就是诛杀众叛亲离的孤人。像这样，就可以称为善于治理天下了。善于治理天下的就叫作天子。

汤、武并不是夺取了天下。他们修养道德，施行礼义，兴办对天下都有利的事业，铲除天下的公害，因而天下归顺了他们。桀、纣也不是丢掉了天下，而是他们背离了禹、汤的德业，混淆了礼义的界线，所作所为是禽兽的作为，积聚了凶残，恶贯满盈，于是天下背离了他们。天下归顺的就称为“王”，天下背离的就叫作“亡”。所以，桀、纣是没有天下的，汤、武也没有弑杀君主，由此可以得到验证。

汤、武，是老百姓的父母。桀、纣，是老百姓怨恨的寇贼。而今，世俗的著书立说的人，把桀、纣作为君主，而把汤、武作为弑杀君主的人，那么，这就是在斥责老百姓的父母，而推崇老百姓所怨恨的寇贼。没有比这更不吉祥的了。认为把天下统一在一起的就是君主，而天下从来没有统一在桀、纣手中，那么，认为汤、武弑杀了君主，是没有任何依据的说法，完全是诽谤诋毁汤、武罢了。

所以，天子只有像汤、武那样的人才能胜任。天下的事务，是极其重大的，不是非常强有力的人是无法胜任的；天下的事务，是极其广大的，不是具有极高的辨别能力的人是不能使人事各得其分的；天下的百姓是众多的，不是非常英明的人是无法调和他们的。这三个非常，不是圣人就不能完全具备，所以，不是圣人就不能当王。圣人是道德完备，尽善尽美的人，是衡量天下的标准。

桀、纣，他们的智谋异常险恶，他们的意志异常昏暗，他们的行为异常错乱。亲近的人疏远他们，贤能的人鄙视他们，老百姓怨恨他们。他们作为禹、汤的后代，却得不到一个人的辅佐。他们挖比干的心，囚禁箕子，最终自己死了，国家灭亡了，成为天下最大的耻辱，后代的人谈到坏人坏事，总是把他们作为佐证。这是连妻子儿女也保不住的必然的道理。所以，最大的贤明能够保住整个天下，汤、武就是这样；最大的不贤就连妻子儿女也保不住，桀、纣就是这样。当今，世俗的著书立说的人，认为桀、纣占有天下而把汤、武作为臣下，岂不是大错特错了吗？这就像弯腰驼背的巫婆与瘸腿的残废人抬高自己，自以为有智慧一样。

所以，可以夺取别人的一个诸侯国，但不可能夺取别人的天下。可以窃取别人的诸侯国，但不可能窃取别人的天下。夺取，可以占有一个诸侯国，而不可能占有天下；窃取，可以得到诸侯国，而不可能得到天下。这是什么原因呢？回答说：诸侯国，小小的工具而已，可以由小人占有，可以凭小谋术得到，也可以凭小的力量保持；而天下，是大的工具，不可能凭小人去占有，不可能凭小的谋术去得到，也不可能凭小的力量去保持。诸侯国，小人可以占有，但也未必不会灭亡。天下，是极其大的，除了圣人，没有谁能够占有。

原文 世俗之为说者曰："治古无肉刑[①]，而有象刑[②]。墨黥[③]；慅婴[④]；共，艾毕[⑤]；菲，对屦[⑥]；杀，赭衣而不纯[⑦]。治古如是。"是不然。以为治邪[⑧]，则人固莫触罪[⑨]，非独不用肉刑，亦不用象刑矣。以为人或触罪矣[⑩]，而直轻其刑，然则是杀人者不死，伤人者不刑也，罪至重而刑至轻，庸人不知恶矣，乱莫大焉。凡刑人之本[⑪]，禁暴，恶恶[⑫]，且征其未也[⑬]。杀人者不死，而伤人者不刑，是谓惠暴而宽贼也，非恶恶也。故，象刑殆非生于治古，并起于乱今也。治古不然。

凡爵列、官职、赏庆、刑罚，皆报也，以类相从者也[⑭]。一物失称，乱之端也。夫德不称位，能不称官，赏不当功，罚不当罪，不祥莫大焉。昔者，武王伐有商，诛纣，断其首，县之赤旆[⑮]。夫征暴、诛悍，治之盛也。杀人者死，伤人者刑，是百王之所同也，未有知其所由来者也。刑称罪则治，不称罪则乱。故，治则刑重，乱则刑轻。犯治之罪固重[⑯]，犯乱之罪固轻也。《书》曰[⑰]："刑罚世轻世重[⑱]。"此之谓也。

注释

①治古：指古代太平安定的时代。杨倞《荀子·正论》注："古之治世也。"肉刑：指黥（qíng，在脸上刺字后涂以墨）、劓（yì，割鼻）、剕（feì，剁脚）、宫（割掉男性生殖器）、大辟（砍头）等刑罚。

②象刑：象征性的刑罚。杨倞《荀子·正论》注："象刑，异章服，耻辱其形象，故谓之象刑也。"

③墨黥：用黑墨画脸来代替黥刑。一说，当为"黑幪"。杨倞《荀子·正论》注："或曰墨黥。当为'黑幪'，但以墨巾幪其头而已。"

④慅（cǎo）婴：系上草编的帽带来代替劓刑。慅，通"草"。婴，同"缨"，指帽带。

⑤共，艾毕：割去衣服的前袍或蔽膝的部分来代替宫刑。共，通"宫"，指宫刑。艾，芟，割。毕，古代朝服上的蔽膝。杨倞《荀子·正论》注："毕与'韠'同。"《释名·释衣服》："韠，蔽其膝也，所以蔽前也。"

⑥菲，对屦：穿上麻鞋来代替剕刑。菲，通"剕"。对，据文义疑为"䋎（fēng）"，麻鞋。

⑦杀，赭衣而不纯：穿上赤红色的无领衣来代替杀头的刑罚。不纯，衣服不镶边，这里指无领的衣服。

⑧邪；同"耶"，"吗"的意思。

⑨触罪：犯罪。

⑩以为人或触罪矣：据上下文义，疑为“以为轻刑矣？人或触罪矣。”轻刑，指减轻刑罚。

⑪本：根本，这里指目的。

⑫恶（wù）恶：反对作恶。

⑬征：通“惩”，警戒、防范的意思。未：指以后发生的罪行。

⑭以类相从：根据类别相从，指善恶各有所得，善有善报，恶有恶报。

⑮县：同“悬”，悬挂。

⑯犯治：在治世里犯罪。固：必然。下同

⑰《书》：指《尚书·吕刑》。

⑱世轻世重：随时世而有轻有重。

译文 世俗的著书立说的：“人说古代太平盛世没有肉刑，只有象征性的刑罚。用墨在脸上画字代替黥刑；系上草编的帽带代替劓刑；宫刑，割去衣服的前襟或蔽膝来象征；剕刑，就穿上麻编的鞋子来象征；杀头，就用穿无领的赤红色衣服来代替。古代太平盛世就是这样。”这种说法是不对的。认为是太平盛世吗？那本来就没有人犯罪，不但不用肉刑，也不用象征性的刑罚。认为是减轻了刑罚吗？有的人犯了罪，却减轻了他的刑罚，那么就会是杀人的不处死，伤人的不受罚，罪行极重而刑罚极轻，一般人就不知道什么是罪恶了，没有比这更混乱的了。一般说来，处罚人的目的，是禁止凶暴，反对作恶，而且防范以后再发生罪恶。杀人者不处死，伤人者不受罚，这就叫作对凶暴施恩惠而宽恕贼寇，而不是反对作恶了。所以象征性的刑罚，恐怕不会发生在古代的太平盛世，而完全产生于当今的乱世。古代太平盛世不是这样。

凡是爵位、官职、奖赏、刑罚等，都是一种回报，根据类别相跟从，善有善报，恶有恶报。只要有一件事物失掉相称，就是混乱的开始。德行与爵位不相称，才能与官职不相称，赏赐与功绩不相当，惩罚与罪行不相当，没有比这更不吉利的了。从前，武王征伐商，诛杀纣王，砍下他的头，悬挂在红色的旗子上。这种征讨强暴，惩治凶悍的行为，是太平世道的伟大业绩。杀人者处死，伤人者受罚，这是历代君王们相同的法令，无人知道它从哪里来的。处罚与罪恶相称国家就太平，处罚与罪恶不相称国家就混乱。所以，太平盛世的刑罚重，乱世的刑罚轻。在太平盛世犯法，必然重处，乱世中犯罪，必然轻罚。《尚书·吕刑》篇说："刑罚随着时世有轻有重。"

原文 世俗之为说者曰："汤、武不能禁令。"是何也？曰："楚、越不受制。"是不然。汤、武者，至天下之善禁令者也。汤居亳，武王居鄗，皆百里之地也，天下为一，诸侯为臣，通达之属，莫不振动从服，以化顺之，曷为楚、越独不受制也？彼王者之制也，视形埶而制械用，称远迩而等贡献[①]，岂必齐哉？故鲁人以榶[②]，卫人用柯[③]，齐人用一革[④]。土地刑制不同者[⑤]，械用备饰[⑥]，不可不异也。故诸夏之国，同服同仪[⑦]，蛮夷戎狄之国，同服不同制。封内[⑧]，甸服[⑨]；封外[⑩]，侯服[⑪]；侯、卫[⑫]，宾服[⑬]；蛮、夷，要服[⑭]；戎、狄，荒服[⑮]。甸服者祭[⑯]，侯服者祀[⑰]，宾服者享[⑱]，要服者贡[⑲]，荒服者终王[⑳]。日祭，月祀，时享，岁贡[㉑]，夫是之谓视形埶而制械用，称远近而等贡献，是王者之至也彼[㉒]。楚、越者，且时享、岁贡、终王之属也，必齐之日祭月祀之属，然后曰受制邪？是规磨之说也[㉓]，沟中之瘠也[㉔]，则未足与及王者之制也。语曰："浅不足与测深，愚不足与谋知，坎井之蛙[㉕]，不可与语东海之乐。"此之谓也。

注释 ①迩：近。等：指分出等级。

②榶（táng）：碗的别称。杨倞《荀子·正论》注："《方言》：

‘盌，谓之榶。’盌，即碗。”

③柯：盂，古代盛食物的器具。《方言》：“盂，谓之柯。”

④革：皮革，这里指皮制的器具，即皮囊。

⑤土地刑制：地区环境与习俗。

⑥备饰：各种装饰物。

⑦服：指供奉。《论语·为政》：“有事，弟子服其劳”，可证。仪：制度。

⑧封内：天子所居都城周围五百里之内的地方称“封内”。

⑨甸服：耕种天子的田地，以服侍天子。甸，王田，天子的田地。古代将天子所居都城以外的地方，依照距都城的远近距离，划分成不同的区域，五百里为一区，依次称为甸服、侯服、宾服、要服、荒服等，各服按规定以不同的方式为天子提供服务或贡品。

⑩封外：指“封内”之外的五百里之内的地方。

⑪侯服：以侦察敌情，担任警卫来服侍天子。

⑫侯、卫：指侯圻（qí）和卫圻。封外之外又有五圻，每圻五百里，计为侯、甸、男、采、卫，此五圻都以“宾”的方式服侍天子。

⑬宾服：以按时进贡的方式服侍天子。

⑭要服：施行礼义教化以约束百姓归顺天子。

⑮荒服：以不定时进贡的方式来服侍天子。

⑯祭：即下文所说的“日祭”，指供给天子每日祭祀所用的物品。

⑰祀：即下文所说的“月祀”，指供给天子四季月祭祀所用的物品。

⑱享：即下文所说的“时享”，指供给天子每月祭祀所用的物品。

⑲贡：即下文所说的“岁贡”，指每年向天子进贡。

⑳终王：即崇王，指承认天子的统治地位。

㉑据文义，“岁贡”后疑夺“终王”二字。

㉒至：据上下文“王者之制也”句，疑为“制”。

㉓规磨：比着圆规磨圆，喻指过于拘泥。杨柳桥《荀子诂译·正论》注：“谓依规之形，磨以求圆，言其将此以符彼也。”

㉔沟中之瘠：因贫困死在沟中的人，这里指缺乏知识的人。

㉕坎井：坏井。

译文

世俗的著书立说的人说：“商汤王、周武王不能施行禁令。为什么这样说呢？回答是：楚国、越国就不受他们的控制。”这种说法是不对的。汤、武实在是天下最善于施行禁令的人。汤王居亳邑，武王住镐京，都只是方圆百里的地方，却使天下统一，诸侯称臣，人迹、车马、舟船所到的地方，无不受到震动而归顺、感化，为什么却要说楚越独独不受控制呢？那称王天下的天子的制度，是根据形势来制作器械用具，依照地方的远近来分出贡献的等级，哪里必须完全一致呢？所以，鲁国人用碗，卫国人用盂，齐国人用皮囊，地理环境和习俗不同，器械用具和各种装饰品，不可能没有差异。所以中原各国，对天子的服侍相同，制度相同，而异族边远地区，对天子的服侍是相同的，但制度不相同。天子居住都城周围五百里之内的，以耕种天子的田地的方式服侍天子；再往外的五百里之内的“封外”，以侦察敌情，担任警戒的方式服侍天子；侯圻、卫圻等区域，以按时进贡的方式服侍天子；异族地区，以施行礼义教化，约束百姓的方式服侍天子；最边远的异族地区，以不定期进贡的方式服侍天子。耕种天子田地来服侍天子的供给天子每日祭祀用的物品；用侦察敌情，担任警戒的方式来服侍天子的供给天子每月祭祀的物品；以按时进贡的方式服侍天子的供给天子每季度祭祀的物品；以施行礼义教化约束百姓的方式服侍天子的，每年向天子进贡；以不定期进贡的方式服侍天子的，崇敬天子。这些地区有的供给天子每天祭祀的物品，有的供给天子每月祭祀的物品，有的供给天子每季祭祀的物品，有的每年向天子进贡，有的崇敬天子。这就叫作根据形势制作器械用具，视地方的远近分出贡献的等级。这就是称王天下的天子的制度。那楚国、越国，只是供给天子每季祭祀用的物品、每年向天子进贡、崇敬天子一类的诸侯国，必定要它们与供给天子每天、每月祭祀物品一类的诸侯国一样，然后才能叫接受控制吗？这是比着圆规磨圆，而缺乏知识的人的说法，这种人是不值得与他谈称王天下的天子的制度的。古话说肤浅的东西是测量不出深刻的东西的；愚蠢的人，是不能与他商量智慧的事的；坎井的蛙，是不能与它谈东海的乐趣的。”说的就是这种情况。

原文 世俗之为说者曰：“尧、舜擅让[①]。”是不然。天子者，執位至尊，无敌于天下，夫有谁与让矣[②]？道德纯备[③]，知惠甚明[④]，南面而听天下[⑤]，生民之属，莫不振动从服，以化顺之，天下无隐士，无遗善[⑥]。同焉者是也，异焉者非也。夫有恶擅天下矣[⑦]？

曰：“死而擅之。”是又不然。圣王在上，图德而定次[⑧]，量能而授官，皆使民载其事而各得其宜。不能以义制利，不能以伪饰性[9]，则兼以为民。圣王已没，天下无圣，则固莫足以擅天下矣。天下有圣而在后者[10]，则天下不离，朝不易位，国不更制，天下厌焉与乡无以异也[11]，以尧继尧，夫又何变之有矣？圣不在后子，而在三公，则天下如归，犹复而振之矣，天下厌然与乡无以异也，以尧继尧，夫又何变之有矣？唯其徙朝改制为难[12]。故天子生，则天下一隆致顺而治[13]，论德而定次，死，则能任天下者，必有之矣。夫礼义之分尽矣，擅让恶用矣哉？

曰："老衰而擅。"是又不然。血气筋力则有衰，若夫知虑取舍则无衰。曰"老者不堪其劳而休也。"是又畏事者之议也。天子者，埶至重而形至佚，心至愉而志无所诎，而形不为劳，尊无上矣。衣被则服五采，杂间色[14]，重文绣，加饰之以珠玉；食饮则重大牢而备珍怪[15]，期臭味[16]，曼而馈[17]，代睪而食[18]，《雍》而彻乎五祀[19]，执荐者百人侍西房[20]；居则设张容[21]，负依而坐[22]，诸侯趋走乎堂下；出户而巫觋有事[23]，出门而宗祀有事[24]，乘大路[25]，趋越席以养安[26]，侧载睪芷以养鼻[27]，前有错衡以养目[28]，和鸾之声[29]，步中《武》《象》[30]，驺中《韶》《护》[31]，以养耳。三公奉軶持纳[32]，诸侯持轮挟舆先马[33]，大侯编后，大夫次之，小侯、元士次之[34]，庶士介而坐道[35]，庶人隐窜[36]，莫敢视望。居如大神，动如天帝，持老养衰，犹有善于是者与不？老者，休也，休犹有安乐恬愉如是者乎？故曰：诸侯有老，天子无老。有擅国，无擅天下，古今一也。

夫曰尧舜擅让，是虚言也。是浅者之传，陋者之说也。不知逆顺之理[37]，小、大、至、不至之变者也，未可与及天下之大理者也。

注释

①擅让：即禅让，指将天子的地位让给别人。杨柳桥《荀子诂译·正论》注："谓传天子之位于贤者。"

②有：通"又"，下文"夫有恶擅天下矣"句中的"有"字与此同。

③纯备：完备。

④知惠：同"智慧"。

⑤听天下：决断天下大事。

⑥无遗善：没有被遗漏的好事。

⑦恶（wū）：为何，为什么。

⑧图德：据文义疑为"决德"。

⑨以伪饰性：用后天的努力来改造人的本性。伪，假，这里指的是后天的，人为的努力。

⑩据下文“圣不在后子”句，疑“后”下夺一“子”字。

⑪厌焉：顺服的样子。乡：通“向”，从前，以往。

⑫徙朝：更换朝代。

⑬一隆：只尊崇一人。

⑭间色：两种颜色相混杂。

⑮大牢：即“太牢”，指猪、牛、羊齐备。何休《公羊传》注：“牛、羊、豕，凡三牺，曰太牢。”

⑯期：同“綦（qí）”，极、尽。臭（xiù）味：香味。

⑰曼而馈：人们排列成长队，送与食物。曼，长。一说，曼，同“万”，指古代一种列队的舞蹈。

⑱代睪：据《淮南子·主术训》：“鼙鼓而食，奏雍而彻”句，疑为“伐皋”，即击鼓。皋，同“鼛”，大鼓。高诱《淮南子》注：“鼛，王者之食乐也。”

⑲《雍》而彻：奏着《雍》曲撤下宴席。《雍》，《诗经·周颂》中的乐章名。彻，通“撤”。五祀：古代宫中的五种祭祀，这里专指祭祀灶神。

⑳执荐者：指侍奉天子饮宴的人。

㉑张容：指帐子与床头的小屏风。张，通“帐”。《尔雅》：“容，谓之防。”“容，小屏风。”

㉒负：背对着。依：同“扆”，宫殿内门窗之间画着斧形的屏风。

㉓出户：指天子出宫门。

㉔出门：指天子出王城门。宗祀：据上下文义，疑为“宗祝”。宗即大宗伯，祝即大祝，分别为古代主管祭祀和代祈福祥的官员。

㉕大路：即大辂，古代天子乘坐的大车。《礼记·乐记》：“大路者，天子之车也。”韦昭《国语》注：“辂，广车也。”

㉖趋：就，这里是铺垫的意思。越席：蒲草席。

㉗睪芷（yì zhǐ）：香草名。

㉘错横：饰有花纹的车辕前横木。

㉙和鸾：车铃。车架上的铃为“和”，车前横木上的铃叫“鸾”。《韩诗外传》：“鸾在衡，和在轼前。升车则马动，马支则鸾鸣，鸾鸣则和应，即所以为节也。”

㉚步：指慢行。《武》《象》：古代乐曲名。

㉛驺（zōu，通“趋”，迅跑。《韶》《护》：舜与汤时的乐曲名。

㉜奉軶（è）：侍奉着车軛。軶，同“軛”，牲口驾车时夹在牲口脖子上的曲木。持纳：拉着缰绳。纳，同“軜”。古代一车四马，边上两匹骖马内侧的缰绳称为軜。

㉝先马：牵马在前引路。

㉞小侯：指偏远小国的侯伯。元士：上士。

㉟庶士：军士。介：穿着盔甲。坐道：杨倞《荀子·正论》注："坐于道侧，以御非常也。"

㊱隐窜：隐藏回避。

㊲逆顺：顺不顺，这里是对与不对的意思。

译文

世俗的著书立说的人说："尧、舜把天子的位置让给别人。"这种说法是不对的。天子，权势和地位都是至高无上，天下无敌的，又能把天下让给谁呢？天子道德完备，智慧高明，面对南方处理天下大事，天下的百姓，没有不振奋服从、感化归顺的，天下没有被埋没的贤士，没有被遗漏的好事。与天子保持一致的就是正确的，违背天子的就是错误的，又为什么会出现把天子的位置让给别人的事呢？

他们又说："天子去世了，就把天子的位置让给别人。"这种说法是不对的。圣明的君主在上，依据人们德行高低评定等次，衡量人们能力大小授予官职，使人们各自能承担他们的事务，各得其所。那些不能用礼义来克制私欲的，不能通过后天的努力改造本性的，全都作为普通的百姓。圣王去世以后，天下已没有了圣人，当然也没有值得把天子位置让给他的人。

如果天下有圣人，而又是圣王之子，那么天下人心不会背离，朝廷内的位次没有更换，国家的制度没有改变，天下人人服顺与以往没有区别，这是用尧来继承尧，又有什么变化呢？如果继起的圣人不是圣王之子，而是太师、太傅、太保一类的大臣，天下百姓如水流归大海，天下又重新振兴，人人顺服与以往没有区别，这是用尧来继承尧，又有什么变化呢？只有改朝换代，变更制度才是一种难事。所以，天子活着，那么天下只尊崇一人而安定平治，人们依据德行高低评定等次。天子去世，能够胜任天下的人，必定会有。天子礼义的职分已尽了，又何必采用把天子位置让给别人的办法呢？

他们又说："天子衰老了，所以把位置让给别人。"这种说法也是错的。人的血气筋力，那是会衰退的，至于智慧和判断取舍的能力，是不会衰退的。说"老年人经受不了劳苦而休息"，这又是怕事的人的说法。天子，权势最大而身体又十分安逸轻松，心情十分欢愉而意志不受委屈，而且身体无须操劳，至高无上。衣服穿着，是五光十色，还有美丽华艳的刺绣，再加上珠宝来装饰。吃喝，牛羊猪尽有，山珍怪味俱全，极尽香味，人们排着长队为他奉献食物，敲击着大鼓进食，奏着《雍》曲撤宴，同时还祭祀灶神，侍奉天子饮食的上百人，都在西厢侍立。住，则张设帷帐、床头小屏风，背靠画着斧形图案的屏风而坐，诸侯都小心翼翼地在堂下奔走。一出宫门，巫与觋就要为他祈祷，一出城门，大宗伯、大祝就要祭神。天子乘坐大车，铺垫着蒲草席以养护身体；车厢两边插着香草以养护鼻子；车辕前有饰有花纹的横木，用来养护眼睛；车铃的声响，慢行时符合《武》《象》的节奏，迅跑时符合《韶》《护》的节奏，是用来养护耳朵的。太师、太傅、太保侍奉着天子的车軛，拉着骖马的缰绳，诸侯扶持着车轮，在车两旁护卫，牵着马在前边引导，大国公侯的车马排在后边，大夫的车马更在后面，边远小国的侯伯，上士们又在后面，军士披戴盔甲坐守在道路两侧，百姓隐藏回避，没有人敢于看天子。天子居处如巨神，行动像天帝，养护老年时的生活，还有比他更好的吗？老年人，要休息，还有比这更安乐恬静欢愉的吗？所以说，诸侯有衰老，而天子没有衰老。有把诸侯国让给别人的，没有把天下让给别人的，古今都一样。

说尧、舜把天子的位置让给别人，是假话。是浅薄的人的传言，是知识鄙陋的人的说法。他们不懂得对与不对的道理，不懂得“大”与“小”，“至”与“不至”的不同，是无法与他们谈及天下的大道理的。

原文 世俗之为说者曰：“尧、舜不能教化。”是何也？曰：“朱、象不化[①]。”是不然也。尧、舜，至天下之善教化者也，南面而听天下，生民之属莫不振动从服，以化顺之。然而朱、象独不化，是非尧、舜之过，朱象之罪也。尧、舜者，天下之英也；朱、象者，天下之嵬[②]，一时之琐也[③]。今世俗之为说者不怪朱、象而非尧、舜，岂不过甚矣哉？夫是之谓嵬说[④]。

羿、蜂门者[⑤]，天下之善射者也，不能以拨与曲矢中[⑥]；王梁、造父者[⑦]，天下之善驭者也，不能以辟马毁舆致远[⑧]；尧、舜者，天下之善教化者也，不能使嵬琐化。何世而无嵬，何时而无琐？自太皞、燧人[⑨]，莫不有也。故作者不祥[⑩]，学者受其殃[⑪]，非者有庆[⑫]。《诗》曰[⑬]：“下民之孽，匪降自天[⑭]；噂沓背憎[⑮]，职竞由人[⑯]。”此之谓也。

注释

①朱：丹朱，尧的儿子，传说他游手好闲，品行恶劣。象：舜的异母弟，传说他曾设计杀害舜。

②嵬（wéi）：奸诈的人。杨柳桥《荀子诂译·正论》注："嵬，谓妖物。"

③一时：当时。琐：小，指行为卑劣的人。杨柳桥《荀子诂译·正论》注："琐，谓小人。"

④嵬说：狂妄荒诞的说法。

⑤蜂门：即逢蒙，夏代善于射箭的人。

⑥不能以拨弓曲矢中：据《荀子·议兵》"弓矢不调则羿不能以中微"以及本篇下文"不能以辟马毁舆致远"句例，疑"中"下夺"微"字。

⑦王梁：即王良，传说是春秋时善于驾车的人。《淮南子·览冥》："昔者，王良，造父之御也。"

⑧辟马：跛足马。杨倞《荀子·正论》注："辟，同'躄'"。躄，瘸脚。

⑨太皞（hào）：即伏羲，传说是古代东方部落的首领。燧（suì）人：传说是人工取火的发明者。他们都是传说中的圣人。

⑩作者：指制作"嵬说"的人。

⑪学者：指接受、传播"嵬说"的人。

⑫非者：指反对"嵬说"的人。

⑬《诗》：指《诗经·小雅·十月之交》。

⑭匪：同“非”。

⑮噂沓（zǔn tà）：聚在一起絮絮叨叨地说，《说文》：“噂，聚语也。”“沓，语多沓沓也。”

⑯职竞由人：往往是由人造成的。《尔雅·释诂》：“职……常也。”

译文 世俗的著书立说的人说：“尧、舜不能教育感化人。”为什么呢？回答说：“丹朱和象没有被教育感化。”这种说法是不对的。尧、舜是天下最善于教育感化别人的人，他们面向南方处理天下大事，百姓无不振奋服从，感化归顺。然而唯独丹朱与象不受教育感化，这不是尧、舜的过失，而是丹朱和象的罪恶。尧、舜，是天下的英豪，而丹朱与象，是天下最奸诈的人，当代行为最卑劣的人。现在世俗的著书立说的人不怪罪丹朱和象，却去非难尧、舜，岂不是大错特错了吗？这就叫作狂妄荒诞之说。

羿和逢蒙，是天下最善于射箭的人，他们不能用不正的箭去射中微小的目标；王良和造父，是天下最善于驾驭车马的人，他们不能用跛足的马、破败的车行驶到远方；尧、舜，是天下最善于教育感化人的人，他们不能使奸诈卑劣的人受到教育感化。哪个世道没有奸作的人？哪个时代没有卑劣的人？从伏羲氏、燧人氏到现在，没有哪个时代没有这种人。所以，制造“尧、舜不能教化”这种狂妄荒诞之说的人遭到不祥，接受传播这种说法的人跟着遭殃，反对这种说法的人值得庆幸。《诗经·小雅·十月之交》说：“百姓遭到灾孽，不是从天而降，而是由于人们聚在一起絮絮叨叨，背后相互仇恨，往往都是人造成的。”说的就是这种情况。

原文　世俗之为说者曰：“太古薄葬，棺厚三寸，衣衾三领[①]，葬田不妨田[②]，故不掘也。乱今厚葬饰棺，故扫也[③]。”是不及知治道，而不察于扫不扫者之所言也。

凡人之盗也，必以有为，不以备不足，足则以重有余也[④]。而圣王之生民也，皆使当厚优犹不知足[⑤]，而不得以有余过度。故盗不窃，贼不刺[⑥]，狗、豕吐菽粟[⑦]，而农贾皆能以货财让。风俗之美，男女自不取于涂[⑧]，而百姓羞拾遗[⑨]。故孔子曰：“天下有道，盗其先变乎！”虽珠玉满体，文绣充棺，黄金充椁，加之以丹矸[10]，重之以曾青[11]，犀象以为树，琅玕龙兹华觐以为实[12]，人犹且莫之抇也。是何也？则求利之诡缓[13]，而犯分之羞大也[14]。

夫乱今然后反是。上以无法使[15]，下以无度行，知者不得虑，能者不得治，贤者不得使[16]。若是，则上失天性，下失地利，中失人和。故百事废，财物诎，而祸乱起。王公则病不足于上，庶人则冻馁羸瘠于下。于是焉桀、纣群居而盗贼击夺以危上矣，安禽兽行[17]，虎狼贪，故脯巨人而炙婴儿矣[18]。若是，则有何尤抇人之墓、抉人之口而求利矣哉[19]？虽此裸而埋之，犹且必抇也，安得葬薶哉？彼乃将食其肉而龁其骨也[20]。

夫"太古薄葬，故不抇也，乱今厚葬，故抇也。"是特奸人之误于乱说[21]，以欺愚者而潮陷之[22]，以偷取利焉。夫是之谓大奸。传曰："危人而自安，害人而自利。"此之谓也。

注释

①三领：三套。

②葬田：指将死者埋葬在田土之中。妨田：妨碍耕种。

③抇（hǔ）：挖掘，这里指盗墓。

④足：据文义疑衍。

⑤不：据文义疑衍。优犹：即优裕。犹通“裕”。

⑥刺：探取，这里指偷盗。

⑦吐：这里指弃而不食，极言其粮食之多。

⑧取：通“聚”，聚会，聚集。涂：道路。

⑨拾遗：捡拾别人丢掉的东西。

⑩丹矸（gān）：朱砂，又叫丹砂，即硫化汞。

⑪曾青：又称铜精，即炭酸铜，一种绘画颜料。杨倞《荀子·正论》注：“曾青，铜之精，形如珠者，其色极青，故谓之曾青。”

⑫琅玕龙兹华覲：覲，疑作“瑾”。华瑾与琅玕、龙兹均为珠玉名。郭璞《山海经》注：“琅玕，石似珠者。”《说文》：“瑾，瑾瑜，美玉也。”

⑬缓：慢，这里是小、少的意思。

⑭犯分：违背名分，违背法令。

⑮无法：不按法制。使：发布指令。

⑯使：使用，任用。

⑰安：于是。

⑱脯（fǔ）：肉干，这里指将人肉弄干为食。巨人：大人，成人。炙：烧烤。

⑲有：同“又”。何尤：何必怨恨。抉人之口：指盗墓行为的

一种，即撬开死者之口，取出殉葬在死人口中的珠玉。

⑳龁（hé）：咬，啃。

㉑特：只是。

㉒潮陷：据上下文义，疑为"淖陷"，陷害之意。

译文

世俗的著书立说的人说："古代实行薄葬，棺木厚三寸，衣被三套，死者埋葬在田土中但不妨碍耕种，所以没有人去挖掘。而今混乱的世道，厚葬，棺木装饰华美，所以有人盗墓。"这是不懂得治理社会的道理，不明白盗墓与不盗墓的真正原因的人所说的。

人们的盗窃，必定是有原因的，不是为了防备不足，就必定是要更多地得到一些财物。而圣明的君主养育百姓，使百姓都十分富足优裕而且知足，也不让他们过分地有余。所以，盗贼不再偷窃，猪狗连粮食都弃而不食，而农民、商人能把财货相互推让。风俗美好，男女不私自在路道上相聚，百姓以捡拾别人失掉的东西为耻辱。所以孔子说："天下太平，盗贼首先发生变化。"虽然死者珠玉满身，华丽的绣品装满内棺，黄金盛满外棺，还要加上丹砂、曾青描画，还有犀牛角、象牙雕成的树，琅玕龙兹、华瑾等珠玉宝石做成果实，人们也不会去盗墓。这是为什么呢？是人们贪求利欲的诡诈之心小而把违背法令的羞耻看得很重。

混乱的当今世道与此相反。君王不按法制随意发布命令，作下民的不依法度轻举妄为，有智慧的不能参与考虑政事，有才能的人不能参与治理政事，贤良的人得不到任用。像这样，上失天时，下失有利的地理条件，中失人们的齐心一致。于是百事荒废，财物减损，祸乱也就发生了。王公大人在上面苦于不足，庶民百姓在下面挨冻受饿贫困不堪。于是像桀、纣那样的人大量出现，而盗贼也会用袭击、抢掠来危害君主了。于是禽兽般的人横行，虎狼般的人四处贪索，甚至还出现烧烤大人婴儿为肉干的事。像这样，又何必怨恨有人去挖掘别人的坟墓、撬开死者的口挖出珠宝求利取财呢？即使这些死者是赤身露体掩埋的，也会被挖掘开来，哪里还能够埋葬起来呢？那些掘墓的人要吃他的肉啃他的骨头啊。

那些人说："古代薄葬，所以无人挖墓，当今乱世厚葬，所以被盗墓。"只不过是奸邪的人迷惑于错误的学说，又以此来欺骗愚蠢的人，使他们受到陷害，而让自己偷偷地从中取利。这就叫作最大的奸贼。古书上说:“危害别人而保全自己,损害别人而便利自己。”说的就是这种人。

原文 子宋子曰[①]:“明见侮之不辱[②],使人不斗。人皆以见侮为辱,故斗矣。知见侮之为不辱,则不斗矣。”应之曰:“然则,亦以人之情为不恶侮乎?”曰:“恶而不辱也。”曰:“若是,则必不得所求焉。”

凡人之斗也,必以其恶之为说[③],非以其辱之为故也。今俳优、侏儒、狎徒,詈侮而不斗者[④],是岂钜见侮之为不辱哉[⑤]?然而不斗者,不恶故也。今人或入其央渎[⑥],窃其猪彘,则援剑戟而逐之,不避死伤,是岂以丧猪为辱也哉?然而不惮斗者,恶之故也。虽以见侮为辱也,不恶则不斗,虽知见侮为不辱,恶之则必斗。然则,斗与不斗邪,亡于辱之与不辱也[⑦],乃在于恶之与不恶也。夫今子宋子不能解人之恶侮,而务说人以勿辱也,岂不过甚矣哉?金舌弊口犹将无益也[⑧]。不知其无益,则不知[⑨];知其无益也,直以欺人,则不仁。不仁不知,辱莫大焉。将以为有益于人,则与无益于人也[⑩],则得大辱而退耳,说莫病是矣。

注释

①子宋子：即宋钘（xíng），又叫宋牼，宋荣子。战国中期宋国人。主张“见侮不辱”“禁攻寝兵”，他还提出人之情“欲寡而不欲多”“欲固寡，五升之饭足矣。”这样，人们就可以免于争斗。宋钘的主张，接近墨家。

②见：受到，被。下同。

③说：理由，口实。

④詈（lì）：责骂。

⑤岂钜：怎么，哪里。钜，通“讵”。

⑥央渎（dòu）：出水洞。杨倞《荀子·正论》：“央渎，中渎也，如今人家出水沟也。”

⑦亡于：不在于。

⑧金舌：指极善言辞的人。弊口：口舌说破。

⑨知：通“智”。

⑩与：通“举”，全部。

译文

宋钘说：“明白了受到欺侮并不是耻辱的道理，人们就不会争斗。人们都认为受到欺侮是耻辱，所以才发生争斗。如果懂得受到欺侮并不是耻辱，就不会争斗了。”有人回应说：“那么，你也以为人之常情是不憎恨欺侮的吗?”宋钘说:“憎恨,但不认为是耻辱。”回应的人说如果是这样,必然得不到你所希求的结果。”

凡是人们的争斗,必然是以憎恨对方为理由,而不是以受到对方的侮辱为理由。如今的戏子,侏儒和要戏的人,相互辱骂而不争斗,他们哪里懂得什么受到欺侮不是耻辱的道理呢?他们之所以不争斗,是因为不憎恨的缘故。如今,有人爬进了他家的出水洞,偷走了他家的猪,他就拿起刀剑去追赶盗贼,不怕死伤,这难道是因为他把丢失猪当成耻辱吗?而他之所以不惧怕争斗,就是因为憎恨盗贼的缘故。虽然把受到欺侮当成耻辱,但不憎恨就不会争斗,虽然懂得受到欺侮不是耻辱,憎恨对方就必定要争斗。那么,斗与不斗,不在于耻辱与不耻辱,而在于憎恨与不憎恨对方。如今,宋钘不能解说人们憎恨欺侮的原因,却竭力劝说人们不把欺侮看成耻辱,岂不是大错特错了吗?纵然是能言善辩的人说破口舌也是没有用的。不懂得这种说法无益于人是愚蠢的,明明知道这种说法无益于人,但还要用它来欺骗人,就是不道德的。不道德而愚蠢,没有比这更耻辱的了。还认为这种说法有益于人吗？其实完全无益于人，持这种说法的人必定遭到极大的侮辱而归，没有比这种学说更有害的了。

原文　子宋子曰："见侮不辱。"

应之曰："凡议[1]，必将立隆正然后可也[2]，无隆正则是非不分而辨讼不决[3]，故所闻曰：'天下之大隆，是非之封界[4]，分职名象之所起[5]，王制是也[6]。'故凡言议期命[7]，是非以圣王为师。而圣王之分[8]，荣辱是也。是有两端矣：有义荣者[9]，有埶荣者[10]；有义辱者[11]，有埶辱者[12]。志意修，德行厚，知虑明，是荣之由中出者也，夫是之谓义荣。爵列尊，贡禄厚，形埶胜，上为天子诸侯，下为卿相士大夫，是荣之从外至者也，夫是之谓埶荣。流淫污僈[13]，犯分乱理，骄暴贪利，是辱之由中出者也，夫是之谓义辱，詈侮捽搏、捶笞膑脚、斩断枯磔、藉靡舌绛[14]，是辱之由外至者也，夫是之谓埶辱。是荣辱之两端也。故，君子可以有埶辱，而不可以有义辱；小人可以有埶荣，而不可以有义荣。有埶辱无害为尧，有埶荣无害为桀。义荣、埶荣，唯君子然后兼有之；义辱、埶辱，唯小人然后兼有之。是荣辱之分也。圣王以为法，士大夫以为道，官人以为守，百姓以为成俗，万世不能易也。

今子宋子案不然[15]。独诎容为己[16]，虑一朝而改之，说必不行矣。譬之是犹以塼涂塞江海也[17]，以焦侥而戴太山也[18]，蹎跌碎折[19]，不待顷矣。二三子之善于子宋子者，殆不若止之，将恐得伤其体也。"

注释

①议：议论，立论。

②隆正：指最高、最正确的标准。《说文》"隆，丰大也。"下文"天下之大隆"中的"大隆"与此义同。

③辨讼：辩论，诉讼。

④封界：界限。

⑤名象：事物的名称制度。

⑥王制：这里指治国的总纲领。

⑦期：约定。命：指给各种事物命名。

⑧分：总纲，总原则。

⑨义荣：指由自身的言行所获得的光荣。

⑩埶荣：指由外界客观条件所获得的光荣。

⑪义辱：指由自身言行所导致的耻辱。

⑫埶辱：指由外界客观条件所导致的耻辱。

⑬僈：通“漫”，放纵，无检束。

⑭捽搏：揪头发，用手击打。膑（bīn）脚：古代一种酷刑，即去掉罪犯的膝盖骨。斩断：古代刑罚，砍头断尸。枯磔（zhé）：古代一种酷刑，即车裂。藉靡：捆绑。舌举：割舌。杨柳桥《荀子诂译·正论》注：“绛，疑系‘绝’字之别体。”绝，断，断绝。

⑮案：但，却。

⑯詘容：屈辱容忍。

⑰塼涂：砖泥。

⑱焦侥：传说中古代矮小的人。杨倞《荀子·正论》注：“焦侥，短人，长三尺。”戴：顶负。

⑲蹎（diān）：跌倒。

译文

宋钘说：“受到欺侮并非耻辱。”

回应宋钘说：“凡是讨论问题，必定先确定一个最正确的标准才行。没有最正确的标准，是非就无法分清，辩论诉说就无法决断。所以，我们所听到的是：‘天下最正确的标准，是非的界限，等级职分与事物的名称制度的确定，就是治国的总纲领。’因此，凡是言谈立论，约定给事物的命名，都必须以圣王为准则。而圣王的总原则，就是荣和辱。荣辱又有两个方面：有由自身言行所获得的光荣，有由外界客观条件所获得的光荣；有由自身言行所导致的耻辱，有由外界客观条件所导致的耻辱。志趣意向美好，德行深厚，智慧谋略精明，是光荣由内在产生的，这叫作'义荣'，爵位显贵，俸禄丰厚，地位权势胜过别人，上为天子诸侯，下为卿相士大夫，这是从外部获得的光荣，叫作'势荣'。淫邪污秽，违反法律制度，扰乱事理，横强暴虐，贪财图利，是耻辱由内在的原因引发的，这叫作'义辱'，挨辱骂，被揪头发，被人用手击打，用鞭子抽，被挖去膝盖骨，被砍头断尸、车裂、捆绑、割舌，这些是从外部强加的耻辱，这就叫作'势辱'。这些就是荣和辱的两个方面。所以，君子可以有势辱，而不可以有义辱，小人可以有势荣，而不可以有义荣。有势辱并不妨碍一个人成为尧一样的君主，有势荣，也不排斥一个人成为桀一样的暴君。义荣和势荣，只有君子才能够同时具有，义辱和势辱，只有小人才会同时具有。这就是荣和辱的总的原则。圣王把它作为法度，士大夫把它作为准则，百官把它作为法规，百姓庶民把它作为风俗，这是千秋万代也不会改变的。

如今宋钘却不是这样。偏偏自己屈辱容忍，还企图很快改变荣辱的观点，这种说法必定是行不通的。好比是用砖泥填塞江海，用侏儒去顶负泰山，顷刻之间，就会跌倒，粉身碎骨。喜欢宋钘学说的几个人，如果不尽快放弃这种学说，恐怕将会伤害自身。”

原文

子宋子曰：“人之情，欲寡[①]。而皆以己之情欲为多，是过也。”故率其群徒，辨其谈说[②]，明其譬称[③]，将使人知情欲之寡也[④]

应之曰：“然则亦以人之情为欲目不欲綦色[⑤]，耳不欲綦声，口不欲綦味，鼻不欲綦臭[⑥]，形不欲綦佚，此五綦者，亦以人之情为不欲乎？”

曰：“人之情，欲是已。”

曰：“若是，则说必不行矣。以人之情为欲此五綦者，而不欲多，譬之是犹以人之情为欲富贵而不欲货也，好美而恶西施也。古之人为之不然。以人之情为欲多而不欲寡，故赏以富厚，而罚以杀损也[⑦]，是百王之所同也。故，上贤禄天下，次贤禄一国，下贤禄田邑，愿悫之民完衣食。今子宋子以是之情为欲寡而不欲多也，然则，先王以人之所不欲者赏，而以人之所欲者罚邪？乱莫大焉。今子宋子严然而好说[8]，聚人徒，立师学[9]，成文曲[10]，然而说不免于以至治为至乱也，岂不过甚矣哉？”

注释

①欲寡：指欲望不大，不多。

②辨：同“辩”，辩说。

③称：引证。

④将使人知情欲之寡也：据上文“人之情，欲寡”，疑为“将使人知情之欲寡也”。

⑤据上下文义，疑“目”前“欲”字衍。綦：极尽，这里是最好的、最大的意思。下同。

⑥臭：气味，指香气。

⑦杀（shài）损：减少。

⑧严然：同“俨然”，庄重。好说：对自己的学说沾沾自喜。

⑨立师学：作为学习的样本。

⑩文曲：据文义，疑为“文典”。文典，文章，这里指宋钘的著作。《汉书·艺文志》记载有《宋子》十八篇。

译文

宋钘说：“人的本性是少欲的。而现在人们都说自己的本性是多欲的，这是错误的。”所以，他率领着他的徒众，四处辩说他的学说，阐明他的比喻和引证，要想使人们知道人的本性是少欲的。

反驳他的人说：“那么，你们也认为人的本性是眼睛不追求最美好的色彩，耳朵不向往最美好的声音，嘴巴不要求最美味的食物，鼻子不希望最美好的香味，身体不贪图最大的安逸吗？这五种最美好、最大的享受，都是人的本性所不想有的吗?”

宋钘们说：“人的本性，正是要求这些。”

反驳他们的人说：“既然如此，你们的说法就必然行不通。既认为人的本性是要追求这五种最美好，最大的享受，而又不是多欲，这就好比说人的本性是想要富贵而又不想有财货，喜欢美色而又厌恶西施一样。古代的人对这些事的处理就不是这样。他们认为人的本性是多欲而不是少欲，所以，奖赏，就用丰富的钱财来增加受赏人的资产；惩罚，就减少受罚人的资产，这是历代君王所相同的做法。所以，上等的贤士享有天下的俸禄，次等的贤士就享有一个诸侯国的俸禄，下等的贤士就享有封地的俸禄，诚实忠厚的百姓衣食完备。如今宋钘认为人的本性是欲少而不是欲多，那么，先前的君主是把人们不向往的东西作为奖励，把人们所向往的东西作为惩罚吗？没有比这种说法更混乱的了。如今宋钘子俨然以自己的学说为美，聚集徒众，把这种学说作为学习的样本，写成文章。然而这种学说不免把最大的安定变为最大的混乱，这不是大错特错了吗？”

十九　礼论

题解　本文较为系统地阐述了“礼”的起源、内容与作用。

荀况认为:“人生而有欲，欲而不能得则不能无求，求而无度量分界，则不能不争，争则乱，乱则穷。先王恶其乱也，故制礼义以分之…… 是礼之所以起也。”这就是说，在荀况看来,“礼”是为了调节人们的欲望，避免争乱而制定的，是从社会生活的需要中产生的，因而也是必要的、合理的。

荀况还说明了“礼”包括的两个方面的内容：一是“养”，一是“别”。所谓“养”，就是通过对生产资料的所有与生活资料的分配的调整，来实现“养人之欲，给人之求。”而所谓“别”，就是确定等级制度，使“贵贱有等，长幼有差，贫富轻重皆有称。”

荀况指出:“礼”是衡量一切事物的最高准则，是治国的根本，是“人道之极”。凡是遵从“礼”的，国家就太平，人民就安定，反之，就混乱，就不安宁，所以，荀况主张“隆礼”。

在本文中，荀况还对一些具体的礼文制度，特别是丧葬制度，作了详细地说明，并予以肯定。

原文

礼起于何也？曰：人生而有欲，欲而不得，则不能无求，求而无度量分界，则不能不争，争则乱，乱则穷。先王恶其乱也，故制礼义以分之。以养人之欲[①]，给人之求，使欲必不穷乎物，物必不屈于欲[②]，两者相持而长，是礼之所起也。

故礼者，养也。刍豢稻粱、五味调香[③]，所以养口也；椒兰芬苾[④]，所以养鼻也；雕琢刻镂、黼黻文章，所以养目也；钟鼓管磬、琴瑟竽笙，所以养耳也；疏房檖貌、越席床第几筵[⑤]，所以养体也。故礼者，养也。

君子既得其养，又好其别。曷谓别？曰：贵贱有等，长幼有差，贫富轻重皆有称者也。故天子大路越席，所以养体也；侧载睪芷，所以养鼻也；前有错衡，所以养目也；和鸾之声步中《武》《象》，趋中《韶》《护》，所以养耳也；龙旗九斿[⑥]，所以养信也[⑦]，寝兕、持虎、蛟韅、丝末、弥龙[⑧]，所以养威也。故大路之马，必倍至教顺然后乘之[⑨]，所以养安也。孰知夫出死要节之所以养生也[⑩]，孰知夫出费用之所以养财也，孰知夫恭敬辞让之所以养安也，孰知夫礼义文理之所以养情也[⑪]。故，人苟生之为见，若者必死；

苟利之为见，若者必害；苟怠惰偷懦之为安，若者必危；苟情说之为乐[12]，若者必灭。故，人一之于礼义[13]，则两得之矣[14]；一之于情性，则两丧之矣。故儒者将使人两得之者也，墨者将使人两丧之者也。是儒、墨之分也。

注释

①养：调养，养育，在本文有些地方又有达到，实现保证的意思。

②屈（jué）：穷尽，竭尽。

③调香：疑作“调盉”。盉，通“和”。

④芬苾（bì）：芳香。《说文》：“苾，馨香也。”

⑤疏房：敞亮通明的房屋。杨倞《荀子·礼论》注：“疏，通也。疏房，明通之房也。”檖（suì）貌：宽大深遂而庄严的宫室。笫（zǐ）：竹编的床席。几筵：古人席地而坐，坐时倚靠的小桌叫几，垫坐的席子叫筵。

⑥斿（yóu）：旗上的飘带。

⑦信：通“伸”，又通“神”，指神气。一说，信，指徽号。杨柳桥《荀子诂译·礼论》注：“谓徽号也。”

⑧寝兕（sì）：卧着的犀牛。持虎：蹲着的老虎。持，通“跱”，蹲。寝兕、持虎都是画在君主车轮上的图案。刘昭注《舆服志》引《古今注》：“武帝天汉四年，令诸侯王朱轮持虎居

前，左兕右麋，小国朱轮，画特熊居前，寝兕居左右。”蛟韅（xiǎn）：鲛鱼皮做的马肚带。杨倞《荀子·礼论》注：“韅，马服之革”。丝末：丝织的车帘。末，通“幦（mì）”，即车帘。弥龙：车壁上画着龙。弥，是车两边人倚靠的地方，类似现在的车厢板。

⑨教顺：调教顺服。

⑩出死要节：舍生而求名节。

⑪礼义文理：指礼义的各种规范和仪式。

⑫情说：恣情欢悦。说，通“悦”。

⑬一：统一，统率。

⑭两：指礼义与情性。

译文

礼是从哪里兴起的呢？回答说：人一出生就有欲望，如果欲望达不到，就不能不去追求，如果追求没有分寸界限，就不能不争夺，争夺就会发生混乱，混乱就导致穷困。古代君主憎恶这种混乱，于是制定了礼义来划分等级，用来调节人们的欲望，供给人们的需求，使人们的欲望必定不会因为物资的不足而得不到满足，使物资必定不会被人们的欲望耗尽，两方面相互扶持而都有所增长，这就是礼的起源。

所以，礼，就是“养”。肉食稻粮，五味调和，是用来调养嘴巴的；椒兰之类的香草香木，芬芳宜人，是用来调养鼻子的；雕镂刻画，五彩缤纷，是用来调养眼睛的；钟鼓管磬、琴瑟竽笙之类的乐器，是用来调养耳朵的；通明敞亮的房屋、庄严深邃的宫室、蒲席竹席、凭靠的几，垫坐的筵，是用来调养身躯的。所以，礼，就是“养”。

君子懂得了礼就是“养”，还要注意礼的“别”。什么叫作“别”？回答说：贵贱有等级，长幼有差别，贫富尊卑都很相称。所以，天子的大车，铺着蒲草软席，是用来保养天子的身躯的；车的两侧插着香花，是用来保养天子的鼻子的；车前画有五彩花纹的横木，是用来保养天子的眼睛的；车铃声声，缓行时符合《虎》《象》的节奏，迅跑时符合《韶》《护》的节奏，是用来保养天子的耳朵的；龙旗上飘着飘带，是用来保养天子的神气的；车轮上画的卧着的犀牛、蹲着的老虎，马肚上套着蛟鱼皮的肚带，丝织的车帘，车厢上画着的长龙，都是用来保养天子的威仪的。所以，天子大车的马匹，必须加倍地调教顺服，然后才能让天子乘坐它驾的车，这是用来保证平安的。谁知道舍生忘死追求名节正是为了达到生存的欲望呢？谁知道拿出钱财正是为了实现求财的目的呢？谁知道恭谨谦让正是为了保证安定呢？谁知道遵守礼文制度正是为了保护感情呢？如果人只看到生，一切只为了生，像这样的人一定会死；如果人只看到利，一切为了利，像这样的人必定会受到损害；如果只把懈怠懒惰散漫懦弱当成安逸，像这样的人必定遭到危困；如果一味把恣情欢悦当成快乐，像这样的人必定灭亡。所以，人们用礼义统率起来，那么礼义与情性都可以得到；如果是用情性来统率，那么两方面都会丧失。所以，儒家学派是要使两方面都得到；墨家却要使人们两方面都丧失，这正是儒、墨两家的区别。

原文 礼有三本[①]：天地者，生之本也；先祖者，类之本也[②]；君师者，治之本也。无天地，恶生？无先祖，恶出？无君师，恶治？三者偏亡[③]，焉无安人[④]。故礼，上事天[⑤]，下事地，尊先祖而隆君师，是礼之三本也。故王者天太祖[⑥]，诸侯不敢坏[⑦]，大夫士有常宗[⑧]。所以别贵始[⑨]，贵始，得之本也[⑩]。郊止乎天子[⑪]，而社止于诸侯[⑫]，道及士大夫[⑬]。所以别尊者事尊，卑者事卑，宜大者巨，宜小者小。故有天下者，事十世[14]；有一国者[15]，事五世；有五乘之地者[16]，事三世；有三乘之地者[17]，事二世；持手而食者[18]，不得立宗庙。所以别积厚积厚者流泽广[19]，积薄者流泽狭也。

大飨[20]：尚玄尊[21]，俎生鱼[22]，先大羹[23]，贵食饮之本也。飨[24]：尚玄尊而用酒醴[25]，先黍稷而饭稻粱。祭[26]：齐大羹而饱庶羞[27]，贵本而亲用也[28]。贵本之谓文[29]，亲用之谓理[30]，两者合而成文[31]。以归大一[32]，夫是之谓大隆[33]。故尊之尚玄酒也，俎之尚生鱼也，俎之先大羹也[34]，一也[35]；利爵之不醮也[36]，成事之俎不尝也[37]，三臭之不食也[38]，一也；大昏之未发齐也[39]，大庙之未入尸也[40]，始卒之未小敛也[41]，一也；大路之素未集也[42]，郊之麻冕也，丧服之先散麻也[43]，一也；三年之丧，哭之不文也[44]，《清庙》之歌[45]，一倡而三叹也[46]，县一钟[47]，尚拊之膈[48]，朱弦而通越也[49]，一也。

注释

①本：根本，本源。

②类：种族，氏族。杨倞《荀子·礼论》注："类，种。"

③偏亡：缺一方面。亡，通"无"。杨倞《荀子·礼论》注：

“谓阙一也。”

④焉：则。

⑤事：祭祀。下同。

⑥天太祖：将太祖与天同祭。太祖，一个朝代的开创君主。

⑦坏：指毁坏始祖的庙。

⑧常宗：指一个祖先传下来的宗族系统，这里指的是永久的宗法。

⑨别贵始：各自重视自己宗族的始祖。

⑩得：同“德”，道德，德行。

⑪郊：郊祭，即祭天。周代冬至日祭天于南郊，称为“郊”；夏至月祭地于北郊，称为“社”，合称“郊社”。《礼记》：“郊社之礼，所以呈上帝也。”下文“郊之麻冕也”中的“郊”与此同。

⑫社：社祭，即祭地。《说文》：“社，地主也。”

⑬道：通“禫（tǎn）”，除丧服的祭。

⑭事十世：据《史记》等，疑为“事七世”。事七世，即祭七代祖先，指可以立七代祖先的神庙。

⑮有一国者：指诸侯国的君主。

⑮五乘（shèng）之地：古代十里为一成，每成出兵车一辆，即一乘，五乘之地，指有五十里封地的大夫。杨倞《荀子·礼论》注：“古者十里为成，成出革车一乘，五乘之地，谓大夫

有菜（采）地者，得立三庙。”

⑰三乘之地：指有三十里封地的士。

⑱持手而食者：自食其力的人，指劳动者。

⑲积厚积厚：据下文义，疑一“积厚”衍。积，同“绩”，功业。流泽：流传给后人的恩泽。

⑳大飨（xiǎng）：在太庙中合祭历代祖先叫作“大飨”。

㉑尚：上，供上。玄尊：盛着清水的酒杯。杨倞《荀子·礼论》注：“玄酒，水也。”

㉒俎：古代祭祀时用来载牲的礼器，青铜制，也有木制漆饰的。《诗经·小雅·楚茨》：“为俎孔硕”。

㉓大羹：不加调味的肉汤。杨倞《荀子·礼论》注：“肉汁无盐梅之味者也。”

㉔飨：同“享”，指四季的祭祖。

㉕酒醴：薄酒，甜酒。

㉖祭：指每月的祭祀。

㉗齐：通“跻”，供上。庶羞：指多种多样的美味。

㉘亲用：接近实用，这里是指便于食用。杨柳桥《荀子诂译·礼论》：“亲用，谓近于用也。”

㉙文：文饰，指礼的形式。

㉚理：指常理。

㉛文：这里指完备的礼的制度。

㉜大一：指太古时代。孔颖达《礼记·礼运》“是故夫礼必本于大一”句疏：“谓天地未分混沌之元气也。”

㉝大隆：最为隆重的礼节。

㉞俎：据《史记》等及文义，疑为“豆”。豆，古代盛食品的器皿形似高足盘，或有盖，也作祭器。

㉟一也：指与太古时代一样。下同。

㊱利爵：指“利”献上的酒。古代祭祀时用一活人代表死者接受祭祀，他被称为“尸”，劝“尸”吃东西的人则被称为“利”。醮（jiào）：喝尽。

㊲成事：指祭祀完毕。俎不尝：指不尝用俎上的生鱼。

㊳三臭而不食：指“利”三次劝“尸”吃东西而自己不吃。臭，通“侑”，劝食。

㊴大昏：大婚礼。发齐：古代婚礼迎亲前的一种仪式。

㊵入尸：指祭祀太庙时代表死者的“尸”尚未进入太庙。

㊶始卒：人刚死。小敛：给死者换上寿衣。杨柳桥《荀子诂译·礼论》：“以衣衾加之死者之尸，曰小敛。”

㊷素未：据文义，疑为“素末”。素末，素白的丝织车帘。

㊸散麻：指挺间系着麻带。

㊹不文：据《史记》等与文义，疑为“不反”。不反，指哭声直号，无曲折。

㊺《清庙》：指《诗经·周颂·清庙》。

㊻一倡三叹：一人先唱，三人吟和。倡，同“唱”。

㊼县：同“悬”，悬挂。

㊽拊之膈：据《史记》等与文义，疑为“拊膈”。拊、膈，都是古代乐器。

㊾朱弦：指瑟。通越：在瑟的底部通孔，使瑟的声音低沉。

译文

礼有三个根本：天地是生命的根本，祖先是氏族的根本，君主与师长是社会太平的根本。没有天地，怎么会有生命？没有祖先，怎么会有氏族？没有君主与师长，怎么能够太平？三者缺一，则无从安定百姓。所以，礼，对上祭祀天；对下祭祀地；尊崇先祖而尊重君主与师长，这就是礼的三个根本。所以，天子把太祖与天同祭，诸侯不敢毁坏太祖的庙宇，士大夫则有永久的宗法，这是用来各自尊崇自己的祖先。尊重自己的祖先，这是德的根本。郊祭只有天子能够举行，社祭只有诸侯能够举行，除丧服的祭可以行于士大夫。这是用来区别：地位尊贵的祭祀尊贵的，地位卑贱的祭祀卑贱的，该大的就大，该小的就小。所以，拥有天下的，可以建立七代祖宗的庙；拥有诸侯国的，可以建立五代祖宗的庙，拥有五十里封地的大夫，可以建立三代祖宗的庙，有三十里封地的士，可以建立两代祖宗的庙，自食其力的，不允许建立宗庙。这是用来区别：功业大的流传给后人的恩泽就深广，功绩小的留传给后人的恩泽就狭小。

“大飨”：供上盛着清水的酒杯，小盘里盛着生鱼，最先供上的是不加调料的肉汤，这是珍重饮食的根本。“飨”：供上盛着清水的酒杯，但也要用甜酒，先献上黍稷，再献上米饭。“祭”：供上没有加调味的肉汤，再献上多种多样的美味让祖先饱享，这是珍重根本又接近实用的意思。珍重根本叫作礼的形式，接近实用叫作常理，两者结合起来就成为礼的完备的制度，与太古时代相同，这就叫作最隆重的礼节。所以酒杯中供上清水，小盘中装上生鱼，高脚盘中先供上没有调味的肉汤，这些与太古时代是一样的。“利”献上的酒不能喝尽，祭祀结束后小盘中的生鱼也不能尝用，“利”三次劝“尸”吃东西而自己不吃，这些与太古时代是一样的。婚礼还没有举行“发齐”这种仪式，祭祀太庙而“尸”还没有进入太庙，人刚刚去世进行“小敛”，天子大车上的丝织车帘，郊祭时戴的麻帽子，丧服上先在腰间系上的麻带，这些与太古时代也是一样的。三年守丧，哭声直号；《清庙》之歌，一人先唱三人吟和，悬挂一只钟，用拊、膈奏乐，朱弦的瑟，在瑟底通孔，这些与太古时代也都是一样的。

原文

凡礼，始乎棁[①]，成乎文[②]，终乎悦校[③]，故至备[④]，情文俱尽[⑤]；其次，情文代胜[⑥]；其下，复情以归大一也[⑦]。

天地以合[⑧]，日月以明，四时以序，星辰以行，江河以流，万物以昌，好恶以节，喜怒以当。以为下则顺[⑨]，以为上则明[⑩]，万物变而不乱。贰之则丧也[⑪]。礼岂不至矣哉！立隆以为极[⑫]，而天下莫之能损益也，本末相顺[⑬]，终始相应，至文以有别[⑭]，至察以有说[⑮]。天下从之者治，不从者乱；从之者安，不从者危；从之者存，不从者亡。小人不能测也。

礼之理诚深矣，“坚白”“同异”之察，入焉而溺[⑯]。其理诚大矣，擅作典制辟陋之说，入焉而丧。其理诚高矣，暴慢恣睢轻俗以为高之属[⑰]，入焉而队[⑱]。故，绳墨诚陈矣，则不可欺以曲直；衡诚县矣[⑲]，则不可欺以轻重；规矩诚设矣，则不可欺以方圆，君子审于礼，则不可欺以诈伪。故绳者，直之至；衡者，平之至；规矩者，方圆之至；礼者，人道之极也[20]。然而，不法礼，不足礼[21]，谓之无方之民[22]；法礼，足礼，谓之有方之士。礼之中焉能思索，谓之能虑；礼之中焉能勿易，谓之能固。能虑能固，加好者焉[23]，斯圣人矣。故，天者，高之极也；地者，下之极也；无穷者，广之极也；圣人者，道之极也。故，学者，固学为圣人也，非特学为无方之民也[24]。

礼者，以财物为用，以贵贱为文，以多少为异，以隆杀为要[25]。文理繁，情用省，是礼之隆也；文理省，情用繁，是礼之杀也；文理情用，相为内外表里，并行而杂[26]，是礼之中流也。故君子上致其隆，下尽其杀，而中处其中[27]，步骤驰骋厉骛[28]，不外是矣，是君子之坛宇宫廷也[29]。人有是[30]，士君子也；外是，民也。于是其中焉，方皇周挟[31]，曲得其次序，是圣人也。

故，厚者，礼之积也；大者，礼之广也；高者，礼之隆也；明者，礼之尽也。《诗》曰[32]："礼仪卒度，笑语卒获。"此之谓也。

注释

①税：据《史记》，疑作"脱"。脱，简略。

②文：这里是完备的意思。

③悦校：疑作“悦恔（xiào）”，快意，满意。

④至备：指礼达到十分完备的程度。

⑤情文：指情感和礼的仪式。杨倞《荀子·礼论》注：“情，谓礼意，丧主哀，祭主敬之类；文，谓礼物威仪也。”

⑥情文代胜：或感情胜过礼的仪式，或礼的仪式胜过感情。杨倞《荀子·礼论》注：“不能至备或文胜于情，情胜于文，是亦礼之次也。”

⑦归大一：与太古时代相同。杨倞《荀子·礼论》注：“虽无文饰，但复情以归质素，是亦礼也。”

⑧以合：以之合。之，指礼。意即凭靠着礼得到和谐。下文中“以明”“以序”“以行”“以流”等均与此句式相同。

⑨以为下：指用礼来约束百姓。

⑩以为上：指用礼来规范君主。

⑪贰之：背叛礼。

⑫隆：这里指完备的礼制。极：指言行的最高准则。

⑬本末：指礼的根本原则与礼的各项具体的规定。相顺：有一定次序。

⑭至文：非常完备。

⑮至察：非常精细。有说：有道理。说，道理，《周易·系辞上》“原始反终，故知死生之说。”可证。

⑯入焉：进入礼中，即用礼来衡量。下同。

⑰以为高：自视甚高，盲目自大。

⑱队：通“坠”，失败。这里是折服的意思。

⑲衡：称。县：同“悬”。

⑳人道：这里指为人、治世的道理。

㉑足礼：施行礼法。《汉书·五行志》：“足所以行也。”

㉒无方之民：不走正道的人。

㉓加好者焉：据《史记》与《荀子·王制》中“贯之，积重之，致好之，君子之始也。”句，疑为“加好之者焉”。加好之，指在礼上能够达到最完善的地步。

㉔非特学：不是要学。

㉕隆杀（shài）：丰富隆重与减损简省。

㉖杂：通“集”，会合，兼用。

㉗中处其中：适当地对待中等的礼。前一“中”字是适当之意，后一“中”字指中等的礼。

㉘步骤：走，漫步。厉鹜：疾跑。《诗经·都人士》：“垂带而厉”，郑笺：“厉，当作鹜。”《广雅》：“㔉，奔也。”

㉙坛宇宫廷：这里喻指君主的安身之处。

㉚有：通“域”，居住，居处。

㉛方皇：同“彷徨”。周挟：周遍。挟，通“浃”。方皇周浃，指随意活动。

㉜《诗》：指《诗经·小雅·楚茨》。

译文　礼，开始时简略，逐渐比较完备，最终达到满意。所以，最完备的礼是情感与礼的仪式都完全地体现出来；其次，或者是情感的表露胜过礼的仪式，或者是礼的仪式胜过情感的表露；再其次，是把情感回归到与太古时代的质朴自然相同。

天地靠着礼和谐，日月靠着礼光明，四时靠着礼循序而进，星辰靠着礼运行，江河靠着礼奔流，万物靠着礼昌盛，好恶靠着礼节制，喜怒靠着礼适当。用礼约束百姓，百姓就顺从；用礼规范君主，君主就圣明，万物千变万化也不会混乱。背叛了礼就丧失了一切。礼难道不是最重要的吗？建立完备的礼制作为一切言行的最高准则，天下没有谁能对它加以减少或增加，它的最高原则与各种具体的规定有一定的次序，它的开头与终结相呼应，非常完备而有贵贱等级的区别，非常精细而都十分有道理。天下顺从礼就得到太平，不顺从礼就混乱；顺从礼的就安全，不顺从礼的就危险；顺从礼的就存在，不顺从礼的就灭亡。小人是不能了解这一点的。

礼的道理的确是极其精深的，“坚白”“同异”之类的说法，进入礼中就会被淹没。礼的道理的确是极其博大的，擅自制作的法典制度、庸俗怪邪的学说，进入礼中就会消亡。礼的道理的确是极其高明的，傲慢任性、轻浮庸俗自视甚高的人，进入礼中，就会被折服。所以，当墨线真的放在面前时，就不可能在弯直上欺骗人了；当称真的悬挂在面前时，就不可能在轻重上骗人了；当规和矩真的摆在面前时，就不可能在方圆上骗人了；君子对礼十分详察，对他，就不可能用伪诈来加以欺骗。所以，墨线，是直的标准；称，是公平的标准；规和矩是方圆的标准。礼，是为人治国的道理的最高标准。而不效法礼，不施行礼，就是不走正道的人，效法礼，施行礼，就是走正道的人。在礼的范围内能够思索的，称之为虑；置身于礼中，能够坚定不移的，称之为固。能虑又能固，又能够在礼上达到完善的地步的，这就是圣人了。所以，天，是高的顶点；地，是低的顶点，无穷，是广阔的顶点；圣人，是道德的顶点。所以，学习，就是要学习做圣人，而不是学做不走正道的人。

礼，把财物作为施行的费用，把贵贱的不同装饰作为礼的文饰，把衣物车马的多少作为上下区别，把隆重与简省作为纲要。文饰仪理繁多，情感费用减省，这是礼隆重的表现；文饰仪理简省而情感费用繁多，这是礼简省的表现；文饰仪理与情感费用相为内外表里，互相并用时，则是适中的礼。所以，君子对大礼要尽量的隆重，对小礼要尽量的简省，适当地对待中等的礼。漫步，快跑，疾奔，都不超过礼的界限，这就是君子的安身之处。人能够居处于礼中间，就是士和君子，在这之外的，只能是普通百姓。不仅能处在礼中，还能在礼中从容地随意行动，各方面都符合礼的顺序要求的，就是圣人。

所以，敦厚，是礼的积累；大度，是礼的广泛遵循；崇高，是礼的被推崇；圣明，是礼的完全被遵循。《诗经·小雅·楚茨》说：“礼义完全符合法度，一言一笑就得当了。”说的就是这个道理。

原文　礼者，谨于治生死者也。生，人之始也；死，人之终也；终始俱善，人道毕矣。故，君子敬始而慎终，终始如一，是君子之道，礼义之文也[①]。

夫厚其生而薄其死，是敬其有知而慢其无知也，是奸人之道而倍叛之心也[②]。君子以倍叛之心接臧谷[③]，犹且羞之，而况以事其所隆亲乎[④]？故，死之为道也，一而不可得再复也，臣之所以致重其君，子之所以致重其亲，于是尽矣。故，事生不忠厚，不敬文，谓之野；送死不忠厚，不敬文，谓之瘠[⑤]。君子贱野而羞瘠。

故天子棺椁十重[⑥]，诸侯五重，大夫三重，士再重[⑦]。然后皆有衣衾多少厚薄之数，皆有翣菨文章之等[⑧]，以敬饰之，使生死终始若一,一足以为人愿。是先王之道，忠臣孝子之极也。

天子之丧，动四海，属诸侯[⑨]；诸侯之丧，动通国[⑩]，属大夫；大夫之丧，动一国，属修士[⑪]；修士之丧，动一乡，属朋友；庶人之丧，合族党，动州里；刑余罪人之丧[⑫]，不得合族党，独属妻子，棺椁三寸，衣衾三领，不得饰棺，不得昼行，以昏殣[⑬]，凡缘而往埋之[⑭]，反[⑮]，无哭泣之节，无衰麻之服，无亲疏月数之等[⑯]，各反其平，各复其始，已葬埋，若无丧者而止，夫是之谓至辱。

礼者，谨于吉凶不相厌者也[⑰]，纻纩听息之时[⑱]，则夫忠臣孝子亦知其闵已[19]；然而殡殓之具，未有求也[20]；垂涕恐惧，然而幸生之心未已，持生之事未辍也[21]；卒矣，然后作具之[22]。故虽备家[23]，必逾日然后能殡。三日而成服[24]，然后告远者出矣，备物者作矣。故殡，久不过七十日，速不损五十日[25]。是何也？曰：远者可以至矣，百求可以得矣，百事可以成矣，其忠至矣，其节大矣，其文备矣。然后月朝卜日[26]，月夕卜宅[27]，然后葬也。当是时也，其义止，谁得行之？其义行，谁得止之？故三月之葬，其貌以生设饰死者也[28]，殆非直留死者以安生也，是致隆思慕之义也。

注释

①文：这里指礼节，制度。下文“不敬文”“其文备矣”等句中的“文”字与此同。

②倍：通“背”，背叛。

③接：对待。臧谷：奴仆和小孩，这里泛指身份微贱的人。

④隆亲：指最敬爱的君主与父母。

⑤瘠：薄。

⑥十重：据文义，疑为“七重”，七层。

⑦再重：两层。

⑧翣菨：疑为“翣菨（shà jiè）”。菨翣，古代棺木上的一种

装饰物。

⑨属：合，汇聚，引申为牵动的意思。下同。

⑩通国：友好国家。

⑪修士：上士，士中地位较高的人。杨倞《荀子·礼论》注："士之进修者，谓上士也。"

⑫刑余罪人：指因犯法而受制裁的人。

⑬以昏殣：在黄昏时掩埋。

⑭凡缘：指依旧穿着平常穿的衣服，不得更换。

⑮反：通"返"，返回。下文"各反其平"中的"反"与此同。

⑯无亲疏月数之等：没有依据与死者的亲疏关系分出守丧月数等差的规定。

⑰相厌：相当，这里是相互混淆、等同的意思。

⑱纴纩（kuàng）听息：纴，疑为"注"。注纩听息，把新棉置于垂死者鼻前，查其气息，试其是否断气。纩，新棉。《礼记·丧大记》："疾，病，男女改服，属纩以候绝气。"

⑲闵：昏迷不醒。杨柳桥《荀子诂译·礼论》注："闵，当读着'惛'。"惛，用同昏。李公佐《南柯太守传》："生忽若惛睡，瞢然久之。"可证。

⑳未有求：顾及不到。杨柳桥《荀子诂译·礼论》注："犹言尚未顾及也。"

㉑持生之事：指维系君主、父母生命的事。

㉒作：始。《广雅》："作，始也。"《尚书·禹贡》："莱夷作牧。"

㉓备家：指殡殓物品有所准备的人家。

㉔成服：穿上丧服。

㉕损：少。

㉖月朝：据文义，疑为"日朝"，早晨。卜日：卜卦选择葬期。

㉗月夕：据文义，疑为"日夕"，晚上。卜宅：卜卦选择葬地。

㉘同貌：这里是像、效法的意思。

译文

礼，严谨地对待生与死的处理。生，是人生的起始；死，是人生的终结。终结和起始都得到完善的处理，做人的事理也就完成了。所以，君子既敬重人的出生，也慎重地对待人的死亡，对终结与起始完全一样，这是君子的事理，是礼义的制度。

看重人的出生而轻视人的死亡，是对人有知觉时表示敬重，对人无知觉时表示怠慢的做法，是奸邪的人的事理，是背叛的心理。君子用背叛的心理去对待身份微贱的人，尚且自认为是一种可耻的事，何况用这种态度去侍奉自己最敬爱的君主与父母呢？死，作为一件事，只有一次而不可能有第二次，臣下表示对君主的敬重，子女表示对父母的敬重，在这件事上体现得最完全了。所以，侍奉活着的人不忠厚，不恭敬，称之为粗野，葬送死者不忠厚，不恭敬，称之为薄情，君子是鄙视粗野而以薄情为耻的。

所以，天子的棺椁是七层，诸侯的五层，大夫的三层，士两层。然后对他们衣被的多少厚薄，棺木上的装饰物与花纹的等级，都有规定，用来恭敬地修饰丧礼，对待人的生和死，终结与起始都完全一样，一切都满足了人的愿望，这是古代君王的事理，是忠臣孝子的准则。

天子的丧事，惊动四海，牵动诸侯，诸侯的丧事，惊动友好国家，牵动大夫；大夫的丧事，惊动本国，牵动上等的士；上等的士的丧事，惊动一乡，牵动朋友；百姓的丧事，汇聚亲族乡党，惊动村里；犯法而受制裁的人的丧事，不允许汇聚亲族乡党，只能牵动妻子儿女，棺椁三寸厚，衣被三套，不允许在棺木上有装饰，不允许白天送葬，只能在黄昏时掩埋，送葬的人也只能穿着平常穿的衣服去埋葬死者，送葬回来，也不允许有哭丧的礼节，不允许穿戴麻布的孝衣、孝帽，没有依据与死者的亲疏关系分出守丧月数等差的规定，各自回复他平常的生活，各自回复他原先的事务，埋葬之后，就像没有丧事似地完事了，这叫作最大的耻辱。

礼，严谨地对待吉凶两类事，不使它们相互混淆。君父病危时，人们用新棉放在他们鼻前查看气息时，忠臣孝子也知道君主父母已经昏迷不醒了，但是关于殡殓的准备，还来不及顾及；他们哭泣惊惧，但是希望君主父母侥幸存活的心未已，尽力维系君主父母生命的事还不能停下来；直到君主父母死了，才开始准备丧事。所以，即使是殡殓物品有所准备的人家，也要过几天才能开始殡葬的事宜。三天之后才能穿上丧服，然后向远方亲友报丧的人才能出发，准备丧葬物品的人才开始办理。所以，入棺停灵最长不过七十天，最快不能少于五十天。为什么呢？回答说：远方的亲友可以赶到了，各种需要的东西都得到了，各种事务都完成了，对丧事的忠心表达尽了，礼节周全了，礼仪完备了。然后早晨卜卦选择丧期，晚上卜卦选择葬地，然后才埋葬。在此期间，丧事按礼义的规定办，谁能要求做更多的事呢？丧事按礼义的规定做，谁又能要求停止不做呢？所以，三个月之后才埋葬，是比照着死者生前的陈设来装饰死者，而不是留下死者来安慰活人，是对死者表示尊重思仰慕的意思。

原文

丧礼之凡[1]，变而饰[2]，动而远[3]，久而平[4]。故死之为道也，不饰则恶[5]，恶则不哀。尔而玩[6]，玩则厌，厌则忘，忘则不敬。一朝而丧其严亲[7]，而所以送葬之者，不哀不敬，则嫌于禽兽矣[8]。君子耻之，故变而饰，所以灭恶也；动而远，所以遂敬也；久而平，所以优生也[9]。

礼者，断长续短，损有余益不足，达爱敬之文而滋成行义之美者也。故，文饰粗恶[10]、声乐哭泣、恬愉忧戚，是反也，然而，礼兼而用之，时举而代御[11]。故，文饰声乐恬愉，所以持平奉吉也[12]；粗衰哭泣忧戚[13]，所以持险奉凶也。故其立文饰也，不至于窕冶[14]；其立粗衰也，不至于瘠弃[15]；其立声乐恬愉也，不至于流淫惰慢；其立哭泣哀戚也，不至于隘慑伤生[16]，是礼之中流也。

故，情貌之变，足以别吉凶、明贵贱亲疏之节，期止矣[17]，外是，奸也，虽难，君子贱之。故，量食而食之，量要而带之[18]，相高以毁瘠[19]，是奸人之道也，非礼义之文也，非孝子之情也，将以有为者也[20]。

故，说豫娩泽、忧戚萃恶[21]，是吉凶忧愉之情发于颜色者也；歌谣謸笑、哭泣谛号[22]，是吉凶忧愉之情发于声音者也；刍豢、稻粱、酒醴、餰鬻、鱼肉、菽藿、酒浆[23]，是吉凶忧愉之情发于食饮者也；卑絻、黼黻、文织、资粗、衰绖、菲繐、菅屦[24]，是吉凶忧愉之情发于衣服者也；疏房、檖貌、越席、床笫、几筵、属茨、倚庐、席薪、枕块[25]，是吉凶忧愉之情发于居处者也。两情者，人生固有端焉。若夫断之继之、博之浅之、益之损之、类之尽之、盛之美之[26]，使本末终始莫不顺比，足以为万世则，则是礼也。非顺孰修为之君子[27]，莫之能知也。

故曰：性者，本始材朴也[28]；伪者[29]，文理隆盛也[30]。无性，则伪之无所加；无伪，则性不能自美。性伪合，然后圣人之名一[31]，天下之功于是就也。故曰：天地合而万物生，阴阳接而变化起，性伪合而天下治。天能生物，不能辨物也；地能载人，不能治人也。宇中万物生人之属，待圣人然后分也。《诗》曰[32]："怀柔百神[33]，及河乔岳[34]。"此之谓也。

注释

①凡：总括，概要。

②变：指尸体腐烂变形。

③动而远：指死者放置的地点越移越远。《礼记·丧大记》："子游云：'饭于牖下，小敛于户内，大敛于阼阶，殡于客位，祖于庭，葬于墓，所以即远也。'"

④平：指生者哀痛死者的心情逐渐平复。

⑤恶：指死者尸体腐烂，样子丑恶。

⑥尔：同"迩"，近。玩：轻视，狎昵。

⑦严亲：指君主与父母。

⑧嫌于：近似于。

⑨优生：对活着的人有好处。

⑩粗恶：粗劣，这里是指礼仪简略。

⑪时举：应时而举，即适时采用之意。代御：交替使用。王逸《楚辞·九章·涉江》"腥臊并御芳不得薄兮"句注："御，用也。"

⑫持、奉：对待。下同。

⑬粗衰：据上文"粗恶"文义，疑为"粗恶"。

⑭窕冶：妖艳。窕，同"佻"。

⑮瘠弃：刻薄。

⑯隘慑：过分悲哀而伤气。杨倞《荀子·礼论》注："溢，穷也。"《说文》："慑，失气也。"

⑰期止：必定够了。一说，期，当作“斯”。

⑱要：通“腰”。

⑲相高：指追求更高的名利。毁瘠：毁坏自己的身体。

⑳有为：有所追求，这里是别有企图的意思。

㉑说豫：高兴，快乐。说，同“悦”。娩泽：面色润泽。杨倞《荀子·礼论》注：“娩，媚也……泽，颜色泽润也。”萃恶：面色憔悴丑恶。萃，同“悴”。

㉒谢笑：戏谑，开玩笑。

㉓馇（zhān）：稠粥。鬻：同“粥”，稀粥。菽藿：豆类与豆汁。

㉔卑絻：同“裨冕”，祭服。文织：指有色彩花纹的丝织品。资粗：粗布。杨倞《荀子·礼论》注：“今粗布亦谓之资”。衰绖：丧服麻帽。衰，通“缞”，古代丧服，用粗麻布制成，披于胸前。绖：《说文》：“绖，丧首戴也。”菲穗：薄而稀的布。菅屦：菅草织的鞋子。

㉕属茨：用草编成屋顶的房子。杨倞《荀子·礼论》注：“茨，盖屋草也，属茨，令茨相连属而已。”倚庐：居丧人所住的简陋木屋。席薪：居丧时以柴草为垫席。枕块：居丧时以土块为枕。

㉖类之：指与上面相似的就类推。

㉗顺：通“慎”，慎重，谨慎。孰：同“熟”，精熟，精通。

㉘材朴：自然的材质。

㉙伪：人为。

㉚文理：礼法的条理。

㉛一：纯一。

㉜《诗》：指《诗经·周颂·时迈》。

㉝怀柔：安抚。《诗经·周颂·时迈》："怀柔百神"。《毛诗传》："怀，来；柔，安。"

㉞乔岳：高山。

译文 丧礼的概要是：人死尸体变形，就要对尸体进行修饰，移动尸体，离家越来越远，日子久了，哀痛死者的心情就逐渐平复。所以料理死者的办法，如果不加以修饰，就会腐烂变丑恶，死者的样子丑恶就无法引起人的哀痛。距离死者太近就是轻视死者，轻视死者就会产生厌弃之情，产生厌弃之情就会遗忘死者，遗忘就是对死者的不敬。一日之间失去了君主或父母，而用来表示送葬的行为，既不哀痛又不恭敬，那就近似于禽兽了。君子把这种行为看成耻辱，所以，尸体变形了就要修饰，这是用来减低尸体的丑恶，把尸体移动越移越远，是用来表示敬意，日子久了，哀痛的心情逐渐平复了，这是为了对活着的人有好处。

礼，就是取长补短，减少有余的，弥补不足的。既表现了崇敬仰慕的礼节又养成按礼义办事的美德。所以，修饰与简略、乐音与哭声、欢欣与忧戚，本是相反的，但是，礼对它们可以同样地使用，只是要适时采用，交替使用。所以，修饰乐声和欢欣，是用来对待平安和吉祥的；简略哭泣和忧戚，是用来对待险恶和凶灾的。所以，在设置修饰的制度时，要不至于流于妖艳；在树立简略的制度时，不要陷于刻薄；在运用音乐、欢欣的制度时，不至于造成淫邪怠惰；在运用哭泣、忧戚的制度时，不至于因过分悲伤而伤气伤身，这才是礼的适中。

所以，感情形貌的变化，只要能够区别吉凶，显示出贵贱亲疏的差别就足够了，超过这个界限的，就是奸邪的行为。尽管这种行为做起来也不容易，君子也是鄙薄它的。所以，有的人根据粮食的多少来吃饭，根据腰的粗细来扎腰带，用毁伤自己的身体的办法去追求更高的名利，这完全是奸邪的人的做法，不是礼义的制度，不是孝子的真情，而是借此另有所图。

所以，欢欣润泽、忧戚憔悴，是吉凶忧乐的感情在容貌上的体现；歌唱戏墟、哭啼哀号，是吉凶忧乐在声音上的体现；肉类粮食、薄酒米粥鱼肉、豆类豆汁酒浆，是吉凶忧乐的感情在饮食方面的体现；祭服和各种各样有花纹的丝织品、粗布孝衣麻帽、薄而稀的布和菅草织的鞋子，是吉凶忧乐的感情在穿着上的体现；明屋深院、蒲席床和几筵，茨草的房子和居丧住的木屋，居丧所铺的柴草、所枕的土块，这些是吉凶忧乐的感情在居住方面的体现。这两种情感，是人生自然就有的。至于使这两种情感或断或续，或深广或浅薄，或增加或减少，或将同类的情况类推，或使它穷尽，或使它丰盛完美，或使它的根本与细枝末节、终结与起始无不顺从人情，完全能成为万世的准则，这就靠的是礼了。如果不是对礼十分谨慎而精通并且努力去遵循它的君子，是不能明白这个道理的。

所以说，天性，是人的原始的自然材质；人为，就是使礼法的条理更为隆重丰富。没有天性，人为的行动没有加工改造的基础；没有人为的作用，天性不可能自动地趋于完美。天性与人为的努力相结合，然后圣人的名声才能纯一，天下的功绩才得以完成。所以说，天地配合万物生长，阴阳结合发生变化，天性与人为相结合天下太平。天能生长万物但不能治理万物；地能承载人类但不能治理人类。世间万物与人类，必须依靠圣人才能恰当地各得其宜。《诗经·周颂·时迈》说：“安抚所有的神，以及河川高山。”说的就是这种情况。

原文

丧礼者，以生者饰死者也，大象其生[①]，以送其死也。故，如死如生，如亡如存[②]，终始一也。始卒，沐、浴、鬠、体、饭唅[③]，象生執也[④]。不沐则濡栉[⑤]，三律而止[⑥]，不浴则濡巾，三式而止[⑦]；充耳而设瑱[⑧]；饭以生稻，唅以槁骨[⑨]；反生术矣[⑩]。说褻衣[⑪]，袭三称[⑫]，缙绅而无钩带矣[⑬]，设掩面儇目[⑭]，鬠而不冠笄矣[⑮]；书其名，置于其重[⑯]，则名不见而柩独明矣[⑰]。荐器则冠有鍪而毋縰[⑱]，甕庑虚而不实[⑲]，有簟席而无床笫[⑳]，木器不成斲[㉑]，陶器不成物[㉒]，薄器不成内[㉓]，笙竽具而不和[㉔]，琴瑟张而不均，舆藏而马反[㉕]，告不用也[㉖]。具生器以适墓[㉗]，象徙道也[㉘]，略而不尽，貌而不功[㉙]。趋舆而藏之，金革辔靷而不入[㉚]，明不用也；象徙道，又明不用也；是皆所以重哀也。故生器文而不功[㉛]，明器貌而不用。

凡礼，事生，饰欢也[㉜]；送死，饰哀也；祭祀，饰敬也；师旅[33]，饰威也；是百王之所同，古今之所一也，未有知其所由来者也。故圹垅[34]，其貌象室屋也；棺椁，其貌象版、盖、斯、象、拂也[35]；无帾丝歶缕翣[36]，其貌以象菲、帷、帱、尉也[37]；抗折[38]，其貌以象槾茨、番阏也[39]。

故丧礼者，无它焉，明死生之义，送以哀敬而终周藏也[40]。故葬埋，敬藏其形也；祭祀，敬事其神也；其铭、诔、系世[41]，敬传其名也。事生，饰始也；送死，饰终也。终始具而孝子之事毕，圣人之道备矣。

刻死而附生谓之墨[42]，刻生而附死谓之惑，杀生而送死谓之贼[43]。大象其生以送其死，使死生终始莫不称宜而好善，是礼义之法式也，儒者是矣。

注释

①大象：大致效法的意思。

②如死如生，如亡如存：据文义与本篇末“事死如事生，事亡如事存”句，疑为“事死如生，事亡如存。”

③鬠（kuò）：束发。体：修剪指甲。杨倞《荀子·礼论》注：“体，谓爪揃（剪）之属。”饭唅：将珠、玉、贝、米等物放在死者的嘴里含着，所放之物视死者贵贱等级而定。

④象生执：仿效死者生前所做的事。

⑤濡栉：打湿梳子。栉，梳篦之总称。

⑥律：梳理头发。

⑦式：擦拭。式，通“拭”。

⑧瑱：指塞在耳朵里的玉。

⑨槁骨：据文义，疑为“皜贝”。皜（hào）贝：白色的贝壳。

⑩反生术：与生前所做的相反。

⑪说：据文义与宋台册本，疑为“设”。亵衣：内衣。

⑫袭三称：加上三层外衣。《仪礼·士丧礼》：“饭唅后，乃袭三称明衣。”

⑬缙绅：古代官员插笏（上朝时拿的手板）的腰带。

⑭掩面儇目：用面纱掩尊死者的面目。儇，通“惧”，遮掩，掩盖。《仪礼·士丧礼》：“掩用练帛，广终幅，长五尺。”

⑮笄（jī）：簪子，插在头发上的一种饰物。

⑯重（chóng）：木做的神主牌，长三尺至九尺不等，依死者等级地位而定。

⑰柩独明：只有灵柩清楚地摆在前面。

⑲荐器：陈设的陪葬器物。鍪（móu）：指帽子上的卷边。縰（shǐ）：包头发的丝帕。

⑲罋庑（wèng wǔ）：罋和瓶，都是陶制器皿。

⑳簟席：竹席。床笫：这里指床垫。

㉑不成斲：没有加以雕琢。斲：雕饰。

㉒不成物：不成器物，不能使用的意思。

㉓不成内：据文义与《礼记》，疑为“不成用”。

㉔不和：指乐器不能调节音调，演奏乐曲。下句中的“不均”与此同。

㉕舆：丧车。藏：埋。反：通“返”。

㉖告：表示。

㉗生器：死者生前所用的器物，一般指杯盘弓矢之类的东西。

㉘徙道：这里是搬家的意思。

㉙貌而不功：只取粗略的外貌，而不用精细地加工。

㉚金革辔靷（yǐn）：辔首、车套之类的车的用具。《尔雅》：“辔首，谓之革。”《说文》：“辔首，铜也。”所以称“金革”。《说文》“靷，引轴也。”即拉车前行的皮带。不入：不埋。

㉛文而不功：只起礼仪的作用而无实际的功用。

㉜饰：这里是表达的意思。下同。

㉝师旅：指军事活动中的礼仪。

㉞圹垅：坟圹，墓穴。

㉟版：车上抵挡风沙的车厢板。盖：车盖。斯：疑为“靳”字之误。靳：借作“鞎（hén）”，即车鞎，车前皮革制作的装饰物。“斯”后之“象”疑衍。拂：即茀，车后的屏障。

㊱无：通“幠（hū）”，用来覆盖尸体的布。《仪礼·士丧礼》：“幠，用敛衾夷衾是也。”帾：同“褚。”亦为覆盖棺木的布。《礼

记》:“素锦褚。”郑玄注:“所以覆棺也。”丝嵩(yú):丝织的丧车车饰。缕翣:即萎翣,棺木上的装饰。

㊲菲:挡门的草帘。帱(chóu):单层的帐子。尉:通“蔚(wèi)”,网状的帷帐。

㊳抗折:用来给棺木挡土和放在墓穴底部的葬具。

㊴槾茨:用泥涂抹墙壁房顶和用苇草盖房。番:通“藩”,篱笆。阏:遮塞,这里指门户。

㊵周藏:周全地埋葬。

㊶铭:指将死者的事迹刻写在器物上。诔(lěi)哀悼死者的文字、文章。系世:世代相传的记载,指家谱之类的东西。

㊷刻:刻减,刻薄。附:增益,丰厚。墨:昏暗、晦昧的意思。一说,墨指墨家。

㊸杀生而送死:指用活人殉葬。

译文 丧礼,是按活人的标准来修饰死者。大致是仿效死者生前的情况来为他送葬的。所以,对待死亡就像对待出生一样,侍奉亡人就像侍奉活人一样,对待人的终结与起始完全一样。人刚去世,就要为他洗发、洗身、束发、剪指甲,把珠、玉、贝、米之类的东西放在他嘴里含着,这些都是仿效死者生前做的事。如果不洗头,就打湿梳子,把头发梳理三遍就行了;如果不洗身，那就打湿布巾，擦拭三遍身子就行了；在死者耳朵里塞上玉石，让他嘴里含着生米和白色的贝壳，这些与死者生前所做的是相反的。穿上内衣，再套上三层外衣，束上腰带但不用带钩，用面纱遮掩住死者的面目，把头发束起来但不戴帽不插簪子，把死者的名字写上，放置在神主牌上，这样，看不见死者的名字而只有灵柩清楚地摆在前面。陈设的器物：帽子有卷边但不用包头的丝帕，罄和瓶都空着不装东西，有竹席但没有床垫，木器不用雕刻，陶器不成其为器物，竹器不能使用，竽笙具备但不能调节音调，琴瑟张设但不能奏成乐曲，把丧车掩埋好但把马牵回，表示不再需用了。准备好死者生前使用的杯盘弓矢等送到墓地，就像搬家一样，所有的器物简略而不完备，粗具形貌而不加工，车赶到墓地掩埋而车辔、车套等车上的用具不埋，表明这些东西已不再需用，这既像搬家，又表明不再需用这些东西，这些都是使哀伤之情更加隆重。所以，死者生前的器物只起礼仪的作用而不具实际的功用，随葬品只具粗略的形貌而不实用。

凡是礼，侍奉生者，要表达喜悦；侍奉死者，要表达哀伤；祭祀祖先，要表达崇敬，军事行动中的礼仪，要表达威武，这一点是历代君王都相同的，是古今都一样的，而没有人知道它的来由。所以，坟墓，它的外貌就像房屋；棺椁，它的外貌就像车子的厢板，车盖、车前皮制的装饰品、车后的屏障；抚褚丝歶之类的覆盖尸体、棺木的布帐，丝织的车饰、棺木上的装饰品，就像草帘、帷帐之类的东西；墓穴内为棺木挡土与垫在墓穴底部的葬具，就像房屋的屋顶、篱笆和门户。

所以，丧礼没有别的意思，只是为了表明生与死的不同，以哀伤与恭敬为死者送终，并将他周全地掩埋。所以，埋葬，就是恭敬地掩埋好死者的形骸；铭刻死者的事迹，为死者写出哀悼的文字，列出家谱一类的东西，是为了恭敬地传播死者的名声。侍奉出生，是修饰人的起始，礼送死者，是修饰人的终结，终结与起始的侍奉都完备了，孝子的责任就尽到了，圣人的事理也就完备了。

刻薄死者而只给生者增益叫作昏暗，刻薄生者而只给死者增益叫作悖乱，杀戮生者为死者殉葬叫作残贼。大致仿效着死者生前的情况来为他送终，使死与生、终结和起始都无不适宜并达到完善，这是礼义的法则，儒家就是这样的。

原文 三年之丧，何也？曰：称情而立文[①]，因以饰群[②]，别亲疏贵贱之节[③]，而不可益损也。故曰：无适不是之术也[④]。创巨者其日久，痛甚者其愈迟。三年之丧，称情而立文，所以为至痛极也。齐衰、苴杖、居庐、食粥、席薪、枕块[⑤]，所以为至痛饰也。三年之丧，二十五月而毕，哀痛未尽，思慕未忘，然而礼以是断之者，岂不送死有已，复生有节也哉[⑥]？

凡生乎天地之间者，有血气之属必有知[⑦]，有知之属莫不爱其类。今夫大鸟兽，则失亡其群匹[⑧]，越月逾时则必反铅[⑨]，过故乡则必徘徊焉，鸣号焉，踯躅焉，踟蹰焉，然后能去之也。小者是燕爵犹有啁噍之顷焉[⑩]，然后能去之。故有血气之属莫知于人[⑪]，故人之于其亲也，至死无穷。

将由夫愚陋淫邪之人与[⑫]？则彼朝死而夕忘之，然而纵之，则是曾鸟兽之不若也，彼安能相与群居而无乱乎？将由夫修饰之君子与[⑬]？则三年之丧，二十五月而毕，若驷之过隙，然而遂之，则是无穷也。故先王圣人安为之立中制节[14]，一使足以成文理，则舍之矣[15]。然则何以分之[16]？曰：至亲以期断[17]。是何也？曰：天地则已易矣，四时则已遍矣，其在宇中者莫不更始矣。故先王案以此象之也[18]。然则三年何也？曰：加隆焉，案使倍之，故再期也[19]。由九月以下[20]，何也？曰：案使不及也。故三年以为隆，缌、小功以为杀[21]，期，九月以为间[22]。上取象于天[23]，下取象于地，中取则于人，人所以群居和一之理尽矣。故三年之丧，人道之至文者也[24]。夫是之谓至隆，是百王之所同，古今之所一也。

君之丧，所以取三年，何也？曰：君者，治辨之主也，文理之原也[25]，情貌之尽也，相率而致隆之，不亦可乎？《诗》曰[26]："恺悌君子[27]，民之父母。"彼君子者，固有为民父母之说焉，父能生之，不能养之[28]，母能食之矣，不能教诲之，君者，已能食之矣，又善教诲之者也。三年，毕矣哉！乳母，饮食之者也，而三月，慈母[29]，衣被之者也，而九月；君，曲备之者也，三年毕乎哉！得之则治，失之则乱，文之至也；得之则安，失之则危，情之至也；两至者俱积焉，以三年事之犹未足也，直无由进之耳[30]。故，社[31]，祭社也[32]；稷[33]，祭稷也[34]；郊者，并百王于上天而祭祀之也。

三月之殡，何也？曰：大之也[35]，重之也，所致隆也，所致亲也。将举错之[36]，迁徙之，离宫室而归丘陵也。先王恐其不文也，是以繇其期、足之日也[37]。故天子七月，诸侯五月，大夫三月，皆使其须足以容事[38]，事足以容成，成足以容文，文足以容备，曲容备物之谓道矣[39]。

祭者，志意思慕之情也。愅诡唈僾而不能无时至焉[40]。故人之欢欣和合之时，则夫忠臣孝子亦愅诡而有所至矣[41]。彼其所至者，甚大动也，案屈然已[42]，则其于至意之情者，惆然不嗛[43]，其于礼节者，阙然不具[44]。故先王案为之立文，尊尊亲亲之义至矣[45]。故曰：祭者，志意思慕之情也。

忠信敬爱之至矣，礼节文貌之盛矣，苟非圣人莫之能知也。圣人明知之，士君子安行之，官人以为守，百姓以成俗。其在君子，以为人道也；其在百姓，以为鬼事也。故钟鼓管磬、琴瑟竽笙、《韶》《夏》《护》《武》《汋》《桓》《箾》《简》《象》[46]，是君子之所以为悍诡其所喜乐之文也；齐衰、苴杖、居庐、食粥、席薪、枕块，是君子之所以为悍诡其所哀痛之文也；师旅有制，刑法有等，莫不称罪，是君子之所以为悍诡其所敦恶之文也㊼。卜筮视日㊽，斋戒修涂，几筵馈荐告祝㊾，如或飨之；物取而皆祭之，如或尝之；毋利举爵，主人有尊㊿，如或觞之[51]；宾出，主人拜送；反[52]，易服，即位而哭，如或去之。哀夫！敬夫！事死如事生，事亡如事存，状乎无形影，然而成文。

注释

①称情：衡量哀情的轻重。立文：这里指制定丧礼的规定。

②饰群：区别人的不同等级。

③节：指制度。

④无适不是：据文义，疑为“无适不易”，在任何地方、任何时候都是不能更改的。

⑤齐衰（zī chī）：熟麻布做的丧服。苴（jū）杖：哭丧时拄的竹杖。杨倞《荀子·礼论》注：“以苴恶色竹为之杖。”居庐：同“倚庐”，居丧人住的小木屋。

⑥复生：指除丧后恢复平常的生活秩序。

⑦血气之属：指动物与人类。下文“有知之属”亦指动物与人类。荀况将动物的本能与人类的情感都归为“有知”，所以

称动物与人类为“有知之属”

⑧群匹：同类与配偶，这里泛指同类伙伴。

⑨反铅：返回巡视。反，通“返”。杨倞《荀子·礼论》注：“铅，与‘沿’同，循也。”《说文》：“循，行顺也。”

⑩燕爵：燕雀。爵，同“雀”。啁噍（zhōu jiū）犹啁啾小鸟的鸣叫声。

⑪知：同“智”，智慧，聪智。

⑫将由：依照，依从。

⑬修饰之君子：指按礼义要求行事的有道德的人。

⑭中制：指适当的服丧制度。

⑮舍：捨，指除去丧服。

⑯分之：指区分亲疏的服丧期限。

⑰至亲：指父母。以期断：以一年为丧期的终止时间。期，即期年。期年，一整年。《尚书·尧典》：“期，三百有六旬又六日。”下文的“期”，与此同。

⑱案：语助词，下同。象：象征新的开始。

⑲再期：二年。

⑳九月：指穿九个月的丧服，服九个月丧。

㉑缌：指穿细麻布做的丧服，服丧三个月。小功：穿较细熟的麻布做的丧服，服丧五个月。缌与小功，标志服丧的不同等级。杨柳桥《荀子诂译·礼论》注：“古时丧制，以斩衰、

齐衰、大功、小功、缌麻为五服，以别亲疏之差等也。”杀（shài）：减等。

㉒间：指在隆、杀之间的中等的礼。

㉓取象：取法。

㉔至文：最完善的礼文制度。

㉕文理：这里指礼义。

㉖《诗》：指《诗经·大雅·泂酌》。

㉗恺悌：亦作“岂弟”“恺弟”。和乐平易近人。

㉘养：据下文“毋能食之”“君者，已能食之”等句，疑为“食”。食（sì），喂食。

㉙慈母：指养母。杨柳桥《荀子诂译·礼论》注：“古称父妾奉父命育己为子者，曰慈母。《仪礼·丧服》：‘慈母如母。’”

㉚直：但。由进：由此而增多。

㉛社：指社祭。

㉜社：指土地神。

㉝稷：指稷祭。

㉞稷：指谷神。

㉟大之：扩大丧礼。“之”指丧礼，下文“重之”中的“之”字与此同。

㊱举错之：为死者安顿、准备各种东西。错，同“措”。“之”指死者，下文“迁徙之”中的“之”字与此同。

㊲繇：通“遥”，延长。

㊳须：待，指停柩待葬的时间。容事：适宜行事。容：适宜，可以，允许。《文选·班固·〈答宾戏〉》：“因势合变，遇时之容。”，李善注引项岱曰：“容，宜也。”

㊴曲容：指各方面都很适宜。道：这里指丧礼的原则。

㊵愅（gé）诡：变异感动的样子。杨倞《荀子·礼论》注：“愅，变也；诡，异也，皆变异感动之貌。”悒僾（yì ài）：郁闷不乐的样子。杨倞《荀子·礼论》注：“气不舒，愤郁之貌。”无时至：不在一定时期内发生。

㊶有所至：有所表现的意思。

㊷屈然：空无所有的样子。

㊸惆然不嗛（qiè）：悲哀不愉快。

㊹阙然：欠缺的样子。

㊺尊尊：崇敬君主。亲亲：爱敬父母。

㊻《韶》：舜乐曲名。《夏》：大夏，禹乐曲名。《护》：通“濩”，大濩，汤乐曲名。《武》：周武王乐曲名。《汋》（zhuó）：周文王乐曲名。《桓》：周代明堂祭祀武王的乐歌。《箾》（shuò）：周文王舞曲名。《简》：据文义疑衍。《象》：周武王伐纣时乐曲名。

㊼敦：通“憝”，憎恨。

㊽视日：查看日子的吉凶。

㊾修涂：修饰，扫除。涂，通“除”。馈荐：祭祀时进献的牲畜与黍稷。告祝：祭礼的仪式之一。

㊿有尊：即“侑尊”，指献酒。

(51)觞之：喝酒。觞，喝酒的器物。

(52)反：通“返”。

译文

三年的服丧，是怎么回事呢？回答说：衡量哀情的程度而制定的丧礼制度，用来区分人的等级、亲疏、贵贱的区别的制度，是不能增减的。所以说它是无论何时何地都是不能更改的原则。创伤巨大要经过很久才能恢复，悲痛深重愈合极慢。三年的服丧，是衡量哀情程度而制定的丧礼制度，是用来表示深重悲痛的最大限度。穿麻布丧服、拄竹制丧杖、住小木屋、喝米粥、垫柴草、枕土块，是用来作深重悲痛的修饰。三年的服丧，二十五个月就完毕，哀痛之情尚未尽，思慕之心尚未忘，但是丧礼的制度以此为终止，难道不是因为遣送死者总有个完结，恢复正常的生活秩序总得有个期限吗？

凡是生长在天地之间的，有气有血的动物和人类，都必定是有知觉的，有知觉的动物与人类等，没有不爱他的同类的。那些大的鸟兽，一旦亡失了伙伴，经过一段时日，还会返回原地巡视，经过旧地还必定会徘徊、号啼、踌躇不去，来回不定，然后才离去。小的就是燕雀，也会悲鸣一阵，然后才离去。在有血气的物类中，没有比人更聪智的了，所以，人对于自己父母的爱与思念，至死也没有穷尽。

要是依从那些愚昧无知淫邪的人呢？那就会是父母早晨去世，他傍晚就会忘记，如果放任他们，那就连禽兽也不如，他们又怎么能够与人们相处而不制造混乱呢？要是依从那些按礼义行事而品德高尚的人呢？那就会是经过二十五个月的三年服丧，他还认为如同快马经过空隙一样快，如果所任他们，那么丧期的期限就没有尽头了。所以先代君王圣人就为人们建立了适中的制度来加以节制，使人们能够做到有礼节就可以解除丧期了。那么，怎么来区分亲疏的丧期呢？回答说：为父母服丧以一年为终止。这是什么原因呢？回答说：天地已经改变了，四季已经轮换一遍了，宇宙中的万物无不有一个新的起始，所以先王也以此象征一个新的开始。那么三年的服丧又是为什么呢？回答说，是为了表示加倍的隆重，所以给丧期加倍，再加两年。服丧在九个月以下的，是为什么呢？回答说：这是使这类丧礼不及为父母的服丧隆重。所以，人们把服丧三年作为最隆重的丧礼，而“缌”“小功”作为减等的丧礼，“期”则服丧九个月作为中等的丧礼。对上是仿效天，对下是仿效地，对中是依据人的情感，这样，人们之所以能够和谐相处的道理就完全体现出来了。所以，三年的服丧，是为人事理的最完善的礼文制度。这就叫作最隆重，这是历代君王所相同的，是古今相一致的。

对君王的丧亡，之所以采用服三年丧的礼节，是为什么呢？回答说：君王，是治理国家之主，是礼法的本原，是忠诚感情与恭敬礼貌的顶点。臣下共同来推重君王，不也是应该的吗？《诗经·大雅·泂酌》说：“和乐平易的君子，是百姓的父母。”君主，从来就有是百姓父母的说法。父亲能够生育人，却不能喂食人，母亲能够喂食人，却不能教诲人，君主不仅能够喂食人，还是善于教诲人的人。为君主服三年的丧，周全了！乳母，是给自己吃喝的人，为她服丧三个月；养母，是照顾自己衣被的人，为她服九个月的丧。君主，是各方面都具备的，为他服三年的丧是周全的。按这样去做的，国家就太平，不这样做的，国家就混乱，这是最完善的礼文制度。按这样去做的，国家就安泰，不这样做的，国家就危险。这最充分地表达了感情，礼文制度与感情两方面都具备了，认为三年的服丧还不足以表达充分，但也不可能再增多了。所以，社祭，是祭祀土地神；稷祭，是祭祀谷神；郊祭，就连同百代君王与上天一道祭祀了。

三个月的殡期，这是为什么呢？回答说，是扩大丧礼，重视丧礼，表示最大的隆重，表示最深的亲情。然后安顿、准备死者的东西，迁移死者，让死者离开宫室而归至山丘。先王唯恐丧礼不符合最完善的礼文制度，所以，延长殡的期限，使殡的时日充足。所以，天子殡七个月，诸侯五个月，大夫三个月，使他们待葬的时间足以适宜办理各种事务，使各种事务足以取得适宜的成效，使成效足以适宜完善的礼文制度，使礼文制度足以适宜于完备。各方面都很适宜，各种事务都很完备，这就叫作丧礼的原则。祭祀，就是真诚地表达心意与思慕的情怀，人的感动忧郁的感情不能不在一定的时期表现出来，所以，在人们欢欣团聚的时刻，那些忠臣孝子也会感动而思念君主双亲，并且要有所表现，这种感情的表现，是非常强烈的，但如果表示的礼仪空无所有，他们的心意在感情上就会悲哀不乐，在礼节上就会感到欠缺不完备。所以先王就为此制定了祭祀的制度，而崇敬君主，敬爱父母的礼义就达到完善的地步了。所以，祭祀就是真诚地表现尽意和思慕的情怀。

这样，忠信敬爱达到了顶点，礼节礼貌达到了隆盛，如果不是圣人，是没有谁懂得这一点的。圣人清楚地懂得这一点，士与君子安然地施行它，百官把它作为自己的职责，百姓把它作为风俗。在君子看来，祭祀是在尽做人的事理，在百姓看来，就认为是鬼神的事。所以，钟鼓管磬、琴瑟竽笙以及《韶》《夏》《护》《武》《汋》《桓》《箾》《象》等古乐，是君子表现他情感变化的喜乐的礼仪形式；穿麻布丧服，拄竹制丧杖，住小木屋、喝米粥、垫柴草、枕土块，是表示他情感变化的哀痛的礼仪形式；军事中的礼仪行为有一定的制度，刑法有一定的等级，处罪无不与罪行相称，这是君子用来表示情感变化的憎恶的礼仪形式。占卜的人查看日子的吉凶、斋戒、修饰扫除、设置几和筵，进献牲畜与黍稷、告祝，如同鬼神真的来享用；各种物品都取来祭祀鬼神，如同他们真的来品尝一样；不用劝食的“利”举杯敬酒，而由主人献酒，如同鬼神真的饮酒一样；宾客退出，主人拜送，返回来，脱下祭服换上丧服，复归原位号哭起来，如同鬼神离去似的。悲哀啊！恭敬啊！对待死亡就像对待出生，侍奉亡者如同侍奉活人，是一种无形无影的情景，然而合乎礼义的规定。

二十　乐论

题解　本文阐述并强调了音乐的社会教育作用。

荀况指出，音乐可以表现人的共同感情，“夫乐者乐也，人之情所必不可免也，故，人不能无乐。”而在社会生活中，音乐也有不可低估的作用。在宗庙之中，在君臣上下之间，父子兄弟之间，音乐能够发挥“和敬”“和亲”“和顺”的功能，而达到“率一道”“治万变”的效果。因此，荀况批评了墨子完全否定音乐的错误。荀况认为，对待音乐的正确的态度应该是“贵礼义而贱邪音”，即崇尚礼义之乐而鄙视淫邪之音，还应该顺应时势的变化，废除旧乐，修订新声。

此外，本文还指出，不同风格的音乐，是不同社会存在的反映，也会对社会产生不同的影响。

原文　夫乐者[①]，乐也[②]，人情之所必不免也，故人不能无乐。乐，则必发于声音，形于动静，而人之道[③]，声音、动静、性术之变[④]，尽是矣。故人不能不乐，乐则不能无形，形而不为道[⑤]，则不能无乱。先王恶其乱也，故制雅、颂之声以道之[⑥]，使其声足以乐而不流[7]，使其文足以辨而不諰[8]，使其曲直繁省廉肉节奏足以感动人之善心[9]，使夫邪污之气无由得接焉，是先王立乐之方也[10]，而墨子非之[11]，奈何？

故乐在宗庙之中[12]，君臣上下同听之，则莫不和敬；闺门之内，父子兄弟同听之，则莫不和亲；乡里族长之中，长少同听之，则莫不和顺。故乐者，审一以定和者也[13]，比物以饰节者也[14]，合奏以成文者也[15]，足以率一道[16]，足以治万变，是先王立乐之术也。而墨子非之，奈何？

故听其雅颂之声，而志意得广焉[17]；执其干戚[18]，习其俯仰屈伸，而容貌得庄焉；行其缀兆[19]，要其节奏[20]，而行列得正焉，进退得齐焉[21]。故乐者，出所以征诛也，入所以揖让也[22]，征诛揖让，其义一也。出所以征诛，则莫不听从；入所以揖让，则莫不从服。故乐者，天下之大齐也[23]，中和之纪也[24]，人情之所必不免也，是先王立乐之术也。而墨子非之，奈何？

且乐者，先王之所以饰喜也[25]，军旅鈇钺者[26]，先王之所以饰怒也。先王喜怒，皆得其齐焉[27]。是故，喜而天和之，怒而暴乱畏之。先王之道，礼乐正其盛者也㉘。而墨子非之。故曰：墨子之于道也，犹瞽之于白黑也，犹聋之于清浊也㉙，犹欲之楚而北求之也㉚。

夫声乐之入人也深，其化人也速，故先王谨为之文。乐中平则民和而不流，乐肃庄则民齐而不乱。民和齐则兵劲城固，敌国不敢婴也㉛。如是，则百姓莫不安其处，乐其乡，以至足其上矣。然后名声于是白，光辉于是大，四海之民莫不愿得以为师，是王者之始也。乐姚冶以险，则民流慢鄙贱矣，流慢则乱，鄙贱则争，乱争则兵弱城犯㉜，敌国危之。如是，则百姓不安其处，不乐其乡，不足其上矣。故礼乐废而邪音起者，危削侮辱之本也。故先王贵礼乐而贱邪音。其在序官也㉝，曰："修宪命㉞，审诛赏㉟，禁淫声，以时顺修㊱，使夷俗邪音不敢乱雅㊲，太师之事也。"

注释

①乐（yuè）：指音乐，歌舞。

②乐（lè）：喜乐，也指喜乐的感情。

③人之道：这里是指做人的道理。

④性术：情性与行为，这里指人的思想感情。

⑤道：同"导"。下文"故制雅颂之声以道之"的"道"字与

此同。

⑥雅、颂:《诗经》中的两类诗，配有不同的乐曲，这里所指的是所配的乐曲，即雅乐、颂乐。

⑦乐而不流：欢快而不淫邪。

⑧文：这里指节奏。辨而不諰（xǐ）：清晰而不窒塞。

⑨廉肉：刚柔。高诱《吕氏春秋》注："廉，利也，象金断割。"《释名》："肉，柔也。"杨柳桥《荀子诂译·乐论》："是廉肉也，犹言刚柔也。"

⑩方：道，原则。

⑪墨子非之：墨子反对音乐。墨子曾写作《非乐》，主张全盘取消音乐。

⑫宗庙：指祖庙。

⑬审一：指审定一个基本的音。定和：保证乐调的和谐。

⑭比物：指配上乐器。饰：通"饬"，调整。节：指节奏。

⑮成文：这里指构成和谐的乐曲。

⑯一道：指上文所说的"人之道"，即"和敬""和亲""和顺"等根本道理。

⑰志意得广：心胸开阔。

⑱干戚：盾牌与斧头。这里指用来表演反映战争内容的舞蹈道具。

⑲缀兆：舞蹈排列的位置。缀，指行列的标识；兆，指行列

的地段。《礼记·乐记》:“行其缀兆，要其节奏。”郑玄注:“缀，表也，所以表行列也。”“兆，域也，舞者进退所至也。”又“屈伸俯仰，缀兆舒疾，乐之文也。”郑玄注:“缀，谓酂舞者之位也”。

⑳要（yāo）：符合。

㉑齐：适中。《尔雅》:“齐，中也。”

㉒揖让：礼让。

㉓大齐：最完全的整齐划一。

㉔中和：指性情符合礼义的要求。

㉕饰：这里是表现的意思。

㉖铁钺（fū yuè）：斧与大斧，古代以此指刑杀。《白虎通·攻黜》:“铁钺，所以断大刑。”

㉗齐：适宜，饴当。

㉘盛者：最重要的意思。

㉙清浊：指声音的清亮与浑厚。

㉚欲之：想要去到。之，去，到。

㉛婴：同“撄”，侵犯。

㉜犯：破坏。

㉝序官：叙述官员的职责与权限，这里指的是《荀子·王制》中关于乐官职责的叙述。

㉞宪命：法令文告。

㉟审诛赏：据《荀子·王制》，疑为“审诗商”。诗商，即诗章。

㊱以时顺修：顺应时势的变化加以修整。

㊲夷俗：少数民族的习俗，这里意指落后的习俗。

译文

音乐，就是人的喜乐感情的表现。是人的感情所不能缺少的，所以，人不能没有音乐。人的喜乐之情，必定流露在声音中，表现在动静上，而做人的道理，声音、动静和思想感情的变化，全部都表现在音乐之中。所以，人不能没有音乐，有音乐就不能没有表现形式，有表现形式而不加以引导，就不能不发生紊乱。先代君王厌恶紊乱，所以制作了雅乐、颂乐来引导人们，使这些乐音足以表现欢快而不淫邪，使它的节奏完全清晰而不窒塞，使它的曲折平直繁简与刚柔节奏足以感动人们的善心，使邪秽污浊之气无从接触人们，这是先代君王制定乐制的原则。可是墨子却反对音乐，真是无可奈何!

所以，当音乐在祖庙中奏响时，君臣上下共同聆听它，就没有不谐和而恭敬的；在家庭中奏响时，父子兄弟共同聆听它，就没有不谐和而亲近的；在乡里亲族中奏响，老少共同聆听它，就没有不谐和而温顺的。所以，音乐，是审定一个基本的音来保证音调的和谐，配合上乐器来调整节奏，是合奏而形成和谐的曲调的，它完全能够用来统率做人的道理，用来调整各种各样的变化，这就是先代君主制定乐制的原则办法。可是墨子却反对音乐，真是无可奈何！

所以，人们听到雅乐、颂乐，心胸就变得开阔；拿起盾斧之类的舞蹈道具，练习俯仰、屈伸之类的动作，体态容貌就显得庄重；排列在适当的位置上，符合节奏，队伍就十分整齐，进退也十分得当。所以，音乐，对外可以用于征讨诛杀，对内可以使人们相互礼让，征讨诛杀与礼让，意义是一样的。凭借音乐用于对外征讨诛杀，天下无不顺从，凭借音乐对内使人们相互礼让，人们就无不顺服。所以，音乐，是天下最大的整齐划一，是使人们的性情符合礼法要求的纲纪，是人的感情必不可少的。这是先王制定乐制的原则方法。可是墨子却反对音乐，真是无可奈何！

况且，音乐，是先代君王用来表现喜悦之情的；军队的行动、刑杀，是先代君主用来表现愤怒之情的。先王的喜悦与愤怒，都是十分适当的，所以，先主喜悦天下人就应和他，先王愤怒天下人就畏惧他。在先王之道中，礼和乐正是最为重要的。而墨子却反对音乐。所以说：墨子对于治国之道，就像瞎子对颜色的黑白分不清一样，就像聋子对声音的清亮与浑厚分不清一样，就像本来想到楚国却又往北方去寻求一样。

音乐对人的影响是非常深刻的，它感化人也是十分迅速的，所以先王十分谨慎地修饰音乐。音乐中正平和，百姓就和谐而不淫邪，音乐庄严端正，百姓就心齐而不混乱。百姓和谐心齐，兵力就强盛，城防就坚固，敌国就不敢侵犯，这样，百姓就无不安居乐业，并且最充分地去供奉君主，然后，君主的名声就显扬，光辉就盛大，四海之内的百姓没有人不愿以他为君长，这就是称王天下的开端。音乐妖冶而险恶，百姓就淫邪散漫而卑鄙低贱，淫邪散漫就会混乱，卑鄙低贱就会相互争斗，混乱争斗就会使兵力衰弱，城池破坏，敌国就会来侵犯。这样，百姓就无法安居乐业，就无法最充分地供奉君主。所以礼乐废弛邪音就会兴起，这就是国家危险、国力削弱，蒙受侮辱的根源。所以，先王推崇礼乐而鄙视邪音，在关于乐官职责的叙述中，先王是这样说的："制定法令文告，审察诗歌乐章，禁绝淫邪之音，顺应时势对音乐加以调整，使陋俗与淫邪之音不敢扰乱雅乐，这就是太师的职责。”

原文　墨子曰:“乐者，圣王之所非也，而儒者为之[①]，过也。”君一子以为不然。

乐者，圣人之所乐也，而可以善民心。其感人深，其移风易俗[②]，故先王导之以礼乐，而民和睦。

夫民有好恶之情而无喜怒之应，则乱。先王恶其乱也，故修其行，正其乐，而天下顺焉。故齐衰之服，哭泣之声，使人之心悲；带甲婴軸[③]，歌于行伍，使人之心伤[④]；姚冶之容，郑卫之音[⑤]，使人之心淫；绅端章甫[⑥]，舞《韶》歌《武》，使人之心庄。故君子耳不听淫声，目不视女色，口不出恶言，此三者，君子慎之。

凡奸声感人而逆气应之，逆气成象而乱生焉[⑦]；正声感人而顺气应之，顺气成象而治生焉。唱和有应，善恶相象[⑧]，故君子慎其所去就也[⑨]。君子以钟鼓道志[⑩]，以琴瑟乐心[⑪]，动以干戚，饰以羽旄[⑫]，从以磬管[13]，故其清明象天[14]，其广大象地，其俯仰周旋有似于四时。故乐行而志清[15]，礼修而行成；耳目聪明，血气和平；移风易俗，天下皆宁，莫善于乐。

故曰：乐者，乐也。君子乐得其道[16]，小人乐得其欲[17]。以道制欲，则乐而不乱，以欲忘道，则惑而不乐[18]。故乐者，所以道乐也；金石丝竹[19]，所以道德也。乐行而民乡方矣[20]。故乐者，治人之盛者也，而墨子非之。

且乐也者，和之不可变者也；礼也者，理之不可易者也。乐合同，礼别异，礼乐之统[21]，管乎人心矣。穷本极变，乐之情也，著诚去伪[22]，礼之经也[23]，墨子非之，几遇刑也[24]。明王已没[25]，莫之正也，愚者学之，危其身也。君子明乐[26]，乃其德也。乱世恶善，不此听也。於乎哀哉[27]！不得成也！弟子勉学，无所营也[28]。

注释

①为之：提倡它。

②其移风易俗：据文义与上句“其感人深”句式，疑为“其移风俗易。”

③婴䩡（zhòu）：戴头盔。婴，系在颈上，引申为戴。䩡，同

“胄”，即头盔。

④伤：扬，飞扬，振作。杨柳桥《荀子诂译·乐论》注：“伤，借为‘扬’。《说文》：‘扬，飞举也。’”

⑤郑卫之音：指春秋时郑卫两国的新乐。

⑥绅：古代贵族束于腰间的大带子。端：玄端，周代的黑色礼服，有时也作便服。《谷梁传·僖公三年》：“桓公委端搢而朝诸侯。”注：“端，玄端。”疏：“其色玄，而制正幅无杀，故谓之玄端。”

⑦成象：形成风气。

⑧相象：相随而成风气。

⑨去就：舍弃与取留，即取舍。

⑩道：同“导”，引导。下文“所以道乐也”“所以道德也”中的“道”与此同。

⑪乐心：使心志欢乐，这里是陶冶性情的意思。

⑫羽旄：野鸡毛与旄牛尾，都是古代舞蹈中的道具。

⑬从：这里是调和的意思。

⑭清明：指乐声清脆明朗。象：比拟。

⑮志清：志向纯洁。

⑯乐得其道：喜欢音乐是为了提高道德修养。道，道德。下文“以道制欲”“以欲忘道”中的“道”字与此同。

⑰乐得其欲：喜欢音乐是为了满足个人的欲念。

⑱惑：据文义，疑为“感”，感伤。

⑲金石丝竹：泛指各种乐器，也指音乐。

⑳乡：通“向”。方：指正确的方向道路。

㉑统：总括，总体。

㉒著诚：显明真诚。

㉓经：纲领，原则。

㉔几遇刑：接近于犯罪。

㉕没：同“殁（mò）”，死，消失。

㉖明乐：提倡，彰明音乐。

㉗於（wū）乎：同“呜呼”。

㉘营：通“荧”，迷惑。

译文 墨子说：“音乐是圣王所反对的，儒家却提倡它，是错误的。”君子认为并非如此。

音乐，是圣人所喜爱的，而且可以用它来改善人心，它感动人是异常深刻的，它改变风俗是非常容易的，所以，先王用礼和乐来引导，百姓就和睦了。

人如果只有好恶的感情而没有表达喜怒的东西来与它相应，就会发生混乱。先代君王憎恨这种混乱，所以，修饬自己的行为，订正国家的音乐，天下就和顺了。所以，丧服的服饰，哭泣的声音，使人心意悲哀；披甲戴盔，在军列中歌唱，使人心志振作；妖冶的容貌、郑卫的新乐，使人的心意淫荡；束上腰带，穿上礼服，戴上礼帽，舞《韶》乐、歌《武》曲，使人心志庄重。所以，君子，耳朵不听淫荡的音乐，眼睛不看妖冶的女色，口中不吐丑恶的言词，这三点，君子对它是十分谨慎的。

凡是淫邪的音乐感染人的时候，就必定有歪风邪气应和它，歪风邪气形成一种风气时，混乱就产生了。雅正的音乐感化人的时候，正气就会应和它，正气形成一种风气时，社会的太平就出现了。唱与和相呼应，善与恶相随形成风气，所以君子很慎重地对待这两类乐音的取舍。君子用钟鼓来引导心志，用琴瑟来陶冶性情，用盾斧之类的舞蹈道具来运动肢体，用野鸡毛、旄牛尾之类的舞具来修饰，用磬、管之类的乐器来调和节奏，所以他的乐曲声清脆明朗，可以比拟苍天；他的乐曲的广大，可以比拟大地；他的俯仰、周旋的舞蹈动作，类似四季的变化。所以，音乐盛行，人们的心志纯洁；礼义原则完备，人们的德行就能养成。人人耳聪目明，心平气和，风俗变易，天下尽皆安宁。没有比音乐更美好的东西了。

所以说，音乐，是人们喜乐感情的表现。圣人喜欢音乐是为了提高道德修养；小人喜欢音乐，是为了满足个人的欲念。用道德来制约欲念，就能得到欢乐而不混乱，因为欲念而忘记了道德，就会伤感而不欢乐。所以，音乐，是用来引导欢乐的，金石丝竹之类乐器演奏的音乐，是用来引导德行的。音乐盛行百姓就趋向正确的道路。所以，音乐是治理百姓的最重要的一个方面。而墨子却反对它。

而且，音乐，是不可改变的调和人的原则，礼，是不可改变的理的原则。音乐，使人们和谐一致，礼，区分着人们的上下等级，礼与乐的总括，是约束人心的。从根本上改变人，是音乐的本质，显明真诚，去掉虚假，是礼的原则，而墨子却反对它，这简直是接近于犯罪。圣明的君主已经逝去，没有人去纠正墨子，愚蠢的人还要学习墨子的谬论，将会危害他们自身。君子提倡音乐，是他德行的表现，混乱的世道，人们厌恶善，反而不听这些。啊！音乐发挥不了它的作用啊！弟子们要好好地学习啊，不要被那些邪说所迷惑。

原文　声乐之象[1]：鼓大丽[2]，钟统实[3]，磬廉制[4]，竽笙箫和[5]，筦籥发猛[6]，埙篪翁博[7]，瑟易良[8]，琴妇好[9]，歌清尽[10]，舞意天道兼[11]。鼓，其乐之君邪？故，鼓似天，钟似地，磬如水，竽笙箫和筦籥似星辰日月[12]，鞉柷拊鞷椌楬似万物[13]。

曷以知舞之意？曰：目不自见，耳不自闻也。然而治俯仰诎信进退迟速[14]，莫不廉制，尽筋骨之力，以要钟鼓俯会之节[15]，而靡有悖逆者，众积意谔谔乎[16]？

注释　①象：表现。

②大丽：异常高亢、猛烈。丽，通“厉”。

③统实：洪亮浑厚。

④廉制：清晰明亮。《广雅》：“廉，清也。”杨柳桥《荀子诂译·乐论》注：“制，当读为‘哲’”。《说文》：“哲，知也。”明智，这里引申为明亮。

⑤箫和：据文义，疑为“肃和”，整齐和谐。

⑥筦籥（guǎn yuè）：古代编管乐器。《说文》：“管，如篪，六孔。”管即筦。籥，象编管之形，似为排箫之前身，传说禹时乐舞《大夏》即用籥伴奏。发猛：高昂粗犷。杨柳桥《荀子诂译·乐论》注：“发猛，谓高昂粗犷也。《广雅》：‘发，举

也'，举，即高也。"

⑦埙（xūn）：陶土烧制的吹奏乐器。也有用石、骨或象牙制成的，有球状和椭圆形数种。音孔1—5个不等。现代的埙有音孔五、六个。篪（chí）：单管横吹乐器，用竹制成。《诗经》《礼记》等书都提及，专用于雅乐。

⑧易良：和悦而温良。《诗经·小雅·何人斯》："尔还而入，我心易也。"《毛诗传》："易，说（悦）。"

⑨妇好：形容声音柔和婉转。妇，同"女"。女好，杨倞《荀子·赋》注："女好，柔婉也。"

⑩清尽：清新润泽。一说，尽，完美。

⑪天道兼：与自然界相吻合的意思。

⑫箫和：据上下文义，二字疑衍。

⑬鞉（táo）、柷（zhù）、拊（fǔ）、鞷（gé）、椌楬（qiāng qià）：均为古代打击乐器。鞉，杨柳桥《荀子诂译·乐论》注："鞉，本作鞀。"《玉篇》："鞉，如鼓而小，有柄。"柷，《尚书·益稷》："合止柷敔"，注曰："柷，状如漆桶，方二尺四寸，深一尺八寸，有椎柄连底。"拊、鞷，《荀子·礼论》作"拊膈"，即悬钟格。椌楬，《礼记·乐记》："然后圣人作为鞉鼓椌楬埙篪"。郑玄注："椌楬，谓柷敔也。"《说文》："敔，乐器，椌楬也，形似木虎。"

⑭诎信：同"屈伸"。

⑮要（yāo）：应和。俯会之节：据上下文义，疑作“附会之节”，指交互联系的节奏。

⑯众积意：指各种舞姿的深厚含意。一说：众，指跳舞的人众；积，练习。谔谔（chí chí）：同“迟迟”，舒缓，悠长。一说，谔谔，谆谆，认真。

译文　乐声的表现：鼓声异常高亢猛烈，钟声洪亮浑厚，磬的声音清晰明亮，竽笙的声音整齐和谐，筦籥声昂扬粗犷，埙篪声雍和广大，瑟音和悦而温良，琴音柔曼宛转，歌唱的声音清新润泽，舞道的含意，则与自然界相吻合。鼓，大概该是音乐的君主吧！所以，鼓如同天，钟如同地，磬如同流水，竽笙筦篪如同星辰日月，鞉柷拊鞷椌楬如同万物。

怎么知道舞蹈的含意呢？眼睛不看自己，耳朵不听自己，但是，处理舞蹈动作的俯仰屈伸进退与快慢，无不清楚明白，竭尽全身的筋骨的力量来应和钟鼓交互联系的节奏，无丝毫悖乱之处，各种舞蹈姿势的深厚含意，就从这舒缓的动作中体现出来吧。

原文　吾观于乡而知王道之易易也[①]。

主人亲速宾及介[2]，而众宾皆从之[3]，至于门外，主人拜宾及介，而众宾皆入，贵贱之义别矣。三揖至于阶，三让以宾升，拜至[4]，献酬[5]，辞让之节繁，及介省矣。至于众宾升受[6]，坐祭，立饮，不酢，而隆杀之义辨矣。

工入[7]，升歌[8]，三终[9]，主人献之；笙入，三终，主人献之；间歌[10]，三终，合乐，三终，工告乐备，遂出。二人扬觯[11]，乃立司正[12]，焉知其能和乐而不流也。宾酬主人，主人酬介，介酬众宾，少长以齿[13]，终于沃者[14]，焉知其能弟长而无遗也[15]。降[16]，说屦升坐[17]，修爵无数[18]。饮酒之节，朝不废朝[19]，莫不废夕[20]。宾出，主人拜送，节文遂终[21]，焉知其能安燕而不乱也[22]。

贵贱明，隆杀辨，和乐而不流，弟长而无遗，安燕而不乱。此五行者，是足以正身安国矣。彼国安而天下安，故曰：吾观于乡而知王道之易易也。

注释

①“吾观”句：语出《礼记·乡饮酒义》，系孔子之言。乡：乡饮酒礼。易：和乐也。一说，易易，非常容易。

②速：召，迎接。《玉篇》：“速，召也”。《周易·需卦》：“有不

速之客三人来”。宾：指有地位有名望的主客。介：指主要陪客。古代饮宴，贤者为宾，次者为介。

③众宾：指其他陪客。

④拜至：对所到的宾客进行拜礼。

⑤献酬：主人向宾客献酒，客人回敬主人。

⑥升受：升堂受酒。

⑦工：指乐工。

⑧升歌：到堂上演奏歌曲。

⑨终：演奏歌唱一遍歌或诗为一终。

⑩间歌：指歌唱者与吹笙者轮流演奏歌唱。

⑪扬觯（zhì）：举杯。

⑫司正：专门负责监督饮酒礼仪的人。

⑬齿：指年龄。

⑭沃者：指洗酒器的人。

⑮弟长：尊重长辈。弟，同“悌”，尊敬兄长。

⑯降：下堂。

⑰说屦：脱鞋。说，通“脱”。

⑱修爵：行酒杯，这里是敬酒的意思。

⑲废朝：指耽误早晨应该做的事。

⑳莫：通“暮”，傍晚。

㉑节文：礼节仪式。

㉒安燕：指休憩时饮酒。

译文 （孔子）说：我看到乡里饮酒的礼节，就知道王道是和乐的。主人亲自迎接主客和主要的陪客，其他陪客都跟随在后边，到了主人的家门口，主人向主客和主要陪客拜礼后进门，各位陪客也都随之而入，贵贱的礼节仪式在这里就区别出来了。主人三次揖让，主客就到了台阶前，主人再作三次揖让，主客登上台阶到了厅堂，拜礼完所到的宾客，主人就向主客献酒，主客回敬主人，相互辞让的礼节是繁多的，到主要陪客面前，礼节就简略了。至于其他陪客到了厅堂接受敬酒，坐着以酒敬神，然后立即把酒喝下，不必向主人回敬，隆重与简略的礼节仪式在这里就区别出来了。

乐工进入，升上厅堂，奏完三支曲子，主人向客人献酒；吹笙的人进入，吹奏完三支曲子，主人又向客人献酒；唱歌的、吹笙的轮流演奏三支曲子，又合奏三支曲子，乐工报告音乐已演奏完毕，然后退出。主人与主客两人举杯，还设立一个专门监督饮酒礼仪的人，于是就可以知道人们能做到和乐而不淫邪。主客向主人回敬，主人又回敬主要陪客，主要陪客又回敬其他陪客，按年龄长少排列次序，直到洗酒器的人为止，由此就知道人们懂得尊敬长辈而且不遗漏一个人。下堂，脱鞋，然后升堂就坐，相互不断地敬酒。饮酒的限度是：早晨饮酒不能耽误早晨要做的事，傍晚饮酒不能荒废傍晚要做的事。宾客出门，主人揖拜相送，礼节仪式到此才算完结。从这里就可以知道人们休憩饮酒时也不过分。

贵贱分明，隆重与简略有区别，和乐而不淫邪，尊敬长者而无一遗漏，休憩时饮酒而不过分。这五种做法，足以用来端正自己的品行，足以安定国家。国家安定，天下也就安定了。所以说：“我看到乡里饮酒的礼节，就知道王道是和乐的。”

原文　乱世之征：其服组①，其容妇②，其俗淫，其志利，其行杂③，其声乐险，其文章匿而采④，其养生无度，其送死瘠墨⑤，贱礼义而贵勇力，贫则为盗，富则为贼⑥。治世反是也。

注释　①组：丝织而有花纹的宽带，这里指妖艳的服装。

②妇：指男人仿效妇女，作妖里妖气的打扮。

③杂：污，行为恶劣。

④匿：通“慝（tè）”，邪恶。

⑤瘠墨：简薄。《荀子·礼论》：“送死不忠厚，不敬文，谓之瘠；死而复生，谓之墨。”

⑥贼：残贼，指残害好人。《荀子·修身》：“害良曰贼。”

译文 乱世的表现是：人们的衣着妖艳古怪，人们的容貌都模仿妇女，妖里妖气，人们的风俗淫乱，人们的心志贪财好利，人们的行为恶劣，音乐的曲调险恶，文章内容邪恶而辞藻华丽，人们的生活荒淫无度，他们遣送死者却菲薄简慢，他们鄙视礼义而崇尚蛮勇武力，贫穷的人沦为盗贼，富有的人残害好人。太平盛世的情况与此完全相反。

二十一　解蔽

题解　本文讨论了如何解除蒙蔽，正确认识事物的问题。

文章指出人们在认识上的通病是“蔽于一曲”，即犯了片面性的错误。而这种片面性又往往源于人们的“私其所积”“倚其所私”，即只偏爱自己掌握的知识，只把自己掌握的知识作为依据。文章列举了夏桀、殷纣、唐鞅、奚齐、墨子、宋子等人受蒙蔽的情况及其产生的恶果，证明了解除蒙蔽的必要。

关于解除蒙蔽的方法，荀况提出，最为关键的是建立一个正确的标准，把握住事物的各个方面，认真地加以比较权衡，以获得正确的认识。而这个正确的标准，荀况认为就是“道”，只要掌握了道，就可以“坐于室而见四海”，“恶有蔽矣哉?”

荀况还具体说明了掌握“道”的方法是“虚一而静”。

原文　凡人之患，蔽于一曲①，而暗于大理②。治则复经③，两疑则惑矣④。

天下无二道⑤，圣人无两心⑥。今诸侯异政，百家异说，则必或是或非，或治或乱。乱国之君，乱家之人[7]，此其诚心莫不求正而以自为也[8]，妒缪于道[9]，而人诱其所迨也[10]。私其所积[11]，唯恐闻其恶也，倚其所私[12]，以观异术，唯恐闻其美也。是以与治虽走[13]，而是己不辍也[14]。岂不蔽于一曲而失正求也哉？

心不使焉[15]，则白黑在前而目不见，雷鼓在侧而耳不闻[16]，况于使者乎[17]？德道之人[18]，乱国之君非之上，乱家之人非之下，岂不哀哉？

注释

①蔽：蔽塞。这里指的是认识上的局限。杨倞《荀子·解蔽》注："蔽者，言不能通明，滞于一隅，如有物壅蔽之也。"一曲：局部，片面。《释名》："曲，局曲。"

②暗：不清楚，不明白。大理：全面的、全局的道理。

③治：治理。这里是纠正的意思。复经：指恢复正常的大道理。

④两疑则惑矣：据下文"心枝则无知，倾则不精，贰则疑惑"句与文义，疑为"两则疑惑矣。"两，指对正常的大道理三心二意。

⑤道：这里指治国、治学的根本原则。

⑥两心：指对“道”三心二意。

⑦乱家：指背离正道，局限于某种片面认识的学派。即指诸子百家。

⑧求正：寻求正确的治国之道。以自为：指实现自己的计划。

⑨妒缪：背离，违反。

⑩诱：引入。迨：喜好。

⑪私：偏爱。积：习，这里指知识、经验。

⑫私：偏见。

⑬虽：据上下文义，疑为“离”。

⑭是己：自以为是。

⑮使：驱使，这里是思考的意思。

⑯雷鼓：鼓声如雷。

⑰使者：据上下文义，疑为“蔽者”。

⑱德：通“得”。

译文

人们的通病，往往是局限于某种片面的认识而不明白全面的道理。纠正这种片面的认识，才能恢复正常的大道理，对正常的大道理三心二意，就会迷惑。

天下没有两种“道”，圣人对“道”也不会三心二意。当今诸侯的政令各不相同，百家的学说各自相异，当然有的对有的错，有的太平有的混乱。造成国家混乱的君主，局限于某种片面认识的各派学者，他们的本意也无不是要寻求正确的治国之道而实现自己的计划，但由于他们背离了“道”，而又有人以他们所喜爱的来将他们诱入歧途，他们偏爱自己的知识经验，唯恐听到别人说他的坏话，他们依据自己的偏见，来看待与自己不同的学说，唯恐听到对别人的赞美。因此，他们背离正道而走，还一再地自以为是，不知改正。这难道不是局限于某种片面的认识，而失去了寻求正确的治国之道的本意吗？

不用心去思考，黑白摆在面前，眼睛也分不清，如雷的鼓声响在耳旁，耳朵也听不到。更不要说受蒙蔽的人了。得了“道”的人，使国家混乱的君主在上面非难他，局限于某种片面认识的各派学者在下面反对他，这难道不是很可悲的吗？

原文 数为蔽[①]：欲为蔽[②]，恶为蔽，始为蔽、终为蔽，远为蔽、近为蔽，博为蔽、浅为蔽，古为蔽、今为蔽。凡万物异，则莫不相为蔽，此心术之公患也[③]。

昔人君之蔽者，夏桀、殷纣是也。桀蔽于末喜、斯观而不知关龙逄[4]，以惑其心而乱其行。纣蔽于妲己、飞廉而不知微子启[5]，以惑其心而乱其行。故群臣去忠而事私，百姓怨非而不用，贤良退处而隐逃，此其所以丧九牧之地而虚宗庙之国也[6]。桀死于亭山[7]，纣县于赤旆[8]，身不先知，人又莫之谏，此蔽塞之祸也。成汤监于夏桀[9]，故主其心而慎治之[10]，是以能长用伊尹而身不失道[11]，此其所以代夏王而受九有也[12]。文王监于殷纣，故主其心而慎治之，是以能长用吕望而身不失道[13]，此其所以代殷王而受九牧也。远方莫不致其珍，故目视备色[14]，耳听备声，口食备味，形居备宫，名受备号，生则天下歌，死则四海哭，夫是之谓至盛。《诗》曰[15]："凤凰秋秋[16]，其翼若干[17]，其声若箫，有凤有凰[18]，乐帝之心。"此不蔽之福也。

昔人臣之蔽者，唐鞅、奚齐是也[19]。唐鞅蔽于欲权而逐载子[20]，奚齐蔽于欲国而罪申生[21]，唐鞅戮于宋，奚齐戮于晋，逐贤相而罪孝兄，身为刑戮，然而不知，此蔽塞之祸也。故，以贪鄙背叛争权而不危辱灭亡者，自古及今，未尝有之也。鲍叔、宁戚、隰朋[22]，仁知且不蔽[23]，故能持管仲[24]，而名利福禄与管仲齐，召公、吕望[25]，仁知且不蔽，故能持周公，而名利福禄与周公齐。传曰：“知贤之谓明[26]，辅贤之谓强[27]。勉之强之，其福必长。”此之谓也，此不蔽之福也。

昔宾孟之蔽者[28]，乱家是也。墨子蔽于用而不知文[29]，宋子蔽于欲而不知得[30]，慎子蔽于法而不知贤[31]，申子蔽于埶而不知知[32]，惠子蔽于辞而不知实[33]，庄子蔽于天而不知人。故，由用谓之道，尽利矣；由俗谓之道[34]，尽嗛矣[35]；由法谓之道，尽数矣[36]；由埶谓之道，尽便矣[37]；由辞谓之道，尽论矣[38]；由天谓之道，尽因矣[39]。此数具者，皆道之一隅也。夫道者，体常而尽变[40]，一隅不足以举之[41]，曲知之人[42]，观于道之一隅而未之能识也，故以为足而饰之。内以自乱，外以惑人，上以蔽下，下以蔽上，此蔽塞之祸也。孔子仁知且不蔽，故学乱术足以为先王者也[43]。一家得周道[44]，举而用之，不蔽于成积也[45]。故德与周公齐，名与三王并[46]，此不蔽之福也。

注释

①数：以下几种情况。一说，数，当为“故”。

②欲：指只看到欲的一面。下文“恶”“始”“终”“远”“近”

等都有“只看到……的一面”的意思。

③心术：思想方：法。公患：共同的毛病，通病。

④末喜：即妹喜，夏桀的妃子。斯观：夏桀的臣子。关龙逢：夏桀的臣子，因规劝夏桀而被杀。

⑤妲（dá）己：殷纣王的妃子。飞廉：殷纣王的臣子。杨倞《荀子·解蔽》注：“纣之佞臣，恶来之父，善走者，秦之祖也。”微子启：殷纣王的兄长。杨倞《荀子·解蔽》注：“微子，纣之庶兄，微国子爵，启，其名也。”

⑥九牧：九州，指全中国，古代传说全中国共有九州。虚：同“墟”，废墟。这里是毁灭的意思。宗庙：祖庙，象征国家政权。

⑦亭山：当为“鬲（lì）山”，即历山，今称历阳山，在今安徽省和县西北。传说桀死于历山。《太平御览》引《尸子》曰：“桀放于历山。”《史记正义》引《淮南子》曰：“汤放桀于历山，与末喜同舟浮江，奔南巢之山而死。”

⑧县：通“悬”，悬挂。赤旆（pèi）：红色的旗子。

⑨监：通“鉴”，借鉴。

⑩主其心：掌握自己的思想，即保持清醒的头脑。

⑪伊尹：商汤王宰相，曾辅助成汤灭夏兴商。

⑫九有：即九牧，九州。杨倞《荀子·解蔽》注：“九有，九牧，皆九州也。抚有其地，则谓之九有，养其民，则谓之

九牧。”

⑬吕望：即姜尚，姜太公。

⑭备：充分的，各式各样的。下同。

⑮《诗》:《诗经》，引诗已失传。

⑯秋秋：同“跄跄”，形容舞蹈时姿势的优美。

⑰若干：像盾牌。若，像。干，盾。

⑱有凤有凰：指帝尧时有凤凰飞来一事。杨倞《荀子·解蔽》注：“尧时，凤凰巢于阿阁，言尧能用贤不蔽，天下和平，故有凤凰来仪之福也。”

⑲唐鞅：战国时宋康王的臣子，后被宋康王所杀。奚齐：晋献公宠妃骊姬之子。

⑳欲权：贪图权位。载子：疑作“戴子”，指宋太宰戴讙，被唐鞅所逐而逃往齐国。

㉑欲国：企图夺取国家权力。申生：晋献公太子，奚齐之异母兄。骊姬为使奚齐得继王位，常在晋献公面前进谗言，致使晋献公杀死申生，立奚齐为太子。

㉒鲍叔、宁戚、隰（xī）朋：均为齐桓公之大臣。

㉓知：同“智”。

㉔持：扶持，扶助。

㉕召公：姓姬，名奭（shì），周武王异母兄弟。

㉖知：识别。

㉗强：据文义与宋本，疑为“能”。

㉘宾孟：战国时称往来于各诸侯国间的游说之士为宾孟，即下文所提到的墨子、宋子、慎子等人。孟，通“萌”，民。

㉙用：工用，实用。文：指礼乐制度。

㉚蔽于欲：指宋子没有真正认识欲而提出寡欲的主张。得：指如何正确地满足所欲。

㉛贤：指贤人的作用。

㉜不知知：不懂得才智的重要。

㉝辞：指逻辑命题、判断等。《荀子·正名》：“辞也者，兼异实之名以论一意也。”

㉞俗：通“欲”，即前文所说的寡欲的主张。

㉟嗛：通“慊”，满足欲望。

㊱数：法律条文。

㊲便：看方便行事。

㊳论：强辞夺理的辩论。

㊴因：顺从，这里是听天由命。

㊵体常：指道的本身不变，保持常态。

㊶举：概括。

㊷曲知：片面了解认识。

㊸乱术：治乱的办法。乱，古代兼有治与乱两种意思。《尚书·秦誓》：“予有乱臣十人而天下治。”又《尚书·顾命》：“其

能而乱四方”，此二句中的“乱”均为“治”之意。

㊹一家：指孔丘。周道：全面博大的治国之道。

㊺成积：已有的知识。

㊻三王：三代之王，指夏禹，商汤，周文王、周武王。

译文

以下几种情况造成认识上的局限：只看到欲的一面会造成认识上的局限，只看到恶的一面会造成认识上的局限；只看到起始的一面会造成认识上的局限，只看到终结的一面会造成认识上的局限；只看到远的一面会造成认识上的局限，只看到近的一面会造成认识上的局限；只看到广博的一面会造成认识上的局限；只看到肤浅的一面会造成认识上的局限；只看到古代的一面会造成认识上的局限；只看到现在的一面也会造成认识上的局限。一切事物都有差异，只看到事物的一个方面，就会造成认识上的局限，这是思想方法上的通病。

过去，在认识上片面的君主，夏桀与殷纣王就是例证。夏桀被妹喜与斯观所蒙蔽而不知道关龙逄的忠心，因而迷惑了自己的心志，造成了自己行为的昏乱。殷纣王被妲己和飞廉蒙蔽而不认识微子启的忠心，因而迷惑了自己的心志，造成了自己行为的昏乱。所以，大臣们抛弃了忠诚而一心谋取私利，百姓们都怨恨君王而不听君王驱使，贤才良将都退出朝廷而逃隐乡里。这是他们之所以丧失国土而使国家政权遭到毁灭的原因。夏桀死在历山，殷纣王的头颅高悬在红色旗子下，他们不能先知先觉，又无人能够规劝他们，这就是认识片面造成的灾祸。商汤王鉴于夏桀的教训，把握住自己的心志而且谨慎地治理天下，所以能够长期地任用伊尹而自己也始终不失正道，这就是他能够取代夏桀而获得天下的原因。周文王鉴于殷纣王的教训，把握住自己的心志，而且谨慎地治理天下，所以能够长期地任用吕望而自己也始终不失正道，这是他能够取代殷纣王而获得天下的原因。远方的各国也无不前来进献珍宝，所以，商汤王、周文王能够眼观各种各样的色彩，耳听各种各样的声音，口食各种各样的美味，身居各式各样的宫室，名享各式各样的尊称，生前天下人为他歌功颂德，死时天下人为他悲啼号哭，这就叫作最大的隆盛。《诗经》说："凤凰翩翩遨翔，翅如盾牌雄壮，声如箫声飘扬，有凤又有凰，帝王心欢畅。"这就是认识上没有片面性的幸福。

过去，在认识上片面的大臣，唐鞅、奚齐就是例证。唐鞅只想到贪图权位面赶走了戴驩，奚齐只想到夺取国家权力而加罪于申生。唐鞅终于在宋国被杀，奚齐也在晋国被杀，他们赶走贤相，加罪孝敬的兄长，而自身也遭杀戮，却不知道是什么原因，这就是蔽塞造成的灾祸。所以，用贪婪、卑鄙、背叛的手段来争权夺利却没有遭受耻辱、危险和灭亡的，从古到今，还没有过。鲍叔、宁戚、隰朋等人，仁爱智慧而且认识上没有片面性，所以能够扶助管仲，而他们自己的名利福禄也与管仲相等。召公与吕望，仁爱智慧而且认识上没有片面性，所以能够扶助周公，而他们自己的名利福禄也与周公相等。古书上说："识别贤良叫作明，辅助贤良叫作能，奋勉努力，幸福必定长久。"这就是认识上没有片面性的幸福。

过去，在认识上有片面性的游说之士，诸子百家就是例证。墨子只看到实用的一面而不懂得礼文制度，宋子没有真正了解欲而提出"寡欲"却不知道如何使人正确地得到所欲，慎子只看到法制重要的一面却不了解贤人的作用，申子只看到权势的重要却不了解才智的作用，惠子只看到逻辑命题、判断的重要却不了解事物的实际，庄子只看到自然界的重要却不了解人的力量。所以，把实用叫作“道”，人们就都去追求功利了；把寡欲叫作“道”，人们就都去满足欲望了；把法制叫作“道”，人们就只知道法律条文了；把逻辑命题、判断叫作“道”，人们就只会强词夺理地辩论了；把自然界叫作“道”，人们就都只会听天由命了。这几方面，都只是“道”的一个方面。“道”，本身是不变的，却能穷尽事物的一切变化，一个方面是无法概括这些变化的，认识片面的人，只看到“道”的一个方面而没有能够全面地认识道，所以，他们还自以为满足并加以炫耀。对内扰乱了自身，对外迷惑了别人，在上的蒙蔽下面的，在下的蒙蔽上面的，这就是认识片面的灾祸。孔子仁爱智慧而且认识上没有片面性，所以他学到了治乱之术，足以辅助先王。孔子掌握了全面博大的“道”，便按照“道”去做，而不被已有知识所局限。所以，他的德行与周公相等，名声与三代之王并重，这就是认识上没有片面性的幸福。

原文　圣人知心术之患，见蔽塞之祸，故无欲、无恶①，无始、无终，无近、无远，无博、无浅，无古、无今，兼陈万物而中县衡焉[②]。是故，众异不得相蔽以乱其伦也[③]。

何谓衡？曰：道。故心不可以不知道[④]。心不知道，则不可道而可非道[⑤]，人孰欲得恣而守其所不可以禁其所可？以其不可道之心取人，则必合于不道人[⑥]，而不知合于道人[⑦]。以其不可道之心，与不道人论道人，乱之本也。

夫何以知[⑧]？曰：心知道然后可道，可道然后能守道以禁非道。以其可道之心取人，则合于道人而不合于不道之人矣。以其可道之心，与道人论非道，治之要也。何患不知？故治之要，在于知道。

人何以知道？曰：心。心何以知？曰：虚一而静[⑨]。心未尝不臧也[⑩]，然而有所谓虚；心未尝不满也[⑪]，然而有所谓一；心未尝不动也，然而有所谓静。

人生而有知[⑫]，知而有志[⑬]，志也者，臧也，然而有所谓虚，不以已所臧害所将受，谓之虚。心生而有知，知而有异。异也者，同时兼知之。同时兼知之，两也。然而有所谓一，不以夫一害此一，谓之一。心卧则梦，偷则自行[⑭]，使之则谋，故心未尝不动也，然而有所谓静，不以梦剧乱知谓之静[15]。未得道而求道者，谓之虚壹而静。作之，则将须道者[16]，之虚则人[17]，将事道者[18]，之壹则尽[19]，尽将思道者，静则察。知道察，知道行，体道者也。虚壹而静，谓之大清明[20]。

万物莫形而不见[21]，莫见而不论[22]，莫论而失位。坐于室而见四海，处于今而论久远，疏观万物而知其情[23]，参稽治乱而通其度，经纬天地而材官万物[24]，制割大理[25]，而宇宙里矣[26]。恢恢广广[27]，孰知其极；睪睪广广[28]，孰知其德；涫涫纷纷[29]，孰知其形；明参日月[30]，大满八极[31]；夫是之谓大人[32]。夫恶有蔽矣哉？

注释

①无：这里是不只看到的意思。下同。

②中：心中。县衡：即“悬衡”，建立一个衡量是非的标准。

③伦：秩序。

④知道：懂得“道”。道，治国、治学的总原则，下同。

⑤可：肯定，赞同。下同。

⑥不道人：不懂“道”，不守“道”的人。下同。

⑦知：据上下文义疑衍。

⑧知：同“智”，下文“何患不知”的“知”字与此同。

⑨虚：虚旷，虚心。这里指不以已有的知识去妨碍接受新的知识。即不先入为主。一：专心一致，专一。

⑩臧：同“藏”，贮藏，指记忆。下同。

⑪满：据下文“同时兼知之，两也，然而有所谓一”，疑为“两”。

⑫知：指认识能力。

⑬志：同“誌”，记忆。

⑭偷：苟且偷安，松懈。自行：放任，放纵地想。

⑮梦剧：梦幻想象与胡思乱想。杨倞《荀子·解蔽》注：“梦，想象也；剧，嚣烦也。”乱知：即乱智，扰乱智慧。

⑯将：想要。须：求。

⑰之：据上下文义疑衍。

⑱事：学习，运用。

⑲之：据上下文义疑衍。

⑳大清明：指认识上进入极其透彻，毫无偏蔽的境界。

㉑见：通“现”，下同。

㉒论：通“伦”。

㉓疏观：通观。

㉔经纬：这里是安排、治理的意思。

㉕割制：掌握，利用。大理：指自然与社会的全面道理。

㉖里：据文义，疑当为“理”，治理。

㉗恢恢：宽广。广广：深远。广广，通“旷旷”。

㉘睪睪：读作“皞皞（hào）”，广大貌。

㉙涫涫（guàn）：同“滚滚”，水沸腾的样子，形容极其活跃。

㉚明：指智慧的光辉。

㉛大：指智慧的广大。八极：八方，即东、南、西、北、东南、东北、西南、西北。

㉜大人：指达到大清明境界的人。

译文

圣人深知思想方法的问题，也看到认识片面的危害，所以，不只看到欲的一面，也不只看到恶的一面；不只看到开始的一面，也不只看到终结的一面；不只看到近的一面，也不只看到远的一面；不只看到广博的一面，也不只看到浅近的一面；不只看到古代的一面，也不只看到当今的一面。而是把所有的情况全部罗列出来，在心中建立一个衡量是非的标准。于是，众多的有差异的事物就不会相互局限而乱了它们的等类。

什么是衡量是非的标准呢？回答说：“道”。所以，一个人的思想不能不懂得“道”。思想上不懂得“道”，就不会肯定“道”，而会去肯定“邪道”。人们在随心所欲的情况下，谁会愿意固守自己所不赞同肯定的事，而不去做自己所赞同肯定的事呢？用他否定道的心意去选取人，那么符合他心意的只能是不守道的人，而不会是守道的人。用他否定道的心意与不守道的人去谈论守道的人，这是社会混乱的根本原因。

怎样才能明智？回答说：思想懂得了“道”然后就会肯定“道”；肯定“道”然后就能守住“道”而禁止“邪道”。用他肯定“道”的心意来选取人，那么合乎他心意的肯定是守道的人而不会是不守道的人。用他肯定道的心意去与人讨论“邪道”，这是社会平治的关键，这样还怕不明智吗？所以治的关键是在于懂得“道”。

人怎样懂得“道”呢？回答说：用心。心怎样懂得“道”呢？回答说：虚心专一而宁静。心里未尝没有贮藏许多东西，但是它也有人所说的虚旷的功能；心未尝没有活动，但它也有人们所说的宁静的功能。

人生下来就有认识能力，有认识能力就有记忆，记忆，就是贮藏，而仍有人们所说的“虚”，就是不因为已有的贮藏而妨碍它将要接受的新的东西，这就是“虚”。人的思想生下来就有认识能力，认识能力就有差异。差异，就是同时了解不同的事物。同时了解不同的事物，就是心的两用，但仍有人们所说的“一”，不因为对那一事物的认识而妨碍对这一事物的认识，这就是“壹”。人睡觉了心就会做梦，苟且偷安就会放任自流地想，使用它就能思考谋划，所以人心从来不是不活动的，但仍有人们所说的“静”，不因为梦幻想象与胡思乱想而扰乱智慧，就叫作“静”。对于尚未得“道”而正在追求“道”的人，要告诫他们：必须“虚”“壹”“静”。照这样去做，将要求“道”的人，“虚”就能够接受“道”，要学习运用“道”的人，“壹”就能够全面地认识“道”，要研究“道”的人，“静”就能够明察“道”。懂得“道”的明察事物的能力，懂得“道”的实际功效，这才是真正体会了“道”的人。“虚壹而静”就叫作认识上进入了极其透彻，毫无偏蔽的境界。

万物无不具有一定的形态而且无不显现出来，无不显现出来而且无不具有一定的等级类别，无不具有一定的等级类别而且无不占有恰当的位置。坐在室内可以看到四海，处在当今而可以讨论久远的古代，通观万物就可以知道它们的实情，考察社会的治与乱就可以通晓它们的制度，安排治理大自然就可以利用万物，把握了自然与社会的全面的道理就可以治理整个宇宙。宽广辽阔，谁知道他的极限！广大深远，谁了解他的功德！沸扬纷繁，谁懂得他的准则！他的智慧的光辉可以与日月一样明亮，他的智慧的广大充塞四方八极！这样的人就叫作“大人”，他怎么还会有认识的片面呢？

原文 心者，形之君也而神明之主也①，出令而无所受令。自禁也，自使也，自夺也，自取也，自行也，自止也。故，口可劫而使墨云②，形可劫而使诎申③，心不可劫而使易意，是之则受，非之则辞。故曰：心容④，其择也无禁必自见，其物也杂博⑤，其情之至也不贰⑥。《诗》云⑦：“采采卷耳⑧，不盈顷筐⑨，嗟我怀人，寘彼周行⑩。”顷筐易满也，卷耳易得也，然而不可以贰周行⑪。故曰：心枝则无知⑫，倾则不精⑬，贰则疑惑，以赞稽之⑭，万物可兼知也。身尽其故则美⑮。类不可两也⑯，故知者择一而一焉。

农精于田而不可以为田师[17]，贾精于市而不可以为贾师[18]，工精于器而不可以为器师。有人也，不能此三技，而可使治三官。曰：精于道者也，精于物者也[19]。精于物者以物物[20]，精于道者兼物物。故君子一于道而以赞稽物。一于道则正，以赞稽物则察，以正志行察论，则万物官矣[21]。

昔者，舜之治天下也，不以事诏而万物成[22]，处一危之[23]，其荣满侧，养一之微[24]，荣矣而未知。故《道经》曰[25]："人心之危，道心之微[26]。"危微之几[27]，惟明君子然后能知之。

故，人心譬如盘水，正错而勿动[28]，则湛浊在下而清明在上[29]，则足以见须眉而察理矣[30]。微风过之，湛浊动乎下，清明乱于上，则不可以得大形之正也[31]。心亦如是矣。故，导之以理，养之以清，物莫之倾，则足以定是非，决嫌疑矣。小物引之，则其正外易，其心内倾，则不足以决庶理矣[32]。

故，好书者众矣，而仓颉独传者[33]，一也；好稼者众矣，而后稷独传者[34]，一也；好乐者众矣，而夔独传者[35]，一也；好义者众矣，而舜独传者，一也。倕作弓[36]，浮游作矢[37]，而羿精于射；奚仲作车[38]，乘杜作乘马[39]，而造父精于御。自古至今，未尝有两而能精者也。

曾子曰："是其庭[40]，可以搏鼠，恶能与我歌矣?"

空石之中有人焉[41]，其名曰觙[42]，其为人也，善射以好思[43]。耳目之欲接，则败其思[44]；蚊虻之声闻，则挫其精[45]。是以辟耳目之欲而远蚊虻之声，闲居静思则通。思仁若是，可谓微乎?孟子恶败而出妻[46]，可谓能自强矣[47]；有子恶卧而淬掌[48]，可谓能自忍矣，未及好也[49]。辟耳目之欲，可谓能自强矣，未及思也。蚊虻之声闻则挫其精，可谓危矣，未可谓微也[50]。夫微者，至人也。至人也，何强?何忍?何危?故，浊明外景[51]，清明内景。圣人纵其欲，兼其情，而制焉者理矣。夫何强?何忍?何危?故仁者之行道也，无为也[52]；圣人之行道也，无强也[53]。仁者之思也，恭；圣人之思也，乐。此治心之道也[54]。

注释

①君、主：主宰者，支配者。神明：精神，智慧。

②劫：强制。墨：同"默"，沉默不语。

③诎申：同"屈伸"，弯曲舒展。

④心容：心的形态。

⑤物：这里指对事物的认识。

⑥情：通“精”，专一。贰：三心二意。

⑦《诗》：指《诗经·周南·卷耳》。

⑧卷耳：一种可供食用的植物，叶呈青白色，状如鼠耳。

⑨顷筐：畚箕一类的容器，后高而前低，故称“顷筐”。

⑩寘：同“置”，放。周行：路的拐弯处。杨柳桥《荀子诂译·解蔽》：“周行，谓道曲也。”一说，周行，即大路。

⑪贰周行：指三心二意地站在路拐上。

⑫心枝：心绪分散，即思想不集中。

⑬倾：倾斜。这里是不专一的意思。

⑭据下文“故君子一于道而以赞稽物”句，疑“以”之前夺“一于道”三字。赞稽：帮助对万物进行考察。

⑮故：道理。指上文所说的“一于道以赞稽之。”

⑯类：指任何一类事物。

⑰田师：官职名，与下文的“市师”“器师”分别管理农、商、工各业。

⑱贾师：据文义，疑为“市师”。

⑲据文义，疑“精”之前夺一“非”字。

⑳物物：驾驭，治理具体的事物。

㉑官：可以掌握的意思。

㉒事诏：指每件事都给以指示。诏，明示。

㉓处一：坚持专一于“道”。杨倞《荀子·解蔽》注：“舜能一于道，但委群贤而已，未尝躬亲以事告人。”危：谨慎，警惕。杨倞《荀子·解蔽》注：“谓不自安，戒惧之谓也。”

㉔养一：培养专一于“道”的精神。之：达到。

㉕《道经》：古代谈“道”的书。

㉖道心：指已经掌握了“道”的人的心。

㉗几：萌芽。杨倞《荀子·解蔽》注：“几，萌兆也，与‘机’同。”这里是指极其细微、细小的区别。

㉘错：通“措”，放，置。

㉙湛浊：沉渣，脏物。湛，同“沉”。

㉚理：指皮肤上的纹理。

㉛大形：指人的形体。

㉜庶理：据宋本，当为“粗理”，粗浅的事理。

㉝仓颉（jié）：相传为黄帝的史官，是他创造了文字。

㉞后稷：相传为周朝的始祖，尧的农官，是他教会百姓农耕。

㉟夔：相传为舜的乐官。

㊱倕（chuí）；传说是古代的能工巧匠，是他创造了弓。

㊲浮游：一说当为“夷牟”，传说是他创造了箭。

㊳奚仲：传说是夏禹时管理车辆的官员。

㊴乘杜：或称相士，传说是周朝祖先契的孙子。乘马：四马

驾车。

㊵庭：通“莛（tíng）”，草茎或小竹棍，这里指唱歌时打拍子的小棍。

㊶空石：地名。

㊷觙（jí）：人名。一说，影射孔丘之孙子思。

㊸射：射覆，古代游戏，将物件预为隐藏，供人猜度。《汉书·东方朔传》：“上尝使诸数家射覆。”颜师古注：“于覆器之下而置诸物，令暗射之，故云射覆。”后世酒令用字句隐寓事物，令人猜度，也称射覆。

㊹败：干扰。

㊺挫：妨碍。精：聚精会神。

㊻出妻：休妻。

㊼可谓能自强矣：据文义，下文“未及思也”当移至此句后。

㊽有子：即有若，孔子门徒。淬掌：烧灼自己的手掌。杨倞《荀子·解蔽》注：“淬，灼也，恶其寝卧，而淬其掌，若刺股然也。”

㊾好：指喜好思考。

㊿辟耳目之欲，可谓能自强矣，未及思也。蚊虻之声闻则挫其精，可谓危矣，未可谓微也：据文义，疑为“辟耳目之欲，而远蚊虻之声，可谓能自危矣，未可谓微也。”

(51)浊明：内暗外明。指对“道”只有肤浅认识的人。外景：

光色表现于外。景，光色。

㊾无为：非有意为之之意。

㊿无强：非勉强为之之意。

(54)道：方法。

译文

心，是形体的统帅，是精神的主宰，它向身体发出命令却从不接受身体的命令。它自我约束，自我驱使，自我裁夺，自我求取，自我行动，自我休止。所以，嘴巴可以被强制着沉默或说话，身体可以被强制着弯曲或舒展，心却不能被强制着改变意念。它认为对的就接受，它认为错的就拒绝。所以说，心的容态是：它对事物的选择不受限制，必定自主地显现出来，它对事物的认识是繁多的，当它十分专心时，这种认识就是纯一不二的。《诗经·周南·卷耳》说："采啊采卷耳，总难装满浅浅的筐，可叹我深深地怀念着人，只好把浅筐放在路拐上。"浅筐是很容易装满的，卷耳也是很容易采到的，但是人不能三心二意地站在路拐上。所以说：心绪分散，就会无知无识；心思不专一，认识就不会精深；三心二意，就可能发生疑惑；专一于"道"，并借助它来考察万物，万物全都可以被认识。一个人如果能够完全按上述的道理去做，就尽善尽美了。对任何事物的认识，都不能三心二意，所以，聪明的人总是选择好一件事，然后专心一致地加以研究。

农夫精通种田，但不能担任田师；商人精通买卖，但不能担任市师；工匠精通制作器物，但不能担任器师。而有的人并不精通这三种技艺，但可以用他主管这三种行业。这就是说，他精通于“道”，而不是精通于具体的事物。精通于具体事物的人，可以治理某一事物，精通于“道”的人，则能治理一切事物。所以，君子专一于“道”，并借助它来考察万物。专一于“道”，德行就端正，再借助它来考察万物，万物就能被明察，借助它来端正意志品行，考察言论，就能管理万物。

古时候，舜治理天下，不必把每件政事都告示百姓，但一切事情都获得成功，原因是他坚持专一于“道”，而且随时保持警惕，所以赞誉充满了他的左右；他培养专一于“道”的精神而且达到精深细微的程度，得到了赞誉，他甚至还不知道。所以《道经》说：“一般人的心，有所警惧，而得‘道’人的心，达到精深细微的程度。”警惧与精微之间极其细小的区别，只有明智的君子才能够知道。

所以，人的心像盘中的水，平正地放着不动，那么沉渣就留在下面，清澈明亮的水就在上面，能够照见人的须眉，察看皮肤上的纹理。微风吹过，沉渣就会在下面浮动，上层清澈明亮的水就会被搅乱，就不可能从中见到人体的正常形态了。心也是这样。所以，用正确的道理来引导它。用清明来保养它，不让外物来使它发生偏向，它就完全能够判定是非，决断疑难了。即使有很小的事来引诱它，都可能造成本来正确的对外部的认识发生变化，思想内部也会出现偏向，那就连最粗浅的事理也无法判断了。

所以，爱好文字的人本来很多，但只有仓颉的名声传到后世，就是由于他的专心一致；喜爱农耕的人本来很多，但只有后稷的名声传到后世，这是由于他的专一；喜爱音乐的人本来很多，但只有夔的名声传到后世，这是由于他的专一；喜爱“义”的人本来很多，但只有舜的名声传到后世，这是由于他的专一。倕创制了弓，浮游制作了箭，而只有后羿精于射箭；奚仲创制了车，乘杜开始用四马驾车，而只有造父精于驾车。从古到今，从未有过三心二意而能精通某件事的。

曾子说："这支打拍子的小竹棍，可以用来打老鼠！这样想的人怎么能与我一起歌唱呢？"

空石这个地方有个名叫觙的人，他为人擅长于射覆而又喜欢思考。但只要他的耳朵一听到声音，眼睛一看到颜色，他的思路就会受到干扰，听到蚊虻的声音，他的聚精会神也会受到妨碍。所以，他避开耳目与声音颜色的接触，远离蚊虻的声音，单居独处，冷静思索，于是就通达明白了。对"仁"的思考也像这样，可以说达到精微了吧。孟子因为厌恶干扰而将妻子休掉，可以称为能够自强的了，但还谈不上深思熟虑。有子怕睡着了误事而用火烧灼自己的手掌，可以称为能够自忍的了，但还谈不上喜好思索。避开耳目与声音颜色的接触，远离蚊虻的声音，可以称为能自我警惕的了，但还谈不上精微。精微的，是圣人。是圣人，还需要什么自强，自忍与自我警惕呢？所以，对"道"认识肤浅的人，光色表现于外，而圣人清澈透明的是内部的光色。所以，圣人顺从人的欲念，尽有人的情感，而处理一切事情都合理，还有什么需要自强，自忍与自我警惕的呢？所以，仁者办事，往往并非有意为之；圣人办事，也往往无须勉强为之。仁者的思索，是恭谨的；圣人的思索，是轻松愉快的。这便是治心的办法。

原文 凡观物有疑，中心不定[1]，则外物不清，吾虑不清，则未可定然否也。冥冥而行者，见寝石以为伏虎也[2]，见植林以为后人也[3]，冥冥蔽其明也。醉者越百步之沟，以为蹞步之浍也[4]，俯而出城门，以为小之闺也[5]，酒乱其神也。厌目而视者[6]，视一以为两；掩耳而听者，听漠漠而以为讻讻[7]，埶乱其官也[8]。故，从山上望牛者若羊，而求羊者下牵也，远蔽其大也。从山下望木者，十仞之木若箸[9]，而求箸者不上折也，高蔽其长也。水动而景摇[10]，人不以定美恶，水埶玄也[11]。瞽者仰视而不见星，人不以定有无，用精惑也[12]。有人焉，以此时定物，则世之愚者也。彼愚者之定物，以疑决疑，决必不当。夫苟不当，安能无过乎？

夏首之南有人焉[13]，曰涓蜀梁[14]，其为人也，愚而善畏，明月而宵行，俯见其影以为伏鬼也，仰视其发以为立魅也，背而走，比至其家，失气而死[15]，岂不哀哉？

凡人之有鬼也，必以其感忽之间疑玄之时正之[16]。此人之所以无有而有无之时也[17]，而已以正事。故伤于湿而击鼓，鼓痹[18]，则必有敝鼓丧豚之费矣，而未有俞疾之福也[19]。故，虽不在夏首之南，则无以异矣。

注释

①中心：心中。

②寝石：横卧的石头。

③后人：据文义疑为“立人”。

④浍（kuài）：小沟。

⑤闺：上圆下方的小门。

⑥厌目：按着眼睛。厌，通“压”，按。

⑦漠漠：无声。讻讻：喧嚣之声。

⑧埶：同“势”，指外力。官：感觉器官。

⑨仞：古代度量长度的单位，七尺或八尺为一仞。箸：筷子。

⑩景：通“影”。

⑪玄：通“眩”，动荡不定。

⑫精：视力。杨倞《荀子·解蔽》注：“精，目之明也。”

⑬夏首：夏水之口，大约在今湖北江陵县东南。

⑭涓蜀梁：人名，生平不详。

⑮失气：断气。

⑯感忽：神志恍惚。正：通“证”。这里指判断。下文“而已以正事”的“正”字与此同。

⑰无有：把无当作有。有无：把有当作无。

⑱故伤于湿而击鼓鼓痹：据文义，疑为“故伤于湿而痹，痹而击鼓熟豚。”

⑲俞：同“愈”，病好了。

译文

一般说来，观察事物有疑惑，心中捉摸不定，那么对外界事物就认识不清，我们思虑不清，就无法判断是非。在昏暗中行走，看见横卧的石头，会以为是伏着的猛虎，看见直立的林木，会以为是站着的人，这是昏暗蒙蔽了他的视觉。醉酒的人，跨越百步宽的沟渠，还以为只是半步宽的小水沟，低着头走出高大的城门，还以为是道上圆下方的小门，这是酒迷乱了他的神志。按着眼睛看东西的人，把一件东西看成两件；捂着耳朵听声的人，把寂静无声听成喧嚣之声，这是外力扰乱了他的感官。所以，从山上遥望牛，仿佛是羊，但寻找羊的人并不下山去牵牛，因为那只是距离的遥远遮掩了牛的壮大。从山下远望树木，十来丈高的树，如同筷子，但找筷子的人并不上山去折树木，因为那只是地势的高遮掩了树的高长。水一动荡，人影就摇动，人们不会用在水中摇动的影子来判断人的美丑，因为水势是动荡不定的。瞎眼的人抬头看不见星辰，人们不会以他来判断星辰的有无，因为瞎子是看不清东西的。有的人却根据这些情况来判断事物，这是世上最愚蠢的人。那些愚蠢的人对事物的判断。是凭疑惑的感觉来判断尚存疑惑的事物，这种判断肯定是不恰当的，如果判断不当，又怎么能没有错误呢？

夏水口的南边，有这样一个人，叫作涓蜀梁，他为人愚笨而极其胆小，他在明亮的月光下走夜路，低头见到自己的影子，还以为地上趴着一个恶鬼，抬头见到自己的头发，还以为是站着的怪物，回头便跑，等他跑到家便断气而亡，岂不是太可悲了吗？

一般人认为有鬼，必定是在他精神恍惚、神志不清时作出的判断，也正是人们之所以把无当成有，把有当成无的时候，但自己却还要在这种时候去判断事物。所以有人受到湿气而得了风湿病，得了风湿病就去击鼓驱鬼、宰猪祭神，那必定只有鼓破猪失的花费，而没有治好病的福气。所以，这种人，虽然没有住在夏水口的南边，但也与住在夏水口南边的涓蜀梁没有什么两样。

原文 凡以知[①]，人之性也，可以知，物之理也[②]。以可以知人之性[③]，求可以知物之理，而无所疑止之[④]，则没世穷年不能遍也[⑤]。其所以贯理焉[⑥]，虽亿万，已不足以浃万物之变[⑦]，与愚者若一。学，老身长子而与愚者若一[⑧]，犹不知错[⑨]，夫是之谓妄人。故学也者，固学止之也[⑩]。恶乎止之？曰：止诸至足。曷谓至足？曰：圣也[⑪]。圣也者，尽伦者也[⑫]；王也者，尽制者也[⑬]；两尽者，足以为天下极矣[⑭]。故学者以圣王为师，案以圣王之制为法，法其法以求其统类[⑮]，类以务象效其人[⑯]。向是而务，士也；类是而几[⑰]，君子也；知之，圣人也。

故，有知非以虑是[⑱]，则谓之惧[⑲]；有勇非以持是，则谓之贼；察孰非以分是[⑳]，则谓之篡[㉑]；多能非以修荡是，则谓之知[㉒]；辩利非以言是[㉓]，则谓之泄[㉔]。传曰："天下有二，非察是[㉕]，是察非。"谓合王制与不合王制也。天下有不以是为隆正也，然而犹有能分是非、治曲直者邪？

若夫，非分是非，非治曲直，非辨治乱，非治人道，虽能之无益于人，不能无损于人；案直将治怪说、玩奇辞，以相挠滑也[26]；案强钳而利口[27]，厚颜而忍诟，无正而恣睢，妄辨而几利[28]，不好辞让，不敬礼节，而好相推挤，此乱世奸人之说也，则天下之治说者，方多然矣。传曰："析辞而为察，言物而为辨，君子贱之；博闻强志，不合王制，君子贱之。"此之谓也。

为之无益于成也，求之无益于得也，忧戚之无益于几也[29]，则广焉能弃之矣[30]！不以自妨也，不少顷干之胸中[31]。不慕往，不闵来[32]，无邑怜之心[33]，当时则动[34]，物至而应，事起而辨，治乱可否，昭然明矣。

周而成[35]，泄而败，明君无之有也；宣而成，隐而败，暗君无之有也。故君人者，周则谗言至矣，直言反矣，小人迩而君子远矣。《诗》云[36]："墨以为明，狐狸而苍。"此言上幽而下险也。君人者，宣则直言至矣，而谗言反矣，君子迩而小人远矣。《诗》云[37]："明明在下，赫赫在上。"此言上明而下化也。

注释

①以知：即所以知，指认识能力。《荀子·正名》："所以知之在人者谓之知"，可证。

②理：指规律。

③可以知：据《荀子·正名》疑为“所以知”。

④疑止之：据文义，“疑”疑为“凝”。凝止之，指有一定的界限。

⑤没世穷年：一生一世的意思。遍：完全，穷尽。

⑥贯：贯通。这里是学习的意思。

⑦浃：通“挟”，持，掌握。这里是应对、应付的意思。

⑧老身长子：自己年老了，儿子长大了。

⑨错：同“措”，放置。这里是放弃的意思。

⑩止：这里是指有一定的限度与目的。

⑪据下文文义，疑“圣”下夺一“王”字。

⑫尽：完全精通的意思。伦：指事物的道理、原则。

⑬制：指治国的制度。

⑭极：顶点。这里是表率的意思。

⑮法其法：效法圣王的法制。统类：大纲。

⑯象效：仿效。

⑰几：接近。

⑱是：指代上文的说的“圣王之制”。下文“持是”“分是”“修荡是”“言是”中的“是”字均与此同。

⑲惧：据《荀子·不苟》：“小人知则攫盗而渐”句，疑为“攫”。攫，夺取。

⑳孰：通“熟”，熟悉。

㉑纂：纂夺，这里是混淆视听的意思。

㉒知：这里是巧诈的意思。

㉓辩利：能言善辩。

㉔诎（yì）：多言，废话。

㉕非察是：用“非”来分辨出“是”，指通过不符合王制的道理来分辨出符合王制的道理。

㉖挠滑：扰乱，这里是混淆是非的意思。

㉗强钳：强制。

㉘几利：期求财利。几，通“祈”，求。

㉙几：就，成功，结果。

㉚广焉：远远地。广，读为“旷”，远。

㉛干：达到。一说，干，干扰。

㉜闵：忧患，忧虑。

㉝邑怜：忧愁怜惜。邑，同“悒”，忧愁。

㉟当时：适时。

㊱周：周密，这里指隐瞒真情。

㊲《诗》：指《诗经》中的一篇，引诗已失传。

㊳《诗》：指《诗经·大雅·大明》。

译文　一般说来，认识能力，是人的本性；可以被认识，是事物的规律。用属于人本性的认识能力，去探求可以被认识的事物的规律，如果没有一定的限度，即使一生一世也不可能穷尽对万物的认识，人们学习的道理虽然很多很多，但最终还是不能完全应付万物的变化，这一来，与那些蠢人没有什么两样。一个人，不断地学到自己老了，儿子长大了，仍然与蠢人一样，还不知道放弃这样的学习，这种人就叫作“妄人”。所以，学习，本来就是有一定的限度与目的。什么是学习的限度与目的呢？回答说：就是要达到“至足”。什么叫作“至足”呢？回答说：就是“圣王”。所谓圣，就是完全精通事物的道理的人；所谓王，就是完全精通治国的制度的人，两方面都精通的，就是天下的表率。所以，学习的人要以圣王为老师，以圣王的法则为法则，遵循圣王的法制，求得它的大纲，努力仿效圣王的为人。朝着这个目标努力的，就是士；大致接近这个目标的，就是君子；完全通晓这个目标的，就是圣人。

所以，有智慧而不去认真思考圣王之制的，就叫作攫取；有能力而不用来扶持圣王之制的，就叫作贼；明察事物熟悉事理而不用来分辨圣王之制的，叫作混淆视听；有多种技能而不用来发扬光大圣王之制的，叫作巧诈；能言善辩却不去谈论圣王之制的，叫作废话。古书上说："天下的事有两种情况，一种是用'非'来分辨出'是'，一种是用'是'来分辨出'非'"。说的就是合乎圣王之制的"是"与合乎圣王之制的"非"。天下有不以圣王之制作为最高标准却能分清是非、判断曲直的吗？

如果一种学说不去分辨是非，不去辨明曲直，不去明确治与乱，不去研究做人的道理，那么，即使掌握了它也无益于人，不掌握它也无损于人。只不过是在那里追求奇谈怪论，玩弄花言巧语，借以混淆是非；是强制别人而巧妙地为自己辩护，厚颜不惭而甘受侮辱，不走正道而恣意妄为，妄加辩说而期求财利，不讲究谦让，不敬重礼节，而喜欢相互排斥，这便是乱世奸人的学说。而天下研究与创立学派的，在当今，大多数是这样的人。古书说："咬文嚼字而自以为明察，谈论事物自以为善于辨识，君子鄙视这样的人；博闻强记却不合乎圣王之制，君子鄙视这样的人。"

办事而无益于事情的成功，追求而无益于事情的实效，忧虑而无益于事情的结局，这样的办事、追求与忧虑，就应该将它远远地丢掉，不要让它们妨碍自己，一会儿也不能让它们到自己心胸中，不羡慕过去，不忧虑将来，不存忧郁怜惜的心，适当的时机就行动，事情临头就去应付，事情发生了，就去处理。这样是治是乱，是该肯定还是该否定，就清清楚楚了。

隐瞒真情而获得成功，泄露真情而遭到失败，圣明的君主是不会有这种事的。公开真情而获得成功，隐瞒真情而遭到失败，昏庸的君主是不会有这种事的。所以，做君主的，隐瞒真情，谗言就会到来，直言却被压制了，小人就会来亲近，而君子就会远远地离去。《诗经》上说："把墨黑当成白，把黄狐当成青苍色。"说的就是君主昏暗，臣下阻险。作君主的，把真情公开，直言就会到来，谗言就会被阻隔，君子来亲近而小人远远离去。《诗经·大雅·大明》说："下面明亮，是因为上面的辉煌。"这就是说君主光明正大，臣民必定受到感化。

二十二　正名

题解

本文对事物名称的形成标准、原则、作用、名与实的关系等问题进行了较为系统详细的阐述。

荀况在文章中首先明确指出事物名称的形成是“刑名从商，爵名从周，文名从礼，散名之加于万物者，皆从诸夏之成俗曲期。”即刑法的名称仿照商朝，爵位名称依照周朝，礼法仪式的名称依据《礼经》；而一般事物的名称则遵从华夏各国的成俗共同约定。

荀况又提出了给事物命名的原则是根据事物的客观实际来确定它的名称，即“名有固善径易而不拂谓之善名”。

围绕“名”与“实”的问题，荀况不仅坚持“实”决定“名”,“名”反映“实”，而且还探讨了概念分类与判断推理等问题。

荀况十分重视正名的目的与意义，他说:“王者之制名，名定而实辨，道行而志通”，与此同时，他还批判了孔子的“以名正实”的正名思想，对“山渊平”“杀盗非杀人”“白马非马”等诡辩论也进行了驳斥。

原文

后王之成名[①]：刑名从商[②]，爵名从周[③]，文名从《礼》[④]，散名之加于万物者[⑤]，则从诸夏之成俗曲期[⑥]，远方异俗之乡，则因之而为通[⑦]。散名之在人者：生之所以然者谓之性，性之和所生[⑧]，精合感应[⑨]，不事而自然谓之性[⑩]。性之好恶喜怒哀乐谓之情。情然而心为之择[⑪]，谓之虑，心虑而能为之动[⑫]，谓之伪。虑积焉，能习焉，而后成，谓之伪。正利而为[⑬]，谓之事。正义而为[⑭]，谓之行。所以知之在人者[⑮]，谓之和。知有所合[⑯]，谓之智。智所以能之在人者[⑰]，谓之能。能有所合，谓之能[⑱]。性伤，谓之病。节遇[⑲]，谓之命。是散名之在人者也，是后王之成名也。

故，王者之制名，名定而实辨[⑳]，道行而志通，则慎率民而一焉[㉑]。故，析辞擅作名以乱正名，使民疑惑，人多辨讼，则谓之大奸，其罪犹为符节度量之罪也[㉒]。故，其民莫敢托为奇辞以乱正名[㉓]。故其民悫，悫则易使，易使则公[㉔]。其民莫敢托为奇辞以乱正名，故一于道法[㉕]，而谨于循令矣。如是，则其迹长矣[㉖]，迹长功成，治之极也，是谨于守名约之功也[㉗]。

今，圣王没，名守慢[㉘]，奇辞起，名实乱，是非之形不明，则虽守法之吏、诵数之儒[29]，亦皆乱也。若有王者起，必将有循于旧名，有作于新名，然则所为有名[30]，与所缘有同异[31]，与制名之枢要，不可不察也。

注释

①成名：定名。

②刑名：刑法的名称。从：仿照，依据。

③爵名：爵位的名称。

④文名：礼节仪式的名称。《礼》：指《礼经》。

⑤散名：指一般事物的各种名称。

⑥诸夏：华夏各国，指中原地区。曲期：共同约定。

⑦通：沟通，相互交流。

⑧和：指阴阳二气相和。

⑨精：精神，这里指人的感官本能。合：接触。感应：指人和外界事物相接触后的反映。

⑩事：指后天的努力或社会影响。

⑪然：这些，即指上文所说的喜怒哀乐好恶等情感。

⑫能：人体官能。下文“能习焉”中的“能”字与此同。

⑬正利：符合功利。

⑭正义：符合礼义。

⑮所以知：指人的认识能力。在人者：人自然固有的。下文“所以能之在人者谓之能”中的“在人者”与此同。

⑯所合：指与客观事物相接触而产生的能力。下文“能有所合谓之能”中的“所合”与此同。

⑰智：据文义疑衍。所以能：指掌握才能的能力。

⑱能：才能。

⑲节遇：偶然的遭遇。

⑳实辨：客观事物的实质可以分辨清楚。

㉑慎率：遵循。杨柳桥《荀子诂译·正名》注：“慎，通‘顺’；率，循也。慎、率义同，谓遵循也。”一说，慎率，谨慎率领。一：一致。

㉒为：通“伪”，伪造。

㉓托：凭借依靠。

㉔公：通“功”，功效。

㉕一：专心一致。道法：根本的法度。

㉖迹：通“绩”，业绩，事业。

㉗名约：约定的名称，即统一的名称。

㉘名守：遵守统一名称之事。慢：懈怠。

㉙诵数：研究各种学术。诵，论也；数，术也。

㉚所为有名：之所以要有名称。

㉛缘：根据，依据。

译文 当代君王确定的名称：刑法的名称仿照商朝，爵位的名称依照周朝，各种礼法仪式的名称依据《礼经》，一般事物的各种名称则遵从中原各国已有的风俗习惯共同约定，边远地区不同习俗的地方，也根据这些共同约定的名称相互交流。用在人自身的各种名称：生来就如此的就叫作“性”，性的阴阳二气相合成的，人的感官本能相合成的，人与外界事物相接触的反应，不需经过后天的努力或社会影响就自然如此的，就叫作“性”，本性的好恶喜怒哀乐就叫作“情”，“情”就是这些，而心对这些加以选择，就叫作“虑”。心思虑之后，官能照着去做，就叫作“人为”。思虑长期的积累，官能反复地运用，而后形成一定的规范，就叫作“人为”。符合功利而办的事叫作“事业”。符合礼义而办的事叫作“德行”。人自身固有的认识能力叫作“知”。这种“知”与外界客观事物相接触所产生的能力叫作“智慧”。人自身固有的掌握才能的能力叫作“能”。这种“能”与外界客观事物相接触所产生的能力叫作“才能”。本性受到损伤，叫作“病”。偶然的遭遇，叫作“命”。这些都是用在人自身身上的各种名称，是当代君王确定的名称。

所以，君主制定各种事物的名称，名称一经制定，各种事物的实质就可以分辨清楚，制定名称的基本原则一经实施，思想意志就能相互沟通，于是百姓就一致遵循这些名称。所以，玩弄辞藻，擅自生造名称来扰乱正确的名称，使百姓疑惑不定，使人们更多地争论，这种人就叫大奸，他的罪恶就像伪造契卷尺秤一样。所以百姓没有谁敢凭借伪造的奇谈怪论来扰乱正确的名称，所以那些百姓都是忠厚老实的，忠厚老实就容易驱使，容易驱使就容易取得功效。那些百姓没有谁敢凭借伪造的奇谈怪论来扰乱正确的名称，所以能够专一于根本的法度，而且谨慎地遵守法令。这样，事业就会长久，事业长久，功业就会成就，天下的治理就达到了最完美的境界。这就是严格地遵守约定的名称的功效。

当今社会，圣王消失，遵守统一名称的事也懈怠了，奇谈怪论泛起，名与实一片混乱，是非标准不明，即使是遵守法制的官吏、研究学术的儒士，也都被弄得混乱了。一旦有圣王出现，必将沿用一些旧的名称，也要制定一些新名称，那么对于之所以要有名称，以及制定名称有同异的缘故，制定名称的基本原则等等，是不能不考察明白的。

原文　异形离心交喻[①]，异物名实玄纽[②]。贵贱不明，同异不别，如是，则志必有不喻之患，而事必有困废之祸[③]。故，知者为之分别制名以指实[④]，上以明贵贱，下以辨同异。贵贱明，同异别，如是，则志无不喻之患，事无困废之祸，此所为有名也。

然则，何缘而以同异？曰：缘天官[⑤]。凡同类同情者，其天官之意物也同[⑥]。故比方之疑似而通[⑦]，是所以共其约名以相期也[⑧]。形体色理以目异[⑨]，声音清浊调竽奇声以耳异[⑩]，甘苦咸淡辛酸奇味以口异，香臭芬郁腥臊洒酸奇臭以鼻异[⑪]，疾养沧热滑铍轻重以形体异[⑫]，说故喜怒哀乐爱恶欲以心异[⑬]。心有征知[⑭]，征知，则缘耳而知声可也，缘目而知形可也。然而，征知，必将待天官之当簿其类[⑮]，然后可也。五官簿之而不知，心征之而无说[⑯]，则人莫不然谓之不知。此所缘而以同异也。然后随而命之，同则同之，异则异之，单足以喻则单[⑰]，单不足以喻则兼[⑱]，单与兼无所相避则共[⑲]，虽共不为害矣。

知异实者之异名也，故使异实者莫不异名也，不可乱也，犹使异实者莫不同名也[20]。故万物虽众，有时而欲遍举之[21]，故谓之物，物也者，大共名也，推而共之，共则有共，至于无共然后止。有时而欲遍举之[22]，故谓之鸟兽，鸟兽也者，大别名也，推而别之，别其有别，至于无别然后止。

注释

①异形：指不同的人。离心：指不同的认识。交喻：相互晓喻，告诉。

②玄纽：据文义，疑为“互纽”，相互维系。《说文》：“纽，系也。”

③困废：废止，做不成。

④指：点明，表达。

⑤天官：自然的器官，指人的五官。《荀子·天论》：“耳目鼻口形，能各有所接而不相能也，夫是谓之天官。”可证。

⑥意物：指对事物的感知。郑玄《礼记》注：“意，度也。”

⑦疑似：指模仿得大体相似。疑，通“拟”。

⑧相期：相互交往，交流。

⑨理：纹理。

⑩调竽：据文义，疑为“调节”，指和谐的乐曲。奇声：指杂乱的不和谐的声音。

⑪郁：指香味。洒酸：据文义，疑为“漏庮（yǒu）”，马臭

气叫漏，牛臭气叫庮，漏庮即马牛的膻气。

⑫疾养：痛痒。养，同“痒”。冷热：寒热。滑铍：疑为“滑钑”，滑涩。杨倞《荀子·正名》注：“铍，当作‘钑’，传写误耳，与‘涩’同。”

⑬说故：言行。杨柳桥《荀子诂译·正名》注：“《说文》：‘故，使为之也。’故，犹为也，行也。说故，谓言行也。”

⑭征知：感知。杨倞《荀子·正名》注：“征，召也，谓心能召万物而知之。”一说，征知，指验证的作用。

⑮簿：同“薄”，接触。

⑯无说：无话可说，指讲不出道理。

⑰单：单名，指一个字的名称。

⑱兼：复名，指两个字或两字以上的名称。

⑲相避：相互违背。共：共同的名称，统称。

⑳异实者：据文义疑为“同实者”。

㉑遍举：全面地加以概括。

㉒遍举：据文义，疑为“偏举”，指部分地加以概括。

译文　不同的人的不同的认识要相互晓喻，不同的物的名称与实质是互相维系的。如果贵贱不分清，同与异没有区别，这样，思想必定有表达不清的弊病，事情必定有废止的祸患。所以，有智慧的人对这些事物加以区别，制定名称来指明它们的实质。对上用来明确贵贱，对下用来区别同异。贵贱分明，同异有别，这样，思想就没有表达不清的弊病，事情就没有废止的祸患，这就是事物之所以要有名称的原因。

那么，根据什么来区别名称的异同呢？回答说：根据人的五官。凡是族类相同情感相同的，他们的五官对事物的感知也是相同的。所以，只要比喻得与实物大致接近，人们就都能够知晓。这就是人们要共同约定各种事物的名称来互相交流的原因。物的形状、体态、颜色、纹理，是用眼睛来辨别；声音的清浊，和谐的乐曲与杂乱不和谐的声音，是用耳朵来辨别；甜、苦、咸、淡、辣、酸与其他各种怪味，是用嘴巴来辨别；各种香味、腥臊气、马牛的膻气和其他怪的气味，是用鼻子来辨别；痛痒、寒热、滑涩、轻重，是用身体来辨别；言行、喜怒、哀乐、爱憎以及其他欲念，是用心来辨别。心，能够感知事物，感知，就是依靠耳朵知道声音，依靠眼睛知道形体。但是，感知必须凭借感官去接触那些事物然后才发挥作用。五官接触了那些事物却什么也不知道，心感知了那些事物却说不出道理，那么，没有人不说这是无知。这就是辨别名称同异的根据。然后，就接着给事物命名，相同的就取同样的名称，不同的就取不同的名称。一个字的名称能够表达清楚的就用一个字，一个字的名称不能够表达清楚的就用两个字或两个以上的字，这两种名称不相违背的还可以有一个统称，虽然是统称却没有什么妨碍。

知道实质相异的事物应该有不同的名称，因此，人们对实质相异的事物无不给予不同的名称，这是不能混乱的，就像对实质相同的事物无不给予相同的名称一样。所以，万物虽然众多，有时想要对它们全面地加以概括，就称它们为“物”，“物”就是一个大的统称，依此类推，再给予更高的统称，统称之上还有统称，一直推到无法再推的统称为止。有时要想对事物加以部分的概括，于是就把它们称为“鸟”“兽”之类，“鸟”“兽”是一个大的区别的名称，依此类推，再给予区别的名称，区别之下还有区别，一直推到无法再推的区别为止。

原文　名无固宜[①]，约之以命，约定俗成谓之宜，异于约则谓之不宜。名无固实[②]，约之以命实，约定俗成谓之实名。名有固善，径易而不拂谓之善名[3]。物有同状而异所者[4]，有异状而同所者，可别也。状同而为异所者，虽可合，谓之二实。状变而实无别而为异者，谓之化，有化而无别，谓之一实。此事之所以稽实定数也[5]。此制名之枢要也。后王之成名，不可不察也。

注释

①固宜：指自然生成就相宜的。

②固实：指自然生成就代表某种实物的。

③径：直接。易：平易。不拂：不违反，这里指不违反客观事物的实际情况。

④状：形状，这里指物的外貌。所：处所，这里引申为实体。

⑤数：指事物的名称并与实际相符的法度。

译文

名称没有自然生成就相宜的，都是人们共同约定命名的，约定俗成这个事物的名称就叫作适宜，与大家约定的不同就叫作不适宜。名称没有自然生成就代表某种实物的，大家共同约定一个名称来称呼某个实物，约定俗成，也就称之为某种实物的名称。名称有本来就很好的，直接平易而不违反客观事物的实际就叫作好的名称。物有形状相同而实体不同的，有形状不同而实体相同的，这是可以区别的。形状相同而实体不同的，虽然可以合用一个名称，但应该说是两种实物。形状虽然变化了而实体没有区别，没有变为另一种实体的，叫作“化”，有外形的变化而无实体的区别，仍然叫它做一种实体。这就是所以要考察事物的实质，确定事物的名称并与实际相符合的法度的原因。这是制定名称的关键。当代君王确定名称，对这些情况不能不认真地考察。

原文　“见侮不辱①”，“圣人不爱己②”，“杀盗非杀人也③”，此惑于用名以乱名者也④。验之所以为有名，而观其孰行⑤，则能禁之矣。

“山渊平⑥”，“情欲寡⑦”，“刍豢不加甘，大钟不加乐⑧”，此惑于用实以乱名者也⑨。验之所缘无以同异⑩，而观其孰调⑪，则能禁之矣。

“非而谒⑫”，“楹有牛⑬”，“马非马也⑭”，此惑于用名以乱实者也。验之名约，以其所受悖其所辞⑮，则能禁之矣。

凡邪说辟言之离正道而擅作者⑯，无不类于三惑者矣。故明君知其分而不与辨也[17]。

注释

①见侮不辱：受到欺侮并不是耻辱。这是战国中期宋国人宋钘的观点。

②圣人不爱己：圣人并不格外珍爱自己，对人对己都一样。此观点出自何派，不详。

③杀盗非杀人：杀死强盗并不是杀人。这是墨家的观点，语出《墨子·小取》。

④用名以乱名：指用名称表面的异同抹杀实质的异同。

⑤其孰行：指上述说法与通常的说法哪一种行得通。

⑥山渊平：高山与深渊一样平。这是名家惠施的观点。语见《庄子·天下》。

⑦情欲寡：人的欲望很少。这是宋钘的观点。语见《庄子·天下》。

⑧刍豢不加甘，大钟不加乐：吃肉并不比吃普通的食物更甘美，大钟之声不能增加更多的快乐。这大概是墨家的观点。

⑨用实以乱名：指用实际中的特殊情况来混淆名称的本质含义。

⑩无：据文义疑衍。

⑪其孰调：指上述说法与通常的说法跟实际哪一种更协调、吻合。

⑫非而谒：责难便是劝告。杨柳桥《荀子诂译·正名》注："《尔雅》：'谒，告也。'非而谒，盖谓非之即所以告之也，谓非与告同。"

⑬楹有牛：柱子上有牛。杨柳桥《荀子诂译·正名》注："《说文》：'楹，柱也。'盖谓楹上有牛，乃绘画之牛也。如以'楹有牛'与'栏有牛'相混同，则惑也。"

⑭马非马也：据文义，疑为"白马非马也"。"白马非马"系公孙龙的"白马之说"。《白马论》："言白所以命色也，马所以命形也，色非形，形非色，故曰白马非马也。"

⑮悖：反驳。辞：推辞，这里是反对的意思。

⑯辟言：谬论。辟，通"僻"。

⑰分：区别。

译文

"见侮不辱""圣人不爱己""杀盗非杀人也"，这些说法都是迷惑于用名称表面的异同来抹杀名称实质的异同。用要有名称的原因来检验这些说法，看看这些说法与通常的说法哪一种更行得通，就能禁绝这些说法了。

"山渊平""情欲寡""刍豢不加甘，大钟不加乐"，这些说法是迷惑于用实际中的某些特殊情况来混淆名称的本质含义。考察一下名称之所以有同异的原因，再看看这些说法与通常的说法哪一种与实际更吻合，就可以禁绝这些说法了。

“非而谒”“楹有牛”“白马非马也”，这些说法是迷惑于用事物的名称来混淆事物的实质，考察一下名称约定的原则，用他们所能接受的来反驳他们所反对的，就能禁绝这些说法了。

凡是背离正道而擅自制造的邪说谬论，无不与这三种迷惑相似。所以圣明的君主深知这些邪说与通常的正确的说法的区别，而根本不去与他们争辩。

原文 夫民，易一以道而不可与共故[①]。故明君临之以埶[②]，道之以道[③]，申之以命[④]，章之以论[⑤]，禁之以刑，故其民之化道也如神[⑥]，辨埶恶用矣哉[⑦]？

今，圣王没，天下乱，奸言起，君子无埶以临之，无刑以禁之，故辨说也。

实不喻，然后命[⑧]；命不喻，然后期[⑨]；期不喻，然后说；说不喻，然后辨。故期命辨说也者，用之大文也[⑩]。而王业之始也。

名闻而实喻，名之用也；累而成文，名之丽也⑪；用丽俱得，谓之知名。名也者，所以期累实也⑫。辞也者，兼异实之名以论一意也。辨说也者，不异实名以喻动静之道也⑬。期命也者，辨说之用也。辨说也者，心之象道也⑭。心也者，道之工宰也⑮。道也者，治之经理也⑯。

心合于道，说合于心，辞合于说。正名而期，质请而喻⑰。辨异而不过，推类而不悖，听则合文⑱，辨则尽故⑲。以正道而辨奸，犹引绳以持曲直⑳，是故邪说不能乱，百家无所窜。

有兼听之明，而无奋矜之容㉑；有兼覆之厚㉒，而无伐德之色㉓。说行则天下正㉔，说不行则白道而冥穷㉕，是圣人之辨说也。《诗》曰㉖："颙颙昂昂㉗，如珪如璋，令闻令望㉘，岂弟君子㉙，四方为纲㉚。"此之谓也。

注释

①一以道：以道一，即用道来统一。共故：商量，谋划。一说，故，理由。

②临：居高视下，这里是统治的意思。

③道之：道，同"导"，引导。

④申：说明，告诫。

⑤章：彰明，表明。论：分析，说明事理。

⑥化道：化于道，即被道所感化。神：神妙，这里是神速的意思。

⑦辨埶：据下文“故辨说也”等句，疑为“辨说”。

⑧命：指命名。

⑨期：仔细体会。杨倞《荀子·正名》注：“期，会也。言物之稍难名，命之不喻者，则以形状大小会之，使人易晓也。”

⑩用之大文：实际运用中的重要形式。

⑪丽：通“俪”，联结，配合。一说，丽，施行。

⑫期累实：约定用以表达各种各样的事物。

⑬不异实名：名实一致，指同一概念和事物，动静：指是非。

⑭象道：对道加以表现、反映。

⑮工宰：主宰，主管者。

⑯经理：原则，纲领。杨倞《荀子·正名》注：“经，常也；理，条贯也。言道为理国之常法条贯也。”

⑰质请：根据实情。请，同“情”，实情。

⑱文：指礼法制度。

⑲尽故：事情的原因完全弄清楚。

⑳引：拉。持：这里是衡量的意思。

㉑奋矜：骄傲自大。

㉒兼覆：无所不包，广泛容纳。

㉓伐德：自夸美德。伐，自夸。

㉔说行：指学说能够施行。

㉕白道：说明正道。冥穷：深究正道。杨柳桥《荀子诂译·正名》注："王弼《周易》注：'冥，深奂。'冥穷，谓深穷其理也"一说，冥穷指隐居。

㉖《诗》：指《诗经·大雅·卷阿》。

㉗颙（yóng）颙：形体外貌恭顺的样子。昂：志气高扬的样子。

㉘令闻令望：美好的名誉与声望。令，美好。

㉙岂弟：和乐平易。岂，读为"恺"。

㉚纲：典范。

译文

老百姓，很容易用道把他们统一，但不能与他们共商大事。所以圣明的君主用权势来统治百姓，用道来引导百姓，用命令来告诫百姓，用分析，说明来彰明事理，用刑法来禁止百姓为非作歹。所以他的百姓十分神速地接受了道的感化，哪里还用得着辨说呢？

当今社会，圣王消失，天下大乱，奸言四起，君子没有权势来统治百姓，也没有刑法来禁止百姓为非作歹，所以就采取了辨说。

事物弄不清楚，就给它命个名；命名了还是不清楚，就仔细地体会；仔细体会了仍然不清楚，就加以说明；说明了仍然不清楚，就论辨。所以仔细体会、命名、说明、论辨，都是实际运用中的重要形式。是君主事业的起点。

听到名称，就明白了它所代表的实物，这就是名称的用途。名称累积起来成为文章，这就是名称的配合。使用与配合都很得当，就叫作懂得了名称。名称，是人们约定用以表达各种事物的。言辞，是人们用来兼容各种不同实物的名称来表达一个意思的。论辨说明，是人们用同一概念和事物来说明是非之理的。仔细体会、命名，就是用来供人们论辨、说明的。论辨、说明，就是心对道的表现与反映。心，就是道的主宰。道，就是治国的根本原则。

心要符合道，说明要符合心，言辞要符合说明的要求，订正名称要符合共同的约定。根据事物的实情来说明事物，辨别事物的区别不要出现过错，推论各类事物不违背正道，听从别人的意见要符合礼法制度，与别人论辩要把事情的原因穷究清楚。用正道去辨别奸邪，就像拉直墨线来衡量曲直一样。于是，邪说不能来扰乱正道，各家的谬论也无处隐逃。

有广泛听取各种意见的明智，却毫无骄矜之色，有包容各方学说的宽厚，却毫无自夸美德之色。学说能够实施天下就大治，学说无法实施，就自己说明正道，深究正道，这是圣人的论辨与说明。《诗经·大雅·卷阿》说：“形貌恭顺，志气高昂，洁身如玉，美名远扬，这样和乐平易的君子，是四方百姓的典范。”说的就是这种情况。

原文　辞让之节得矣[①]，长少之理顺矣，忌讳不称[②]，妖辞不出[③]，以仁心说，以学心听，以公心辨，不动乎众人之非誉[④]，不治观者之耳目[⑤]，不赂贵者之权埶，不利传辟者之辞[⑥]；故能处道而不贰，吐而不夺[⑦]，利而不流[⑧]，贵公正而贱鄙争，是士君子之辨说也。《诗》曰[⑨]：“长夜漫兮，永思骞兮[⑩]，大古之不慢兮[⑪]，礼义之不愆兮[⑫]，何恤人之言兮[⑬]”此之谓也。

君子之言，涉然而精[⑭]，俯然而类[⑮]，差差然而齐[⑯]，彼正其名，当其辞，以务白其志义者也[⑰]。彼名辞也者，志义之使也，足以相通则舍之矣[⑱]，苟之[⑲]，奸也。故名足以指实，辞足以见极[⑳]，则舍之矣。外是者谓之讱[21]，是君子之所弃，而愚者拾以为己宝。

故，愚者之言，芴然而粗[22]，啧然而不类[23]，誻誻然而沸[24]。彼诱其名[25]，眩其辞，而无深于其志义者也。故穷藉而无极[26]，甚劳而无功，贪而无名[27]。

故，知者之言也，虑之易知也，行之易安也[28]，持之易立也，成则必得其所好而不遇其所恶焉。而愚者反是。《诗》曰[29]："为鬼为蜮，则不可得；有靦面目[30]，视人罔极[31]。作此好歌，以极反侧[32]。"此之谓也。

注释

①节：礼节，这里指品德。

②称：说。

③妖辞：怪论。

④非：通"诽"，诽谤。

⑤治：据文义，疑为"冶"。冶，通"忠"，迷惑。

⑥传辟：据上下文义疑"便辟"。便辟：身边亲近的人。

⑦吐：指发言，发表意见。不夺：不受外力的胁迫而改变。

⑧利而不流：口才流利而不至于毫无节制。

⑨《诗》：指《诗经》中的一篇，引诗已失传。

⑩骞（qiān）：过错。

⑪大古：遥远的古代传统。大，通"太"。古，昔之法。《汉

书·董仲舒传》:“见古之不可不用也。”颜师古注:“古，谓古法也。”这里引申为古代传统。

⑫愆（qiān）：差错。这是里违背的意思。

⑬恤：顾虑。

⑭涉然：浅显。杨柳桥《荀子诂译·正名》注:“涉然，与下‘俯然啧’对文，盖浅显之意。《汉书》注引张晏‘深曰济，浅曰涉’是其义。”

⑮俯然：贴切，中肯。类：妥善。《尔雅》:“类，善也。”一说，类，有条理。

⑯差差然：参差不齐的样子。

⑰志义：指思想。下同。

⑱舍：止。

⑲苟：苟且。指不合礼义的言行。

⑳见极：表现本质的思想。见，通“现”。杨倞《荀子·正名》注:“极，中也，本也。”

㉑讱（rèn）：困顿，这里是令人困惑不解的意思。《说文》:“讱，顿也”，

㉒芴（wù）然：轻浮的样子。杨倞《荀子·正名》注:“芴，与‘忽’同。忽然，无根本貌。”

㉓啧然：艰深。杨倞《荀子·正名》注:“与‘赜’同，深也。”一说，啧然，是形容争吵的样子。

㉔沓（tà）沓然：啰啰嗦嗦。一说是形容七嘴八舌的样子。沸：通“拂”，违背。一说，沸，是指嘈杂，乱说。

㉕诱：惑，这里是混淆的意思。

㉖穷藉：极为杂乱。杨柳桥《荀子诂译·正名》注：“藉，谓狼藉，乱也。”无极：没有边际，不着边际的意思。

㉗贪：指话多。无名：说不清楚的意思。

㉘安：妥当，稳妥。

㉙《诗》：指《诗经·小雅，何人斯》。

㉚靦（tiǎn）：露面见人，这里就指有脸面。

㉛视人：这里是指受人注视。罔极：没有尽头。

㉜极：指尽情地揭露。反侧：反复无常。

译文 辞让的品德具备了，长幼的礼数顺当了，人们忌讳的话语不去说，奇谈怪论不出口，凭着仁爱之心去说，凭着学习之心去听，凭着公正之心去辨别是非，不为众人的诽谤或赞誉所动，不去迷惑别人的眼睛耳朵，不去买通权贵们的权势，不去喜爱左右亲信的言辞，所以能身处正道而无二心，发表的意见决不会因为外力的胁迫而改变，口才流利而不至于毫无节制，尊重公正的言谈而鄙视粗俗的争论，这就是士和君子的辨说。《诗经》上说：“长夜漫漫啊，常把过失思量，古代的传统没有疏慢啊，又何必顾虑别人的议论。”说的就是这样的君子。

君子的言辞，浅显而精当，贴切中肯而妥善，参差变化而有致。他正确地选择那些名称，恰当地使用那些辞藻，力求表明他的思想。那些名称与辞藻，是思想的使者，足以沟通人们的思想，就不必再说了，如果所说的不合礼义，那就是奸邪之说。所以，名称足以表明事物的实质，言辞足以表现本质的思想，就不必再说了。背离了这个原则就叫作令人困惑不解，这是君子所要抛弃的，而愚蠢的人却捡拾起来作为自己的宝物。

所以，愚蠢的人的语言，是轻浮而粗野的，是艰深而不妥善的，是啰嗦而悖理的。他们混淆那些名称，炫耀那些辞藻，但所表现出来的思想却毫无深意。所以是杂乱异常而不着边际，万分吃力而无功效，话语虽多却什么也说不清楚。

所以，聪明人的话语，只要考虑就很容易明白，只要运用就很容易做到妥当，坚持它就容易立住脚跟，有所成就就必然得到他所希望的东西，而不会遭遇到他所厌恶的东西。而愚蠢的人却与此相反。《诗经·小雅·何人斯》说："你是鬼是怪，我无法认清你的原形；你有脸有面，人们会一直盯着你，我作这首好歌，就是要尽情揭露你的反复无常。"说的就是这种情况。

原文 凡语治而待去欲者[①]，无以道欲而困于有欲者也[②]；凡语治而待寡欲者，无以节欲而困于多欲者也。有欲无欲，异类也，生死也[③]，非治乱也；欲之多寡，异类也，情之数也[④]，非治乱也。欲不待可得，而求者从所可[⑤]。欲不待可得，所受乎天也。求者从所可，受乎心也。所受乎天之一欲[⑥]，制于所受乎心之多[⑦]，固难类所受乎天也[⑧]。

人之所欲，生甚矣[⑨]；人之所恶，死甚矣。然而，人有从生成死者[⑩]，非不欲生而欲死也，不可以生而可以死也。故，欲过之而动不及，心止之也。心之所可中理[⑪]，则欲虽多，奚伤于治？欲不及而动过之，心使之也。心之所可失理，则欲虽寡，奚止于乱？故，治乱在于心之所可，亡于情之所欲。不求之其所在而求之其所亡，虽曰我得之，失之矣。

性者，天之就也[12]；情者，性之质也[13]；欲者，情之应也。以欲为可得而求之，情之所必不免也；以为可而道之，知所必出也。故虽为守门，欲不可去，性之具也。虽为天子，欲不可尽。欲虽不可尽，可以近尽也；欲虽不可去，求可节也。所欲虽不可尽，求者犹近尽；欲虽不可去，所求不得，虑者欲节求也。道者[14]，进则近尽，退则节求，天下莫之若也。

凡人莫不从其所可而去其所不可。知道之莫之若也，而不从道者，无之有也。假之有人而欲南无多[15]，而恶北无寡[16]，岂为夫南者之不可尽也，离南行而北走也哉[17]？今人所欲无多，所恶无寡，岂为夫所欲之不可尽也，离得欲之道而取所恶也哉[18]？

故，可道而从之[19]，奚以损之而乱[20]？不可道而离之，奚以益之而治[21]？故，知者论道而已矣[22]，小家珍说之所愿皆衰矣[23]。

注释

①语治：谈论治国之道。待：据文义，疑为“持”。这里是主张的意思。下文“凡语治而待寡欲者”的“待”字与此同。

②道：同“导”，引导。

③生死也：据王先谦《荀子集解》与上下文义，疑为“性之

具也”，意即本性所固有的。

④数：数量。这里是指程度。

⑤求者从所可：指追求欲望的人是在他所认可的情况下去追求的。可，认可。下文中的“所可”均与此同。

⑥一欲：指单纯的欲望。

⑦多：据上下文义，疑为“多计”，多种考虑的意思。

⑧难类：难以比类。

⑨甚矣：最高的，难以超过的。这里是指最迫切的，最强烈的。

⑩从生：放弃生的希望、机会或权利。从，通“纵”，放纵，这里是放弃之意。

⑪中理：合乎礼义。

⑫就：成就，生就。

⑬质：实际内容，实质。

⑭道者：指实施治国之道的人。

⑮欲南无多：指想往南方去的欲望并不强烈。一说，无多，指不管路途多么遥远。

⑯恶北无寡：指厌恶到北方去的欲望强烈。一说，无寡，指不管路途多么短近。

⑰离：离开，放弃。下同。

⑱道：指方向。

⑲可道：指道所认可的欲望，即符合道的欲望。下文“不可道”的“可”字也是符合的意思。

⑳损之：据上下文义，疑为“益之”。

㉑益之：据上下文义，疑为“损之”。

㉒论道：依据道而行事的意思。

㉓小家：指不合正道的学者。珍说：奇谈怪论。

译文

一般说来，谈论治国之道而主张消除人们欲望的人，是无法正确地引导人们的欲望而被欲望所困扰的人。一般说来，谈论治国之道而主张减少人们欲望的人，是无法节制人们的欲望而被众多的欲望所困扰的人。有欲望与无欲望，是不同的，是人的本性所固有的，这与国家的治乱无关。欲望的多寡，是不同的，是人的情感的程度所决定的，与国家的治乱无关。人的欲望并不等待一定得到实现的时候才产生，追求欲望的人总是在他自己认可的情况下去追求的。欲望不等待一定得到实现的时候才产生，它所秉承的是自然的天性。追求欲望的人在他自己所认可的情况下去追求，是受心的支配，人们秉承自然的天性产生的单纯的欲望，会被由心支配而产生的多种考虑所节制，当然难以与原先秉承自然的天性而产生的单纯的欲望相类比。

人的欲望，活着就是最强烈的欲望，人的厌恶，死亡就是最强烈的厌恶。然而，有的人却放弃了生而去死，并不是他们想死而不想活，是因为不能活而必须去死。所以，有时欲望非常强烈，而行动却没有赶上，这是心节制了欲望。如果心所认可的欲望是符合礼义的，那么这种欲望虽然很多，对国家的治理有什么损害呢？欲望不强烈，而行动却超过了它，这也是由于心的驱使。心认可的欲望违背礼义，这种欲望虽然不多，又岂止使国家混乱呢？所以，国家的治与乱的关系在于心认可的欲望是否符合礼义，而不在于情感的欲求。不去寻求治乱关键之所在而去追究无关的东西，虽然在那里说我找到了问题的关键，其实恰恰错过了问题的关键。

本性，是自然生成的；情感，是本性的实质；欲望，是情感的反应。认为自己的欲望可能实现就去努力追求，这是情感所必不可免的；认为自己的欲望是正确的而努力去实行它，这是人的智慧必然驱使人这样去做的。所以，虽然是守门的人，他的欲望也是无法消除的，这是本性所固有的；虽然贵为天子，他的欲望也是没有止尽的。欲望虽然不会有止尽，但可以接近于止尽；欲望虽然不会消除，但可以节制对欲望的追求。欲望虽然没有止尽，对欲望的追求还是可以接近于止尽；欲望虽然不会消除，如果追求不到，会考虑的人就要节制追求了。实施治国之道的人，在可能的情况下，应该使欲望接近于止尽；在条件不允许的情况下，就节制对欲望的追求，天下没有比这更好的原则了。

一般人无不顺从自己所认可的而抛弃自己所否定的。既然懂得没有比“道”更好的了，却不顺从“道”，天下是没有这种人的。假如有人想到南方去的愿望不强烈，但厌恶去北方的欲念却十分强烈，难道他会为了南方的路途不可穷尽，而放弃南行改向北走吗？现在的人们，所欲望的并不多，所厌恶的也不少，难道会为了欲望的不可穷尽就放弃满足欲望的方向而去追求所厌恶的吗？

所以，满足“道”所认可的欲望，哪里会因为增多了这些欲望就使国家混乱了呢？放弃了那些不符合“道”的欲望，哪里会因为减少了这些欲望就使国家安定了呢？所以，聪明的人只是依据“道”去办事，那些不符合正道的学者们的奇谈怪论的愿望自然就消亡了。

原文 凡人之取也，所欲未尝粹而来也[①]；其去也，所恶未尝粹而往也。故人无动而不可以不与权俱[②]。衡不正[③]，则重县于仰[④]，而人以为轻；轻县于俯[⑤]，而人以为重，此人所以惑于轻重也。权不正，则祸托于欲，而人以为福；福托于恶，而人以为祸，此亦人所以惑于祸福也。道者，古今之正权也。离道而内自择[⑥]，则不知祸福之所托。

易者[⑦]，以一易一，人曰无得亦无丧也；以一易两，人曰无丧而有得也；以两易一，人曰无得而有丧也。计者从所多，谋者从所可。以两易一，人莫之为，明其数也。从道而出，犹以一易两也，奚丧？离道而内自择，是犹以两易一也，奚得？其累百年之欲[⑧]，易一时之嫌[⑨]，然且为之，不明其数也。

有尝试深观其隐而难其察者[⑩]。志轻理而不重物者[⑪]，无之有也；外重物而不内忧者，无之有也；行离理而不外危者，无之有也；外危而不内恐者，无之有也。心忧恐，则口衔刍豢而不知其味，声听钟鼓而不知其声，目视黼黻而不知其状，轻暖平簟而体不知其安[12]。故向万物之美而不能嗛也[13]，假而得问而嗛之则不能离也[14]。故向万物之美而盛忧，兼万物之利而盛害。如此者，其求物也，养生也？粥寿也[15]？故，欲养其欲而纵其情，欲养其性而危其形，欲养其乐而攻其心，欲养其名而乱其行。如此者，虽封侯称君，其与夫盗无以异；乘轩戴冕[16]，其与无足无以异[17]。夫是之谓以己为物役矣。心平愉，则色不及佣而可以养目[18]；声不及佣而可以养耳；蔬食菜羹而可以养口；粗布之衣，粗紃之履[19]，而可以养体；屋室、庐庾、葭藁蓐，尚机筵而可以养形[20]。故，无万物之美而可以养乐，无埶列之位而可以养名。如是，而加天下焉，其为天下多，其和乐少矣[21]。夫是之谓重己役物。

无稽之言，不见之行，不闻之谋，君子慎之。

注释

①粹：完全，全部，一同。杨倞《荀子·正名》注："粹，全也。"《广雅》："粹，同也。"

②故人无动而不可以不与权俱：据文义，疑为"故人无动而可以不与权俱"。权，称，这里指的是衡量行为的标准，即

“道”。杨倞《荀子·正名》注：“权者，称之权，所以知轻重者也。能权变适时，故以喻道也。言人之欲恶常难适意，故其所举动而不可不与道俱，不与道俱，则惑于欲恶也。”

③衡：衡量物体重量的器具，如秤之类。

④重县于仰：重物挂上，秤杆却抬起来的意思。县，同“悬”，挂。

⑤轻县于俯：轻物挂上，秤杆却低下去。

⑥内自择：由自己主观来选择。

⑦易：交换。下同。

⑧百年之欲：指长期追求的欲望。

⑨嫌：当作“慊”，指一时的满足。一说，嫌，恶，指不愿意要的东西。

⑩有：通“又”。其：据文义疑衍。

⑪理：道理。不重物者：据下文“外重物而不内忧者”句，疑为“不外重物者”。

⑫平簟：床与竹席。杨柳桥《荀子诂译·正名》注：“平，当读作‘枰’。”《释名·释床帐》：“枰，平也，以板作之，其体平正也。”簟，竹名。《南方草木状》卷下：“簟竹，叶疏而大。”这里指竹编的席。

⑬向：通“享”，享有，享受。下同。嗛：同“慊”，满足。下同。

⑭得问：据文义，疑为“得间”，一会儿、暂时的意思。

⑮粥寿：养寿。《大戴礼记·夏小正》：“粥，养也。”一说，粥，同“鬻”，出卖。

⑯轩：古代大夫以上官员乘坐的带篷车。冕：古代大夫以上官员所戴的礼帽。

⑰无足：据王先谦《荀子集解》，疑为“夫民”，以与上文“夫盗”对文。

⑱佣：通“庸”，平常，一般。

⑲纠：粗麻绳。

⑳屋室：据《初学记》引文，疑为“局屋”，狭窄局促之屋。庐庾：据《初学记》引文，疑为“庐帘”，芦苇帘子。葭藁蓐：据《初学记》引文，疑为“藁蓐”，即草做的褥子。尚机筵：据文义，疑为“尚机筵”。尚，同“敝”，敝机筵指破烂的几桌。

㉑和：据上下文义疑作“私”。

译文　人想求取的东西，他所希望得到的东西，并不能全部一同到来；人所抛弃的东西，他所厌恶的东西，并不能全部一同去掉。所以人的任何一个行动都是不能离开衡量它的标准的。秤如果不准确，重物挂上去，秤会抬起来，人们还以为是轻的东西；轻的东西挂上去，秤反而低下去，人们还以为是重物，这就是人们对轻重产生迷惑的原因。衡量的标准不正确，那么灾祸就包含在人们所希望的事情中，人们却认为这是幸福；把幸福包含在人们所厌恶的事情中，人们反而认为这是灾祸，这就是人们对灾祸与幸福产生疑惑的原因。“道”是从古到今最准确，最正确的衡量标准，背离了“道”而由自己主观来选择，那就不知道灾祸与幸福究竟在什么地方。

交换，用一件东西换一件东西，人们会说无所得也无所失；用一件东西换两件东西，人们会说无所失而有所得；用两件东西换一件东西，人们会说无所得而有所失。会计算的人总是取数量多的，会谋虑的人，是选取他所认为是正确的。用两件东西换一件，没有人这样做，因为人们都懂得数量。从“道”出发去办事，就像用一件东西换到两件一样，有什么损失呢？背离“道”而由自己主观去选择，这就像用两件东西换一件一样，有什么可得呢？用长期追求的欲望，去换取一时的满足，这种事还要去做，这种人连数量也不懂。

又尝试着深入观察到一个隐微而难以明察的现象：内

心轻视道理而并不重视外界物质的人，是没有的；重视外界物质而内心不感到忧虑的人，是没有的；行动违背道理而不遭遇外来危害的人，是没有的；受到外来的危害而内心不感到恐惧的人，是没有的。忧心忡忡，嘴里衔着肉也不知道它的美味，耳朵听到鼓乐声也不觉得它的美妙，眼睛看着华丽的花纹、颜色，也不知道它的形状美好，轻暖的床席，身体也不觉得安适。所以，这样的人享有万物的美好而不感到满足，即使暂时感到满足，但他内心的忧愁还是不能摆脱。所以，他享有万物的美好却异常忧愁，得到万物的利益却有着极大的祸害，这样的人，他追求的东西，是保养了生命？还是延长了寿命？所以，想要满足自己的欲望却又放纵了自己的感情，想要保养自己的性命却又危害了自己的身体，想要培养自己的欢乐却又伤害了自己的心，想要提高自己的名声却败坏了自己的品行。这样的人，虽然封为诸侯，称为国君，却与盗贼没有区别；乘着高车，戴着礼帽，却与平民百姓毫无二致。这就叫作让自己被物质欲望所奴役。内心宁静愉快，虽然眼前的颜色还不到一般的水平，照样可以满足眼睛的欲望，虽然声音还不到一般的水平，照样可以满足耳朵的欲望；粗食菜汤，照样可以满足嘴巴的欲望；粗布衣服、粗麻鞋，照样可以满足身体的欲望；狭窄局促的房屋、芦草门帘、枯草床褥、破旧的几桌，也都照旧可以满足身体的欲望。所以，虽然没有享有万物的美好，仍然可以培养欢乐的情绪；没有权势官位仍然可以获得好的名声。像这样的人，把统治天下的重任加在他身上，他必然为天下考虑得多，个人的享乐却很少，这叫作看重自己而让自己去役使万物。

不足凭信的言论，不曾见过的行动，不曾听说过的计谋，对这些，君子都是十分慎重的。

二十三　性恶

题解

本篇是针对孟子的“性善说”而写的。文章系统地阐述了“性恶论”的基本观点。荀况首先肯定:“人之性恶，其善者伪也。”然后用人的生理、物质上的种种欲望来证明“人之性恶”，批驳孟子的“性善”与“天赋道德”等观点。

荀况在分析“性恶”的种种表现之后，还提出了区分善恶的标准，以及善所产生的原理，即“凡人之性者，尧禹之与桀跖……小人之与君子，其性一也……凡贵为尧禹君子者，能化性，能起伪，伪起而生礼义。”意思是说，尧禹与桀跖先天的本性都是一样的，尧禹之所以能够成为圣人，完全在于后天的努力。因此，荀况认为“途之人可以为禹”，也因此他鼓励告诫人们“必求师而事之，择友而友之。”

在这篇文章中，荀况再三强调了人们后天努力的重要性，强调了教育与环境的影响对人们道德观念形成的作用。这正是“性恶论”的积极意义之所在。

原文

人之性恶，其善者，伪也①。今人之性，生而有好利焉，顺是②，故争夺生而辞让亡焉；生而有疾恶焉③，顺是，故残贼生而忠信亡焉[4]；生而有耳目之欲，有好声色焉，顺是，故淫乱生而礼义文理亡焉。然则，从人之性[5]，顺人之情，必出于争夺，合于犯分乱理而归于暴[6]。故必将有师法之化[7]，礼义之道，然后出于辞让，合于文理，而归于治。用此观之，然则人之性恶明矣，其善者，伪也。

故，枸木必将待檃栝烝矫然后直[8]，钝金必将待砻厉然后利[9]。今人之性恶，必将待师法然后正，得礼义然后治。今人无师法，则偏险而不正，无礼义，则悖乱而不治。古者，圣王以人之性恶，以为偏险而不正，悖乱而不治，是以为之起礼义，制法度，以矫饰人之情性而正之，以扰化人之情性而导之也[10]，使皆出于治，合于道者也。今之人化师法[11]，积文学[12]，道礼义者[13]，为君子；纵性情，安恣睢[14]，而违礼义者，为小人。用此观之，然则人之性恶明矣，其善者，伪也。

孟子曰："人之学者，其性善。"曰：是不然，是不及知人之性，而不察乎人之性伪之分者也。凡性者，天之就也[15]，不可学，不可事[16]；礼义者，圣人之所生也，人之所学而能[17]，所事而成者也。不可学，不可事，而在人者[18]，谓之性；可学而能，可事而成之在人者，谓之伪，是性伪之分也。今人之性，目可以见，耳可以听，夫可以见之明不离目，可以听之聪而不离耳，目明而耳聪，不可学，明矣。

孟子曰："今人之性善，将皆失丧其性，故也[19]。"曰：若是则过矣。今人之性，生而离其朴[20]，离其资[21]，必失而丧之。用此观之，然则人之性恶明矣。

所谓性善者，不离其朴而美之，不离其资而利之也[22]。使夫资朴之于美，心意之于善，若夫可以见之明不离目，可以听之聪不离耳，故曰目明而耳聪也。

今人之性，饥而欲饱，寒而欲暖，劳而欲休，此人之情性也。今人饥，见长而不敢先食者，将有所让也；劳而不敢求息者，将有所代也。夫子之让乎父，弟之让乎兄，子之代乎父，弟之代乎兄，此二行者，皆反于性而悖于情也，然而，孝子之道，礼义之文理也。故顺情性，则不辞让矣；辞让，则悖于情性矣。用此观之，然则人之性恶明矣，其善者，伪也。

注释

①伪：通"为"，人为，指人的后天行为。

②顺是：顺着这种本性。下同。

③疾恶（wù）；嫉妒，憎恨。疾，同“嫉”。

④残贼：指伤害忠良的人。

⑤从：通“纵”，放纵。

⑥犯分：违背人所应遵守的等级名分。

⑦师法之化：君师与法制的教化。

⑧枸（gōu）：弯曲。杨倞《荀子·性恶》注：“读为‘钩’，曲也。”待：依靠，依赖。檃栝（yǐn kuò）：矫正弯木的工具。烝矫：加热矫正。烝，蒸的本字。杨倞《荀子·性恶》注：“烝，谓烝之使柔；矫，谓矫之使直也。”

⑨钝金：指不锋利的刀剑等。砻（lóng）厉：磨。厉，同“砺”。

⑩扰化：驯服教化。杨倞《荀子·性恶》注：“扰，驯也。”

⑪化师法：化于师法，即被君师与法制所教化。

⑫文学：指学术文化知识。

⑬道：实行。

⑭安恣睢：任意胡作非为。

⑮天之就：自然生成的。

⑯事：做，人为。

⑰能：能够做到的意思。

⑱在人者：据上下文义，疑为“在天者”，指属于自然生成的。

⑲故也：据上下文义，疑为“故恶也。”

⑳朴：素质。

㉑资：材料。杨倞《荀子·性恶》注："朴，质也；资，材也。"

㉒利：好。

译文

人的本性是恶的，那些善的表现，是人们后天的作为。现在人的本性，是生下来就贪利的，顺着这种本性，争夺就会发生而谦让就会丧失；人生下来就有嫉妒憎恶的本性，顺着这种本性，伤害忠良的人就会出现而忠诚信实就会丧失；人生下来就有耳目的欲望，就有对美声美色的喜爱，顺着这种天性，淫乱就会产生而礼义秩序就会丧失。既然如此，放纵人的本性，顺着人的情性，必然引出争夺的事，违背人应遵守的等级名分，而与扰乱社会秩序的现象相吻合，最终导致暴乱。所以必定要有君师法制的教化，礼义的引导，然后才会出现谦让与礼义秩序相吻合，最终达到社会安定。由此看来，那么人的本性是恶的，这是很明显的，"善"，是人们后天的作为。

所以，弯曲的木头必须依赖檃栝和加热矫正才能变直，不锋利的刀剑，必须依靠磨砺才能锋利。现在人们恶的天性，必须依赖君师与法制才能矫正，得到礼义才能治理。现在人们没有君师与法制的教化，就偏邪而不端正；没有礼义，就违背秩序而得不到治理。古代，圣明的君王正是因为人的本性是恶的，认为人们偏邪不端正，违背秩序而得不到治理，所以，他为此而提倡礼义，创立法度，用来矫正、整顿人们的情性，使人们的情性端正，用来驯服教化人们的情性，使人们的情性得到引导，使人们都受到治理，从而符合于“道”。现在的人们受到君师法制的教化，积累了学术文化知识，实行了礼义的，是君子；放纵性情，任意胡作非为而违背礼义的，是小人。由此看来，那么人的本性是恶的，这是很明显的，“善”，是人们后天的作为。

孟子说：“人们之所以能学习，是因为他的本性善。”回答说，这种说法是不对的。这是尚未知道人的本性，而且没有弄清楚人的本性与后天作为的区别的说法。一般说来，本性是自然生成的，既不能学到，也不能通过做去得到；礼义，是由圣人制定的，人们可以通过学习获得而能够做到，通过人为而努力做成的。不能通过学习得到，不能通过做得到，而是自然生成的，就叫作本性；可以通过学习而能够做到，通过人为而努力做成的，即属于人的努力的，叫作后天的作为，这就是本性与人为的区别。现在人的本性，眼睛可以看，耳朵可以听，可以看东西的“明”是离不开眼睛的，可以听声音的“聪”是离不开耳朵的，眼明耳聪，是不能通过学习得到的，这是很明显的。

孟子说：“现在人的本性是善的，只是因为丧失了本性，所以才恶的。”回答说，这样说就错了。现在人们的本性，生下来就离开了它的素质，离开了它的材料，当然必定会丧失。由此看来，那么人的本性是恶的，这是明显的。

所谓本性善，应该是不离开它的素质就是美的，不离开它的自然材料就是好的。素质材料与美，心意与美，应该像可以看东西的“明”不离开眼睛，可以听声音的“聪”不离开耳朵一样，所以说“眼明”而“耳聪”。

现在人们的本性是：饥饿了要想吃饱，冷了要想温暖，疲劳了要想休息，这是人的情性。现在有人饿了，但见到长者在却不敢抢先去吃；那是因为要有所谦让；有人疲劳了但不敢要求休息，那是因为要代劳。做儿子的谦让父亲，做弟弟的谦让兄长，做儿子的为父亲代劳，做弟弟的为兄长代劳，这两种行为都是违反本性而背离情欲的，但这正是孝子的做人的道理，是礼义的秩序。所以，顺从人的情欲本性，那是不会谦让的；谦让，就违背了人的情欲本性。由此看来，那么人的本性是恶的，这是明显的，那些“善”，是人们后天的作为。

原文 问者曰：“人之性恶，则礼义恶生[①]？”应之曰：凡礼义者，是生于圣人之伪，非故生于人之性也[②]。故，陶人埏埴而为器[③]，然则器生于工人之伪[④]，非故生于人之性也。故工人斲木而成器[⑤]，然则器生于工人之伪，非故生于人之性也。圣人积思虑，习伪故[⑥]，以生礼义而起法度，然则礼义法度者，是生于圣人之伪，非故生于人之性也。

若夫，目好色，耳好声，口好味，心好利，骨体肤理好愉佚[⑦]，是皆生于人之情性者也。感而自然[⑧]，不待事而后生之者也。夫感而不能然，必且待事而后然者，谓之生于伪，是性伪之所生，其不同之征也。故，圣人化性而起伪，伪起于性而生礼义[⑨]，礼义生而制法度。然则礼义法度者，是圣人之所生也。故，圣人之所以同于众其不异于众者，性也；所以异而过众者，伪也。

夫好利而欲得者，此人之情性也。假之人有弟兄资财而分者，且顺情性，好利而欲得，若是，则兄弟相拂夺矣[10]；且化礼义之文理，若是，则让乎国人矣。故顺情性则弟兄争矣，化礼义则让乎国人矣。

凡人之欲为善者，为性恶也。夫薄愿厚，恶愿美，狭愿广，贫愿富，贱愿贵，苟无之中者[11]，必求于外。故富而不愿财，贵而不愿執，苟有之中者，必不及于外[12]。用此观之，人之欲为善者，为性恶也。

今人之性，固无礼义，故强学而求有之也；性不知礼义，故思虑而求知之也。然则，生而已[13]，则人无礼义，不知礼义。人无礼义则乱，不知礼义则悖，然则生而已，则悖乱在己。用此观之，人之性恶明矣，其善者，伪也。

注释

①恶（wū）生：从哪里产生。

②故：通“固”，本来。下文数句“非故生于人之性也”中的

"故"字与此同。

③陶人：制作陶器的工人。埏埴（shān zhí）：揉捏粘土。杨倞《荀子·性恶》注："埏，击也。埴，粘土也。"

④工人：据上下文义疑为"陶人"。

⑤斲（zhóu）：砍削，加工。

⑥伪故：指人的行为。杨柳桥《荀子诂译·性恶》注："犹行为也，事故也。"

⑦骨体肤理：指人的身体。

⑧感而自然：一有接触就自然如此的意思。

⑨于性：据文义疑衍。

⑩拂夺：争夺。

⑪苟无之中者：假如本身没有它。中，本身。

⑫及：寻求，追求。

⑬生而已：就性本身而言。生，同"性。"下同。

译文 有人问道："人的本性恶，那么礼义又从哪里产生呢?"回答说：礼义，都是产生于圣人的作为，并非原来产生于人的本性。所以，制陶器的工人揉捏粘土制成陶器，那么，陶器就是产生于制陶工人的作为，并非本来产生于制陶工人的本性。所以木工砍削木材做成器物那么木器就产生于木工的作为，并非本来产生于木工的本性。圣人积累思索的成果，熟习人们的作为，因而创立了礼义而制定了法度，那么礼义法度，是产生于圣人的作为，而并非本来产生于人的本性。

至于眼睛喜欢美色，耳朵喜欢美声，嘴巴喜欢美味，心喜欢财利，身体喜欢安逸，都是产生于人的情欲本性。一有接触就自然如此的，不依赖去做才产生的。那些经过接触还是不能自然如此的，必须依赖去做才能如此的，叫作产生于人的作为，这就是本性与人的后天作为所产生以及它们所不同的特征。所以，圣人变比了本性而有了后天的作为，后天的作为有了而礼义就产生了，礼义产生了就制定法度，既然如此，礼义法度，就是圣人所创立的。所以，圣人之所以与众人相同无别的，是本性；之所以与众人相异而超过圣人的，是后天的作为。

贪财好利并且希望得到财利，这是人的情欲本性。假如弟兄之间有资财分割，如果依顺人的情欲本性，都贪利好财而且希望得到，像这样，那么弟兄之间也会相互争夺。如果用礼义秩序来教化他们，像这样，就会把财利让给普通的人。所以，依顺人的情欲本性，弟兄也会相争，用礼义教化，就连普通人也会相让。

人之所以想为善，正是因为人的本性恶。那些资财单薄的向往资财丰厚，外貌丑陋的向往美貌，住房狭窄的向往宽敞，贫穷的向往富裕，低贱的向往高贵，如果本身不具备的，必然要向外追求。所以，富裕的不再向往财利，高贵的不再向往权势，如果它本身就具备的，必定不会再向外去追求。由此看来，人们之所以想为善，正是因为本性恶。

现在人们的本性，本来就是没有礼义，所以要努力学习求得有礼义；人的本性是不懂得礼义，所以要认真思索求得懂礼义。那么，就本性而言，人是没有礼义，不懂礼义的。人没有礼义就混乱，不懂礼义就违背事理。那么，就本性而言，人的违背礼义与混乱就在它自身。由此看来，人的本性恶，这是明显的，善，是人们后天的作为。

原文 孟子曰："人之性善。"曰，是不然。凡古今天下之所谓善者，正理平治也[①]，所谓恶者，偏险悖乱也，是善恶之分也已。今诚以人之性，固正理平治邪？则有恶用圣王[②]？恶用礼义矣哉？虽有圣王礼义，将曷加于正理平治也哉？今不然，人之性恶。故古者圣人以人之性恶，以为偏险而不正，悖乱而不治，故为之立君上之埶以临之[3]，明礼义以化之，起法正以治之[4]，重刑罚以禁之，使天下皆出于治，合于善也。是圣王之治而礼义之化也。今当试去君上之埶[5]，无礼义之化，去法正之治，无刑罚之禁，倚而观天下民人之相与也[6]，若是，则夫强者害弱而夺之，众者暴寡而哗之[7]，天下之悖乱而相亡不待顷矣。用此观之，然则人之性恶明矣，其善者，伪也。

故善言古者，必有节于今[8]，善言天者，必有征于人[9]。凡论者，贵其有辨合有符验[10]。故坐而言之，起而可设[11]，张而可施行[12]。今孟子曰："人之性善"，无辨合乎验，坐而言之，起而不可设，张而不可施行，岂不过甚矣哉？

故，性善，则去圣王息礼义矣[13]，性恶，则兴圣王贵礼义矣。故檃栝之生为枸木也，绳墨之起为不直也。立君上、明礼义，为性恶也。用此观之，然则人之性恶明矣，其善者，伪也。

直木不待檃栝而直者，其性直也，枸木必将待檃栝烝矫然后直者，以其性不直也。今人之性恶，必将待圣王之治，礼义之化，然后皆出于治、合于善也。用此观之，然则人之性恶明矣，其善者，伪也。

注释

①正理平治：合乎礼义法度，遵守社会秩序。

②有：通“又”。

③临：驾临，统治。

④法正：法度。

⑤当：同“倘”，假如，假使。

⑥倚：依势，就势。一说，倚，立、站着。相与：相互交往。

⑦哗：喧哗。引申为侵扰。

⑧节：符节，这里是符合、验证的意思。

⑨征：验证。

⑩辨合：分析综合。一说，辨，通“别”。“别”是古代凭证之一，这里作证明、根据讲。

⑪设：布置安排。

⑫张：展开，推广。

⑬息：废除，废止。

译文

孟子说：“人的本性善。”我们说，这是不对的。天下古今所说的“善”，就是符合礼义法度，遵守社会秩序，所说的“恶”，就是偏邪险恶，违背礼义，这也就是善与恶的区别。现在真的认为人的本性本来就是符合礼义法度、遵守社会秩序的吗？那么又为什么还要圣王？为什么还要用礼义呢？虽然有圣王礼义，又能给符合礼义法度、遵守社会秩序增加什么呢？现在的情况并不是这样，人的本性的确是恶的。所以古代圣王就认为人的本性恶，认为人偏邪险恶不正，违背事理，混乱而不遵守社会秩序，所以他为人们树立了君王的权威来统治人们，彰明了礼义来教化人们，建立了法度来治理人们，加重刑罚来禁止人们胡作非为，使天下都达到安定，都符合“善”的要求。这就是圣王的治理与礼义的教化。如今倘若尝试着取消君主的权威，没有礼义的教化，去掉法度的治理，不再有刑罚的禁令，依着这种势头去看天下人的相交往，如果那样的话，强者就会伤害弱者并对弱者强取豪夺，人多的就会欺凌人少的，而且不断地侵扰他们，天下大乱，人们相继灭亡同归于尽就是顷刻之间的事了。由此看来，那么人的本性恶，这是明显的，善，是后天的作为。

所以，善于谈论古代的人，必定要有当今的事情做验证，善于谈论自然界的事的人，必定要有人类社会的事作验证。一般的论证，重要的在于有分析综合有验证。这样，坐着说的事，站起来就可以安排布置，推广起来也可以实施。而孟子说人的本性善，没有分析综合，没有验证，坐着说了，站起来却无法安排布置，要推广也无法实施，岂不是大错特错了吗?

所以，如果本性善，就会取消圣王废除礼义了，本性恶，才会使圣王崇尚礼义。所以隐栝的出现是为了弯曲的木头，绳墨的产生是为了不直的木料。设立君主、彰明礼义，正是为了人的本性恶。由此看来，那么人的本性恶这是明显的，善，是后天的作为。

挺直的木材，不需要隐栝就是直的，这是因为它本性就是直的。弯曲的木材，必须依靠隐栝和加热矫正才能挺直，那是因为它本性就不直。现在人们的本性恶，必须依赖圣王的治理，礼义的教导，然后才能达到安定，符合“善”的要求。由此看来，那么人的本性恶，这是明显的，善，是后天的作为。

原文 问者曰:“礼义积伪者[①]，是人之性，故圣人能生之也。”应之曰：是不然。夫陶人埏埴而生瓦，然则瓦埴岂陶人之性也哉[2]？工人斲木而生器，然则器木岂工人之性也哉？夫圣人之于礼义也，辟则陶埏而生之也[3]。然则礼义积伪者，岂人之本性也哉？

凡人之性者，尧、禹之与桀、跖，其性一也；君子之与小人，其性一也。今将以礼义积伪为人之性邪？然则有曷贵尧、禹[4]，曷贵君子矣哉？凡所贵尧、禹、君子者，能化性，能起伪，伪起而生礼义，然则圣人之于礼义积伪也，亦陶埏而生之也。用此观之，然则礼义积伪者，岂人之性也哉？所贱于桀、跖、小人者，从其性[5]，顺其情，安恣睢，以出乎贪利争夺。故人之性恶明矣，其善者，伪也。

天非私曾、骞、孝己而外众人也[6]，然而曾、骞、孝己独厚于孝之实，而全于孝之名者，何也？以綦于礼义故也。天非私齐、鲁之民而外秦人也，然而于父子之义、夫妇之别[7]，不如齐、鲁之孝具敬父者[8]，何也？以秦人之从情性，安恣睢，慢于礼义故也。岂其性异矣哉？

注释

①礼义积伪：后天的作为积累达到礼义。伪，通“为”。

②瓦埴：用粘土制成的瓦。

③辟：同“譬”，譬如。

④有：通“又”。

⑤从：通“纵”，放纵。

⑥曾、骞：指孔子的门徒曾参和闵子骞，都有至孝之行。孝己：殷高宗的太子，十分孝顺。

⑦据文义“而”下疑夺“秦人”二字。

⑧孝具敬父：据文义，疑为“孝具敬文”，意思是孝道具备，恭敬有礼。

译文 问的人说：“积累人的后天作为达到礼义，这是人的本性，所以圣人能够创造出礼义。”回答说：这种说法不对。陶器工人揉捏粘土生产出瓦，那么用粘土制成的瓦难道就是陶器工人的本性吗？木工砍削木材制成木器，那么木制的器具难道就是木器工人的本性吗？圣人对礼义，就如同陶器工人揉捏泥土制瓦一样。那么积累人的后天作为达到礼义，难道是人的本性吗？

人的本性，尧、禹和桀、跖，他们的本性是完全一样的；君子和小人，他们的本性是完全一样的。现在要把积累人的后天行为达到礼义当成人的本性吗？如果这样，又何必崇尚尧、禹，又何必尊重君子呢？之所以崇尚尧、禹、君子，正是因为他们能改变本性，能倡导兴起人的后天作为，人的后天作为一经倡导兴起，就产生了礼义。那么，圣人对积累后天作为达到礼义，也就如同陶器工人揉捏粘土制成瓦一样。由此看来，那么积累后天行为达到礼义，难道会是人的本性吗？人们之所以鄙视桀、跖、小人，正是因为他们放纵自己的本性，依顺自己的情欲，任意胡作非为，因而表现出贪利和争夺。所以人的本性恶是明显的，善，是后天的作为。

上天并不是偏爱曾参、闵子骞和孝己而排斥众人，但是只有曾参、闵子骞和孝己注重了孝的实践，而完全获得了孝的名声，这是为什么呢？是因为他们尽力于礼义的缘故。上天并不是偏爱齐国与鲁国的人而排斥秦国的人，但是秦国人对于父子的情义，夫妇的区别，就不如齐国鲁国人那样孝道具备、恭敬有礼，这是为什么呢？就是因为秦国人放纵情欲本性，任意胡作非为，对礼义十分轻慢的缘故。难道他们的本性有什么不同吗？

原文 “涂之人可以为禹[①]。”曷谓也？曰：凡禹之所以为禹者，以其为仁义法正也。然则，仁义法正有可知可能之理。然而，涂之人也，皆有可以知仁义法正之质，皆有可以能仁义法正之具，然则其可以为禹明矣。今以仁义法正为固无可知可能之理邪？然则唯禹不知仁义法正[②]，不能仁义法正也。将使涂之人，固无可以知仁义法正之质，而固无可以能仁义法正之具邪？然则，涂之人也，且内不可以知父子之义[③]，外不可以知君臣之正[④]。不然，今涂之人者，皆内可以知父子之义，外可以知君臣之正，然则其可以知之质，可以能之具，其在涂之人明矣。今使涂之人者，以其可以知之质，可以能之具，本夫仁义之可知之理、可能之具[⑤]，然则其可以为禹明矣。今使涂之人伏术为学[⑥]，专心一志，思索孰察[⑦]，加日县久[⑧]，积善而不息，则通于神明，参于天地矣。故圣人者，人之所积而致矣[⑨]。

曰：“圣可积而致，然而皆不可积，何也？”曰：可以而不可使也[⑩]。故，小人可以为君子而不肯为君子，君子可以为小人而不肯为小人。小人君子者，未尝不可以相为也[⑪]，然而不相为者，可以而不可使也。

故，涂之人可以为禹，则然[12]，涂之人能为禹，未必然也。虽不能为禹，无害可以为禹。足可以遍行天下，然而未尝有能遍行天下者也。夫工匠农贾，未尝不可以相为事也，然而，未尝能相为事也。用此观之，然则可以为，未必能也，虽不能，无害可以为。然则，能不能之与可不可，其不同远矣。其不可以相为明矣。

尧问于舜曰："人情何如？"舜对曰："人情甚不美，又何问焉？妻子具而孝衰于亲，嗜欲得而信衰于友，爵禄盈而忠衰于君。人之情乎！人之情乎！甚不美，又何问焉？"

唯贤者为不然。有圣人之知者[13]，有士君子之知者，有小人之知者，有役夫之知者[14]。多言则文而类[15]，终日让其所以[16]，言之千举万变，其统类一也[17]，是圣人之知也。少言则径而省，论而法[18]，若佚之以绳[19]，是士君子之知也。其言也谄[20]，其行也悖，其举事多悔[21]，是小人之知也。齐给便敏而无类，杂能旁魄而无用[22]，析速粹孰而不急[23]，不恤是非，不论曲直，以期胜人为意，是役夫之知也。

注释

①涂人：路途之人，指普通人。

②唯：据文义疑为“虽”。

③内：指在家。

④正：准则，规则。

⑤本夫仁义之可知之理、可能之具：据文义与上文“然则仁义法正有可知可能之理”和“以仁义法正为固无可知可能之理”，疑为“本夫仁义法正之可知可能之理。”

⑥伏术：掌握一定的技术。杨柳桥《荀子诂译·性恶》注：“伏术，执术也。”这里指掌握实行仁义法度的办法。

⑦孰：同“熟”。这里是仔细的意思。

⑧加日县久：年深日久的意思，县，同“悬”。

⑨积：指积累仁义法度。下同。

⑩使：强迫驱使的意思。下同。

⑪相为：相互对换。下同。

⑫则然：那是一定的。

⑬知：同“智”。下同。

⑭役夫：服劳役的人，这里指卑贱的人。

⑮文而类：条理清晰而符合礼法制度。类，善，此指符合礼法制度。下文“齐给便敏而无类”中的“类”字与此同。

⑯让：据文义疑作“议”，谈论。

⑰统类：总原则。

⑱论：通“伦”，条理。

⑲佚：据上下文义，疑为“扶”，校正的意思。绳：指绳墨，即木工用的墨线。

⑳谄：形容话多而荒诞不经。

㉑悔：咎，过错。《法言·吾子》：“悔吝不至”，注曰：“悔吝，小疵也。”

㉒旁魄：同“磅礴”，广泛，广博。

㉓析速：指分析问题明快。粹孰：熟练，孰，同“熟”。不急：指不合急需。

译文

“普通的人可以成为禹。”为什么这样说呢？回答说：禹之所以成为禹，是因为他实行了仁义法度。那么，仁义法度就有可以让人懂得，可以让人做到的道理。而普通的人，都具有可以懂得仁义法度的素质，都具有可以做到仁义法度的条件，那么他们可以成为禹也就是很明确的事了。现在要把仁义法度当成本来就无法懂得无法做到的道理吗？那么即使是禹也不会懂得仁义法度，不能实行仁义法度了。那就使普通的人，更是根本不具备懂得仁义法度的素质，不具备实行仁义法度的条件了吗？那么普通的人，在家就会不懂得父子的情义，在外就不懂得君臣的准则。但事实并非如此，现在普通的人，在家都懂得父子的情义，在外也都知道君臣的准则，那么那种可以懂得仁义法度的素质，可以实行仁义法度的条件，就存在在普通人的身上，这是很明确的。现在让普通的人，凭着他们可以懂得仁义法度的素质，可以实行仁义法度的条件，本着仁义法度可以让人懂得、让人实行的道理去做，那么他们可以成为禹，就是很明确的了。现在让普通的人把掌握实行仁义法度的方法作为学习的内容，专心一志地思考并仔细地考察，年深日久地积累善行而不休止，就可以达到“神明”的境界，就可以与天地相配合。所以，圣人，就是由人们积累仁义法度而成的。

有人说：“圣人可以积累仁义法度而成，但人们都没有能这样积累，为什么呢？”回答说：可以积累但不能强迫驱使人们去积累。所以，小人可以成为君子但他们不肯成为君子，君子可以成为小人但他们不肯成为小人。小人和君子，未尝不可以相互换，然而他们没有相互对换，是他们可以相互对换而不能强迫驱使他们对换。所以，普通的人可以成为禹，那是一定的，如果说一定能成为禹，那就不一定了。虽然不能成为禹，但并不防碍他可以成为禹。人的脚可以走遍天下，但从来没有能够走遍天下的人。那些工匠、农夫与商人，未尝不可以相互对换着做事，但是，并没有谁能够相互交换做事。由此看来，可以做的，未必一定能做，虽然不能做，但并不妨碍可以做。那么，能做不能做与可以做不可以做之间，不同就太大了。它们的不能相互对换也是十分明确的了。

尧向舜问道："人情怎么样？"舜回答说："人情很不好，又何必问呢？人们有了妻子儿女，对父母的孝顺就减弱了。人们的嗜好欲望到手了，对朋友的信用就减弱了。人们有了高官厚禄，对君主的忠诚就减弱了。人情啊！人情啊，很不好，又何必问呢？"

只有贤人不是这样。世间有圣人的智慧，有士君子的智慧，有小人的智慧，有卑贱的人的智慧。言谈广博，既条理清晰又符合法度，整天所谈的都是他主张的理由，说的话虽然千变万化，但总原则只有一个。这是圣人的智慧。话不多，但直截了当，有条理有法度，如同用墨线校正过一样，这是士君子的智慧。话多而荒诞不经，行为违背常理，做事又多过错，这是小人的智慧。应当敏捷但所说的都不符合法度，技能旁杂却不实用，分析问题明快熟练却不合急需，不顾是非，不论曲直，总以胜过别人为快，这是卑贱的人的智慧。

原文 有上勇者，有中勇者，有下勇者。天下有中[①]，敢直其身[②]；先王有道，敢行其意[③]；上不循于乱世之君，下不俗于乱世之民；仁之所在无贫穷，仁之所亡无富贵，天下知之，则欲与天下同苦乐之[④]；天下不知之，则傀然独立天地之间而不畏[⑤]，是上勇也。礼恭而意俭[⑥]，大齐信焉而轻货财[⑦]，贤者敢推而尚之，不肖者敢援而废之[⑧]，是中勇也。轻身而重货，恬祸而广解苟免[⑨]，不恤是非，然不然之情，以期胜人为意，是下勇也。

注释 ①天下有中：天下有正道。中，指正道。《荀子·儒效》："何谓中，曰，礼义是也。"可证。

②直其身：挺身而出的意思。

③行其意：指忠诚地执行先王的意志。

④苦：据文义与《太平御览》引文疑衍。

⑤傀然：岿然，高大的样子。

⑥意俭：心意谦逊。

⑦大：重视，崇尚。齐信：忠信。《尔雅》："齐，中也。"杨柳桥《荀子诂译·性恶》注："中信，即忠信也。"

⑧援：牵引，拉。

⑨恬祸：安于灾祸。广解：多方设法为自己解脱。苟免：指逃脱罪责。

译文　有上等勇敢的人，有中等勇敢的人，有下等勇敢的人。天下有正道时，敢于挺身而出；先王有治国之道，敢于忠诚地执行先王的意志；对上不服从乱世的君主，对下不与乱世的人同流合污；符合仁义，就无所谓贫穷，丧失了仁义，就无所谓富贵；天下人了解他，就与天下人共甘；天下人不了解他，就岿然独立于天地之间而无所畏惧，这种人就是上等勇敢的人。礼貌恭顺，心意谦逊，崇尚忠信而轻视财利，对贤能的人敢于推举崇尚，对不肖的人敢于把他拉下来罢免，这种人是中等勇敢的人。轻身而重财，幸灾乐祸而多方为自己解脱以便逃避罪责，不顾是非，不论正确不正确，一味地要胜过别人，这种人是下等勇敢的人。

原文　繁弱、巨黍[①]，古之良弓也，然而不得排檄[②]，则不能自正。桓公之葱，大公之阙，文王之录，庄君之曶，阖闾之干将、莫邪、钜阙、辟闾[3]，此皆古之良剑也，然而不加砥厉，则不能利，不得人力，则不能断。骅骝、骐骥、纤离、绿耳[4]，此皆古之良马也，然而前必有衔辔之制[5]，后有鞭策之威，加之以造父之驭，然后一日而致千里也。

夫人虽有性质美而心辩知[6]，必将求贤师而事之，择良友而友之。得贤师而事之，则所闻者尧、舜、禹、汤之道也；得良友而友之，则所见者忠、信、敬、让之行也。身日进于仁义而不自知也者，靡使然也[7]。今与不善人处，则所闻者欺、诬、诈、伪也；所见者污、漫、淫、邪、贪利之行也。身且加于刑戮而不自知者，靡使然也。传曰："不知其子，视其友；不知其君，视其左右。"靡而已矣！靡而已矣！

注释

①繁弱、巨黍：古代良弓名。《艺文类聚》引《广雅》："繁弱、巨黍，弓也。"

②排檠（jǐng）：矫正弓弩的工具。杨倞《荀子·性恶》注："辅正弓弩之器。"

③庄君：指楚庄王，春秋时楚国国君。葱、阙、录、曶（hū）、

干将、莫邪、辟闾：均为古代良剑名。

④骅骝、骐骥、纤离、绿耳：均为古代良马名。

⑤前必：据文义，疑为“必前”。

⑥性质：指素质。辩：通“辨。”辨知：有较好的辨别能力的意思。

⑦靡：指潜移默化的影响。杨倞《荀子·性恶》注：“谓相顺从也。”

译文

繁弱、巨黍，都是古代的良弓，但如果没有排檄这种矫正器的矫正，它们不可能自行矫正。齐桓公的“葱”，姜太公的“阙”，周文王的“录”，楚庄王的“曶”，吴王阖闾的“干将”“莫邪”“巨阙”“辟闾”，都是古代的良剑，但是如果不加以磨砺，它们不会锋利，没有人的力量，它们也无法砍断什么。骅骝、骐骥、纤离、绿耳，这些都是古代的良马，但是必须前面有马嚼子、马缰绳的控制，后面有马鞭的威逼，再加上造父的驾驭，然后才能日行千里。

人虽然有优良的素质而且有很好的辨别能力，还必须寻求并侍奉圣明的老师；还必须选择品质优秀的朋友，并与他结交。得到侍奉明师，那么所听到的都是尧、舜、禹、汤修身治国之道；得到良友并且与他交往，所见到的都是忠、信、敬、让的行为。自己一天天地趋向仁义，可自己还不知不觉，是潜移默化的影响使他这样的。与一些品质不好的人在一起，那么所听到的都是欺、诬、诈、伪的行为，所见到的都是污秽、欺骗、淫荡、恶邪、贪利的勾当，使自己将要受到刑罚和杀戮还未能觉察，也是潜移默化的影响使他这样的。古书上说："不了解儿子，看看他的朋友就清楚了，不了解君主，看看他身边的人就清楚了。"这就是潜移默化的影响啊！这就是潜移默化的影响啊！

二十四 君子

题解 本文旨在论述为君之道，同时强调了君主的权威与作用。

文章指出：天子拥有至高无上的权威，“天子、无妻”，“执至重”，“普天之下，莫非王土；率土之滨，莫非王臣。”而要具备并维护这种权威，君主最重要的是要效法古代圣王，用义来判断政事，即“法圣王”“以义制事”。具体而言，就是必须按等级关系的准则来治理社会，要“刑、赏得当”，不能“刑过罪”“爵踰贤”，尤其不能按宗族论罪，不能以门第举贤。只有真正做到“尚贤、使能、等贵贱、分北疏、序长幼”，才能形成巩固、安定的政治局面，才能形成并巩固天子的独尊地位。

原文 天子无妻[①]，告人无匹也[②]；四海之内无客礼[③]，告无适也[④]；足能行，待相者然后进[⑤]；口能言，待官人然后诏[⑥]。不视而见，不听而聪，不言而信，不虑而知，不动而功，告至备也[⑦]。天子也者，埶至重、形至佚[⑧]，心至愈[⑨]，志无所诎[⑩]，形无所劳，尊无上矣。《诗》曰[⑪]：“普天之下，莫非王土，率土之滨[⑫]，莫非王臣。”此之谓也。

注释

①无妻：独一无二，至高无上的意思。妻，齐，相等。杨倞《荀子·君子》注：“妻者，齐也。”

②告：说。无匹：指无人与天子地位相匹敌。杨倞《荀子·君子》注：“天子尊无与二，故无匹也。”

③无客礼：指天子所到之处都是主人，无需行为客之礼。《礼记·坊记》曰：“天子四海之内无客礼。”可证。

④无适：没有外出作客的情况之意，指天子以天下为家，到哪里都是自已的家里，所以无外出作客的情况。适，往，引申为外出。

⑤相者：君主身边负责赞礼的人。《周礼·秋官·司仪》：“掌九仪之宾客摈相之礼。”郑玄注：“出接宾曰摈，入赞礼曰相。”

⑥官人：指传达天子命令的官员。

⑦至备：指臣下已将一切事务处理得极其周到完备。

⑧佚：同“逸”，安逸。

⑨愈：通“愉”，安乐。

⑩诎：屈服。

⑪《诗》：指《诗经·小雅·北山》。

⑫率土之滨：指直到海边的全部国土。

译文 天子，至高无上，就是说没有人能与他的地位相匹敌，四海之内的任何地方，他都不需要行什么做客的礼节，就是说他没有外出做客的情况。他的脚能够走，但必须由赞礼的宾相作引导他才前行；他的嘴能说话，但必须通过负责传达天子命令的官员才下达命令。他不需要看就能见到天下的情况，不需要听就能清楚天下的情况，不需要说就能有信用，不需要考虑就能知道一切，不需要行动就能取得功效，这是说他的臣下已经把一切事务都处理得极其完备周到。天子，权势最大，形体最安逸，心情最愉快，意志不会屈服，身体没有劳累，没有比他更尊贵的了。《诗经·小雅·北山》说："普天之下，没有一处不是天子的领土，直到海边的全部国土上，没有一处不是天子的臣民。"说的就是这种情况。

原文 圣王在上，分义行乎下①，则士大夫无流淫之行②，百吏官人无怠慢之事，众庶百姓无奸怪之俗，无盗贼之罪，莫敢犯大上之禁③。天下晓然皆知夫盗窃之人不可以为富也④，皆知夫贼害之人不可以为寿也，皆知夫犯上之禁不可以为安也。由其道⑤，则人得其所好焉；不由其道，则必遇其所恶焉。是故刑罚綦省而威行如流，治世晓然皆知夫为奸则虽隐窜逃亡之由不足以免也[⑥]，故莫不服罪而请。《书》曰[⑦]：“凡人自得罪。”此之谓也。

故，刑当罪则威，不当罪则侮[⑧]。爵当贤则贵，不当贤则贱。古者，刑不过罪，爵不逾德，故，杀其父而臣其子，杀其兄而臣其弟，刑罚不怒罪[⑨]，爵赏不逾德，分然各以其诚通[⑩]。是以为善者劝，为不善者沮[⑪]，刑罚綦省而威行如流，政令致明而化易如神[⑫]。传曰[⑬]：“一人有庆[⑭]，兆民赖之[⑮]。”此之谓也。

乱世则不然。刑罚怒罪，爵赏逾德，以族论罪[⑯]，以世举贤[⑰]。故一人有罪而三族皆夷，德虽如舜，不免刑均，是以族论罪也。先祖当贤，后子孙必显，行虽如桀、纣，列从必尊，此以世举贤也。以族论罪，以世举贤，虽欲无乱，得乎哉?《诗》曰[⑱]：“百川沸腾，山冢崒崩[⑲]，高岸为谷，深谷为陵，哀今之人，胡憯莫惩[⑳]。”此之谓也。

注释

①分义行乎下：指按等级关系的准则来治理天下。分义，即等级关系的准则。

②流淫：放肆，过分。

③大：据文义与《群书治要》引文疑衍。

④盗窃之人：据文义与《群书治要》引文，“人”字疑衍。下文“贼害之人”的“人”字，亦疑衍。

⑤其道：指天子的各项法令、规定。

⑥由：同“犹”，还，仍。

⑦《书》：指《尚书·康诰》。

⑧侮：轻视，怠慢。这里指失去权威性。

⑨怒：超过。《广雅》：“怒，多也。”

⑩分然：区分得十分清楚明白。其诚：指罪与德的实际情况。通：通行，实行。这里指实行刑赏。

⑪沮：阻止。

⑫致：同“至”，极。易：通“施”，施行。

⑬传：古代典籍。这里指的是《尚书·甫刑》。

⑭庆：善行。《广雅》：“庆，善也。”

⑮兆民：广大百姓。

⑯族：宗族。下文“三族”指父族、母族、妻族。杨倞《荀子·君子》注：“三族，父、母、妻族也。”一说，三族指父、己、子族。《仪礼》郑玄注：“三族，谓父昆弟，己昆弟，子昆弟也。”

⑰世：世族，门第。

⑱《诗》：指《诗经·小雅·十月之交》。

⑲冢：山顶。崒：高大。

⑳憯（cǎn）：曾，乃。

译文 圣明的君主在上，按等级关系的准则治理天下，于是士大夫没有放肆的行为，百官没有怠慢职务的情况，普通百姓没有奸邪怪异的习气，没有盗窃的罪过，没有人敢冒犯君主的禁令。天下人都清楚地知道盗窃是不能致富的，都知道残害别人是不能长寿的，都知道违犯君主的禁令是不得安宁的。顺从君主的法令规定，人们就可以得到自己所喜爱的，不顺从君主的法令规定，人们就必然遭致自己所憎恨的。所以，刑罚虽然极其简略，但它的威力却像流水一样无处不到。人人都清楚地知道做了坏事即使是隐藏起来或者是四处逃窜也仍然避免不了刑罚的惩处，所以无不自首请罪。《尚书·康诰》说："人人都承认自己应得的罪行。"说的就是这种情况。

所以，刑罚与罪行相当就有威力，刑罚与罪行不相当就失去威力。官位与人的贤德相当就尊贵，不相当就卑贱。古代，刑罚不超过罪行，官位不超过功德。处死了当父亲的但仍任命他的儿子为臣，处死了兄长的但仍任命他的弟弟为臣，刑罚不超过罪行，爵位赏赐不超过功德，刑赏区分得十分清楚并根据罪、德的实际情况来实施刑赏。因此，行善的受到鼓励，作恶的受到阻止，刑罚极其简略而法令的威力却像流水一样无处不到。政令极其英明而教化的施行像神明一样灵验。《尚书·甫刑》说："天子有善行，亿万百姓得以仰赖。"说的就是这种情况。

乱世却不是这样。刑罚超过罪行，爵位赏赐超过功德，按宗族论罪，依门第推举贤人。所以一个人有罪，而父、母、妻族都被杀死，即使其中有的品德与舜相同，也免不了受到同样的刑罚，这就是"以族论罪"。先祖曾经贤德，后代子孙必定显贵，即使他们品行与桀、纣相似，他们的地位等级也必定是至尊至贵的，这就是"以世举贤"。按宗族论罪，依门第推举贤人，虽然希望社会不混乱，办得到吗？《诗经·小雅·十月之交》说："江河沸腾，高山崩塌，高岸变深谷，深谷变丘陵，可叹可怜当今的人，为什么毫无警惕！"说的就是这种情况。

原文　论法圣王[①]，则知所贵矣；以义制事[②]，则知所利矣。论知所贵，则知所养矣[③]；事知所利，则动知所出矣[④]。二者，是非之本，得失之原也。故成王之于周公也，无所往而不听，知所贵也；恒公之于管仲也，国事无所往而不用[⑤]，知所利也。吴有伍子胥而不能用，国至于亡，倍道失贤也[⑥]。故尊圣者王，贵贤者霸，敬贤者存，慢贤者亡，古今一也。

故，尚贤使能，等贵贱，分亲疏，序长幼[⑦]，此先王之道也。故，尚贤使能，则主尊下安；贵贱有等，则令行而不流[⑧]；亲疏有分，则施行而不悖；长幼有序，则事业捷成而有所休[⑨]。故，仁者，仁此者也[⑩]；义者，分此者也；节者，死生此者也；忠者，惇慎此者也；兼此而能之，备矣。备而不矜，一自善也[⑪]，谓之圣。不矜矣，夫故天下不与争能，而致善用其功；有而不有也[⑫]，夫故为天下贵矣。《诗》曰[⑬]：“淑人君子，其仪不忒，其仪不忒，正是四国[⑭]。”此之谓也。

注释

①法：效法。

②制事：裁决，判断政事。

③养：取。

④动：据上文句例疑衍。

⑤用：听从。

⑥倍：通“背”，背叛。

⑦序：排列次序的意思。

⑧流：通“留”，停止，停滞。

⑨休：完美。一说，休，休息，指年长的人可以安心休息。

⑩仁此者：喜爱做这些事。此，指前面所说的尚贤使能，等贵贱，分亲疏，序长幼等事。下文“分此者也”“死生此者也”“惇慎此者也”“养此而能之”中的“此”字与此同。

⑪一：全部。

⑫有：指有才能。不有：指不自我矜夸有才能。

⑬《诗》：指《诗经·曹风·尸鸠》。

⑭仪：同“义”。忒（tè）：差错。

⑮正：治理。

译文　议论效法圣王，就是知道了什么是最可贵的；用义来判断裁决政事，就是知道了什么是有利的。议论时知道什么是最可贵的，也就知道什么是可取的；处理政事时知道什么是有利的，也就知道什么是该做的。这两点，是是非的根本，是得失的根源。所以周成王对于周公，无所不听，他知道什么是可贵的；齐桓公对于管仲，处理国家大事也是无所不听，他知道什么是有利的。吴国有伍子胥不能听从，以至国家灭亡，这是吴国违背了正道失掉了贤人。所以，尊崇圣人的，可以称王天下；尊重贤人的，可以称霸天下；敬重贤人的，国家可以保存；轻视贤人的，国家就会灭亡。古今都是一样的。

所以，崇尚贤者使用能人，划出贵贱的等差，区分亲疏远近，按长幼老少排列次序，这是先王的治国之道。所以，崇尚贤者使用能人，就可以使君主尊贵而下民安定；贵贱有差等，就可以使政令通行而无阻滞；亲疏远近有区分，就可以施行恩惠而没有错乱；长幼排列有序，事业就会迅速成功而完美。所以，所谓“仁”，就是喜欢做上面所说的这些事；所谓“义”，就是能分辨这些事；所谓“节”，就是为这些事而去生、去死；所谓“忠”，就是忠诚谨慎地对待这些事；这些事全部都能做到，就是完备。完备而不自我矜夸，全部都尽量地自我完美，就可以称为圣人。不自我矜夸，天下就无人能与他争比才能的高低，并且由于他能够最有效地发挥他的功效，虽有才能却不自我矜夸有才能，所以受到天下人的尊重。《诗经·曹风·尸鸠》说：“贤人君子，他的礼义没有差错；他的礼义没有差错，可以治理四方的国家。”说的就是这种情况。

二十五 成相

题解 本文运用诗歌的形式阐述了治国平天下的道理，文字通俗，观点鲜明。

全诗共五十六节，分为三部分，每部分以“请成相”为开头语。在第一部分，荀况指出君主必须远谗人近贤者，并借用许多历史事实塑造出理想的圣王贤相。第二部分则以尧、舜、禹与许由、善卷等人同周幽王、周厉王、郭公长父等人对比，以他们的成败告诫君主与臣下必须“隆礼重法”“尚贤使能”“重义轻利”，而决不能任用专进谗言的人，不能“争宠嫉贤。”第三部分则提出为君之道的五条要领。

原文 请成相①：世之殃，愚暗愚暗堕贤良②，人主无贤，如瞽无相③，何伥伥④！

请布基⑤，慎圣人⑥：愚而自专事不治，主忌苟胜⑦，群臣莫谏，必逢灾。

论臣过，反其施⑧，尊主安国尚贤义，拒谏饰非，愚而上同，国必祸。

曷谓罢[9]？国多私，比周还主党与施[10]，远贤近谗，忠臣蔽塞，主埶移。

曷谓贤？明君臣，上能尊主爱下民[11]，主诚听之，天下为一，海内宾[12]。

主之孽，谗人达，贤能遁逃国乃蹶[13]，愚以重愚，暗以重暗，成为桀。

世之灾，妒贤能，飞廉知政任恶来，卑其志意，大其园囿，高其台。

武王怒，师牧野，纣卒易乡启乃下[14]；武王善之，封之于宋，立其祖[15]。

世之衰，谗人归，比干见刳箕子累[16]；武王诛之，吕尚招麾[17]，殷民怀[18]。

世之祸，恶贤士，子胥见杀百里徙[19]；穆公任之，强配五伯[20]，六卿施。

世之愚，恶大儒，逆斥不通孔子拘[21]，展禽三绌[22]，春申道缀[23]，基毕输[24]。

注释

①请成相：请听我唱完这支相歌。相，古代民歌的一种体裁。“请成相”是这种体裁的民歌的开头套语。

②堕：毁弃。引申为陷害。

③相：指扶持盲人的人。

④伥（chāng）伥：惘怅，无所适从，无所措的样子。

⑤布基：从头叙说的意思。杨柳桥《荀子诂译·成相》注：“布基，犹言陈于始也。”一说，布基，指陈述治国的根本道理。

⑥圣人：据文义疑为“听之”。

⑦苟胜：务求胜过臣下贤良。

⑧施：施行，指应当做的事。

⑨罢（pí）：通“疲”，指无能，不贤。

⑩还：通“营”，迷惑，惑乱。施：布置，设置。引申为扶植。

⑪爱下：据《荀子·臣道》：“上则能尊君，下则能爱民”句，疑为“下爱”。

⑫宾：宾服，服从，服膺。

⑬蹶：跌倒，这里指国家覆亡。

⑭乡：通“向”，方向。下：投降。

⑮祖：指宗庙。

⑯累：通“缧”，捆绑囚犯的绳索，这里引申为囚禁。

⑰招麾：挥旗指挥。

⑱怀：归顺。

⑲百里：即百里奚，春秋时虞国大夫，晋灭虞时被俘，沦为奴，后到秦国协助秦穆公完成霸业。

⑳伯：通“霸”。

㉑不通：指不允许有德才的大儒通达当政。

㉒展禽：即柳下惠，春秋时鲁国人，曾三次出任士师，又三次遭罢免，故称“三绌”。

㉓春申：楚相春申君黄歇，被李园所杀。缀：通“辍”，废止。

㉔基：指国家的基业。输：破坏，毁坏。

译文

请听我唱完一支相歌：社会的灾殃，是愚蠢昏聩的人陷害忠良，君主没有贤臣辅佐，就像盲人无人扶助一样，何等令人惆怅！

请让我从头叙讲，你们细听端详：作君主的愚蠢专断，国事不治，却嫉妒异常，一心要胜过臣下忠良，作臣下的规劝无方，国家必定遭到灾殃！

随心所欲评价臣下过失，反对他们该做的事，拒绝臣下规劝，反而把自己的过失掩饰，让臣下愚昧地苟同君上，国家必定会发生祸殃。

什么叫作无能？是国家多有谋取私利的人，尽都是结党营私、惑乱君主，扶植党羽的人们。被疏远的是贤人，被亲近的是谗臣，忠臣良将无出路，主上势力已旁落。

什么叫作贤能？明白君臣的等级名分，对上尊君下爱百姓，君主诚诚恳恳倾听，天下统一,四海服膺。

君主的罪孽，在于进谗言人的得逞，贤能的人只好逃遁，国家于是覆灭。愚昧加上愚昧啊，昏暗更加昏暗，君主也成了桀一样的人。

社会的灾祸，是嫉贤妒能，飞廉执掌了朝政，恶来担负重任，他们还扩大园囿，高筑楼台，这些心地卑劣的人!

周武王怒火高涨，会师牧野讨伐商纣王，纣王的士兵调转方向，微子启只好投降，武王善待微子启，封地在宋，还为他建立了商殷的庙堂。

世道的衰落，是因为进谗人归依了国君，比干惨遭剖腹挖心，箕子竟然又被囚禁。武王怒杀了纣王，姜太公挥师进军，殷商之民纷纷归顺。

世间的祸乱，是人们把贤士厌弃，伍子胥被杀，百里奚几次迁徙，秦穆公重用百里奚，终于使秦国设置了公卿，强大得与五霸相匹。

世间的愚昧，是将大儒厌恶，孔子被拘囚，贤人参政无路，柳下惠三次罢黜，春申君治国之道受阻。国家的基业啊，败坏尽无。

原文 请牧基[①]，贤者思[②]，尧在万世如见之；谗人罔极，险陂倾侧[③]，此之疑。

基必施，辨贤罢，文武之道同伏戏[④]。由之者治，不由者乱，何疑为？

凡成相[⑤]，辨法方[⑥]，至治之极复后王[⑦]，法、慎、墨、季、惠[⑧]，百家之说，诚不详[⑨]。

治复一[⑩]，修之吉，君子执之心如结[⑪]；众人贰之，谗夫弃之，形是诘[⑫]。

水至平，端不倾，心术如此象圣人；而有埶[⑬]，直而用抴[⑭]，必参天。

世无王，穷贤良，暴人刍豢，仁人糟糠，礼乐灭息，圣人隐伏[⑮]，墨术行。

治之经[16]，礼与刑，君子以修百姓宁[17]，明德慎罚[18]，国家既治，四海平。

治之志[19]，后埶富，君子诚之好以待，处之敦固[20]，有深藏之[21]，能远思。

思乃精，志之荣[22]，好而一之神以成[23]，精神相反[24]，一而不贰，为圣人。

治之道，美不老[25]，君子由之佼以好[26]，下以教诲子弟，上以事祖考[27]。

成相竭，辞不蹶[28]，君子道之顺以达[29]，宗其贤良，辨其殃孽[30]。

注释

①牧：察看，引申为重视。一说，牧，治理的意思。

②思：思考。引申为认为。一说，思，思念。

③陂：同“坡”，不正之意。

④文、武：指周文王、周武王。伏戏：即伏羲。

⑤凡：总括，总结。

⑥法方：治国的办法。

⑦复：重复。引申为效法，遵循。

⑧法：指法家。慎：慎到，战国时法家代表人之一。墨：墨翟，

墨家代表人之一。季：魏牟。“季”字是“魏”字之残形。一说，季，季真，战国初期人。惠：惠施，战国名家代表人。

⑨详：通“祥”，吉祥。

⑩复：归复，趋向。一：天下统一。一说，一指“道”。

⑪心如结：形容坚定不移。

⑫形是诘：以法责问，以刑治罪。形，通“刑”，刑法。诘，责问，惩处。《礼记·月令》：“诘诛暴慢，以明好恶。”郑玄注：“诘，谓其问罪，穷治之也。”

⑬而：据文义疑上夺一“人”字。埶：同“势”。

⑭直：公正。泄：通“枻”，船浆。这里指用船浆接引客人，即宽容待人的意思。一说，枻，指正弓器，杨柳桥《荀子诂译·成相》注：“抴，通‘枻’，正弓弩之器也。”用在这里，是矫正错误，使之正确的意思。

⑮隐伏：隐藏潜伏，这里是指不得志，不被任用。

⑯经：根本原则。

⑰修：指修养自身。

⑱明德：彰明美德。

⑲志：志向。这里引申为原则。

⑳敦固：厚实，坚定。

㉑有：通“又”。深藏：这里是指深入思考。

㉒荣：旺盛。引申为广大，恢宏。

㉓一：专一。神以成：达到完美的境界。

㉔反：据文义疑为“及”。

㉕美：美好。这里指专一于治国之道。老：衰败，松弛。《释名》：“老，朽也。”

㉖佼：美好。

㉗祖考：祖父与父亲。这里泛指祖先。

㉘蹶：短促。

㉙道：实行，施行。

㉚辨其殃孽：此句后疑脱三字。

译文

请听我谈谈重视治国的基础，贤人们这样以为：尧的治国之道虽然久远，却像在眼前一样可见，只有歪斜不正的人作恶阴险，才会对尧的治国之道怀疑恨怨。

国家的基业必须发展，就要分清贤与不贤，文王、武王与伏羲对此都有相同的意见，遵循这一点，国家太平安全，违反这一点，国家就会混乱无边，为什么还要怀疑这一点？

总括我的歌，是要明辨治国的方法。治国的最高标准就是把后王效法，法家、慎到、墨翟、魏牟、惠施等各家，主张的，实在是不吉祥的话。

治国的目标是统一天下，这样做的就吉祥如意，君子坚持这个目标坚定不移，心意有如绳结。人们违背这个目标，进谗的人抛弃这个目标，就以法责罪把他们惩处。

水最平，端正而不斜，人的心术如此，就会像圣人，公正而又宽容待人，就能与天地相配。

世间没有圣明的君王，又缺乏贤臣良相，残暴的人吃着美味，仁义的人却咽着糟糠。礼乐止息啊圣人也只有隐藏，墨家的学说于是肆行猖狂。

治国的纲领是“礼”和“刑”，君子用它们来修养自身，百姓因此而得到安宁，把美德彰明，谨慎地把刑罚施行，国家大治啊天下太平。

治国的原则是把个人权势富贵放在最后，君子能诚恳地爱好对待这个原则，朴实而坚定地维护这个原则，又能够深思远虑。

思考精细意志恢宏，心志专一就达到完美的境界，心志专一就能成为圣人。

治国的纲要，是要专一不懈怠于治国之道，君子遵循这个“道”，就会美好更美好，由此对下可以把子弟教导，对上可以侍奉祖宗父老。

相歌已结束，言辞不短促，君子遵循上述的“道”，走上顺利通达的路。崇尚那些贤臣良相，辨别那些奸贼妖魔……

原文

请成相，道圣王，尧舜尚贤身辞让，许由、善卷①，重义轻利，行显明②。

尧让贤，以为民，泛利兼爱德施均③，辨治上下，贵贱有等，明君臣。

尧授能④，舜遇时，尚贤推德天下治⑤，虽有贤圣，适不遇世，孰知之?

尧不德⑥，舜不辞，妻以二女任以事，大人哉舜，南面而立，万物备。

舜授禹，以天下，尚得推贤不失序⑦，外不避仇，内不阿亲，贤者予⑧。

禹劳心力⑨，尧有德，干戈不用三苗服⑩，举舜甽亩⑪，任之天下，身休息。

得后稷，五谷殖，夔为乐正鸟兽服[12]，契为司徒[13]，民知孝弟[14]，尊有德。

禹有功，抑下鸿[15]，辟除民害逐共工[16]，北决九河[17]，通十二渚[18]，疏三江。

禹傅土[19]，平天下，躬亲为民行劳苦，得益、皋陶、横革、直成为辅[20]。

契玄王[21]，生昭明[22]，居于砥石迁于商[23]，十有四世，乃有天乙[24]，是成汤。

天乙汤，论举当，身让卞随举牟光[25]，道古圣贤[26]，基必张。

注释

①许由、善卷：许由，一作许繇。相传尧要把君位传给他，他逃至箕山下，农耕而食，尧又请他做九州长官，他到颍水边洗耳，表示不愿听到。善卷，舜时人，相传舜让天下给他，他不接受。

②显明：异常光明。

③泛利：广泛地给予百姓利益。

④授能：指将帝位传给有才能的人。

⑤推德：指推崇有德行的人。

⑥不德：不升位，即自己不升帝位，退位让贤。《说文》："德，升也。"杨柳桥《荀子诂译·成相》注："不德，不升于位，谓退位之意。"一说，不德，不自以为有德。

⑦得：同"德"，指有德行的人。

⑧贤者予：指将官位给予贤人。

⑨禹：据文义疑衍。

⑩三苗：古代少数民族，在今湖南岳阳、湖北武昌、江西九江一带。

⑪甽（quǎn）亩：田间。甽，同"亩"。

⑫夔：人名，相传为尧时乐官，他奏乐时能使鸟兽起舞。乐正：古代乐官名。

⑬契：也叫禼（xiè），相传是商代的始祖，因协助禹治水有功，被禹任命为司徒。司徒：古代管理土地和教化百姓的官。

⑭弟：同"悌"，孝敬兄长。

⑮鸿：通"洪"，洪水。

⑯辟除：排除。逐共工：赶走共工。《尚书·舜典》："舜流共工于幽州。"可证。

⑰决：疏通。九河：与下文"三江"均泛指江河。

⑱渚（zhǔ）：水中小洲。

⑲傅：通"敷"，分布。

⑳益：指伯益。伯益与皋陶、横革、直成均为人名，相传是

辅助禹治理天下的人。

㉑玄王：即契。传说契是简狄吞玄鸟卵怀孕所生的，所以又称为玄王。《诗经·商颂·长发》："玄王桓拨。"《毛诗传》："玄王，契也。"

㉒昭明：契之子。

㉓砥石：古地名，未详所在。商：古地名，在今河南商丘。

㉔天乙：即成汤，商代第一个君主。

㉕卞随、牟光：传说为商时代人，成汤拟将君主之位让给他们，他们坚持不受，并投水而死。

㉖道古圣贤：据上文各段情况，此句前疑脱四字。

译文

请让我唱完一支相歌，说一说圣明的君主。尧、舜崇尚贤人把帝位辞让，许由、善卷重义轻财利德行光明异常。

尧让位给贤人，是为了百姓，他给所有的人以利益爱护恩德平均，区分上下，贵贱有差等，君臣关系分明。

尧把帝位授给能人，舜遇上了大好时机，他崇尚贤人推崇有德行的人，天下终于太平。有时虽有圣贤人，偏偏没遇上圣明的世，谁又会知道他们。

尧让贤退位，舜没有推辞，尧又将两个女儿嫁与了舜，还托给他治理天下的重任。南面称了帝王，百事完备。

舜把天下交给了禹，大禹推崇有德的人，推举贤人不失次序，对外不避仇人，对内不偏亲友，把官位给予贤人。

操劳心力，尧有着高尚的德行，不用武力三苗尽都服膺，又从田间把舜推举，授予他治理天下的重任，自己也就得以休息。

任用后稷五谷得以种植，夔当了乐官鸟兽也都服从，契成了司徒百姓便懂得对父兄的孝敬，人人都尊重有德行的人。

禹有不可磨灭的大功，遏止了泛滥的洪水，排除了百姓的祸害赶走了共工，在北方疏通了江河和十二个洲渚，让大河无阻畅通。

禹把土地分布，平定天下，亲自为百姓劳苦，又得到益、皋陶、横革和直成的辅助。

契玄王，生下了昭明，住在砥石又迁往商地，经过十四世才有了天乙，这就是商朝的成汤。

天乙成汤，评论推崇人才得当，他把帝王让给卞随和牟光…… 遵循古代圣贤治国之道，国家的基业必定得到宏扬。

原文 愿陈辞①，世乱恶善不此治②，隐讳疾贤③，良用奸诈④，鲜无灾。

患难哉，阪为先⑤，圣知不用愚者谋，前车已覆，后未知更⑥，何觉时？

不觉悟，不知苦，迷惑失指易上下⑦，中不上达⑧，蒙掩耳目⑨，塞门户⑩。

门户塞，大迷惑，悖乱昏莫不终极⑪，是非反易⑫，比周欺上，恶正直。

正直恶，心无度，邪枉辟回失道途⑬，己无邮人⑭，我独自美，岂独无故⑮。

不知戒，后必有，恨后遂过不肯悔⑯，谗夫多进，反复言语，生诈态⑰。

人之态，不如备[18]，争宠嫉贤利恶忌，妒功毁贤，下敛党与，上蔽匿。

上壅蔽，失辅埶，任用谗夫不能制，孰公长父之难[19]，厉王流于彘[20]。

周幽、厉，所以败，不听规谏忠是害[21]。嗟我何人，独不遇时，当乱世。

欲衷对[22]，言不从，恐为子胥身离凶[23]，进谏不听，刭而独鹿[24]，弃之江。

观往事，以自戒，治乱是非亦可识。托以成相[25]，以喻意。

注释

①愿陈辞：愿把见解陈述的意思。此句前或后疑脱三字。

②恶善：指厌弃贤良的人。

③隐讳：掩盖过错。

④良用：据文义疑为“长用”。

⑤阪（bǎn）：反。这里指邪恶。

⑥更：改正。

⑦指：方向。

⑧中：同“衷”，真实情况。

⑨掩：掩蔽。

⑩门户：指了解情况的途径。

⑪莫：通“暮”，昏暗。杨倞《荀子·成相》注：“莫，冥寞，言暗也。”

⑫反易：颠倒。

⑬邪枉：奸邪不正。辟回：指歪门邪道。辟，通“僻”。回，曲折，引申为歪邪。

⑭邮：通“尤”，怨恨。

⑮独：据文义与《荀子集解》疑衍。

⑯恨后：据文义，疑为“恨复”，固执己见，拒绝规劝之意。恨，通“很”。复，通“愎”，刚愎。《战国策·赵策》：“‘愎’作‘复’，言很愎不从谏，以遂其过也。”遂过：坚持错误。遂，顺从。引申为坚持。

⑰态：通“慝”，奸恶，奸巧。

⑱如：疑作“知”。

⑲孰公长父：据杨倞《荀子·成相》注，疑为“郭公长父”。郭公长父即《吕氏春秋·当染》中之虢公长父，周厉王之臣，深得厉王的信任。一说，郭公与长父为两人，分别为周厉王的宠臣。杨倞《荀子·成相》注：“孰公，长父，皆厉王之嬖臣，未详其姓名。”难：作乱，指公元前841年西周人因郭公长父之奸险而群起暴乱事。

⑳厉王：周厉王。流，流窜。彘（zhì）：古地名，在今山西霍县东北。

㉑忠是害：专门残害忠良。

㉒衷对：据文义疑为“对衷”，即把心里的话全部说出来。对，通“遂”，尽，全。

㉓离：通“罹”，遭受。

㉔刭（jǐng）：用刀割颈。独鹿：同“属镂”，剑名，传说是吴王夫差逼伍子胥自刎时所赐的剑。杨倞《荀子·成相》注：“吴王夫差赐于子胥之剑名。”

㉕托于成相：此句前疑脱四字。

译文

我愿把见解陈述…… 世道昏乱，厌弃贤良的人得不到惩处，隐瞒过错，嫉害贤良，奸邪狡诈之人常用不除，结果很少不遭到灾祸。

处在灾难中却大搞邪念，圣明聪智的人得不到重用，却让愚蠢的人划策出谋。前面的车已经倾倒，后面的却不知改辙易道，何时才能觉悟？

不觉悟，就不知苦，迷失了方向，上下也颠倒，实情不能上达，君主被掩闭了耳目，堵塞了知晓实情的门户。

门户堵塞，就会有极大的迷惑，混乱昏暗，不知何处是尽头。是非颠倒，勾朋结党蒙蔽国君，被厌弃的是正直的人。

正直的人被厌恶，人们心中全无法度。奸邪不正，歪门邪道，使人迷失了正路。不要埋怨别人，以为只有自己不错，造成这种情况，难道没有什么缘故？

不知警戒，今后必定还会错误再犯，拒绝规劝，坚持错误，不知悔悟，谗人多被任用。他们言语反反复复，生出许多奸诈邪恶。

人们的邪恶，君主不知戒备，臣下就会争宠妒贤相嫉忌，他们嫉恨别人的成功，毁坏了贤良的人，在下面网罗党羽，使君主受尽蒙蔽。

君主受到蒙蔽，失去了辅助与权势，任用了坏人，到后来也无法控制。郭公长父引起的动乱，终于使周厉王也只有被迫往彘地流窜。

周幽王、周厉王，所以把国家败坏，就因为他们不听规劝，尽把忠良残害。可叹我算什么人，偏偏生不逢时，遭遇这混乱的时代。

我要想说尽心中的话，可惜却无人听从，又恐怕像伍子胥那样遭凶。他苦心相劝，吴王不听，反而赐他“独鹿”令他自刎，又被弃身大江。

纵观往事，要自我警惕，治乱是非都可以认识……我把这些想法都寄托在相歌里，来表达我的心意。

原文

请成相，言治方，君论有五约以明[①]，君谨守之，下皆平正，国乃昌。

臣下职，莫游食[②]，务本节用财无极，事业听上，莫得相使，一民力。

守其职，足衣食，厚薄有等明爵服，利往仰上[③]，莫得擅与，孰私得？

君法明，论有常[④]，表仪既设民知方[⑤]，进退有律[⑥]，莫得贵贱[⑦]，孰私王？

君法仪，禁不为[⑧]，莫不说教名不移[⑨]，修之者荣，离之者辱，孰它师[⑩]。

刑称陈[⑪]，守其银[⑫]，下不得用轻私门[⑬]，罪祸有律[⑭]，莫得轻重，威不分。

请牧祺[15]，明有基[16]，主好论议必善谋，五听修领[17]，莫不理续[18]，主执持。

听之经[19]，明其请[20]，参伍明谨施赏刑[21]，显者必得，隐者复显，民反诚[22]。

言有节[23]，稽其实，信诞以分赏罚必[24]，下不欺上，皆以情言，明若日。

上通利，隐远至[25]，观法不法见不视[26]，耳目既显，吏敬法令，莫敢恣。

君教出，行有律，吏谨将之无铍滑[27]，下不私请[28]，各以宜[29]，舍巧拙[30]。

臣谨修，君制变[31]，公察善思论不乱，以治天下，后世法之，成律贯[32]。

注释

①君论：指做君主的原则。即下文从“臣下职”到“刑称陈”各节所阐明的思想。论，杨柳桥《荀子诂译·成相》注：“《初学记》引《广雅》：‘论，道也。’”道，即原则。

②游食：游手好闲吃白食。杨倞《荀子·成相》注：“游食，谓不勤于事，素食游手也。”

③往：据文义，疑为“隹”字之误。隹，同“唯”，只有。仰：仰仗，依赖。

④论：判断，决定。常：常规。

⑤表仪：标准，准则，榜样。

⑥进退：指官吏的任免升降。

⑦莫得贵贱：指君主不能凭个人的意愿使人贵或贱。

⑧禁不为：指禁止不按照法令办事。杨柳桥《荀子诂译·成相》注：“禁不为，谓止而无用也，谓不违法也。”

⑨说教：悦服君主教化的意思。说，通“悦”。名：名器，指爵号、车服等。

⑩它师：效法其他。师，效法。这里“它师”指的是去做其他违反法令的事。

⑪称：恰当，指刑罚与罪过相称。杨倞《荀子·成相》注：“称，谓当罪。”陈：陈设。引申为施行。

⑫银：同“垠”，界限。

⑬轻私门：指擅自减轻对私党的惩处。杨柳桥《荀子诂译·成相》注：“轻私门，谓减轻私党之刑也。”

⑭罪祸：惩罚罪过。杨倞《荀子·成相》注：“祸，亦罪也。”

⑮请牧祺：据文义，疑为“请牧基”。

⑯明有基：指君主明察就吉祥。基，通“祺”，吉祥。

⑰五听：即上文所述的五种处理政事的原则。《广雅》：“听，

谋也。”计谋之意，引申为原则。一说，听，指判断狱案的辞听、色听、气听、耳听、目听。修领：治理。这里是贯彻执行的意思。

⑱理绩：理事。《尔雅》：“绩，事也。”

⑲经：要领。

⑳请：通“情”，真实情况。

㉑参伍：同“三五”，错综复杂的意思。

㉒反诚：归于诚实。反，同“返”。

㉓言有节：政令有法度。韦昭《国语》注：“言，号令也。”杨倞《荀子·成相》注：“节，谓法度也。”

㉔信诞：真假。

㉕隐远：指偏远僻静之处的人。杨倞《荀子·成相》注：“上通利，不壅蔽，则幽隐遐远者皆至也。”一说，隐远，指隐蔽的、远处的情况。

㉖观法不法：指君主能看清合法与不合法的事。见不视：指君主能看到别人看不见的事。

㉗将之：持之，执行之。铍滑：奸诈狡猾。铍，通“颇”，邪。滑，同“猾”。

㉘请：通“情”，私情。

㉙各以宜：据文义，疑为“各以所宜”，即各尽职责的意思。

㉚巧拙：指营私取巧的事。

㉛制变：掌握变革法令之权。

㉜律贯：法律系统，法律规范。贯，古代穿钱用的绳索，引申为系统。

译文

请让我唱完这支相歌，谈一谈治国的方略。为君的原则有五条，简约又明确。君主能谨守，臣下便公正，国家就会富强繁荣。

臣下百姓都尽职，无人游手好闲吃白食，重视根本节支出，财富就会无穷尽，一切事务听君主，相互之间不驱使，百姓力量得统一。

人人尽职又尽责，个个丰衣又足食，爵禄厚薄有等差，财利仰仗君主赐，无人擅自乱给予，谁能私自得东西？

君主法令制度明，判断决定一贯有标准，榜样设立百姓知道了方向，官员升迁有规章。君主不能随意使人贵或贱，谁还会私下讨好君王？

君主法令是准则，严禁违法去办事，人人悦服君主教化，爵位车服不改动，学好法令就光荣，违背法令遭耻辱，谁敢效法其他去违法？

刑罚施行要恰当，严守界限不虚妄，不因私人减刑罚，惩治罪行依规定，不能随意有轻重，君主权威不分裂。

请听我谈谈治国的基础，君主明察有吉祥，君主喜爱议论还必须善于谋划，五项原则得贯彻，君主执掌政令变化，人人无不理事尽职。

听取政事的要领，务必明白事实情，错杂事务真相明，谨慎施行赏与刑。明显事情必查清，隐晦事实露真情，百姓尽皆老实诚恳。

君主政令有法度，考察事实不能误，分清真伪赏罚明，下民百姓不欺君，言辞话语凭实情，如同东方太阳明。

君主明达不壅蔽，远方百姓都归顺，看清合法不合法，看清别人难看出的事，耳聪目又明，百姓人人敬法令，不敢放肆恣意行。

君主颁布教化令，执行之时有制度，官吏谨慎执法令，无人敢于胡作为。臣下不相托私情，人人各自得其宜，不再营私取巧乱计谋。

臣下谨慎守法令，君主掌握变革权，公正明察善思考，为君之道不错乱。用此原则治天下，后代君王尽效法，终成规范代代传。

二十六　赋

题解

本文运用赋的形式，采取借物寓意的手法，表达了荀况对“礼”和圣君贤相的道德风尚的看法，也表达了他渴望安定统一的良好愿望。

文章由五篇赋和两首诗组成。在赋中，荀况首先对“礼”和“知”进行了热烈的赞颂，并期望天下君主都能够遵循“礼”的要求，做到“明达纯粹而无疵”，达到“君子之知”。

在此基础上，作者对“云”“蚕”“针”进行了形像而细致的刻划，借以说明圣君贤相所应具备的道德风尚。

在结尾的诗中，荀况对“不治”的天下作了描述，既表达了他对这种社会的不满，也表达了他对安定统一的天下的企盼。

原文

爰有大物①，非丝非帛，文理成章②；非日非月，为天下明。生者以寿，死者以葬，城郭以固，三军以强；粹而王③，驳而伯④，无一焉而亡，臣愚不识，敢请之王。

王曰：此夫文而不采者与⑤？简然易知而致有理者

与[6]？君子所敬而小人所不者与[7]？性不得则若禽兽[8]，性得之则甚雅似者与[9]？匹夫隆之则为圣人，诸侯隆之则一四海者与？致明而约，甚顺而体[10]，请归之礼。礼。

注释

①爰（yuán）：于，在这里。《文选·思玄赋》：“爰，于是。”可证。大物：大的东西。这里所指的是后面所说的“礼”。

②文理：原指丝织品的纹理，这里指礼的形式。

③粹：纯粹，指完全按礼的要求办事。

④驳：杂驳，指不完全按礼的要求办事。伯：通“霸”，称霸天下的意思。

⑤文而不采：有文饰但不华丽。杨倞《荀子·赋》注：“有文饰而不致华采。”与：同“欤”，吗，呢。下同。

⑥致：同“至”，非常。下文“致明而约”中的“致”与此同。

⑦不：同“否”，指不敬重礼。

⑧性：指人的本性。下同。

⑨雅似：端正善良。杨倞《荀子·赋》注：“雅，正也。”《广雅》：“似，类也。”《尔雅》：“类，善也。”

⑩顺：有条理。体：有形体。引申为有固定的格式。

译文

这里有一样大的东西，它不是丝，不是帛，但是纹理清晰；它不是太阳，不是月亮，却是天下最明亮的。活着的人凭着它得以长寿，死去的人凭着它得以安葬，城郭凭着它而坚固，三军凭着它而强大。完全按照它的要求去办事就可以称王天下，不完全地按照它的要求去办事也可以称霸天下，一点也不按它的要求办事就遭到灭亡。臣下我愚昧，不认识它，大胆地向君主请教。

君主说：这样东西是具有文饰却不华丽的吧？是简单易懂而非常有条理的吧？是君子敬重而小人所不敬重的吧？是人性没有它就如同禽兽，有了它就端正善良的吧？是普通人推崇它就会成为圣人，诸侯推崇它就能统一天下的吧？它极其明白而又简约，极有条理而有固定的格式，请归结为礼。这就是礼。

原文 皇天隆物[①]，以示下民，或厚或薄，帝不齐均[②]。桀、纣以乱，汤、武以贤。涽涽淑淑[③]，皇皇穆穆[④]。周流四海，曾不崇日[⑤]。君子以修[⑥]，跖以穿室[⑦]。大参乎天，精微而无形。行义以正[⑧]，事业以成。可以禁暴足穷，百姓待之而后宁泰。臣愚不识，愿问其名。

曰："此夫安宽平而危险隘者邪[⑨]？修洁之为亲而杂

污之为狄者邪[10]？甚深藏而外胜敌者邪[11]？法禹、舜而能弇迹者邪[12]？行为动静待之而后适者邪[13]？血气之精也，志意之荣也，百姓待之而后宁也，天下待之而后平也。明达纯粹而无疵也，夫是之谓君子之知[14]。知。

注释

①皇天：大天，即自然界。隆：通“降”。物：指后面所说的“知”，即智慧。

②帝：据文义疑作“常”。

③涽涽：通“惛惛”，思虑昏乱的意思。淑淑：忧戚，愁怅。杨柳桥《荀子诂译·赋》注：“淑，当读作‘惄’。”《说文》：“惄，忧也。”《方言》：“惄，怅也。”一说，淑淑，清明。

④皇皇：煌煌。《诗经·小雅·采芑》：“朱芾斯皇”。《毛诗传》：“皇，犹煌煌也。”穆穆：靖，安宁，宁静。《正字通》：“穆，靖也。”一说，穆穆，通“䁅䁅（mù）”，细微之意。

⑤崇：通“终”。

⑥修：指修养自身道德。

⑦穿室：指盗窃。

⑧义：通“仪”，指容貌、态度。

⑨危：畏惧。引申为躲避，远离。

⑩修洁：指努力修养自身道德的人。杂污：指行为思想污秽

的人。狄：通“逖”，疏远。

⑪外：运用于外之意。

⑫弇（yǎn）：沿袭。

⑬行为动静：举止行为。

⑭知：同“智”，智慧。

译文 上天降下一样东西，给予地上的人们，有的多有的少，通常是不均等的。桀、纣凭着这样东西作乱，汤、武凭着这样东西贤明。这样东西使有的人昏乱惆怅，有的人明亮宁静，它遍行于四海之内，终日总不停止。君子用它来修养自身道德，盗跖用它来穿堂入室。它高大得耸入云天，精微得小无形迹。行为仪态凭藉它端正，事业凭藉它成功。它可以禁绝暴虐使穷困的人富足，老百姓依靠它得到安宁。臣下我愚昧，不认识它，大胆地请问它的名称。

回答说：这件东西是使人们处于安全之中而远离危险的吧？是使人们亲近努力修养自身道德的人而疏远行为思想污秽的人的吧？是很深地藏在内心而运用于外时就能胜过敌对者的吧？是能使人们效法禹、舜而沿着他们的路走的吧？是人们的行为举止必须依靠它才能合适的吧？它是血气的精华，是意志的精华，百姓依靠它才得到安宁，天下依靠它才能够太平。它明白通达、纯粹而无瑕疵，这就叫作君子的智慧。这就是智慧。

原文　有物于此[①]，居则周静致下[②]，动则綦高以钜[③]。圆者中规，方者中矩。大参天地，德厚尧、禹。精微乎毫毛，而大盈乎大宇[④]。忽兮其极之远也，攭兮其相逐而反[⑤]，卬卬兮天下之咸蹇也[⑥]。德厚而不捐，五采备而成文。往来惛惫[⑦]，通于大神[⑧]，出入甚极[⑨]，莫知其门[⑩]。天下失之则灭，得之则存。弟子不敏，此之愿陈。君子设辞，请测意之[⑪]。

曰：此夫大而不塞者与[⑫]？充盈大宇而不窕[⑬]，入郄穴而不逼者与[⑭]？行远疾速而不可托讯者与[⑮]？往来惛惫而不可为固塞者与[⑯]？暴至杀伤而不亿忌者与[⑰]？功被天下而不私置者与[⑱]？托地而游宇，友风而子雨[⑲]。冬日作寒，夏日作暑。广大精神[⑳]，请归之云。云。

注释　①物：指后面所说的云。

②居：积聚，指云气发生之时也。杨倞《荀子·赋》注；“谓云物发在地时。”周：周密，引申为浓密。致下：云气弥漫在地面的意思。

③钜：同“巨”，大。

④大盈：据文义与《艺文类聚》引文，疑为“充盈”。大宇：指整个天地之间。

⑤攭（lì）：云气散漫回旋的样子。杨倞《荀子·赋》注：“攭与‘劙’同。攭兮，判貌。”《方言》：“劙，解也。”杨柳桥《荀子诂译·赋》注：“言云气分散相逐，去而后回也。”反：同“返。”

⑥昂昂：云高而聚集的样子。咸蹇：都能走遍。杨柳桥《荀子诂译·赋》注：“《说文》：‘蹇，走貌’，言云高可以走遍天下也。”

⑦惛憊：昏暗，隐蔽。

⑧通于大神：指云的变幻莫测有如与神灵相通。

⑨极：通“亟”，迅速。

⑩门：指云形成和出入的地方。

⑪测意：猜测。

⑫不塞：不堵塞。杨倞《荀子·赋》注：“云气无实，故曰不塞。”

⑬不窕：不留空隙。《尔雅》：“窕，间也。”

⑭郄：同“隙”，缝隙。《说文》：“隙，壁际孔也。”逼：狭窄。

⑮托讯：捎信。

⑯固塞：固定，指停留在一个地方。一说，固塞，屏障。杨柳桥《荀子诂译·赋》注：“固塞，谓城防要塞也。”

⑰亿忌：迟疑，疑忌。亿，通“意”，疑。

⑱私置：偏私。

⑲子雨：以雨为子。雨从云中生，故曰“子雨”。

⑳精神：这里指变化神奇。

译文

有样东西在这里，初聚积的时候浓密而沉静地弥漫在地面上，流动时极其高远而广大。圆的时候符合圆规的法度，方的时候符合直尺的法度。它高大得与天地相配，德行温厚与尧、禹相匹。它细微得像毫毛，巨大得充满整个天地之间。它倏忽间飘向远方，又散漫地相互追逐回旋，它高高地游走整个天下。它德行温厚，对万物都不捐弃，五采俱备，形成美丽的纹理。它往来隐蔽，变化莫测有如与神灵相通，出入匆匆异常，不知它出现与往来的地方。天下万物失去它就会毁灭，得到它就能生存。弟子我不聪敏，愿意在这里陈述这些景象，请先生说一说，猜猜它是什么？

回答说，这是庞大而不能堵塞的吧？是充满整个天地而不留空隙，进入缝隙而不觉得狭窄的吧？是行走得既远又快却不能捎信的吧？是往来隐蔽而不能让它停留在一个地方的吧？是突然而猛烈地到来，杀伤万物而不迟疑的吧？是功德覆盖天下而无所偏私的吧？它依托大地而浮游天地，以风为友，以雨为子。冬天制造寒冷，夏天制造炎热。既广大又变化神奇。这可以归结为云。这就是云。

原文 有物于此[①]，裸裸兮其状[②]，屡化如神[③]。功被天下，为万世文[④]。礼乐以成，贵贱以分，养老长幼，待之而后成。名号不美，与暴相邻[⑤]。功立而身废，事成而家败[⑥]。弃其耆老[⑦]，收其后世[⑧]。人属所利[⑨]，飞鸟所害。臣愚不识，请占之五泰[⑩]。

五泰占之曰[⑪]：此夫身女好而头马首者与[⑫]？屡化而不寿者与[⑬]？善壮而拙老者与[⑭]？有父母而无牝牡者与[⑮]？冬伏而夏游，食桑而吐丝，前乱而后治[⑯]，夏生而恶暑，喜湿而恶雨。蛹以为母，蛾以为父，三俯三起[⑰]，事乃大已[⑱]。夫是之谓蚕理[⑲]。蚕。

注释

①物：指后面所说的蚕。

②裸裸：光秃秃无羽毛的样子。

③屡化：屡次变化。蚕在生长过程中多次蜕变，故称“屡化”。

④文：文彩，条理。

⑤与暴为邻：“蚕”与“残”音近，故曰“以暴为邻”。

⑥功立而身废，事成而家败：功业建成而自身废弃，事业成功而家室败坏。指蚕吐丝结茧，茧成而蚕死，抽丝而茧亡。杨倞《荀子·赋》注：“茧成而见杀，是身废；丝穷而茧尽，故家败。”

⑦耆老：老人，指蚕蛾。

⑧后世：后代，指蚕子。

⑨人属：人类。

⑩五泰：人类。’

⑪占：验，检验。这里指解答谜语。

⑫女好：柔婉的样子。头马首：头像马首。

⑬不寿：寿命短促。

⑭善壮：壮年时受到善待。拙老：老年时被抛弃。拙，处境不佳，受到抛弃。

⑮牝（pìn）牡：雌雄。

⑯前乱而后治：指茧丝原本很乱，经缫理后有了条理。杨倞《荀子·赋》注：“茧乱而丝治。”

⑰俯：俯伏，指蚕眠。

⑱大已：全部完成。

⑲理：矣。杨柳桥《荀子诂译·赋》注："理，犹已也，矣也。"一说，理，道理。

译文 这里有样东西，它的形状是赤身裸体，屡次变化如同神灵。它的功绩覆盖天下，构成万代的文彩。礼乐凭借它来完成，贵贱凭借它来区分，抚养老人孩子，只有凭靠它才能完成。它的名称不美，与"暴"相邻。它的功业完成后自身就被毁弃，事业成功后家室就被毁坏。人们把老的抛弃，只留下它的后代。人类利用它，飞鸟残害它。臣下我愚昧无知，请神巫五泰猜猜。

五泰解答说：这是身子柔婉而头像马首一样的东西吧？是屡次变化而寿命短促的吧？是壮年时间受到善待而老年的处境不佳的吧？是有父母而无雌雄之分的吧？它冬天隐伏不动而夏天四处爬动，它吃下桑叶吐出蚕丝，它的丝开始紊乱后来有条理，虽然生在夏天却厌恶暑热，喜欢潮湿而又怕雨。把蛹作为它的母亲，蛾作为它的父亲。三次俯伏又三次醒起，吐丝结茧的事才全部完成。这就叫作蚕啊！这就是蚕。

原文

有物于此[①]，生于山阜[②]，处于室堂。无知无巧，善治衣裳。不盗不窃，穿窬而行[③]。日夜合离，以成文章[④]。以能合从[⑤]，又善连衡[⑥]。下覆百姓，上饰帝王。功业甚博，不见贤良[⑦]。时用时存，不用则亡。臣愚不识，敢请之王。

王曰：此夫始生钜其成功小者邪[⑧]？长其尾而锐其剽者邪[⑨]？头铦达而尾赵缭者邪[⑩]？一往一来，结尾以为事[⑪]，无羽无翼，反覆甚极[⑫]。尾生而事起[⑬]，尾邅而事已[⑭]。簪以为父[⑮]，管以为母[⑯]。既以缝表，又以连里。夫是谓之箴理[⑰]。箴。

注释

①物：指后面所说的箴（针）。

②生于山阜：生在山岗之上。针由铁制，铁出自山，所以说针“生于山阜”。

③窬（yú）：同“窦”，小洞。

④文章：指由针线缝制出的花纹。

⑤以：通“已”，既。从：通“纵”。

⑥衡：通“横”。

⑦见：同“现”，显现。贤良：指才德美好。

⑧始生钜：指针开始由巨大的铁块中制作。

⑨尾：指穿在针上的线。剽：末，针尖。杨倞《荀子·赋》注：“剽，末也，谓箴（针）之锋也。”

⑩铦（xiān）达：锐利，锋利。《广雅》：“铦，利也。”《方言》：“达，芒也。”赵缭：绵长的样子。杨柳桥《荀子诂译·赋》注：“‘赵缭’应作‘绰缭’，与‘缭绕’意同。”

⑪结尾：指将线穿入针，然后在线头打结。

⑫极：同“亟”，迅急。

⑬尾生：指将线穿在针上。

⑭邅（zhān）：回旋，指缝纫事毕再将线头打结。

⑮簪以为父：把簪作为父亲。簪形似针，所以说“簪以为父。”

⑯管以为母：把管作为母亲。管，盛针的工具。杨倞《荀子·赋》注：“管，所以盛针。”

⑰箴（zhēn）：“针”的本字。

译文 有样东西在这里，生在山岗之上，放在屋子之中。没有智慧与技巧，却善于缝制衣裳。既不偷也不盗，却要穿过小洞而行。它日夜使分离的东西连在一起，并且缝制成各种花纹。既能合拢纵的东西，又能合拢横的东西。它为百姓作遮盖的东西，又为在上的君主作装饰的东西。它的功业博大异常，却从不显示自己美好的德行。用它时它就存在，不用它时它仿佛消亡。臣下我愚昧无知，不认识，大胆地向君王请教。

君王说，这是制作之初十分巨大、制成之时十分细小的东西吧？它的“尾巴”很长而头是很尖锐的吧？它的头是很锋利，“尾巴”是很绵长的吧？它一来一往，“尾”上打个结就开始做事。没有羽毛没有翅膀，来回反复动作急速。有了“尾巴”就开始做事，“尾巴”再打上结就完成了事。把簪作为它的父亲，管作为它的母亲。既用来缝合衣服的外层，又用来连缀衣服的里层。这就叫作针啊！这就是针。

原文　天下不治，请陈佹诗①。

天地易位，四时易乡②。列星殒坠，旦暮晦盲③。幽晦登昭④，日月下藏⑤。公正无私，反见从横⑥；志爱公利，重楼疏堂；无私罪人，憼革贰兵⑦；道德纯备，谗口将将⑧。仁人绌约⑨，敖暴擅强⑩。天下幽险，恐失世英⑪。螭龙为蝘蜓⑫，鸱枭为凤皇⑬。比干见刳，孔子拘匡。昭昭乎其知之明也，郁郁乎其遇时之不祥也，拂乎其欲礼义之大行也⑭，暗乎天下之晦盲也。

皓天不复[15]，忧无疆也。千岁必反[16]，古之常也。弟子勉学，天不忘也。圣人共手[17]，时几将矣[18]。与愚以疑[19]，愿闻反辞[20]。

其小歌曰[21]："念彼远方，何其塞矣[22]。仁人绌约，暴人衍矣[23]。忠臣危殆，谗人服矣[24]。琁、玉、瑶、珠[25]，不知佩也。杂布与锦，不知异也。闾娵、子奢[26]，莫之媒也。嫫母、力父[27]，是之喜也[28]。以盲为明，以聋为聪，以危为安，以吉为凶。呜呼上天，曷维其同[29]。

注释

①诡（guǐ）：通"诡"，激愤，斥责。《说文》："诡，责也。"

②易乡：次序颠倒的意思。乡，通"向"，方向。引申为"次序"。

③晦盲：昏暗不明。《释名》："盲，茫也，茫茫无所见也。"

④幽晦：据文义与《艺文类聚》引文，疑为"幽暗"，指阴险的小人。

⑤日月：指像日月一样光明的君子。

⑥反见：据《艺文类聚》引文，疑为"见谓"，被说成的意思。从横：放纵。从，通"纵"。殷敬顺《列子》释文横，放纵也。"

⑦儆：准备。贰：据文义，疑为"戒"，准备。

⑧谗口：说别人的坏话。将将（qiāng）：集聚的样子。《诗经·周颂·执竞》“磬筦将将。”《毛诗传》：“将将，集也。”

⑨绌：同“黜”，废黜，罢免。

⑩敖：通“傲”，傲慢骄横。

⑪世英：时代的英杰，指君子。

⑫螭（chī）龙：古代传说中的一种蚊龙。蝘（yǎn）蜓：壁虎，蜥蜴。

⑬鸱枭：猫头鹰。

⑭“郁郁乎”二句：据文义与杨倞《荀子·赋》注，疑为“拂乎其遇时之不祥也，郁郁乎其欲礼义之大行也。”拂：违背，指遭遇与意愿相反。郁郁：文彩极盛的样子。

⑮皓：同“昊”，光亮。复：返。

⑯千岁：极言其时间之长。

⑰共：同“拱”。

⑱几：近于。

⑲与：通“举”，全部，都。

⑳反辞：反复的说辞。杨倞《荀子·赋》注：“反辞，反复叙说之辞。”一说，反辞，指与一般人相反而真正正确的见解。

㉑小歌：短小的诗歌。据《战国策·楚策》载，此诗为荀况致楚相黄歇（春申君）信中的一部分，词句略有不同。

㉒塞：据《荀子集解》，疑为“蹇”，艰难。

㉓衍：逍遥自在。

㉔服：被任用。

㉕琁（qióng）：同“琼”，美石。

㉖闾娵（lǘ jū）、子奢：前者为战国时魏国的美女，后者即“子都”，是春秋时郑国的美男子。

㉗嫫母、力父：前者传说是黄帝时的丑女，后者生时未详，疑为丑男之名。

㉘是之喜：能够受人喜欢。

㉙曷维其同：怎么能与这些人苟同。

译文 天下不安宁，请让我唱一支激愤的歌。

天地调换了位置，四季颠倒了次序，群星陨落，昼夜昏暗，阴险的小人登上了显赫的位子，光明如日月的君子却被埋没。公正无私的人，反被说成是放纵；一心爱护公众的利益，反被认为是在营造私人的高楼宽屋；对没有用私心加罪别人的人，反而被认为是在准备兵革加害别人。道德纯正完备的人，反而遭到众多的流言蜚语的攻击。仁人志士受到废黜和制约，傲慢残暴的人专横逞强。天下昏暗凶险，一代英豪恐怕将要失去。螭龙被当成蜥蜴，猫头鹰反而成了凤凰。比干被剖腹挖心，孔子在匡地受困。明明亮亮，他们的智慧是多么的辉煌；遭遇与意愿相背，他们所遇到的时世是多么的不祥！何等有文采啊，他们要施行的礼义；昏暗啊，他们所处的天下是怎样的暗淡无光。晴朗明亮的天空不再出现，只留下忧思无际无边。千年之后，必定会有反复，这也是自古以来的常理。我努力地学习，上天不会将我遗忘。圣人也在拱手等待，时机不久将会到来。我们全都愚昧而又疑虑，愿听你反复的叙说。

这一首短小的诗歌唱道：思念那远方的人，你的处境是何等的艰辛。仁人志士遭到废黜和制约，残暴的人却逍遥自在。忠臣遭到危难，进谗言的人却受到重用。宝石与明珠，不知道佩带；麻布与丝帛，不知道区分；美女闾娵、美男子奢，无人给他们做媒。丑女嫫母，丑男力父，却得到人们的喜爱。把盲人当成眼光明亮的人，把聋子当成耳朵聪明的人，把危险当成安全，把吉祥当成灾难。啊，上天啊，怎么能与这些人苟同。

二十七 大略

题解 本文是荀况的学生摘录荀况言论汇编而成。所涉内容十分广泛，各段内容多不连贯。以“大略”为题，显然是略举其要的意思。

文章论及隆礼重法、圣君贤臣、尚贤使能、学习修身、教育、师友等方面的问题，也谈到了法制、伦理、习俗等方面的问题。

文章对“礼”作了重点的论述，提出了“礼以顺人心”的论点。强调国家政治生活中必须“以礼为表”，即把“礼”作为衡量一切的标准。还指出“礼”的重要内容之一就是“王者必居天下之中”，以说明中央集权的重要。

文章还提出了“天之生民非为君也，天之立君以为民也”的进步的国家学说观点。

原文 大略。

君人者，隆礼尊贤而王，重法爱民而霸，好利多诈而危。

欲近四旁，莫如中央[1]，故，王者必居天下之中，礼也。

天子外屏[2]，诸侯内屏[3]，礼也。外屏，不欲见外也[4]；内屏，不欲见内也[5]。

诸侯召其臣，臣不俟驾，颠倒衣裳而走[6]，礼也。《诗》曰[7]：“颠之倒之，自公召之[8]。”

天子召诸侯，诸侯辇舆就马[9]，礼也。《诗》曰[10]：“我出我舆，于彼牧矣，自天子所[11]，谓我来矣。”

天子山冕[12]，诸侯玄冠[13]，大夫裨冕[14]，士韦弁[15]，礼也。

天子御珽[16]，诸侯御荼[17]，大夫服笏[18]，礼也。

天子雕弓，诸侯彤弓，大夫黑弓，礼也。

诸侯相见，卿为介，以其教出毕行[19]，使仁居守[20]。

聘人以珪[21]，问士以璧[22]，召人以瑗[23]，绝人以玦[24]，反绝以环[25]。

人主，仁心设焉[26]，知其役也[27]，礼其尽也[28]。故王者先仁而后礼，天施然也[29]。

《聘礼》志曰[30]："币厚则伤德，财侈则殄礼[31]" 礼云礼云，玉帛云乎哉[32]!《诗》曰[33]："物其指矣[34]，唯其偕矣[35]，不时宜，不敬交[36]，不欢欣，虽指，非礼也。

水行者表深[37]，使人无陷；治民者表乱[38]，使人无失。礼者，其表也[39]。先王以礼表天下之乱，今废礼者，是去表也。故民迷惑而陷祸患，此刑罚之所以繁也。

舜曰："维予从欲而治[40]。"

故礼之生，为贤人以下至庶民也，非为成圣也，然而亦所以成圣也。不学，不成。尧学于君畴[41]，舜学于务成昭[42]，禹学于西王国[43]。

注释

①莫如中央：没有比中央更方便的意思。

②外屏：小墙在门外。屏，对着门的小墙。也叫照壁。《尔雅·释宫》："屏谓之树。"郭璞注："小墙当门中。"

③内屏：指屏在门内。

④见外：从门内看到院外。

⑤见内：从门外看到门内。

⑥颠倒衣裳：来不及将衣裤穿着整齐之意。

⑦《诗》：指《诗经·齐风·东方未明》。

⑧自公：指来自国君那里的人。

⑨辇（niǎn）：用人拉车。杨倞《荀子·大略》注："辇，谓人挽车，言不暇待马至，故辇舆就马也。"就：凑近，靠近。

⑩《诗》：指《诗经·小雅·出车》。

⑪自天子所：指从天子那里来的人。

⑫山冕：画有山的衣服再加上帽子，是天子的礼服。

⑬玄冠：诸侯的礼服，衣服是黑色的。

⑭裨（bì）冕：次等的礼服。

⑮韦弁：熟牛皮制的礼服。《一切经音义》引《字林》："韦，柔皮也。"

⑯御：用。下文"大夫服笏"中的"服"字与此同。只是位尊者用"御"，位卑者用"服"。珽（tǐng）：长三尺，上方呈椎形的大玉笏。

⑰荼（tú）：通"舒"，上圆下方的玉笏。

⑱笏（hù）：古代大臣上朝时所拿的记事之板，用玉或象牙、竹片制成，作为指画或记事之用，也称"手板"。《礼记·玉藻》："凡有指画于君前用笏。"

⑲教出：据文义与《大戴礼记》，疑为"教士"。教士，是古代受过礼宾训练的士。毕行：指由教士陪同出访的全部过程。

⑳仁：指仁厚的人。居守：留置守护。杨倞《荀子·大略》注：

"使仁厚者主后事。"《左传·成公十六年》:"韩厥将下军，郤至佐新军，荀䓨居守。

㉑聘：问候。指派使者访问友邻。《礼记·曲礼》:"诸侯使大夫问于诸侯，曰聘。"珪：同"圭"，上圆下方的玉器。《说文》:"圭，瑞玉也，上圆下方。"

㉒士：同"事"。璧：玉器，扁圆，中有方孔。《白虎通·瑞贽》引《礼》:"方中圆外曰璧。"

㉓瑗：中有大孔的玉璧。《说文》:"瑗，大孔璧"。

㉔绝人：与人绝交。玦：圆环形而有缺口的玉器。杨倞《荀子·大略》注:"玦，如环而缺。"

㉕反绝以环：召回过去绝交的人用玉环。杨倞《荀子·大略》注:"古者，臣有罪，待放于境，三年不敢去，与之环，则还。"

㉖设：具备。

㉗役：辅助。《广雅》:"役，助也。"一说，役，使用。

㉘尽：止，这里指最终目的。

㉙天施然：自然的安排就是这样。

㉚《聘礼》:《仪礼》中的篇名。志：记载。

㉛殄（tiǎn）：灭绝，破坏。《尔雅》:"殄，绝也。"

㉜"礼云"二句：语出《论语·阳货》。玉帛：泛指贵重的东西。

㉝《诗》：指《诗经·小雅·鱼丽》。

㉞指：通“旨”，美好。

㉟偕：齐等，匀称，协调。

㊱不敬交：据文义疑为“不敬文”。文，指礼节仪式。

㊲表深：标志出深浅的意思。

㊳表乱：标志出治与乱的界限的意思。

㊴表：标志。下文“是去表也”中的“表”字与此同。

㊵维：同“唯”，只有。从欲：顺从心的欲望。

㊶君畴：亦作“尹寿”，尧时人。

㊷务成昭：舜时人。

㊸西王国：不详，疑为人名。

译文

统治百姓的人，推崇礼、尊重贤人就可以称王天下；重视法制、爱护百姓就可以称霸天下；贪财好利、多行诡计就危险。

想要接近四方，不如处在中间最方便。所以君主必须处在天下的中央，这就是礼。

天子的屏墙在门外，诸侯的屏墙在门内，这就是礼。屏墙在门外，是不愿让门里的人看到院外；屏墙在门内，是不愿让门外的人看到门内。

诸侯召见他的臣下，臣下等不及驾车，衣服裤子来不及穿整齐就赶快走了，这就是礼。《诗经·齐风·东方未明》说：“衣裤颠颠倒倒，是从国君那里来的人召唤我。”

天子召见诸侯，诸侯拉着车去套马，这就是礼。《诗经·小雅·出车》说：“我拉出我的车，去那牧场套马，向从天子那里来的人说：‘就说我已经到了。’”

天子穿着绣着山形图案的礼服，诸侯穿着黑色的礼服，大夫穿着次等的礼服，士穿着熟皮制的礼服，这就是礼。

天子用珽，诸侯用荼，大夫用笏，这就是礼。

天子用雕花的弓，诸侯用红色的弓，大夫用黑色的弓，这就是礼。

诸侯相会，卿作为引见人，受过礼宾训练的士陪同全部出访行程，让仁厚的人在本国留守。

诸侯之间派人相互问候，用圭作为凭信；询问事务，用璧作为凭信；召见臣下，用瑗作为凭信；与人绝交，用玦来表示；召回原来绝交的人，用环表示。

君主，先要具备仁爱的心，智慧是仁爱之心的辅助，礼是最终的目的。所以，君主以仁爱为先，礼为后，上天也是自然的这样安排的。

《聘礼》记载说：“钱多了有伤德行，财物奢侈就灭绝。”礼啊礼啊！仅仅说的是玉帛之类的贵重东西吗?《诗经·小雅·鱼丽》说：“礼物之所以美好，是因为它协调。”礼物送得不合时宜，送礼时不恭敬不讲究礼节仪式，态度又不欢欣，礼物虽然美好，也不符合礼的要求。

涉水的人，要标志出水的深浅，使人不致于陷入深水之中；治理百姓的人，要标志出治与乱的界限，使人不致于发生过错。礼，就是标志。先王用礼来标志出天下治乱的界限，如今，废掉了礼，就是取消了标志。所以老百姓就迷惑就陷入祸患之中，这就是刑罚繁多的原因。

舜说：“只有我才能随心所欲地治理天下。”

所以，礼的产生，是为了贤人直至普通的人，不是使人都成为圣人。但是它是人之所以成为圣人的原因，不经过学习，是不会成为圣人的。尧向君畴学习，舜向务成昭学习，禹向西王国学习。

原文 五十不成丧[①]，七十唯衰存[②]。

亲迎之礼[③]：父南乡而立[④]，子北面而跪，醮而命之[⑤]：“往迎尔相[⑥]，成我宗事[⑦]，隆率以敬先妣之嗣[⑧]，若则有常[⑨]。”子曰：“诺，唯恐不能，敢忘命矣！”

夫行也者，行礼之谓也[⑩]。礼也者，贵者敬焉，老者孝焉，长者弟焉[⑪]，幼者慈焉，贱者惠焉。

赐予其宫室[⑫]，犹用庆赏于国家也；忿怒其臣妾[⑬]，犹用刑罚于万民也。

君子之于子，爱之而勿面[⑭]，使之而勿貌[⑮]，导之以道而勿强。

礼以顺人心为本。故，亡于《礼经》而顺人心者[⑯]，皆礼也。

礼之大凡[⑰]：事生，饰欢也；送死，饰哀也；军旅，饰威也。

亲亲故故庸庸劳劳[⑱]，仁之杀也[⑲]。贵贵尊尊贤贤老老长长，义之伦也[20]。行之得其节，礼之序也。仁，爱也，故亲。义，理也，故行。礼，节也，故成。仁有里[21]，义有门[22]。仁，非其里而虚之[23]，非礼也[24]。义，非其门而由之，非义也。推恩而不理[25]，不成仁。遂理而不敢[26]，不成义。审节而不知[27]，不成礼。和而不发[28]，不成乐。故曰：仁义礼乐，其致一也[29]。君子处仁以义，然后仁也；行义以礼，然后义也；制礼反本成末[30]，然后礼也。三者皆通，然后道也。

货财曰赙[31]，舆马曰赗，衣服曰禭，玩好曰赠[32]，玉贝曰唅。赙赗，所以佐生也；赠禭，所以送死也。送死不及柩尸，吊生不及悲哀，非礼也。故，吉行五十，奔丧百里，赗赠及事[33]，礼之大也。

注释

①不成丧：父母亡故时不需子女哭诵的礼节。杨倞《荀子·大略》注："不成丧，不备哭诵之节。"

②衰（cuī）存：父母亡故，子女穿上麻制的丧服。杨倞《荀子·大略》注："衰存，但服缞麻而已。"《礼记·丧记》曰："七十唯衰麻在身。"

③亲迎之礼：古代娶亲，男子亲到女方迎娶的礼节。

④乡：同"向"。

⑤醮（jiào）：古代男女婚娶时，用酒祭神的礼节。《说文》："醮，冠娶礼祭。"《礼记·昏义》父亲醮子而命之迎。"郑玄注："酌而无酬酢曰醮。"

⑥相：助手，指妻子。

⑦宗事：指传宗接代的事。

⑧隆率：努力地率领妻子的意思。妣：母亲。

⑨若则有常：你的行动有常规。

⑩行礼：按照礼去行动。

⑪弟：同"悌"，敬爱兄长。

⑫宫室：指妻室。杨倞《荀子·大略》注："宫室，犹妻子也。此明能治家，则以治国也。"

⑬忿怒：愤怒。引申为惩处。

⑭勿面：不要表现在脸上。

⑮勿貌：不要用好的脸色与言语相待，意即要正颜厉色。

⑯亡于：无于，不见于。亡，通"无"。

⑰大凡：概要。

⑱亲亲：亲近父母。故故：不忘故交。庸庸：功功，即按功论功的意思。劳劳：按劳论劳的意思。

⑲杀：等差，区分。杨倞《荀子·大略》："杀，差等也。"

⑳伦：理。

㉑里：故里，人们安居之处，此处指合适的范围。

㉒门：门径，途径。

㉓虚之：据文义疑为“处之。”

㉔非礼也：据文义疑为“非仁也”。

㉕推恩：指君主对臣下施行恩惠。

㉖遂理：合理。敢：指勇敢地去做。

㉗审节而不知：据文义与杨倞《荀子·大略》注，疑为“审节而不和”。节，礼节，制度。不和，不和谐。

㉘发：表现在外。

㉙致一：指仁义礼乐的目标和归宿完全一致。杨倞《荀子·大略》注：“言四者虽殊，同归于得中。”

㉚反本成末：根据礼的根本原则来规定其具体的礼节条文。

㉛赙（fù）：与下文的“赗（fèng）”“襚（suì）”“赠”“唅”都是指赠送礼物去帮助丧家遣送死者，安慰生者的礼节名称。

㉜玩好：这里指用于殉葬的琴瑟笙竽之类的东西。

㉝及事：指能赶上送死吊生的事。

译文

五十岁的人，父母亡故时，不需要哭诵的节礼。七十岁的人，父母亡故时，只需要穿上麻制的丧服就行了。

男子亲到女方家迎娶的礼节作父亲的向南而立，当儿子的面朝北跪下。父亲斟酒祭神，指示儿子说："你去迎接你的内助，完成我家传宗接代的大事。你要努力带领妻子孝敬婆母，成为她的继承人，你的行动要有常规。"儿子回答说："我唯恐不能做好，哪里敢忘记父命！"

行，就是按照礼去行动的意思。礼，就是对尊贵的人恭敬，对老年人孝顺，对年长的人敬爱，对年幼的人慈爱，对卑贱的人给予恩惠。

赏赐自己的妻室，也应该像在国家范围内施行赏赐一样，惩处身边的臣妾，也就像对天下百姓施用刑罚一样。

君子对于儿子，爱他而不形于色，使唤他要正颜厉色，引导他，用道义而不能强制。

礼，以顺应人心为根本。所以，虽然不见于《礼经》，但只要是顺应人心的，都属于礼的范畴。

礼的概要是：侍奉活着的人，要表达出喜悦的情感；遣送死者，要表达出悲伤的情感；行军练兵，要显示出威武的气势。

亲近父母，不忘故交，按功论功，按劳论劳，这是“仁”的区别对待。给尊贵者荣誉，给位尊者恭敬，给贤才以敬重，孝顺老人，谦让长者，这是“义”的常理。实行这些得当，就是“礼”的秩序。仁，就是爱，所以人们要相互亲近。义，就是理，所以必须实行。礼，就是礼节制度，所以能使事业完成。仁有一定的范围，义有一定的途径。仁，不是在一定的范围内而且按礼的要求去做的，就不是仁。义，如果不通过一定的途径去实行的，就不能叫义。君主对臣下施行恩惠却不合理，不成其为仁。合理却又不敢去实施，不成其为义。明察礼节制度却不协调，不成其为“礼”，协调而没有表现出来，不成其为乐。所以说，仁义礼乐，它们的目的归宿是一致的。君子根据义的原则来处理仁，就是能做到仁；用礼的原则来处理义，就能做到义；制定礼要根据它的根本原则来确定其具体的礼节条文，就能做到礼。这三方面都了解了，就符合治国的总原则。

送财物去帮助丧家办事叫作“赙”，送车马去丧家的叫作“赗”，送衣服去的叫作“襚”，送琴瑟竽笙之类陪丧品去的叫作“赠”，送玉贝去的叫作“唅”。

赙和赗是用来帮助死者家属的，赠和襚是用来遣送死者的。遣送死者不到灵柩面前，吊慰生者不到悲哀的程度，都不符合礼的要求。所以，祝贺喜事，一天走五十里，奔丧，一天就要走一百里，赗和赠要能及时赶上丧礼，这是大的礼节。

原文 礼者，政之挽也[①]。为政不以礼，政不行矣。

天子即位，上卿进曰："如之何忧之长也！能除患则为福，不能除患则为贼。"授天子一策[②]。中卿进曰："配天而有下土者[③]，先事虑事，先患虑患。先事虑事谓之接[④]，接则事优成[⑤]；先患虑患谓之豫[⑥]，豫则祸不生。事至而后虑者，谓之后，后则事不举；患至而后虑者谓之困，困则祸不可御。"授天子二策[⑦]。下卿进曰："敬戒无怠，庆者在堂，吊者在闾[⑧]，祸与福邻，莫知其门[⑨]。豫哉！豫哉！万民望之。"授天子三策[⑩]！

禹见耕者耦立而式[⑪]，过十室之邑必下[⑫]。

杀大蚤[⑬]，朝大晚[⑭]，非礼也。治民不以礼，动斯陷矣[⑮]。

平衡曰拜[16]，下衡曰稽首，至地曰稽颡。大夫之臣，拜，不稽首。非尊家臣也，所以辟君也[17]。

一命齿于乡[18]，再命齿于族[19]，三命族人虽七十不敢先[20]。

上大夫，中大夫，下大夫。

吉事尚尊[21]，丧事尚亲[22]。

君臣不得不尊，父子不得不亲，兄弟不得不顺，夫妇不得不欢。少者以长，老者以养。故天地生之，圣人成之[23]。

聘[24]，问也。享[25]，献也。私觌[26]，私见也。

言语之美，穆穆皇皇[27]，朝廷之美，济济跄跄[28]。

为人臣下者，有谏而无讪[29]，有亡而无疾[30]，有怨而无怒。

君于大夫，三问其疾，三临其丧[31]。于士，一问一临。诸侯，非问疾吊丧不之臣之家[32]。

既葬，君若父之友食之[33]，则食矣，不辟粱肉[34]，有酒醴则辞。

寝不逾庙[35]，设衣不逾祭服[36]，礼也。

《易》之《咸》[37]，见夫妇[38]。夫妇之道，不可不正也，君臣父子之本也[39]。咸，感也[40]，以高下下[41]，以男下女，柔上而刚下。

聘士之义，亲迎之道，重始也。

礼者，人之所履也[42]，失所履，必颠蹷陷溺[43]。所失微而其为乱大者，礼也。

礼之于正国家也，如权衡之于轻重也，如绳墨之于曲直也。故，人无礼不生，事无礼不成，国家无礼不宁[44]。

和乐之声[45]，步中《武》《象》，趋中《韶》《护》。君子听律习容而后士[46]。

注释

①挽：牵引，引申为引导。

②一策：第一道策令。策，古代帝王对臣下使用的一种文书。《释名·释书契》："策，书教令于上，所以驱策诸下也。"

③配天：指德行很高可以与天相配。有下土者：指占有国土

的君主。

④接：通“捷”，迅速。

⑤优成：完成得很好。

⑥豫：同“预”，预料，预见。

⑦二策：指第二道策令。

⑧庆者在堂，吊者在闾：庆贺的人还在大堂之上，吊丧的人已来到门前。比喻事情变化的急速。杨倞《荀子·大略》注：“庆者虽在堂，吊者已在门，言相袭之速。”

⑨门：门径。引申为缘由。

⑩三策：第三道策令。

⑪耦（ǒu）：对着，相对。《汉书·高帝记》：“诽谤者族，耦语者弃市。”颜师古注引应劭：“耦，对也。”式：同“轼”，车前横木。这是指禹扶轼以表示敬意。《释名》：“轼，式也。所以伏以式敬者也。”

⑫下：下车。杨倞《荀子·大略》注：“《论语》曰：‘十室之邑，必有忠信……’故下之也。”

⑬杀大蚤：据《荀子集解》与文义，疑为“祭大蚤”，祭祀过早的意思。大，通“太”，下文“朝大晚”的“大”字与此同。蚤，通“早”。

⑭朝：朝拜。

⑮陷：差错。

⑯平衡：与下文“下衡”，即稽首和稽颡，是古代三种跪拜的礼节。平衡时头弯下与腰齐平，叫作拜。下衡时手触地叫作稽首。稽颡时头与手都必须触地。

⑰辟君：避免将大夫与国君同等对待的意思。辟，同“避。”

⑱一命：指子男的士，即下文所说的“下大夫”。命，是周朝官吏的等级，九命最高，一命最低。齿于乡：在乡里要与其他人一样按年岁的大小排列坐次。齿，秩齿，即以年岁大小排座次。下同。

⑲再命：二命，大夫。即下文所说的“中大夫。”

⑳三命：卿，即下文所说的“上大夫。”不敢先：指不敢排列在卿的前面。

㉑吉事：祭祀之类的典礼。尚尊：尊重地位高的人，即按官职高低排列位次。

㉒尚亲：尊重最亲的人，即按与死者的亲疏关系排列位次，列位次。

㊲《易》：即《周易》。《咸》：《周易》中的一卦。

㊳见夫妇：体现夫妇之道。见，通“现”，体现。《周易·咸》中，“艮”（gěn）在下，表示少男，“兑”（duì）在上，表示少女，所以说“见夫妇。”

㊴君臣父子之本：君臣父子的根本。《周易·说》：“有天地，然后有男女；有男女，然后有夫妇；有夫妇，然后有父子；

有父子，然后有君臣。”所以这里说夫妇之道是君臣父子的根本。

㊵感：感应。

㊶下下：置于低的下面，指对地位低下的人态度谦恭。

㊷所履：所行，照着实行。

㊸颠蹷陷溺：跌入错误之中。

㊹国家无礼不宁：此句之后当接前文移下的“君臣不得不尊，父子不得不亲，兄弟不得不顺，夫妇不得不欢。少者以长，老者以养。故天地生之，圣人成之。”不得，指不把礼作为准则。

㊺和乐：据《荀子·礼论》与《荀子·正论》，疑为“和鸾”，悬挂在车上的铃。

㊻律：音乐的节奏。习容：练习举止仪表。士：据文义，疑为“出”，行步。

译文

礼，是政事的引导。处理政事不依据礼，是行不通的。

天子即位时，上卿上前说道：“天下的忧患为什么这么长远啊！能排除忧患就是幸福，不能排除忧患就是祸害。”。这是进献给天子的第一道策论。中卿上前说道："德行与上天匹配而占有下方国土的人，在事发之前就要对事情有所考虑，在祸患发生之前就要对祸患有所考虑。在事发之前有所考虑的叫作迅速，迅速事情就能圆满地完成。在祸患发生之前就对祸患有所考虑的叫作有预见，有预见祸患就不会发生。事情来了之后才考虑的叫作落后，落后了事情就办不成。祸患来了才考虑的叫作困穷，困穷了祸患就无法抵挡。"这是进献给天子的第二道策论。下卿上前说道："要严肃谨慎毫不懈怠。有时庆贺的人还在堂上，吊丧的人已经在门前，祸患往往与幸福相邻，人们有时甚至还不知道祸福产生的原因。要有预见啊！要有预见啊！千千万万的百姓仰望着你。"这是进献给天子的第三道策论。

大禹见到对面有耕地的人，就停立下来，扶着车轼表示敬意，路过十来户人家的小村，也要行下车之礼。

祭祀太早，上朝太晚，都不符合礼。治理百姓不以礼为依据，动辄就会出差错。

头弯下与腰齐平的"平衡"，叫作"拜"，手触到地的"下衡"叫作"稽首"，头手都触到地的叫作"稽颡”。大夫的臣子，见到天子只“拜”而不“稽首”，这不是提高大夫臣子的地位，而是避免把大夫与国君同等看待。

最低级的一等命官，在乡里要和别的人一道按年龄的大小排列位次。二等命官，在家族中要和家族的人一道按年龄大小排列位次。三等命官，在同族之中，即使是七十岁的老人也不敢排在他的前面。

这就是上大夫、中大夫与下大夫的位次。

祭祀之类吉庆的事，要注重爵位的尊卑；丧事，要讲究与死者关系的亲疏。

使者奉命问候诸侯，叫作“问”。使者奉命送礼物给诸侯，叫作“献”。使者以私人身份、为臣之礼拜见诸侯，叫作“私见”。

形容言语的美，用“穆穆皇皇”，形容朝廷的美，用“济济铪铪”。

作为君主的臣下，只应有谏劝不能诽谤，只能辞职而不能嫉恨君王，可以有不满但不能有愤恨。

君主对大夫，可以三次问候他的病情，三次吊丧。对士，可以问候一次病情，吊丧一次。诸侯，如果不是问候病情和吊丧，是不能到臣下家中去的。

父母安葬之后，君主与父亲的朋友用食物来款待自己，是可以吃的，可以不避开好的饭菜，但如果有酒，要辞谢。

居室的规模不能超过宗庙，平时穿着的衣服不能超过祭服，这就是礼。

《易经》中的《咸》，体现了夫妇之道。夫妇之道，不能不端正，它是君臣父子关系的基础。所谓“咸”，就是相互感应，把高的放在低的下面，把男的放在女的下面，把柔的放在刚的上面，就是要相互感应。

聘用贤士的意义，亲迎妻室的道理，就是重视事情的起始。

礼，是人们所要照着办的，失去了这个依据，人们一定会陷入错误之中。礼，只要稍微错一点，造成的祸乱就极大，这就是礼。

礼，对于国家来说，就像秤对于轻与重、墨线对于曲与直一样。所以，人没有礼就不能生成，事没有礼就不能成功，国家没有礼就不能安宁。君臣之间不把礼作为准则，就不会相互尊重；父子之间不把礼作为准则，就不相互亲近；兄弟之间不把礼作为准则，就不会和顺；夫妇之间不把礼作为准则，就没有欢悦。年少的人依靠礼得到成长，年老的人依靠礼得到赡养。所以，礼是由天地产生，由圣人完成的。

车铃叮咚，马车慢行时，铃声与《武》《象》之乐相配合。马车急行时，铃声与《韶》《护》之声相配合。君子听着音乐的节奏，练习举止仪表，然后才能出行。

原文　霜降逆女①，冰泮杀②，内十日一御③。

坐视膝，立视足，应对言语视面④。立视前六尺而大之⑤，六六三十六,三丈六尺。

文貌情用⑥，相为内外表里。礼之中焉能思索⑦，谓之能虑。

礼者，本末相顺，终始相应。

礼者，以财物为用，以贵贱为文，以多少为异。

下臣事君以货，中臣事君以身，上臣事君以人[8]。

《易》曰[9]："复自道何其咎[10]。"

《春秋》贤穆公[11]，以为能变也[12]。

士有妒友，则贤交不亲[13]；君有妒臣，则贤人不至。蔽公者谓之昧[14]，隐良者谓之妒，奉妒昧者谓之交谲[15]。交谲之人，妒昧之臣，国之秽孽也[16]。

口能言之，身能行之，国宝也。口不能言，身能行之，国器也。口能言之，身不能行，国用也[17]。口言善，身行恶，国妖也。治国者敬其宝，爱其器，任其用，除其妖。

不富无以养民情，不教无以理民性。故，家五亩宅，百亩田，务其业而勿夺其时，所以富之也。立大学[18]，设庠序[19]，修六礼[20]，明十教[21]，所以道之也[22]。《诗》曰[23]："饮之食之，教之诲之。"王事具矣。

武王始入殷，表商容之间[24]，释箕子之囚，哭比干之墓，天下乡善矣[25]。

天下，国有俊士，世有贤人。迷者不问路，溺者不问遂[26]，亡人好独[27]。《诗》曰[28]：“我言维服[29]，勿用为笑。先民有言，询于刍荛[30]。”言博问也。

有法者以法行，无法者以类举[31]。以其本知其末，以其左知其右。凡百事，异理而相守也[32]。

庆赏刑罚，通类而后应[33]。政教习俗，相顺而后行。

八十者一子不事[34]，九十者举家不事，废疾非人不养者[35]，一人不事。父母之丧三年不事，齐衰大功三月不事[36]，从诸侯不与新有昏期不事[37]。

注释

①霜降逆女：霜降时节嫁娶。逆女即迎女，指嫁娶。《孔子家语》：“群生闭藏为阴，而为化育之始。故圣人以合男女，穷天妇也。霜降而妇功成，嫁娶者行焉。”

②冰泮：指二月冰消雪化，冬去春来之时。《经诗·邶风·匏有苦叶》三章：“士如归妻，迨冰未泮。”《毛诗传》：“泮，散也。”杀：据《韩诗外传》引文，疑为“杀止”，停止的意思。《孔子家语》：“冰泮而农桑起，昏礼杀于此。”

③御：亲近，这里指夫妇同房。《独断·上》：“御者，近也。凡衣服加于身，饮食入于口，妃妾接于寝，皆曰御。”

④视面：注意对方的面部表情。杨倞《荀子·大略》注："《仪礼·士相见》云：'子视父，则游目，无上于面，无下于带，若不言，立则视足，坐则视膝。'"

⑤大之：据文义，疑为"六之"，六个六尺。

⑥文貌：指表现在外的仪表容貌。情用：内心的情感。

⑦礼之中焉：按礼的要求。一说，指仪表感情恰好相称。

⑧人：举荐贤才。杨倞《荀子·大略》注："货，谓聚敛及珍异献君；身，谓死卫社稷；人，谓举贤也。"

⑨《易》：指《周易·小畜卦·初九》。

⑩复：行。杨柳桥《荀子诂译·大略》注："复，犹行也。"何：任，负荷，承担。《小尔雅》："何，任也。"杨柳桥《荀子诂译·大略》注："此负荷之本字，何其咎，犹言任其咎也。"

⑪《春秋》：书名，相传是由孔子删过的鲁国史书。

⑫变：改变，这里指能改正错误。秦晋殽之战前，蹇叔曾规劝秦穆公不要出师，穆公不听，秦军终被晋军打败。事后，穆公检讨了自己的错误，所以《春秋》对穆公予以赞扬。

⑬贤交：贤德的朋友。

⑭蔽公者：指隐蔽公道的人。昧：糊涂，昏暗。

⑮交谲：狡猾，诡诈。交，同"狡"。《说文》"谲，权诈也。"

⑯秽孽：祸害，灾害。

⑰用：用具。

⑱大学：指高等的学校。

⑲庠（xiáng）序：古代乡学，泛指学校。《孟子·滕文公上》："设为庠序学校以教之。庠者，养也。校者，教也。序者，射也。夏曰校，殷曰序，周曰庠，学则三代共之。皆所以明人伦也。"

⑳六礼：指冠、婚、丧、祭、乡、相见六个方面的规定。

㉑十教：十，疑为"七"。"七教"，指父子、兄弟、夫妇、君臣、长幼、朋友、宾客七个方面的教育。《荀子·王制》："司徒，修六礼以节民性，用七教以兴民德。

㉒道：同"导"，引导。

㉓《诗》：指《诗经·小雅·绵蛮》。

㉔表：旌扬表显。《史记·留侯世家》："表商容之闾。"《索隐》："表者，标榜其里门。"这里是树立扁额牌坊之类的旌表以示表彰之意。商容：殷朝大夫，被纣王贬退。闾：巷口的门。

㉕乡：同"向"。

㉖遂：通"隧"，这里指水中可以涉过的路。杨倞《荀子·大略》注："遂，谓径隧，水中可涉之径也。"

㉗亡人：指亡国之君。独：专横独断。杨倞《荀子·大略》注："独，谓自用其计。"

㉘《诗》：指《诗经·大雅·板》。

㉙服：事，这里指急事。

㉚刍荛（chú ráo）：打柴人。

㉛以类举：根据处理同类事情的法律规定去办理。

㉜相守：相依存。杨柳桥《荀子诂译·大略》注：“相守，犹相待也，相依也。”

㉝通类：指对同类的情况通晓明白。应：适当，得当。

㉞事：服劳役。下同。

㉟非人不养者：不靠别人就无法活下去的人。

㊱齐衰（zī cuī）、大功：古代服丧的名称，这里指的人为父母之外的人服丧。

㊲从诸侯不：据文义，疑为“从诸侯来”，从别国来。昏：同“婚”。期（jī）：一年。

译文

霜降时节嫁娶，冰消雪化之时停止嫁娶，在室内，夫妇十天同房一次。

坐着，眼睛看着对方的膝盖，站着，眼睛看着对方的脚；应答言语，要注意对方的面部表情。站着，看着面前六尺范围，六个六尺，六六三六，视野最大可以达到三丈六。

仪表容貌和思想感情，是互为表里内外的。按照礼的要求去思考，就叫作善于思考。

礼，是本末一致，始终相照应的。

礼，是把财物作为行礼的费用的，是以贵贱为依据来制定制度条文的，是以车马衣物的多少来区别上下尊卑的。

下等的臣用聚敛财物来侍奉君主，中等的臣用自己的生命来侍奉君主，上等的臣用举荐贤才来侍奉君主。

《周易·小畜卦·初九》说："遵循着道前行，承担起一切的险恶。"

《春秋》赞美秦穆公，因为他能改正错误。

人一旦有了喜欢嫉妒的朋友，贤德的朋友就不会再亲近他；君主有了喜欢嫉妒的臣下，贤德的人就不会到来。隐瞒公道的人，叫作"昧"，埋没贤良人的人，叫作"妒"，奉行"昧"和"妒"的人，叫作狡猾诡诈。狡猾诡诈的人，"昧""妒"的臣，是国家的祸害。

嘴巴能说出，又能身体力行的，是国家的珍宝；嘴巴说不出，却能亲自做到的，是国家的器物；嘴巴能说出，但自己做不到的，是国家的用具；说的是好话，办的是坏事的，是国家的妖孽。治理国家的人，要敬重国家的珍宝，爱护国家的器物，恰当地使用国家的用具，剪除国家的妖孽。

不富足就无法调养百姓的感情，不教育就无从理顺百姓的本性。所以，一户人家，要给它五亩宅院，百亩田地，使他们致力于生产，而且不能耽误他们的农时，这就是使百姓富裕。设立各种高等的学校、乡学，教习“六礼”，彰明七教。由本可以知道它的末，由左可以知道右，一切事物，道理虽然不同但却是相互依存的。

赏赐和刑罚，要对同类事物的情况都通晓了解之后才会做到恰当；政令教化与风俗习惯要互相适应，然后才能行得通。

八十岁的人可以有一个儿子不服劳役，九十岁的人全家可以不服劳役，家中有残废不靠别人就无法生存下去的人，可以有一个人不服劳役，父母亡故可以三年不服劳役，齐衰、大功之类的服丧，可以三个月不服劳役，从别的国家来与新婚的，一年不服劳役。

原文　子谓子家驹续然大夫[1]，不如晏子[2]。晏子，功用之臣也[3]，不如子产[4]。子产，惠人也，不如管仲。管仲之为人，力功不力义[5]，力知不力仁，野人也[6]，不可以为天子大夫。

孟子三见宣王不言事[7]。门人曰："曷为三遇齐王而不言事？"孟子曰："我先攻其邪心。"

公行子之之燕[8]，遇曾元于涂[9]，曰："燕君何如？"曾元曰："志卑，志卑者轻物[10]，轻物者不求助[11]。苟不求助，何能举？氐、羌之虏也[12]，不忧其系垒也[13]，而忧其不焚也[14]。利夫秋毫，害靡国家[15]，然且为之，几为知计哉[16]？"

今夫亡箴者，终日求之而不得，其得之，非目益明也，眸而见之也[17]。心之于虑亦然。

义与利者，人之所两有也。虽尧、舜不能去民之欲利，然而能使其欲利不克其好义也[18]。虽桀、纣亦不能去民之好义，然而能使其好义不胜其欲利也。故，义胜利者为治世，利克义者为乱世。上重义，则义克利；上重利，则利克义。

故天子不言多少，诸侯不言利害，大夫不言得丧，士不通货财[19]。有国之君不息牛羊[20]，错质之臣不息鸡豚[21]，冢卿不修币[22]，大夫不为场园[23]。从士以上皆羞利而不与民争业，乐分施而耻积臧[24]。然故，民不困财，贫窭者有所窜其手[25]。

文王诛四，武王诛二，周公卒业，至成康则案无诛已[26]。

多积财而羞无有[27]，重民任而诛不能[28]，此邪行之所以起，刑罚之所以多也。

上好羞则民暗饰矣[29]，上好富则民死利矣[30]。二者，乱之衢也[31]。民语曰："欲富乎，忍耻矣，倾绝矣[32]，绝故旧矣，与义分背矣[33]。"上好富，则人民之行如此，安得不乱。

汤旱而祷曰："政不节与？使民疾与？何以不雨至斯极也！宫室荣与？妇谒盛与[34]？何以不雨至斯极也！苞苴行与[35]？谗夫兴与？何以不雨至斯极也！"

注释 ①子：指孔子。子家驹：春秋时鲁国的大夫。杨倞《荀子·大略》注："子家驹，鲁公子庆之孙，公孙归父之后。名羁，驹，其字也。"续然：续成，守成。《尔雅》："续，继也。"《广雅》：

"然，成也。"一说，续，通"赓"。续然即赓然，刚强不屈的样子。

②晏子：即晏婴，春秋时齐国的相。

③功用：讲究实效的意思。

④子产：春秋时郑国的大夫。

⑤力：尽力。引申为重视。

⑥野人：指缺乏礼义教养的人。

⑦事：指治国的事。史载齐宣王讲究功利，主张霸道，孟轲曾多次与齐宣王论辩，宣讲仁义。

⑧公行子之：战国时齐国的大夫。之燕：到燕国去。

⑨曾元：战国时人，孔丘门徒曾参之子。涂：同"途"，路途。

⑩轻物：不重视事业。物，指事业。

⑪不求助：指不向贤人求助。

⑫氐、羌（dī qiāng）：我国古代的二个少数民族。

⑬系垒：捆绑，指被人俘虏。引申为亡国。垒，通"累"。

⑭不焚：指死后不能火葬。杨倞《荀子·大略》注："氐、羌之俗，死则焚尸，今不忧虏获，而犹不焚，是愚也。"

⑮害靡：累害。

⑯几：通"岂"，难道。

⑰眸：疑作"瞀（mào）"，低头细看。《说文》："瞀，低头视也。"

⑱克：胜过。下同。

⑲据文义与《韩诗外传》引文，疑“不”下夺一“言”字。

⑳息：繁殖。下同。

㉑错质之臣：出使其他诸侯国的大臣。一说，错质即委贽，献身之意。

㉒冢卿：上卿，指相。修币：钻营钱财。

㉓场园：据文义与《韩诗外传》引文，疑为“场圃”，指庄稼与蔬菜。圃，菜园子。

㉔臧：通“藏”，积藏。

㉕窭（jù）：贫穷。窜：放置。杨倞《荀子·大略》注：“窜，容也，谓容集其手而力作也。”

㉖成康：周成王、周康王。案：乃。

㉗多：赞美。积财：指富有的人。羞：看不起。无有：指贫穷的人。

㉘重民任：加重百姓的负担。不能：指无力胜任重负的人。

㉙羞：据文义疑为“义”。暗饰：暗自振作、端正自己的行为。

㉚死利：为利而死。

㉛据文义，疑“乱”前夺一“治”字。衢：十字路口，引申为分界处。

㉜倾绝：拼命。杨倞《荀子·大略》注：“倾绝，谓倾身绝命而求也。”

㉝分背：背道而驰。

㉞谒：请托，指以私事相托。

㉟苞苴（bāo jū）：包裹。这里指贿赂。苞，通“包”。

译文

孔子说子家驹是个守成的大夫，不如晏子；晏子是讲究实效的大臣，不如子产；子产，爱护百姓，但不如管仲；管仲为人，重视功效而不注重义，重视智谋而不注重仁，是缺乏礼义教养的人，不能够担任天子的大夫。

孟子三次拜见齐宣王都不谈治国的事。他的学生问道为什么三次拜见齐宣王都不谈治国的事呢？”孟子说：“我要先攻破他讲功利霸道的歪邪的心。”

公行子之到燕国去，途中遇到曾元，就问道：“燕国国君怎么样？”曾元回答说：“他意志卑下，意志卑下的人轻视事业，轻视事业的人不肯求取贤人的帮助。如果不求举贤人的帮助，他又怎么能够成功呢？就像那些被俘虏的氐羌族的人，不忧虑他们的亡国，却去忧虑死后不能火葬一样。为了秋毫的小利而去危害国家的事，他都要做，难道是懂得治国大计的吗？”

丢针的人，找了一整天也没有找到，后来找到了，并不是由于眼睛比先前明亮，而是由于他低头细看，心志对于思考也是这样的。

讲求义和利，这两个方面都是人所固有的。即使是尧、舜也不能消除人对利的欲求，但他们能使人对利的欲求不超过人们对义的喜爱。即使是桀、纣也不能消除人对义的喜爱，但他们却能使人对义的喜爱不超过对利的欲求。所以义胜过利时，就是太平治世，利胜过义时，就是乱世。君主重视义，义就胜过利，君主重视利，利就胜过义。

所以，如果君主不谈利的多少，诸侯就不会谈利的利害，大夫就不会谈利的得失，士就不会谈经营利财。拥有国家的君主，不去繁殖牛羊；出使的大臣，不去繁殖鸡猪；相不去钻营钱财；大夫不种庄稼蔬菜。他们都以赢利为耻而不去与百姓争夺产业，他们乐于施舍而把积财当作耻辱。因此，人们不被财所困，贫穷的人也都有出力的地方。

文王讨伐了四个诸侯国，武王讨伐了两个，周公完成了王业，周成王、周康王就没有讨伐的事了。

赞美富有的人而看不起贫穷的人，加重百姓的负担而任意惩治不能胜重负的人，这就是邪恶的行径兴起的原因，是刑罚繁多的原因。

君主喜好义，百姓就暗自振作，端正自己的行为。君主喜好财富，百姓就会为财利而死。这两方面，是治与乱的分界。民谚说："要求富，就要不顾羞耻，就要舍身忘命，就要与故旧断交，就会与义分手。"君主喜欢财富，百姓的行为也会如此，怎么能够不乱呢？

汤王因为天旱而祈祷说："政事不协调吗？役使百姓过分了吗？为什么这么久不下雨呢？宫室太华丽了吗？妇人请托太多了吗？为什么这么久不下雨呢？贿赂盛行了吗？诽谤发生了吗？为什么这么久不下雨呢？"

原文　天之生民，非为君也。天之立君，以为民也。故古者列地建国，非以贵诸侯而已。列官职，差爵禄[1]，非以尊大夫而已。

主道知人[2]，臣道知事。故舜之治天下，不以事诏而万物成[3]。

农精于田而不可以为田师，工贾亦然。

以贤易不肖，不待卜而后知吉。以治伐乱，不待战而后知克。

齐人欲伐鲁，忌卞庄子[4]，不敢过卞[5]。晋人欲伐卫，畏子路[6]，不敢过蒲[7]。

不知而问尧、舜，无有而求天府[8]。曰：先王之道，则尧、舜已，六贰之博[9]，则天府已。

君子之学如蜕[10]，幡然迁之[11]，故其行效[12]，其立效，其坐效，其置颜色出辞气效[13]。无留善，无宿问[14]。

善学者尽其理，善行者究其难。

君子立志如穷[15]，虽天子三公问正[16]，以是非对。

君子隘穷而不失[17]，劳倦而不苟，临患难而不忘细席之言[18]。

岁不寒，无以知松柏；事不难，无以知君子，无日不在是[19]。

雨小，汉故潜[20]。

夫尽小者大[21]，积微者著，德至者色泽洽[22]，行尽而声问远[23]。

小人不诚于内而求之于外。

言而不称师谓之畔[24]，教而不称师谓之倍[25]，倍畔之人，明君不内[26]，朝士大夫遇诸涂[27]，不与言。

不足于行者，说过[28]；不足于信者，诚言[29]。故《春秋》善胥命[30]，而《诗》非屡盟，其心一也。

善为《诗》者不说[31]，善为《易》者不占，善为《礼》者不相[32]，其心同也。

曾子曰："孝子言为可闻，行为可见。"言为可闻，所以说远也[33]；行为可见，所以说近也。近者说则亲，远者说则附，亲近而附远，孝子之道也。

曾子行，晏子从于郊。曰："婴闻之：君子赠人以言，庶人赠人以财。婴贫无财，请假于君子[34]，赠吾子以言，乘舆之轮，太山之木也，示诸檃栝[35]，三月五月，为帱菜[36]，敝而不反其常[37]。君子之檃栝，不可不谨也，慎之！兰玱稿本[38]，渐于蜜醴[39]，一佩易之，正君渐于香酒[40]，可谗而得也[41]。君子之所渐，不可不慎也。"

人之于文学也[42]，犹玉之于琢磨也[43]。《诗》曰[44]："如切如磋[45]，如琢如磨。"谓学问也。和之璧[46]，井里之厥也[47]，玉人琢之，为天子宝。子赣、季路[48]，故鄙人也，被文学[49]，服礼义，为天下列士气[50]。

注释

①差（chāi）：区分。杨倞《荀子·大略》注："差，谓制等级也。"

②道：职责。下句"臣道知事"中的"道"字与此同。

③不以事诏：指不需要为每一件事发布命令。

④卞庄子：春秋时鲁国卞城的大夫，以勇敢著称。卞，卞邑，在今山东泗水县东。

⑤下：据文义疑为"卞"。

⑥子路：姓仲，名由，字子路，又字季路，孔丘门徒，曾任蒲地的地方官。

⑦蒲：古地名，春秋时卫国的城邑。

⑧无有：没有学识。有，识有。《诗经·王风·葛藟》："亦莫我有。"《毛诗传》："有，识有也。"天府：古代指天子的库藏。

⑨六贰之博：据文义疑为“六艺之博”。

⑩蜕：蜕变，比喻不断地进步，更新。

⑪幡然：急速，迅速。

⑫效：模仿，学习。下同。

⑬出辞气：说话的语气。

⑭宿：过夜的意思。

⑮穷：尽，止。引申为坚定，不动摇。

⑯正：通“政”，政事。

⑰隘穷：被穷困所困厄。不失：指不失君子的德行、信仰。

⑱细席之言：指平时所说的话。细，当作“絪”，杨柳桥《荀子诂译·大略》注：“絪席之言，谓昔日之言也。”

⑲在是：坚持自己认为正确的东西。

⑳汉：据《荀子集解》疑衍。潜：深。《尔雅》：“潜，深也。”

㉑尽小：尽量容纳细小的意思。

㉒恰：融恰，这里是和蔼的意思。

㉓行尽：德行完备周到。声问：同“声闻”，即名声，名誉。

㉔畔：通“叛”，背叛。

㉕倍：通“背”，背叛。

㉖内：同“纳”，收纳，接纳。

㉗涂：同“途”，路途。

㉘说过：说得过份，夸夸其谈的意思。

㉙诚言：这里是伪装说话诚恳的意思。

㉚胥命：诸侯间有事相互通告，而不需盟誓的仪式的，叫作“胥命”。《尔雅》：“命，告也。”杨柳桥《荀子诂译·大略》注：“胥命，互相通告也。”

㉛不说：指不单纯引用词句。

㉜礼：指《礼经》。相：赞相，赞礼，古代举行婚丧祭祀等仪式时负责司仪的人。

㉝说：通“悦”，这里是使人悦服的意思。下同。

㉞假：借。

㉟示：通“寘”，安置，放置。

㊱帱（dào）：车辋，即车轮的圆木框。菜：通“菑（zī）”，车毂和车幅。

㊲敝：破败。反：同“返”，恢复。常：原来的样子。

㊳兰茝（chǎi）、稿本：香草名。

㊴渐：浸。蜜醴：美味的香酒。

㊵香酒：比喻甜言蜜语。

㊶谗而得：谗言可以得逞。

㊷文学：文化知识。

㊸琢磨：古代把玉石加工为器物的过程叫作琢磨。下同。

㊹《诗》：指《诗经·卫风·淇奥》。

㊺切、磋：古代将骨、角等物加工成器物的过程叫切磋。

㊻和：指卞和，春秋时楚国人。

㊼井里：乡里。引申为山野里。厥：石头。

㊽子赣：即子贡，孔子门徒。

㊾被：接受。

㊿列士：所称颂的士。

译文

上天生育百姓，不是为了君主。上天设置君主，是为了百姓。所以古代分封土地，建立国家，不是为了使诸侯尊贵；设立官职，区分爵位与奉禄的等次，不是为了使大夫尊贵。

君主的职责在于认识使用人才，臣下的职责在于认识事务、处理事务。所以舜治理天下，并不需要为每一件事发布命令，而一切事情都取得成功。

农夫精通于种田的技术但不能成为管理种田事务的田师，工匠商人也是这样。

用贤人替换不贤的人，不用占卜就知道是吉祥的；用安定的国家去征伐混乱的国家，不必等到打仗，就可以知道一定胜利。

齐国人想进攻鲁国，但畏惧卞庄子，所以不敢经过卞地。晋国人想攻打卫国，但畏惧子路，所以不敢经过蒲地。

不懂治国之道就去请教尧、舜，没有学识就去求助于天子的库藏。说的是：先王的治国之道，就是尧、舜的治国之道；广博的六艺，就是天子的库藏。

君子的学习，如同蜕变，迅速地变化着。所以他们行动时学习，站立时学习，坐着学习，表情与说话的语气也在学习。他们见到好事就做，有疑问立即就问，不等过夜。

善于学习的人能彻底探究事物的道理，善于实践的人能彻底解决事情的疑难。

君子立下的志向坚定，即使是天子与三公来询问政事，也只能按照是非的实情来回答。

君子虽然被贫穷所困厄，但不失去他的德行与信仰。君子虽然劳苦困倦，但不会苟且偷安。灾难临头，君子也不会忘记平时所说的话。

没有寒冷的季节，就显不出松柏。事情不艰难，就显不出君子。君子没有一天不在坚持他认为正确的东西。

雨下得小，所以能下得深透。

能尽量地包容细小的就会成为巨大的，能积聚隐微的就会成为显著的。品德高尚的人，面容和蔼；行为完备的人，名声远扬。

小人不充实内心只去追求外表。

言谈不称颂师承的人，叫作背叛，教学时不称颂师承的，叫作背叛。背叛的人，圣明的君主不接纳，朝廷的士大夫们在路上见到他，也不与他说话。

行动不踏实的人，夸夸其谈；不能坚守信用的人，说话时却总是装出诚恳的模样。所以《春秋》赞美诸侯们的相互通告，而《诗经》反对诸侯们一次又一次的盟誓，两者的用意是一样的。

精通《诗经》的人不单纯引用词句，精通《易经》的人不去占卜，精通《礼经》的人不担任赞相，他们的用心是一样的。

曾子说："孝子说的话是可以让人听的，做的事是可以让人看的。”说的话可以让人听，所以能使远方的人悦服，做的事可以让人看，所以能使身边的人悦服。身边的人悦服就亲近，远方的人悦服就依附，使身边人亲近而远方人依附，这就是孝子为人的原则。

曾子远行，晏婴送他到郊外。说：“我听说：君子用言语作为赠送别人的礼物，一般人用财物作为赠送别人的礼物。我贫穷没有财物，请让我借用君子的话，用言语作为赠送您的礼物：车子上的轮子，本是太山上的木材，把它放置在矫正木材的檃栝之中，经过三月五月，制成了车框、车毂和车辐，即使车轮破败了也不会恢复原来的样子了，君子的‘檃栝’，就不能不十分慎重地选择了。要慎重啊！兰茝稿本之类的香草，浸泡在蜜酒之中，佩带一次就要更换。正派的君主，浸泡在香酒似的甜言密语中，谗言就会得逞。君子的‘浸泡’，不能不慎重啊！”

人对于文化知识，就像玉被琢磨一样。《诗经·卫风·淇奥》说：“如同切磋角、骨，如同琢磨玉、石。”说的就是做学问。卞和的璧，如同山野里的一块石头，玉匠琢磨它，它才成为天子的宝物。子贡、子路，原本是低贱的人，但他们接受了文化知识，实行了礼义，终于成为天下所称颂的儒士。

原文　学问不厌，好士不倦，是天府也[①]。

君子疑则不言，未问则不立[②]，道远日益矣[③]。

多知而无亲[④]，博学而无方[⑤]，好多而无定者[⑥]，君子不与[⑦]。

少不讽[⑧]，壮不论议[⑨]，虽可未成也[⑩]。

君子一教[⑪]，弟子一学，亟成[⑫]。

君子进[⑬]，则能益上之誉而损下之忧。不能而居之[⑭]，诬也。无益而厚受之[⑮]，窃也。

学者非必为仕，而仕者必如学[⑯]。

子贡问于孔子曰："赐倦于学矣[⑰]，愿息事君。"孔子曰："《诗》云[⑱]：'温恭朝夕，执事有恪[⑲]。'事君难，事君焉可息哉？"

"然则，赐愿息事亲。"孔子曰："《诗》云[⑳]：'孝子不匮[㉑]，永锡尔类[㉒]。'事亲难，事亲焉可息哉？"

“然则，赐愿息于妻子。”孔子曰：“《诗》云[23]：‘刑于寡妻[24]，至于兄弟，以御于家邦[25]’。妻子难，妻子焉可息哉？”

“然则，赐愿息于朋友。”孔子曰：“《诗》云[26]：‘朋友攸摄[27]，摄以威仪’。朋友难，朋友焉可息哉？”

“然则，赐愿息耕。”孔子曰：“《诗》云[28]：‘昼尔于茅[29]，宵尔索绹[30]，亟其乘屋[31]，其始播百谷。’耕难，耕焉可息哉？”

“然则，赐无息者乎？”孔子曰：“望其圹[32]，皋如也[33]，嵮如也[34]，鬲如也[35]，此则知所息矣。”

子贡曰：“大哉，死乎！君子息焉，小人休焉。”

注释

①天府：天然的知识宝库，比喻收获多，成就大。

②不立：据文义与《大戴礼记》，疑为“不言”。

③道远：实行的时间长久。

④无亲：指不亲近老师。

⑤无方：无一定的原则。

⑥无定：不专一。

⑦与：赞许，肯定。

⑧讽：据文义与《大戴礼记》，疑下夺一“诵”字。讽诵：诵读。《说文》：“讽、诵同义。”

⑨论议：议论，指分析讨论事理。

⑩可：指有学习的能力。

⑪一：专一。

⑫亟：同“急”，迅速。

⑬进：做官。

⑭不能：没有能力。居之：居于官位。

⑮厚受：指享受丰厚的俸禄。

⑯如：谋求。《尔雅》：“如，谋也。”

⑰赐：子贡的名。

⑱《诗》：指《诗经·商颂·那》。

⑲恪（kè）：恭敬，谨慎。《诗经·商颂·那》：“温恭朝夕，执事有恪”。《集传》：“恪，敬也。”

⑳《诗》：指《诗经·大雅·既醉》。

㉑不匮：不停止孝行的意思。匮，尽，止。

㉒锡：通“赐”，赐予。

㉓《诗》：指《诗经·大雅·齐思》。

㉔刑：法，这里是立法的意思，即做出榜样。

㉕御：治理。家邦：指国家。

㉖《诗》：指《诗经·大雅·既醉》。

㉗攸摄：帮助。攸，语助词。

㉘《诗》：指《诗经·豳风·七月》。

㉙于茅：去割取茅草。于，去。

㉚索绹（táo）：打草绳。

㉛乘屋：修补屋顶。杨倞《荀子·大略》注："乘屋、升屋，治其敝漏也。"《诗经·豳风·七月》："亟其乘屋，其始播百谷。"《郑笺》："乘，治也。"

㉜圹（kuàng）：坟墓。

㉝皋：高。

㉞嵮：同"巅"，山巅。

㉟鬲（lì）：鼎一样的器物。

译文

勤学好问不知厌倦，爱好贤士不知疲倦，就可以获得许多知识，取得巨大成就。

君子对于尚存疑惑的问题，不去谈论。没有向人请教过的问题，不去谈论。这样实行的时间长了，就会一天天进步。

知识很多但不亲近老师的，学问广博但没有一定原则的，学习贪多而不专一的，君子是不会赞许的。

年少时不读书，壮年时不分析讨论事理，虽然有学习的能力，但不会有成就。

君子专心致志地地教，弟子专心致志地学，就可以迅速地取得成就。

君子担任了官职，就能够提高君主的声誉而减少百姓的忧患。没有这种才能却处在官职上，就是欺骗。对君主的声誉、百姓的忧患没有好处，却享受了丰厚的俸禄，是盗窃。

学习的人不一定要做官，做官的人一定要谋求学习。

子贡请教孔子说："我厌倦学习了，我想停止学习去侍奉国君。"孔子说："《诗经》里说：'早朝、晚朝都要温和恭敬，执行事务必须谨慎。'侍奉国君是艰难的，侍奉国君就可以停止学习吗？"

"那么，我想停止学习去侍奉父母。"孔子说："《诗经》里说：'孝子要求不停止孝行，上天才会赐福给你们。'侍奉父母是艰难的，侍奉父母就可以停止学习吗？"

"那么，我想在养育妻子儿女中去停止学习。"孔子说："《诗经》里说：'要给自己的妻子儿女做出榜样，并影响到兄弟。'养育妻子儿女是艰难的，养育妻子儿女就可以停止学习吗？"

"那么，我想在与朋友的交往中停止学习。"孔子说："《诗经》里说：'朋友间要互相帮助，互相帮助才能仪表威严。'交朋友是艰难的，交朋友就可以停止学习吗？"

"那么，我想停止学习去耕种田地。"孔子说："《诗经》里说：'白天要去割茅草，夜晚要搓草绳，抓紧时间修缮房屋，来年一开始就得播种。'耕种田地是艰难的，耕种田地就可以停止学习吗？"

"那么，我永远无法停止学习了吗？"孔子说："看看那座坟墓，高高的，如同山巅，如同鼎，看到这个，你就知道停止学习的时间了。"

子贡说："死的意义真重大啊！这就是死。君子停止学习了，小人也完结了。"

原文 《国风》之好色也①，传曰：盈其欲而不愆其止②。其诚可比于金石，其声可内于宗庙③。《小雅》不以于污上[4]，自引而居下[5]。疾今之政，以思往者，其言有文焉，其声有哀焉。

国将兴，必贵师而重傅，贵师而重傅，则法度存。国将衰，必贱师而轻傅，贱师而轻傅，则人有快[6]，人有快则法度坏。

古者，匹夫五十而士[7]，天子诸侯子十九而冠，冠而听治，其教至也[8]。

君子也者而好之，其人[9]。其人也而不教[10]，不祥。非君子而好之，非其人也。非其人而教之，赍盗粮[11]，借贼兵也。

不自嗛其行者[12]，言滥过[13]。

注释

①国风:《诗经》中的一部分。好色:《国风》中的多数诗篇是赞美爱情、描写婚姻的，所以谓之“好色。”

②盈：满足。愆：失。止：界限，这里指礼。杨倞《荀子·大略》注:“止，礼也。欲虽盈满而不敢过礼求之。此言好色人所不免，美其不过礼也。”

③内：通“纳”。杨倞《荀子·大略》注:“其声可内于宗庙，谓以其乐章播八音，奏于宗庙。”

④小雅:《诗经》中的一部分。以：用。污上：指骄横腐败的君主。杨倞《荀子·大略》注:“以，用也。污上，骄君也。”

⑤自引：自动引退，即辞去官职。

⑥怏：据《荀子集解》，疑为“快”。自大而互不相服的意思。《说文》:“怏，不服也。”《集韵》:“怏然，自大之意。”

⑦士：同“仕”，做官。

⑧教至：受到良好的教育。

⑨其人：据下文句例，疑为“其人也。”合乎要求的人。指可堪造就的人。

⑩也：据文义疑衍。其人而不教：意思是对可堪造就的人却不去教育。

⑪赍：资助，供给。

⑫嗛：同“歉”，不足。

⑬言滥过：言过其实，夸夸其谈。

译文 对于《诗经·国风》的“好色”，古书上说：它满足了人们的情欲但不使人们的行为失礼。它的真诚的情感可以与金石相比，它的声音可以进入宗庙。《小雅》的作者不为骄横的君主所用，而自动退位居于下面。他痛恨当今的政治，怀念古人，因此《小雅》的辞句很有文采，它的歌声充满了哀伤。

将要兴旺繁荣的国家，必然是尊重老师的，尊重老师，国家的法度就得到推行。将要灭亡的国家，必定是轻视老师的，轻视老师，人们就会自大而互不服气，自大而互不服气，国家的法度就遭到破坏。

古代，一般的人到五十岁才可以做官。天子诸侯的儿子十九岁就可以加冠，加冠之后就可以治理政事，这是因为他们受到良好教育的缘故。

对君子表示敬慕的，就是可堪造就的人。对可堪造就的人不进行教育，是不吉祥的。对不是君子的人表示敬慕的，就是不堪造就的人。对不堪造就的人去进行教育，就是把粮食借给强盗，把兵器借给贼寇。

不认为自己的行为有不足之处的人，一定会言过其实，夸夸其谈。

原文　古之贤人，贱为布衣，贫为匹夫，食则饘粥不足[①]，衣则竖褐不完[②]，然而非礼不进[③]，非义不受，安取此[④]。

子夏贫[⑤]，衣若县鹑[⑥]。人曰："子何不仕？"曰："诸侯之骄我者，吾不为臣。大夫之骄我者，吾不复见。

柳下惠与后门者同衣而不见疑⑦，非一日之闻也⑧。争利如蚤甲而丧其掌⑨。”

君人者不可以不慎取臣，匹夫者不可以不慎取友。友者，所以相有也⑩。道不同，何以相有也？均薪施火，火就燥；平地注水，水流湿。夫类之相从也如此之箸也⑪。以友观人，焉所疑？取友善人⑫，不可不慎。是德之基也。《诗》曰⑬：“无将大车⑭，维尘冥冥⑮。”言无与小人处也。

注释

①饘（zhān）：指较为浓稠的粥。

②竖褐：短小的粗布衣服。杨倞《荀子·大略》注：“竖褐，僮竖之褐，亦短褐也。”不完：不完整，指衣服破烂。

③非礼不进：指对不符合礼而授的官职不去担任。

④取：为，做。

⑤子夏：姓卜，名商，字子夏。孔子门徒。贫：据《太平御览》，“贫”前夺一“家”字。

⑥县鹑：悬挂着的鹌鹑。县，通“悬”。

⑦柳下惠：春秋时鲁国的大夫。杨倞《荀子·大略》注：“柳下惠，鲁贤人，公子展之后，名获，字子禽，居手柳下，谥惠。”后门者：古代为国君看守后门的人。同衣：衣服同样破

烂的意思。疑：怀疑。引申为嫌弃。

⑧非一日之闻也：指柳下惠高尚的德行早已为人们所知。

⑨蚤甲：手指甲。蚤，通“爪”。

⑩相有：相交好相互亲善。一说，有，通“佑”，帮助。

⑪类：同类事物。

⑫取友善人：选取好人作朋友。

⑬《诗》：指《诗经·小雅·无将大车》。

⑭将：扶。

⑮尘冥冥：尘土灰暗。杨倞《荀子·大略》注：“尘冥冥，蔽人目明，令无所见，与小人处亦然也。”

译文 古代的贤人，当他们是贫贱的普通百姓时，吃的，连较浓稠的粥也不充足；穿的，连短小的粗布衣服也是破烂的。但是，不符合礼所授的官职他不去担任，不符合义的钱财他不接受，他心安理得地这样做。

子夏家境贫寒，穿的衣服像悬挂着的鹌鹑。有人问他：“你为什么不去做官？”子夏回答说：“对我傲慢的诸侯，我不去做他的臣下。对我傲慢的大夫，我见也不再见他。柳下惠穿着与为国君守后门的人一样的破烂衣服，但没有人嫌弃他，因为他高尚的德行早已为人所知。争夺指甲般的小利是会连手掌也丢失的。”

君主不能不慎重地选择臣下，普通的人不能不慎重地选择朋友。朋友，是相互亲善的，如果原则不相同，又怎么能相互亲善呢？均匀地铺开草点上火，总是向最干燥的柴草燃去；在平地倒上水，水总是向最低湿的地方流去。同类事物的相互依从是这样的明显。根据一个人的朋友来观察这个人，那还有什么可疑问的？要选择人作朋友，不能不慎重啊！这是道德修养的基础。《诗经·小雅·无将大车》说：“不要扶着大车走，车旁尘土昏暗。”说的就是不要与小人相处的意思。

原文

蓝苴路作[①]，似知而非。偄弱易夺[②]，似仁而非。悍戆好斗，似勇而非。

仁义礼善之于人也，辟之若货财粟米之于家也。多有之者富，少有之者贫，至无有者穷。故，大者不能，小者不为，是弃国捐身之道也。

凡物，有乘而来[③]，乘其出者，是其反者也[④]。

流言灭之，货色远之[⑤]。祸之所由生也，生自纤纤也[6]。是故君子蚤绝之[7]。

言之信者，在乎区盖之间[8]。疑则不言，未问则不立[9]。

知者[10]，明于事，达于数[11]，不可以不诚事也[12]。故曰："君子难说，说之不以道，不说也。"

语曰[13]："流丸止于瓯臾[14]，流言止于知者。"此家言邪学之所以恶儒者也[15]。是非疑，则度之以远事，验之以近物，参之以平心，流言止焉，恶言死焉。

注释

①蓝苴：过分傲慢。蓝，犹"滥"。蓝、滥，都是"嫸"的借字。《说文》："嫸"，过差也。"杨倞《荀子·大略》注："苴，读为'姐'，慢也。"路作：喜欢显示自己。路，通"露"，表露，显不。

②偄：通"懦"。易夺：容易改变志向。杨倞《荀子·大略》注："无执守之谓也。"

③乘：原因。

④反：通"返"，返回，回归。

⑤货色：财货与美色。

⑥纤纤：细微。

⑦蚤：通“早”。绝之：消除它。

⑧区：区分。这里引申为明确。盖：大概，不明确的意思。

⑨不立：据文义与《大戴礼记》，疑为“不言”。

⑩知：同“智”。

⑪数：事物的道理，变化的秩序。

⑫诚事：指诚实地对待智者。

⑬语：俗话。

⑭瓯臾：瓦制的器物。这里比喻地势低洼的地方。杨倞《荀子·大略》注：“瓯臾，谓地之坳坎如瓯臾者。”

⑮家言：指荀子所处时代的各派学说。

译文

过于傲慢而喜欢显示自己，似乎很有智慧，其实并没有智慧。懦弱而容易改变自己的志向，似乎很仁厚，其实并不仁厚。强悍鲁莽，似乎勇敢，其实并不勇敢。

仁、义、礼、善，对于人来说，就像财物粮食对于家庭一样。占有得多的就富足，占有得少的就贫穷，完全没有的就困窘。所以，大的仁、义、礼、善的事做不到，小的又不肯去做，这就是亡国灭身的道路。

任何事物，都是有一定的原因才出现的。它产生的地方，也就是它回归的地方。

流言蜚语，要扑灭它，货财女色，要远离它。灾祸产生的地方，往往是细微之处。所以，君子要及早地消除它产生的原因。

说话可信的人，在于他把事物明确的与不明确的情况搞清楚了。还有疑惑的，就不去说，没有请教过的，也不去说。

有智慧的人，明察事物，通晓事物的道理和变化的秩序，不能够不诚实地对待他们。所以说："君子不随便说话，如果所说的不符合道，就绝对不说。"

俗话说："滚动的圆球在低洼之处停止，流言蜚语在智者面前停止。"这就是各派学说，各种异端邪说憎恨儒者的原因。对是非有疑问，就用过去的事情来衡量它，就用眼前的事来检验它，就用公正的心来考察它，流言蜚语就会止息，恶毒的攻击就会消失。

原文　曾子食鱼，有余，曰："泔之[①]。"门人曰："泔之伤人，不如奥之[②]。"曾之泣涕曰："有异心乎哉[③]？"伤其闻之晚也[④]。

无用吾之所短，遇人之所长。故塞而避所短，移而从所仕[⑤]。疏知而不法，察辨而操辟[⑥]，果勇而亡礼[⑦]，君子之所憎恶也。

多言而类[⑧]，圣人也。少言而法，君子也。多言无法，而流喆然[⑨]，虽辨，小人也。

国法禁拾遗，恶民之串以无分得也[⑩]。有夫分义[⑪]，则容天下而治；无分义，则一妻一妾而乱。

天下之人，唯各特意哉[⑫]，然而有所共予也[⑬]，言味者予易牙[⑭]，言音者予师旷[⑮]，言治者予三王[⑯]。三王既已定法度、制礼乐而传之，有不用而改自作，何以异于变易牙之和[⑰]，更师旷之律，无三王之治？天下不待亡！国不待死！

饮而不食者，蝉也；不饮不食者，浮蝣也。

虞舜、孝己孝而亲不爱[⑱]；比干、子胥忠而君不用；仲尼、颜渊知而穷于世，劫迫于暴国，而无所辟之[⑲]。则崇其善，扬其美，言其所长而不称其所短也。

惟惟而亡者[⑳]，诽也；博而穷者，訾也[㉑]；清之而俞浊者[22]，口也。

君子能为可贵，不能使人必贵已；能为可用，不能使人必用已。

诰誓不及五帝，盟诅不及三王[23]，交质子不及五伯[24]。

注释

①泔之：用米汁把吃剩下的鱼浸喷起来。《说文》："周人谓潘曰泔。泔，即淘米、洗刷锅碗等用过的水。

②奥：晒。杨柳桥《荀子诂译·大略》注："奥，当为'燠'。《尚书·洪范》：'日燠时燠若。'郑玄注：'燠，火气也。'《史记·微子世家》作'日奥时奥若。'奥，谓晒之也。"一说，奥，腌。

③异心：别有用心。

④闻之：指听到不同的意见。

⑤移：行动，举动。一说，移，转过来。所仕：据文义，疑为"所任"。任，能力，长处。

⑥操辟：指行为邪僻。辟，通"僻"。

⑦亡礼：不按礼的要求办事的意思。

⑧类：统类，指礼义，这里是符合礼义的意思。

⑨流喆然：据文义与《荀子·非十二子》，疑为"流湎然"，酒醉时说胡话的样子。

⑩串：通“惯”，习惯。《一切经音义》：“串，古文义作‘惯’。”无分：不正当，不正义。

⑪夫：据元刻本疑衍。分义：名分等级。

⑫唯：虽然。特意：特殊的认识。

⑬予：通“与”，赞许，推崇。《说文》：“予，推予也。”

⑭易牙：春秋时齐桓公著名的厨师。

⑮师旷：春秋时晋平公著名的乐师。

⑯三王：三代之王，指禹、汤王、周文王和周武王。

⑰和：烹调方法。

⑱虞舜、孝己：均为传说中的孝子，但都得不到父母的喜爱。

⑲辟：通“避”，逃避。

⑳惟惟：同“唯唯”，顺从的样子。

㉑訾（zǐ）：诋毁。

㉒俞：通“愈”，更加。

㉓盟诅：盟约。

㉔交质子：古代诸侯将其子送往别国作人质叫作“交质子”。伯：通“霸”。

译文 曾子吃鱼，有剩余的，便说：“用米汁把它浸啧起来。”他的学生说：“用米汁浸渍的鱼会伤害人的身体，不如晒干它。”曾子流着泪说：“难道我有别的用意吗?”他伤心自己听到这种不同的意见太迟了。

不要拿自己的短处去应对别人的长处。所以，遇到阻碍时就要回避自己的短处，一有举动，就要尽量发挥自己的长处。知识粗疏而不合法度，虽然能明察和辨别事物但行为邪僻，果断勇敢却不按礼的要求办事，这都是君子所憎恶的。

话多而又符合礼义的人，是圣人。话少而符合礼义的人，是君子。话多而不符合礼义的，像酒醉后说胡话的人，即使能言善辨，也是小人。

国家的法令禁止人们拣拾别人遗失的东西，这是憎恶人们习惯于贪得非分的东西。有名分等级，整个天下都能治理好，没有名分等级，就是只有一妻一妾也纷乱不安。

天下的人，虽然各自都有特殊的认识，但也有共同赞许的东西。谈论食物味道的人，都共同赞许易牙；谈论音律的人，都共同赞许师旷；谈论治国之道的人，都共同赞许禹、汤王、周文王和周武王。三王既然已经制定了法度与礼乐，并且也已传到后世，如果有人不遵循他们的治国之道而自作主张地另搞一套，这与改变易牙的烹调方法，更动师旷的音律，无视三代之王的治国之道有什么区别呢？天下不需要等多久就会灭亡，国家不需要等多久就会灭亡。

只喝水不吃东西的是蝉，不吃不喝的是蜉蝣。

虞舜、孝已孝顺父母而不被父母所爱；比干、子胥忠于君王而不被君王所用；孔子、颜渊聪明多知而被世道所困，被胁迫在暴虐的国家里，而且无法逃避。但他们只推崇那些好的方面，宣扬那些美的方面，只谈他们的长处，而决不谈他们的短处。

非常顺从而不得不逃亡的，是因为受到诽谤；学识渊博却处境困窘的，是因为受到诋毁；越是清白而越被污浊的，是因为别人的口舌。

君子能使自己可贵，却无法使别人一定尊贵自己；君子能使自己成为可用的人材，却不能使别人一定重用自己。

对百姓发布命令与誓词的事，在五帝时代是没有的；诸侯国间互相盟誓，在三王时代是没有的；两国之间用太子作人质，在五霸的时代是没有的。

二十八　宥坐

题解

本篇是荀况对孔子师徒言论及有关历史传闻的杂录。因为文章第一段记叙了孔子师徒关于“宥坐之器”的对话，故篇名为“宥坐”。宥坐的作用类似于今之“座右铭”。

文章介绍了孔子关于宗庙、器用、礼义的言论，反映了孔子对学习、修身、礼义、政教等问题的认识。

文章还纪录了孔子担任鲁国摄相与司寇时的事迹，说明儒者从政，惩恶坚决，用刑审慎，并且注重教育。

文章在不少地方表现了孔子怀才不遇的情绪，实际上也是荀况对当时社会不满的委婉的表达。

原文

孔子观于鲁桓公之庙，有欹器焉①。孔子问于守庙者曰：“此为何器？”守庙者曰：“此盖为宥坐之器②。”孔子曰：“吾闻宥坐之器者，虚则欹，中则正，满则覆。”孔子顾谓弟子曰：“注水焉。”弟子挹水而注之③，中而正，满而覆，虚而欹。孔子喟然而叹曰：“吁，恶有满而不覆者哉？”子路曰：“敢问持满有道乎④？”

孔子曰："聪明圣知[⑤]，守之以愚[⑥]；功被天下，守之以让；勇力抚世，守之以怯；富有四海，守之以谦。此所谓挹而损之之道也[⑦]。"

注释 ①欹（qī）器：一种倾斜而不易平放的容器。杨倞《荀子·宥坐》注："欹器，倾欹易覆之器。"欹，倾斜。

②宥坐之器：古代君王置放在自己座位右边以警戒，勉励自己的器物。杨倞《荀子·宥坐》注："人君可置于坐右以为戒也。"宥，同"右"。

③挹（yì）：舀，酌。

④持满：保持盈满。这里指保持位高、权重、财广、声望高的状态。

⑤知：同"智"。

⑥守：保持。下同。

⑦挹：通"抑"，抑制，谦退。杨倞《荀子·宥坐》注："挹，亦退也，挹而损之，犹言损之又损。"《北史·于谨传》："名位虽重，愈存谦挹。"可证。

译文 孔子到鲁桓公庙中去参观，见到一个倾斜易覆的器物，就向守庙的人问道："这是什么器物呢？"守庙的人回答说："这是君主放在座位的右边来警戒自己的器物。”孔子说：“我听说这种放在座位右边的器物，空着时要倾斜，注入一半的水就平正，放满了水又会翻倒。”孔子又回过头对他的学生说：“往里面灌水吧。”孔子的学生便舀水往欹器中倒，倒到一半时，欹器就端立着，倒满了，欹器就翻倒了，空着时就倾斜着。于是孔子大声地叹息道：“唉，哪有满了而不倾覆的呢？”子路问道：“请问有保持‘满’的状况的办法吗？”孔子说：“聪明有智慧的，就以愚拙的样子来保持；功盖天下的，就用谦让的态度来保持；勇力盖世的，就用怯懦的样子来保持；天下最富有的，就用谦逊的态度来保持。这就是谦让再谦让的办法。

原文　孔子为鲁摄相①，朝七日而诛少正卯②。门人进问曰：“夫少正卯，鲁之闻人也③，夫子为政而始诛之，得无失乎？”孔子曰：“居④，吾语女其故⑤。人有恶者五，而盗窃不与焉⑥。一曰心达而险⑦，二曰行辟而坚⑧，三曰言伪而辩，四曰记丑而博⑨，五曰顺非而泽⑩。此五者有一于人，则不得免于君子之诛，而少正卯兼有之。故，居处足以聚徒成群⑪，言谈足以饰邪营众⑫，强足以反是独立⑬。此小人之桀雄也⑭，不可不诛也。是以，汤诛尹谐⑮，文王诛潘止⑯，周公诛管叔[17]，太公诛华仕[18]，管仲诛付里乙[19]，子产诛邓析、史付[20]。此七子者，皆异世同心，不可不诛也。《诗》曰[21]：‘忧心悄悄[22]，愠于群小[23]’。小人成群，斯足忧矣。”

注释

①摄相：代理宰相。

②朝：古代召臣议事的地方。这里指上朝、当政。少正卯：相传为春秋鲁国人，能言善辩，其观点与孔子相反。少正卯与孔子同在鲁国讲学时，孔子的门徒都被少正卯的讲学所吸引，致使孔子门庭“三盈三虚”。《史记·孔子世家》定公十四年，孔子年五十六……由大司寇摄相事……于是诛鲁大夫乱政者少正卯。”

③闻人：有名望的人。

④居：坐下。

⑤女：同“汝”。你，你们。

⑥不与：不算在内。与，参予，参加。

⑦达：明白，通晓。

⑧辟：通“僻”，怪僻，邪僻。

⑨丑：指怪异的事。

⑩顺非：顺从、赞同错误的东西。泽：润泽。这里是粉饰的意思。

⑪居处：居住的地方。

⑫营：通“荧”，迷惑，蒙蔽。

⑬强：指意志刚强。反是：把正确的说成是错误的。独立：自行其事，不听别人的意见。杨倞《荀子·宥坐》注：“独立，人不能倾之也。”

⑭桀：同“杰”，杰出。

⑮尹谐：人名，不详。

⑯潘止：人名，不详。

⑰管叔：名鲜，周文王第三子，因反对周公旦代周成王当政而起兵暴乱，被周公旦所杀。

⑱华仕：人名，不详。

⑲付里乙：人名，不详。

⑳子产：姓公孙，名侨，字子产，郑国大夫，曾任正卿。邓析：邓国人，不详。史付：人名，不详。

㉑《诗》：指《诗经·邶风·柏舟》。

㉒悄悄：忧愁的样子。

㉓愠：怒。

译文

孔子担任了鲁国的代理宰相，执政的第七天就杀了少正卯。孔子的学生问道少正卯是鲁国有名望的人，老师执政就先杀了他，能不失掉人心吗?”孔子说：“坐下，我告诉你这样做的原因。人有五种罪恶，盗窃不包括在内。第一是思想明白通晓但心地却十分险恶。第二是行为邪僻而且顽固。第三是言论错误而又头头是道。第四是专门记诵一些怪异的事，而且还记得十分广博。第五是顺从、赞同错误的东西还竭力为这些东西粉饰。这五种罪恶，一个人只要有其中一种，就逃脱不了君子的诛杀，而少正卯兼而有之。所以，在他居住的地方，他能聚结门徒成群结队。他的言谈，足以粉饰邪恶而迷惑大众。他的意志刚强，足以把正确的说成是错误的，而且自行其事，不听别人的意见。少正卯正是小人中杰出的雄豪，不能不杀。所以，商汤王杀了尹谐，周文王杀了潘止，周公旦杀了管叔，姜太公杀了华仕，管仲杀了付里乙，子产杀了邓析和史付。这七个人，虽处在不同的时世，而他们的心术却都一样，都是不能不杀的。《诗经·邶风·柏舟》说：'我忧心忡忡，是小人们使我愤怒'。小人成群结党，真叫人担忧。"

原文 孔子为鲁司寇[①]，有父子讼者[②]，孔子拘之，三月不别[③]，其父请止，孔子舍之。季孙闻之不说[④]，曰："是老也欺予。语予曰：为国家必以孝。今杀一人以戮不孝，又舍之。”冉子以告[5]。

孔子慨然叹曰：“呜呼！上失之[6]，下杀之，其可乎？不教其民而听其狱[7]，杀不辜也[8]。三军大败，不可斩也；狱犴不治[9]，不可刑也；罪不在民故也。嫚令谨诛[10]，贼也[11]。今生也有时，敛也无时，暴也。不教而责成功，虐也。已此三者[12]，然后刑可即也[13]。《书》曰[14]：‘义刑义杀[15]，勿庸以即[16]，予维曰：未有顺事[17]。’言先教也。故先王既陈之以道，上先服之[18]，若不可，尚贤以綦之[19]，若不可，废不能以单之[20]，綦三年[21]，而百姓往矣[22]。邪民不从，然后俟之以刑，则民知罪矣。《诗》曰[23]：‘尹氏大师[24]，维周之氐[25]，秉国之均[26]，四方是维，天子是庳[27]，卑民不迷[28]’。是以威厉而不试[29]，刑错而不用[30]，此之谓也。今之世则不然，乱其教，繁其刑，其民迷惑而堕焉，则从而制之，是以刑弥繁而邪不胜。三尺之岸而虚车不能登也[31]，百仞之山任负车登焉[32]，何则？陵迟故也[33]。数仞之墙而民不逾也，百仞之山而竖子冯而游焉[34]，陵迟故也。今夫世之陵迟亦久矣[35]，而能使民勿逾乎？《诗》曰[36]：‘周道如砥[37]，其直如矢，君子所履，小人所视。眷焉顾之[38]，潸焉出涕[39]。’岂不哀哉？”

《诗》曰[40]：“瞻彼日月，悠悠我思，道之云远，曷云能来？”子曰：“伊稽首不其有来乎[41]？”

注释

①司寇：官名，主管司法的最高官吏。

②讼：打官司。

③别：判决。杨倞《荀子·宥坐》注：“别犹决也，谓不辩别其子之罪。

④季孙：鲁国大夫，曾在鲁国实行变革，掌握了鲁国的实权。说：通“悦”，高兴。

⑤冉子：即冉求，孔子的门徒。

⑥失：有过失。

⑦听：处置。狱：打官司。

⑧不辜：无辜，无罪的人。

⑨狱犴（àn）不治：法令不当的意思。犴，狱。狱犴，这里指法令。

⑩嫚令：法令废驰。嫚，同“慢”，松弛，废驰。谨：严厉。

⑪贼：伤害，残害。

⑫已：止，停止。

⑬即：成，用。

⑭《书》：指《尚书·康诰》。

⑮义：正当。

⑯庸：通“用”。以即：立即执行的意思。

⑰顺事：把事情处理稳妥恰当。

⑱上：君主。服：实行。

⑲綦之：劝教百姓。綦，通“惎（jì）”，劝教。

⑳不能：指无能的人。单：通“惮”，警戒。

㉑綦三年：最多不过三年。

㉒往矣：据《太平御览》引文，疑为“从风”，顺从教化的意思。

㉓《诗》：指《诗经·小雅·节南山》。

㉔大师：百官之长，指宰相。

㉕氐：本，基础。

㉖均：同“钧”，大权。

㉗庳：辅助。

㉘卑：通“俾”，使。

㉙试：用。

㉚刑错：刑具放置不用，即不用刑罚。错，通“措”，放置，搁置。

㉛岸：崖。这里指陡坡。虚车：空车。

㉜负车：指负重的车。

㉝陵迟：由低向高渐渐延伸的缓坡。

㉞竖子：小孩。冯（píng）：登。

㉟陵迟：这里指的是政教法令废弛，刑罚繁多的状况。

㊱《诗》：指《诗经·小雅·大车》。

㊲周道：周朝的大道。砥：磨刀石。这里比喻道路的平坦。

㊳眷：顾，留恋。

㊴潸（shān）：流泪的样子。

㊵《诗》：指《诗经·邶风·雄雉》。

㊶稽首：疑作“稽道”，即同道，与民同道。

译文

孔子担任鲁国的司寇，有父子二人打官司，被孔子拘留，三个月过去了，也没有作出判决，作父亲的请求停止打官司，孔子释放了他们。季孙听说了这件事，很不高兴地说道：“这老头子欺骗了我。他对我说：‘治理国家一定要靠孝。’如今他杀掉一个人就可以惩罚不孝，他却把他放了。”冉有把季孙的话告诉了孔子。

孔子感慨地叹息道：“君主有过失，百姓就把他杀了，行吗？不教育那些百姓却要通过打官司去处置他们，这是在杀害无罪的人。三军打了败仗，不能就把他们杀死；法令不当，就不能用来处罚人，这是由于罪过不在老百姓身上。如果政令废弛而刑罚严厉，这是残害百姓。现在，生产是有一定的季节的，而收敛税赋却没有定时限量，这是暴虐的行为。不教育百姓却责令他们完成各种事务，这是虐待百姓。禁止了这三种做法，刑罚才能成立。《尚书·康诰》说："即使是正当的刑杀，也不用立即执行。我们只能说：'我们自己没有把事情办妥当。'说的就是要先教育百姓。所以，先王既然已经把办法提出来了，作君主的首先就要实行，如果办不到，就重用贤人来劝教百姓。如果这也办不到，就废除无能的人来警戒百姓，最多不过三年，百姓就会顺从教化了。如果有奸邪的人不顺从教化，再用刑罚来对待他们，老百姓也就知道自己错了。《诗经·小雅·节南山》说：'太师尹氏，是周朝的基石，掌握国家的大权，天下靠他维系，天子靠他辅佐，他使百姓不迷惑'，于是，威力虽然严厉却尽可以不用，刑罚也可以搁置起来不用。说的就是这个道理。当今世道却不是这样，教令混乱，刑罚繁多。百姓由迷惑而堕落，于是就得去制止他们，因此刑罚愈加繁杂而邪气愈难制止。三尺高的陡坡，空车上不去，百丈高的山崖，却任由负重的车登上，是什么原因呢？是坡度由低向高缓缓延伸的原故。几丈高的墙，没有人能爬过去，百丈高的山巅，小孩子也能登上去游玩。是什么原因呢？也就是坡度由低向高缓缓延伸的原故。当今社会法度废弛、刑罚繁多的状况已经由来已久了，能使老百姓不去逾越法度吗？《诗经·小雅·大车》说：‘周朝的大道，平得像磨刀石，直得像箭，这是君子所走的路，是百姓所注视的方向。留恋地回顾这些，不禁潸然泪下。’这岂不可悲吗？”

《诗经·邶风·雄雉》说：“仰望那太阳和月亮，我心中悠悠不定地将你怀想。路途遥远，你怎么能来？”孔子说：“如果与民同道，不就有到来的吗？”

原文 孔子观于东流之水，子贡问于孔子曰：“君子之所以见大水必观焉者，是何？”孔子曰：“夫水，大遍与诸生而无为也①，似德。其流也埤下②，裾拘必循其理③，似义。其洸洸乎不淈尽④，似道。若有决行之⑤，其应佚若声响⑥，其赴百仞之谷不惧，似勇。主量必平⑦，似法。盈不求概⑧，似正。淖约微达⑨，似察。以出以入，以就鲜洁，似善化。其万折也必东，似志。是故君子见大水必观焉。

注释

①大：据《初学记》引文疑衍。诸生：各种各样的生物。无为：没有目的。这里是完全不为自己的意思。

②埤：通“卑”，低下，这里是水往低处流的意思。

③裾拘（gōu）：或直或曲。裾，通“倨”。《释名》：“裾，倨也，倨倨然直。”拘，通“勾”，曲。

④洸（guōng）洸乎：水流汹涌的样子。淈（gǔ）：竭，尽。

⑤决行：挖开堤岸，让水通行。

⑥应：随即。佚：通“逸”，奔腾。声响：回音应声的意思。

⑦主：通“注”，注入。量：这里指地面低凹容水之处。杨倞《荀子·宥坐》注：“量，谓坑，受水之处也。”

⑧概：古代用斗斛量谷物时用来括平斗面的工具。

⑨淖约：即绰约，柔和的样子。

译文

孔子在观看向东流去的水，子贡向孔子问道君子之所以见到大水必定要观看，是什么原因？”孔子说：“这水，普遍地给予了世间的各种生物却完全没有为自己，就像君子的德操。它向低处流去，或直或弯，但总是遵循一定的规律，就像君子遵循着义。它浩浩荡荡，奔流不息，就像君子的‘道’。如果挖开堤岸，让它通行，它就随即奔腾向前，如同回音应声。它奔向万丈深谷，无所畏惧，就像君子的勇敢。它注入地面低洼的地方，必定使水面平坦，就像君子的‘法’。它注满低洼的地方平坦得根本不必用‘概’，就像君子的公正。它柔和而无处不到，就像君子的明察。万物从水中进出之后，就变得新鲜而光洁，水就像君子的善于教化。它千迴百折却必定向东流去，就像君子的意志。所以，君子见到大水必定要观看。

原文 孔子曰："吾有耻也，吾有鄙也，吾有殆也。幼不能强学①，老无以教之，吾耻之。去其故乡，事君而达，卒遇故人，曾无旧言②，吾鄙之。与小人处者，吾殆之也。

孔子曰："如垤而进③，吾与之④。如丘而止，吾已矣⑤。今学曾未如肬赘⑥，则具然欲为人师⑦。

注释 ①强学：勤奋努力地学习。

②曾：竟然。下同。

③垤（dié）：蚂蚁做窝时堆在洞穴的小土堆。

④与：赞许。

⑤已：止。这里是不赞许的意思。

⑥未如：不如。肬（you）赘：肉瘤。此处形容所学极少且为无用之物。

⑦具然：自满自足的样子。具，完备。

译文

孔子说："我有感到羞耻的事，我有感到可鄙的事，我有感到危险的事。幼年时未能勤奋努力地学习，老年时没有学问教给别人，我感到羞耻。离开故乡，去侍奉君主而得到显赫的地位，突然遇到过去的朋友，竟然没有谈谈旧日的事，我感到可鄙。和小人相处，我感到危险。"

孔子说："像蚂蚁筑窝时堆在洞口的小土堆一样，虽然细小却在不断地增进，对此我给予赞许。如果已堆成山丘却不再进步，我是不赞许的。现在有的人，学到的东西还不如肉瘤，既少而又无用，就自满自足地想当别人的老师。"

原文

孔子南适楚[①]，戹于陈、蔡之间[②]，七日不火食[③]，藜羹不糂[④]，弟子皆有饥色。子路进，问之曰："由闻之，为善者天报之以福，为不善者天报之以祸。今夫子累德积义怀美，行之日久矣，奚居之隐也[5]？”

孔子曰：“由不识。吾语女[6]。女以知者为必用邪？王子比干不见剖心乎[7]？女以忠者为必用邪？关龙逢不见刑乎[8]？女以谏者为必用邪？吴子胥不磔姑苏东门外乎[9]？夫遇不遇者，时也。贤不肖者，材也[10]。君子博学深谋不遇时者多矣。由是观之，不遇世者众矣！何独丘也哉？且夫，芷、兰生于深林[11]，非以无人而不芳。君子之学，非为通也[12]，为穷而不困[13]，忧而意不衰也，知祸福终始而心不惑也。夫贤不肖者，材也；为不为者，人也；遇不遇者，时也；死生者，命也。今有其人不遇其时，虽贤，其能行乎[14]？苟遇其时，何难之有？故君子博学深谋，修身端行，以俟其时。”

孔子曰：“由，居，吾语女。昔晋公子重耳霸心生于曹[15]，越王勾践霸心生于会稽[16]，齐桓公小白霸心生于莒。故居不隐者思不远，身不佚者志不广[17]，女庸安知吾不得之桑落之下[18]？”

注释

①适：往，去。

②戹（è）：困。《说文》：“戹，隘也。”陈：陈国，今河南开

封以东，安徽亳（bó）县以北。蔡：蔡国，今安徽凤台县一带。

③火食：熟食。

④藜：一种野菜。不糂（sǎn）：没有掺和米粒。糂，同“糁”，用米饭调和菜汤。

⑤隐：隐蔽，这里是困穷的意思。杨倞《荀子·宥坐》注：“隐，谓穷约。”

⑥女：通“汝”，下同。

⑦见：被，下同。

⑧关龙逢：夏桀的大臣。因规劝桀而被杀。

⑨子胥：即伍子胥，春秋时楚国人，后到吴国，因劝阻吴王夫差与越国言和，被夫差强令自杀后抛尸江中。磔（zhé）：古代酷刑，即分裂人的肢体。姑苏：地名，今江苏苏州。

⑩材：指人的素质。

⑪芷、兰：香草名。

⑫通：通达，显赫。

⑬不困：不至于束手无策的意思。

⑭行：施展。

⑮重耳：晋文公，春秋五霸之一。

⑯勾践：即越王勾践。

⑰佚：同“逸”。这里是流亡奔波的意思。杨倞《荀子·宥坐》注：“谓奔窜也。”

⑱桑落：桑叶枯落。《诗经·卫风·氓》："桑之落矣，其黄而陨。"后多用以指暮秋，即年老将亡之时。亦可指去世。《康熙字典·木部》："桑，《典术》：'桑，箕星之精。'"桑落，即箕星之精陨落。杨柳桥《荀子诂译·宥坐》注："桑落之下，盖双关语，犹言即死之后，盖谓将得志于后世也。"

译文 孔子往南到楚国去，被困在陈国与蔡国之间，七天没有吃熟食，野菜汤里连米粒都没有掺，学生们都面带饥色。子路向孔子问道："我听说，做善事的，上天就赐给他幸福，做恶事的，上天就用灾祸报应他。先生积累道德，积习礼义，身怀各种美德，而且坚持很久了，为什么处境还这么困窘呢？"

孔子说："由啊，你不懂。我告诉你吧。你以为有才智的人必然会得到重用吗？王子比干不是被挖心了吗？你以为忠诚的人就必然得到重用吗？关逢龙不是被杀了吗？你以为谏诤之臣必定会得到重用吗？那吴国的伍子胥不就被分尸于苏州东门之外吗？得不得到重用，是时运，贤与不贤，是人的素质。君子学问广博，深谋远虑，生不逢时的太多了。由此看来，生不逢时的人太多，哪只有我孔丘一人呢？白芷，兰草生长在丛林深处，并不因为没有人欣赏就不散发出芬芳。君子的学习，不是为了显赫，而是为了在困穷时不至于束手无策，在忧患时意志不衰，为了明白祸福的原因和结果，内心不发生迷惑。贤不贤是素质，得不得到重用是时运，死与生是命。现在，有人生不逢时，虽然贤能，他能施展吗？如果能遇上恰当的时机，他还会有什么困难呢？所以君子要学识渊博，深谋远虑，修养自身，端正行为，去等待时机。”

孔子说：“由，坐下，我告诉你。从前，晋公子重耳建立霸业的心愿是在逃亡曹国时产生的，越王勾践建立霸业的心愿是在困居会稽时产生的，齐桓公小白建立霸业的心愿是在逃亡莒国时产生的。所以处境不困难的往往思虑不高远，没有亲身经历逃亡奔波的人，心志往往不宽广。你怎么知道我不会得志于去世之后呢？”

原文

子贡观于鲁庙之北堂，出而问于孔子曰：“乡者[1]，赐观于太庙之北堂，吾亦未辍，还复瞻被九盖皆继[2]，被有说邪[3]？匠过绝邪？”

孔子曰：“太庙之堂亦尝有说[4]。官致良工[5]，因丽节文[⑥]，非无良材也，盖曰贵文也。”

注释

①乡者：刚才。

②还复：反复。瞻被九盖：据文义，“被”疑为“彼”，指太庙北堂。“九”疑为“北”。盖，通“盍”，门扇。继：并接相连。

③被：据文义疑为“彼”。有说：有说法。下同。

④尝：通“当”，应当。

⑤致：授意。杨柳桥《荀子诂译·宥坐》注：“致，犹授意也。”一说，致，招致。

⑥丽：施，加工。节文：装饰，文彩。

译文

子贡观看了鲁国太庙的北堂，出来后向孔子问道：“刚才，我看了太庙的北堂，我一直没有停止地反复端详，发现它的门扇都是拼接相连的，这样做有什么说法吗？是工匠们的过失弄断的吗？”

孔子说：“太庙的殿堂，应当有个说法。监造官授意给技术精良的工匠，让他们根据木材加工装饰，并不是没有最好的木材。这大概叫作重视文采吧。”

二十九　子道

题解　本文借孔子与其弟子的对话表达荀况所主张的为子之道、为臣之道和治学处事之道。

文章一开头，荀况就提出了“从道不从君，从义不从父”的观点，然后用孔子回答子贡、子路的话阐发了这一观点，说明了荀况对愚忠愚孝的否定。

文章的后半部，记录了孔子对子路的告诫：“君子知之曰知之，不知曰不知”“能之曰能之，不能曰不能”“未得也，乐其意”“既得之，乐其治”，这些实际上就是荀况所主张的治学处事之道。

原文　入孝出弟①，人之小行也②。上顺下笃③，人之中行也④。从道不从君，从义不从父，人之大行也⑤。若夫志以礼安，言以类使⑥，则儒道毕矣，虽舜不能加毫末于是矣。

注释　①弟：同“悌”，敬爱兄长。这里是尊重长者的意思。

②小行：基本道德。

③笃：忠实，诚恳。

④中行：一般的道德。

⑤大行：最高的道德。

⑥类使：用礼义来指导。类，统类，这里指礼义。

译文 在家孝顺父母，出外尊敬长者，这是做人的最基本的道德。对上顺从，对下诚恳，这是做人的一般道德。遵守“道”而不遵从君主，遵守“义”而不顺从父亲，这是做人的最高的道德。用礼义来约束自己的意志，用礼义来指导自己的言论，儒家之道就完全具备了，就是舜的道德也不会比这高出丝毫。

原文 孝子所以不从命有三：从命则亲危，不从命则亲安，孝子不从命乃衷[1]；从命则亲辱，不从命则亲荣，孝子不从命乃义；从命则禽兽，不从命则修饰[2]，孝子不从命乃敬。故，可以从而不从，是不子也[3]；未可以从而从，是不衷也。明于从不从之义，而能致恭敬忠信端悫以慎行之，则可谓大孝矣。传曰：“从道不从君，从义不从父”，此之谓也。故，劳苦凋萃而能无失其敬[4]，灾祸患难而能无失其义，则不幸不顺见恶而能无失其爱[5]，非仁人莫能行。《诗》曰[6]：“孝子不匮[⑦]”，此之谓也。

注释

①衷：通“忠”，下同。

②修饰：即修治。《淮南子·本经训》：“饰曲岸之际。”高诱注：“饰，治也。”这里修治是符合礼义的意思。

③不子：不是儿子，意思是不是做儿子应有的态度。

④凋萃：憔悴疲乏。萃，通“悴”，樵悴。

⑤不顺：指父母亲感到不顺心。见恶：被厌恶。

⑥《诗》：指《诗经·大雅·既醉》。

⑦不匮：没有穷尽。

译文

孝子不顺从父母亲命令的原因有三条：顺从了命令父母亲有危险，不顺从命令父母就平安，这种情况下，孝子不顺从父母命令就是忠；顺从了命令父母就受辱，不顺从命令父母就荣耀，在这种情况下，孝子不顺从命令就是义；顺从了父母就如同禽兽，不顺从才符合礼义，在这种情况下，孝子不顺从命令就叫作敬。所以，可以顺从而不顺从，这不是儿子应有的态度。不应当顺从反而去顺从，就是不忠。真正弄清楚了顺从与不顺从的道理，又能够恭敬、忠信、正直、诚恳而且谨慎地做，就可以称为大孝了。古书上说：

“遵守‘道’而不顺从君主，遵守‘义’而不顺从父亲”，说的就是这个道理。因此，憔悴疲乏而能不失掉恭敬，有灾祸患难而不丢失道义，即使不幸由于父母感到不顺心而自己被厌恶，仍然不失掉对他们的爱，不是仁人是做不到的。《诗经·大雅·既醉》说：“孝子的孝行是没有穷尽的。”说的就是这个道理。

原文 鲁哀公问于孔子曰：“子从父命，孝乎？臣从君命，贞乎？”三问，孔子不对。

孔子趋出[①]，以语子贡，曰：“乡者，君问丘也，曰：‘子从父命，孝乎？臣从君命，贞乎？’三问而丘不对，赐以为何如？”

子贡曰：“子从父命，孝矣；臣从君命，贞矣。夫子有奚对焉[②]？”

孔子曰：“小人哉！赐不识也。昔，万乘之国有争臣四人[③]，则封疆不削。千乘之国有争臣三人，则社稷不危。百乘之家有争臣二人[④]，则宗庙不毁。父有争子，不行无礼；士有争友，不为不义。故，子从父，奚子孝？臣从君，奚臣贞？审其所以从之之为孝，之谓贞也。”

注释

①趋出：急步走出。

②有：同“又”。

③万乘之国：指大的诸侯国。下文的“千乘之国”与“百乘之国”分别指中、小诸侯国。争臣：敢于谏劝君主的臣。争，同“诤”，规劝。

④家：审文义疑作“国”。

译文

鲁哀公向孔子问道：“儿子听从父命，就是孝吗？臣子听从君命，就是忠贞吗？”连问了三次，孔子都不作回答。

孔子急步走出朝廷，把这件事告诉子贡，说：“刚才，国君问我：‘儿子听从父命，就是孝吗？臣子听从君命，就是忠贞吗？’连问了三次我都不作回答，你认为怎么样？”

子贡说：“儿子听从父命是孝，臣子听从君命是忠贞，先生有什么别的可以回答的呢？”

孔子说：“小人之见啊！你不懂。从前，一个大的诸侯国，只要有四个敢于规劝君主的大臣，边疆就不会被侵犯。中等的诸侯国，只要有三个敢于规劝君主的大臣，国家就没有危险。一个小的诸侯国，只要有两个敢于规劝君主的大臣，宗庙就可以保全。当父亲的有敢于规劝的儿子就不会做不符合礼的事，一个人有敢于规劝的朋友就不会做不符合义的事。所以，儿子听从父命，怎么能叫子孝呢？臣子听从君命，怎么能叫臣贞呢？只有审察清楚听从命令的理由，才能说他们是否孝和忠贞。”

原文 子路问于孔子曰：“有人于此，夙兴夜寐，耕耘树艺①，手足胼胝以养其亲②，然而无孝之名，何也？”孔子曰：“意者身不敬与③？辞不逊与？色不顺与？古之人有言曰：衣与缪与不女聊④。今夙兴夜寐，耕耘树艺，手足胼胝以养其亲，无此三者，则何以为而无孝之名也⑤？”孔子曰：“由志之⑥，吾语女：虽有国士之力⑦，不能自举其身，非无力也，势不可也。故，入而行不修，身之罪也。出而名不章⑧，友之过也。故，君子入则笃行，出则友贤，何为而无孝之名也？”

注释 ①树艺：种植庄稼。杨倞《荀子·子道》注：“树，栽植。艺，播种。”

②胼胝（pián zhī）：皮磨厚，结上茧。

③意者：猜想。与：同“欤”。

④衣：给衣服穿。缪：绸缪，给作准备。女：同“汝”。聊：依赖。

⑤则何以而为无孝之名也：据《韩诗外传》引文，“以”疑衍。另据《韩诗外传》引文，此句下夺“意者所友非仁人邪”八字。

⑥志：同“誌”，记住。

⑦国士：指闻名全国的勇士。

⑧章：同“彰”，显著，显扬。

译文　子路向孔子问道：“有这样一个人，早起晚睡，耕耘种植庄稼，手脚磨出茧子来奉养他的父母，但并没有因此而获得孝子的名声，这是为什么呢？”孔子说：“我猜想是因为他举止不恭敬吧！或许是言辞不谦逊吧！或许是脸色不柔顺吧！古人说过：给我衣服穿，为我作好准备，但态度不恭顺，我是不能依赖你的。现在这个人早起晚睡，耕耘种植庄稼，手脚磨出茧子来奉养父母，并没有上面所说的三种情况，那又为什么没有孝子的名声呢？我猜想或许他交的朋友不是仁人吧。”孔子又说：“由，你记住，我告诉你，即使是有举国闻名的大力士的力量，也不能举起自己的身体，不是没有力气，而是形势不允许。所以，人在家中行为不好，是自己的罪过。出门在外，名声不显，是交朋友的过失。所以，君子在家中，行为要诚实，出门就要结交贤人。这样做了怎么会没有孝子的名声呢？”

原文 子路问于孔子曰：“鲁大夫练而床①，礼邪？”孔子曰：“吾不知也。”

子路出，谓子贡曰：“吾以夫子为无所不知，夫子徒有所不知②。”子贡曰：“女何问哉③？”子路曰：“由问‘鲁大夫练而床，礼邪？’夫子曰：‘吾不知也。’”子贡曰：“吾将为女问之。”

子贡问曰：“练而床，礼邪？”孔子曰：“非礼也。”

子贡出，谓子路曰：“女谓夫子为有所不知乎？夫子徒无所不知。女问非也。礼，居是邑不非其大夫④。”

注释 ①练而床：服练期间在床上睡觉。练，洁白柔软的布帛，这里指的是服练之期。古代父母亡故后，其子在二十七个月内

（一说是十三个月）只能身披白布，依座而睡，这一期间即称为服练之期。服练之期上床睡觉被认为是不符合礼的举动。

②徒：乃，却。

③女：同“汝”，你。下同。

④不非：不非议，不批评。

译文

子路向孔子问道：“鲁国大夫服练期间在床上睡觉，符合礼吗？”孔子说：“我不知道。”

子路走出门来对子贡说：“我以为先生无所不知，但他还是有不知道的。”子贡说：“你问的是什么？”子路说：“我问‘鲁国的大夫服练期间在床上睡觉，符合礼吗？’先生回答说：‘我不知道。’”子贡说：“我为你问问。”

子贡便去问孔子：“服练期间在床上睡觉，符合礼吗？”孔子回答说：“不符合礼。”

子贡出来对子路说：“你说先生有不知道的。先生确是无所不知的，是你问得不对。依照礼，居住在这个地方，就不能批评这个地方的大夫。”

原文 子路盛服见孔子。孔子曰："由，是裾裾何也[1]？昔者，江出于岷山[2]，其始出也，其源可以滥觞[3]，及其至江之津也[4]，不放舟[5]，不避风，则不可涉也。非维下流水多邪[6]？今女衣服既盛[7]，颜色充盈[8]，天下且孰肯谏女矣？"

子路趋而出，改服而入，盖犹若也[9]。孔子曰："志之[10]，吾语汝，奋于言者华[11]，奋于行者伐[12]。色知而有能者[13]，小人也。故，君子知之曰知之，不知曰不知，言之要也[14]。能之曰能之，不能曰不能，行之至也[15]。言要则知，行至则仁，既知且仁，夫恶有不足哉？"

注释 ①裾（jū）裾：服饰华美。杨倞《荀子·子道》注："衣服盛貌。"

②江：古指长江。岷山：在今四川省西北部。

③滥觞（shāng）：泛起酒杯。指河水发源处。形容其水流细小，只可以泛起酒杯。《说文》："滥，泛也。"觞，古代盛酒器。

④津：渡口，这里指水大的地方。

⑤放舟：同"方舟"，指两船并在一起。

⑥维：通"唯"，就是。

⑦女：同“汝”。

⑧充盈：满，这里是自满得意的意思。

⑨犹若：舒缓柔顺的样子。杨倞《荀子·子道》注：“犹若，舒和之貌。”

⑩据文义与《韩诗外传》引文，“志”前疑夺一“由”字。

⑪奋于言者华：据文义与《韩诗外传》引文，疑为“慎于言者不华”。华同“哗”，喧哗，这里是随便讲话的意思。

⑫奋于行者伐：据文义与《韩诗外传》引文，疑为“慎于行者不伐”。伐，自夸。

⑬色知：把知识表露在脸上，即百般显示自己的知识。

⑭要：要领，这里是重要原则的意思。

⑮至：准则。

译文

子路服饰华美地去见孔子。孔子说：“由啊，你为什么穿得这么华美？古时候，长江发源于岷山，它的源头的水可以泛起酒杯，等它流到水大的地方，不把两只船并在一起，不避开风就无法渡过。不就是因为下游的水多了吗？现在你的衣服既华美，神情又自满得意，天下谁还肯规劝你呢？”

子路急忙走出来，换了衣服进去，显得舒缓柔顺。孔子说："由啊！记住，我告诉你，说话谨慎的人不随便说话，行动谨慎的人不会自夸，百般显示自己的知识、自以为有才能的人，是小人。所以，君子知道的就说知道，不知道的就说不知道，这是说话的重要原则。能做到的就说能做到，不能做到的就说不能做到，这是行为的准则。说话符合重要原则就是智慧，行为符合准则就是仁，既有智慧又有仁德，还有什么不足的呢？

原文 子路入，子曰："由，知者若何？仁者若何？"子路对曰："知者，使人知己，仁者，使人爱己。"子曰："可谓士矣。"

子贡入，子曰："赐，知者若何？仁者若何？"子贡对曰："知者知人，仁者爱人。"子曰："可谓士君子矣。"

颜渊入[1]，子曰："回，知者若何？仁者若何？"颜渊对曰："知者自知，仁者自爱。"子曰："可谓明君子矣。"

注释 ①颜渊：姓颜，名回，又名渊，孔丘的得意门徒。

译文

子路进来，孔子问道："由啊，有智慧的人应该是怎样的？讲仁德的人应该是怎样的？"子路回答说："有智慧的人使别人知道自己，讲仁德的人使别人热爱自己。"孔子说："你可以称为儒士了。"

子贡进来，孔子问："赐啊，有智慧的人应该怎样？讲仁德的人应该是怎样的？"子贡回答说："有智慧的人了解别人，讲仁德的人爱别人。"孔子说："你可以称为儒士中的君子了。"

颜渊进来，孔子问："回啊，有智慧的人应该是怎样的？讲仁德的人应该是怎样的？"颜渊回答说有智慧的人能认识自己，讲仁德的人懂得自爱。"孔子说："你可以称为明达的君子了。"

原文

子路问于孔子曰："君子亦有忧乎？"

孔子曰："君子，其未得也[①]，则乐其意[②]，既已得之，又乐其治[③]，是以有终身之乐，无一日之忧。小人者，其未得也，则忧不得，既已得之，又恐失之，是以有终身之忧，无一日之乐也。"

注释 ①得：指获得官职。下同。

②意：意志。这里指自我修养。

③治：治理。这里指有所作为。

译文 子路向孔子问道："君子也会有忧愁吗？"

孔子说："君子在没有获得官职时，就以修养自我为乐，在获得官职以后，又以能有所作为为乐。所以，君子有终身的欢乐，而没有一天忧愁。小人，在获得官职之前，忧愁的是不能获得官职，在得到官职之后，又担心它会失去。所以，小人有终身的忧愁，而没有一天欢乐。"

三十　法行

题解　本文引用曾子、孔子等人的言论，表明荀况对君子施行礼义的一些认识。“法”即礼义，“行”即施行。

文章所引用的曾子、孔子的言论，比较集中地论述了君子应该如何待人、待己。特别强调了君子要“严以律己”“无以利害义”，要牢记“三恕”“三思”。

文章还利用孔子对玉、珉的比较，说明君子仁、智、义、行、勇、情诸方面的标准，也体现了荀况心目中理想的君子形象。

原文　公输不能加于绳①，圣人莫能加于礼。礼者，众人法而不知②，圣人法而知之。

注释　①公输：春秋时鲁国著名的木匠，姓公输，名般，即传说中的鲁班。加于：超越。下同。绳：据文义，疑下夺一“墨”字。绳墨：量木料曲直的工具。

②法：效法，照着去做。下同。

译文 公输般辨别木料曲直的能力不会超越绳墨，圣人的言行不能超越礼。礼，众人照着它去做却不懂得它，圣人照着它去做而又能懂得它。

原文 曾子曰[①]："无内人之疏而外人之亲[②]，无身不善而怨人，无刑已至而呼天。内人之疏而外人之亲，不亦远乎[③]！身不善而怨人，不亦反乎[④]！刑已至而呼天，不亦晚乎！《诗》曰[⑤]："涓涓源水[⑥]，不雍不塞[⑦]。毂已破碎[⑧]，乃大其辐[⑨]，事已败矣，乃重大息[⑩]。其云益乎[⑪]！"

注释 ①曾子：姓曾，名参（shēn）：孔子门徒。

②无：同"勿"。下同。内人：本家族的人。杨倞《荀子·法行》注："内人之疏，外人之亲，谓以疏为内，以亲为外。"

③远：据《韩诗外传》引文，疑为"反"。反，违反常理的意思。

④反：据《韩诗外传》引文，疑为"远"。远，远离常情的意思。

⑤《诗》：《诗经》中的一篇，引诗已失传。

⑥涓涓：形容水流很小。

⑦雍：堵塞。

⑧毂（gǔ）：车轮中心穿轴的部分。

⑨辐：连结毂与车轮外圈的直木。

⑩重：反复。大息：即叹息。大，同“太”。

⑪云：说，这里指上面的做法与叹息。

译文　曾子说不要疏远本家族的人而亲近外人，不要自己不好而去怨恨别人，不要刑罚已经来临才呼天求救。疏远本家族的人而亲近外人，不也太违反常理了吗？自己不好而去怨恨别人，不也太远离常理了吗？刑罚已经来临才呼天求救，不也太晚了吗？《诗经》说：‘细细的水源，不去堵塞；车毂已经破碎，才去加大轮辐；事情已经失败，才反复叹息。’这样有什么益处呢？”

原文　曾子病①，曾元持足②。曾子曰：“元，志之，吾语汝。夫鱼鳖黿鼍犹以渊为浅而堀其中③，鹰鸢犹以山为卑而增巢其上④，及其得也必以饵⑤。故君子苟能无以利害义，则耻辱亦无由至矣。”

注释　①病：病重。古称轻者为疾，重者为病。《说文》：“病，疾加也。”。

②曾元：曾参之子。持：抱。

③堀：同“掘”，挖掘。一说，堀，同“窟”，洞穴。《汉书·邹阳传》：“则土有伏死堀穴鞈薮之中耳。”注：“堀与窟同”。

④鸢（yuān）：鹰的一种。卑：低、下。

⑤得：指被人捉住。

译文 曾子病重，曾元抱着他的脚。曾子说：“元儿，你记着，我告诉你：鱼鳖鼋鼍认为深水潭都还太浅而要在潭中挖洞，鹰鸢认为高山都还太低而要在山上垒窝，到它们被人捉住时，一定是由于食物的引诱。因此，君子如果不因贪图财利而损害义，那么耻辱就没有理由到来。”

原文 子贡问于孔子曰：“君子之所以贵玉而贱珉者①，何也？为夫玉之少而珉之多邪？”孔子曰：“恶②！赐，是何言也！夫君子岂多而贱之，少而贵之哉！夫玉者，君子比德焉③。温润而泽，仁也；缜栗而理④，知也⑤；坚刚而不屈，义也；廉而不刿⑥，行也；折而不桡⑦，勇也；瑕适并见⑧，情也。扣之⑨，其声清扬而远闻，其止辍然⑩，辞也；故虽有珉之雕雕⑪，不若玉之章章⑫。《诗》曰⑬：‘言念君子，温其如玉[14]’。此之谓也。”

注释

①珉（mín）：一种像玉的石头。

②恶（wù）：叹词，表示否定。

③比德：用来比喻德行。

④缜栗：坚实。理：有纹理。

⑤知：同“智”。

⑥廉：有棱角。刿（guì）：刺伤。杨倞《荀子·法行》注：“刿，伤也。虽有廉棱，而不伤物，似有德行者不伤人。”

⑦桡：弯曲。

⑧瑕：玉上的斑点。适：善，美好。

⑨扣：同“叩”，敲击。

⑩辍（chuò）然：中止，这里是突然中止的意思。

⑪雕雕：刻出的花纹。杨倞《荀子·法行》注：“雕雕，谓雕饰文彩也。”

⑫章章：明显，这里指玉本身的明洁、光润。杨倞《荀子·法行》注：“章章，素质明著也。”

⑬《诗》：指《诗经·秦风·小戎》。

⑭温：指性情温和。

译文　子贡向孔子问道君子为什么看重玉而鄙视珉呢？是因

为玉少而珉多吗?”孔子说:“嘿,赐,这是什么话?君子难道会因为珉多就鄙视它,因为玉少就看重它吗?玉这种东西,君子是用来比喻德行的。玉柔润而富有光泽,好比君子的仁;坚实而有纹理,好比君子的智;刚强而不屈,好比君子的义;有棱角但不伤人,好比君子的德行;百折不挠,好比君子的勇敢;瑕疵与美好同时表现出来,好比君子的真情。敲击它,发出的声音清脆激越,很远都能听见,这声音又能嘎然而止,好比君子的言辞。所以,珉虽然有雕刻出来的美丽的花纹,却比不上玉自身所有的明洁与光泽。《诗经·秦风·小戎》说:‘常说君子的性情温和如玉’说的就是这个意思。”

原文 曾子曰:“同游而不见爱者[①],吾必不仁也。交而不见敬者,吾必不长也[②]。临财而不见信者[③],吾必不信也[④]。三者在身,曷怨人?怨人者穷[⑤],怨天者无识。失之己而反诸人[⑥],岂不亦迂哉!”

注释 ①游:交往,相处。一说,游,学习。见:被。下同。

②长(zhǎng):友善,忠厚。《广雅》:“长,善也。”一说,长,指对人尊敬。

③临财：接触钱财事务。信：信任。

④信：诚实。

⑤穷：窘困。这里指无能。

⑥反：求。诸：之于的合音。

译文　曾子说同人交往相处而不被人所喜爱的人，必定是自己不仁。同人交往而不被人尊重的人，必定是自己不友善忠厚。接触财务而不被人信任的人，必定是自己不诚实。这三种缺点都在自己身上，又怎么能埋怨别人呢？一味埋怨别人的人，是无能；一味埋怨上天的人，是没有见识。过错在自身却求责于别人，岂不是太迂腐了吗？

原文　南郭惠子问于子贡曰①："夫子之门何其杂也②？"子贡曰："君子正身以俟③，欲来者不距④，欲去者不止。且夫良医之门多病人，檃栝之侧多枉木⑤，是以杂也。"

注释　①南郭惠子：姓名未详。大约是因居南郭而号"南郭"。一说，"南郭"是姓，"惠子"是谥号。

②杂：庞杂，指来往的各种人都有。

③正身：端正自身的品行。

④距：同“拒”，拒绝。

⑤枉木：弯曲的木料。

译文 南郭惠子向子贡问道：“孔夫子门庭来往的人为什么这么芜杂？”子贡回答说：“君子端正自身品行来等待，凡是想来的人都不拒绝，想走的人决不阻止。良医门前的病人多，正木器檃栝旁的弯曲的木料多，所以，孔子门庭来往的人就庞杂。”

原文 君子有三恕[①]：有君不能事[②]，有臣而求其使[③]，非恕也。有亲不能报[④]，有子而求其孝，非恕也。有兄不能敬，有弟而求其听令，非恕也。士明于此三恕，则可以端身矣[⑤]。

注释 ①恕：以己量人。《贾子·道术》云：“以己量人，谓之恕。”可证。一说，恕，宽恕。

②事：侍奉。

③使：供自己驱使的意思。

④报：奉养。杨倞《荀子·法行》注：“报，孝养也。”

⑤端身：端行，即端正品行。

译文　君子有三种以己量人的情况：自己有君主不去侍奉，却要求自己的臣下听从自己的驱使，这不是以己量人。自己有父母不去奉养，却要求自己的儿子对自己孝顺，这不是以己量人。自己有兄长不去尊敬，却要求自己的弟弟服从自己，这不是以己量人。士明白这三种以己量人的情况，就可以端正品行了。

原文　**孔子曰："君子有三思，而不可不思也。少而不学，长无能也；老而不教，死无思也①。有而不施②，穷无与也③。是故君子少思长，则学；老思死，则教；有思穷，则施也。"**

注释　①无思：指无人思念。

②施：施舍，布施。

③与：帮助。

译文　孔子曰："君子有三种思虑，不能不认真去思考。少年时代不学习，长大后就没有才能。老年时期不教诲别人，死后无人思念。富有时不施舍别人，穷困时也不会有人来帮助。所以，君子少年时考虑到长大之后的情况，就应该学习。老年时考虑到死后的情况，就应该耐心教导别人。富有时考虑到贫困时的情况，就应当慷慨地施舍给别人。”

三十一　哀公

题解　本文主要辑录了鲁哀公与孔子的对话，借以表达荀况用人与为政的主张。

对话中孔子不仅明确地将人分为五等，并对五等人的情况作了详细的说明，还告诫鲁哀公不要选取急于进取的人，不要选取以势压人的人，不要选取只会夸夸其谈的人。这也是荀况主张的用人之道。

对话中还谈到君主的哀、忧、劳、惧、危，提出了“君者，舟也。庶人者，水也。水则载舟，水则覆舟”的观点。文末还附辑了一则鲁定公与颜渊的对话，以东野毕驾驭马的事警戒君主不可“穷其下”，这也与荀况的为政之道相吻合。

原文　鲁哀公问于孔子曰①：“吾欲论吾国之士与之治国②，敢问何如取之邪③？”孔子对曰：“生今之世，志古之道④，居今之俗，服古之服，舍此而为非者⑤，不亦鲜乎？”哀公曰：“然则夫章甫絇屦绅而搢笏者，此贤乎⑥？”孔子对曰：“不必然，夫端衣玄裳、冕而乘路者⑦，志不在于食荤⑧。斩衰菅屦、杖而啜粥者⑨，志不在于酒肉。生今之世，志古之道，居今之俗，服古之服，舍此而为非者，虽有，不亦鲜乎！”哀公曰：“善。”

注释

①鲁哀公：春秋末鲁国国君。

②论：通“抡”，选择。

③取：选取。

④志：同“志”，记识。

⑤舍：处，居。为非：为非作歹。

⑥章甫：商代的一种帽子。杨倞《荀子·哀公》注：“章甫，殷冠。”絇屦（qú jù）：古代一种鞋尖有饰物的鞋子。杨倞《荀子·哀公》注：“王肃云：‘絇，谓屦头有拘饰也。’郑康成曰：‘絇之言拘也，以为行戒，状如刀衣，鼻在屦头。”绅：腰带。搢（jìn）：插。笏：古代官员上朝时用的手板。此：这。一说，此当为“比”，都、同的意思。

⑦端衣、玄裳：古代祭祀时所穿的礼服。冕：古代大夫以上的官员所戴的礼帽。路：大路，古代君王乘车所经之路，也泛指大车。

⑧荤：菜名，葱、韭之类。

⑨斩衰（cuī）：古代用麻布做的毛边丧衣。菅（jiān）屦：草鞋。菅，草名。杖：孝杖。

译文　鲁哀公问孔子说我想遴选我国有才能的人，同他们一道治理国家，请问怎样选取呢?”孔子回答说:“生在当今的世道，不忘古代道术，处在当今的习俗之中，穿着古代的服装，能够处于这种情况中而去为非作歹的人，大概很少吧!”鲁哀公说:“那么，头戴商代的帽子，脚穿鞋尖有饰物的鞋子，腰系带子，身插手板的这样一些人该是贤人吧!”孔子说:“那不一定。那些身穿礼服、头戴礼帽而乘坐大车的人，心里不会想着葱、韭之类的菜，穿着毛边丧服、草鞋，手扶孝杖喝粥的人，心里不会想着酒肉。生在当今世道，不记古代的道术，处在当今的习俗之中，穿着古代的服装，能够处在这种情况之中而去为非作歹的人，固然有，毕竟也是很少的吧!”鲁哀公说:“对。”

原文　孔子曰:“人有五仪[①]：有庸人，有士，有君子，有贤人，有大圣[②]。”哀公曰:“敢问何如斯可谓庸人矣[③]?”孔子对曰:“所谓庸人者，口不能道善言，心不知色色[④]，不知选贤人善士托其身焉以为己忧[⑤]，勤行不知所务[⑥]，止交不知所定，日选择于物，不知所贵，从物如流[⑦]，不知所归，五凿为正[⑧]，心从而坏。如此，则可谓庸人矣。”哀公曰:“善。敢问何如斯可谓士矣?”孔子对曰:“所谓士者，虽不能尽道术[9]，必有率也[10]，虽不能遍美善[11]，必有处也[12]。是故知不务多，务审其所知[13]。言不务多，务审其所谓[14]。行不务多，务审其所由[15]。故知既已知之矣，言既已谓之矣，行既已由之矣，则若性命肌肤之不可易也。故富贵不足以益也，卑贱不足以损也。如此，则可谓士矣。”哀公曰:“善。敢问何如斯可谓之君子矣?”孔子对曰:“所谓君子者，言忠信而心不德[16]，仁义在身而色不伐[17]，思虑明通而辞不争。故犹然如将可及者[18]，君子也。”哀公曰:“善。敢问何如斯可谓贤人矣?”孔子对曰:“所谓贤人者，行中规绳而不伤于本[19]，言足法于天下而不伤于身。富有天下而无怨财[20]，布施天下而不病贫[21]。如此，则可谓贤人矣。”哀公曰:“善。敢问何如斯可谓大圣矣?”孔子对曰:“所谓大圣者，知通乎大道[22]，应变而不穷，辨乎万物之情性者也。大道者，所以变化遂成万物也；情性者，所以理然不取舍也[23]。是故其事大辨乎天地[24]，明察乎日月，总要万物于风雨[25]。缪缪肫肫[26]，其事不可循；若天之嗣[27]，其事不可识。百姓浅然不识其邻[28]。若此，则可谓大圣矣。”哀公曰:“善!”

注释

①仪：等级，品级。《管子·形势解》："仪者，万物之程式也。"《说文》："程，品也。"

②大圣：至圣，即具有最高智慧与品德的人。

③敢问：请问。斯：则，就。下同。

④色色：据文义与《大戴礼记》，疑为"邑邑"。邑邑，同"悒悒"，愁闷不乐的样子。

⑤为：瘉。《广雅》："为，愈也。"

⑥勤行：据《韩诗外传》，疑为"动行"，即行动。

⑦从物如流：跟随外物像流水，意思是完全被外物所左右。

⑧五凿：指眼、耳、鼻、舌、身五官。

⑨道术：指治国的原则和方法。

⑩率：遵循。

⑪遍美善：事事做得尽善尽美。

⑫有处：有所坚持。

⑬所知：所知道的是否正确的意思。

⑭所谓：所说的是否正确的意思。

⑮所由：所依据的理由是否正确的意思。

⑯不德：不自以为有德。

⑰不伐：不自夸。

⑱犹然：缓慢的样子，这里指态度从容。

⑲中：符合。规绳：规矩和准绳，指礼义。本：本性。

⑳怨财：积累私财。怨，通“蕴”，积。杨倞《荀子·哀公》注：“言虽富有天下，却无蕴积私财也。”

㉑病：提心，害怕。

㉒大道：最根本的道理。

㉓理：这里是判断、决定的意思。然不：是非。不，通“否”。

㉔辨：通“遍”，遍及。

㉕总要：概括。于：如，好像。

㉖缪缪（móu）：同“穆穆”，美好。肫肫（chún）：同“纯纯”，精密。

㉗嗣：命令，主宰。一说，嗣，继续。

㉘邻：近，这里指身边的事。

译文

孔子说：“人有五个等级。有庸人，有士，有君子，有贤人，有大圣。”哀公问道：“那么请问什么样的人叫作庸人？”孔子回答说：“所谓庸人，嘴里说不出好话，心里不知道愁闷，不懂得选择贤善的人才，把自己托付给他以解除自己的忧虑，行动时不知道该干什么，静止时不知道以什么为定准，整天在各种事务中东挑西拣，不知道什么是可贵的，完全被外物所左右，不知何处是归宿，被官能的享受所主宰，心志也随着变坏。这样的人就叫作庸人。”鲁哀公说：

“对。请问什么样的人可以叫作士?”孔子回答说:“所谓士，虽然不能完全掌握治国的原则和方法，但必定是有所遵循的。虽然不能事事做得尽善尽美，但必定是有所坚持的。所以，他们知识不求多，但一定要审察清楚所知道的是否正确；说话不求多，但一定要审察清楚所说的是否正确；做事不求多，但一定要审察清楚所做的事是否有正确的依据。所以，当他该知道的都已经知道，该说的都已经说了，该做的都已经做了，那就像一个人的生命和肌肤都已经生成一样，不可能再改变了。所以，富贵不会给他们增加什么，卑贱不会使他们失去什么。像这样的人，就可以叫作士了。”鲁哀公说:“对。请问什么样的人可以叫作君子呢?”孔子回答说:“所谓君子，说话忠诚而内心并不以为自己有德行，讲仁义却不自夸，思虑明彻通达，而言语间从不与人争强斗胜，所以，他态度从容，似乎人人都可以赶得上他似的。这就是君子。”鲁哀公说:“对。请问什么样的人可以叫作贤人呢?”孔子回答说:“所谓贤人，是行动符合礼义而不伤本性，说话堪为天下的表率而不伤自身，富有天下却不积聚私财，把财产施舍给天下百姓而不担心自己贫困。这样的人可以称为贤人。”鲁哀公说:“对。请问什么样的人可以称为大圣呢?”孔子回答说:“所谓大圣,就是他的智慧精通于最根本的道理,是能顺应无穷的变化而不会束手无策,能辨别万事万物性情的。所谓大道,是一切事物变化和形成的根本道理;所谓情性,是判断是非和决定取舍的依据。所以,圣人做的事,像天地一样广大;明察事物,像日月一样光明;概括万物,像风雨滋润万物一样。美好精密,他做的事无从模仿;如同上天主宰万物一样,他做的事无从识别。百姓肤浅,连身边的事都不知道。像这样的人就可以称为大圣。”鲁哀公说:“对。”

原文 鲁哀公问舜冠于孔子,孔子不对。三问,不对。哀公曰:“寡人问舜冠于子,何以不言也?”孔子对曰:“古之王者,有务而拘领者矣①,其政好生而恶杀焉②。是以凤在列树③,麟在郊野,乌鹊之巢可俯而窥也。君不此问,而问舜冠,所以不对也。”

注释 ①务:假为“冒”,今作“帽”。一说,务,通“鍪”,古代打仗时用的头盔。拘领:曲领,相当于现在的围巾。《尚书大传》:“古之人,衣上有冒(帽)而句领者。”郑康成注:“言在德不在服也。古之人,三皇时也。冒,覆项也;句领,绕头也。”可证。

②好生：喜欢施行恩惠的意思。

③列树：树林。

译文　鲁哀公向孔子打听舜戴的帽子，孔子没有回答。鲁哀公连问了三次，孔子都没有回答。鲁哀公说我向先生请教舜戴的帽子，你为什么不说话呢?”孔子回答说：“古代君王，有将帽子当成围巾的，但是他们处理政事却喜欢施行恩惠而厌恶残杀。所以，那时凤凰栖息在树林中，麒麟畅游在郊野中，乌鹊的窝，人们可以低头去看。君主不问这些，却问舜戴的帽子，所以我不回答。”

原文　鲁哀公问于孔子曰：“寡人生于深宫之中，长于妇人之手，寡人未尝知哀也，未尝知忧也，未尝知劳也，未尝知惧也，未尝知危也。”孔子曰：“君之所问，圣君之问也。丘，小人也，何足以知之?”曰：“非吾子无所闻之也。”孔子曰：“君入庙门而右，登自胙阶[①]，仰视榱栋[②]，俯见几筵[③]，其器存，其人亡，君以此思哀，则哀将焉而不至矣[④]?君昧爽而栉冠[⑤]，平明而听朝[⑥]，一物不应[⑦]，乱之端也，君以此思忧，则忧将焉而不至矣？君平明而听朝，日昃而退[8]，诸侯之子孙必有在君之末庭者[9]，君以此思劳，则劳将焉而不至矣？君出鲁之四门以望鲁四郊，亡国之虚则必有数盖焉[10]，君以此思惧，则惧将焉而不至矣？且丘闻之，君者，舟也；庶人者，水也。水则载舟，水则覆舟。君以此思危，则危将焉而不至矣？”

注释

①胙（zuò）阶：大堂前东边的台阶，古代是主人登堂的地方。

②榱（cuī）栋：指房顶。榱是椽子，栋是房屋的正梁。

③几筵：摆设供品的小桌。

④焉而：何为。《古书虚字集释》注：“而，犹为也。”一说，而，通“耐”，能。

⑤昧爽：初晓尚未完全天明的时候，即黎明。栉（zhì）冠：梳头戴帽，即梳洗打扮。

⑥平明：天亮时刻。听朝：上朝处理政事。

⑦不应：处理不当的意思。

⑧日昃（zè）：太阳偏西，即黄昏。

⑨末庭：朝堂的远处，指在朝廷中担任最低职位。

⑩虚：同“墟”，废墟。盖：堆。杨柳桥《荀子诂译·哀公》注：“盖，谓车盖。丘墟如盖，故以盖论之，犹今言堆也。”

译文　鲁哀公问孔子说："我出生在深宫之中，长养在妇人之手，我从来不知道什么是悲哀，从来不知道什么是忧愁，从来不知道什么是劳苦，从来不知道什么是恐惧，从来不知道什么是危险。"孔子回答说："君主所提出的问题，是圣君才能提出的问题。我孔丘，是卑微的人，怎么能够知道呢？"鲁哀公说："除了你，别的人更无从知晓了。"孔子说："君主进入宗庙的大门，向右登上大堂东边的台阶，抬头看看房顶，低头看看摆设供品的小桌，先祖所用的器物都还在，先祖却早已亡故，君主从这中间去想到悲哀，那悲哀之情怎么会不到来呢？君主黎明时梳洗打扮，天亮时上朝处理政事，一件事处理不当，就是混乱的开端，君主由此想到忧愁，那忧愁之情怎么不到来呢？君主天亮时上朝处理政事，太阳偏西才退朝回宫，别国诸侯的子孙一定有在君主朝廷中担任最低职务的，君主由此想到劳苦，那劳苦之情怎么不到来呢？君主走出鲁国的四边城门张望鲁国四邻，那些灭亡的国家的废墟一定有好多堆，君主由此想到恐惧，那恐惧之情怎么会不到来呢？而且，我听说过：君主，是船；百姓，是水。水既能浮载起船，也能使船倾覆。君主由此想到危险，那危险之情怎么不会到来呢？"

原文 鲁哀公问于孔子曰："绅、委、章甫有益于仁乎[①]？"孔子蹴然曰[②]："君号然也[③]。资衰苴杖者不听乐[④]，非耳不能闻也，服使然也[⑤]。黼衣黻裳者不茹荤[⑥]，非口不能味也，服使然也[⑦]。且丘闻之：好肆不守折[⑧]，长者不为市[⑨]，窃其有益与其无益[⑩]，君其知之矣。"

注释 ①绅：腰带。委：冠冕，即帽子。一说，委是周朝的一种礼服。章甫：礼服。

②蹴（cù）然：恭敬的样子。

③号然：据文义疑为"胡然"，为什么这样，怎么这样。

④资衰：穿着麻布做的孝服。苴杖：拄着孝杖。

⑤服：指丧服。

⑥黼衣黻裳：祭服。白黑花纹相间的是黼，黑青花纹相间的是黻。茹：吃。

⑦服：指祭服。

⑧好肆：善于经商。不守折：不死守折本的生意，即不做亏本的生意。

⑨长者：指有道德修养的或性情忠厚的人。市：做生意。

⑩窃：据《孔子家语》注，疑为"察"。

译文 鲁哀公问孔子："系着腰带、戴着帽子、穿着礼服，对仁有益吗？”孔子恭敬地说：“君主怎么这样问呢？穿着孝服、拄着孝杖的人不听音乐，不是他们的耳朵不能听见，而是丧服使他们这样的。穿着黑、白、青色相间花纹的祭服不吃荤菜，不是他们的口舌不能辨别滋味，是祭服使他们这样的。况且我听说过：善于经商的人不会死守亏本的生意，有道德修养的人，不会去做买卖。考察这两者的有益与无益，君子就大致明白了。

原文 鲁哀公问于孔子曰：“请问取人？”孔子对曰：“无取健①，无取詌②，无取口啍③。健，贪也；詌，乱也；口啍，诞也④。故弓调而后求劲焉⑤，马服而后求良焉，士信悫而后求知能焉⑥。士不信悫而有多知能⑦，譬之其豺狼也，不可以身尒也⑧。语曰：‘桓公用其贼⑨，文公用其盗⑩。’故明主任计不信怒⑪，暗主信怒不任计。计胜怒则强，怒胜计则亡。

注释 ①健：通“捷”，指急于进取的人。

②詌（gān）：以势压人的人。

③口啍：尖嘴利舌，能说会道的人。

④诞：欺诈，狂妄，使人不可信。

⑤调：协调，调适。这里是顺乎的意思。劲：强劲。

⑥信悫：忠诚信实。

⑦有：同“又”。

⑧尒：同“迩”，近。

⑨桓公：齐桓公。贼：指齐桓公所重用的管仲。

⑩文公：晋文公。盗：指晋文公重用的勃鞮和里凫须。

⑪任：信任，这里是注重的意思。下同。信：通“伸”，伸张，引申为信任。下同。怒：怒气，这里泛指感情。下同。

译文 鲁哀公问孔子道：“请问怎样选用人？”孔子回答说：“不要选用急于进取的人，不要选用以势压人的人，不要选用尖嘴利舌的人。急于进取的人，贪得无厌；以势压人的人，经常作乱；尖嘴利舌的人，狡诈狂妄。所以，弓顺平了才能再要求它的强劲；马驯服了才能要求它跑得良好；士首先必须忠诚才能要求他有智慧、有能力。士不忠诚而又多智慧、多才能，那就如豺狼一样，绝对不能接近。古话说：‘齐桓公选用管仲，晋文公选用勃鞮与里凫须。’所以，明智的君主注重策略而不注重感情，昏暗的君主注重感情而不注重策略，策略胜过感情，国家就强大；感情胜过策略，国家就灭亡。”

原文　定公问于颜渊曰[①]：“东野子之善驭乎[②]？”颜渊对曰：“善则善矣，虽然，其马将失。”定公不悦。入谓左右曰：“君子固谗人乎[③]？”三日而校来谒曰[④]：“东野毕之马失[⑤]，两骖列[⑥]，两服入厩[⑦]。”定公越席而起曰[⑧]：“趋驾召颜渊。”颜渊至，定公曰：“前日寡人问吾子，吾子曰：‘东野毕之驭，善则善矣，虽然，其马将失’，不识吾子何以知之？”颜渊对曰：“臣以政知之。昔舜巧于使民，而造父巧于使马。舜不穷其民，造父不穷其马，是舜无失民[⑨]，造父无失马也。今东野毕之驭，上车执辔，衔体正矣[⑩]，步骤驰骋，朝礼毕矣[⑪]，历险致远，马力尽矣，然犹求马不已，是以知之也。”定公曰：“善。可得少进乎？”颜渊对曰：“臣闻之，鸟穷则啄，兽穷则攫[⑫]，人穷则诈。自古及今，未有穷其下而能无危者也。”

注释　①定公：鲁定公，春秋末期鲁国国君，鲁哀公之父。颜渊：即颜回，孔子学生。

②东野子：据下文，当为“东野毕”，鲁定公时善于驯马驾车的人。

③谗：诽谤。

④校：掌管养马的官。

⑤失：同“逸”，逃跑。下同。

⑥骖：车两旁的套马。列：同“裂”，指缰绳断裂。

⑦服：指两骖中驾辕的马。

⑧越席而起：从席子上站起来。

⑨是：据《太平御览》引文，疑为“是以”，所以。

⑩衔体：指马嚼子与马。正：合乎规矩的意思。

⑪朝礼：训练的各种要求。朝，通“调”，调理，训练。礼，礼节，这里指要求。

⑫攫：抓取。

译文

鲁定公向颜渊问道东野毕善于驾驭车马吗?”颜渊回答说：“善于倒是善于，虽然如此，他的马将会跑掉。”鲁定公很不高兴，进入朝堂后对左右的人说：“君子原来也是要诽谤别人的啊。”三天之后，鲁定公的养马官前来拜见定公，报告说：“东野毕的马逃跑了。车两旁套马的缰绳断裂了，中间驾辕的两匹马跑回马厩了。”鲁定公从席子上站起来说：“赶快驾车去请颜渊。”颜渊来到后，鲁定公说：“前天我问先生，先生说：‘东野毕驾驭车马，善于倒是善于，虽然如此，他的马将要跑掉。’不知道先生是根据什么知道的?”颜渊说：“我得根据政事的处理知道的。从前，舜很巧妙地使用百姓，造父很巧妙地驱使马。舜从来不把百姓逼到尽头，造父也从来不把马逼到尽头，所以，舜没有逃跑的百姓，造父没有跑掉的马。现在东野毕驾驶车马，上车就拉紧了辔头，马嚼子和马都安排得合乎规矩，马缓步快驰，训练的要求也都达到，历尽了各种艰险到达了很远的地方，马的力量已经用尽，却还要让马跑个不停，我根据这一点就知道马会逃跑。”鲁定公说：“好。你能稍稍进一步说说吗?”颜渊回答说：“我听说过：鸟被逼到尽头就会用喙啄人，兽被逼到尽头就会抓人，人被逼到尽头就会变得奸诈。从古到今，还没有人把他的百姓逼到尽头而自己不遭到危险的。”

三十二　尧问

题解　本文借古代君王与君王、君王与臣下之间的谈话来论述如何掌管政事与取用人才的道理。

荀况辑录的这些谈话，强调了为政必须“执一无失，行微无怠，忠信无倦。”必须“谋事而当”，这样才能取信于民，得到天下。在荀况看来，要把一个国家治理好，最重要的是掌握政权的人必须懂得人才的重要，必须尊重人才，善于选取任用人才，充分发挥人才的作用。

原文　尧问于舜曰：“我欲致天下①，为之奈何？”对曰：“执一无失②，行微无怠③，忠信无倦④，而天下自来。执一如天地⑤，行微如日月⑥，忠诚盛于内，贲于外⑦，形于四海，天下其在一隅邪⑧！夫有何足致也⑨！”

注释　①致天下：招致天下万民，使他们归顺自己的意思。致，招致。《周礼·秋官·小司寇》：“掌外朝之政，以致万民而询焉。”可证。

②执一：专心致意。失：过失，失误。

③行微：指处理最隐微而无人知晓的事。一说：微，指最细小的事。

④无倦：不倦怠，即始终如一。

⑤如天地：指像天地一样持之有恒。

⑥如日月：指像日月一样运行不息。

⑦贲：通“奋”。这里是发扬，表露的意思。

⑧其：通“已”，已经。隅：角落，引申为居室。

⑨有：通“又”。

译文　尧问舜说：“我想招聚天下万民，让他们归顺我，这该怎么办呢？”舜回答说：“做事专心致意而没有失误，处理隐秘不为人知的事也不懈怠，对人忠诚而始终如一，天下百姓自然就会来归顺了。做事专心致意像天地一样持之有恒，处理隐密不为人知的事像日月一样运行不息，忠诚充满了内心，又表现在外，显露在整个天下，那么天下人已经像是在一个居室里面，招聚万民又哪里用得着费力呢？”

原文　魏武侯谋事而当[①]，群臣莫能逮[②]，退朝而有喜色。吴起进曰[③]：“亦尝有以楚庄王之语闻于左右者乎[④]？”武侯曰：“楚庄王之语何如？”吴起对曰：“楚庄王谋事而当，群臣莫逮，退朝而有忧色，申公巫臣进[5]，问曰：'王朝而有忧色，何也？'庄王曰：'不谷谋事而当[6]，群臣莫能逮，是以忧也。其在中蔃之言也[7]，曰：诸侯自为得师者王，得友者霸，得疑者存[8]，自为谋而莫己若者亡。今以不谷之不肖[9]，而群臣莫吾逮，吾国几于亡乎？是以忧也。'楚庄王以忧，而君以喜！"武侯逡巡再拜曰[10]："天使夫子振寡人之过也[11]。"

注释

①魏武侯：战国时魏国国君，晋国大夫毕万之后，魏文侯之子。

②逮：及，赶上。

③吴起：战国初期卫国人，著名的政治家、军事家。曾为魏将，后任楚国令尹，辅佐楚悼王实行变法。

④楚庄王：春秋时楚国国君。"五霸"之一。

⑤申公巫臣：楚国申邑的大夫。

⑥不谷：不善。与"寡人"意同，均为古代君王的自称谦词。

⑦其：大概，好像。中蔃（huì）：同"仲虺"，商汤王之左丞相。

⑧疑：疑丞，古代专门负责为君主决疑解难，出谋划策的官员。《礼记·文王世子》："夏、商、周有师保、有疑丞、设四

辅及三公。”一说，疑，通“拟”，指与自己才能不相上下的人。

⑨不肖：这里是没有才能，没有本事的意思。

⑩逡（qūn）巡：退却。《尔雅》：“逡，退也。”

⑪振：补救。《说文》：“振，举救也。”

译文 魏武侯谋划政事得当，大臣们无人赶得上他，他退朝后也面带喜色。吴起上前说道：“君主可曾从左右人口中听到过楚庄王说的话？”魏武侯问：“楚庄王的话是怎么说的？”吴起回答说：“楚庄王谋划政事得当，大臣们无人能赶上他。楚庄王退朝后却面带忧愁。申公巫臣上前问道：‘君王退朝面带忧愁，是因为什么呢？’楚庄王说：‘我谋划政事得当，大臣们没有人能赶上我，所以我感到忧愁。大概是商朝的仲虺说过这样的话：诸侯得到良师就能称王，得到良友就能称霸，得到疑丞就能保存社稷。事事靠自己谋划而大臣中没有人赶得上自己的诸侯，就要遭到灭亡。如今，我没有什么本事，而大臣们连我都不如，我们国家恐怕将要灭亡了吧？所以我忧愁啊！’楚庄王感到忧愁的事，君王你却感到高兴！”武侯倒退了几步，再三拜谢吴起说上天指派你来补救我的过失啊！”

原文 伯禽将归于鲁[①]，周公谓伯禽之傅曰："汝将行，盍志而子美德乎[②]"对曰："其为人宽，好自用[③]，以慎[④]。此三者，其美德已。"周公曰："呜呼，以人恶为美德乎？君子好以道德[⑤]，故其民归道[⑥]。彼其宽也，出无辨矣[⑦]，女又美之[⑧]！彼其好自用也，是所以窭小也[⑨]！君子力如牛，不与牛争力；走如马，不与马争走；知如士[⑩]，不与士争知。彼争者，均者之气也[⑪]，女又美之！彼其慎也，是其所以浅也。闻之曰：无越逾不见士[⑫]，见士问曰：'无乃不察乎？'不闻[⑬]，即物少至[⑭]，少至则浅。彼浅者，贱人之道也，女又美之！吾语女，我，文王之为子[⑮]，武王之为弟，成王之为叔父，吾于天下不贱矣！然而吾所执贽而见者十人[⑯]，还贽而相见者三十人[⑰]，貌执之士者百有余人[⑱]，欲言而请毕事者千有余人[⑲]。于是，吾仅得三士焉，以正吾身[⑳]，以定天下。吾所以得三士者，亡于十人与三十人中[㉑]，乃在百人与千人之中。故上士吾薄为之貌，下士吾厚为之貌，人人皆以我为越逾好士，然故士至。士至而后见物，见物而后知其是非之所在。戒之哉！女以鲁国骄人，几矣[㉒]，夫仰禄之士犹可骄也[㉓]，正身之士不可骄也[㉔]。彼正身之士，舍贵而为贱，舍富而为贫，舍佚而为劳[㉕]，颜色黎黑而不失其所[26]。是以天下之纪不息[27]，文章不废也[28]。”

注释

①伯禽：周公旦之子，封为鲁侯。

②盍：何不。志：表述，讲述。而子：你所教的那个人，指伯禽。而，通“尔”，你。子，古代对人的尊称。

③自用：即自行，这里指依靠自己的能力处理事务。《方言》：“用，行也。”

④以：而且。

⑤好以：喜欢施行。《集韵》《韵会》：“好，善也。”以，为，行事。《论语·为政》：“视其所以”中的“以”字即作“为”讲，此处是施行之意。

⑥归道：归于正道。

⑦无辨：不能辨别的意思。

⑧女：同“汝”，你，你们。下同。

⑨窭（jù）：小，指气量窄小。《释名》：“窭数犹局促，皆小意也。”

⑩知：同“智”。士：儒士，也泛指有知识的人。

⑪均者：平常的人，指平民百姓或见识一般的人。

⑫越逾：越过等级，这里指降低身份。

⑬闻：同“问”。

⑭即：则。物少至：知道的事物很少的意思。

⑮文王之为子：为文王之子。下文“武王之为弟”“成王之为叔父”，与此句式同。

⑯贽（zhì）：初次求见人时，为表示敬意所送的礼物。《左传·庄公二十四年》：“男贽大者玉帛，小者禽鸟以章物也。女贽榛栗枣修以告虔也。”

⑰还贽：回礼。

⑱貌执：以礼相待。有：同“又”。

⑲请毕事：请将话说完的意思。

⑳身：同“行”，行为。

㉑亡：通“无”，不在。

㉒几：危险。杨倞《荀子·尧问》注：“几，危也。”

㉓仰禄之士：依靠俸禄生活的士。

㉔正身之士：注意端正自己品行的士。

㉕佚：通“逸”，安逸。

㉖黎黑：黑中泛黄。不失其所：不放弃志向。

㉗纪：纲纪，指治国的根本原则。

㉘文章：指文化典章制度。

译文 伯禽将要回到他的封地鲁国去，周公对伯禽的师傅说你要走了，何不说说你的学生伯禽的美德呢？”伯禽的师傅回答说：“伯禽为人宽厚，喜欢靠自己的能力处理事务，而且处事谨慎，这三点，便是他的美德。”周公说：“唉，你怎么把别人厌恶的东西当成美德呢？君子善于施行道德，所以他的百姓归于正道。伯禽的那种宽厚，是出于不能辨别人的好坏，你却去赞美这种宽厚！伯禽喜欢靠自己的能力处理事务，是他气量窄小的表现。君子的力气即使像牛一样大，也不会去与牛较量力气的大小；君子跑起来即使像马一样快，也不会去与马较量跑的快慢；君子的智慧即使像士一样，也不会去与士较量智慧的多少。伯禽的那种计较，是一般见识的人的气量，你却去赞美他！而他的谨慎，其实是他见识浅薄的缘故。我听说过，不要怕降低了身份而不去见士，见到了士就该问：‘我恐怕还有不够明察的地方吧！’不询问，得知的东西就很少，得知的东西少，知识就会浅薄。伯禽那种浅薄，就是下等人的作为，你却赞美他！我告诉你吧：我，是文王的儿子，武王的弟弟，成王的叔父，我在天下的地位不算卑贱了吧！然而我带着礼物去求见的人不下十人，带着回礼来相见的人不下三十人，以礼相待的百人以上，想说就让他们把话说完的千人以上。在这许多人中，我仅仅得到三名士。依靠他们，我端正了自身的行为，平定了天下。我所得的这三名士，并不在前面所说的那十个人与三十个人之中，而是在后面所说的百人和千人之中。所以，对上层社会的，我在礼节上还稍微简薄一些，对下层社会的，我在礼节上还要厚重一些。这样，人人都认为我能降低身份尊重士，这样，士就都到我这里来了。他们到来后就帮助我认清了事物，认清了事物就知道是非的所在。要警惕啊！你凭着鲁国去傲视别人，危险啊！对那些依靠俸禄生活的人，你还可以傲视，对那些注意端正自身品行的人，就不能够傲视。那些注意端正自身品行的人，舍弃了尊贵的地位而自甘卑贱，舍弃了富有而自甘贫困，舍弃了安逸而自甘劳苦，面色黑黄而不失志向。正是因为他们，天下的治国原则才不会断绝，文化典章制度才没有废止啊！”

原文 语曰[①]：缯丘之封人见楚相孙叔敖曰[②]：“吾闻之也：处官久者士妒之，禄厚者民怨之，位尊者君恨之。今相国有此三者而不得罪楚之士民，何也?”孙叔敖曰：“吾三相楚而心瘉卑[③]，每益禄而施瘉博，位滋尊而礼瘉恭[④]，是以不得罪于楚之士民也。”

注释 ①语曰：古书记载，传说。

②缯丘：鄫国的旧地。缯，同“鄫”，是春秋时期的一个小国，在今山东省原峰县，后被莒国所灭。封人：掌管边界的官员。孙叔敖：春秋时楚国的丞相。在职期间推行过一些富国强民的政策，辅佐楚庄王争雄称霸。

③瘉：通“愈”，越加，更加。下同。

④滋：益，更加。

译文　传说缯丘地方管理边界的官员见到楚国的丞相孙叔敖时说：“我听说：官当得久的，士们要嫉妒他；俸禄厚的，百姓要怨恨他；地位尊贵的，君主厌恨他。如今相国你这三条都占有却没有得罪楚国的儒士百姓，是为什么呢？”孙叔敖说：“我三次出任楚国的丞相而心里越发谦卑；每逢俸禄增加，我施舍得就越发广泛；地位愈高我在礼节上就越发恭敬。因此我没有得罪楚国的儒士和百姓。”

原文　子贡问于孔子曰：“赐为人下而未知也[①]。”孔子曰：“为人下者乎？其犹土也。深扣之而得甘泉焉[②]，树之而五谷蕃焉[③]，草木殖焉，禽兽育焉，生则立焉，死则入焉。多其功而不息[④]。为人下者其犹土也。”

注释 ①赐：姓端木，名赐，字子贡。孔子门徒。下：谦逊。

②扫（hú）：同“掘”，挖掘。

③树：种植。

④不息：据文义与《太平御览》引文，疑为“不德”，不自以为有功德的意思。

译文 子贡问孔子说：“我愿对人谦逊，但不知道应该怎样去做。”孔子说：“要对人谦逊吗？那像土地一样吧。深挖它时能得到甘泉，种植它就能五谷丰茂，草木繁生，禽兽繁育。这些五谷、草木、禽兽活着时立在它上面，死后可以埋进它的怀抱。它有着多方面的功劳却从不自以为有功德。要对人谦逊，就像土地那样吧。”

原文 昔虞不用宫之奇而晋并之①，莱不用子马而齐并之②，纣刳王子比干而武王得之。不亲贤用知③，故身死国亡也。

注释 ①虞（yú）：春秋时的一个小国，在今山西平陆县，后被晋国所灭。宫之奇：虞国的大夫。

②莱：春秋时的一个小国，在今山东黄县东南，后被齐国所

灭。子马：人名，事迹不详。

③知：同“智”。这里指有智慧的人。

译文 从前，虞国不任用宫之奇，因而晋国兼并了它。莱国不任用子马，因而齐国兼并了它。殷纣王挖了王子比干的心，因而周武王取得了殷商的天下。不亲近贤人，不任用有智慧的人，所以就身死国亡啊！

原文 为说者曰①：“孙卿不及孔子。”是不然。孙卿迫于乱世，鰌于严刑②，上无贤主，下遇暴秦，礼义不行，教化不成，仁者绌约③，天下冥冥，行全刺之④，诸侯大倾⑤。当是时也，知者不得虑，能者不得治，贤者不得使。故君上蔽而无睹，贤人距而不受⑥。然则孙卿怀将圣之心⑦，蒙佯狂之色⑧，视天下以愚。《诗》曰⑨：“既明且哲⑩，以保其身。”此之谓也。是其所以名声不白，徒与不众⑪，光辉不博也。今之学者，得孙卿之遗言余教，足以为天下法式表仪⑫，所存者神⑬，所过者化。观其善行，孔子弗过，世不详察，云非圣人，奈何！天下不治，孙卿不遇时也。德若尧、禹，世少知之，方术不用⑭，为人所疑。其知至明，循道正行，足以为纪纲。呜呼！贤哉！宜为帝王。天下不知，善桀、纣，杀贤良。比干剖心，孔子拘匡[15]，接舆避世[16]，箕子佯狂，田常为乱[17]，阖闾擅强[18]。为恶得福，善者有殃。今为说者又不察其实，乃信其名[19]。时世不同，誉何由生？不得为政，功安能成！志修德厚，孰谓不贤乎！

注释

①为说者：持这种说法的人。

②䲡（qiū）：通“酋”，终。引申为限制，局限。《尔雅》：“酋，终也。”

③绌：通“黜”，废黜，罢免。约：穷困。

④行全：德行完美。刺：讥讽。

⑤大倾：严重地相互倾轧之意。

⑥距：通“拒”，拒绝。

⑦将圣：有其崇高、伟大。将，大。

⑧佯狂：装疯作痴。色：容态。

⑨《诗》：指《诗经·大雅·烝民》。

⑩哲：有智慧。《尔雅》：“哲，智也。”

⑪徒与：门徒。

⑫法式表仪：准则，榜样。

⑬神：治理。《尔雅》：“神，治也。”《荀子·儒效》：“尽善挟治之谓神”可证。

⑭方术：指治国的方略。

⑮孔子拘匡：指孔子由卫国到陈国，途经匡地，被匡人围困五天方才逃出一事。

⑯接舆：春秋时楚国的隐士。

⑰田常：即田成子，陈成子。春秋时齐国大臣。陈厘子之子，名恒，一作常。齐简公四年（公元前481年），杀死简公，拥立齐平公，自任相国，尽杀公族中强者，扩大封邑，从此齐国由陈氏专权。

⑱阖闾：春秋末年吴国国君。

⑲名：名声。这里指说法。

译文　持这种说法的人说："孙卿不如孔子。"这是不对的。孙卿被迫处于混乱的社会，又被严刑峻法所限制，上面没有圣明的君主，下面却有残暴的秦国。礼义得不到施行，教化不能实现，讲仁义的人被废黜而处于穷困，天下黑暗，德行完美的反受到讥讽，诸侯们相互严重地倾轧。处在这样的时代，有智慧的人不能参予谋划政事，有才能的人不能治理国家，贤明的人得不到任用。所以，君主蔽塞而看不清，贤明的人被拒绝而得不到接纳。这样就使得孙卿虽然胸怀极其崇高伟大，却不得不作出狂人的容态，让天下人把他看成是愚蠢的人。《诗经·大雅·烝民》说:“既聪明又智慧,以此来保护自身。”说的就是这种情况。因此,孙卿的名声不显赫,门徒不多,其光辉思想的传播也不广泛。当今的学者,只要把孙卿留下来的部分学说与教导学到手,就完全可以成为天下的榜样。他的学说运用到的地方都能得到治理,受到他的学说教导的都会被感化。看看他美好的行为,孔子没有超过他。世上的人不加以详细的考察,就说孙卿不是圣人,有什么办法呢?天下得不到治理,孙卿生不逢时啊!他的品德行为可以与尧、禹相比,世人却很少知道。他的治国方略不被采用,却反而遭到人们的怀疑。他的智慧最为圣明,遵循着道正直地前行,完全可以成为楷模。啊!好啊!孙卿适宜作天下的帝王。可是人们竟然不知道这一点,反而赞美桀、纣,杀害贤良的人。比干被挖了心,孔子在匡地被围困,接舆避开世人,箕子装疯作痴,田常作乱,阖闾持强霸道。作恶的得福,行善的遭殃。如今,持这种说法的人不考察实情,竟然相信那些说法。时代世道不同,名誉应当根据什么原则来确定?孙卿当年得不到执政,他怎么能完成功业?他志向美好,道德高尚,谁能说他不贤呢?

图书在版编目（CIP）数据

荀子全译 /（战国）荀况著；蒋南华译注. — 贵阳：
贵州人民出版社，2023.11
（中国历代名著全译丛书）
ISBN 978-7-221-17831-2

Ⅰ. ①荀… Ⅱ. ①荀… ②蒋… Ⅲ. ①《荀子》—译
文②《荀子》—注释 Ⅳ. ①B222.6

中国国家版本馆CIP数据核字（2023）第159709号

XUNZI QUANYI

荀子全译

[战国]荀况 ◎著　　蒋南华 ◎译注

出 版 人　朱文迅
策划编辑　周湖越
责任编辑　徐　晶　王潇潇
责任印制　尹晓蓓
装帧设计　晓笛设计工作室　舒刚卫　刘清霞

出版发行　贵州出版集团　贵州人民出版社
地　　址　贵州省贵阳市观山湖区会展东路SOHO办公区A座
印　　刷　天津创先河普业印刷有限公司
版　　次　2023年11月第1版
印　　次　2023年11月第1次印刷
开　　本　880mm × 1230mm　32开
印　　张　31.25
字　　数　490千字
书　　号　ISBN 978-7-221-17831-2
定　　价　125.00元